汲古閣
鈔本叢刊

集韻

上册

〔宋〕丁度 纂

浙江古籍出版社

圖書在版編目(CIP)數據

集韻 / （宋）丁度纂. -- 杭州 : 浙江古籍出版社,
2023.7
（汲古閣鈔本叢刊）
ISBN 978-7-5540-2643-4

Ⅰ. ①集… Ⅱ. ①丁… Ⅲ. ①《集韻》 Ⅳ.
①H113.4

中國國家版本館CIP數據核字（2023）第111374號

汲古閣鈔本叢刊

集　韻

〔宋〕丁度　纂

出版發行　浙江古籍出版社
（杭州市體育場路347號　郵編：310006）
網　　址　http://zjgj.zjcbcm.com
策劃編輯　祖胤蛟
責任編輯　徐　立
封面設計　吴思璐
責任校對　吴穎胤
責任印務　樓浩凱
照　　排　浙江時代出版服務有限公司
印　　刷　浙江新華印刷技術有限公司
開　　本　710 mm × 1000 mm　1/16
印　　張　52.25
版　　次　2023年7月第1版
印　　次　2023年7月第1次印刷
書　　號　ISBN 978-7-5540-2643-4
定　　價　880.00圓

出版説明

《集韻》是北宋初年繼《廣韻》之後另一部由官方頒佈的韻書，所載奇字異音甄采致備，被稱爲韻書之總匯，是當時學者必讀之書。此書在宋代雖多次刊刻，而印本流傳不廣，後世有通行本，文字多有訛誤，未足稱善。自清代以來，學者利用毛氏影宋抄本校勘此書，投入極大精力。自二十世紀七十至九十年代，此書幾種罕見版本陸續被揭示，學者在版本研究方面又有推進，但對部分問題仍未取得一致意見。本文擬從實物考察入手，對此書源流作進一步梳理，在此基礎上説明毛氏影宋抄本的特殊價值。

一、《集韻》現存之南宋刻本及其文字差異

北宋仁宗景祐元年（一〇三四），太常博士直史館宋祁、太常丞直史館鄭戩等建言：陳彭年、丘雍等所定《廣韻》，多用舊文，繁略失當。因詔祁、戩與國子監直講賈昌朝、王洙同加修定。刑部郎中知制誥丁度、禮部員外郎知制誥李淑爲之典領。至寶元二年（一〇三九）九月十一日書成奏上，詔名曰《集韻》。慶曆三年（一〇四三）八月十七日，全書雕印完成。慶曆三年刻本爲本書第一刻，然今已不存於世。

是書現存南宋刻本有三種：

（一）南宋明州刻本

該本半葉十一行，行二十三至二十七字不等。版心刻工與南宋初明州刻本《白氏六帖事類集》、《徐公文集》多同，故學者定爲南宋初年明州所刊，南宋中期修補印行。〔二〕清錢曾舊藏，《述古堂藏書目録》、《讀書敏求記》著録。後歸怡親王府，同治中爲翁同龢收得，二〇〇〇年上海市政府從美國翁氏後人處將此書購歸，今藏上海圖書館。文物出版社曾據以影印出版。

（二）南宋金州軍刻本

該本半葉十一行，行大字約十五至十八字不等，小字約三十二字。版心下無刻工名。宋諱避至『慎』字。淳熙十四年（一一八七）田世卿刻，舊爲日本金澤文庫收藏，今藏日本宫内廳書陵部。卷一缺失，僅存九卷。綫裝書局曾據以影印出版。

（三）南宋潭州刻本

該本半葉十行，行大字約十五至十八字不等，小字約三十二字。宋諱避至『慎』字，『桓』、『完』、『構』等字不避，當刻在孝宗朝。版心上記字數，下記刻工名。刻工多爲長沙（南宋時屬潭州）籍，故學者判定此本刻在今湖南地區。〔三〕間有補版，補版葉版心下有『刊換』字樣，原版葉與金州軍本排版方式相同，補版葉排版稍異。明《文淵閣書目》、清《天禄琳琅書目後編》

著録。今藏北京中國國家圖書館。《古逸叢書三編》曾據以影印出版。

宋潭州刻本卷末寶元二年牒文不全，缺處適當明州本一葉之末。冀淑英先生據以推定，潭州刻本即出自明州本。檢對此二本，發現文字違異處甚多，最顯著者有二端：

（一）同一音切下所收字頭排列順序異同，如平聲二，十虞，宋明州本字頭依次爲『嵍—蝥蟱』，宋潭州本爲『蝥蟱—嵍』；平聲三，十一唐，宋明州本字頭依次爲『鎊—榜』，宋潭州本『鎊』字在小韻末；平聲四，十三耕，宋明州本字頭依次爲『鑏—薴』，宋潭州本『鑏』字在小韻末；十八尤，『沋—郵』，宋潭州本『沋』字在小韻末；入聲上，五質，宋明州本字頭依次爲『唧—蝍』，宋潭州本『唧』字在小韻末；十三末，『妭—柭』，宋潭州本『妭』字在小韻末；入聲下，十九鐸，宋明州本字頭依次爲『擴—籗』，宋潭州本爲『籗—擴』；二十二昔，宋明州本字頭依次爲『郝—覭』，宋潭州本『郝』字在小韻末。類此者全書多達四十餘處。

（二）切語用字不同，如一冬，攻，宋明州本作沽宗切，宋潭州本作古宗切；三鍾，龍，宋明州本作盧鍾切，宋潭州本作力鍾切。類此者甚多。

由此觀之，潭州本與明州本文字分歧明顯，決非直接繼承關係，當是各有所本。

上舉潭州本與明州本文字異同處，金州軍本均與潭州本吻合，且文字排版位置完全一致。金州軍本卷十後有『寶元二年九月十一日延和殿進呈奉聖旨鏤版施行』牒文，下列趙師民等銜名十八行，又『慶曆三年八月十七日雕印成延和殿進呈奉聖旨送國子監施行』字樣，下列賈昌朝、晏殊、章得象等銜名六行，末有武功大夫高州刺史充金州駐劄御前諸軍都統制田世卿重刊跋，略云世卿前年蒙恩將屯安康，偶得蜀本，字多舛誤，間亦脱漏，嘗委官校正，凡點畫錯謬者五百三十一字，其間湮晦不可省者二百一十五字，正文注解脱漏者三十三字。繼得中原平時舊本重校，修改者一百五十五字。舊本雖善，而書字點畫亦有謬誤，復以《説文》、《爾雅》等書是正，改定凡五百一十五字。因令鋟版，以廣其傳，自淳熙乙巳九月至丁未五月，僅能畢工。

意者北宋年間，《集韻》存在初編本、重編本二系統：初編本有北宋慶曆三年刻本，排版方式略同南宋明州本，後印時『上熕』以下書版闕壞。重編本有北宋蜀本，排版方式略同南宋潭州本、金州軍本，金州軍本又得『中原平時舊本』校改，卷末寶元二年牒文及以下銜名或許正出自『中原平時舊本』。

二、曹寅刻本與宋潭州刻本之關係

是書元、明兩代未見刊行，藏書家亦罕有之。顧炎武作《音論》，已疑其不傳。有常熟毛氏汲古閣、錢氏述古堂及曹氏楝亭（寅）三家影宋抄本，均爲私家所藏，學者使用不便。朱彝尊屬曹寅付刻，康熙四十五年（一七〇六）刊成於揚州使院，是書始通行於世。

今取宋明州本、潭州本、曹本對校可發現，曹本出自宋潭州本。宋潭州本一系諸本之關係，邱棨鐊《集韻研究》已發其覆。〔三〕中國大陸和臺灣地區當時尚處於隔絕狀態，故邱文在中國大陸長期未獲充分利用。

臺灣『中央研究院』歷史語言研究所傅斯年圖書館（以下簡稱傅圖）藏有一種清初影宋抄本，有『楝亭曹氏藏書』等印，開本宏闊，行款與宋潭州刻本完全相同，當從潭州本出。文字有訛誤，當是書手抄寫不謹所致。對照曹寅本，誤字多同，知爲曹寅校刻之底本。依據此抄本，則曹刻致誤之由，不難推定：凡影宋抄本訛誤、曹刻同其誤者，出自抄手誤寫；凡影宋抄本不誤、曹刻訛誤者，則出自刻手誤刻。

表一

卷	葉	行	宋明州刻本	宋潭州刻本	清曹寅刻本	清影宋抄本（傅圖藏）
一	八	一	幡名	名	也	名
一	十二	七	欆，棒欆，未張帆	未	木	木

續表

二	五	三	須，詢趨切。《説文》•面毛也	面	而	面
二	十五	三	睽，傾畦切。《説文》•目不相聽也。	目	耳	耳
三	八	後十一	權，•逵員切	逵	連	連
三	二十三	後一	垛，都戈切，小堆。或从•𠂤	𠂤	自	自
四	三	五	檸，•吴俗謂木榫曰檸頭	吴	具	具
四	七	後五	嬴，《説文》•少•昊氏之姓	少昊	省天	省天
五	十	後四	夂，《説文》从後至也。象人•兩脛後有致之者	兩	兩兩	兩
五	十七	十一	吕……昔太嶽爲禹心吕之•臣	臣	目	目
六	七	後一	蟤，•茁撰切	茁	苗	苗
六	十二	三	顒……•南山四顒，白首人也	南	商	商
七	二	七	胴，•大腸	腸	暘	暘
七	七	後四	陂，《易》無平不•陂	陂	阪	阪

續表

八	三	十	眴，《説文》目搖也	目	日	目
八	十六	四	髂，丘駕切，罥骨也	罥	要月	要月
九	四	三	䶖，吴王孫休子名	休	林	林
九	二十六	後五	笏，忽也，有事記其上以備忽忘	忘	志	志
十	一	後五	淪，《説文》漬也	漬	潰	潰
十	十六	四	砉，皮骨相離聲	皮	反	反

卷七，十四太，糲、癩、躝、籟等字，曹刻本文字缺失，與清初曹氏影宋抄本此處缺失正同，取對宋潭州刻本，發現原件此處紙張殘損，造成脱文，由前人墨筆填描補足（這一點，從《古逸叢書三編》影印本中很難辨别出來）。宋金州軍本同一位置並不缺文，潭州本該處文字當與金州軍本相同。墨筆填描之處文字不同，如『癩』字注，金州軍本作『楚人謂藥毒曰痛癩』，墨筆填描『楚人』上誤增『説文』二字，不見於抄本，説明在宋潭州本破損處墨筆填描之行爲是在抄本影寫之後發生。這種局部殘損造成的文字不一致説明，曹氏影宋抄本不僅可以肯定是出自宋潭州刻本，而且可以肯定是出自明代爲文淵閣收藏、清代爲内府天禄琳琅收藏、今歸北京中國國家圖書館所藏的那部

宋本，曹刻當然也間接地出自該本。

曹刻書版存江寧榷使署，漸有損泐，嘉慶十九年（一八一四），方葆巖得曹氏殘版，屬顧廣圻籌集資金將其補全後，重新付印。故傳世有初印本、修補印本之别：初印本有誤字，後印本校改者僅數處。如卷一『讙』字注『就也。《韓詩》「室人交徧讙我」』，『就』字右半，初印本作『光』，修補印本改作『尤』；卷五『聳』字注『一曰欲也』，初印本脱『一』字，修補印本增入；卷八『眴』字注『《説文》目摇也。』初印本『目』誤作『曰』，修補印本改正。清光緒二年（一八七六）姚覲元川東官舍刻本、日本天保九年（一八五六）刻本均從曹刻修補印本翻出，大體悉仍其舊，間有校改。卷七、十四太，『糲』、『癩』、『⿰足賴』、『籟』、『祋』、『兑』、『⿰米兑』、『⿰兑刂』等字，曹本同宋潭州本，文字缺漏，姚本亦缺，天保本已爲補足。孫詒讓所説『日本國重刊曹本，内有數處依宋本校補』〔四〕，當即指此而言。

三　毛氏汲古閣影宋抄本之面貌

《集韻》存世之影宋抄本，最著名者爲明末常熟毛氏汲古閣影宋抄本（以下簡稱毛抄本），今藏寧波市天一閣博物院。

毛抄本半葉十一行，行二十三至二十七字不等，從形式看，當出自上海圖書館所藏之宋明州本，證據有三：

（一）刻工

宋明州本版心下方鐫有刻工名，其中原版刻工有：王寔、王伸、駱昇、徐彥、吴圭、張由、張謹、張逢、吕堅、余青、弓澤等；補版刻工有：王允、王京、王縉、王臻、王進、王諒、王時、王珎、陳文、陳高、陳忠、陳真、陳俊、陳然、陳珍、施俊、施端、施章、施藴、蔣暉、楊昌、楊瑜、方迪、方祐、方成、方師顔、洪昌、洪明、洪悦、洪乘、洪新、洪茂、洪先、吴志、吴宗、吴定、吴寶、李涓、李德、劉昭、劉仲、劉舉、劉正、劉乙、朱諒、朱章、丁珪、余正、余坦、徐侃、毛諒、梁濟、胡端、胡正、朱因等（刻工名下有『重刀』、『重刊』、『重開』、『换』、『重雕』、『又雕』等字樣）。

以上刻工，王伸、徐彥、張由、張謹、張逢等皆見於紹興明州刻本《文選》原版葉，王允、王臻、王進、方祐、陳文、陳高、陳忠、施俊、施藴、洪昌、洪明、洪乘、朱諒、吴宗、吴定、李涓等皆見於明州本《文選》補版葉。知此本爲南宋高宗朝明州開版、南宋中期修補。

毛抄本與宋明州本刻工基本一致，局部略有違異，如卷五第二十葉毛抄本刻工作『陳皮』，宋明州本刻工爲『陳忠』，當是底本漫漶，毛家抄手偶然失誤所致。

（二）避諱

宋明州本遇北宋帝諱玄、伭、弦、泫、眩、胘、蚿、鉉、朗、敬、憼、璥、儆、曔、檠、擎、擎、驚、蟼、警、弘、泓、苰、鞃、殷、慇、溵、磤、匡、框、劻、眶、誆、恇、筐、恒等字敬避缺筆，貞字不避。至於南宋帝諱，僅檢得一處『慎』字缺筆（卷五第二十二葉十一行，版心下有『方迪重刊』字樣，此葉當是孝宗朝補版）。意者南宋初年明州刊刻此書，係用北宋仁宗時官本爲底本，諱字一仍其舊。仁宗以下諱字，以當時避諱制度未嚴，未加敬避。孝宗朝補版時，刻工方迪偶然失誤，將『慎』字誤入。取對毛抄本，幾乎完全一致。局部避諱字有違異，如卷一第二十九葉後五行『鉉』字，卷六第三十八葉八行『弘』字，宋明州本缺末筆，毛抄本不缺筆。當是毛氏抄手偶然失誤。

（三）文字

宋明州本卷末寶元二年牒文『上熕』以下缺文，毛抄本缺文正同。

依據上述三條證據，可知毛抄本係出自宋明州本。汲古閣毛氏與述古堂錢氏兩家同在常熟，交往密切，此本當即據錢藏宋明州本影寫。

毛抄本前有清道光十三年（一八三三）阮元手跋，卷十末有乾隆五十九年甲寅六月十四日段玉裁手跋。段氏曾用曹本校勘，每卷末撰有識語，記録校勘日程。段校原本已無可蹤跡，幸而周錫瓚曾過録一本，今藏上海圖書館。兹據周校本列段氏識語如下：

宋本三十五頁，每頁廿二行，末頁十二行。

甲寅三月，借周漪塘所藏毛抄宋本校。十六日，段玉裁記。

凡照影宋本改者，書於本字本身旁側；凡以意正者，書於本行上下方；亦有照宋改本字，仍恐模糊而書上下方者。若膺氏。【卷一末】

宋本四十三葉，末葉六行。

甲寅三月廿二日，若膺校訖。【卷二末】

宋本卅五葉，末葉十四行。

三月廿八日，若膺校訖。【卷三末】

宋本三十六葉，末葉十九行。

四月七日，若膺氏校訖，是日立夏。【卷四末】

宋本卅九葉，末葉三行。

四月十六日，若膺氏校訖。【卷五末】

宋本四十一葉，末葉十三行。

五月十七日移居枝園校訖。【卷六末】

宋本五十三葉，末葉六行。

甲寅五月廿五日，若膺校訖。是日夏至次日也，時雨霑足。【卷七末】

宋本三十四葉，末葉四行。

甲寅六月初五日，若膺校訖。【卷八末】

宋本四十二葉，末葉五行。

六月初九日。【卷九末】

宋本卅八葉，第卅七葉滿，第卅八葉無字。

甲寅六月十三日，若膺校訖。

凡宋本今本並誤者，書其字於上下方。【卷十末】

按以上諸條所記宋本若干葉，末葉若干行，即指毛氏汲古閣影宋抄本《集韻》之排版樣式。段氏據毛抄本手校曹本，起於乾隆五十九年甲寅三月，訖工於六月十三日。次日（十四日）段氏爲毛抄本撰寫一跋云：

凡汲古閣所抄書散在人間者，無不精善，此書尤精乎精者也。書成於宋仁宗寶元二年，故太祖、太宗、真宗及太祖以上諱及其所謂聖祖諱皆缺筆。『禎』字下云：『知盈切。上所稱。《説文》：「祥也。」』『上所稱』者，猶言今上之名也，故空一格。不言諱者，嫌於名終則諱也。『禎』不缺筆，蓋影寫失之。或云『禎』字本空白不書，但注云『知盈切。上所稱』以别於他諱也。自英宗以後諱皆不缺筆，則知所影者的爲仁宗時本無疑。但其版心每葉皆云『某人重刊』、『某人重開』、『某人重刁』，則亦非最初板矣。……今年居蘇州朝山墩，從周君漪塘許借此本挍曹本舛錯，每當佳處，似倩麻姑癢處爬也。凡曹缺處，此本皆完善，而曹所據本與此本時有不同。

段氏上跋給出三條結論：

（一）毛抄底本爲北宋仁宗時本。按此説未確。上文已辨，不贅。

（二）毛抄較曹本文字有優長處，可補正曹本缺陷。按此説是。

（三）曹氏所據本與毛抄之文字差異，源於二者底本來源不同。按此説甚有見地。在未能親見任何宋本之條件下，段氏能判定曹本與毛子晋所影本出自不同底本，顯示出他對版本高度敏感，令人欽佩。

四、毛、錢二家影宋抄本與宋明州刻本之關係

《集韻》另有錢氏述古堂影宋抄本，欄外左上寫有『虞山錢遵王述古堂藏書』字樣，今藏上海

圖書館。檢錢氏《述古堂書目》，《集韻》下注『宋板』二字，入《宋板書目》。又《絳雲樓書目補遺》，著有『宋板十册』。錢氏影抄之本，當即據此。

取毛抄、錢抄與宋明州本對勘，宋明州本有書版漫漶處，如卷一第二十四葉十行，『鍺』下三字，文字缺失留白。錢抄本留白，毛抄本作『軸耑鐵』三字，同宋潭州本；同行『祁』字條：『《説文》太原縣。一曰盛也，亦姓』，宋明州本『太原縣』三字漫漶，錢抄本三字留白，毛抄本有『太原縣』三字。知錢抄本、毛抄本出自同一底本，即今藏上海圖書館之宋明州本，錢抄本尚仍底本之舊，毛抄本則盡力取他本補寫完整。錢抄本間有誤字，如宋明州本卷一第七葉後十行『炵』字條：『他冬切。火盛皃。文三』，錢抄本『皃』誤『夂』，毛抄本不誤。宋明州本版心下有原版、補版刻工名，毛抄本照式摹寫，錢抄本無刻工名。

錢抄與毛抄有另一項區别：錢抄本未經後人校改；毛抄本曾經人據别本校勘，以白粉填改，造成毛、錢二本文字之更大分歧。這種白粉填改的方式，似出自毛晉之子毛扆之手。

後來學者未見宋明州本，僅據文字差異推測底本狀況，從而產生誤解。比如顧廷龍先生曾提出：

今就毛鈔與錢鈔言之，兩本版式行款，完全相同，應爲從同一底本所出，但錢鈔字畫不完，缺漏空白，而毛鈔則否，何也？竊謂缺字缺畫，審係原雕板片之漫漶，非印本紙張之殘損。毛鈔已經重修，所以不缺不殘。段校云：『但其版心每葉皆云「某人重刊」、「某人重開」、「某人重刁」，則亦非最初版矣。』諦審錢本缺字，及殘存筆畫，以意度之，錢本尚出於修補以前之印本。〔五〕

顧先生作此結論時，並未親見毛抄本，而是委託門生某人至天一閣代爲校勘。該生本從事文字之學，版本經驗不足，對白粉填改事缺乏敏感，僅將部分填改後字抄付顧先生，從而誤導了顧先生的判斷。

對於毛氏填改之依據，段氏似未深究。第一個對此問題作説明的是趙振鐸先生，他通過校勘發現，毛抄本所填改之字多與宋湖南刻本（即潭州本）相符。〔六〕這提示我們，毛抄本填改所據當爲某一屬於宋潭州刻本系統的版本。但究竟是哪個版本呢？趙文作如下解答：

當時汲古閣藏有兩部影宋抄本《集韻》，一部是朱彝尊從毛扆處得到的本子，康熙年間曹寅據以刻印流傳。它的底本極有可能就是南宋湖南刻本。另一个就是現在入藏天一閣的影抄南宋杭州刻本（暄按：即宋明州本）。毛氏當年曾用影抄湖南刻本校改過影抄杭州刻本，並作了改動。

筆者將毛抄本填改字與宋明州本、宋潭州本對勘，發現這些改字幾乎都與宋潭州本相符。趙氏此說，大致成立。惟毛氏汲古閣藏有兩部影宋抄本一說，查無實據。此說或受清中期以來誤說的影響（說詳後）。

五、毛抄本之遞藏

毛抄本乾隆中歸蘇州周錫瓚。乾隆五十九年（一七九四），段玉裁從周氏借得，並取曹本對校，發現曹本脱誤累累，補正不下數百處，並於各卷末作跋語。嘉慶二十三年（一八一八）周錫瓚於曹刻修補印本上以朱筆過臨段氏校語，該校本清末爲莫友芝收得，莫友芝之子莫繩孫取黄彭年、陳慶鏞兩家彙校本，録於該本之上，録畢又以己意增校。後歸祁陽陳澄中，葉景葵爲之作跋，〔七〕今藏上海圖書館。該校本卷末有周氏手跋云：

> 汲古閣毛氏影宋鈔本余向年所藏，已歸海寧查小山名有圻家。此書段茂堂先生曾借去精心校勘，可謂毫髮無遺憾。今借來，照段本臨挍此書，雖失猶不失也。挍畢書此，以誌欣幸。嘉慶二十三年歲在庚寅，仲漣周錫瓚識。時年七十有七。

由此可知，至晚在嘉慶二十三年，毛抄本已由周錫瓚轉歸海寧查有圻。

道光十三年（一八三三）四月廿四日，阮元走訪野雲山人（朱鶴年），後者出此書屬題，知彼時毛抄本歸朱鶴年。後又轉入吴鍾駿家。陳奂《集韻校勘記序》云：

> 蓋《集韻》流傳，祇有局刻本。其景宋本向在蘇周漪塘家，徙售入都，吴姓舫侍郎出重金致之，倩名手寫其副。袁漱六太史來守松江，借副謄真。〔八〕

可知毛抄本在吴氏家時，吴鍾駿、袁芳瑛曾各自影抄一部副本。筆者所見所謂『影宋抄本』（實爲副本）有二：一臺灣『中央』圖書館藏本，舊題陳奂抄本，但以原本覆核，並未發現陳奂手跡；一復旦大學圖書館藏本，附《校勘記》十卷，舊題馬釗撰。凡毛抄本以白粉填改處，以上二本均與填改後字相同（詳表二）。

馬釗《集韻校勘記》所據之『毛抄』當屬副本，文字已經改動。袁芳瑛任松江守備時，曾有意影刻《集韻》，因故未成。袁氏試圖影刻之底本亦屬副本，即便當時有幸刊成，其本也非宋明州本的原貌。

民國以後，毛抄本爲蕭山朱鼎煦收得。學者不知其下落，遂誤以爲其本『今佚』。〔九〕一九七九年，朱氏後人將此書捐贈寧波市天一閣博物館。

毛抄本鈐有『毛晉私印』朱文方、『子晉』朱文方、『汲古主人』朱文方、『子晉書印』朱文方、『宋本』朱文橢、『希世之珍』朱文方、『虞山毛晉』朱文方、『載悳堂』朱文方、『鬻及借人爲不孝』朱文長方、『趙文敏公書卷末云吾家業儒辛勤置書以遺子孫其志何如後人不讀將至于鬻頹其家聲不如禽犢苟歸他室當念斯言取非其有无寧舍旃』朱文方、『筆研精良人生一樂』朱文長方、『虞山毛晉』朱文方、『汲古閣』朱文長方、『虞山毛氏汲古閣收藏』朱文方、『海虞毛晉子晉圖書記』朱文方、『汲古得脩綆』朱文方、『毛氏圖史子孫永保之』朱文方、『仲雝故國人家』朱文方、『虞山汲古閣毛子晉圖書』朱文長方、『子孫寶之』朱文方、『琴宧主人』朱文橢、『進德修業』朱文方、『毛扆之印』朱文方、『斧季』朱文方、『玉裁私印』白文方、『懋堂』朱文方、『揚州阮伯元氏藏書處曰琅嬛山館藏金石處曰積古齋藏硯處曰譜硯齋著書處曰揅經室』朱文方、『蕭山朱鼎煦收藏書籍』朱文長方、『蕭山朱氏別宥齋藏書印』朱文方、『別宥齋』朱文方、『鼎煦小印』白文方、『朱家』白文方、『樂壽堂』朱文方、『朱別宥收藏記』朱文長方印等。

表二

卷	葉	行	宋明州刻本	錢氏述古堂影宋抄本	毛氏汲古閣影宋抄本（白粉塗改）	影抄副本（復旦大學圖書館）	宋潭州刻本

續表

一	十	五	蠪，一曰•朾螘	朾	竹	竹	竹
一	十四	後二	雌，七支切。《説文》鳥母也。一曰•牡也	牡	牝	牝	牝
二	六	後四	禂，爲牲祭求肥充也。鄭康成•説	説	讀	讀	讀
二	十	一	湖，《説文》•小陂也	小	大	大	大
三	十	二	條，《説文》•禾枝	禾	小	小	小
三	二十五	後八	今謂•林頭大者爲胍肫	林	杖	杖	杖
四	二	一	鶅，鳥名，•離黄也	離	鵹	鵹	鵹
四	二	二	楻，楻畢，橦•必也	必	柲	柲	柲
五	十三	後五	•崻，山獨立皃，通作峙	崻	峙	峙	峙
五	十三	後十	喜，•訖己切	訖	許	許	許
六	六	六	於，旌旗•杜皃	杜	杠	杠	杠

續表

六	十二	後一	夰，从大而•太分也	大	八	八	八
七	六	一	詈，《説文》罵也。•从•网	从网	从网，从言，网	从网，从言，网	从网，从言，网罪人
七	八	後一	四，息利切。《説文》陰數也，象四分之形。籀•積•畫	積畫	作三	作三	作三
八	四	後十一	單，單父，邑名，•字姓	字	亦	亦	亦
八	九	七	聽，行聽也，一曰聽•裁聞	裁	纔	纔	纔
九	二	後二	貞，•羨財也	羨	美	美	美
九	三	後五	獨，《説文》犬相得而鬬也。•羊•犬•爲•獨	羊犬爲獨	羊爲群犬爲獨	羊爲群犬爲獨	羊爲群犬爲獨
十	十四	後九	蚇，蚇•蟲•蠖名	蟲蠖	蠖蟲	蠖蟲	蠖蟲
十	二十五	一	汁光紀，•雲帝號	雲	黑	黑	黑

清代學者據以校勘曹本者，不外三種本子：一是毛抄本，二是段玉裁據毛抄本的傳校副本，三是毛抄本的再傳副本。學者依據者多是副本及再傳副本，其中疏漏不可避免。

六、曹刻底本來源於毛氏之説辨析

曹刻之底本應是今藏傳圖的清初影宋抄本，該抄本又出自宋潭州本，可無疑義。但清代段玉裁之後的學者大都持另一觀點，認爲曹刻底本是朱彝尊從毛扆傳抄得來。根據目前所知的材料，這一説法最早來自顧廣圻。顧氏説：

> 秀水朱檢討彝尊從毛扆斧季家得其傳鈔本，於康熙丙戌歲屬曹通政寅刊之，由是與同時所刊《廣韻》各書並行於世。〔一〇〕

曹寅刻《集韻》與朱彝尊有關，這一點，朱氏本人作過確認。他曾説：

> 嗚呼！小學之不講，俗書繁興，三家村夫子挾梅膺祚之《字彙》、張自烈之《正字通》以爲兔園冊，問奇字者歸焉，可爲齒冷目張也。予也僑吴五載，力贊毛上舍扆刊《説文解字》，張上舍士俊刊《玉

篇》、《廣韻》，曹通政寅刊丁度《集韻》、司馬光《類篇》。〔一一〕

顧廣圻説曹刻的底本是由朱氏提供，很有可能。不過，朱氏是否又從毛扆得傳抄本，值得推敲。朱彝尊勸人刻小學書，曾直接或間接地與毛扆有過交往。張士俊刻《廣韻》，由朱彝尊力贊，張氏刻書跋稱從常熟毛扆借得《大宋重修廣韻》一部，相與商榷，延其甥王君爲玉摹寫舊本字畫，校讎再四，而後鏤諸版，即是一例。但《集韻》是否同樣采用了毛扆家傳抄本，除了距離曹寅刻書百餘年後的顧廣圻的説法，缺乏更早的證據。在顧氏之前看到過毛氏影宋抄本並對之作過全面研究者當推段玉裁，但他也只説『楝亭所得本蓋與毛子晋所影本非一刻』，無論是他的跋文還是校勘記均絲毫未提及毛氏另有一種《集韻》的抄本，更未提及朱彝尊曾向毛扆借過抄本。顧廣圻並未見過毛氏汲古閣影宋抄本，只是在清嘉慶十年二月借周錫瓚過録段玉裁校本，〔一二〕却能對曹刻的底本及來源作出如此明確的説明，不能不令人横生疑竇。

曹本屬於宋潭州本系統，其底本是宋潭州本的傳抄本。假設毛扆藏有一個宋潭州刻本的影抄本，他是從何處抄得的呢？潭州本作爲宋刻孤本，自明代以來一直深藏内府，它的文本至清康熙間始藉曹刻重現於世，説明直到這一時期，它纔被抄録出來。可得見並傳抄此孤本的人，應該長年接近内府藏書，身處民間的私人藏書家毛扆顯然不符合這一條件。

朱彝尊倒是符合此條件的合適人選。《清史稿·朱彝尊傳》，康熙十八年（一六七九），彝尊試鴻博，除檢討，充《明史》纂修官。二十年，充日講起居注官，入值南書房，旋坐私挾小胥入内寫書被劾。曹刻底本或者就是朱氏從内府藏宋潭州本抄出的。如果將顧廣圻的説法顛倒一下，即毛扆從秀水朱檢討彝尊家得見其傳抄本，用以校改自藏之毛抄本，似乎更説得通一些。

當然，作爲康熙寵臣的曹寅同樣有機會從内府接觸到宋潭州本，他從朱彝尊處得到信息，並將之影抄出來，也是可能的。

顧廣圻之説或有誤解成分。自清代以來，學者所見《集韻》莫古於影宋抄本，其次爲曹本，學者探求曹刻底本，第一反應、第一目標即是當時最爲著名的毛氏汲古閣影宋抄本。朱彝尊、曹寅、毛扆三人曾在清初重刊宋版小學書的風潮中有過合作，或許顧廣圻也清楚這一情況，他想當然地將這一關係套用到《集韻》中。

後世學者對於曹刻底本來源，幾乎衆口一辭。例如王欣夫先生説『至清康熙時朱竹垞始從毛斧季得傳鈔本，屬曹楝亭刊之。蓋是書之不絶如線久矣』，〔一三〕顧廷龍先生説『清康熙間朱竹垞始從毛氏汲古閣得傳抄宋本，屬曹楝亭刻於揚州』，冀淑英先生説『康熙間曹寅據毛氏汲古閣抄本刻入《楝亭五種》』，都輾轉沿襲了顧廣圻的説法。趙振鐸文明明已發現曹刻不出自天一閣藏毛抄之底本，而出自另一宋本，却仍然推測毛氏汲古閣藏有兩部影宋抄本，其中一部是曹刻底本，將曹刻底本來源固執地指向毛氏，仍未跳出前人的慣有思路。

顧廣圻之説使人産生誤解，認爲曹刻的底本即今藏天一閣的毛抄本，有學者推求曹本舛錯之由，總結爲寫本不精，校刻不審，就是以這樣的理解爲基礎。王欣夫先生説：『惟朱本未免筆畫小譌，校者又未能精審。』顧廷龍先生説：『曹本係據傳抄本，自易致誤。』實則此類均是次要因素，而真正主要之底本因素被掩蓋了。

此外，如果抱定曹本出自毛抄本的概念，對《集韻》版本體系的理解也有負面影響，學者會理所當然地認爲，毛抄之底本——宋明州本是清以來通行本之共同祖本。然而這種看法，與事實並不相符。

如上所述，《集韻》現存三種宋本，金州軍本長期藏於日本皇宫，對中國後來傳本之作用甚微，影響後世傳本的主要是明州本與潭州本。對於這兩種宋本，後來傳本呈現出確鑿無疑的指向性，乃至可以具體到某一印本：毛抄、錢抄的底本指向今藏上海圖書館的宋明州本，曹本的底本指向今藏國家圖書館的宋潭州本。

宋潭州本曾藏於清宫内府，屬於該系統之曹寅刻本雖較通行，却因文字多誤，不斷受學者詬病。宋明州本藏於私家，屬於該系統之錢抄本長期不顯於世。毛氏汲古閣影宋抄本既經毛氏以另一系統宋本校改，復由段玉裁、阮元品題。歷經汲古毛氏、周錫瓚、查有圻、朱鶴年、吴鍾駿、朱鼎煦諸家收藏，今爲天一閣插架物。段玉裁之後，從事《集韻》校勘者有余蕭客、鈕樹玉、嚴杰、陳鱣、羅以智、吴騫、丁士涵、許克勤、袁廷檮、勞權、韓泰華、陸心源、莫友芝、莫繩孫、龐鴻文、龐鴻書等，更有馬釗《集韻校勘記》、方成珪《集韻考正》等校勘專著出現。這些學者，或直接、或間接，均與毛抄本産生聯繫。因此，毛抄本可説是《集韻》版本系統中的關鍵一環。

毛抄本《集韻》具獨有之學術價值、藝術價值，有鑒於此，寧波市天一閣博物院謀以該書行世。該書白粉填改之處，對於文字音韻訓詁之學研究頗有參考價值，今浙江古籍出版社採用全彩影印，以期完美呈現填改細節；又編製目録於首，供讀者研究查閲欣賞利用。謹爲簡述此書源流於右，管蠡之見，或有補於萬一，幸垂察焉。

郭立暄

二〇二三年六月二十五日

注釋

〔一〕冀淑英：《影印集韻説明》，附于《常熟翁氏世藏古籍善本叢書》卷首，文物出版社，一九九四年版。
〔二〕李致忠：《影印宋本集韻説明》，見《宋刻集韻》影印本卷首，中華書局，一九八九年版。
〔三〕邱棨鐊：《集韻研究》頁一〇〇一，臺灣文化大學博士論文，一九七四年。
〔四〕邵懿辰撰，邵章續録：《增訂四庫簡明目録標注》，頁一七六，上海古籍出版社，一九七九年版。
〔五〕顧廷龍：《影宋鈔本〈集韻〉跋》葉二，見影印本《集韻》卷末，上海古籍出版社，一九八三年版。
〔六〕趙振鐸：《記汲古閣影宋抄本〈集韻〉》，《四川大學學報（哲學社會科學版）》，一九九三年第一期，頁八〇—八七。
〔七〕葉景葵：《卷盦書跋》，收入顧廷龍編《葉景葵雜著》頁一七，上海古籍出版社，一九八六年版。
〔八〕陳奂：《三百堂文集》卷上，《乙亥叢編》本。
〔九〕邱棨鐊：《集韻研究》，頁九七一，臺灣文化大學博士論文，一九七四年。
〔一〇〕顧廣圻：《補刊集韻序》，見清康熙四十五年曹寅揚州使院刻嘉慶十九年修補印本《集韻》卷首。
〔一一〕朱彝尊：《汗簡跋》，《曝書亭集》卷四十三，第八葉，清康熙朱稻孫刻初印本。
〔一二〕李慶：《顧千里研究》，頁一〇四，上海古籍出版社，一九八九年版。
〔一三〕王欣夫：《蛾術軒篋存善本書録》甲辰稿卷一，頁一一六一，上海古籍出版社，二〇〇二年版。

目録

卷三

卷四

卷五

卷六

上聲下 ……（三七九）

卷七

去聲上 ……（四六一）

卷八

卷九

卷十

據天一閣博物院藏本影印原書板框高二十四點六厘米寬十七點七厘米

此毛氏影鈔本精審已極首鈐本世之珍小印真本世之珍也書末有段茂堂先生跋足見此書之蘊毛氏但鈔此書之佳而不知其蘊也
道光十三年四月廿日野雲山人出此書屬題以得見此原本爲幸 阮元識

集韻卷之一

翰林學士兼侍讀學士朝請大夫尚書左司郎中知制誥判秘閣兼判太常禮院群牧使上柱國濟陽郡開國侯食邑二千一百戶賜紫金魚袋臣丁度等奉

敕脩定

韻例

昔唐虞君臣賡載作歌商周之代頌雅參列則聲韻經見此焉爲始後世屬文之士比音擇字類別部居乃有四聲若周研李登呂静沈約之流皆有編著近世小學寖廢六書亡缺臨文用字不給所求隋陸法言唐李舟孫愐各加裒撰以稗其闕先帝時令陳彭年丘雍因法言韻就爲刊益景祐四年太常博士直史館宋祁太常丞直史館鄭戩建言彭年雍所定多用舊文繁略失當因

詔祁戬與國子監直講賈昌朝王洙同加脩定刑部郎中知制誥丁度禮部員外郎知制誥李淑爲之典領今所撰集務從該廣經史諸子及小學書更相參定凡字訓悉夲許愼說文愼所不載則引它書爲解凡古文見經史諸書可辨識者取之不然則否凡經典字有數讀先儒傳授各欲名家今竝論著以粹羣說凡通用韻中同音再出者既爲冗長止見一音凡經史用字類多假借今字各著義則假借難同故但言通作某凡舊韻字有別體悉入子注使奇文異畫湮晦難尋今先標夲字餘皆竝出啓卷求義爛然易曉凡字有形義竝同轉寫或異如坪垩杏吮心忄水氵之類今但注曰或書作某字凡一字之左舊注兼載它切既不該盡徒釀細文況字各有訓

不煩悉著凡姓望之出舊皆廣陳名系既乖字訓復類譜
牒今之所書但曰某姓惟不顯者則略著其人凡字有成文相
因不釋者今但曰闕以示傳疑凡流俗用字附意生文既無
可取徒亂真僞今於正文之左直釋曰俗作某非是凡字之
翻切舊以武代某以亡代茫謂之類隔今皆用本字述夫宫
羽清重篆籀後先總括包幷種別彙聯列十二凡著于
篇端云字五万三千五百二十五新增二万七千三百三十一字分十卷
詔名曰集韻

平聲一

東第一都籠切獨用　冬第二都宗切與鍾通

鍾第三諸容切　江第四古雙切獨用

支第五章移切與脂之通　脂第六蒸夷切
之第七眞而切　微第八無非切獨用
魚第九牛居切獨用

一○東都籠切許愼說文動也从木官溥說从日在木中一曰春方也又姓文二十五　涷說文水出發鳩山入於河爾雅暴雨謂之涷郭璞曰今江東呼夏月暴雨爲涷雨引楚辭使涷雨兮灑塵一曰瀧涷沾漬　涷凌也　菄菄風艸名嶺南平澤有之莖高三二尺先春而生　蝀蛞蝀科斗通作東　蝀爾雅螮蝀虹也　鰊魚名似鯉　鶇鶇鶅鳥名美形皃一曰鶅名或書作鶇　𩋓㺨山海經泰戲之山有獸狀如羊一角一目目在耳後其名𩋓或从犬　倲倲儱倲劣也或作倲　徚徚然行皃　崠山名一曰山脊　埬山埬地名　鰊東郡館名　䰤鬼名一曰醜皃　錬方言轄軑趙魏之間曰錬鏅　𤷯吳俗謂惡氣所傷爲𤷯病　䁧地名　𪔝𪔝𪔝鼓聲　騋馬名　𩭧𩭧鬆鬆皃　娻國名　𢘑愚皃。○通他東切說文達也亦州名又姓文二十五　熥以火煖物　樋木名　蓪藥名博雅附支蓪艸　䈡竹名　俑說文痛也　侗說文大皃引詩神罔時侗一曰侗未成器之人　恫痌恿說文痛也一曰呻吟或作痌恿　曈曈曨日欲明　𧳋狪𧰱獸名山海經泰山有獸狀如豚而有珠其鳴自呼或从犬从豸　潼水名

㢔舍嚮 [氵通]水聲 [足同]走皃 桐輕脫皃通作通 絧緩而直通皃 [車東]鼓聲遠聞 [巾通][巾同][巾通]裙衷服也或从同 畽町畽
鹿跡 [女通]女字 ○同徒東切說文合會也亦州名文七十二 童[童]說文男有罪曰奴奴曰童女曰妾一曰山無艸木曰童又姓籀
文童中與竊中同从廿 僮說文未冠也詩傳僮僮竦敬也 勭成人也 侗倥侗童蒙也 曈[目同]曈曨日欲出或作[目同]
膧膧朧月初出 朣肥皃 瞳目瞳子 眮吳楚謂瞋目顧視曰眮 哃哃嘈大言 銅說文赤金也 峒崆峒
山名 硐䂈博雅磨也或从甬 𤭛博雅𤭛瓴甓也 [甬瓦][同瓦][甬瓦]瓸小牡瓦也或从同 桐木名說文榮也又姓古書
作帛 橦木名華可作布 絧布名 罿捕鳥罔 [舟同]艟博雅舟也或作艟 筒竹名 筩說文斷竹也 穜
先種後孰爲穜 蕫艸名爾雅蘈薡蕫郭璞曰似蒲而細 洞洪洞縣名在晉州一曰洚洞水無厓皃 潼說文水出廣漢梓潼
北界南入墊江 烔爞燑博雅烔熱也或作爞燑 㢔舍嚮 [穴同]通也 衕通街也 [同邑]鄉名 [童邑]地名又姓
鮦[魚童]魚名爾雅鰹大鮦或从童 [童鳥][鳥蒙][童鳥]水鳥黃喙長尺餘南人以爲酒器 [豕同]狪[豸同]野彘或从犬从豸 犝
[牛同]說文無角牛也或从同通作童 [羊童][羊同]無角羊或从同通作童 [革童]鞩車被具飾或从同 [鼓冬]鼕鼓聲或从
冬 湩幢湩容車幨帷也或从巾 酮埋倉馬酪也一曰酢也 挏推復引也 獞犬名 [弓同]象弭謂之[弓同] 憧

憧憧往來不絕皃徐邈讀 氃 氋氃毛皃 詷 說文共也一曰譀也引周書在夏后之詷 戙 舟纜所繫曰戙 㠉 㠉嵸山皃 秱

禾盛皃 粡 粽也 痌 瘇 創潰也或从童 虪 黑虎 儵 黑皃 𩦼 馬名 ○籠 盧東切說文舉土器一曰笭也

一曰所以畜鳥文四十二 蘢 艸名說文天蘥也 櫳 說文檻也一曰所以養獸 龒 說文房室之疏也 䆍 博雅䆍穧也一

曰禾病 𦗕 說文無聞也或書作𦗕 嚨 說文喉也 𧮴 大聲也 𩞤 䵽 餅屬或从麥 靇 靇靇雷聲

曨 曈曨日出 朧 朣朧月出 龓 說文兼有也 𩋟 馬被具通作龓 𨏈 方言車轊齊謂之𨏈 襱 𧙕 方言齊魯

之間謂之襱關西謂之袴一曰裙也或从同 巃 巃嵸山高皃或書作巄 儱 儱倲劣也 壟 土壟 龏 擊也 𨇨

𨇨蹤行皃 𢟨 𢟨怱遽皃 𧮰 谾 蝕 說文大長谷也或作谾蝕 瓏 埤倉玲瓏玉聲一曰風聲 礱 說文䃺也天子

之桷椽而礱之 𤮻 築土以磨穀一曰瓦礲物 瀧 說文雨瀧瀧皃 鸗 鳥屬 蠪 說文丁螘也一曰蠪蛭如狐九尾虎爪音如小

兒食人亦名螭蠪 龐 驡 充實也詩四牡龐龐或从馬 寵 都寵縣名在漢九眞郡 㦕 㦕悷多惡也 籠 筐也 鑨

器也 𦪽 舟名 𤜫 獸名 攏 理也 ○蓬 𦬊 蒲蒙切說文蒿也籀省亦州名文三十一 芃 說文艸盛也引詩芃芃黍

苗 篷 䈦 𨍉 方言車䉶南楚之外謂之篷或省亦作𨍉 艂 笂 織竹編箬以覆船或作笂 逢 韸 韼 𪔴

逢逢鼓聲又姓或作韸韼鞶龐驡充物也或从馬髼鬔字林髼鬆鬉亂皃或作鬔袶艸名爾雅困衱袶熢熢焞煙鬱皃漨漨渟
煩鬱也蜂蠭倉頡篇螽蜂蟲名或从蓬颫風皃菶茂也詩菶菶萋萋塳塚塵也崔譔作塚鏠首著兜鉾
也莊子鏠頭䡫車聲⿰王車車笭皮篋槰梁上欂⿺逢麥煮麴也妦女字○蒙謨蓬切艸名說文王女也文五
十五冡說文覆也通作蒙𠕅說文突前也徐鉉曰冃重覆也犯冃而見是突前也幏幪說文蓋衣也一曰下刑墨幏幏巾也
使刑者不得冠飾或作幪髳⿰足矛爾雅覭髳⿰足矛離也郭璞曰艸木之叢茸翳會或作⿰足矛⿱髟蒙馬垂鬣濛靀說文微雨也或
作靀雺霚霿霧爾雅天氣下地不應曰雺或作霚霿霧朦朦朧月將入曚曚曨日未明朦方言
秦晉之間凡大貌謂之朦一曰豐也艨博雅艨艟舟也通作蒙矇說文童矇也一曰不明饛⿱穴盈⿱㠯皿說文盛器滿皃引詩
有饛簋飧或作⿱穴盈⿱㠯皿⿰酉冡⿰酉蒙說文⿱竹鞠生衣也或作⿰酉蒙通作⿺辶⿱夂豖⿰酉⿱穴盈⿰酉盅⿰酉蒙⿰酉⿱穴盈濁酒也或作⿰酉盅鸏說文水鳥也罞爾雅麋罟
謂之罞蠓方言蠭燕趙之閒謂之蠓螉⿰糸蒙絲亂緒皃鄸邑名⿰馬冡⿰馬蒙說文驢子也或从蒙檬木名黃槐也⿰扌蒙
收斂也尨尨茸亂皃蛖蟲名爾雅蝚蛖螻懵懜懵懵無知皃或从夢蟊龜兆氣不澤也洪範曰圛曰蟊瞢雲瞢澤名
在荊州李軌說夢艸名說文灌渝博雅畱夢⿱夢子也⿺辶⿱夂豖博雅⿺麥蒙⿺辶⿱夂豖⿰米肖也氋氋氃毛皃⿰金冡博雅鏵⿰金冡鍪也⿰夢豕獸似豕目出於耳

曚浮醭艶醜也㠓山名𧭈嚎言不明亦从口𨻻阜名鄸魯邑懞慤厚皃襪襤襠衣○檧篵

蘇叢切俗呼小籠爲桶檧或作篵文十一揔手進物懀惺懞了惠皃𤾉素白也蜙蚣蟲名爾雅蜤螽蜙蝑或从公亦書

作蚣鬆𩬸髮亂或作鬆鏓大鑿也潨水聲○怱悤麤叢切說文多遽怱怱也古作悤俗作忩非是文三十聰

說文察也一說耳病晉殷仲堪父患耳聰古作聦葱蔥說文菜也古作蔥𨍉載囚檻車通作蔥樬檐兩頭銳者

鏓說文鎗鏓也一曰大鑿一曰平木刻𢉖說文屋階中會㟌山皃璁說文石之似玉者繱總說文帛青色一曰輕絹或作總

憁憁恫無知𨆪蘢𨆪行遽驄說文馬青白雜毛也蟌蟲名淮南子水蠆爲蟌一曰蜻蜓𤏐熜博雅𤏐熜炬也一曰熅也

或省醲醲醪謂之醲濛或作醲窻囪牕窗囱通孔也鄭康成曰窻助戶爲明古作囪或作牕窗囱𧮪山海經大荒之

南有𧮪淵偬志衆也𡟯女字○㚇翪鶟祖叢切說文斂足也鵲鵙醜其飛也㚇或从羽从鳥文三十九騣馬鬣也鬉

髮亂鬆繫髮繻曰頭鬆豵𤞤說文生六月豚一曰一歲豵尚叢聚也或从犬猣爾雅犬生三猣鯼魚名石首也出南海頭中有石蝬

三蝬蛤屬𧐏說文蝑𧐏也一曰似蟒葼說文青齊沇冀謂木細枝曰葼䈼折竹箠椶椶櫚木名葉似車輪稯稅說文布八

十縷爲稯一曰十筥曰稯籀作稅通作總緵𢓭逡行也或从辵緵爾雅緵罟謂之九罭郭璞曰今百囊罟緫絲數詩素絲五總嵕

說文九嵏山在馮翊谷口或書作峻 惾 困惾刻賊不通也李頤說 嵸 巃嵸山皃 䡯 輪也 磫 石名 堫稯 說文種也一曰

内其中也一曰不耕而種或从耒 鬷 說文釜屬一曰總也又姓 艐朡 說文船著不行爾雅至也一曰三艐國名隸作朡 蚼 蛩蚼蟲名似蟬

捘 字統捘摵俗謂之捉頭 䁓 視也 䙕襐 博雅䙕褋襌衣也或作襐 陖 國名 矠 錐也 嵕 女字 ○叢 徂聰切說

文聚也俗作藂非是文十五 䖼 合絲織也 鬞 毛髮聚生 䕺菆𦾔 說文艸叢生皃或作菆𦾔 䉙 籠䉙取魚器 爜

火皃 蜙 螉蜙蟲名 潨灇𤄷漎 說文小水入大水曰潨詩傳水會也或作灇𤄷漎 縱 髻高大皃禮爾無縱縱爾劉昌宗讀 区

盛米器 ○洪𣶒 胡公切說文洚水也一曰大也亦姓古作𣶒文四十五 洚 說文水不遵道一曰大水一曰下也 葓𦭾 水艸也或从紅

𥳊 引水也一曰竹木爲束 𥹶粠 說文陳臭米一曰赤米或从共 紅 說文帛赤白色亦姓 阦 博雅阦坑也 陆阝工 從陆山名在益州或作阝工 谼

大壑 硌 硌磅石隕聲 鴻鳿 說文鴻鵠也大曰鴻小曰鴈亦姓古省 琟 說文鳥肥大琟琟也 𦐀 飛聲或書作玒 魟 白魟魚名

一曰魚肥 虹蝺 說文螮蝀也狀似蟲引明堂月令虹始見籒作蝺或書作𧈧 仜 說文大腹也一曰儱仜肥大皃 肛 肛門腸耑 訌 說文讀也引詩

蟊賊内訌通作虹 𢗊 說文戰慄也 䪦叿𠵮 大聲或作叿𠵮 䫺 風聲 鉷 埤倉弩牙辟致也 烘灴 字林燎也或从工

玒珙 說文玉也或从共 瓨 陶器 舼 博雅舟也 共 共池地名 垬 埭也 渱 水聲一曰潰渱水沸涌 䞑 皮肉腫赤 屸

山名娂妅女字或从工愩憒也㤨徽幟類○烘呼公切說文尞也引詩卬烘于煁文十五䜫訇大聲或作訇颫
風聲⿰光空光色焢火氣皃叿哄呵也一曰叿叿人聲一曰唬語或作哄⿰甬頁⿰甬頁頭悶皃谾谾豅潤谷空皃硿石落聲
魟魚名似鼈㲁擊空聲⿰耳共耳有聲⿰口動歌聲○空枯公切說文竅也一曰虛也文二十一箜⿰扌箜箜篌樂器師延作蓋
空國之侯所好或从手⿱艹空⿱艹空心艸名⿰禾空博雅秆⿰禾空稭槀也椌器朴埪龕謂之埪硿硿青藥名出會稽一曰石聲控
除也⿰空攴㲁擊也或从殳崆崆巄山高倥倥侗童蒙也悾信也一曰愨也⿰巾空袂謂之⿰巾空涳說文直流也一曰涳
濛細雨鵼鳥名出則爲怪⿰虫空蟲蜙曰⿰虫空⿱空鼓鼓聲窾空也莊子導大窾向秀讀⿰骨空尻骨○公⿱八白沽紅切說文平分也从八
从厶八猶背也韓非曰背厶爲公一曰封爵名古作⿱八白文二十六工⿰工彡說文巧飾也象人有規榘古从彡功⿰糸力紅說文以勞定國也或
作⿰糸力紅㓚博雅錣謂之㓚攻說文擊也一曰治也釭⿰車工博雅鐹錕釭也謂車轂中鐵或作⿰車工玒玜玉名或从公碽擊聲
篢笠名愩悒憒皃疘脫疘下病蚣蟲名廣雅蝍蛆蜈蚣也⿱艹公艸名⿰公鳥鳥名⿰魚公魟⿰魚公⿰魚斤魚名似鱟或从工
訌訟言相陷也詩蟊賊內訌鄭康成讀杠杠里地名⿰口公衆口⿰忄工急意○翁⿰翁頁烏公切說文頸毛也或从頁翁一曰老稱又姓
文十五⿰魚翁說文魚名螉說文蟲在牛馬皮者⿰革翁吳人謂鞾靿曰⿰革翁⿰木翁木名⿱竹翁說文竹皃蓊艸名博雅蓊薹也又

蓊鬱艸木盛皃 嗡 嗡吼牛聲 𤢏 豬也 𨛱 邑名 䙎 褣䙎衣名 嵡 山名 嗡 蟲聲 鎓 鍬也 ○峣 五公切崆峣山高皃文三

腢 髃 肩前也或从骨 ○夆 樸蒙切𠌫夆使也文一 ○豐 豊 敷馮切說文豆之豐滿者也一曰鄉飲酒禮有豐侯者一曰大也亦姓古作𧯛文十二

酆 說文周文王所都在京兆杜陵西南又姓 灃 水名在咸陽 僼 𠑷僼仙人名 𡾰 山名 麷 說文煑麥也鄭衆謂熬麥曰麷或書作𪍣

寷 說文大屋也引易豐其屋 蘴 葑 方言蘴蕘蕪菁也陳楚之郊謂之蘴或作葑詩采葑采菲徐邈讀

𩐈 鼓聲 靊 靊靇雷師 ○風 飌 凬 凮 方馮切說文八風也風動蟲生故蟲八日而化一曰諷也又姓或从雚古作凬凮文十二 楓

檒 說文厚葉弱枝善搖一名欇或从林 猦 猦㺟獸名如猨行逢人即叩頭微擊即死得風還活 偑 地名 瘋 頭病 䕵 竹名出南海

𨻐 地名 諷 誦也一曰告也 ○馮 符風切說文馬行疾也又姓文十六 𨛱 說文姬姓之國 汎 浮也 芃 說文艸盛 艂 舟名 渢 大聲

丰 丰茸艸盛皃 堸 蟲室曰堸 檒 梵 風行木上曰檒或作梵 葻 艸偃風皃 縫 𦄆 紩衣也或作𦄆 㵯 水聲

𦙶 乳也 淜 無舟渡曰淜 ○瞢 矒 謨中切說文目不明也从苜从旬旬目數搖也或作矒文十一 夢 艸名說文灌渝也 瞢 說文不明也

𡐙 澤名通作夢 儚 懜 爾雅儚儚惛也一曰懃也或作懜 䆮 寐言 鄸 邑名在曹 𧅗 艷艷醜皃 𧰟 獸名似豕目出於耳

○嵩 崇 思融切說文中岳嵩高山又姓古作崇文十七 崧 爾雅山大而高崧郭璞曰今中嶽嵩高山蓋依此名 䳒

集韻平聲一 六 王縉

䲲𪀔爵駥隼屬或从公从松娀說文帝高辛之妃偰母號也引詩有娀方將又姓菘䒦蘴菜名或作䒦蘴硹

地名在遼𢓆姓也䖨蟲名髶髶毧毛布一曰髶細皃蜙蚣蜙蝑蟲名或从公亦書作蚣䤯酒名。○充昌嵩切說

文長也高也或曰實也備也文七珫瑱玉名通作充㤝埋倉心動也䵺博雅黃也𧙕禪衣方言襜褕布而無緣關西謂之

裗褔流流淙水聲茺茺蔚艸名益母也。○終𣅀𠔄𣅀𣅀夂之戎切說文絿絲也一曰盡也又姓古作𣅀𠔄

𣅀𣅀隸作夂文二十七汷泈說文水也一曰水名在襄陽亦作泈潨厓也一曰小水入大水螽𧒍蝩𧖅說文

蝗也或作𧒍螺𧖅鼨鼨說文豹文鼠也或省𧲸獸名如豹而角蔠艸名爾雅蔠葵蘩露大莖小葉華紫黃色柊

齊人謂樵爲柊楑一曰木名通作終𩃬說文小雨也引明堂月令曰𩃬雨𪛋龜名𧆬𧇾虎文赤黑或从終鴤

鳥名䈺戎人呼篋曰䈺衆艸名爾雅灤管衆郭璞曰葉員銳莖毛黑布地冬不死又姓春秋傳有衆父㚚博雅㚚婞竟皃也通作

終㹅犬名。○𢦦戎而融切說文兵也一曰西夷名一曰大也或作戎文十六㭜木名似櫰駥馬高八尺也爾雅絕有力駥

狨獸名禺屬其毛柔長可藉通作戎絨布細者曰絨𢭉爾雅相也博雅推也通作戎茙茙葵艸名一曰茙茙厚皃通作

戎𥮴竹笴謂之𥮴茸尨茸亂皃襛𧙨衣厚也或作𧙨毧𩬊耎毳細毛古作𩬊𥐨石也𥳓竹名

頭有文○崇鉏弓切說文嵬高也一曰充也聚也終也又姓或書作宗文六從太高皃禮爾毋從從爾鄭康成讀漴水聲[崇+刂]

字林亩屬[宗+阝]國名通作崇[食+崇][食+崇]饞貪食○中[中+丿][中+丿+丿]陟隆切說文和也从口从丨上下通亦姓古作[中+丿]籀作[中+丿+丿]文六

衷說文裏褻衣一曰善也中也忠說文敬也亦州名[艹+中]說文艸也○忡[忄+蟲]敕中切說文憂也引詩憂心忡忡楚辭作

[忄+蟲]文七㳘㳘瀜水深廣皃盅器虛曰盅[穴+中]穿也[竹+中]竹名翀上飛也○蟲持中切說文有足謂之蟲李陽

冰曰裸毛羽鱗介之摠稱亦姓俗作虫非是文十二爞烛旱灼也或省通作蟲[蟲+鼓]鼓聲沖說文涌搖也一曰和也种

稚也亦姓痋病也翀上飛通作冲盅說文器虛也引老子道盅而用之通作沖[艹+蟲][艹+中]艸名或从中[忄+盅]憂也○隆

良中切說文豐大也一曰物之中高也文十六癃[疒+夅][疒+夅+午]說文罷病也或作[疒+夅][疒+夅+午]窿穹窿天勢通作隆嶐嶐豐山形

洚漋高下水也或作漋[夅+鼓][隆+鼓]鼓音或作[隆+鼓][隆+石]硿[隆+石]石落聲[竹+隆]篂也霳豐霳雷師[虫+夅]

[虫+隆]蟲名或从隆[夂+午]多也○融[鬲+蟲]余中切說文炊氣上出也一曰和也方言宋衛荊吳之閒謂長曰融又姓籀不省文七

[火+彡]火氣瀜沖瀜水深廣皃彤船中也肜商又祭名肜者相尋不絕意孫炎說李舟从肉赨赤蟲○雄[厷+鳥]胡弓切說文鳥父也一曰

牡也一曰武稱亦姓或从鳥文八熊[犭+能]能[豸+厷][熊+貝]說文獸似豕山居冬蟄亦姓或作[犭+能]能[豸+厷][熊+貝]赨赤蟲○弓居雄切說文以

近窮遠象形古者揮作弓又姓一說角曰弓木曰弧文十三躳躬說文身也一曰親也或从弓又姓郲山名在彭蠡杛木名
躬窮恭皃或从穴宮說文室也一曰五聲之始亦姓䐤腐刑也通作宮𧍳守𧍳蟲名通作宮涫縣名在酒泉
𧘂博雅裀袾𧘂襣也营艸名葶藶也○穹丘弓切說文窮也爾雅穹蒼蒼天郭璞曰天形穹隆然文十五㷀熍
曝也燼也或从宮悹㤨㣐廣雅憂也或作㤨㣐营芎蘜說文营藭香艸司馬相如說从弓或作蘜䃔硿礲
石聲𡾳𡾳𡷨山形匑匔博雅匑匔謹敬也或作𨉖䈪方言車枸簍宋魏陳楚閒謂之䈪籠𩋠車軾中○𣪍火宮切說
文擊空聲文一○窮竆渠弓切說文極也或作竆文九䆳說文夏后時諸侯夷羿國藭藥艸說文营藭也匑匔謹敬皃或
作𨉖𡷨𡾳𡾳𡷨山形或从窮𤡓獸名似虎○𥑮於宮切石名文二悹憂也○䧻嵩工切雀也文一○魟戇公切海
魚名似鼈文一
二○冬𠔃𣅽都宗切說文四時盡也又姓古作𠔃𣅽文九𩅽雨皃笗竹名苳說文艸也陸詞曰苣苳冬生通作冬𧳎
獸如豹有角鴤鳥名似梟㚵女字○炵他冬切火盛皃文三𢘉博雅怪𢘉懼也𧍮鳥名○彤蚒徒冬切說文丹飾也从
彡其畫也又姓或作蚒文三十三赨䞒說文赤色也或从冬炵火盛皃爞蟲爾雅爞爞薰也謂旱熱薰炙人或作蟲𢥞

博雅憹憹憂也炵惶也⿰巾冬幡名疼胨博雅痛也或作胨痋說文動病也庝深屋謂之庝一曰舍響⿱隆鼓鼕鼟
說文鼓聲也或从冬亦作鼟⿰宮殳說文擊空聲鉵⿰金蟲說文相屬或从蟲鉖鈎也独博雅刺也⿰冬龜說文龜名螐蜼
山海經崧果山有鳥名螐渠狀如山雞黑身赤足可以巳⿰月暴或从隹佟姓也浵汪浵水深一曰水名⿰冬阝古國名⿰酉冬酒醋壞虪
黑虎或作虪鼨豹文鼠也⿰黑冬黑也○⿱隆石虛冬切⿱隆石石聲文六⿱隆鼓鏧鼕鏧鼓聲或作
鏧鼕鏧鼕○農⿱樊辰辳⿱辳皿⿰食農奴冬切說文耕也一曰厚也又姓古作⿱樊辰辳農辳⿱辳皿文二十⿰食農餺饛強食噥
多言不中謂之噥⿱雨農濃博雅露多也或作濃憹⿰忄逢憹悅也儂我也吳語⿰犭農說文犬惡毛⿱農皿膿癑說文腫血
也或作膿癑⿱艹農蓬⿱艹農蘆華⿰鼻農鼻病⿱農夒貪獸也一曰母猴⿰目農怒目○⿱髟松鬆⿱髟怱蘇宗切⿱髟夆⿱髟松亂或作鬆⿱髟怱文三
○宗祖賓切說文尊祖廟也一曰尊也本也亦姓文四倧上古神人洚水不遵道孟子洚水警予棕木名蜜○賨
徂宗切說文南蠻賦也或从巾亦書作賩文十三⿰巾宗悰誴說文樂也一曰謀也或作誴慒說文慮也通作悰琮說文瑞玉大八
寸似車釭淙說文水聲也潨水會也鬃高髻也蜙蜙蝑蟲名⿱從尣⿱從尣屬方言江湘之間謂之⿱從尣孮子孫隆盛曰孮婃
女字○⿰石宮乎攻切⿰石宮⿱隆石石隕文七⿰口動歌聲⿰風宮大風謂之⿰風宮洚水不遵道也夅服也降下也瓨罃長頸者○攻

沽宗切治也擊也文三釭轂鐵一曰鐙也碽擊聲○流統冬切流淙水聲文一○硿酷攻切硿隆石聲文一

三○鍾諸容切說文酒器也一曰聚也當也又姓文三十三鐘鏞說文樂鐘也秋分之音物種成古者垂作鐘或从甬通作鍾橦

木一截也唐式柴方三尺五寸曰一橦籦籦籠竹名任作笛舩舉角也⿱竹公字林無節箭⿱艹公艸名炂暍也伀

說文志及衆也彸征彸怖遽皃妐公夫之兄爲兄妐一曰關中呼夫之父曰妐或省通作鐘罿捕鳥罔爾雅罬謂之罿蹱徸

埤倉躘蹱行不進皃一曰小兒行或从彳憧憧憧往來不絕皃⿰口公衆口皃忪心動也愡⿰巾公衳衳說文幝也

一曰帙或作⿰巾公衳衳蚣蟲名蝩⿰虫童蝗也或从童⿵門公門外開童夫童郕地通作鍾鍾⿰金史量名六斛四斗曰鍾或作

⿰金史通作鐘舂荊山別名潼瀧潼溼皃鈆鐵也○舂書容切說文擣粟也古者雝父初作舂一曰山名日所入文十摏衝也

蹖博雅蹖蹋也惷憧騃昏也或作憧蝽蝽蟓蟲名通作舂⿰魚舂鸀鳥名布穀也通作舂⿰馬舂騖馬從從容

久意禮待其從容然後盡其聲倯博雅倯倯罵也○衝衝昌容切說文通道也引春秋傳及衝以戈擊之一曰突也或从重文十七罿說文罬也用以捕鳥憧

說文意不定也一曰憧憧往來不絕皃⿰車童橦說文陷敶車也或作橦通作衝艟艨艟戰船所以突敵潼水名一曰水壞道⿰衤童

褈博雅褈褣襜褕也或从重⿰童刂⿰重刂博雅⿰童刂刺也或从重⿰矛童⿰矛重廣雅短矛也或从重樅崇牙也惷騃昏也⿱穴童

空也。鱅鰫常容切說文魚名一作鰫文十一⿰衤童褈博雅褈褣襜褕或从重⿱穴庸窳⿱穴庸器病慵懶稱鏞鑱鏞

不廉⿰舟庸⿱從舟引船浅水中或作⿱從舟⿰容瓦說文器也一曰瓶也嫞女字。茸如容切說文艸茸茸皃一曰尨茸亂皃文十八⿱竹茸

文竹也⿰禾茸穠⿰禾茸芳也一曰禾⿰禾茸⿰木茸木名似檀⿰革茸鞌毳飾⿰糸茸絲飾髶⿱髟耳說文亂髮也或从耳⿰茸毛博雅⿰茸毛⿰茸毛罽也襛

說文衣厚皃引詩何彼襛矣穠華多皃⿰足茸行皃⿰虫茸蟲行皃搑推擣也一曰收也⿰矛茸矛屬⿰酉茸說文酒也一曰

酒重釀者⿱毛高鳥獸細毛也⿰女茸姅⿰女茸美皃。蜙⿱公虫思恭切說文蜙蝑以股鳴者或省亦書作⿱公虫文九淞江名在吴郡凇

字林凍洛也鬆⿱髟公⿱髟公鬆髮亂或省倯㣝方言傛倯罵也郭璞曰羸小可憎之名一曰嬾也或从彳松木也關內語。樅七恭切木

名說文松葉柏身亦姓文二十⿰禾從⿰禾從移治禾也鏦⿰金彖⿱從心說文矛也一曰⿰禾肖小者或从彖亦作⿱從心瑽瑽瑢佩玉聲瞛目光⿰月從

肥也⿰走从急行皃⿱髟從⿱髟松⿱髟公⿱髟從⿱髟從鬆亂或从松从公摐博雅撞也從從容休燕也⿰彳從⿺辶從步緩也或作⿺辶從蓯

蓯蓉藥名⿰虫從蟲名蠮螉也⿰鼠從⿰鼠從鼩小鼠⿰女從女字。從縱將容切東西曰衡南北曰從或从糸文十七縱說文絨屬絨采章也

一曰車馬飾⿰車從⿰車從說文車跡也或作⿰車從蹤⿰足從迹也或省⿰走从急行皃樅木名一曰簴上牙⿱從火火出穴中磫廣雅磫礭礪也

一曰石路⿰鼠從⿰鼠從鼩鼠名瘲說文病也⿱從毛博雅⿱從毛氍罽也瞛目光也潨水外之高者豵豕生三子。松⿱穴公⿱穴松祥容

切說文木也亦州名古作寀寀或書作榕文七 訟爭也 淞水名在吳 凇凍洛也 苁艸名○从刅從⿺辶刅牆容切說文相聽也

从二人又姓古作刅隸作從或作⿺辶刅文九 豵豕生三子 雓䳯方言桂林之中謂雞曰雓或从鳥亦書作⿱從隹 訟爭也 蜙蝑蜙蟲名○丰

䒓丰敷容切說文艸盛丰丰也从生上下達也或作䒓丰文三十五 莑艸牙始生 夆蜂說文啎也爾雅甹夆掣曳也或作蜂

妦⿰女夆方言凡好而輕者趙魏燕代之閒曰妦或作⿰女夆 ⿰彳夆⿰彳逢說文使也或从逢 鏠鋒說文兵耑也或从夆 桻廣雅木末也

熢烽說文熢候表也邊有警則舉火顏師古說夜曰熢晝曰燧或省 ⿰矛逢⿰矛夆矛屬或从夆 ⿰革丰⿰革夆鞛鞧轡飾或从夆 ⿰月丰

肉耑 峯⿱山丰說文山耑也或作⿱山丰或書作峰 ⿰目夆⿰目丰目瞭或从丰 蠭⿱夆䖵⿱逢虫蚌說文飛蟲螫人者古作⿱夆䖵或作⿱逢虫蚌通作蜂

蘴葑菜名或作葑 捀說文奉也 ⿰牛夆牛名 ⿰言丰⿰言夆語耑或不省 ⿰亻丰闕仙人名○封⿱㞢土⿰丰土方容切說文爵

諸侯之土也从之从土从寸守其制度也徐鍇曰各之其土一曰土陪益爲封一曰大也又姓亦州名古作⿱㞢土⿰丰土文十 崶山名在封州 葑⿱封豆菜名

說文須從也或作⿱封豆 ⿱封牛⿰牛夆牛名領上肉犦肤起如橐駝或从夆 ⿱竹封竹名 ⿱封女女字○逢符容切說文遇也一曰大也文十四 縫

⿰糸夆摓說文以鍼紩衣也或省亦作摓 ⿰革逢字林被縫也一曰鼓聲一曰鞁⿰革逢艸名 ⿰矛逢⿰矛夆字林矛有二横曰⿰矛逢⿰犭責或从夆 捀⿰扌丰捧

奉也孫伷曰兩手分而數或省亦作捧通作摓 夆爾雅甹夆掣曳也 ⿰衤逢蕢山神名通作逢 漨浲水名山海經罍狐山漨水出焉一曰漢漨池在

開封縣或从夆。夆 匹逢切粤夆掣曳也文一。蹱 癡凶切蹱蹱小兒行皃文八 傭膧 均直也或从肉 ⿺辶馬 馬不行皃 ⿰豸重 土精如狍謂之

獞 ⿰黑庸 深宄中黑 嫞 女字 ⿱龍巫 巫也。重 傳容切複也文十三 種穜 說文先種後熟也或作穜 緟褈⿰衤童 說文

增益也一曰厚也或作種穜 ⿰重鳥 𪂇鶇鳥名 鮦 魚名 蝩 夏蠶 ⿸㫃重 旗杠 隀 地名 酮 酒欲酢 媑 女字。龍竜

⿱⺮电⿰龍毛⿱人电⿱龍木 盧鍾切說文鱗蟲之長春分而登天秋分而潛淵一曰寵也又姓亦州名古作竜⿱⺮电⿰龍毛⿱人电⿱龍木文二十 驡 野馬

蠪 博雅蚵蠪蜇蜴也一曰竹蝗 瓏⿰圭龍 說文禱旱玉龍文从玉或从圭 ⿱龍巫 博雅巫也 躘 躘蹱行皃 蘢 蘢古

艸名通作龍 籠 博雅簦籠奄也一曰籠籦竹名 龐寵 鄧龐縣在九眞或作寵 巃 山峻皃 ⿰舟龍 扁舟蓋謂之⿰舟龍

⿱龍鳥 鳧屬 瀧 水名。醲 尼容切說文厚酒也文十 濃䨶 說文露多也引詩零露濃濃或从雨 襛 厚也 穠

華多 ⿰木農 木名 ⿰多農 多也 ⿰黑農 ⿰黑庸⿰黑農黑甚 ⿰犭農 犬多毛 鬞 髮皃。容宊 餘封切說文盛也从宀谷徐鍇曰屋

與谷皆所以盛受又姓亦州名古作宊通作頌文四十七 頌額 說文皃也籀作額通作容 ⿰庸彡 重影也一曰形⿰庸彡 ⿱髟容 髮長皃一曰飾也

傛 漢制傛華婦官名一曰傛傛便習意一曰不安 褣 方言南楚謂襜褕曰⿰衤童褣 搈 博雅動也 傭 說文均直也一曰顧作謂之傭 庸

⿱亯用 說文用也从用庚庚更事也引易先庚三日一曰常也愚也古作⿱亯用又姓 𩫖 說文用也从亯从自自知臭香所食也 鄘 說文南夷國一

曰紂之鑯內地名鎔說文治器法也鏞銿說文大鍾謂之鏞或从甬𢧵兵器槦鶬槦木名材中箭笴一曰兵架謂之槦榕木名初生如葛藟緣木後乃成樹䈶䈶箭矢也一曰文竹蓉芙蓉荷華溶說文水盛也一曰安流也亦水名滽水名山海經宜蘇之山滽水出焉墉𨽁牅𩫖說文城垣也或作𨽁牅古作𩫖嵱山名在容州𪩘山名在建州𨋩輵車行皃或从容瑢瑽瑢珮音瓾𤮪博雅瓶也或作𤮪𧳜猵說文猛獸也或从犬鷛𪆷說文鳥也一曰鷛渠即今水雞或从隹䲧䲧鸈鳥名鱅魚名如犎牛音鰫說文魚也似鰱而黑蝩山海經鯈蝩狀如黃蛇魚翼出入有光訟諍也犝牛名領有隆肉鋊鉤鋊取炭器嫆女字○銎丘恭切說文斤斧穿也文三𥫤車弓跫行聲○恭居容切說文肅也通作龔共或書作恭文十八龏說文慤也龔說文給也又州名亦姓供說文設也一曰供給通作共共共工官名又地名亦姓廾昇竦手也或作昇䢼亭名在宣城䀧䁅埤倉䀧瞯非眭也或从恭𩬊𩬊鬆髮亂䳍鳥名似雉啼自呼烘燎也珙拱大璧也春秋傳與我其拱璧徐邈讀或作拱㤨博雅懼也哄嗱聲也或从恭○匈𦙄胷虛容切說文膺也或作𦙄胷文十七凶㐫說文惡也象地穿交陷其中或从夕通作兇兇恟忷說文擾恐也引春秋傳曹人兇懼或作恟忷訩詾說詩傳訟也一曰盈也一曰眾言或作詾說跫𧿳人行聲莊子足音跫然或从凶洶汹水勢或作汹銎鈎方言矛骹謂之銎一曰斤斧穿或从凶○邕𨚮於容切說文四方有水自

邕城池又州名籀作𨛭文三十五 廱說文天子饗飲辟廱一曰辟廱學名通作雝 雝⿰邕鳥說文雝⿰鳥縣也或从鳥 雍和也亦姓通作邕雝 嗈
爾雅聲也郭璞引詩肅嗈和鳴或作噰通作邕雍 ⿰豸雍猨屬 ⿱雝食饔孰食也一曰割烹煎和之稱或从雍 灉澭說文河灉
水在宋爾雅水自河出爲雝或作灉 ⿱雝土壅⿱雍甾塞也或从雍亦作⿱雍甾 ⿱雝玉⿱雍玉石次玉一曰玉器或从雍 ⿱雝缶罋甕陶器或作罋甕
⿰多邕⿰多雍⿰多邕⿰多農多也或作⿰多雍 ⿱艹雍莘也 ⿰革雍⿰革邕⿰韋雍鞾勒或从邕亦作⿰韋雍 ⿰衣雍⿰衣邕⿰衣歲勒吳俗語或从邕 癰臃說文腫也或作
臃亦書作⿸疒雍 擁⿱雝手遮也或作⿱雝手 ⿰女邕女皃 ⿱雍虫蟲名蛘也○顒⿰禺馬魚容切說文顒大頭也引詩其大有顒一曰顒顒温皃或作⿰馬禺文八
⿰虫禺蟲名似蟬 禺番禺越地名 喁噞喁魚口上見一曰聲也 鰅說文魚名皮有文出樂浪東暆神爵四年初捕收輸考工周成王時揚州獻鰅一曰
鰅鱅狀如犂牛 ⿺辶禺曲遇地名 ⿰女禺女字○蛩𧊅渠容切說文蛩蛩獸也一曰秦謂蟬蛻曰蛩或从邛通作邛文二十九 ⿱巩馬獸如馬而青走千里
蛬爾雅蟋蟀蛬 邛說文地名在濟陰一曰水名在蜀一曰病也亦姓 笻竹名通作邛 ⿱艹邛蕒莢實 ⿱巩木稭也 桏說文欆椐木也
栱共爾雅杙大者謂之栱或省 ⿱巩木⿰舟⿱巩木⿰舟共⿰舟邛方言南楚江湖凡船小而深者謂之⿱巩木或作⿰舟⿱巩木⿰舟共⿰舟邛 輁輁軸士喪遷柩者 ⿱竹蛩
籠⿱竹蛩車弓 ⿱巩玉佩也 ⿰亻⿱巩木方言⿰亻⿱巩木倯罵也 ⿱巩鳥水鳥名 ⿱髟巩⿱髟巩鬆鬆亂 跫人行聲 廾竦手也 ⿱巩手舉兩手取曰⿱巩手 鬨
說文所以枝鬲者从爨从鬲省會意 烘燎也 ⿱巩玉⿱巩石水石之鳥曰⿱巩玉或从石 ⿱巩米精米○⿱逢虫匹凶切蟲名爾雅土⿱逢虫文一○逢

上 集韻平聲一 二 王臻

蒲恭切闕人名蓬蒙羿之弟子文一○⿱𡗗牛 鳴龍切羌中牛名李登說文二 ⿱𡗗毛 毛之彊曲者李登說

四○江 古雙切說文水出蜀湔氏徼外崏山入海又姓亦州名文十六 茳 茳蘺香艸通作江 豇 豇豆名 扛 說文橫關對舉也 杠

說文牀前橫木一曰旌旗干 矼 聚石水中以爲步度彴通作杠 瓨 說文似罌長頸受十升 玒玜 王名或从公 ⿰谷工 谷名在南郡 釭 鐙也一曰轂鐵

⿰角公⿰角工 說文舉角也或从工 魟 魟鰤水蟲名 肛 埤倉胮肛腸脹也 笁 竹名○腔羫⿰犭空 枯江切骨體曰腔或从羊从犬文十九 ⿰骨空

⿰骨重⿰骨空尻骨名 ⿸疒空啌 喉⿸疒胡也或从口 控 打也 椌 說文柷樂也 跫 履地聲 ⿰馬空 馬行皃 悾 信慤皃 谾 山谷深皃 崆

崆⿰山兇山高峻皃 ⿰康瓦⿰荒瓦 ⿰康瓦也或从荒 ⿱㞢冂 說文幬帳之象从冂㞢其飾也 舡 艭舡舟名 涳 說文直流也 矼 堅實皃○肛

⿸疒兒 虛江切博雅胮肛腫也或作⿸疒兒文九 啌 咄也一曰嗔語一曰嗽也 舡 博雅艭舡舟也 谾 澗谷空皃 ⿰章殳⿰車夅 擊也或作⿰車夅 矼 堅實皃

涳 水流直皃○夅降 胡江切說文服也从夂㐄相承不敢並也或从𠂤文十六 迒 車迹 ⿱竹夅 ⿱竹夅籆酒篘也 栙 說文栙雙也一曰未張帆

皃通作⿱竹夅 ⿰豆夅 博雅胡豆⿰豆夅⿰豆雙 缸瓨 說文瓶也或作瓨 ⿰犭夅 ⿰犭雝⿰犭夅犬不服牽也 ⿱山降 山名 洚 說文水不遵道一曰下也 ⿰鳥江

⿰鳥邛 鳥名或作⿰鳥邛 跭 跭蹝竦立也一曰行不進 ⿰山兇 崆⿰山兇山皃 虹 潰也詩實虹小子鄭康成讀○胦 於江切胦肛不伏文二 ⿰犭雝

⿰犭雝⿰犭夅犬不服也○⿰山兇⿰山頁 吾江切崆⿰山兇山峻或作⿰山頁文二○胮⿰月逢⿸疒夅胖 披江切胮肛腫也或作⿰月逢⿸疒夅胖文七 ⿰音夅⿱鼓夅 鼓聲

或作鼜 黖黑皃○邦粑峀悲江切說文國也一說大曰邦小曰國亦姓古作粑峀文六 梆木名 垹土精如手謂之垹 𡔤
皮裏○龎皮江切說文高屋也亦姓文七 𪔊韸鼓聲或作韸 逄塞也一曰姓也出北海 胮𤵶胮肛腫也或作𤵶 舽說
舽艭船也○尨莫江切說文犬之多毛者引詩無使尨也吠一曰雜也文二十二 厖說文石大皃一曰厚也 駹說文馬面顙皆白 牻說文
牛白黑雜毛 蛖蟲名爾雅蟓蛖螻 𪀚鳥名茅鴟也似鷹而白或書作[illegible] 𡶃五𡶃山名在蜀 浝說文水也 𪐝方言黮𪐝私也郭璞曰皆
冥闇故為陰私 娏埤倉女神名 𩬓毛蒼也 𥆧目暗也 哤說文哤異之言一曰雜語 𦞽身大也 痝病困一曰病酒 𢤦𢤦懞惛也
𠈽𠈽傋不媚 𡏖說文涂也 龍黑白雜色也周禮龍勒戚衮讀 蘢艸名 𩕄頭皃 鸏鳩屬○雙疎江切說文隹二枚也又
持之亦姓文十三 艭舽艭舟名 篗博雅箳篗謂之笮一曰酒篘 欆𢅉桻欆未張帆或从巾通作雙篗 𧯷跭𧯷豆名 愯
懼也春秋傳駟氏愯 鱌海魚名 瀧水名在嶺南亦州名 𨇦跭𨇦竦立 䉶艸名 𩅕雨皃 㛦女字○囪窗牎
窻四初江切說文在牆曰牖在屋曰囪或作窗牎窻古作四俗作窓非是文十三 𡒇𦓷不耕而種或作𦓷 摐博雅撞也 鏦𨬍
䆝鍃方言矛吳楚之間謂之鏦或从彖亦作䆝鍃 蔥蔥靈輜車名○淙鉏江切水聲文六 鬃鬉髻高也或作鬉 𤭛
博雅瓶也長沙謂罌曰𤭛 𩞭欲食也或書作𩞭 漴雨急謂之漴○椿株江切杙也文五 湷深水立也 鬊鬊鬤亂髮 [illegible]

短衣⿰衤舂祠不恭謂之⿰衤舂○惷抽江切說文愚也文六⿱舂見⿰巷見說文視不明也一曰直視或从巷亦書作⿰巷見⿰礻舂祠不恭也䄈禾不
秀⿰衤舂短也○幢傳江切釋名幢童也其狀童童然文十二撞說文丮擣也橦說文帳極也一曰木名穜種入也扵
旗杠⿰飠童噇食無廉也或从口⿰骨童膧⿰骨童骯尻骨或从肉⿰童見視不明也⿰石童石皃⿰衤童衣也○瀧閭江切奔湍文二
驡充實皃○⿰耳農濃江切耳聲文十二噥譨嗔語一曰語不明或从言𥌾目不明憹心亂也鬞⿰農毛埤倉鬞鬤
髮亂或从毛醲厚酒也擃推擣也一曰窒也⿰食農⿰食寧⿰食農強食也⿰農鳥鳥名鴻也涳直流也亦姓
五○支⿱𠂉巾章移切說文去竹之枝也从手持半竹一曰分也亦姓古作⿱𠂉巾文五十四枝說文木別生條胑⿰身只肢⿰身支說文體四胑也或作
⿰身只肢⿰身支通作支疻傷也⿸疒支疧病也或从氏⿰糹支字林縴⿰糹支挽舟繩𦇭繒屬衼毛衣也一曰袈裟謂之祇衼衹秖適也或从
禾禔媞衼安福也或从女亦作衼榰說文柱砥古用木今以石引易榰常凶⿱林巴木盛也梔黃木子可以染爾雅桑辨有葚
梔一曰桑半有葚半無名梔卮說文器也一名觛所以節飲食象人卪在其下也觶⿰角辰觗鄉飲酒器受三升一說實曰觴虛曰觶或作⿰角辰
觗只專辭也氏月氏西域國名一曰閼氏匈奴妻名⿰赤支⿰赤巠⿰赤支面飾眡視也馶說文馬彊也⿰支隹⿰支鳥說文鳥也一曰⿰支隹度或从
鳥漢有鳷鵲觀在雲陽甘泉⿱枝鳥土精如鴈黃色一足謂之⿱枝鳥⿰支毛博雅⿰辛毛⿰支毛罽也⿱支䖵蟲名如蜥蜴食人而善藏汥說文水都也

郊邑名在義陽 㚉廣雅多也或从支 軙軙軝長轂 𦯬菭榆荚也或作菭 岐分也 跂踶跂用心力皃崔譔說

枳䝯枳首蛇名蛇有兩首者或作賛 訳博雅調也 蘯博雅葅也 鴟方言雞陳宋謂之辟鴟 豟豕高五尺爲豟 吱吱吱聲也

軛車器也 眵目汁凝 忮害也 ○䮔騬專垂切馬小皃或作騬文三 覘規覗面柔不能仰 ○齜莊宜切齜病或書作

齜文 ○施㐌攷商支切說文旗皃齊欒施字子旗知施者旗也一曰設也亦姓古作㐌攷文三十二 覗覗覗說文司人也一

曰規覗面柔或作覗覗通作施 䉢竹枝 葹卷葹艸名拔心不死通作施 纚䌳絁說文粗緒也一曰繒屬或作纚䌳絁 鍦鉇

𥍊𥍉方言矛吳楚之間謂之鍦或作鉇𥍊𥍉 𢻱𢾁𢻡說文敷也或作𢾁𢻡通作施 鸍鳥名爾雅鸍沈鳧似鴨而小長尾背有文 䵢

蟲名說文䵢䵢詹諸也引詩得此䵢䵢言其行䵢䵢 螔說文姑螔強芉也謂米穀中蠹小黑蟲 酏粥清也周禮醫酏劉昌宗讀 弛施也通作

施 𣵱水名 謻訑多言也或省 𡢝女字 𠻑聲也 豙豕也 疕傷也 翨翼也 ○釃𦋐山宜切以筐漉酒也

或作𦋐文十九 籭簛簁說文竹器也可以取粗去細或作簛簁 襹褷襹襹毛羽衣皃或从徙 欐棟也一曰木名 蠡

博雅蟂蠡蚰蜒 澌水索曰澌 凘流冰也 斯撕廝麗析也或从手亦作廝麗 蓰物數也五倍曰蓰 禠祭名 㱰

唱聲 沙水傍 ○韉山垂切說文綬也博雅韉謂之鞘文五 孈說文愚戇多態也 隴說文飛也 鑴小餟也 夊行曳足

○眵傍支切說文目傷眥也一曰瞢兜文五　姼姑姼美皃　纚⿰糸爾博雅細也一曰繒屬或作⿰糸爾　軙轂飾　○吹歙姝爲切說文嘘

也周禮作龡文四　龡說文龡音律管壎之樂也　炊說文爨也　○差𢀩𢀩叉宜切參差不齊也古作𢀩籀作𢀩文十五　⿱𦍌火

說文柬炭也　齹䶩說文齒參差或从宜亦書作⿱差齒　嵯嵾嵯山不齊或書作嵳　縒說文參縒也謂絲亂皃　蹉跌也　柴

偨柴池參差也或从人　⿰差羽⿰差羽⿰虫羽燕飛不至也通作差　䇗篸䇗竹皃　溠水名荆州浸　⿰月差腢也　○衰初危切減也文四　⿸疒衰

說文減也　夊說文行遲曳夊夊象人兩脛有所躧也　榱椽也　○匙提常支切說文匕也或从木亦書作⿰日是文三十四　鍉鑰也　鶗

⿰氏鳥鶗鶘鵜也亦从氏　提翨提提羣皃或从羽　⿰口是鳥鳴　隄堤博雅隄封都凡也或从土通作提　⿰木氏字林碓衡一曰桃也　⿱竹是

說文篋屬　⿱艹是說文艸也　芪蝭說文芪母也一曰知母或作蝭　禔媞說文安福也引易禔既平或从女通作提　⿰礻虎爾雅福也　忯

愛也一曰忯⿰忄斯不憂事　姼⿰女氏方言南楚謂婦妣曰母姼婦父曰父姼或作⿰女氏　⿰耒是毒出蠆尾　疧病也　眂廣雅視也　祁盛皃亦姓

祇病也一曰安也　箷爾雅竿謂之箷所以架衣者通作⿱竹是　麎麋牝曰麎　岐⿱林山山名古作⿱林山　徥說文徥徥行皃引爾雅徥則也

⿰革氏紂餘靼也　軝軙以朱絡轂或从支　○垂𡍮是爲切說文遠邊也一曰幾也古作𡍮文二十二　陲說文危也　𠂹⿰𠂹昜

說文艸木華葉𠂹古作⿰𠂹昜　倕⿰亻𡍮重也黃帝時巧人名或作⿰亻𡍮　⿱垂缶⿰缶垂甀廣雅瓶也或作⿰缶垂甀　⿰垂隹⿰垂鳥鴟也或作⿰垂鳥　⿱⺮𠂹

⿱⺮圌囷也或作⿱⺮圌　郵地名在衞　⿺風垂風偃物皃　⿰禾垂禾垂皃　圌山名在吳郡　厜厜㕒山顛　箠竹名　腄臀也　娷女字○兒皃如支切說文孺子也一說男曰兒女曰嬰亦姓古作皃文七　郳國名　齯老而更生齒　⿰糸兒⿰糸兒繻繒美皃　唲嚅唲

婼強笑婼羌國名○痿儒垂切說文痺也一曰兩足不相及文六　撋捼擩也或从委　⿺風委風緩也　⿰食兒⿰食雋小餟也或作⿰食雋○斯撕祈相支切說文析也引詩斧以斯之或从手古作祈斯一曰此也亦姓文四十八　鐁平木器釋名斤有高下之跡鐁彌而平之　⿰石斯博雅磨也通作磃　磃漢有上林磃氏館　⿱斯瓦⿰斯瓦字林甕破也一曰瓶也或省亦書作⿰虒瓦　廝⿴行斯析薪養馬者或作⿴行斯　澌說文水索也　凘說文流冰也　⿱雨鮮說文小雨財零也　⿱穴鮮穴也　⿰氵虒說文水出趙國襄國東入湡一曰水厓　虒說文委虒虎之有角者一曰虒祁地名在晉虒上地名在長安俗作⿸广虒非是　鼶說文鼠也　鷥鸒鷥雅烏也　蟴蟲名爾雅蟴螽蜙蝑通作斯　⿱斯虫郭璞曰青州人呼蟴為蛅蟴　螔方言守宮在澤者海岱之間謂之螔蜥郭璞曰似蜤易而大有鱗今通言蛇醫一曰螔蝓蝸牛也　鷈鳥名　菥析蔵薪艸名似鷰麥或作析　榹說文槃也爾雅榹桃山桃　⿸虒頁靚⿸虒頁頭不正一曰好皃　⿰忄斯憟也　謕數諫一曰諒也　㾷博雅病也一曰痠㾷痾楚　褫說文福也　簛竹枝也　⿰糸爾纚繒屬或作纚　⿰木斯博雅木下支謂之梩⿰木斯　⿰火斯熞也　⿱艹斯艸名生水中華可食　徥地名在蜀一說抵徥擬手期尅也　⿰巾虒博雅幱⿰巾虒謂之帗　⿰車斯傂輪之類太玄作傂　⿱斯木木薪　⿰禾虒治禾也　⿱斯言

上　集韻卷一　十四　王允

聲散也或書作⿰言斯 ⿰女斯女字 ⿰魚斯魚名一曰鮒 ⿰矢斯⿰矢卑⿰矢斯短小皃 ⿸疒斯嗌也 ⿰忄虒怟⿰忄虒不憂事 。眭宣爲切目深皃亦姓文五 眭

二埒也 ⿰扌莎莎挼⿰扌莎澤手也或作莎 ⿰金嶲日旁氣反鄉也 。雌⿰止隹鴜七支切說文鳥母也一曰牝也古省或从鳥文十 ⿱此月⿱此子

人子腸也或作⿱此子 ⿱此女⿱此女妓婦人不媚皃 ⿱此金⿱此金鉀斧也 ⿰木雈托也 ⿱此羊說文羊名蹏皮可以割桼 ⿰木虒木名實如桃而小 。⿱此貝將支切說文小罰以

財自贖漢律民不繇貲錢二十二通作訾文三十六 訾⿸厂訾思也毀也一曰不思稱意也又地名亦姓或作⿸厂訾亦書作訿 齎歎聲易齎咨涕洟一曰女功絲枲之事 ⿱此巾

⿱此巾埤倉布名或作⿰巾此 ⿱此金說文⿱此金鉀斧也 頾髭⿰此頁說文口上須也或作髭亦省 ⿱此女說文婦人小物也引詩屢舞⿱此女⿱此女 媊太白星妻曰女媊

觜星名一曰鴟舊頭上角觜也 鄑說文宋魯間地 ⿰此阝⿰觜阝谷名在西海亦縣名或作⿰觜阝 ⿰角龜⿰虫龜⿰角龜⿰虫嶲鼅屬或作⿰虫龜通作觜

⿱此鳥鳥名說文鸃⿱此鳥也通作疵 ⿱此魚魚名 ⿱此鼠說文鼠似雞鼠尾通作⿱此虫或書作⿰鼠此 ⿱此虫蟲似蟬 𣢑⿰此欠倉頡篇嗄𣢑也一曰歐也或省

⿰木貲⿰木觜⿰木貲⿰木觜木名實可食或从觜 ⿱艹貲菜名蕪菁也 疵卑疵佞人皃 眥爾雅衣眥謂之襟 ⿰矢此⿰矢卑⿰矢此短也 些唶也 ⿱此食

⿰口疵嫌食也或作⿰口疵 縉帛赤色 𣢑⿰口取𣢑無廉也 ⿱此衣複襦 。厜崒津垂切說文厜㕞山顛或作崒文十 觜說文

鴟舊頭上角觜也一曰觜觿也 ⿱此朿博雅石鍼謂之⿱此朿一曰鳥喙 嫢盈姿 纗維綱中繩 ⿱此心善也一曰心疑也 䘒朘⿸尸夋

赤子陰也或从肉从尸 ⿰扌夋博雅挼也 觿事佩可以解結 ⿰月嶲臛也 ⿱艹⿱此朿地葵也 ⿰目嶲⿰目嶲眭視也 ⿰⿱此木頁小頭皃或書作頪 ⿰馬垂

馬小行皃瓗玉名蠵蠵蠵鼊屬。劑遵爲切爾雅劑翦齊也周禮質劑謂兩書一札同而別之長曰質短曰劑文十三𦶜𦶜
地薁也或作茦𦢊𦢊𤓡熼臞也或作𦢊熼熼檇欈說文以木有所擣引春秋傳越敗吳於檇李或作欈蠵䨹
觿蠵蠵鼊屬或作䨹觿柴石鍼。疵才支切說文病也通作呰文二十二玼玉中石也一曰玉病骴髊鳥獸殘骨或作髊亦
書作𦢊𪗋人子腸茈𦽏爾雅芍鳧茈或作𦽏榌𣐈枇木名郭璞曰楩屬似豫章或作𣐈枇通作疵呰呰苛也
瑕也或从吅飺呲㖢歉食也或作呲㖢鴜水鳥批捽也𣢑歐也訾毀也莊子无譽无訾徐邈讀羨博雅
曝也庛耒下岐木也姕姕妓女皃。隨𨻶遀追旬爲切說文从也又國名亦姓古作𨻶遀追文十三隋順裂肉也
隋文帝省隨之辵以爲代號譢言从也䉙籠也𤦺𤦺璀玉名遺謙以下人也詩莫肯下遺鄭康成讀𧳆豕牝謂之𧳆瓍珠也蛇銜
之以報隨侯楚辭因从王𦾍莎也𦺡山皃。知𥎿珍離切說文詞也或曰覺也古作𥎿文十鼅𪓰鼅蜘說文鼅鼄蟊也或作𪓰鼅
蜘𨡉𨡊說文酒也或省𦬆茹母藥艸𧶇以財質也。腄株垂切說文瘢胝也一曰馬及鳥脛上結骨李舟說文三箠竹節
𪔂鈘𪔂不齊。摛攡抽知切說文舒也揚子雲作攡文二十三离禼山神獸也古作禼螭䖿彲離說文若龍
而黃北方謂之地螻一說無角曰螭或作䖿彲離魑說文鬼屬䰡厲鬼名誺諑謶誺方言沅澧之間凡相問而不知荅曰誺或

上 集韻平聲一 十五 重刊

作謻誃誃 䊩粚博雅黏也或作粚 熪火焱 痴痴瘬病也一日不廉 瞝視也賈誼曰瞝九州而相君 曬舒也漢書白日曬光
㹈𧳋鷙獸或从豸 槝布木也 ○馳䮴駗陳知切說文大驅也又姓古作䮴或作駗文三十三 跢博雅蹢躅跢跦也 趍
說文趍趙久也 𧼮說文𧼮鷈輕薄也 峙踟踶說文躇也或作踟踶 傂佌傂參差也一曰別植皃 簃宮室相連謂之簃
通作謻 謻誃別也或省 𪗉𪗙齒齗謂之𪗉或从它 𪛖箎竾篪說文管樂也或作箎竾亦作篪 𩐨咸𩐨黃帝樂名
通作池 杝落也 隵丘名 䚦規䚦面柔 沱池穿地鍾水又姓亦作池 褫說文奪衣也 褆禔禔衣厚皃 蛇毆蛇
地名春秋傳盟于毆蛇 拸拆也莊子介者拸畫 猇縣名在濟南 䬁飴也 𦐇𦑼𦐇燕飛皃通作池 她女字 ○鬌重垂切髮墮也文三
錘說文八銖也博雅錘謂之權 甀方言罌甀其大者晉之舊都謂之甀 ○離鸝鵹鄰知切說文黃倉庚也鳴則蠶生或作鸝鵹離
一曰別也麗也大琴也亦姓文六十九 离說文山神獸也歐陽喬說离猛獸也 熪帷中之火曰熪 蠡瓠勺也一曰谷蠡匈奴君長號一曰蟲齧
木中 麗丽施也一曰高句麗東夷國名古作丽 酈魯地名又姓 縭說文絲介履 褵爾雅婦人之褘也即今香纓通作縭 纚
緌也通作縭 䍦𦌾𣰶接䍦白帽也或作𦌾𣰶通作摛 罹憂也遭也 𢟖𢥞支𢟖多端也一曰思也或作𢥞 謧䛖𢞩
說文謧詍多言也一曰弄言或作䛖𢞩 䕻𡓱說文草木相附䕻土而生引易百穀草木䕻於地或作𡓱 蘺艸名說文江蘺蘼蕪 籬

杝欐藩也或作杝欐　廲厦也　篱笊篱竹器　穲長沙人謂禾二把爲穲　樆爾雅梨山樆　黐黏也　醨說文薄酒也　灕漓滲灕流皃一曰水滲入地或省　璃博雅流璃珠也　驪驢子曰驪　鱺魚鱺陣名通作麗　⿰黑离⿰黑來赤黑色或从來　驪說文馬深黑色一曰駕二馬　孋孋姬晉獻公伐孋戎所獲女又姓通作麗　躧韡舞履也一曰步也或作韡　儷說文棽儷也木枝條皃　⿰亻離偶也

通作離　矖矖瞜明目者通作離　⿰片离破木爲⿰片离　攡摛張也太玄幽攡萬類或省　⿰虫麗⿰虫長⿰虫麗蚰蜒　鱺魚名小鮦也　⿰虫離螹⿰虫離　龍無角一曰蟲名　⿰蓠鳥⿰离鳥⿰离鳥蘺鳥名自爲牝牡或作⿰离鳥　⿰鼠离鼶⿰鼠离小鼠相銜而行　劙博雅解也　砅履石渡水也　柂柯柂　酒名　⿰米离熬米壞也　⿰禾麗苗也一曰五穀之列爲⿰禾麗稭　⿰离阝鄉名　釃以水醫糟　欐屋棟也一曰小船　⿸疒麗黧瘦也　覼察視

也　⿰糸虒縴⿰糸虒惡絮通作縭　廲廲廔綺窻　羅帛也　○羸倫爲切說文瘦也文七　⿸疒羸病疲也　⿺尢羸膝病也　羸　魚名　⿱艹羸菜名葉似竹生水旁　鼺鼺鼠別名　婁鏊婁地名在西羌　○繠汝垂切垂皃文一　○菙壯隨切地莬文一　○⿰言尸許支切笑聲文一

○⿰骨兒語支切骨皃文二　輗轅端橫木　○齹仕知切齒不齊也春秋傳鄭有子齹文六　⿱差炭束炭　⿱差鹵鹹也河內語　⿸疒桀瘥⿸疒桀疫病　姕姕妓婦人小物　鮆魚名　○跬却垂切敧跬用力皃李軌說文一　○瀡髓隨切滑也文一　○鈹攀糜切說文大鍼也方言錟謂之鈹一曰劒如刀裝者文二十一　⿰阝鋈鉏也　披說文從旁持曰披一曰開也分也　翍張羽皃或書作翄　⿰女皮　⿰扌能

剖肉也或作擺 跂跛方言南楚之間器破而未離謂之跂或从皮 剫刀析也 帔方言帬陳魏之間謂之帔一曰巾也 被廣雅帬被衣帶
也 旇說文旌旗旇靡也 䎱⿰田皮博雅耕也或从田 秛廣雅稅也 鮍⿰魚披說文魚名一曰破魚或从披 狓狓猖飛鼺也
罷罷韋磔牲以祭 ⿱艹羆筍虡飾 ⿰女皮女字。陂波班糜切說文阪也一曰池也一曰澤障或作波文二十八 羆罷⿱能皮
⿱能皮說文如熊黃白文或省古作⿱能皮⿱能皮 犤⿰牛羆爾雅犤牛今㹀牛也一曰果下牛或从羆 碑說文豎石徐鍇曰紀功德也釋名被也葬
時設施鹿盧以繩被其上引以下棺鄭康成曰宮有碑所以識日景宗廟則麗牲焉其材宮廟以石窆用木 ⿰歹卑說文別也 ⿰田卑田也 ⿱艹羆艸名
⿰魚卑魚也 ⿺麥卑幽州謂麴曰⿺麥卑 錍斧屬說文鈭錍也 ⿰金罷⿰金羆⿰耒罷說文耜屬廣雅耕也或从羆亦作⿰耒罷 ⿱陂金⿱波金埤倉⿰金罷⿱陂金
鉏也或作⿱波金 ⿰衤羆襬帔方言帬自關而東謂之⿰衤羆或从罷从皮 詖辨僻之辭 藣⿱艹羆⿱艹熊筍虡飾爾雅髦謂之藣一曰艸名或作⿱艹羆⿱艹熊
⿱竹罷竹名。皮⿱竹皮⿱⺈皮蒲糜切說文剝取獸革者謂之皮古作⿱竹皮⿱⺈皮文十九 疲罷說文勞也或作羆 藣說文艸也
郫鞞縣名在蜀或作鞞 猈⿱竹猈闕春秋傳楚有史猈或作⿱竹猈 椑博雅木下支謂之椑櫛 犤㹀牛 蕃鄱番
縣名在魯或作鄱番 陂陂池旁頹皃 剫刀析也 𠂢水邪流 頗闕人名春秋傳楚有薳頗。糜⿸麻食⿸麻⿱米食忙皮切說文糝也一
說黃帝初教作糜或作⿸麻食⿸麻⿱米食文二十八 ⿸麻黍穈說文穄也或从禾亦書作䵹 ⿰酉糜醾⿰酉⿸麻⿱米食酴醾酒名一曰麥酒不去滓而飲或作醾醾 ⿰米靡

碎糠曰䊳⿸麻火說文爛也廣雅熱皃一曰壞也或書作爢縻⿰糸多說文牛轡也一曰繫也或作⿰糸多亦書作䌕靡⿸麻分劘⿸麻分
分也易吾與汝靡之或从分京房从刀或省通作縻蘼艸名爾雅蘠蘼虋冬蘪說文蘪蕪也⿸麻耳金飾馬耳謂之⿸麻耳⿱米毛
麊潰米也又⿱米毛泠縣名漢書从鹿攠鍾擊處摩漢有施摩神荆巫所祠床床穰地名在今秦州鬻說文鍵也通作⿸麻食⿸鹿食
瞴美目皃麼小也𢥞散也○卑賓彌切說文賤也執事也从ナ甲徐鍇曰右重而左卑故在甲下亦姓文二十九庳下也
一曰鵯牝名裨陴說文接益也或从𠂤鞞牛鞞蜀縣名俾安俾縣名在安定郡錍說文鈭錍也博雅錍謂之銽椑
木名實似柹而青萆萆薢藥艸一曰蒿類一曰蓑衣箄捕魚器渒水名在弋陽埤增也顊說文須髮半白也鵯
⿰卑隹鳥名爾雅鸒斯鵯鶋或从隹蜱⿱卑䖵蜱蛸蟷蠰卵或从䖵綼鄭康成曰飾裳在幅曰綼在下曰緆紕繴緣也禮作辟
⿺麥卑博雅⿺麥卑䴵麴也椑博雅木下支謂之椑⿰木斯⿰冎卑說文別也䚜橫角謂之䚜⿰矢卑⿰矢卑⿰矢比短也⿰巾卑冕名通作裨⿰魚卑
魚名郫邑名在晉諀諀訾好毀譽也○陴⿰𩫏卑頻彌切說文城上女垣俾倪也籀作⿰𩫏卑文二十七埤說文增也一曰厚也
朇說文益也裨將之偏副一曰冕名亦姓俗从言非是郫說文蜀縣也又晉邑亦姓焷火熟也脾說文土藏也⿺麥卑
方言北燕謂麴曰⿺麥卑⿺麥比博雅⿺麥比⿺麥委謂之⿺麥隋蜱⿱卑䖵爾雅蟷蠰其子蜱蛸或从䖵螷蠯⿸广⿱卑䖵蚌狹而長者爲螷或作蠯⿸广⿱卑䖵

椑博雅木下支謂之椑㯕紕飾緣邊也崥崥崹山皃一曰山足綼飾裳在幅曰綼猈箄闕人名春秋楚有史猈或作箄
庳爾雅鶅鷉其雄鶛其牝庳卑償也陸德明說甈方言甇謂之甈阰山名楚辭朝搴阰之木蘭螷螷蠯也萆艸名
○彌弥𢏚民卑切說文弛弓也一曰益也終也亦姓或作弥古作𢏚張揖說文三十九镾說文久長也通作彌罙冞㝥說文
周行也引詩罙入其阻一曰深也冒也或作冞㝥⿰耳監⿰耳監汙面謂之⿰耳監或作⿰耳監⿰目弥⿰目彌眯眇目也或作⿰目彌眯⿱彌女⿱弥女齊人呼母
曰⿱彌女或作⿱弥女⿱彌金⿱弥金青州謂鐮爲⿱彌金或作⿱弥金獮矛屬⿱彌玉⿱弥玉玉名或作⿱弥玉𥻨麊說文潰米也交趾有𥻨泠縣或
作麊獼猕狝博雅猱狙獼猴也或作猕狝鸍⿰尔鳥⿰爾隹鳥名爾雅鸍沈鳧似鴨而小一曰鴒鸍善食蛇或作鴒⿰爾隹⿱山彌⿱山弥
山形或作⿱山弥⿱艹彌⿱艹弥艸名或作⿱艹弥⿱竹⿱爾女⿱竹璽⿱竹彌⿱竹爾說文荼也荼竹篾也或作⿱竹璽⿱竹彌⿱竹爾瀰㳽瀰水皃檷⿰木弥檷柎山名或作⿰木弥迷
惑也○移䄬余支切說文禾相倚移也一曰禾名亦姓或作䄬文六十八弛施改易也或作施迻拪扡⿰多攵說文遷徙也古作拪或作扡⿰多攵通作移鉹涼州呼甑
爲鉹栘說文棠棣也柂杝木名爾雅椵柂或作杝匜盥器椸箷⿱竹是⿰木是⿰片也方言榻前几趙魏之間謂之椸一曰衣架
或作箷⿱竹是⿰木是⿰片也⿰衤施袘博雅袖也或作袘熪熑熪火不絕皃簃說文閣邊小屋也通作誃謻誃門名一曰臺名或省⿰冫移
⿰氵移埤倉冰室也或从水扅⿸户也門關謂之扊扅或作⿸户也⿱艹移說文艸萎⿱艹移拸博雅加也詑䛐⿰言遞訑詑詑自得也或

作詑謻訑 ⿰忄虒不憂其事曰⿰忄虒 ⿰亻歋⿰亻歋愉動皃通作歋 歋𢶡搋說文人相笑相歋瘉或作𢶡亦省 酏⿰酉施⿰酉旎酏飲粥稀
之清也鄭康成說或作酏⿰酉施 厥說文歋也或書作厥 袲地名在宋 暆說文日行暆暆也樂浪有東暆縣 ⿰犭多⿰豸多⿰犭施獸名似犬
赤喙白首見則荒或作⿰豸多⿰犭施 蛇虵⿺辶施委蛇委曲自得皃或作虵⿺辶施 吡⿰口疵嗛食也或作⿰口疵 螔螔蝓蟲名 ⿵風它回氣謂之⿵風它 乀說文流也
貤移也漢書無所流貤應劭讀 鄜地名 㐌猗㐌單于名 袘衣中謂之袘 ⿱山移山也 坨地名 閜門臼也 ⿰目它
視也 ⿰氵迱水文 禠福也 佗它佗佗美也或省 ○訑香支切言多皃文二 ⿰口次⿰口次欱欲食也 ○祇示翹移切說文地祇提
出萬物者也古作示文四十四 祁說文太原縣一曰大也 衹髮裝謂之衹枝 郂岐⿱枝山說文周文王所封在右扶風美陽中水鄉
或从山因岐山以名或作岐⿱枝山岐一曰旁出道 ⿺走支說文緣大木也一曰行皃 跂枝歧說文足多指也或作枝歧 伎舒皃詩鹿斯之奔維足伎伎 忯
說文愛也 疧說文病也 ⿰系支⿰幸支弜弓彊皃或作⿰系支弜 ⿱艹弜繰鉤也 ⿰車支橫首枝也 ⿰長支長⿰長支國名其人髮長於身 汥水都也一
曰分流 馶馬彊也 ⿰鳥氏⿰氏隹方言雞陳楚宋魏之間謂之鷈⿰鳥氏或从隹 翄⿰羽氏說文翼也一曰翄翄飛皃或从氏亦書作翅 ⿰氏鳥鳥似翠赤喙
蚑跂說文行也蟲行或作跂 蚔⿱雨䖵說文畫也或作⿱雨䖵亦書作⿱氏䖵 軝⿰革氏軙說文長轂之軝也以朱約之引詩約軝錯衡或作⿰革氏軙
芪博雅芪母艸名 ⿰米氏⿰米支赤米或从支 支令支縣名在遼西 禠爾雅福也 枳⿱枝只爾雅枳首蛇謂有兩首或作⿱枝只

上 集韻 卷一 十八 王允

忮彊也 抵擬手期尅 技不端也 ○蓨勻規切藍蓼秀一曰蔕也一曰地毛莎蓨也文十六 𨼆隋隓鷶飛也

或作隓鷶 蠵蠼觹鱹水蟲名涪陵郡出大龜甲可以卜緣中文似瑇瑁一名靈蠵司馬相如作蠼或从魚从角 嫢盈姿一曰

秦晉謂細要爲嫢 欈埤倉欈欈木名實可食 𤡜豬𤢤豬豕小者爲𤡜子或作豬𤢤 䙫䙫䙫面柔 畦田有埒 堤

洙堤郡名 ○隓隓墮翾規切說文敗城𨸏曰隓徐鉉曰蓋从二左衆力左之或作隓隓墮亦書作墯俗作隳非是文二十 睢說文仰目

也一曰睢盱小人喜悅皃博雅睢睢盱盱元氣也 眭眭盱健也 𧫢說文相毀也一曰誒也 孈愚戇多態 觿說文銳耑可以解結

鑴博雅鼎屬一曰日旁氣 蘬果實見皃一曰黃華也 懏有二心也 隋挼綏祭食也一曰釁薦血或作挼綏 鰖鱹

魚子已生者籀作鱹 撱棄也 𩜁𩟗小歠也或从巂 鬌髮落也 ○闚缺規切說文閃也謂傾頭門中視也文二 窺說文小視也通

作闚 ○規槼均窺切說文有法度也一曰正圜之器或从木文十四 䳑鳺巂子規鳥名或作鳺巂 槻木名任作弓一曰樊槻木

皮水漬和墨書色不脫 摫方言梁益閒裂帛爲衣曰摫 𩕡小頭𩕡𩕡也或書作𩒹 䰎說文三足釜也有柄喙 嫢細要也一

曰婦人審諦皃 瞡瞡瞡自得皃一曰眇視 袿衣袪 街都邑中道也 珪玉也 ○䩭羈羇𩍐居宜切說文馬絡頭也从

网从馬馬絆也或从革亦作羇羈文十九 羇踦旅寓也或从足 竒倚不耦也或作倚通作觭 𧩼語相戲 畸說文殘田也通

作奇㱦棄也俗語謂死曰大㱦掎偏引也攲掎以箸取物或作掎妓妓婁女容觭得也周禮觭夢剞博雅剞劂刀也

躸一身也𩣡良馬○犧虛宜切說文宗廟之牲也文三十八羲說文气也又姓戲嚱嗚戲嘆辭或从口歔

㱡相笑也或作㱡通作嚱羛後漢有羛陽聚通作戲曦爔赫曦日光或省亦从火𡓙隵𡒄陒毀也

或作隵𡒄陒通作㩉㩉㩗博雅擊也或作㩗𧆑說文古陶器也䚩角匕也㩉蠘樝蟻檥蠡蟲也或作

蠘樝蟻檥𧇖瓠瓢也桸𧇞勺也或作𧇞𤁣水名在新豐通作戲吹欸吹氣逆也㰦吹歆欲食也𧳜𤣅豕屬

或从犬虧虙虧古帝號通作犧義臺名莊子義臺𢋉巇𡾊𢋉𢋉山險或作巇𡾊𥌭目動也𨵴𨵴墉壁隙

也○攱𢿂部奇欹丘奇切說文攱匾也或作𢿂部奇欹文二十三攲說文持去也崎崎嶇山險觭說文角一

俛一仰也齮齧也踦說文一足也廣雅脛也𧊧蜘蛛長足者通作踦㱦說文棄也俗語謂死曰大㱦躸字林隻也謂一身

倚說文舉脛有渡也猗說文虎牙也𢘇慽倚偷意危𨆪器名莊子危言日出李軌讀或作𨆪通作攲𦕋側耳

也㩉擊也𨛐地名碕聚石爲彴通作倚犄牛名○奇觭畸渠羈切說文異也或作觭畸又姓文二十五蚑

蟲名一曰蟲行也郂岐𡸡地名或作岐𡸡古書作𡶒騎說文跨馬也錡釜屬鑿屬琦玉名一曰玩也一曰大皃碕埼

施端

曲岸或作埼鵸䳜鵸䳜鳥名三首善笑或从隹踦一足也弜弓彊皃[鬼奇]鬾童鬼或从支崎崎嶇山險攲

枝字林橫首枝也一曰木別生或作枝跂[骨支]緩走也或从骨[垂支]垂也刉割也○漪於宜切水波爾雅河水清且瀾漪文二十一

猗[豕奇]說文犗犬也或从豕欹歎美辭通作猗[猗頁][猗頁]美容也一曰睎皃或作[猗頁]稦[禾奇][艹禾奇]禾茂也或作[禾奇][艹禾奇]禕爾雅

美旖說文旗旖施也一曰旖旎盛皃椅說文梓也檹[木猗]說文木檹柅也賈侍中說檹即椅木可作琴或从猗陭崎戲說文

上黨陭氏阪或作崎戲通作猗[疒奇]身急弱病一曰痤也犄牛名倚曲也書倚乃身徐邈讀鵸山海經翼望山有鳥三首六尾善笑

名曰鵸鵌○宐宜[竝宜][宀多]魚羈切說文所安也亦姓又州名隸作宜古作[竝宜][宀多]文二十七儀[立義]容也度也亦姓又州名或从立[馬宜]

馬名檥說文榦也一曰立木以表物轙[金獻]說文車衡載轡者或作[金獻]鸃說文鵔鸃秦漢之初侍中所冠鵔鸃鷩也似山雞而小䣡

說文臨淮徐地引春秋傳徐䣡楚[厂義]嶬山峯嶢巖曰厓[厂義]或作嶬厓涯水邊也亦作涯崖岸上也義善也通作儀

獻儀也周禮獻酌鄭司農讀[月義]度牲體骨曰[月義]通作儀[角宜]獸角曰[角宜][魚義]魚子萓萓萸艸名議謀度也崕崎崕

石危[齒厓][齒宜]齒[齒厓]齒露皃或从宜○爲[古文爲]于嬀切說文母猴也其爲禽好爪爪母猴象也下腹爲母猴形王育曰爪象形也古作[古文爲]

象兩母猴相對形爾雅作造爲也亦姓文九溈水名在新陽[阝爲]鄬阪名在鄭或从邑[魚爲]魚大者曰[魚爲]撝佐也太玄撝肅[木爲]

⿱𥫗衣 籆也或作⿱𥫗衣 ○麾 吁爲切說文旌旗所以指麾通作麾撝文十 麾戲 旗屬周禮建大麾以田或作戲 撝 說文裂也一曰手指也

噅 廣雅醜也一曰詭謂之噅 ⿰魚爲 魚名 ⿰阝爲鄬 說文鄭地阪引春秋傳將會鄭伯于鄬或从邑 ⿰虛韋 柔革平均也 ⿰犭爲 西荒有獸長短如人箸百結敗衣手足虎爪名獏⿰犭爲出舌丈餘食人腦東方朔說 ○匯 空爲切水回爲澤也文一 ○虧虧 驅爲切說文氣損也博雅小也或从亏文八

⿰土虧⿰土戲 毀也或从戲通作虧 戲 傾側也 ⿰虛韋 柔革平均也 噅 醜也一曰口不正 蔿 方言楚鄭謂獪曰蔿 ○嬀 俱爲切說文虞舜居嬀汭因以爲氏亦州名文十 ⿰金支 器名 潙 水名 鄬 說文地名一曰阪名 佹 幾似皃列子佹佹成者 椅 載也 ⿱攲車 廣雅乖也或作⿱攲車

隗 山名 ⿱規萬 釜三足有柄喙 ○逶蟡 邕危切說文逶迤衺去皃或从虫爲文十九 委 委委行委曲也 ⿰委頁 女隨人也 ⿰虫委 水精也形如蛇紆曲長八尺以名呼之可使取魚通作蟡 ⿺風委 風緩 倭 說文順皃引詩周道倭遲 ⿰委見 說文好視也一曰怒也

痿 痹也 ⿰女委 說文病也 萎 艸木枯死 ⿰木委⿰耒委 田器或从耒 ⿸鹿委 ⿸鹿委鹿鄭康成曰今益州有鹿⿸鹿委一曰鹿之美者 ⿰犭委 ⿰犭委猗犬屬 ⿱⿰⺈口目 字林井無水一曰目無明 諉 爾雅諈諉累也謝嶠讀 荽 藥艸通作萎 踒 折足也 ○⿱危山 虞爲切說文在高而懼也古从人在山上文十 峗 三峗山名在鳥鼠西或書作峞通作危 㕒 說文厜㕒也 洈 水名在南郡 ⿰危阝 邑名 跪 屈厀也莊子跪坐以進之

恑 獨立皃 僞 假也 ⿱穴爲 隉⿱穴爲不安皃 ○厜 才規切爾雅崒者厜㕒郭璞說文三 ⿱艹隋 藍蓼秀一

曰莎也嫢細𦋺也。趌巨爲切猱升木皃文一。刉紀披切刀取物也文一。𪗪阻宜切齒不齊或書作齜文一

六。脂蒸夷切說文戴角者脂無角者膏亦姓文十八祗祇祬說文敬也古作祇祬泜水名在常山𣳚水皃一曰水名砥

磨石也岻山名衹衹裯單衣指指栭謂之柱一曰木名𦯳𥁂蘯菹也或作𥁂蘯鮨說文魚䏦醬也出蜀中一曰魚

名鮨也鴲鳥名說文瞑鴲也一曰青雀一曰小鳥未翰者祁大也一曰藪名爾雅燕有昭余祁蓍蒿類疧積血腫也。隹

朱惟切說文鳥之短尾揔名也文十一鵻鳥名小鳩也一名鳺鴀通作隹騅說文馬蒼黑雜毛亦姓䴢鹿一歲爲䴢𪕈博雅鼠屬方言

新野人謂鼠爲𪕈或書作𪕈萑說文艸多皃一曰艸名茺蔚也一曰木名似桂一曰梟未漚者椎木名似栗而小或書作奞錐說文銳也

崔高大皃詩南山崔崔揣治擊也老子揣而銳之梁簡文讀𩚰小也。尸升脂切說文陳也象臥之形一曰主也古者祭祀立尸以主神亦

姓文七屍說文終主一曰在牀曰屍通作尸鳲𨾊鳲鳩鳥名布穀也或从隹亦書作鳸蓍䓛說文蒿屬生千歲三百莖易以

爲數天子著九尺諸侯七尺大夫五尺士三尺古作䓛𠮩呻也。師𢂁𠦃霜夷切說文二千五百人爲師从帀从𠂤𠂤四帀衆

意也一曰長也範也亦姓古作𢂁𠦃文二十溮水名篩竹名神異經曰長百丈南方以爲船𧝓黎𧝓衣破蒒艸名博物志生扶海洲上

實如大麥一曰自然穀獅𤜣犬生二子或省通作師鰤𩵋老魚一說出歷水食之殺人或省䮰𩢰野馬或省螄蟲名

螺也𤥞玉名籭簛竹器可以除麤取細或作簛通作篩𡜲女巫或書作㚛鰤䴓鳥名或省。衰⿱亼秝雙隹

切寖微也古作衰文十榱說文秦名爲屋椽周謂之榱齊魯謂之桷⿸疒衰病減也⿰犭衰犬名⿰衰毛綏⿰衰毛⿰衰毛毛長皃一曰狐皃或作綏

縗鷺鳥首毛⿰革衰馬垂鞘夊行遲皃。⿰氐隹鴟鵄⿰垂隹稱脂切鳥名說文⿰垂隹也一曰鳶也或作鴟鵄⿰垂隹文十三胵

胝說文鳥胃一曰胵五藏總名博雅百葉謂之膍胵或从氐⿰魚氐⿰魚至魚名博雅河⿰魚氐魠也或从至⿰言耆訶怒也⿺辶至走皃眞張目

也蚳蠪蚳獸名山海經鳧麗山有獸狀如狐九尾九手虎爪食人⿱氐目視也或書作眂。推川隹切順遷也一曰窮詰文五蓷

艸名茺蔚也⿰言崔就也責也⿰牛隹牛名脽尻也。誰唯視隹切說文何也或从口文七⿰言崔就也韓詩室人交徧⿰言崔我脽

說文尻也一曰地名祠后土汾脽是也⿱艹誰艸器厜厜㕒山顛腄縣名在東萊。甤儒隹切說文艸木實甤甤也文二十二蕤

⿱艹垂說文艸木花垂皃一曰甤賔律名或省緌綏說文系冠纓也一曰垂也一曰注髮於干首或作綏桵⿰木委桵木名說文白桵棫或从委⿱艹⿰禾夋

⿱艹⿰扌委蘬蘮或作⿱艹⿰扌委擩㨎⿰扌而揾也周禮擩祭以肝肺或作㨎⿰扌而捼挼撋兩手相切摩或作挼撋浽小雨䅑

⿰禾委長沙謂禾四把曰䅑或作⿰禾委痿說文痺也踒⿰足⿰禾委蹞踒弩名蹞踒兩足蹋也張弩必以足因爲弩名或作⿰足⿰禾委婑女皃。私

相咨切說文禾也北道名禾主人曰私主人爾雅女子謂姊妹之夫曰私文八厶說文姦衺也韓非曰倉頡造字自營爲厶通作私⿱艹私艸名說文

芓莠玉厶說文石之似玉者鋖平木器禭神不安也犀獸名西金方。綏宣隹切說文車中把也亦州名文二十一姲安也通作綏雖䧗蟲名說文似蜥蜴而大一曰不定一曰況辭古作䧗葰荾荽芆說文薑屬可以香口或作荾荽芆䅗禾四把爲䅗睢濉水名在梁郡受汴入泗或从水夊行遲皃奞說文鳥張毛羽自奮也隋挼祭食也或作挼莎挼莎以手切摩也陖地名浽滖䨏浽微小雨或作滖䨏眭姓也。郪千咨切縣名在廣漢文十九趀趦說文蒼卒也或从資趑次跌迖趀說文趑趄行不進也或作次跌迖趀覞盜視也屎屓倉頡篇此也或从資輂轡博雅塞也却車抵堂爲輂或作轡恣恣睢自得皃𢫦拏也蠀蟲名蜎化也妻齊也凄雲興皃萋萋萋艸盛皃。咨諮津私切說文謀事曰咨一曰嗟也或从言文三十七姕妓姕女容資說文貨也一曰助也取也亦姓齎持也戰國策齎盜糧一曰齎咨歎辭姿說文態也餈𩞄稻餅或从齊粢𪗋粢齊說文稷也或作𪗋粢齊齍璾說文黍稷在器以祀者周禮有玉齍或作璾蒫薺實絘績所緝也齌說文緶也謂裳下緝或書作𧞫通作齊㳄茨疚具㳄山名在滎陽或作茨疚澬說文久雨涔澬也一曰水名𩅨𩆖說文雨聲或从資鶿鳥名雞身鼠毛積說文積禾也引詩積之秩秩呰爾雅此也次揖次縣名在武威郡薋艸名博雅苙𦭅薋一曰菜生水中

媊太白謂之女媊 蝭蠀蟲名蝎化也或作蠐 鼭鼶鼭鼠名如雞 㡣大布曰㡣 鮆魚名列刀也 訾思也 鴜鳥名
山海經女祭山有鴜鳥人面 隮陞也 ○崔嶉佳崒陮遵綏切崔嶉高大也或作嶉佳崒陮文十 ⿰言崔就也 檇以木
有所擣 ⿰馬垂馬駒謂之⿰馬垂 狋犬怒 摧退也易晉如摧如鄭康成讀 ○茨才資切說文以茅葦蓋屋一曰次也次比艸爲之亦姓文二十八
薋說文艸多皃 蠀⿱齊䖵⿱齊蟲蠀螬蟲名或作⿱齊䖵⿱齊蟲亦書作蠐 餈⿰食咨⿰米咨粢⿰食齊說文稻餅也或作⿰食咨⿰米咨粢⿰食齊 ⿰禾資博雅
積也 垐堲說文以土增大道上古从土即引虞書龍朕堲讒說殄行堲疾惡也 瓷⿱次缶陶器之緻堅者或从缶 澬久雨一曰水名 ⿱雨次
⿰雨資雨聲或作⿰雨資亦書作⿱雨資 絧補也 輂⿰糸輂連車或作⿰糸輂 鮧魚名鮎也江東語 薺艸名說文蒺薺也引詩牆有薺通作
齊茨 ⿱此食飲也 懠怒也 齊等也 次㾅具次山名或作㾅通作茨 ○胝疧跃躋張尼切說文腄也一曰繭也或作疧跃躋
文八 秖秜禾始熟曰秖一曰再種或作秜 氏氏池縣名 誺不知也 ○追中葵切說文逐也文四 ⿱雨追博雅雷也 箠竹名
娺疾悍一曰怒也 ○絺抽遲切說文細葛也文十一 郗說文周邑也在河内亦姓 瓻畜瓶也一曰盛酒器古以借書 ⿱竹希竹器 ⿰單虒
笑皃 脪胳脪畜水腸 訵陰知伺察也 狶狶韋因氏名官也 屎博雅嘿屎欺也 ⿰言桼不知 ⿰女希女字 ○墀墀陳尼
切說文涂地也引禮天子赤墀或作墀文四十 坻汥渚⿰土示沶說文小渚引詩宛在水中坻或作汥渚⿰土示沶 汦水名在常山 汦

說文著止也阺秦謂陵阪曰阺岻山名在青州諟說文語諄諟也遲𨒈遟趆邌說文徐行也引詩行道遲遲或作𨒈遟趆古作邌徲博雅徲徲往來也一曰久也彽彽佪裴回也菭水石衣荎芪說文荎藸艸也一曰蘠荎木名今刺榆或从氐莉姓也蚳⿱氐䖵⿺廴蚳蟲名說文螘子蚳周禮有蚳醢或从䖵古作⿺廴蚳䝪蟲名爾雅貝餘䝪黃質白文通作蚳祁地名穀孰有祁亭稺幼也一曰自驕矜皃驪驪靬縣名在張掖菧⿱氐皿⿱艹⿱氐皿說文菹也或从皿皿器也亦作⿱艹⿱氐皿⿰虫屖蟲名蛭也逸詩佞人如⿰虫屖軧車兩尾也⿰衤屖衣也瑑圭文𡰥跠踞地也或从足⿰足屠止不前也○椎桘傳追切說文擊也齊謂之終葵或作桘通作槌文十五鬌⿱髟垂說文髮隋也或作⿱髟垂槌蠶曲柱鎚金椎一曰權也錘說文八銖也磓落也⿰米追粉餌也顀說文出頟也魋椎頭髻漢尉佗魋結⿱垂缶甀罌也或作甀腄地名⿰骨追項後骨通作椎○棃梨良脂切說文果名或作梨文四十二⿱𥝢目目閉也⿱𥝢手手持物蔾蒺蔾艸名⿱𥝢麥䴽⿱𥝢麥麴也秜說文稻今年落來年自生謂之秜⿱𥝢衣⿱𥝢衣⿰衤師衣敝犂⿰牜黎⿸厂⿱𥝢牛牛駁文一曰耕也或作⿰牜黎⿸厂⿱𥝢牛⿰黍离⿰黍禽種也或作⿰黍禽鵹⿰黎鳥⿰黎隹鵹黃鳥名或作⿰黎鳥⿰黎隹⿱黎黑黑而黃蜊蛤蜊蟲名海蚌也⿱𥝢虫⿰虫黎螏⿱𥝢虫蟲名似蝗大腹長角食蛇腦或从黎⿱𥝢魚⿱𥝢魚鯠魚名刕姓也蜀刀達之後避難改焉从三刀鑗⿱𥝢金黑金也或作⿱𥝢金⿱黎心⿱𥝢心說文恨也一曰怠也悗也或省黎衆也⿱艹⿰𥝢力地名穆天子傳讀書於⿱艹⿰𥝢力丘⿰黎阝國名筣笓筣織竹為障也

麲麥酒也𠠩直破也𠢻剥也或作剺嫠寡婦𥳺竹名𪏭小畫也𪏮引也黎𥝢棃

饙也或从米𩧉𩥈駣𩧉獸名似馬或从梨。纍縲倫追切說文綴得理也一曰大索一曰不以罪死曰纍或作縲文四十五絫十黍爲累

一曰十絲纝纝博雅纝纝絡也或作纝蘽藟虆𧃍蔓也或作藟虆𧃍通作纍虆藟盛土籠或作虆樏

說文木實也欙樏說文山行所乘者引虞書予乘四載山行乘欙一曰前無齒或作樏漯說文水出鴈門陰館累頭山東入海一曰治水也

𡾋𡾌𡾍嵔㠥山皃或作𡾋𡾌𡾍瓃𤫟玉器或作𤫟儽儽傫博雅儽儽疲也一曰敗也欺也或作儽傫嫘

嫘姓也黃帝娶于西陵氏之女是爲嫘祖嫘祖好遠遊死於道後人祀以爲行神或作嫘通作嫘犪𤛟累求子牛一曰騰犪也或作

犪累鸓蠝鳥名鼠形飛走且乳之鳥或从虫亦書作鸓勴推之勉也耒田器矋瞜𥌾博雅視也或作瞜瞜罍

櫑酒器也古作罍儡勞心也㩡博雅理也甂博雅甂甈甂也壘廣雅重也磥東齊謂磨曰磥硊腂脯也芙

果實垂皃一。尼女夷切說文從後近之徐鍇曰妮也文十八屔屔山名顏氏禱於屔丘生孔子或从丘通作尼怩

忸怩心慙也古書作㞾呢𠯿呢喃小聲多言也或从貳跜躨跜獸動皃饵餌也柅絡杙一曰木名實似棃秜稻再生蚭

蟲名博雅蚰蜒也方言北燕謂之蚰蚭貎獸名䴌字林南方雉名旎旖旎柔弱皃狔猗狔物从風皃婗女字聻告也

柅研也。○夷𡰥尼延知切說文平也東方之人也或作𡰥尼古書作[illegible]文四十五侇尸也一曰侇之言移也銕嵎銕東表之地
通作夷𡰥寅[illegible][illegible]東方之辰古作[illegible][illegible][illegible][illegible]恭也籀作[illegible]𨹈博雅𨹈險也𢓊說文行平易也[illegible]跠
博雅蹲[illegible]踞也或从足姨說文妻之女弟同出爲姨恞爾雅悅也眱眤博雅[illegible]眱直視一曰小視也南楚謂眄曰眱古作眤胂
胰夾脊肉或作胂洟澫鼻液或从萬痍說文傷也彝[illegible][illegible][illegible]說文宗廟常器也一曰法也古作[illegible][illegible][illegible]
[illegible]說文木也桋木名說文赤桋也引詩隰有杞桋荑艸名爾雅莁荑蔱薔一名白蕢[illegible]艸名菟瓜也鏔戟無刃
羨沙羨縣名在江夏郡羠騬羊一曰野羊鴺鴺鶘鳥名飛生也通作夷鮧鱁鮧魚名一曰鹽藏魚腸宋明帝蜜漬鱁鮧一食數升蛦
[illegible]蛦蟲名[illegible]馬名[illegible]雷也咦說文南陽謂大呼曰咦螔螔蝓蟲名蝸也[illegible]火皃[illegible]船名[illegible]獸名[illegible]韋也。○惟
夷佳切說文凡思也一曰謀也一曰語辭文十六維說文車蓋維也一曰網也繫也隅也唯專辭[illegible]旌謂之[illegible][illegible]衣也遺[illegible]
說文亡也一曰贈也亦姓古作[illegible][illegible]濰說文水出琅邪箕屋山東入海徐州浸引夏書濰淄其道壝壝埒也[illegible]目疾蓶菜名
似烏韭而黃琟說文石之似玉者[illegible]肥[illegible]蛇名山海經泰華山有蛇六足四翼見則天下旱[illegible]蠻夷貨[illegible]就也。○帷
[illegible]于龜切說文在旁曰帷一曰圍也所以自圍障古作[illegible]文二。○咦馨夷切博雅笑也一曰呼也一曰南陽謂失笑爲咦文十一咥大笑也忔

廣雅喜皃䐈脽也吚㰻訶䐈屎欲欸說文唸吚呻也或作㰻訶䐈屎欲欸○倠呼維切說文仳倠醜面文七婎

嫢說文姿婎姿也一曰醜也或作嫢睢眭說文仰目也一曰睢睢元氣皃或作眭屎殿屎呻吟也奞鳥振羽○伊𢼅

於夷切說文殷聖人阿衡尹治天下者一曰伊維侯也又姓亦州名古作𢼅文十三洢水名在河南陸渾山入河通作伊咿吚喔咿強笑或省

蛜蛜蟲名說文蛜威委黍委黍鼠婦也或从伊黟黝黟縣名在丹陽一曰黑木或作黝黟頙面不正嫛嫛婗小兒㛄

女字○狋牛肌切說文犬怒皃一曰犬難附代郡有狋氏縣文二笲大篪也○飢餞饑居狋切說文餓也亦姓或从乏从幾

肌說文肉也机木名似榆山海經單狐之山多机木可燒以糞田虮蟲名爾雅蜜虮繼英通作飢○龜𠁴居逵切說

文舊也外骨內肉者也天地之性廣肩無雄龜鼈之類以它為雄一曰畜背隆處古作𠁴文八跻脛肉也一曰曲脛螝蛫蠶蛹也或作蛫騩

馬淺黑色頄臛骨也鱖魚名○耆耆渠伊切說文老也一曰至也至於老境一曰癡者或省文十九㥍畏也敬也覩睹

博雅視也或从目諸廣雅怒也鰭魚脊上骨禮羞濡魚者夏右鰭鬐馬項鬣鮨鯺鯕鮨屬爾雅魚謂之鮨或从祁从示

稽䅲麥下種也或从禾鍺軸耑鐵祁說文太原縣一曰盛也亦姓帆阢飢伊帆古天子號亦地名或作阢飢通作耆

毳毛文會也○踶徒祁切蹋也莊子怒則分背相踶文一○𦬋葵渠惟切說文菜也隸作葵文十四楑博雅揆楑推也一曰

度也通作葵 ⿰忄癸方言悸也 ⿰月癸臞⿰月癸醜皃 鄈說文河東臨汾地即漢所祭后土處通作葵 ⿰癸鳥⿰癸鳥⿰癸隹鳥名方言鳩秦漢之

間其小者謂之⿰癸鳥鳩或作⿰癸鳥⿰癸隹 ⿰魚癸魚名 ⿰虫癸蟲名 ⿰亻癸左右視謂之⿰亻癸 ⿱竹癸竹名 ⿰犭癸壯勇皃。馗逵⿰土匱渠龜切說文九

達道也似龜背故謂之馗馗高也或作逵⿰土匱一曰中馗菌也鍾馗神物也文二十五 夔獸名說文神魖也如龍一足象有角手人面之形一曰夔夔悚懼

皃亦州名俗作夒非是 騤說文馬行威儀引詩四牡騤騤 犪牛名山海經岷山多犪牛 戣鍨兵也說文引禮侍臣執戣立于東垂

或从金 ⿱癶廾說文持弩拊也 頯頄頯骨說文權也一曰厚也或作頄 ⿰月癸博雅臞⿰月癸醜也 ⿰亻癸左右視也 ⿱隹大博雅眷⿱隹大顧也

⿰歸見說文注目視也 ⿰亻歸方言使也 躨躨跜動皃 蘷菜名 ⿰足幷⿰足癸說文脛肉也一曰曲脛或从癸 艽遠荒也 ⿰忄癸

悸也 鄈地名 巙闕人名 ⿰癸鳥小鳥。⿱山歸丘追切爾雅山小而衆⿱山歸文六 蘬⿱艹揆艸名爾雅紅蘢古其大者蘬或作⿱艹揆

⿰歸見注目視 ⿰亻歸使也 衰減也。紕⿰糸坒篇夷切繒欲壞或作⿰糸坒文十六 ⿰言坒⿰忄坒錯繆也或从心通作紕 ⿰忄毘性之惡者

仳仳倠醜也 ⿰比攴器破也 ⿰𣬈攴⿰𣬈攴敝屋欲壞 疕頭瘍 ⿰足卑鍾形下廣也 ⿰言毘⿰口毘吡聲或从口 ⿰言比博雅具也 ⿰立卑短皃

⿰比欠氣出聲 ⿰口紫⿰口紫呢口皃。丕⿱丕十攀悲切說文大也或从十亦姓文二十七 邳說文奚仲之後湯左相仲虺所封國在魯薛縣 伾

說文有力也引詩以車伾伾一曰衆也 ⿰丕頁大面謂之⿰丕頁 ⿰缶頁⿰丕頁說文短須皃或从丕 髬髬髵猛獸奮鬣皃一曰被髮走 岯坯

⿰𠂤丕山再成曰岯一曰山一成或作坯⿰𠂤丕 怌恐懼也揚子柔則怌 秠說文一稃二米引詩維秬維秠天賜后稷之嘉穀也 駓駍說文黃馬
白毛也或从平 豾狉狸子曰豾或从犬 ⿱非乚鳥名一曰別也 魾魚名說文大鱯也 鴀鳥名 鉟靈姑鉟旗名 旇麾謂之旇
秛禾租曰秛 ⿰田皮耕也 苤艸木花盛皃 抷披也 嚭字林大也 ○悲逋眉切說文痛也文三 丕大也 婓姓也
○𣬈毗頻脂切說文人臍也从囟囟取氣通也一曰明也輔也厚也隸作毗或書作毘文五十一 ⿰忄毘性惡也 比和也一曰相次也 琵批琵琶
胡樂胡人馬上所鼓推手前曰批引手後曰把或从手 ⿺麥毘⿺麥比⿺麥毘⿱黎麥麴也或省 枇說文枇杷木也 榌說文梠也 笓篦⿱罒比取鰕
具博雅篝笭謂之笓或作篦⿱罒比 枇木名可為車轂 芘說文艸也通作毗 ⿱艹毗艸名說文蒿也 仳博雅仳倠醜也 ⿰身比⿰身毘⿰身矣
⿰身夸⿰身比體柔或作⿰身毘⿰身矣通作毗 貔豼⿰犭比說文豹屬出貉國引詩獻其貔皮或省亦从犬 膍肶說文牛百葉也一曰鳥膍胵或从比 鵧
鵧鶝鳥名鳴自呼 魮⿰魚毘魚名山海經文魮其狀如覆銚鳥首而魚尾是生珠玉或作⿰魚毘 ⿱毗䖵蚍螕蟲名說文⿱毗䖵蜉大螘也或从蚍螕
沘水名出廬江天柱山 阰⿰阝毘山名楚詞朝搴阰之木蘭或作⿰阝毘 ⿰糸毘細布 鈚鎞錍犂錧也一曰箭名或作鎞錍 魾鮃魚名魴也或作鮃 ⿰扌毘
博雅轉也 ⿰巾毘帷也 紕邊飾謂之紕 ⿰毗刂斫也 砒石藥 毞氐罽也通作紕 媲女字 秕粃穀不成也或从米 ⿰虫琵蟲名 庇地名 ○邳
貧悲切國名在魯辥縣亦姓文二十五 岯⿰𠂤丕大岯山名一曰山一成或作⿰𠂤丕 坯坏瓦未燒或从不 伾伓衆也一曰大力或作伓 ⿰丕頁⿰不頁

短須髮皃或省 駓駓 馬駁色爾雅黃白雜毛駓或从丕 鮃 魚名爾雅鰼鮃鱖鮃施乾讀 鴀 鳥名山海經鍾山欽鴀化爲大鶚狀

如雕音如晨鵲 魾 魚名鱯也 鉟 靈姑鉟旗名 鵧 鵧鷑小鳥名 豾豾狉 貍也方言北燕朝鮮謂之豾或作豾狉 駓

馬走也 𢓊 走皃 䍔罘 兔罟也或省 髬髬 被髮走或从丕 ○𥃩眉 旻悲切說文目上毛也一曰媚也隸作眉通作麋

文三十五 嵋 山名在蜀 湄湄溦瀵瀵 說文水草交爲湄或作湄溦瀵瀵 溦 谷與瀆通也爾雅谷者溦通作湄 猸

獸名 鶥 鶥鴰鳥名通作麋 楣 說文秦名屋櫓聯也齊謂之檐楚謂之梠 葿薇 艸名博雅菇葿黃文內虛或作薇 篃 竹名

江漢間謂之箭竿一尺數節葉大如扇可以衣蓬 𥳌𥳌 竹名或作𥳌 ⿰木麋 水中芰也爾雅薐蕨⿰木麋 覹⿰目微 博雅覞也或从目

黴⿰黑敳 說文物中久雨青黑一曰敗也或省 麋 說文鹿屬冬至解其角亦姓 郿 說文右扶風縣 堳 壇埒 瑂 說文石之似玉

墨 墨屎默詐皃 蘪 蘪蕪香艸 娓 順也 ⿸广⿱目耳⿸广⿱目耳 金飾馬耳或作⿸广⿱目耳 穈 赤苗曰穈 薇 艸名 縻縻

分也或作麋 ○遲 侍夷切闕人名遲任古賢人書遲任有言文一 ○洼 烏雖切方言洿也文一 ○嫢 聚惟切細胥也文一

七 ○㞢之㞢 眞而切說文出也象艸過屮枝莖益大有所之一者地也一曰適也辭也亦姓隸作之古作㞢文六 芝 說文神艸也

臸 到也 栺 木名 ○菑甾 莊持切說文不耕田引易不菑畬徐鍇曰从艸巛田田不耕則艸塞之或省俗作葘非是文二十四 緇載

𢧢䅬𦸗博雅耕也或作𢧢𢧢䅬𦸗通作葘　甾𠚒説文東楚名缶曰甾古作𠚒　菑山名漢泰山郡有菑山亦姓　緇

紂純説文帛黑也周禮七入爲緇或作紂純　輜説文軿車前衣車後也字林載衣物車前後皆蔽若今庫車　錙説文六銖也一

曰八兩曰錙　椔爾雅木立死椔通作甾　淄水名出泰山梁父縣亦州名俗作湽非是　鶅鵻爾雅雉東方曰鶅或从隹　鄑鄉名

䭐饘名　𪗀手足膚胄黑　鯔魚名　𡿺𡿺巤不齊皃　○詩詘申之切説文志也一曰承也持也古作詘文六　邿説文附庸

國在東平亢父縣邿亭引春秋傳取邿　齝𪘏呞爾雅牛曰齝吐而噍也或作𪘏呞　○眱䀝外基切以目通指也春秋傳眱魯衞之

使或从矣文三　𣵅沫也　○蚩充之切説文蟲也一曰蚩蚩敦厚皃文十八　妛媸侮也癡也或作媸通作蚩　嗤歖笑也

或作歖　𦐇𦐇𦐇羽翼盛也　嚳告也　呞𪘏齝食已復出嚼也或作𪘏齝　𥈨目汁凝　饎酒食也　祁祁祁

衆多也　䌌繒屬　𣵅流涎也　䧅地名　𥮜竹名　𤝞獶𤝞犬也　○輜叉緇切軿車文五　颸𩗀博雅風也

一曰颸疾也或从甾　𪘜𪘏也　緦十五升布也　○時旹市之切説文四時也一曰伺也一曰是也古作旹亦姓文十九　塒説文雞棲

垣爲塒今寒鄉穿墻棲雞通作時　榯木立皃一曰落榯持門樞　蒔艸名　鰣𩶜魚名魚之美者或省　鮨蜀以魚爲醬曰鮨　鼭

爾雅鼠名　洔水名在齊通作時　覩睹博雅視也或从目　示姓也晉有示眯明　諸博雅怒也　提朱提縣名在犍爲

王縉

翡翿說文飛盛皃或作翿⿰口是鳴也䅩種也○茌荏仕之切說文艸皃濟北有茌平縣或从仕文二○漦俟甾切說
文順流也一曰水名一曰盝也一曰次流出皃文二狋䝅狋䝅獸角皃一曰不平皃○而人之切說文頰毛也引周禮作其鱗之而一曰語辭一曰汝也
如也文四十一髵髵髵獸作鬣皃耏耐罪不至髡也或从寸應劭曰輕罪不至于髡完其耏鬢法度字宜从寸耏一曰姓也⿰口而咡吻也
或从耳誀誘也洏說文洝也一曰連洏流涕皃胹腝臑⿰鬲而⿰火而說文爛也方言秦晉之郊謂熟曰胹或作腝臑⿰鬲而⿰火而⿺鬼而
摩丸之孰也陑隭地名湯伐桀所升在河曲南或作隭峏山名荋說文艸多葉皃沛城父有楊荋亭栭說文屋枅上標引爾雅栭
謂之格檽⿰木耎木名一曰木栮或从耎⿺瓦而瓦也輀轜輭說文喪車也或作轜輭軔礙車鴯⿰而隹鳥名燕也莊子
鳥莫智於鷾鴯或从隹鮞說文魚子也一曰魚之美者東海之鮞濡水名在河間春秋傳盟于濡上一曰亨肉和湆⿰目而聏和也調也
或作聏袻裝也⿰女而女字侕衆多皃⿰木乃木名⿰言乃厚也仍因也關中語艿艸名杒小車桊陾陾陾築牆
聲○思恖⿱囟甶⿱囟电新茲切說文容也一曰念也一曰于思多鬚皃古作恖⿱囟甶⿱囟电文三十偲愢切切偲偲相切責也或作愢颸風皃
罳置博雅罦罳謂之屏釋名罦罳在門外罦復罳思也臣將入請事於此復重思之籀作置緦⿱囟幺說文十五升布也一曰兩
麻一絲布也古作⿱囟幺⿱竹思竹名有毒傷人即死生海畔有毛楒相楒木名通作思禗神不安欲去意騦馬名絲糸說文蠶所

吐也或省 鷥 鷺鷥鳥名 司 説文臣司事於外者與后相反一曰后道寛恵司家徧急違於君也亦姓 伺 候也察也 覗⿰耳司 博雅
視也一曰竊見或从目 獄 説文司空也復説獄司空一曰辯獄相察 笥 竹器 䚶 角中骨曰䚶 ⿱艹獄 艸名 泀 水名 蕬
菟蕬藥艸 媤⿰女司 女字或从司 ○玆丝 津之切説文黑也引春秋傳何故使吾水玆一曰蓐也此也亦姓古作丝文二十四 ⿰黑玆 深黑
色 孜 説文汲汲也引周書孜孜無怠 孳⿱丝孳 説文汲汲生也籀作⿱丝孳 孖 一産二子通作孳 芓 艸名若也 ⿱汓木 欂櫨也 仔
説文克也一曰仔肩任也 滋⿰氵丝⿱兹凵 説文益也一曰滋水出牛飲山白陘谷東入呼沱一曰蕃也旨也古作滋⿱兹凵 稵 禾生皃一曰蒔也 茲
説文艸木多益 嵫 崦嵫山名日所入處 鼒 説文鼎之圜掩上者引詩鼐鼎及鼒通作鎡 鎡 鎡錤鉏也通作兹 嗞 説文嗟也廣雅嗞听
笑也一曰啼不止 鰦 魚名爾雅鮊黑鰦 耔 壅禾根也詩或耘或耔沈重讀通作芓 字 養也鄭康成曰小國貢輕字之也 ⿰田兹 地名
或書作菑 鶿 鸕鶿鳥名 ○詞⿹司言 詳茲切説文意内外古作⿹司言或書作⿱㠯言文十三 辭𤔲⿰𤔔亏 説文訟也从𤔔𤔔猶理辜也𤔔理也
籀从司古作⿰𤔔亏通作辝 辤辝 説文不受也从辛从受受辛宜辤之籀从台俗从舌非是 祠 説文春祭曰祠品物少多文詞也仲春之月祠不用
犧牲用圭璧及皮幣 柌枱鈶⿱辝木 博雅柄也或作枱鈶⿱辝木 ⿰糹司 博雅補也 ○慈⿱丝心 牆之切説文愛也亦州名或作⿱丝心文十五
⿰石慈磁 石名可以引鍼又州名或省 鶿⿰慈鳥鴜 鳥名説文鸕鶿也或作⿰慈鳥鴜 ⿰口慈 潪⿰口慈愧皃 ⿰氵慈滋 水名在定

州旱則竭或从兹　兹　龜兹西域國名　呲　無食也　齝　水腸謂之齝　䈘　竹名　嬨　女字　。癡懝促　超之切說文不

慧也或作懝促文十一　痴　痴瘵不達皃　笞抬　說文擊也或从手　齝𪗆呞　說文吐而噍也引爾雅牛曰齝或从司从口

漦　博雅澀也一曰龍吐沫　𢱭　𢱭里地名在秦　。治　澄之切說文水出東萊曲城陽丘山南入海文十一　乿𦙶孷　理也或作

𦙶孷通作治　耛　耘耛除艸　持　說文握也　莉　姓也　箈𥱉　箭萌一曰水中魚衣或从怠　菭　菭蘠艸名通作治　茬

艸名著也　。釐𨤲　陵之切說文家福也一曰理也或作𨤲文四十三　孷　坼也　氂　說文犛牛尾也一曰十毫曰氂　斄

庲　鄉名古省　𣭈練　彊曲毛可以箸起衣或作練　䅘麳　麥也或从麥　𩬅　鬆𩬅鬆起皃　來倈　至也或作倈

賚　賜也　艃　博雅䑴艃舟也　嫠　說文無夫也　𡥂孷　方言陳楚之間凡人嘼乳而雙產謂之𡥂孳或省　𢡟　愁憂皃楚

潁間語　䜄　罵也　𤵹　病也　𢅡　斷繒也　剺𢍰　說文剺也劃也或从廾　𢻻　說文引也　𠩺　說文微畫也　犛

牛名黑色出西南徼外張揖說　貍狸𧳋猍　說文伏獸似貙或作狸𧳋猍　𧳟　塞也　𦽼　豆名可食　梩　臿也司馬法周輜輦

載梩　荲　說文艸也一曰羊蹄　筣　竹名出廣州西南　簐　笊簐竹杓　漦　爾雅盝也　浬　泥浬波斯酋長名　𣝗　木名條可

爲大索　𩵝　魚名　釐萊　艸名夫蘋也或作萊　。飴饌𩞄飤粭　盈之切說文米蘖煎也一曰濡弱者爲飴或作饌𩞄

飤粉文四十六𦣞頤𩕢說文顄也或作頤𩕢宧說文養也室之東北隅食所居李巡曰東北陽氣始起育養萬物故曰宧⿰月𦣞

豕脾息肉台說文悅也一曰我也眙盱眙地名通作台怡說文和也亦姓⿱巸女樂也貽黑貝也遺與也通作貽詒

詒說文相欺詒也一曰遺也或从吕通作貽异發歎一曰巳也舉也巸⿰𦣞欠戺說文廣𦣞也一曰長也美也或从欠古从戸弫

弓名相⿰木𦣞博雅⿰氵屛斗謂之相所以抒水或从𦣞通作枱洍江水決復入爲洍沶水名圯說文東楚謂橋爲圯枱鈶

⿱辝木⿰耒台說文耒耑也或作鈶⿱辝木⿰耒台瓵說文甌瓿謂之瓵⿰𦣞瓦博雅⿰埶瓦⿰𦣞瓦甎也治水名出鴈門累頭山東至泉州入海⿰王𦣞

珆說文石之似玉者一曰五色玉或从台⿰魚𦣞魚名博雅鯸⿰魚𦣞魠也背青腹白觸物即怒其肝殺人⿰女𦣞妃姫衆妾總稱或作妃姫

熙闕人名春秋傳鄭有公子熙狶狶韋太史官名李軌說鮐魚名爾雅鮐背壽也怠懈也怟怟怟和適也。僖

虛其切說文樂也亦姓文三十五嬉博雅戲也通作娭⿱巸女巸說文說樂也或省⿰壴欠歖憘說文卒喜也或从喜从心

⿰㞢欠咥吹說文⿰㞢欠⿰㞢欠戲笑皃或作咥吹嘻敎也一曰有所多大之聲周頌有噫嘻譆痛也誒唉說文可惡之辭一曰

誒然引春秋傳誒誒出出或作唉禧⿱敖厘說文禮吉也一曰福也或作⿱敖厘熙⿱巸火說文燥也一曰廣也和也古作⿱巸火熹瞦

說文炙也一曰熾也或作瞦亦書作熺⿰火矣火盛皃瞦說文目童子精也娭⿰女熙婦人賤稱或从熙𠩺說文坼也从攴从厂

厂之性坼果熟有味亦坼故謂之𠩺訢烝也喜末喜有施氏女名通作嬉昕旦明日將出也欸呻吟也𪐴黑也咦

呼也饎糦𩟃酒食曰饎或作糦𩟃狶豕也。欺倛丘其切說文詐欺也或作倛文十七諆說文欺也一曰謀也娸

說文人姓一曰詆娸漢書娸蘗其短或作𡟭䫏魌說文醜也今逐疫有䫏頭䫏頭方相也或作魌通作䫏䫏大頭也一曰頭

不正僛𠐍說文醉舞皃引詩屢舞僛僛不能自正也或作𠐍𪗾齮博雅齧也或从奇𣧼廣雅多也鶀𪁒鳥名今江

東呼鵂鶹爲鵋鶀或作鶀亟屨也抾兩手挹也。姬居之切說文黃帝居姬水以爲姓一曰妾稱文四十三稘𣅻𣎆

𥝌𣅻朞說文復其時也引虞書稘三百有六旬古作𣅻𣎆稘𣅻或作朞亦書作期基坖說文牆也一曰始也本也古作坖

箕甘笄𠔀𠀡𠔂匿𠔃𠔇說文簸也一曰星名亦姓古作甘笄𠔀𠀡籒作𠔂匿或作𠔃𠔇丌說文下基

也薦物之丌象形其不其邑名在琅邪亦姓居語助通作其諅忌也諆謀謀也一曰欺也或从基通作基萁薌萁

梁也𥱼說文取蟣比也琪石之次玉者一曰五色石錤鎡錤鉏也通作其𨇕踞也通作箕藄綦𦵗艸名

博雅蘔藄蕨也或从基从綦棋櫀根柢也或从箕𠥱然也畁舉出之踑𨀳跡也古从亓惎毒也

意也㠱疾恚也祺禥𥘡吉也籒从基古作𥘡。醫毉於其切說文治病工也殹惡姿也醫之性然得酒而使从酉王

育說一曰毆病聲酒所以治病也周禮有醫酒古者巫彭初作醫或从巫俗作醫非是文十七欵唉方言欵𧭹然也或从口瘱

痛劇聲一曰羸也譩忿也傷也噫億意嘻譆懿𧮞𢡃恨聲或作億意嘻譆懿𧮞古作𢡃

㥋博雅審也𡃕𡃕噓開口笑也偯痛聲○疑儗魚其切說文惑也从子止匕聲或作儗文十二𠤕𠤕說文未定

也或作唉亦書作矣嶷說文九嶷山舜所葬在零陵營道觺角利皃楚辭其角觺觺𤠚鳥名𧲾爾雅盠也礙礙礭青石

听听嗞口開皃蘄艸名一曰艸多皃𣤈𣤈𣤈狐狸聲○其丌亓渠之切辭也豈也亦姓古作丌亓文五十七期

𣅀𣍝說文會也一曰限也要也或作𣅀𣍝基本也棊碁櫀說文博棊或作碁櫀通作棋旗說文熊旗五斿以象罰星

士卒以爲期引周禮率都建旗亦姓琪玉屬爾雅東方之美者有醫無閭之珣玗琪焉或書作基𤪌璂說文弁飾往往冒玉也或从基

綥綦帺𥾽說文帛蒼艾色引詩縞衣綥巾未嫁女所服一曰不借綥亦姓或作綦帺古作𥾽或書作綨𥾽粸䬣餅屬

或从麥萁䓅䅂𦬐說文豆莖也或从豆从禾古作𦬐藄𧂱艸名說文藄月也郭璞曰似蕨可食或作藄蘄說文艸也江夏有蘄春亭一曰水名亦姓錤鎡錤鉏名倛淮南祈雨土偶人曰倛惎心有所繫也淇說文水出河內共北山東入河

一曰出隆慮西山祺禥䄢說文吉也一曰祥也籀从基古作䄢𪘲齗齹也古作齗畁舉也掑拎掑堅勇也或書作

綦踑馴跡也䑴𦪆𦨞博雅䑴艃舟也或从基从亓麒說文仁獸也麇身牛尾一角通作畁騏駈說文馬青驪文

如博棊也古作駈鵙䳫鵙鵙鳥名一曰小鴈或从隹蜞蟲名水蛭也通作綦鯕𩵼說文魚名或从亓蜝彭蜝蟲名似蠏

而小不可食蔡謨渡江不識噉之幾死歎曰爲勸學所誤俟万俟虜姓勤耄勤老稱也通作期諆謀也濝水名山海經沮洳之山濝

水出焉棋木根也猉汝南謂犬子爲猉

八。微㣲無非切說文隱行也引春秋傳白公其徒微之亦姓或作㣲文十六𢼸說文妙也徐鍇曰从耑省耑物初生之題尚微也通

作微癓足瘡也通作微薇䒧說文菜也似藿籀省䉠𥳑說文竹也籀省鏾鈎也方言自關而西謂之鏾覹䁿說文司也或从目

溦𣻼䨿說文小雨也或作溦䨿𠐼賤也或引虞書舜側微𥑮磥𥑮磨也齊人語。霏䨾芳微切雰也詩

雨雪霏霏或从飛文十五菲艸名芴也一曰艸茂皃馡廣雅馡馡香也通作菲妃𡝤說文匹也一曰嘉偶曰妃或作𡝤

婓說文往來婓婓皃一曰醜皃列仙傳江婓二女或書作婔裶裶裶衣長皃騑𩢍匪騑騑馬行不止皃或从斐亦作匪𥇖

說文大目也𣯐毛紛紛也昲曊方言昲曬乾物也或从費。非匪微切說文違也从飛下翄取其相背又姓文二十誹謗言

也斐𣁋姓也春秋傳晉有斐豹或作𣁋扉說文戶扇也一曰以木曰扉以葦曰扇緋絳色一曰赤練餥爾雅餥餱食也

方言陳楚之間相謁而食麥饘謂之餥 飛飛說文鳥翥古作飛通作蜚 騑說文驂旁馬 騛說文馬逸足也引司馬法騛衛斯輿

𤛆獸名如牛白首一目 䲁鯡魚名似鮒出澇水或从非 𣯽說文毛紛紛也 裶長衣皃 毴細毛爲毴 裵即裴

漢侯國名 𩡪香也 蜚蟲名 ○肥符非切說文多肉也徐鉉曰肉不可過多故从卪亦姓文十八 腓說文脛腨也一曰病也 萉

避也幽通賦安慆慆而不萉通作腓 淝水名出九江山入淮一曰所出同所歸異曰淝泉 裵棐即裴漢侯國在魏郡或从木 賁

姓也 𩇕山海經踰次山有鳥狀如梟人面一足名曰櫜𩇕冬見夏蟄服之不畏雷 蜰蟲名說文盧蜰也 蟦虫名出北海水上狀如凝脂一

曰水母也蠐螬也 䈈竹名 痱𤸱風病一曰小腫或从肥 厞隱也 䀰廣雅離也 婓婓婓往來皃 𨙸聚名在河東聞

喜縣 膭臛多涾 ○機居希切說文主發謂之機一曰織具也會也俗作𢹿非是文二十六 鐖鉤逆鋩淮南子無鐖之鉤不可以得魚

刉𥂖𣱛斷也封也鄭康成曰封羽牲曰刉或作𥂖𣱛亦書作氣 禨祥也通作僟 𩴾說文鬼俗也淮南傳吳人鬼越人𩴾 𦠆

說文頰肉也 幾𢆻說文微也殆也从𢆶从戍戍兵守也𢆶而兵守者危古作𢆻 僟深練於事曰僟 譏說文誹也一曰譴也 嘰說文小食

也一曰唏也紂爲象箸而箕子嘰 饑𩞁飢說文穀不熟爲饑古作𩞁飢 𧼲說文走也 璣說文珠不圜也 磯博雅磧也一曰感激

孟子是不可磯也 鞿馬絡頭一曰韁在口 蘄鄿沛郡有蘄縣或作鄿 𥳐竹也 蘾蒩蘾艸名 磑𥓓石 穖耕也 ○歸

方迪

⿰止帚居韋切說文女嫁也籒省一曰還也又州名亦姓文五騩山名山海經大騩山在滎陽密縣一曰馬色蘬艸名博雅葵也⿰亻歸往也

使也。希𢁫香依切寡也望也施也亦姓古作𢁫文二十六稀說文踈也徐鍇从禾爻巾爻者稀踈之義巾象禾之根莖通作希俙

依俙猶言髣髴也一曰訟也面相是心相非睎說文望也海岱之間謂眄曰睎欷唏說文歔也一曰歔欷懼皃或从口悕願也悲也

春秋傳在招丘悕矣⿺走希⿺走夷⿺走幾走皃或从夷从幾晞說文乾也一曰明之始升烯火色䫚䫚頊頭動皃莃艸名說文

兔葵也一曰似葵而小葉狀如藜有毛汋啖之滑桸木名汁可食一曰勺也鵗雗爾雅雉北方曰鵗或从隹豨狶豬也方言南楚

謂之豨或从犬浠水名⿰虫希蟲名啖欲食也霼雨止皃⿰希卩骨節間⿰女希女字。暉吁韋切說文光也日之光

文二十七煇輝煒說文光也火之光或作輝煒揮⿰扌翬說文奮也一曰揚也或作⿰扌翬⿰氵翬振去水也通作揮⿰軍殳⿰翬殳

博雅⿰軍殳⿰忄畫乖剌也或从殳楎椲㮀也爾雅杙在牆者謂之楎或作椲鶤雞三尺曰鶤徽𢿘說文衺幅也一曰三糾繩也美也古

作𢿘徽⿸㫃軍說文幟也以絳徽帛箸於背引春秋傳揚徽者公徒或作⿸㫃軍通作徽褘說文蔽厀也引周禮王后之服褘衣一曰婦人邪交落帶

繫於體者幃說文囊也翬說文大飛也一曰伊雒而南雉五采皆備曰翬引詩如翬斯飛或書作⿰羽軍⿰犭軍山海經獄法山有獸狀如犬而人面

是善投見人則笑其名山⿰犭軍⿰馬軍山海經太行山有獸狀如麢四角馬尾而有距名曰⿰馬軍徽⿰魚徽爾雅魚有力者徽或作⿰魚徽闈爾雅宮中

門謂之闈緷大束也輝牛名𡡒女字。衣於希切說文依也上曰衣下曰裳世本胡曹作衣衣隱也亦姓文十五依說文倚也
一曰禄也㐆說文歸也从反身徐鍇曰古人所謂反身修道皆歸𨹔說文酒泉天𨹔阪也漢有天𨹔縣陭陭氏縣名在上黨㛄說文女字
也㥋偯譩噫哀痛聲或作偯譩噫㮧楎㮧木名可爲箭笴一曰箭箙禕美也扆爾雅牖戶間謂之扆郭璞讀
郼國名呂氏春秋湯立爲天子商不變肆親郼如夏㳖水名。威𤰞𢼸畏於非切說文姑也引漢律婦告威姑一曰有威
可畏謂之威古作𤰞𢼸畏亦姓文十一葳葳蕤艸木皃槭說文槭窬褻器一曰通陂竇隇博雅隇陝險也嵔嵔壘山名
媁美皃蝛蛜蝛蟲名一曰鼠負鰄魚名。沂魚衣切說文水出東海費東西入泗一曰沂水出泰山蓋青州浸文九浯听
浯嗞媿皃或省𧯿危也近也磑䃺石凒皚溰博雅凒凒霜雪也或从白从水隑岸曲皃。巍嵬語韋切說文高
也或省文九騩馬黑色阢石山戴土犩犪牛名犪也如牛而大肉數千斤或作犪儡心勞苦皃魏獨立皃莊子魏然而
已㕒爾雅崒者厜㕒。祈𥘼渠希切說文求福也或作𥘼文三十九頎說文頭佳皃一曰長皃旂說文旗有衆鈴以令
衆也一曰交龍爲旂畿圻𡒊說文天子千里地以遠近言之則言畿也一曰限也或作圻𡒊埼碕崎隑曲岸也或从石从山
亦作隑岓山旁石曰岓𩴵𩳛鬼俗或从幾𧯿說文幾也訖事之樂一曰危也汔也剴摩也𪘏齒危幾近也

⿰月幾頰肉謂之⿰月幾一曰器之圻鄂　刉刲也或書作刏　俟万俟虜姓　蚚蟲名說文強也蓋蠅類　玂爾雅犬生一子玂　蟣蚑

蟲名水蛭也入人肉者或作蚑　璣珠不圓　肵敬也鄭康成曰盛心舌之俎　饑嘰小食也或从口　磯感激也　蘄縣名　鐖

大鎌　⿱幾血禨說文以血有所刉涂祭也或作禨　僟說文精謹也引明堂月令數將僟終　鬿山海經北號山有鳥白首鼠足名曰鬿雀一曰

星名　芹⿱艹沂水艸或作⿱艹沂　⿺走幾走也　○韋⿱𦍌大于非切說文相背也从舛口聲獸皮之韋可以束枉戾相韋背故借以爲皮韋亦姓

古作⿱𦍌大文二十一　⿰韋朿⿰韋束說文束也徐鍇曰束之象木華實之相累也或从束　⿰韋攵說文戾也　違說文離也　幃囊也一曰單帳

闈說文宮中之門　囗說文回也象回帀之形　圍說文守也　⿰衤圍說文重衣皃引爾雅⿰衤圍⿰衤圍禬禬或書作⿴衣韋　葦艸名爾雅

葦醜刀謝嶠讀　⿱宀韋說文裹也　鍏臿也方言宋魏之間謂之鍏　湋說文回也一曰水名　潿說文不流濁也　⿰口韋呼聲　媁

說文不說皃　褘邪交落帶繫於體謂之褘通作幃　椲木名　⿷匚韋器也　○蘬⿱艹⿰禾癸區韋切說文薺實也一曰蘢古

之大者古作⿱艹⿰禾癸文四　⿰歸見注目視　巋山皃　○頄琴威切顴骨也文一　○脢茫歸切夾脊肉文一　○⿰扌幾丘衣切扱取也文一

九　○魚⿱⺈火牛居切說文水蟲也象形魚尾與燕尾相似亦姓古作⿱⺈火文二十二　𩺰說文二魚也　⿰氵𩺰漁⿰⿸虍魚攵⿰魚攵說文

捕魚也篆省或作⿰⿸虍魚攵⿰魚攵　齬齒一前一却　⿰金御鋙鉏⿰金御機具也一曰釜屬或从吾　⿰目魚⿰馬魚⿰月魚⿰目吾馬二目白曰⿰目魚或作⿰馬魚⿰月魚⿰目吾

吾吾吾䟐遠皃春秋國語暇豫之吾吾蝫蠹魚也衙衙衙行皃郚郚鄉地名⿱艹魚䓊艸名東人呼茬爲⿱艹魚或作䓊

閼門名娪吳人謂女爲娪○於⿰糹氏衣虛切于也居也往也一曰語辭亦姓古作⿰糹氏俗作扵非是文九鄔鄔陵縣名在太原

箊箖箊竹名葉薄而廣菸艸名說文鬱也一曰矮也淤泥澱唹博雅笑也瘀積血瘀玉名○虛虗休居切空

也亦姓古作虗俗作虚非是文十二驉⿰犭虛駏驉獸名或从犬通作虛歔說文欷也噓吁說文吹也一曰出氣急曰吹緩曰噓或作

吁魖⿰示虛說文耗鬼也或从示雩雩婁地名㠊崎㠊山峻⿰石虛石皃○虛墟丘於切說文大丘也崐崘丘謂之崐崘虛

古者九夫爲井四井爲邑四邑爲丘丘謂之虛或从土文二十一㠊崎㠊山峻或書作⿱山虛凵⿱竹去⿱艹⿸尸去⿱艹去說文凵盧飯器以柳爲之

象形或作⿱竹去⿱艹⿸尸去⿱艹去⿰木去說文极也椐椐樻木名節可作杖袪說文衣袂也一曰袪褱也褱者裛也袪尺二寸引春秋傳披斬其袪一曰舉衣皃攄

博雅擊也阹說文依山谷爲牛馬之圈胠博雅脅也一曰旁開爲胠一曰陳右翼曰胠魼鱋說文魚也一曰比目或作鱋祛禳却也

去疾走也呿口開也抾方言抾摸去也一曰捧也⿰忄虛志怯也車車也老子有車之用○居踞⿸尸足斤於切說

文蹲也从尸古者居从古徐鉉曰言法古也亦姓或作踞⿸尸足文二十六凥⿸尸丘說文處也從尸得几而止引孝經仲尼凥凥謂閒居如此或作⿸尸丘

⿰貝居⿱宀居博雅⿰貝居賺賣也一曰貯也或作⿱宀居据說文戟挶也韓詩口足爲事曰拮据椐木名說文樻也裾說文衣裛也一曰衣後裾

琚璵說文瓊琚引詩報之以瓊琚或作璵　崌山名北江所出或書作嵋　車輿輪惣稱釋名今者聲如居所以居人也古曰車聲近舍
車舍也韋昭曰從漢始有居音　涺渥泦說文水也或从屋从尻　䓔苴䓔艸名　鶋鶢鶋鳥名通作居　腒說文北方謂鳥
腊曰腒引傳曰堯如腊舜如腒　倨傲也春秋傳直而不倨徐邈讀　郹國名　蜛䱟蜛蝫蟲名一頭尾有數條左有脚狀如蠶可食或从魚　婮
女稆蜀人謂黍曰糖稆　○渠求於切說文水所居也一曰渠渠勤也一曰州名亦姓文五十三　𧇊博雅將𧇊帥也通作渠　淭㯫
宋魏之間謂杷爲淭挐或作㯫通作渠　豦說文鬭相丮不解也或从豕虍豕虍之鬭不相捨引司馬相如說豦封豕之屬一曰虎兩足舉　貗騼貗獸名
鸈䴬𨿌鳥名說文䴬鸈也飛則鳴行則搖或作䴬𨿌通作渠　腒臄鳥腊或作臄　𧒆蟝𧕘蟲名說文𧒆蟝也朝
生暮死豬好啖之　偮吳人呼彼稱通作渠　蕖芙蕖荷揔名通作渠　蘧蘧說文蘧麥也亦姓或作蘧　䝣說文
菜也似蘇　籧說文籧篨粗竹席也一曰籧篨疾不能俯通作簴　簴牛筐　㯫博雅㯫柠䕮也　轃博雅轃輮軥也　𦄱緣
博雅履其緣謂之無緣一曰緣名或作𦄱　鐻金銀器名　璩璖璖環屬戎夷貫耳或作璖璖通作鐻　磲磲博雅硨磲石之次玉或省　醵
醵合錢飲酒或从巨　𨸹階也　䣝郥聚名或从巨　𧾼犯也一曰小跳　𥨸空也　巨未央也通作腒　䙌鬆也
裾衣後曰裾　懅怯也　琚佩玉名　秬黍屬　蚷商蚷蟲名北燕謂之馬蚿　氍毹氍毹氈也或作氍　澽廣雅乾也

⿱麥虘麥小者⿱麥虘蒩闕人名北齊有宋蒩⿰女虘姐女字或省⿰犭虘犬狙惡也○胥新於切說文蟹醢也鄭康成曰青州之蟹胥一曰助也相

也皆也待也文十九疋說文足也諝㥠博雅諝也或从心通作胥湑露皃揟⿰扌疋說文取水沮也武威有揟次縣或作⿰扌疋楈

說文木也似栟櫚皮可以索一曰犂也稰禾子落皃⿱竹胥竹名一曰箕屬蕦姓也糈糧也⿰魚胥說文魚也蝑蟲名說文蚣蝑

也偦踈也通作揟輯相和集也莊子民孰敢不輯娶問娶媒也𤢆猨屬⿰𠙴疋泲酒具○疽千余切說文癰也文二十

八胆蛆⿰虫虘說文蠅乳肉中也或从虫亦作⿰虫虘鴡雎鳥名說文王鴡也其為鳥摯而有別或从隹狙猨屬趄且跙

說文趑趄也或作且跙蒩苞蒩苴麻之有子者⿱艹祖⿱艹祖蓋艸名沮止也一曰水名在楚通作雎⿰氵虘水名在北地入馮翊洛水

岨砠⿰石虘說文石戴土也引詩陟彼岨矣或作砠⿰石虘麆鹿子曰麆坥說文益州部謂螾塲曰坥䢸鄉名在右扶風⿸尸且此也

覰⿰且見相伺視也或作⿰且見組邑名在海中伹廣雅鈍也一曰拙也笡竹名怚妬也○苴子余切說文履中艸一曰包也

亦姓文十四蒩說文茅藉也引禮封諸侯以土蒩白茅且說文薦也从几足有二橫一其下地也一曰此也語辭也䢸說文右扶風鄠鄉

蛆蝍蛆蟲名沮水名說文出漢中房陵東入江砠爾雅土戴石為砠狙猨屬租包也罝說文兔罟也揟揟次縣名

在武威郡一曰取魚也𠊎說文人相依𠊎也⿰且頁頷也⿰言虘詠也○徐祥余切說文安行也又州名亦姓文十三俆邪說文

緩也亦姓或作邪通作徐伹說文拙也葅葅蓋菜名似韭⿰余阝地名邾下邑豠說文豕屬⿰羊余羜郊羊也皮可冒鼓擊之益急或

作羜余余吾水名在朔方鉏闕人名春秋傳有西鉏吾蒢艸名⿰車余車鈴也○蔬山於切凡艸菜可食者通名爲蔬郭璞說

通作疏文二十梳⿰木疋⿲木止木說文理髮也或作⿰木疋⿲木止木疋說文足也上象腓腸下从止弟子職曰問疋何止一曰記也⿰爻疋⿰爻守疏踈

說文通也一曰遠也或作⿰爻守疏踈亦姓斯析也詩斧以斯之⿰囱疋說文門戶疏窻也通作疏綀綌屬後漢禰衡著綀巾⿰糸疋繼也

釃⿱罒麗盪也或作⿱罒麗蘇木名詩山有扶蘇徐邈讀⿰叜毛⿰毛毛⿺毛疏毛席也或作⿰毛毛⿺毛疏糈博雅饊也○書⿱聿者

商居切說文著也一曰如也庶也紀庶物也或作⿱聿者文二十一舒豫說文伸也方言東齊之間凡展物謂之舒一曰敘也散也或作豫舒又姓亦州

名除余四月爲除或省紓⿰糸余悆忬說文緩也一曰解也或作⿰糸余悆忬通作舒⿰舍阝鄉名在廬江通作舒⿱艹舒艸名

博雅⿱艹舒蔀魚薺也⿱艹書艸名瑹荼博雅瑹珽笏也一曰美玉或省⿱舒鳥鵌雓鳥名似鳧或作鵌雓筡⿱竹般筡竹筤

也徐徐州地名在齊通作舒⿱竹舒竹名○初𡔈楚居切說文始也从刀衣裁衣之始唐武后作𡔈字文三⿰口楚呵叱也

○菹⿱艹⿱沮皿⿱艹⿱殂皿葅⿱艹阻⿱艹⿱阻皿苴臻魚切說文酢菜也一曰麋鹿爲菹虀菹之稱菜肉通或作⿱艹⿱沮皿⿱艹⿱殂皿葅⿱艹阻⿱艹⿱阻皿苴文十四蒩

茅蒩也齇齒不齊皃沮姓也沮誦黃帝時史官通作俎苴俎薦牲几春秋傳司馬折俎柤以木爲闌也飷䭟飷食無味姐

嬳姐女態○諸⿰者彡專於切說文辯也一曰衆也之也亦姓古作⿰者彡文十三藷艸名說文藷蔗也通作諸⿱艹儲藥艸署預也櫧
葦櫧木名似柃葉冬不落或作葦櫧⿰石諸博雅礛⿰石諸礪也可以攻玉蠩⿰魚者蝫蜛蠩蟲名一曰蝦蟆或作⿰魚者蝫⿰氵諸水名在恒山
⿰彳者月行也詩曰居月⿰彳者通作諸○鉏鋤助牀魚切說文立薅所用也又姓或作鋤亦省文十耡耝起民令相佐助也周禮以興耡
利甿或省豠⿰豕助豕屬或从助⿰鉏鳥春⿰鉏鳥鳥名鷺也通作鋤駔闔齊公子名麆麞子也一曰關中謂小兒爲麆子取此義○蜍
蠩常如切蟾蜍蟲名或从諸文六稌⿱艹儲⿱艹稌藥艸署預也或作⿱艹儲⿱艹稌柔木名似櫧○如女人余切說文从隨也一曰而也若也
往也然也亦姓古作女文二十挐說文持也⿰如阝⿰女阝說文地名或省⿱艹絮⿱艹絮藘艸名蒨也可以染絳通作茹⿱艹拏蘮⿱艹拏艸名絮
姓也漢有絮舜茹艸根相牽引皃亦姓袽絲袽也洳水名在南郡⿱如隹鴽鳥名說文牟母也或从鳥⿱如嘼獸名皐赤毛青
食虎豹⿱宀⿰爿需假寐濡安也莊子有濡需者⿸疒如病也⿱如木木名筎刮取竹皮爲筎侞均也○豬猪⿰月者張如切說
文豕而三毛叢居者或从犬从肉文十⿰氵豬潴水所停曰⿰氵豬或作潴櫫博雅杙也揭櫫有所表識藸⿱艹猪荎藸艸名或作⿱艹猪都
明都澤名在青州椓木立死○攄捈抽居切博雅舒也或作捈通作摴文九摴摢摴蒱戲也亦姓或作摢⿰木虖樗
櫖說文木也一曰惡木或从雩从慮筡艸名爾雅簢筡中言中空類竹也⿰王雩玉名山海經小華山其陽多⿰王雩琈○除陳如切說

文殿陛也一曰去也文二十二宁爾雅門屏之間謂之宁通作著篨艸名簢篨中空苧艸名可爲繩儲說文偫也一曰副君也亦姓

躇躇說文峙躇不前也或作躇滁水名一曰州名涂諸水名在堂邑或从諸篨說文籧篨也蒢艸名說文黃蒢職也

葉似酸漿華小而白中心黃江東以作葅食藸艸名說文茎藸也通作著蕏蕶藸菜名葱也藷𧃒蒣艸名山海經景山北

望少澤多藷藇或作藷蒣著太歲在戊曰著雍瘵瘵廣雅痕瘵瘢也或从除屠休屠匈奴王號祭天以金人者糬

糧也通作儲○臚膚敷淩如切說文皮也一曰腹前曰臚籒省或从皮文三十一閭說文里門也引周禮五家爲比五比爲閭閭侶

也二十五家相羣侶也一曰居也一曰獸名如驢一角歧蹄亦姓廬說文寄也秋冬去春夏居一曰粗屋揔名又姓亦州名璷玉名慮櫖

櫨木名爾雅諸慮山櫐也郭璞曰謂似葛而麤大江東呼爲藤或作櫖櫨一曰林慮地名也無慮都凡也櫚木名博雅栟櫚椶也簡

簡箸竹名蕳菴蕳艸名狀如艾蒿近道處處有之藘茹藘蒨艸蘆漏蘆藥艸髗鬣也㦿憂也潣浘潣泄海

水出外者通作閭爈山火曰爈驢騻獸名說文似馬長耳或从妻駼𩧅傳也如今遽馬或从旅蠦諸蠦蟲名通作慮

壚黑土旅陳也周禮皆旅擯鸕鳥名爾雅鸕諸雉𨆪𦢊傳也一曰上傳語告下爲𨆪或作𦢊通作臚𡾊山名鑪

矛戟受柄處艫船尾○絮袽女居切說文絜縕也一曰敝絮引易需有衣絮或作袽亦書作袈文十一帤說文巾帤也一曰幣也方

言大巾嵩嶽之南陳潁之間謂之帤巾 毠 犬多毛皃 挐 牽也煩也持也 絮 姓也 蕠 蘮蕠艸名似芹可食子大如麥著人衣

櫸 涂櫸把也 茹 闕人名春秋傳有莒茹通作挐 蒘 黏著也史記蒘漆其閒 菸 藸菸艸名。貙 敇居切虎之大者文一。余

予 羊諸切說文語之舒也爾雅余予皆我也亦姓文五十 悆 說文二余也 歟 說文安氣也或作欤 與 語辭通作歟 譽 稱美也

伃 妤 說文婦官也漢有倢伃伃美皃或从女 嬩 說文女字也 悇 樂也 懙 惥 懙懙行步安舒也或作惥亦書作𢥓

舁 𢍏 說文共舉也或作𢍏 擧 說文對舉也 趣 安行也 轝 軩 說文車輿也一曰始也衆也亦姓或作軩 艅 艅艎吳舟

名通作餘 旟 說文錯革畫鳥其上所以進士衆旟旟衆也引周禮州里建旟 礜 石藥 餘 說文饒也一曰皆也亦姓 畬 畭 說文三歲治田也引易不菑畬田或作畭亦書作畭

藇 香艸爾雅藒車芑藇 澦 說文水也 璵 璠璵魯之寶玉或書作𤪌 𩣡 說文馬行徐而疾引詩駟牡𩣡𩣡

麡 郊羊大者曰羬麡 𤢊 獸名一曰猗𤢊犬子 狳 犰狳獸名山海經餘莪山有獸狀如兔而鳥喙鴟目蛇尾見人則眠 鵌

鵸鵌鳥名山海經翼望之山有鳥焉三首六尾而善笑或書作鵌 籅 算 博雅篆也或作算 鸒 鸒斯鳥名 雓 雞雛也爾雅雞

大者蜀蜀子雓 蜍 蟲名鼁鼀也方言北燕朝鮮洌水之間謂之蝳蜍 鱮 鱑鱮魚名 邪 緩也詩其虛其邪 荼 茅莠周官有掌

荼徐邈讀 芧 木名橡也莊子狙公賦芧李軌讀 𡃴 嘘𡃴引重者歌 除 四月爲除 轝 篠輿也 蜼 獸名卭鼻長尾零陵南康

陳文

人呼作蜼 硢 石名 羭 野羊 襖 衣揚舉皃 挪 胥挪殘餘也

集韻卷之一

集韻卷之二

翰林學士兼侍讀學士朝請大夫尚書左司郎中知制誥判秘閣兼判太常禮院群牧使柱國濟陽郡開國侯食邑一千二百戶賜紫金魚袋臣丁　度等奉

敕脩定

平聲二

虞第十（元俱切與模通）　模第十一（蒙晡切）

齊第十二（前西切獨用）　佳第十三（居膎切與皆通）

皆第十四（居諧切）　灰第十五（呼回切與咍通）

咍第十六（呼來切）　眞第十七（之人切與諄臻通）

諄第十八（朱倫切）　臻第十九（緇詵切）

文第二十（無分切與欣通）　欣第二十一（許斤切）

元第二十二（愚袁切與䰟痕通）　䰟第二十三（胡昆切）

李洎

痕第二十四胡恩切

寒第二十五河干切與桓通

桓第二十六胡官切

刪第二十七師姦切與山通

山第二十八師閒切

十。虞俁吴元俱切說文騶虞也白虎黑文尾長於身仁獸也食自死之肉一曰安也度也助也樂也亦姓古作俁吴俗作驉非是文三十二 鸆鸈鸆鳥名常在澤中象主守之官通作虞 麌獸名爾雅麠牡麌 䳜雛鸆鳥名山海經令丘山有鳥狀如梟人面四目有耳名曰鸆見則天下大旱或作雛鸆 禺說文母猴屬一曰日在巳曰禺中 鄅地名 禑福也 愚說文戇也从心禺禺猴屬獸之愚者 娛說文樂也 澞爾雅陵夾水澞 湡說文水出趙國襄國之西山東北入濅 堣說文堣夷在冀州陽谷立春日日值之而出引尚書宅堣夷通作嵎隅 嵎山名說文封嵎之山在吴楚之間汪芒之國 隅說文陬也一曰廉也 髃腢髆前骨謂之髃或从肉 齵齒重生 㷒煑食也 鍝鉀鋸也一曰鑴鍝鑾夷穿耳物 蝺蟲名博雅蟱蝺魚伯青蚨也一曰蠍蝺似蟬而長味辛可食 鰅魚名出樂浪 喁噞喁魚口出入一曰聲也 㟤山節也 㾒博雅疣也 㥥說文懽也 䁩闕人名漢琅邪朱虛有周䁩亭 䱿鮈䱿魚名 媀女字。亐于雲俱切說文於也象氣之舒亐从丂从一一者其氣

平也一曰往也曰也亦姓或省文三十七迂遠也曲也避也迃窓也盂盂說文飯器也方言盂宋楚之間或謂之盌一曰
陣名亦姓或作盂釪鐏釪樂器以和鼓通作于竽竽說文管三十六簧也或作竽雩𦏱說文夏祭樂于赤帝
以祈甘雨或从羽雩羽舞也一曰吁嗟求雨之祭一曰遠爲百穀祈雨玗玗說文石之似玉者爾雅東方之美者有醫無閭之珣
玗琪焉或作玗⿰酉盂宴也一曰能飲者飲不能飲者止⿰革亏⿰革于說文輨內環靼也或从于虶蟲名方言蚰蜒趙魏之間或謂之蚨
虶⿱艸亏艸木盛大皃芋艸盛皃⿱艸盂菹⿱艸盂菜名似韭出塞下杅桙器也春秋傳杅不穿一曰因杅匈奴地名
漢有因杅將軍或作桙邘䢿國名周武王子所封河內野王縣西北有邘城亦姓或作䢿汙水名在鄴西南項羽擊秦
軍汙水上⿴衣亏衧說文諸⿴衣亏也一曰大掖衣或作衧亦書作袴骬骬廣雅䯏骬缺盆骬也或作骬謣⿰言荂說文
妄言也或从荂吁歎也盱艸名爾雅盱虺牀秆禾不秀⿰缶亏汲器⿱𦥑亏⿱舁皿種耬田器或作⿱舁皿○訏匈于切說
文詭譌也一曰訏䕺齊楚謂信曰訏一曰大也文五十一⿰言荂譃妄言或作譃吁号歎也驚也古作号盱⿰目夸
說文張目也一曰朝鮮謂盧童子曰盱或作⿰目夸昫說文日出溫也煦眗煦瞜笑也或省⿰夸欠廣倉欨⿰夸欠樂也通作盱欨
㖃說文吹也一曰笑意一曰欠也或作呴姁姁媮美也頊顓頊頭動皃聥張耳有所聞忬⿰忄夸說文憂也或从

夸通作盱疞㾏博雅病也或从亏通作盱⿱日亏⿱日絝商冠名或从糸蓲煦也太玄陽蓲萬物⿰礻瓜大招謂之⿰礻瓜⿰革亏

輨内環扜指麾也⿱亞木缶屬醧宴也盱晇日始旦也或作晇雩雩婁縣名在廬江𠌶荂說文艸木

華葉也或作荂虖虎吼紆曲也周禮連行紆行李軌讀膴肉大臠嘔呴悅言也史記項羽言語嘔嘔或作呴鮬

魚名謳煦也莊子於謳欲化皃胊胊衍戎名在北地芋博雅大也謣謣與舉重勸力歌也⿱艹盱藥艸蛇牀也煦方言

煦煆熱也邘說文周武王子所封在河內野王是也肝肝眙縣名通作盱姱夸美皃或省蒟芌也陓鄉名。紆

邕俱切說文詘也一曰縈也亦姓文二十迂說文避也⿺几亏說文股⿺几亏也李陽冰曰體屈曲扜說文指麾也靬博雅靬謂之鞶

⿰革區字林鞬也胡人謂之⿰革區⿰衤區褭頭衣陓藪名秦有楊陓在扶風汧縣西盓盤盓旋流也雩⿱雨麗雩暴雨蓲艸名虶

蚨虶蟲名蚰蜒也醧宴也汚深也于大也禮況于其身穻牖也⿱穴區山名謣妄言也鰸魚名謳齊歌也。區

虧于切說文踦區藏匿也一曰處也屈也一曰玉十曰區亦姓文十八⿰阝區嶇岴說文敧也一曰⿰阝區⿰阝區不安或作嶇岴⿰足區跛也

驅敺毆說文馬馳也古作敺或作毆俗作駈非是摳褰裳也軀⿰骨區說文體也或从骨鰸說文魚名狀如鰕足長寸

大如叉股出遼東鮬魚名似鮒子而黑俗呼為婢江東謂之妾魚夸姱奢也或从女蓲蓲蘛華皃嘔嘔夷水名在并

艸鷗水鳥。拘佝句拏恭于切說文止也或作佝句拏文三十三斪爾雅斪斸謂之定捄說文盛土於梩中一

曰擾也引詩捄之陾陾一曰捊也䣝鄭仇說文抯也或作鄭仇䀠眗左右視也或作眗蚼蟲名方言蚍蜉齊魯之間

謂之蚼蟓⿳亠目人說文目邪也一曰矢長六指跔⿰足走跔跳躍一曰偏舉一足曰⿰足走跔俱說文偕也一曰具也駒驕說文馬二

歲曰駒或作驕岣岣嶁衡山別名⿳亠目木說文茉臿也⿰石瞿磫⿰石瞿礪石鮈鮈鯸魚名痀曲脊救禁也周官有司救劉昌宗讀

蛷肍蛷蟲名或省萬所以正車輪者玃搏也軥軶下曲者枸博雅枸蔞⿱大韋也⿰足具足寒曲也通作跔袧襧袧山名

絇纑繩絇也區艸木屈生曰區。劬權俱切勤也文七十臞癯說文少肉也或作癯痀說文曲脊也朐胊說文

脯挻也一曰地名亦姓或作胊跔跼⿰彳句說文天寒足跔一曰拘跔不伸或作跼⿰彳句躣忂說文行皃或从彳⿺走瞿趜說文

走顧皃或从句絇⿸尸句⿰巾句⿰糸居說文纑繩絇也鄭康成曰絇謂之拘著舄屨頭以爲行戒或作⿸尸句⿰巾句⿰糸居衢說文四達謂之

衢瞿姓也鑺戵戟屬或从戈斪斸說文斫也一曰鉏名或作斸⿰石瞿博雅磫⿰石瞿礪也欋齊魯謂四齒杷曰欋

軥車軶兩邊叉馬頸者氍⿰䪷毛⿰渠毛織毛蓐曰⿰䪷毛毹或从䪷从渠邭說文地名句寃句縣名在濟陽一說寃即古寃濮

句即須句縣處其閒因名焉灈說文水出汝南吳房入瀙鴝鸜⿰求鳥鳥名說文鴝鵒也或从瞿古作⿰求鳥⿰耒瞿耜也⿰羽鳥⿰䀠鳥

鳥左足白或从䀠豿⿰羽馬⿰求馬⿰瞿馬爾雅馬後足皆白豿或作⿰羽馬⿰求馬⿰瞿馬鼩說文精鼩鼠也⿺黽句⿺黽瞿說文鼅屬頭有兩角
出遼東或从局亦書作⿺黽句蚼蚼蛘蟲名蚍蜉也一曰蠹蠽其蛹蝰蚼蠷蠷螋蟲名蘧遽⿱艹瞿艸名爾雅大菊蘧麥或省
亦作⿱艹瞿⿱艹朐⿱艹⿰目句⿱艹劬艸名爾雅⿱艹朐芋熒或作⿱艹⿰目句⿱艹劬姁姁姁和好皃鸜魚名鉤鉤町西南夷國名枸立木也莊子若
欔株枸鮈闕人名漢有鮒鮈鞫博雅鞫⿰革由⿰馬旱韋也⿰目瞿闕人名漢有瞿丘⿰扌瞿⿰扌瞿踈枝葉敷布皃翑說文羽曲也
⿰馬瞿馬行也⿸广瞿倉也⿰田句⿰田句町王西戎君長號⿰女瞿蠻夷歌一曰女字懼怖也⿰阝句地名在河南眗左右視⿱艹⿰立句艸名
實可為醬。敷傅芳無切說文施也引書用敷遺後人一曰陳也散也或作傅文八十五尃溥說文布也或作溥鋪
陳也詩鋪敦淮濆⿰扌敷張也揚也⿱艹敷⿱艹傅華之通名鋪為華皃謂之⿱艹敷干寶說或作⿱艹傅荂華榮也⿱竹夸竹青皮⿱艹杲
華盛皃或省⿰女否不肖蓲⿱艹品蓲蕍華皃或省莩說文艸也一曰葭中白皮麩麱⿺麥孚說文小麥屑皮也或从甫从孚稃
粰⿰禾付⿰米付說文稽也一曰秠一稃二米或作粰⿰禾付⿰米付⿰禾甫禾穳也⿰木敷⿰木敷檻木名葉如椿生吳蜀山谷中子上有鹽如霜桴爾雅棟謂
之桴泭⿰氵苻柎坿說文編木以渡一曰庶人乘泭或作⿰氵苻柎坿通作桴⿰木苻枎華蕚也或作枎⿰舟苻⿰舟付廣雅舟也一曰艇短
而深者或作⿰舟付孚⿱爫示附說文卵孚也徐鍇曰鳥之孚卵皆如其期不失信也古作⿱爫示附孵⿰阝孚卵化也陸績曰自孵而鷇从卵

阝或从 俘說文軍所獲也引春秋傳以爲俘聝一曰取也 䳕鵓鳩鳥名鳺鴀也一曰一宿之鳥 殍䎳餓死曰殍或从耳

怤說文思也一曰悅也 姇美色 髺頫美髮謂之髺髺或作頫 毴鳥解毛曰毴一曰氄也 䎔䎔博雅羽也一曰細毛或从甫

筟說文筳也筳織緯者 紨𦄍博雅紨絺紬也一曰大絲曰紨或从敷 罦𦉘䍖爾雅罦覆車也今曰翻車有兩轅中施罥以捕鳥或从包从否

䱐薦鯆魚名似鰌蚉而細文 豧說文豕息也 郛垺埻說文郭也或从土古作埻 鄜鄜說文左馮翊縣或作鄜

郙亭名在汝南上蔡 庯說文石閒見也 苻艸之莩甲通作孚 蚹蛇腹下齟齬也 枹艸名爾雅楊枹薊

𩬆博雅髺也 㲉𤬪博雅培也瓦木燒者或从孚 懯懯懯急速皃 鵂鳥名山海經基山有鳥三首三翼名曰鶘鵂 膞界垺也太玄福則有膞

璷琈瓀璷美玉也或作琈 牸牛玄脣謂之牸 綒䴥麗網也 紑繒色鮮 𥻨糐粉餌或省 嬔

婷女字或作嬔婷 捊擊也 ○膚肤風無切皮也美也或作肤文三十二 枹說文擊鼓杖一曰枹罕羌縣名 跗趺

胕跗不足也或作趺胕跗 夫說文丈夫也从一大一以象簪也周制以八寸爲尺十尺爲丈人長八尺故曰丈夫 扶側手曰扶

春秋傳扶寸而合通作膚 姇貪皃 簠簠簋祭器 稃再生稻 衭𢄊紩說文襲衭也博雅衭襓劒衣一曰衣前襟或从巾从

糸 鈇說文莝斫刀 玞珷玞石次玉山海經會稽山下多玞石通作夫 拊闕人名漢有張山拊 柎椨不枎艸木房爲

柎一曰華下萼或作椨不扶 藘艸名博雅地葵地藘通作膚 邞說文琅邪縣一名純德 鵂倠鳥名山海經基山有鳥狀

如雞三首六足六目三翼名曰鶘鵂或从隹 痡病腫 鳺䳕鳺鴀鳥名或从隹 鮇說文鯕魚也出東萊 髻美髮 鬴露髻

○扶𢻶馮無切說文左也一曰相也亦姓古从攴文三十六 枎說文扶疏四布一曰木盛皃 榑說文榑桑神木日所出 椨

柎艸木花房或作柎 枹枹罕地名 符說文信也漢制以竹長六寸而相合亦姓 苻艸名爾雅苻鬼目莖似葛葉員而毛子如

耳璫一曰戎姓 芙芙渠荷也通作扶 鳧鳧茈艸名生下田根可食 夫𧦝語端辭或从言 颫大風也通作扶 𣸣水名出桂

陽 泭𣻸編木以渡或作𣻸通作柎椨 坿藥石白石英也一曰益也 紨說文布也一曰粗紬 鳧鳥名說文舒鳧鶩也 玸

玉名 鬴博雅鬴䰽畚也 瓿小罌 蚨說文青蚨水蟲可還錢 𧘂袪襓劍衣通作夫 匍手行也 𪔂鼓聲也書傳乃鼓𪔂

譟 罦罘覆車罔也或从否 涪涪陵地名 鳺鳺鴀鳥名 痡博雅短也一曰病也 邞縣名在琅邪 肤希望也 胕

腫也 𡠚女字 ○無无亡武𣞤微夫切說文亡也奇字作无无通於元者王育說天屈西北爲无或作亡武𣞤文三十八

毋說文止之也从女有奸之者亦姓 蕪說文薉也 莁木名爾雅莁荑蔱蘠一曰白蕢 𥳑黑竹也 巫𢍉說文祝也

女能事無形以舞降神者象人兩褎舞形古者巫咸初作巫亦姓古作𢍉𢍉 誣說文加也 譕誘詞也 𢘽憮毳也方言楚曰

幠極郭璞曰物之行敝或从無　憮空也　⿰忄某爾雅愛也　膴無骨腊　瞴瞴瞜微視　璑說文三采玉　墲家地　⿰阝無說文弘農

陝東陬也　⿱罒舞罒無罟屬或省　鷡鵐⿰巫隹鴾鷡鳥名鴽也或作鵐⿰巫隹　⿱巫瓦瓦器　⿱巫䖵蟱鼄蝥蟲名或作蟱　務務婁邑名　廡

蕃廡艸木盛皃　瞀雊瞀縣名在上谷　芜艸名　⿰亡攵撫也　橅法也　⿰石無礵⿰石無石也　○須鬚詢趨切說文面毛也或从髟徐鉉曰借爲

所須之須俗作鬚非是文二十四　⿰立頁⿰立頁⿰立芻⿰立需說文待也或省亦作⿰立芻⿰立需　需說文須也遇雨不進止須也引易雲上於天需一曰

疑也俗作需非是　⿰糹須帕繻繒頭也　繻緰⿰巾俞繻說文繒采色一說帛邊也漢制以爲關門符信春秋傳紀履緰或从俞亦作⿰巾俞

繻　嬃說文女字也引楚詞女嬃之嬋媛賈侍中說楚人謂女曰嬃　娶闕人名荀卿子有閭娶子奢　蕦艸名爾雅臺夫蕦　⿸鹿需

博雅麢也　嬬說文弱也一曰下妻　鑐⿰金須⿰金須壯也或作⿰金須　隃陵名一曰越也　襦短衣　濡水名春秋傳盟于濡上　⿰糹須廣雅

絆也　⿱竹須魚笱　○趨⿰足芻逡須切說文走也鄭康成曰行而張足曰趨或从足俗作趍非是文六　鯫淺鯫小人皃　趣養馬者周

禮趣馬一曰騶也　騶馳也　取取慮縣名在臨淮　○諏⿰言奏遵須切說文聚謀也一曰諮事爲諏或作⿰言奏文十三　⿰口取嚱⿰口取不廉也

嗺高皃　⿰山取⿰山取嵎高厓也一曰山石相向皃或書作⿱山取　陬隅也　娵星名爾雅娵觜之口營室東壁也　掫擊也　取取慮縣名　娶

闕人名烏孫王岑娶　緅青赤色　⿰立取佝⿰立取羸也　⿰足取足不相過　○輸舂朱切說文委輸也文九　鄃說文清河縣　隃陵名　俞

集韻卷二　五

漢侯國名欒布所封一曰人名莊子俞兒古之識味人㲣𣯷毹氍㲣織毛也或作毾毹𣫍博雅𣫍𣫍謂之幞陌揄閃揄

傾皃。毹𣯷㲣𣰆雙雛切織毛蓐氍毹者曰毾𣬛或作𣯷㲣𣰆文十七愉鞧說文正耑裂也或从革橾說文車轂

中空螋𧍐蠷螋多足蟲或作𧍐鎪刻鏤蔬菌名爾雅出隧蘧蔬形似土菌生菰艸中郭璞讀萸茱萸椒子聚生成房皃

漊博雅㶡也𥳓說文飯筥也受五升秦謂筥曰𥳓𣯵毛礫起皃八荒中有毛人如猴毛長𣯌𣯵東方朔說娶闕人名荀卿子

有閭娶子奢𠝍割也。樞春朱切說文戶樞也文十二趎闕人名莊子有南榮趎𥬠博雅箸篗謂之𥬠袾祋𡛊

姝說文好佳也引詩靜女其姝或作袾祋𡛊姝䯌骨名橾車轂空謂之橾藲艸名嘔怒聲䙔皁頭衣。芻蒭窻俞

切說文刈艸也象包束艸之形亦姓或从艸俗作芻蒭非是文六犓說文从芻莝養牛引春秋國語犓豢幾何俗作犓非是𣘘

廣雅𣘘秦枸也㗙吪聲㛀女字。朱鍾輸切說文赤心木松栢屬一曰丹也亦姓文十四邾地名漢衡山王吳芮所都絑

說文純赤也引虞書丹朱如此一曰赤色繒珠說文蚌之陰精引春秋國語珠以禦火災侏侏儒短人一曰伶侏古樂人名袾

博雅詛也咮說文鳥口也一曰龍讋咮多言鴸鳥名似鴟𤝏獸名山海經耿山有獸狀如狐而魚鱗有翼名曰𤝏獳通作朱袾

衣身曰袾𤞑鄉名鮢魚名山海經鮢鱬似鰕無足株株檽短柱通作侏硃丹砂。㑳莊俱切偛㑳小人皃文五𥢗

博雅稷穰謂之⿰禾芻 苴 姓也漢有苴氏 ⿰舟芻 艆⿰舟芻海船 搊 解也 ○殊 慵朱切說文死也漢令蠻夷長有罪當殊之一曰絕也文十四 銖 說文權十
分黍之重也一曰十黍爲絫十絫爲銖 几 說文鳥之短羽飛几几然象形 殳 說文以杸殊人也禮殳以積竹八觚長丈二尺建於
兵車旅賁以先驅 杸 說文軍中士所持殳也司馬法執羽从杸 䏭 䏭膢過水版一曰橫木渡水 洙 說文水出泰山蓋臨
樂山北入泗 趎 闕人名莊子南榮趎 ⿰朱瓦 方言罃陳魏宋楚之閒曰⿰朱瓦 茱 說文茱萸茮屬 朱 朱提縣名在犍爲 鮢 魚名
似蝦無足 株 株梗木名可爲車輞 陎 陎隩縣名 ○雛鶵 崇芻切說文雞子也一曰生噣雛鳥子生而能自啄者或作鶵俗作雏非
是文九 ⿰禾芻 廣雅稷穰謂之⿰禾芻俗作⿰禾刍非是 媰 嬼婦謂之媰崔子玉曰惠於媰孀 ⿰豕聚⿰豕取 牡豕也或作⿰豕取 騶⿸虍芻 廄御也一
曰騶虞獸名或作⿸虍芻 ⿰亻芻 偛⿰亻芻小人皃 ○儒⿰亻⿱雨馬 汝朱切說文柔也術士之稱或作⿰亻⿱雨馬文三十 濡⿰氵⿱雨馬 說文水出涿郡故安東入
漆涑一曰霑溼也或作⿰氵⿱雨馬 襦⿰衤⿱雨馬 說文短衣也一曰⿱日難衣方言襦自關而西謂之袛裯或作⿰衤⿱雨馬 繻 帛邊也一曰細密網一曰絸繻美繒
皃 嬬 博雅妻謂之嬬一曰婦人弱也 懦⿰忄⿱雨馬 說文駑弱者也漢倪寬懦於武或作⿰忄⿱雨馬 嚅吺咮 囁嚅言也或作吺咮 顬
耳穴動謂之顳顬 臑 肱骨也一曰衣名襦者本取臑義 醹 厚酒 䰰 䰰䰰聲不止 ⿸鹿需 鹿子曰⿸鹿需 獳 朱獳獸名如狐魚翼
鱬 魚名山海經即翼之澤其中多赤鱬其狀如魚人面食之不疥 ⿰赤需 火色一曰色㥲也 燸 溫也燒也 蠕 蟲行皃 薷 木耳

鑐金鐵銷而可流者通作濡　需劃韋柔滑皃或作劃　孺幼弱也屬也　檽槫梁上短木或作槫　○株追輸切說文木
根也文二十　邾說文江夏縣　誅說文討也一曰責也　𢧵博雅殺也一曰戈名　𪎭穀名博雅黂𪎭也　跦博雅蹢躅跢跦
也一曰鳥跳行皃　袾衣好也一曰衣身　𪏕博雅䵖𪏕黏也　鼄蛛蟊名說文鼅鼄也或从虫　鴸雉鳥名山海經拒山有
鳥狀如鴟而人手或从隹　裯爲牲祭求肥充也鄭康成讀　侏大也　騶夷國名通作邾　朝朝那縣名　姝好皃　祩詛也　𥬔
說文棒雙也　絑纁純赤　○貙樁俱切獸名說文貙獌似貍者文五　𦔳欋耜也或从木　趎闕人名莊子有南榮趎　踰
跇踰獸走皃　○廚重株切說文庖屋也一曰箭室一曰斯條國有廚木汁肥可用煮餅文九　躕蹰跦𧿶踟躕行不進也
一曰志往而行止或省亦作跦𧿶　趎闕人名莊子有南榮趎　裯幮牀帳或作幮　幬幔轂之革也　○慺𢢤龍珠
切悅也一曰慺慺謹敬皃古作僂文二十九　瞜眗瞜笑也一曰瞴瞜微視　膢𥜗說文楚俗以二月祭飲食也一曰祈穀食新曰離膢
一曰臘祭名或从示　摟曳也聚也一曰挽使申通作婁　婁𡝤牽也一曰愚也亦姓古作𡝤　𣯧博雅𣯧罽也或書作氀　𤞤
貗豕求子謂之貗或从豕　𨝔說文南陽穰鄉　鷜𪆶鳥名爾雅鵱鷜鵝今野鵝或从隹　𩸏魚名　蔞茜說文艸也
可以亨魚一曰艸中之翹翹者或作茜　鏤屬鏤劒名　漊漊漊雨皃一曰飲酒不醉　𤗚𤗭𤗚過水版　𡾋埤倉山巔也或書作

螻 瘻 瘻痀傴脊也 屢 數也詩削屢馮馮 劉 殺也漢禮立秋有貙劉 貗 獸名字林貒子也 樓 離樓參差皃通作蔞 螻 天螻蟲名 廔 窻也 慮 取慮縣名 ○俞 容朱切說文空中木為舟也一曰然也亦姓文六十九 逾踰趍 說文越進也引周書無敢昬逾或作踰趍 偷 行皃 渝 說文變汚也一曰渝水在遼西臨俞東出塞一曰本巴國亦州名 洩 汚也 愉 婾 說文薄也引論語私覿愉愉一曰樂也和也或从女 䩱 博雅餘也 㥚 夏憂也 睮 睮睮媚皃 覦 說文欲也 䦧 闚䦧私視也 窬 說文穿木戶也一曰空中 㬰 冕㬰面衣 牏 築牆短版 堬 冢也方言秦晉之間謂之堬 隃 縣名在扶風 鄃 地名 崳 崳次山名在鴈門通作榆 瑜 說文瑜瑾美玉也 瑍 美石 碘硧 石名或作硧 貐 貏貐獸名 榆 木名說文榆白枌 楰 木名說文鼠梓引詩北山有楰 萸 茱萸藥艸 𦼐庾 薜𦼐艸名或省 蕍 藥艸澤蕮也 萮蘛 蓲萮華皃或作蘛通作蕍 篗 黑竹 𧯷 豆變色曰𧯷 臾 說文束縛捽抴為臾一曰善也一曰須臾不久皃 腴 說文腹下肥也 瘐瘉 病也或作瘉 揄擨 說文引也一曰動也一曰邪揄手相弄或从歈俗作廠非是 歈 說文歌也徐鉉曰渝水之人善歌舞漢高祖采其聲後人因加此字 𣢑欶 𣢑𣢑呼犬子或作欶亦書作狖 諛 說文諂也 褕 說文翟羽飾衣一曰直裾謂之襜褕一曰衣美也 騟 馬雜色 羭 說文夏羊牡曰羭一曰美也 蝓蛦 蟲名說文虒蝓也方言趙魏謂鼅鼄為蠾蝓或作蛦 䞕 色𪓛落通作渝 螸 蟲名爾雅

施後

鼇醜螢郭璞曰垂其腴或書作螉 舀抭博雅杼也或作抭 瓵方言甇陳魏宋楚之間曰瓵 愈勝也益也老子動而愈出

捈刺木也 愉褕裂繒曰褕或从糸 艅艅艎舟名 㺄黑牛也南齊建武中賜蕭穎胄白㺄牛 㢜行圊 騟疾也 歈

投也 喻嘔喻和悅皃一曰嘐喻歌也 貗獿豕求子或从犬 窳鄉名在絳 ○䨲乃俱切字林兔子也文一

十一 ○模𦱤橅𣝅蒙晡切說文法也或从大冊亦作橅𣝅文二十一 摹撫說文規也謂有所規倣或从無亦書

作摸 謨暮𢡈譕說文議謀也引虞書咎繇謨古作暮𢡈譕或書作謩 膜胡人拜稱南膜穆天子傳膜拜而受 嫫娒

說文嫫母都醜也或作娒亦書作嫫 㡰車衡上衣 䤈䤈酥楡醬 墲規度墓地也方言凡葬無墳謂之墓所以墓謂之墲 膴無骨

腊一曰法也 䉦竹黑皮 毋嫯餌也禮煎醢加于黍上沃以膏曰淳毋 獏獸名 墓冢也 ○䄷秿滂模切大豆也一曰

穳也或从甫文二十 鋪說文箸門鋪首也一曰陳也 陠衺也 𢿌㪁𢿌屋欲壞 墲規度墓也 誧博雅諫也一曰大也 痡

說文病也引詩我僕痡矣 䮒馬名 𧼮趃𧼮匍也 𨁈馬蹀跡 豧豕息 鵏鳥名鵏也 鱄鯆魚名博雅鱄鮃鯆也一曰

江豚或从甫 捬說文揗持也一曰拊也擊也持也 柨蔽柨木名汁可食 敷陳也 庯石文見皃 𡛴女字 ○逋𨘊

奔模切說文亡也籒从捕文二十一 𧼮趃𧼮伏也 晡日加申時 餔䀯哺說文申時食一曰歠也籒作䀯或作哺 秿刈禾

庯庯庩屋不平䧙博雅衺也誧說文大也一曰人相助也謀也抪展舒也䲦䳕鳥名或从隹⿰魚布魚名江豚也
鯆⿰魚逋魚名尾有毒或从逋峬峬峭好皃痡病也鋪設也竨物之端○蒲蓬逋切說文水艸可以作席一曰地名亦姓文二十
苻氏姓本作蒲至苻堅更改爲苻蒱摴蒱戲也老子入胡作⿱艹脯膊魚也一曰雉膺肉䈬箁䈬箷小竹網或作箁荹捗
荹攎收亂艸或从手酺脯說文王德布大歙酒也或作脯匍扶說文手行也或作扶蜅蟲名蛤也⿺走甫⿺走余⿺走甫伏也⿰舟符艇短
而深者抪持也樸樸劚縣名在武威簠盛黍稷器周禮祭祀共簠簋鮒小魚名莊子守鮒鯢䳕鳥膺前○蘇
孫祖切說文桂荏也一曰薪艸曰蘇摯虜曰鳥尾也所謂流蘇者緝鳥尾垂之若流然亦姓又州名文十三穌說文把取禾若
也一曰死而更生曰穌通作蘇俗作甦非是⿸广穌博雅廜⿸广穌庵也酥⿰月蘇⿰酉穌⿰酉魚酪屬或作⿰月蘇⿰酉穌⿰酉魚䟽粗也鄭司農曰䟽食
菜羹⿸疒穌病也⿰扌穌模也⿰火蘇⿰火穌爛也或作⿰火穌櫯木名可染○麤⿰土麤麆聰祖切說文行超遠也从三鹿篆从土或作麆
俗作麁麄皆非是文十粗⿰牜角大也䟽也物不精也或作⿰牜角通作麤俗作⿰米鹿非是⿰且支博雅皴皵⿰且支也⿺走此淺度也⿱艹麤說文
艸屨也怚心不精也史記怚而不信人通作粗駔馬壯○租宗蘇切說文田賦一曰畜也文八怚劇也⿺走苴走也苴蒩
鉏茅藉祭也或作蒩鉏湫闕人名春秋傳魯有子服湫柤柤中地名在淮南○⿺辶且徂⿺辶虘叢租切說文往也⿺辶且齊語

施章

或从彳籀从虘文十四　殂𣧆𣨱𣧑𣧈說文往死也引虞書放勛乃殂古作𣧆𣨱𣧑𣧈　虘虎不柔　且語辭詩匪我思

且　豠博雅豕也　阼主階　菹葄菹菇艸名生下田可食或作葄。　都𨞰東徒切說文有先君之舊宗廟曰都引周禮距

國五百里爲都一曰揔也大也嘆也美也亦姓古作𨞰文十二　闍堵說文闉闍城門臺也或从土　賭賭勝曰賭　醏醬也　肚

胍肚大腹皃一曰推之大者故俗謂伏頭大爲胍肚關中語訛爲胍楬　𩍐牛牽舟謂之𩍐　篰竹名　瀦停水　䔑艸名　䰩山鬼

瑹瑹通都切美玉或作瑹文十九　瑦琈玉名山海經小華山其陽多瑦琈或作琈　嶀山名　庩庯庩屋不平　稌

稻也　杼木名說文出橐山　悇憛悇禍福未定也一曰憂也　趃趃趙伏也　鞢鞲鞢屧也　樗惡木　唋吐也　垺陠

圩也或从阜　郶邾下邑　晹日陰也　醃醫醃醬也　捈博雅引也抒也　辻徒同都切說文步行一曰空也衆也隸

也亦姓隸作徒文五十六　途墿爾雅路旅途也或作墿通作塗涂　塗泥也亦姓　𡻍嵞說文會稽山一曰九江當嵞也

引虞書予娶嵞山或省亦書作峹　涂說文水名出益州牧靡南山西北入澠　鍍以金飾物通作塗　荼𣗪說文苦荼也一

曰茅秀郭璞曰荼樹小似梔子冬生葉可煑作羹飲今呼早采者爲荼晚取者爲茗一名荈或作𣗪　𦺊艸名爾雅𦺊虎杖　稌𥟍

禾穗曰稌或从斜　梌梌木名楸也或作梌　筡𥳑說文析竹筤也或作𥳑　圖圕說文畫計難也一曰謀也古作圖俗作啚

非是屠說文刳也亦姓瘏說文病也引詩我馬瘏矣廜庴博雅廜麻庵也一曰屋平曰廜或省酴說文酒母也𨡤醔𨡤醬酉也騟獸名說文黃牛

虎文鵌鷋爾雅鳥鼠同穴其鳥爲鵌或作鷋跿𨄄跿跔跣也或从徒鷵鳥名爾雅鷲鷵鷵似烏蒼白色菟䖘檡兔春秋傳楚人謂虎於菟一

曰菟裘魯邑或作䖘檡兔𨛦𨟖說文邾下邑地魯東有𨛦城或从荼𨞰陼說文馮翊郃陽亭或作陼捈說文臥引也

杜姓也晉有杜蒯劉昌宗讀通作屠余檮余山名在匈奴瑹美玉𢉏庯𢉏屋不平𩋾𩋾韝也𧻓𧻓趙伏也悇

苦憂也潳山名在南郡闍地名𨟖地名𧦝詢𧦝語不了稌稬稻也今俗尚謂稌糜酒𨥨止也斁塗也周書斁丹

臒嗏艸名生水中○盧𥂰龍都切說文飯器也一曰賣酒區亦姓籀作𥂰俗作霝非是文四十四𥃡𥂰鑪𤮐

說文𦈢也古作𥂰籀作鑪亦从瓦鑪爐說文方鑪也一曰火函或从火火所居也壚說文黑剛土也玈黸𢏷黑弓春秋

傳賜晉侯玈弓矢千或作黸𢏷通作盧黸說文齊謂黑爲黸𩯽說文鬛也顱髗說文頭顱首骨或从骨矑目童子

嚧嚧嚧呼豬聲一曰呼嚧笑也攎說文挐持也一曰引也張也斂也𣣐歐戲欺也𤻝癰病也廬廡也櫨說文柱上

柎引伊尹曰果之美者箕山之東青鳧之所有櫨橘焉夏熟一曰宅櫨木名出弘農山𣏾黃𣏾木名可染纑說文布縷也瓐

博雅碧瓐玉也瀘水名出牂柯一曰州名艫舟名說文舳艫也轤轒轤井上汲水木籚𢊍說文積竹矛戟矜也引春

重刀

秋國語朱儒扶籚一曰筐也大曰籚小曰籃或作籚蘆菜名說文蘆菔也一曰蘆根一曰葦之未秀者䕡蘆䕡蒼藥艸通作蘆獹
博雅韓獹犬屬通作盧鱸魚名蠦蜚蠦蟲名蠦也方言守宮秦晉或謂之蠦蝘鷺水鳥⿰盧攴博雅離也鸕⿰盧隹鳥名說文
鸕鷀也或作⿰盧隹⿰盧瓜瓠⿰盧瓜瓟而圜者勴助也來徠也山東語⿰鼠盧鼠名。奴伖仅農都切說文奴婢皆古之辠人引周禮其
奴男子入于罪隸女子入于舂藁徐鉉曰又手也持事者也古从人或作仅文十一孥子也通作帑帑說文金幣所藏也駑
駘也砮⿸厂孥說文石可以爲矢鏃引春秋國語肅慎貢楛矢石砮古作⿸厂孥笯籠也努伮勠力也或作伮。胡頶
⿰口固洪孤切說文牛顄垂一曰戈戟内柄處一曰虜惚稱一曰何也壽也亦姓或作頶咽文六十二乎虖說文語之餘也一曰
疑辭舒辭古作虖壺說文昆吾圜器也象形从大象其蓋也亦姓瓠器也爾雅康瓠謂之甈一曰瓠丘瓠讘並晉地名葫
蒜名一曰蔰葫菰米也⿰木壺棗大而銳上者爲⿰木壺通作壺瑚珊瑚似玉而赤色作樹形鍸鈷黍稷器夏曰鍸商曰璉周曰簠
簠或作鈷通作瑚瓳博雅甗瓳甂甎也餬餂說文寄食也或从古亦書作䬻鬻⿰食固說文健也或作⿰食固通作餬⿰黍古粘
⿰鬲古⿺麥胡糊⿰黍胡粰⿰黍乎說文黏也一曰煑米及麪爲鬻或作粘⿰鬲古⿺麥胡糊⿰黍胡粰⿰黍乎杇鋘釫⿰扌吳泥鏝也塗工之具或
作鋘釫⿰扌吳醐⿰酉互醍醐酥之精液或从互瘑⿸疒乎瘑癁物在喉中一曰物螫也或作⿸疒乎⿰口胡⿰口固⿰口胡聲也弧說文木弓也一曰往

體寡來體多曰弧箶竽竹名或作竽箛稜也䙀衣被也或書作褁湖說文大陂也揚州浸有五湖浸川澤所仰

以灌漑也魱海魚也似鯿而大鱗肥美多鯁一曰出有時吳人以爲珍即今時魚沍漫沍水皃狐說文祆獸也鬼所乘之有三德

其色中和小前大後死則丘首亦姓䶉鼶猢說文斬䶉鼠黑身白要若帶手有長白毛似握版之狀類猨蜼之屬或作鼶猢亦書作𨇤

鶘鵜鶘鳥名好羣飛沈水食魚鶦鸛鶦鸛鳥名似雉青身白頭或从隹咕喉咽也大玄爲嘏咕𡲬履也𨇤𨇤跪夷人

屈郄禮菙艸名盙器也𤝔犬聲鞩鞩簏箭室通作箶蝴蜂屬𡼤山名媩㜕女字或从乎𣇱冠名𨇫

弸環帷張起皃。孤𦣦攻乎切說文無父也一曰侯王謙稱一曰負也或作𦣦文四十八辜𪉫𥩲說文皋也古作𪉫𥩲嫴

說文保任也博雅嫴婾苟且也姑說文夫母也爾雅父之姊妹爲姑一曰且也夃說文秦以市買多得爲夃引詩我夃酌彼金罍

酤說文一宿酒也一曰買酒通作沽沽說文水出漁陽塞外東入海一曰水名在高密泒說文水起鴈門葰人戍夫山東北入

海觚𨠮說文鄉飲酒之爵也一曰觴受三升者謂之觚或从酉柧說文棱也一曰柧棱殿堂高處通作觚𥳑博雅笘籙

𥳑也一曰竹簡小兒所書一曰方也箛說文吹鞭也急就章箛篍起居課後先箍笟以篾束物或作笟苽菰說文雕苽

一名蔣或作菰菰說文艸多皃江夏平春有菰亭𤬩菇王瓜也或作菇夰大也胍大腹肚胍𦝤埤倉𦝤膊大脯也軲

集韻卷二 一

施蘊

博雅輅軲車也一曰山名亦姓軱軱戾大骨一曰槃結骨皃呱𠿞說文小兒嗁聲引詩后稷呱矣或从辜鎅鍈鎅矢名通作姑殆巫殆祠名在雲陽越人祀之一曰嬰兒病鬼爲巫殆棒牡棒木名山榆也一曰棒挽木枝四布通作枯盬陳楚謂鹽池爲盬罛𦊫說文魚罟也引詩施罛濊濊或从孤鈲鐵鈲鴣䧸鶘鴣鳥名出南越其鳴自呼常南飛不北或从隹蛄蟲名說文螻蛄也枯荼也瓠瓠讘漢侯國名在河東估專權也結結縷艸名䵻博雅息也皐槀皐地名在壽春孟康讀㽽地名𢛣怯也。枯空胡切說文槀也引書惟箘輅枯木名也文十九𣧛說文枯也一曰嫗也棒棒槐木四布刳說文判也挎持也易刳木爲舟禮挎越內弦恗博雅恇恗怯也扝方言扝揚也跍蹲皃弙滿弓也郀郀首地名軲依軲山名一曰輅軲車也亦姓鮬魚名胋博雅胋熇曝也胯博雅奎也奎者兩髀閒骷廣雅骷髆骬也桍木名一曰空也頶領車𪌉𪌇餅箛箋也。呼戲乎戲荒胡切說文外息也一說於呼嘆辭亦姓或作戲乎戲通作虖嘑文三十九虖謼說文哮虖也或从言評說文召也通作呼嘑嚅說文唬也或作嚅亦姓歑說文溫吹也虍𧆎說文虎文也一曰未見皃古作𧆎雐說文鳥也䰧𩴾說文鬼皃或省膴說文無骨腊也楊雄說鳥腊引周禮有膴判一曰大也幠芋說文覆也一曰大也有也或作芋恗廣雅怯也一曰憂也葫菜名大蒜也荸艸名滹灉滹

惡滹浮滹池水名或作瀘滹惡滹浮通作虖軤姓也盱𥄫張目也或作𥄫晇日始出皃訏博雅大也垺垺也

桴木名憮憮然失意皃一曰傲也鄥地名㦆㦆怟夸誕也嫭婦人美皃㰳喜也○吾吾訛胡切說文我自稱

也一曰御也一曰棒名亦姓古作吾文三十九吳𡗗說文姓也亦郡也一曰吳大言也徐鍇曰大言故矢口以出聲古作𡗗俗从口

从夭非是齬齬齒不齊娪埋倉美女也鋘鋙錕鋘山名出金可作刀以切玉或从吾𤦢珸博雅琨珸石之次玉者或

作珸梧說文梧桐木一曰櫬亦姓𥷜𥫗竹名或省䓊蘁莫說文艸也引楚辭有蘁蕭艸或作蘁莫浯說文水出

琅邪靈門壺山東北入濰䑶船名郚說文東海縣故紀侯之邑也峿𡼖嶇峿山皃或从吳𤞣𤡰獸名如猿善啼或从

吳麌獸名牡麕也鼯䳇𪕻鼠名狀如小狐似蝙蝠肉翅亦謂之飛生又姓或作䳇𪕻蜈䗅蜈蚣蟲名或作䗅𩵽

鯃𩵽鮈魚名或从吾𩵹魚之大者牾獸名𩢍騉𩢍馬名祦福也洖戎人名唐有鐵利鞢鞨洖地蒙䫜大頭也𤭁

甌也俉魁俉壯大皃○烏於𢇍絵汪胡切說文孝鳥也孔子曰烏盱呼也取其助氣故以爲烏呼古作於𢇍絵亦姓文

三十四惡安也通作烏鴮𨿽鴮鸅鳥名或从隹通作洿鰞鰞鰂魚名九月寒烏入水化爲之螐螐蠋蟲名似蠶通作

烏洿汙說文濁水不流也一曰窊下或从于杇圬釫𣖃說文所以塗也秦謂之杇關東謂之槾或作圬釫𣖃樢樢椑

洪明

木名青柹也出長沙蔦蔦蘬艸名菝也弙說文滿挽弓有所向也扜引也鎢鎢錥温器瑦石似玉者䡇博雅䡇頭柳車

也歍說文心有所惡若吐也一曰口呴也或作嗚鄔縣名在太原陓楊陓秦藪名螐田蟲弧曲也周禮無弧

深杜子春讀雩地名春秋傳秦人侵吳及雩婁陸德明讀䳇小嶂窏窏洿卑下也盓盤盓旋流㓦除田艸刃䞓走輕

皃。侉尤孤切怪辭也文一

十二。亝齊𠫼前西切說文禾麥吐穗上平也象形一曰等也中也疾也水旋而深入也一曰國名亦姓或作齊𠫼俗作斉非

是文二十臍說文肶臍也或書作臍通作齊齎好也材也齏說文等也癠爾雅病也懠怒也嚌鳥哀聲蠐蠐螬

蟲名或書作蠐鱭魚名出漢水似鯉而小麡獸名如麋角前俯入林則挂常在平野𨥕⿰金妻說文利也或从妻櫅

木名白棗也濟濟濟祭祀容齍闕人名列子齍局周穆王車右齌炊餔疾也劑剤前劑也古作𠛑。西卥卤

卤先齊切說文鳥在巢上象形日在西方而鳥棲故因以爲東西之西亦姓古作卥卤卤文二十七棲栖鳥棲或从西通作西

屖遟說文屖遟也或从辵粞米碎曰粞㯕說文櫪㯕也撕提撕也嘶馬嘶凘流冰燍煙燍焦皃㦗惿㦗

心怯也⿱斯言說文悲聲也一曰善也或書作⿰言斯𡡾女皃犀獸名說文南徼外牛一角在鼻一角在頂似豕一曰瓠中一曰

兵器堅也亦姓 鼶鼠名 劅剶也 𤺺澌說文散聲或作澌 鄿鄿丘地名在齊 𤮐㽄瓦破聲或省 𥏮矲𥏮短皃 㾷

疲㾷痛也 ○妻𡜏千西切說文婦與夫齊者也从女屮又又持事妻職也古作𡜏文十六 萋說文艸盛引詩萋萋萋萋 淒

說文雲雨起也引詩有渰淒淒 淒寒涼也 䨳說文霽謂之䨳 悽說文痛也 𪗋𪗱等也或作𪗱 緀說文白文皃引詩緀

兮斐兮成是貝錦 郪地名 鶈𪇉博雅鶈鸎怪鳥屬或从隹 齌炊餔疾也 雌牝也莊子猨猵狙以爲雌 棲棲棲簡閱車馬

皃 ○齎賫牋西切說文持遺也或作賫文二十八 𪗉說文材也 躋隮齊跧陞陵巹說文登也引商

書予顛躋或作隮齊跧陞陵巹 懠𢢠懠疑猶猜疑也或从賫 呰弱也 擠排也 櫅說文木也可以爲大車軸一曰白棗 韲

齏韲𪗇說文𩐁也鄭康成曰凡醯醬所和細切爲齏一曰擣辛物爲之或作齏韲齏通作齊俗作韲非是 齌炊疾 鈰

𨧵利也或从妻 麡獸名似麋 齍受黍稷器周禮賫玉齍劉昌宗讀 搢插也 𥎸博雅矲𥎸短也 鑇切也 嚌鳥聲 ○栘

成臡切木名唐棣也文一 ○腝臡䰞人移切說文有骨醢也或从難从鬲文三 ○氐都黎切戎種一曰宿名俗作互非是文四十一

低俛也下也 彽彽回疑不即進 隄阺堤說文唐也或作阺堤隄亦姓 岻嵣岻山名在青州 磾黑石可染繒出琅邪

泜水名 袛說文袛裯短衣也方言汗襦自關而西謂之袛裯 揥指也 𧣍獸角不正一曰䗍也或書作𧣍 紙說文絲綷也

洪乘

騠駃騠良馬鞮𩊠說文革履也或从氏腣埤倉腣胿腹胅也䏿曆䏿強脂也趆趨也徥𢕟說文徥𢕟不能行爲人
所引曰徥𢕟或从奚奃說文大也亦姓鍉歃器一曰鏠也𠜎剄也柢木根詆呧訶也或作呧䬊䬊餬寄食也緹
赤縑羝牴說文羊也或从牛驒驒騱駏驉類趧說文趧婁四夷之舞各自有曲厎至也眡視皃頣頭垂下皃𡾰
𡾰狐山名𠥊罔也𡛜女字砥石也蝭蝭蟧蟬屬。梯天黎切說文木階也文十九緹赤色𨁲蹋也𠥈匾𠥈薄也䰫
𠥜臥也一曰虎臥息微或从匚睇視也崹崥崹山皃謕語相誘鷉𩀨說文鸊鷉也似鳧而小膏中瑩刀或从隹歋
唾聲一曰小笑焍灼龜木䫮䪼䫮頭不正𠟠削也䏲𦡊䏲卑不正𤗚牌也鵜鵜胡鳥名𢄮幱𢄮怍也。題
田黎切說文頟也一曰署也文一百十一𧡪䁆說文顯也或作䁆睼睇迎視也或从弟眱眤小視也或作眤嗁啼
㖒㖷渧諦說文號也或作啼㖒㖷渧諦通作謕謕方言謰謱拏也南楚謂之詀謕詆呧詆訶也或作呧提說文
挈也媞㚼媞媞安也一曰美好或作㚼折折折安舒皃禔博雅福也褆說文衣厚褆褆一曰衣好綈說文厚繒也
緹赤色締結不解也𢄮博雅幱𢄮怍也一曰赤紙㥴楚人謂慙曰憪㥴罤兔網通作蹄𥴶箟竹名一曰竹器
或省蹏蹄踶說文足也一曰蹋也或从帝从是徥𢕟徥𢕟行跛或从奚徲說文久也一曰後至趧說文趧婁四夷

之舞各自有曲　鞮䩚革履或从氐　𧣝獸角不正　𧆸臥也　醍䣟醍醐也或从氐　䬾餌也兖豫謂之餹餅　䬹飳餬寄食

隄䧑隄防或从定　崹崥崹山形漸平皃　媂女字　厗𥗎說文唐厗石也从厂屖省聲或从石　䨙霽雲謂之䨙一曰雨

止　樨槌也　𣿅漽米瀾也或从屖　𤭛𤭁博雅𤭛甌甂也或从弟　磃磃氏館名一曰磄磃怪石　桋桑也今俗呼桑樹小

而條長者爲女桑　𧳜脩毫獸　蕛稊禔䔑稺桋艸名說文蕛苵也郭璞曰蕛似稗布地生或作稊禔䔑稺桋

蕛羊蕛艸名　荑䔑苐說文艸也一曰卉木初生葉皃或作䔑苐　惿惿𢤱心怯　銻說文鎕銻謂火齊也　銕鐵謂之銕

古以爲鐵字　𧘲衣名裲襠也　鍦鍗說文器也一曰釜屬或从帝　瑅珶瑅瑭玉名或从弟　鴺鵜鳥名說文鴺鶘

汗澤也或从弟　鷉䴘鶗鳥名博雅鸊鷉鵜子鷉也或作䴘鶗　鶙鳥名博雅鶙肩鶙也通作鶗　騠說文駃騠也孟康曰

駿馬生七日而超其母　鍉歃血器　鼶𪕢鼶鼬鼠名或从帝　𡳐辟方丈　蝭螮𧊢蝭蟧蟲名螅蛄也或作螮𧊢　鯑

魚名山海經少室山休水出焉其中多鯑魚一曰魚黑色　鮷鮧鯷魚名說文大鮎也或作鮧鯷　是月邊也春秋傳是月者何

僅逮是月也　蟬黏蟬縣名在樂浪　𦶏䔶艸名或作䔶　蛦蟞蛦蟲名山雞也　腣腣胿腹胅　猑犬名　遆姓也　鷉

鷿鷉鳥名　碮砧也　𧒊食苗蟲名　䓫艸名藹侯莎其子䓫通作緹　虒虒奚縣名　徲𢓸屖徲休息也或作𢓸。泥

集韻卷二　十三

洪乘

年題切說文水出北地郁郅北蠻中亦姓文十涅屋埿塗也或作屋娓通作泥屔埿說文反頂受水丘或作埿俗作
屔非是𧙂喪禮首服腝臡有骨醢或作臡誽呼也○黎𥝩憐題切說文履黏也作履所用一曰衆也老也或作
𥝩文四十六𪏭犂科說文耕也或作犂亦省鑗說文金屬一曰剥也瓈玻瓈玉名𨞠鄹說文殷諸侯國
在上黨東北引商書西伯戡𨞠或作鄹邌說文徐也黧𪒠黑黃也或作𪒠廲廲廔綺窻也莉艸名一曰芘莉織荆障
藜說文艸也蔾蒺蔾艸名蠡盠𥂖瓢也一曰蟲齧木中一曰谷蠡匈奴王號或作盠𥂖鯬魚名埤倉鯬鯠鮆也鱺
說文魚名通作鯬驪馬黑色麗高句麗東夷國名⿰木黎木名⿰馬犁⿰馬黎⿰馬𪏭博雅駣⿰馬犁馬屬或从黎从𪏭⿰糸虒說文繫⿰糸虒
也一曰維也⿰黎隹⿱黎隹鶩鸝鳥名說文⿰黎隹黃也一曰楚雀其色黎黑而黃或作⿱黎隹鶩鸝㦒㦒怟欺謾語蟸蝷螏蟸蟸
蟲名似蝗大腹長角食蛇腦或作蟍謧謧詍多言也一曰弄言⿰目黎視也棃梨果名或作梨⿱艹犁新⿱艹犁國名在匈奴北
⿱黎心恨也⿱黎瓦小瓶也刕姓也⿱竹黎筣竹名或作筣⿰酉蠡醍⿰酉蠡酒滓一曰酪母○雞鷄堅奚切說文知時畜也籒从鳥文二
十一騱爾雅馬前足皆白禾說文禾之曲頭止不能上稽䭣說文留止也古作䭣卟乩說文卜以問疑也引書卟
疑一曰考也或作乩通作稽栺木名如楓枅㮗說文屋櫨也或从肩笄⿱竹是說文簪也或作⿱竹是檕木名䀘蹊視

也鍣博雅鑿也谿蠰谿土螽似蝗而小軿車兩轊蟒蟲名博雅蛾也一曰螢火嗘嗘嗘聲也嫯女字○谿溪

嵠磎牽奚切說文山瀆無所通也一曰水注川曰谿或从水从山从石文十七盻說文蔽人視也一曰直視或書作昇冒眉

說文尻也鸂騱鸂鶒水鳥或作騱繫緀說文繫縭也今惡絮或作緀謑謑髁不正皃鼷博雅鼷⿰鼠夬筲簇也

螇⿰虫谿⿰虫谷蟲名土蠭也或作⿰虫谿亦省⿰目奚目動也檕梅也○醯⿱皿⿲弓鬲弓馨奚切說文酸也作醯从鬻从酒从鬻酒並省从皿

皿器也或作⿱皿⿲弓鬲弓俗作醯非是文十榼木名爾雅魄榽榼細葉似檀俗作榼非是⿰奚色⿰兮色黃病色或从兮⿰兮欠痛聲⿰忄也方言慴⿰忄也

欺謾也⿰忄虒憪⿰忄虒赤紙⿰奚欠歎息訳喜笑不止皃○兮弦雞切說文語所稽从丂八象气越亏也文二十五奚說文大腹

也一曰何也亦姓胿膪胿腹大⿰女奚說文女隸也通作奚傒闕人名春秋傳齊有高傒謑謑髁不正皃徯待也蹊⿰田奚

徑也或从田⿱幺大獸迹騱說文驒騱馬也一曰馬前足皆白曰騱通作奚豯說文生三月豚腹豯豯皃通作豯貕貕養澤名

在幽州鼷說文小鼠也一曰有螫毒者或謂之甘鼠春秋食郊牛角者是⿰奚黽說文水蟲也薉貉之民食之螇蟲名說文螇鹿

蛁蟟也蒵艸名爾雅蘩莵蒵榽木名爾雅魄榽榼嵇山名亦姓郋說文汝南邵陵里也谿爾雅蠰谿蟲似蝗而小

徯反屐也莊子婦姑勃徯謑謑詬怒也㨙東北夷名通作奚⿰奚頁頭不正○鷖煙奚切說文鳧屬引詩鳧鷖在梁文

施章

二十二鷖黑色馬翳蘙也繄說文戟衣也一曰赤黑繒一曰詞也殹擊中聲𧝓𧝓格次衣⿱殹言詅方言欽⿱殹言
然也或作詅嫛說文婗也釋名人始生曰嫛婗嫛是也言是人⿱殹土說文塵埃也⿰髟殹黑髮黟⿱殹木說文黑木也丹陽有黟縣
或作繄黳說文小黑子一曰黑也䃜瑿美石黑色或从玉羥黑羊一曰羣羊相積⿱妻木⿰木斯弩楔歅闕人名莊子有
九方歅善相馬李軌讀⿰豸契⿰豸契⿰豸契貐獸名似貙或从犬甄什也○倪研奚切說文俾也俾益也文二十四⿰亻兮⿰亻兮俾陽不知皃
齯說文老人齒通作兒婗彌說文嫛也一曰嗁聲一曰婦人惡皃或作彌⿰衤兒爾雅衣裗謂之⿰衤兒一曰女上服輗⿰車宜棿
說文大車轅耑持衡者或作⿰車宜棿鯢說文剌魚也郭璞曰似鮎四足霓說文屈虹青赤或白色陰气也通作蜺蜺蟲名說文寒蜩
也一曰似蟬而小青赤麑猊貎說文狻麑獸也一曰麑鹿子或从犬从豸鶂水鳥觬角曲曰觬一曰觬是縣名在西河郡
郳兒說文齊地引春秋傳齊高厚定郳田亦姓或作兒⿱妻木⿱妻木⿰木斯弩楔⿰兒攴⿰單攴⿰兒攴毀也⿸疒圭癡皃⿰羊兒羺⿰羊兒胡羊淣水際也
○⿰巂見五圭切視也文一○圭珪涓畦切說文瑞玉也上圜下方公執桓圭九寸侯執信圭伯執躬圭皆七寸子執穀璧男執蒲
璧皆五寸以封諸侯从重土楚爵有執圭一曰六十四黍爲圭古作珪文二十八閨說文特立之戶上圜下方有似圭窐⿰巂瓦
⿰鬲圭⿰圭瓦甑空也或作⿰巂瓦⿰鬲圭⿰圭瓦洼深也亦姓⿰圭句⿰豆句⿰圭句裂也邽說文隴西上邽也⿱罒隹谷名在西縣⿰圭欠邪皃一曰聲也胿

膌胿大腹𦓤說文𠁁叉可以劃麥河内用之一曰耕也茥艸名爾雅茥蒛葐也袿釋名婦人上服曰袿其下垂者上廣下狹如刀

圭湀湀闢流川也藈𤬯艸名爾雅鉤藈姑或作𤬯𪊨說文鹿屬鮭魚名山海經敦薨之水多赤鮭睽𥉕乖也古作

𥉕𦅾絜也明也通作圭畦田起堳埒也挂別也莊子以挂功名一曰中鉤取物哇謳歌也鑴錐也○睽傾畦切說

文目不相聽也一曰乖也文十八聧方言聾之甚者秦晉之間謂之聧一曰私叶也奎說文兩髀之間一曰星名刲挂𠛅

說文刺也引易士刲羊或作挂刲楏鋤欘也𡰝說文盾握也一曰盾鼻𩨙六畜頭中骨𨂿𨂿踽搏物皃𧋍蟲名

蘳也蝰蟲名蠽蛹也茥艸名說文缺盆也藈𤬯王瓜或作𤬯𧮙𧮙跔裂也鍷鑴也湀水通川○睳翾睳切埤

倉瘠人視皃一曰健而無德一曰目瞢文四𨻻鳥飛皃矆瞘矆面有垢睢睢睢元氣皃○攜玄圭切說文提也一

曰離也亦姓俗作携非是文三十八𢤱說文有二心也巂𪆷鳥名說文周燕也从隹中象其冠也冏聲一曰蜀王望帝婬其

相妻慙亡去爲子巂鳥故蜀人聞子巂鳴皆起云望帝或作𪆷驨獸名爾雅驨如馬一角通作巂蠵𧓍𩸷說文大龜也以

胃鳴司馬相如作蝮或作𩸷鑴說文瓽也一曰日旁氣刺日觿角錐可用解結通作鑴𠠝博雅削也𩁹窐𤮍甊

甂空也或作窐𤮍甊畦𤳏說文田五十畝曰畦或作𤳏酅說文東海之邑一曰阪險名通作巂蠾嶲𧕝姓也一曰蜀闊

梁四公子名或作嵐毒 纗繡說文維綱中繩或作纗 黊說文鮮明黃也 䁤矐目惡視或从巂 䀢直視也或書作昇

讗自伐也 饡方言餽也 𢇇說文𨗨𢇇也 瓗赤玉 襶一幅巾 梢柃梢燒麥具 栘木名棣也 㥣心不平 鞋

系也 䙅鑴也通作鑴 轞車輪轉一周爲轞通作巂。烓䨏淵畦切說文行竈也一曰明也或作䨏文六 𤭛甑空也

洼曲也莊子似洼者 窐深也 䵷汙也。豍邊迷切博雅豍豆䜷豆也或作𧯝文三十六 𤰈𦲎蓖艸名說文

蒿也一曰䕯麻或作䕯蓖 椑椑櫛小木也一曰木下枝通作椑 梐𣚯說文梐枑也或作𣚯 箆篦箄博雅篝笭謂之箆一

曰可以約物或作箆箄 𣘚楣也 錍箭鏃 鎞釵也 𢄐博雅𢄐帗幞也一曰車帷 𦄺䌒紕并也事謬織疏也或作䌒紕

諀諀誤也或作諀 矲矲鈚短也 陛狴𨻶陛牢謂之獄或作狴𨻶 棲栖也 𧣲牛角橫 螕𧕶說文齧牛蟲也

或作𧕶 椑椑榼飲器 悂𢝢意併也或作𢝢 媲嬖媲小皃 俾使也 𣬈齊也 𤞈犿獸名 崥崥峫山皃。𢱥批

篇迷切說文手擊也或作批文十五 𥮾取蝦具 枇椰木或書作枈 鵧鵧鶎鳥名 𠜾剫削也或从毘 錍鈚鈚鎞

方言箭鏃廣長而薄鎌謂之錍或作鈚鈚鎞 砒䃾藥石或作䃾 陛陛牢獄名 𨂂博雅𨂂踦也。鼙鞞鼙駢迷切說文騎鼓也或作鞞鼙文十九

𦙶膍 肶牛百葉也或作肶 棍梠也 枇枇杷木名 玭珠也 椑說文圜榼也一

曰齊人謂斧柯爲椑鈚取蝦器甈說文𤮊謂之甈崥崥㠒山皃螷蛤也周禮螷醢徐邈讀批擊也助也椑椑榹木下

枝砒藥石𩘨風也蚾蟲名如虎豆綠色○迷緜批切說文惑也文二十八媙摵批也或从手蓫莢蓫艸名葉似

榆寱寱驚冞罙宷深入也或作罙宷醾麴蘗謂之醾𨕊遳頪頭垂皃𨙨鹿跡一曰鹿媒䁇覭

說文病人視也或作覭㜷嬭齊人呼母或作嬭𨡪醭𨡪白生醬酢上○麛麑䴢𪊺說文鹿子也或从兒从弥

从巂𪓰𪔂𪓰𪔂龜屬如龜而多膏或作𪔂彌髮彌嬰兒皃籋竽竹謎詸言惑也或作詸㥸𢠩心惑

也或从迷○隄堤直兮切防也春秋傳弃諸隄下沈文何讀或从土文二○眭扶畦切深目皃文二𡗗傾頭作態也

十三○佳居膎切說文善也文二街說文四通道也○膎戶佳切說文脯也一曰吳人謂腌魚爲膎䐷文十一鮭吳人

謂魚菜揔稱鞵鞋說文革生鞮也或作鞋㨙挾也扶也𧝇埤倉衣袖也㥟說文恚恨也榽榽橀木名邂邂逅

解說也嵠溪谷也㥏慣㥏心不平○𧬌訌希佳切廣雅笑也或作訌文四哇諂聲一曰喉咽結塞皃吹欸吹

氣逆○厓崖顏宜佳切說文山邊也或作崖顏亦書作崕文十八涯漄水畔也或作漄啀嘊犽犬欲齧或作嘊

犽𪘏𪗾齜𪘏齒不齊或作𪗾雅說文鳥也一曰睢陽有雅水睚目際一曰舉目霢霖雨也倪淣極際也莊子不

知端倪或作涀娃女媿也痓癡皃搓拒也○娃於佳切說文圜深目皃一曰吳楚之閒謂好曰娃文十一哇鼃說文

諂聲也或作鼃欸邪皃一曰聲也唲嘔唲小兒言洼漥窐說文深池也一曰曲也或作漥窐黳黳黧淺黑徍

徍徥邪行皃𠡻逼也○媧𡡻公蛙切說文古之神聖女化萬物者也籒作𡡻文十一緺說文綬紫青也諣𧪐惰也

黠也或作𧪐歄姽也弱也腡手文謂之腡騧𩧐黃馬黑喙或作𩧐蝸蟲名蠃也鞋車上系○咼喎𠾻空媧

切說文口戾不正也或作喎𠾻文十三𠤢華𠆩𥪔不正也或作華𠆩𥪔䔻物不齊也絓博雅紬也闂𨷲門不

正開或作𨷲㚴姱㚴女皃跬半步曰跬○哇獲媧切喉結塞也莊子言若哇文一○詭五咼切諣詭惰也文一○𥪔火鼃

切說文不正也文四𡁻口戾皃𩜊食鎖也萃舛雜皃○鼃蛙烏蝸切蟲名說文蝦蟇也或作蛙亦書作鼃文九

洼窐深也或作窐䖯蟲名說文蠆也𥞊䎕耕也或从耒哇淫聲鮭鮭蠪神名○牌蒲街切博雅簧牌籍

也文十五篺𥶺箄大桴曰篺或从水亦省郫縣名犤牛名鯙魚名博雅黑鯉謂之鯙𢋩𢋩𢋩

蚌狹而長者或作𢋩𢋩猈篺闕人名春秋傳楚有史猈或作篺脾牛百葉周禮脾析徐邈讀陴城上墻鵧

鵧鷉小鳥名○𥈠覶莫佳切說文小視也或作覶文六𧳟博雅𧳟諞慧也䩅䩅鞵履也㥞㥞㥏心不平嫧

意黠也。崽所佳切博雅子也一曰呼彼稱文六諰思意一曰語失籭盪具漇漉米也簁竹器䚡角中骨。釵
初佳切歧也文十七筓叉手指相錯差𢀩說文貳也不相值也一曰擇也亦姓籀作𢀩𠞟小稍靫埤倉鞴靫箭室
杈枝也𩑶頤𩑶頤旁𦟛脯腵𧺲起也𤭛博雅𤭛甄磨也一曰屑瓦滌器芆艸名艖舣舟名或从叉扠打也觟
䚢也砐小石。柴鉏佳切說文小木散材徐鍇曰師行野次豎散木為區落名曰柴籬亦姓文十三祡𥛚說文燒柴燓燎
以祭天神引虞書至于岱宗祡古文从隋省通作柴茈䓞茈葫藥艸或作䓞齜說文齒相齘也一曰開口見齒皃或書作齜
喍喍啀犬鬭皃𤸱瘦也𢪒積也䡮𨎻說文連車一曰卻車抵堂為䡮一曰塞也或作𨎻眥博雅睚眥裂也
搓褰斫也春秋國語山不搓蘗。扠搋攄佳切以拳加物或作搋文三𧿹蹋也。羪居佳切羪羺胡羊文四挸搦也
䚷埤倉詿䚷言不正䏹楚人謂乳為䏹㝅。攎莊蛙切擊也文一。𦺕仄佳切艸名地蕢也文一。蹕蘖佳切蹟蹕行
繚屄也文二𢙦𢙦恟自容入也
十四。皆𣅜居諧切說文俱詞也或作皆文二十八偕說文彊也引詩偕偕士子階堦說文陛也或从土𤮛
牡瓦謂之𤮛楷木也孔子冢蓋樹之者薢薢茩艸名爾雅薢茩芵茪荄說文艸根也𧂐稭禾稾去皮顈或作稭䫢

疾風也通作喈湝說文水流湝湝也一曰湝湝寒也引詩風雨湝湝鍇白鐵謂之鍇瑎黑石似玉⿰石皆石名⿰月皆說文臞也

痎說文二日一發瘧喈說文鳥鳴聲一曰喈喈和聲嚌嚌嚌衆聲鶛⿰皆隹鳥名爾雅鶛其雄鶛或从隹⿰虫皆蟲名

猥狗也知雨則翳葉垓壇級祴堂涂鄭康成曰若今令辟祴⿱⺮黠黑竹核木名蠻夷以其皮爲篋媘女字○揩⿰皆攵

丘皆切揩摩甄也或作⿰皆攵文五⿰糸皆說文大絲也⿰彳皆徘⿰彳皆行惡⿰米皆米別名○俙休皆切說文訟面相是文二⿰豸皆獸名

○⿰扌侯挨英皆切推也擊也或作挨文四唉應聲⿰黑乚深黑色○諧雄皆切說文詥也文十四龤說文樂和龤也引書八音

克龤通作諧骸說文脛骨也瑎說文黑石似玉者⿱艹狼艸名如著鞵履也湝水流皃⿰馬皆說文馬和也⿰虫皆蟲名

將雨輒出淮南呼爲雨母偕偕偕強壯皃梩博雅梩⿱臼木臿也鍇九江謂鐵爲鍇敳裁也⿰石皆石名○⿱雨眾宜皆切南陽謂

霖曰⿱雨眾文一○⿱艹乖菲乖公懷切說文戾也睽也或作菲乖文九丫羊角也𠦬說文背呂也象脅肋形⿸疒乖疥疾

絓博雅紬也菲艸名⿰石乖碎也○匯枯懷切水回爲澤文六擓⿰扌𠥻博雅擓技拭也或省⿰乖力⿰乖力劥有力皃⿱⺮敝竹箭

⿵門爲門邪也○⿺乚⿰亻虫⿸疒褱呼乖切⿺乚⿰亻虫儶馬病或作⿸疒褱文六儶順也傀大也莊子達生之情者傀俙訟面相是也⿰豸希獸名

○崴烏乖切崴⿱山褱不平也一曰山形文十碨磈⿰石褱碨磑石不平皃或作磈⿰石褱瀤溛瀤水不平皃溾溾涹濊濁也⿰鹵褱

⿰鹵鬼⿰鹵畏⿰鹵昷⿰鹵襄戎鹽也或作⿰鹵鬼⿰鹵畏 洼曲也莊子似洼者 。懷乎乖切說文念思也一曰人情也一曰來也又州名亦姓通作褢文二十

一 褢𧞣褱說文袖也一曰藏也在衣爲褢褱在手爲握或作𧞣褱 褱說文曰俠也一曰橐也 ⿰女褱安和也 櫰木名葉大

色黑者名爲櫰一曰中曲之山有櫰木如棠員葉赤實實大如木瓜食之多力 槐說文木也 淮說文水出南陽平氏桐柏大復山東

南入海亦姓 瀤說文北方水也 ⿰鹵襄⿰鹵鬼⿰鹵昷⿰鹵襄戎狄之鹽或作⿰鹵鬼 蘹艸名 ⿱圭龜蟲名蝦蟇也 𡾛⿰山褱嵬崴⿰山褱不平或作

⿰山褱嵬 ⿱竹鬼高竹節 犪牛名人目而四角 ⿰石褱石不平也 壞壞隤地名 。崽山皆切子也方言江湘間凡言是子謂之崽自高而侮人

也文四 ⿰扌崽散失也 簁竹器 ⿰糸兒繻色 。差初皆切貳也擇也文四 𧺆起也 輂連車也 搓推擊也 。齋

齋亝𩟄𪗋莊皆切說文戒潔也隸作齋齋古作亝籀作𩟄或作𪗋文十 嚌嚌哩笑皃 齌博雅好也 梩臿也 齹

齹𪘏齒不齊 。豺犲牀皆切說文狼屬狗聲或作犲文六 麡獸名似麏而小角長五尺 儕說文等輩也引春秋傳吾儕小人

輂說文連車也一曰却車抵堂爲輂 ⿱山豺山名在平林 。排蒲皆切說文擠也一曰推也文九 俳說文戲也 輫方言車箱

楚衞之間謂之輫 牌篁牌籍也 猈狗屬 啡吹也 ⿰不頁曲頤 猅犬短首謂之猅 棑盾也一曰桴也 。薶貍埋謨皆切說

文瘞也或作貍埋文八 霾⿱雨埋說文風雨土也引詩終風且霾或作⿱雨埋 ⿰少里少也 ⿱貍心慧也 甊瓾也 。⿰齒來椿皆切博雅⿰齒來齹齹

也文三櫷枯木根牴獬牴獸名性忠直○搋艸皆切以拳加物文一○握尼皆切博雅揩握摩也文二媉美也○遺
憧乖切虺僓馬病文二顡額胅皃○腂盧懷切腂膗形惡文二瞜視也○頚頛孽皆切大面皃或作頛文二○膗腄
崇懷切腂膗形惡或作腄文三擺方言損也○唲嗚皆切嘔唲聲也文二諰呼彼稱○嶏匹埋切山陊聲文一○磮楚懷切甄
也文一○蓑所乖切蓑蓑艸木葉茂皃文二毸毛稀垂皃○唻賴諧切唱聲文一○徥度皆切徍徥行皃文五𨗬頭垂皃
蕿艸木葉垂汰沙汰擇也䔶除艸也○黧力皆切黳黧淺黑文一○媉直皆切娃媉媚皃文三抵擠也咦笑皃
○梩都皆切木名文一
十五○灰呼回切說文死火餘𤆀从火又又手也火既滅可以執持文十六脢夾脊肉易咸其脢王肅讀尵挾相擊
也或作挾讙譟也𧊍豨𪖾豕發土也或作豨𪖾虺尵瘣虺僓馬病或作尵瘣燗爛也洃溲粉苂艸名咴
聲也皓髮皓落也劉昌宗說○恢豗枯回切說文大也謂志大也或作豗文十四𡖾說文大也一曰多也詼譏戲𧼮邪足
悝說文啁也引春秋傳有孔悝一曰病也私也顝倉頡篇相抵觸也一曰醜也一曰大頭魁櫆說文羹斗也或从木魁一
曰北斗首星塊堛也一曰獨處皃盔器名䉋箭竹鄘漢侯國名筷廣雅筷蓬奉也○隈隗烏回切說文水曲隩也一曰厓

内爲隩外爲隈或作隗文二十二渨說文没也溾博雅溾浽濁也一曰回淵椳說文門樞謂之椳揋擿也嵔山曲⿰角畏角曲
中畏弓淵也鰃魚名⿵風委⿱委畏低風謂之⿵風委或作⿱委畏煨說文盆中火也一曰煻火曰煨⿰糸畏斷色絲兩紐中而糾之偎愛也
一曰北海之隅有國曰偎人⿰女畏女字葨艸名愄中善崴嵬崴嵬不平皃或作嵬碨石不平⿰言有呼聲○傀瓌
⿰亻褢⿰亻褱傀姑回切說文偉也引周禮大傀異或作瓌⿰亻褢⿰亻褱傀通作瓌文二十一瑰瓌璝說文玫瑰一曰圜好一曰瓊瑰石次玉或
作瓌璝櫰木名爾雅櫰槐大葉而黑蒐菜名⿰韋貴韋繡文瘣病也膭肥也槶簂筐也或从竹⿰月豈畜胎也敳闕人
名隤敳高陽氏子⿰巾鬼博雅⿰巾鬼幃綵也⿰石褱小石廆山名在中山西⿰口褱呼也○回回違韋胡隈切說文轉也一曰邪也一
曰回中地名亦姓古作回或作違韋俗作迴非是文二十七佪徊徘佪不進皃或从彳通作回洄說文溯洄也瑰璝玫瑰
火齊珠或从貴⿰火有光也⿱有皿小甌蛕蚘蛔痐說文腹中長蟲或作蚘蛔痐槐木名守宮也亦姓瘣病也一曰腫旁
出茴藥艸防風葉也一曰茴香⿰豕阝鄉名在睢陽或書作豝駉馬名⿰石褱石不平皃蚚強蚚蟲名恛昏亂皃太玄疑恛恛⿰月鬼
脂⿰月鬼腫大皃潰溢也散也繢采色鮮⿱艹瘣艸名芋之惡者曰⿱艹瘣○鮠吾回切魚名鯷之小者文十五⿰酉危醉皃
桅舟上帆干嵬巍峞爾雅石戴土謂之崔嵬或作巍峞椳門樞溰博雅漼溰霜雪也磑磨也腢髃肩前也或

从骨敳闕人名隤敳高陽氏子䰐䰐然獨立皃隗阢高皃或从兀。塠⿱誰土都回切落也或从誰文四十五⿰石𠂤磓
以石投下或从追追⿰王𠂤治玉也或从王搥⿰扌𠂤博雅搥挃擿也或作⿰扌𠂤⿸广隹⿸广阜⿸广𠂤說文屋從上傾下也或作⿸广阜⿸广𠂤𠂤
說文小𠂤也象形焴光也堆⿸广隹⿰氵𠂤⿰土𠂤⿱𠂤十聚土或作⿸广隹⿰氵𠂤⿰土𠂤⿱𠂤十⿱山⿸厂隹說文高也敦說文怒也詆也一曰誰何也⿱⿰𠂤攵皿
歃血器鐓說文下垂也一曰千斤椎或書作鐜⿰食坐坐皃通作敦頧毋頧夏冠名通作追⿰衤⿰𠂤攵⿰木⿰𠂤攵棺覆或从木詯⿰言追
諄讁也或作⿰言追諄⿰面𠂤⿰面古⿰面𠂤面陋⿰骨𠂤骨起䭔⿰食𠂤⿺麥追⿰米追丸餅也或作⿰食𠂤⿺麥追⿰米追⿸疒享⿰月𠂤腫也或作⿰月𠂤⿰𠂤鳥雀屬⿰車對車式
下木直立者埻欑塗所覆鎚鍛也⿰女𠂤⿰女追女字或从追陮陮隗原阜高皃⿱艹敦艸盛皃。⿰車隹⿰車𠂤通回切車盛皃或作
⿰車𠂤文十四焞焞焞盛也通作啍啍氣出皃一曰啍諄語不正⿰火追⿱推火以湯除毛或从推推說文排也一曰進也蓷艸名說文
萑也引詩中谷有蓷藬艸名牛蘈也高尺餘方莖葉長穗間有華紫縹色可以爲飲⿸尸妥⿸尸⿰彳委方言履粗者謂之⿸尸妥一曰履有頸者
或从委妥綏安坐也一曰執器下於心或作綏讉江南呼欺曰讉。穨徒回切說文禿皃一曰暴風文三十五隤頽
頹墤說文下墜也或作頽頹墤通作穨⿸广隹⿸广阜屋傾下或作⿸广阜蹪楚人謂躓仆爲蹪⿰片貴⿰片雚⿰片貴屋壞皃⿰衤⿰𠂤攵⿰木⿰𠂤攵棺覆
也或从木⿺尢貴⿺尢𠂤⿺尢貴馬病俗作⿺尢亘非是⿸疒貴⿸疒頹⿸疒褱⿸疒追倉頡篇陰病或作⿸疒頹⿸疒褱⿸疒追⿰言𠂤隹⿰言𠂤占說文譟也或作⿰言𠂤占謉謙也

藬蘈牛藬艸名或从頹 僓頃也 魋說文神獸也 騩白馬 鶉鳥名鵰也 憝怨也 傀偉也 弟弟靡不窮皃一
曰遜伏 盔器名 ⿰風貴風也 饋餹饋餌名屑米和蜜蒸之 謘啍謘語不正 ⿱雨追雷也 彽彽徊疑不進皃 慛縱弛也 。獿
⿰亻夒奴回切古之善塗墍者一曰獿抆拭也或从人通作⿰忄夒文七 捼挼手摩或从妥 𨡕字林𨡕飯 ⿰忄夒以巾拭墀 錗
艸木子垂皃 。靁𩆷畾𩃬畾𩂩靁雷盧回切說文陰陽薄動靁雨生物者也亦姓籀文靁間有回回靁聲
也古作𩆩畾畾𩃬𩆷𩂩靁雷文三十六 儡說文相敗也一曰同也 櫑罍𥁂鑘𦉪說文龜目酒尊刻木作雲雷象象施不窮
也或从缶从皿从金籀作𦉪亦書作壘鑘 瓃⿰王罍說文玉器也或作⿰王罍 鐳古鉼也 礧擊也石轉突也通作轠 ⿰雷瓦屋櫋瓦也
⿱罒畾⿱罒雷網百囊者或从雷 轠轠轤不絶皃 ⿰畾力勉也或書作⿱畾男 ⿰扌纍⿰扌畾研物也或省 畾田間地謂之畾 ⿰畾鳥鸓
飛生鳥名籀作鸓 儽儽儽敗也一曰欺也 ⿰畾阝地名也 檑木名 ⿰雷攴摧也 ⿰氵雷澤名通作雷 ⿰礻畾劒飾 ⿱畾鬼雷鬼也 鍭鑽也 。膗
蘇回切膗膭屋壞也文十六 挼擊也推也 ⿰革嶲鞖⿰革嶲邊帶或作鞖 毸⿰崔毛毰毸鳳舞皃或从崔 嗺⿰口妥促飲也或从妥 蓑
⿱艹崔華蘂下垂皃或从崔 ⿰镸崔髮亂垂皃 縗編鷺羽爲衣 鏙器名 ⿰飠崔飯也 綷五色雜 熣熣煤煙塵 。崔倉回切齊邑名
因封爲姓文十五 ⿰阝崔⿰片崔⿰阝崔隤崩也或从片 催說文相擣也引詩室人交徧催我一曰促期 ⿰彳崔行急皃 趡逼也 縗

衰褱說文服衣長六寸博四寸直心或作衰褱　讙就也　⿱讙土適也　⿰木崔木名　⿰足崔躟踓急甚也宋惟幹說　蓑艸木葉萎皃
⿰女崔女字　○嗺祖回切嗟也一曰嗺頟口動皃文十　摧爾雅至也方言摧詹楚語　朘⿸尸夋⿰血夋赤子陰或从尸从血　⿸尸⿰彳夋⿸尸⿰彳夌粗履不借
也或作⿸尸夋　捘博雅按也　樶梭木節也或作梭　○摧昨回切說文擠也一曰挏也折也文十四　漼凗凗溰雪霜積聚皃或从仌　⿰牜崔
牛白　⿰米崔精米　崔嶵磪說文大高也或作嶵籀文作磪　慛博雅慛慛悲也　⿰木崔木名　欈以木有所擣也　催沮也通作
摧　讙就也　墔墔堆土聚皃　○桮⿰缶否杯盃⿰缶不匼醫晡枚切說文䀀也蓋今飲器或作⿰缶否杯盃⿰缶不匼醫文十三　焙
⿰片不版也或作⿰片不　鄁鄉名在鄠縣　伾山名　棓姓也漢有棓生蘇林讀　⿸疒⿱不皿弦病　○肧妚鋪枚切說文婦孕一月也或从女文
二十六　衃說文凝血也或書作盃　坏說文丘再成者　⿰不瓦培瓦未燒者或作培通作坏　坯伾岯⿰缶不爾雅山一成或作伾
岯⿰缶不　⿱髟不⿱髟不驄多須皃　醅⿰酉不說文醉飽也一曰酒未泲或作⿰酉不　瘖博雅腜瘖創也一曰弱也　⿰魚不魚名一曰魚䲅未成鮭　⿰米丕滫粉
麩爲劑　⿰咅瓜瓜⿰咅瓜也　抔手掬也　婄博雅娸婄醜也一曰婦人皃　⿰女否好色　垺陶器範一曰大也　阫牆也莊子日中穴阫　膊
界埒也大玄福則有膊　啡唾聲　⿱否冂肉醬未成醬　⿱否女人無行　○裴蒲枚切說文長衣皃或書作裵文二十七　郶說文河東聞喜
縣亦姓一曰伯益之後封郶鄉因以爲氏後封解邑乃去邑从衣故今姓作裴　俳徘俳徊便旋也或从彳　培說文培敦土田山川也通作陪

倍鄘崩說文右扶風鄠鄉又沛城父有鄘鄉或作崩 倗說文輔也亦姓 婄婦容 棓姓也漢有棓生 掊克也 毰毰毰毸毛羽皃或从陪 𤗘博雅版也 頙䫠䫧說文曲頤也或从丕从否 輫車箱 紑衣絜鮮皃 倍負河神名一曰倍尾山名或作負 阫坏牆也莊子日中穴阫或作坏 踣頓仆也 陪說文重土也一曰滿也臣也 陫山名 菲艸名 ○枚謀杯切說文榦也可爲杖引詩施于條枚一曰枚箇凡也亦姓文三十 梅楳某槑果名說文枏也可食亦姓或作楳某槑亦書作𣘖 莓艸名爾雅葥山莓 媒說文謀也謀合二姓 禖說文祭也古者求子祠高禖亦姓 腜說文婦始孕腜兆也一曰腜腜肥也 脢脥骸膴說文背肉也引易咸其脢一曰心上口下也或作脥骸膴 玫說文火齊玫瑰也一曰石之美者 鋂說文大瑣也一環貫二者引詩盧重鋂 罞說文罔也 煤炱灰集屋者 坶塺塵也或作塺 䊈酶酒本曰䊈或从酉通作媒 鶀誘取禽者 䤀醯也 湈媒壞也或作媒 鰴魚名 𡴆每艸盛上出也隸作每 瑇玉名 𧯴豆萁下葉也

十六 ○咍呼來切說文蚩笑也文八 㰻吹㰻㰻戲笑聲或作吹 𣪆毅殳剛卯也 㾓病也 誒說文可惡之辭 唉歎也 欸飲也 ○開闓丘哀切說文張也一曰姓也亦州名古作開通作闓俗从井非是文十二 痎疾瘧 闓明也 毅毅殳剛卯也 侅奇侅非常也 㚊博雅多也 奒大也 烗熾也 䤤器名 𤢡獸名 暟照也 ○該柯開切說文軍中約也文三十四 晐

說文兼晐也博雅晐皆咸也通作該賅𪘏𤘅牙謂之𪘏或从牙䐩肥也一曰六畜胎曰䐩胲骸說文足大指毛也或从骨

𢶡觸也𩛥方言飴謂之𩛥祴裓說文宗廟奏祴樂或从衣通作陔侅說文奇侅非常也通作賅賅貨也姟數也十兆曰經

十經曰姟垓畡說文兼垓八極地也引國語天子居九垓之田或从田陔說文階次也一曰隴也郂說文陳留鄉也峐爾雅

山無艸木曰峐荄艸根通作核核說文蠻夷以木皮爲篋狀如歛尊絯博雅纏絯束也𧯷汔也危也剴字林鎌也一曰摩切

𣩐博雅𣩐腜胎也一曰殺羊出其胎豥爾雅豕四蹢皆白豥頦博雅醜也咳奇咳漢倉公脈書通作胲痎痁瘧也隑方言陭也

江南人呼梯爲隑毅說文毅改大剛卯也以逐精鬼㚊多也䀭目大皃奒大也○咳孩𡥧嘊何開切說文小兒笑也古

从子或作𡥧嘊文十五𩠐頤顄也通作頦頦說文醜也𩢅馬一歲郂邑名䰚麧也一曰糜中塊𨉪躿𨉪體長皃𢶡

觸也𧼮說文留意也一曰將走有意留豥豕白足𩸑魚名博雅鯆蟹雄曰䱶𩸑侅飲食至咽曰侅莊子侅溺於馮氣○哀於開

切說文閔也亦姓文九唉說文譍也欸說文訾也一曰然也埃說文塵也烪博雅烪爆熱也一曰熱甚毐𡚱人無行或作𡚱

誒可惡辭娭婢也○皚霼溰魚開切說文霜雪之皃或从雨从夊文二十六𦱶乾菜隑博雅隑長也嵦峽嵦

山皃𨉪躿𨉪身長皃𩪘頼𩪘頭長皃磑博雅礱也一曰磑磑高皃一曰磨也趩留意敳說文有所治也一曰隤敳高陽氏子

名𦢊肥皃𪘏䝿說文齒牙也或从牙鱧鮔鱧壯盤瘄病也殪說文殺羊出其胎𣦛瘊癡也一曰憛𣦛失志皃或作瘊

豥豕白足𪘏爾雅汔也言相摩近通作剴剴鐖說文大鎌也一曰摩也或作鐖䃂𢿭也艠船名譺謹也。黱當來切黷

黱大黑皃文六𪘃博雅齧齧也犆牛羊無子𢡤憛𣦛悅也鬡鬡髮毛亂皃睞荒田。胎殆湯來切說文婦孕三月也

一曰始也或作殆文二十一台能三台星名或作能俗作彰非是邰斄𤍽𪏹斄說文炎帝之後姜姓所封周棄外家

國右扶風斄縣是也引詩有邰家室或作斄𪏹斄怠懈也鮐魚名紿絲縕蛤蟲名黑貝也珆龍文之圭一曰瓏珆嗳嗳嚍

語不正鬐鬐鬏婦人僞髻嬯儓鈍劣皃或从人駘狐駘邾地一曰臺駘汾神治水名漢書鴈門累頭山治水所出東至泉

州入海炱煤塵也譺諟也。臺𡍬臺堂來切說文觀四方而高者亦姓古作𡍬或省俗作臺非是文二十四儓方言南楚

凡罵庸賤謂之田儓一曰陪儓臣也嬯說文遲鈍也闒嬯亦如之駘說文馬銜脫也一曰駑馬一曰駘蕩曠遠也擡博雅擡𢹂動也

鮐說文海魚也跆跆聯手而歌曰跆踏跆通作駘菭苔箈說文水衣或省亦作箈蛤蟲名字林黑貝也薹艸名夫須也一

曰芸薹𥲤說文竹萌也檯木名炱說文灰炱煤也或書作炲黱𪑯黱大黑鴭鳥名台台背大老也鄭康成曰大老則

背有鮐文通作鮐一曰台谷地名詒懈倦皃莊子誒詒爲病李軌讀籉笠也可以禦雨嚍嗳嚍語不正譺諟也。能囊來

切爾雅鼈三足能一曰獸名亦姓文四　痲病也一曰儜劣　髟鬡髟毛亂皃　熊熱也　○來徠逨𧼛郎才切說文周所受瑞麥來麰一來二縫象芒朿之形天所來也故爲行來之來引詩詒我來麰亦姓古从彳从辵从走文四十一　䅘麳⿰麥⿺辵來說文齊謂麥曰䅘或作麳亦从二來通作釐　⿱艹犛除艸也通作萊　萊說文蔓華也一曰姓也亦州名　⿰田來舊場也休不耕者通作萊　郲城名在滎陽縣東齊滅之一曰蜀地名亦姓　斄庲氂⿰糸來說文強曲毛可以箸起衣古省或作氂⿰糸來　淶說文水起北地廣昌東入河并州浸　崍山名中江所出　⿱來土說文⿱來土瓄玉也或書作琜　犛氂說文西南夷長髦牛也或从毛　騋說文馬七尺爲騋八尺爲龍引詩騋牝驪牡　⿰豕來猍獸名方言貔陳楚江淮之間謂之猍或从犬　鯠鰲鯠魚名魟也　鶆鳥名字林鶆鳩鷹也郭璞讀爾雅以爲鶆字之誤　棶木名材中車輞通作來　庲博雅舍也一曰長庲齊臺名庲降蜀地名　⿸疒來久疾也　⿰黑來⿰黑來黸大黑　賚與也尚書夢帝賚予良弼徐邈讀或書作⿰貝來　⿱𠩺邑地名在扶風美陽通作斄釐　睞目偏也　⿰阝來階也一曰⿰阝來隑長皃　箂竹名　⿰耒來耕也　婡女字　唻聲也　⿰來見視也　頼頼體頭長皃　⿰來合至也勤也　倈玄孫之子爲倈孫通作來　○鰓桑才切魚頰中骨文十二　⿱髟思思⿱髟思⿱髟思多須皃或作思　顋頷也俗从肉非是　毸毢毰毸鳥羽張皃或从思通作鰓　⿰思鳥鳥名　䚡說文角中骨　⿰忄思意不合也　揌博雅擡揌動也　粞⿰米思碎米或作⿰米思　○猜⿰忄采倉才切說文恨賊也或作⿰忄采文七　⿺走才說文疑之等⿺走才而去也　偲

說文彊力也引詩其人美且偲䁒戠博雅䁒睬視也一曰睽也或不省揌擇也○哉才將來切說文言之間也一曰始也古作才文二十二烖灾扷災𤆎菑𤋱說文天火曰烖或从宀从手从巛从乃亦作菑𤋱鼒鼎圜弇上巛說文害也從一雝川引春秋傳川雝爲澤凶𢦏說文傷也栽𢦔載生蒏也或作𢦔載䴺方言麴也𢧐國名在陳留郡𣽍渽水名禹貢蒙山谿大渡水東南至南安入𣽍或作渽䁒戠博雅視也或作戠甾廣雅甾拎業也○裁牆來切說文制衣也文十纔繒色一入一曰暫也才說文艸木之初生也一曰能也質也通作材材說文木梃也財說文人所寶也䴺說文餅麴也方言晉之舊都曰䴺芓艸名博雅蘋芓薇也鼒鼎圜弇上𣽍水名扐壯也○㹗昌來切牛羊無子文一○婄鋪來切好色文四𩏂坯伾爾雅山一成曰𩏂韋昭讀或作坯伾○䏽蒲來切版也文五棓姓也俖不正鄉禮記毋俖立培封也倍倍阿神名○𦬊汝來切艸多皃文六腝䰭𩱇有骨醢或作䰭𩱇耏須髮多皃𤵻疾也○栘逝來切木名樜棣也文一○頤𦣝曳來切頷也關中語或省文二

十七○眞𠑻之人切說文僊人變形而登天也一曰實也又姓古作𠑻俗作真非是文三十五稹說文以眞受福砛石不平皃太玄石砛砱一曰礪也畛𤱞溝上涂也田界也或从辰俗作昣非是鎮鑪也𥳍博雅𥳍籢箭也一曰器名蒖

方祐

艸名皀葵也一曰蒖荚實甄說文豕首也硜石也甄樂器爾雅所以鼓敔謂之甄桭梠屋梠也兩楹閒謂之桭或从臣郋

地名甄博雅甄匋窯也亦姓磌博雅礎碏磌礩也一曰磌然聲也鷏鳥名爾雅鷏蟁母似烏鸔而大黃白雜文帪方言飤馬橐燕

齊閒謂之帪侲養馬者一曰侲子童男女稱唇說文驚也或書作⿰口辰諲爾雅敬也振振振盛也奮也厚也⿰辰殳喜動也擊也

⿰足辰說文動也稹槙艸木根相迫迮也或从木袗衣同色儀禮兄弟畢袗玄滇慎滇陽縣名在汝南漢永平五年失印更刻遂以

水爲心縝密緻也鄄衛地名通作甄茞說文艸也駗駗驙馬載重難行皃嫃女字○申[illegible][illegible]升人切說文神

也七月陰氣成體自申束从臼自持也吏以晡時聽事申旦政也又姓亦州名古作[illegible][illegible]文二十六𠂔說文引也身說文躳也象人之身

爾雅我也娠震說文女妊身動也引春秋傳后緡方娠一曰官婢女隸謂之娠或作震通作傓䰠神名傓說文神也又姓伸信

說文屈伸經典作信通作申呻軟⿰口身說文吟也或从欠从身胂說文夾脊肉也眒⿰目曼鳥獸驚皃一曰疾也引目也古作⿰目曼

紳⿰革申說文大帶也或从革柛爾雅木自獘柛⿰衤身博雅裀袑⿰衤身也⿰亻敒理也治也訷說也珅玉名⿰忄申憂也妽女字○瞋

⿰目戌⿰目辰稱人切說文張目也祕書瞋从戌从辰文十謓嗔⿱真心說文恚也賈侍中說謓笑或从口亦作⿱真心䐜說文起也謂肉

脹起瘨腹脹病⿱糸真縝纑也或从糸○辰⿸厂辰丞眞切說文震也三月陽氣動雷電振民農時也物皆生从乙匕象芒達厂聲也辰

房星天時也古作屒文二十五　曟晨說文房星爲民田時者或省通作辰　曟說文日月合宿爲曟通作辰　晨𦦨說文早昧爽也

从臼从辰辰時辰也亦聲丮夕爲𡖍臼辰爲晨皆同意籀作𦦨通作晨　宸說文屋宇也賈逵曰室之輿者後人指帝居曰宸　屒重脣也

臣𢘑說文牽也事君也象屈服之形一曰男子賤稱唐武后作𢘑　郋說文地名　鄏姓也　𣪠敐喜而動皃一曰擊也或从

攴　侲童男女也　鷐䴎說文鷐風也或从隹通作晨　麎說文牝麋也　桭梜桭屋端也　𦁄緻也　茞說文艸也

莀艸多皃　慎獸五歲爲慎慎鄭衆說　陙小阜　○神神𥛓乘人切說文天神引出萬物者也古作神𥛓又姓文六　䰠

說文神也　晨𠩤旦也或作𠩤　○人𠔽𤯔而鄰切說文天地之性最貴者也古作𠔽唐武后作𤯔文十一　儿說文仁人也古

文奇字象形引孔子曰在人下故詰屈　朲字林屋閒木人　仁忎𡰥說文親也亦姓古作忎𡰥　紉合縷也　秂禾欲結者　芢

艸名　○辛斯人切說文秋時萬物成而孰金剛味辛辛痛即泣出从一辛辛辠也亦姓文九　新說文取木也一曰初也亦姓　薪

說文蕘也一曰大木可析曰薪　信引華也周禮華引而信之欲其直也劉昌宗讀　呻吟也　𤵸寒病　伸展也　婞女字　莘

細莘藥艸　○親寴𡧍媇雌人切說文至也一曰近也古作寴𡧍或作媇文七　儭父母稱通作親　瀙水名在南陽　櫬

木名王蒸也　○津𦩎𣻌𦩊𨒉資辛切說文水渡也古作𦩎𣻌𦩊𨒉文十七　𦘒說文聿飾也俗語以書好爲𦘒　盡

方祐

說文氣液也从血聿聲或書作盡 ⿰木盡盂也 璡說文石之似玉者 ⿱艹津艸茂也 搸琴瑟聲 漆棠棗木汁可以染 ⿱艹桼
⿱艹⿰聿彡首戴物皃爾雅⿱艹桼⿱艹桼戴也或作⿱艹⿰聿彡 ⿰王⿰聿彡珒玉名或省 ⿰氵⿰聿彡潤澤也 ○秦⿱秦禾⿱秦秝慈鄰切說文伯益之後所封國也地宜禾
一曰禾名亦州名又姓籀作⿱秦禾古作⿱秦秝文九 螓蟲名似蟬而小 ⿰牛秦牛名 蓁艸名 榛木名 嫀女字 晨旦也關中語 ○繽
紕民切繽紛亂也一曰盛皃文十二 ⿰賓羽⿰賓羽翁飛皃 ⿰賓鳥鳥名 ⿵門賓說文闢也从門 ⿰巾賓衣敝皃 ⿰賓鬼鬼皃 驞驞駍衆聲 ⿰賓見⿰賓見⿰賓見
暫見 馩香氣盛皃 懫心伏也 ⿰石賓碎石聲 ⿰分刂分也 ○賔賓𡧍⿱宀⿱丐貝⿱宀⿱丏貝卑民切說文所敬也一曰導也服也古作
賔𡧍⿱宀⿱丐貝⿱宀⿱丏貝又姓文二十二 儐敬也孔穎達曰賓以禮曰儐 ⿰賓頁頭憤也 ⿰目賓恨視 ⿰賓見⿰賓見暫見 ⿰賓鬼說文鬼皃 鑌利鐵也 檳
檳榔木名無枝實從心生 濱瀕⿰氵丏⿱步頁⿰阝頻水厓也或从頻古作⿰氵丏⿱步頁⿰阝頻 蠙水苔也莊子蛙蠙之衣 嬪婦也周禮嬪貢鄭司
農讀 ⿰魚賓魚名 獱獺屬似狐青色居水中食魚 懫心伏也 ○頻⿱步頁瀕毗賓切說文水厓人所賓附頻蹙不前而止古作⿱步頁或从
水一曰頻數也文二十七 ⿱頻卑卑說文涉水顰蹙亦作卑 ⿰女頻姿也 嚬笑皃 嬪⿰女丏姘⿰女⿱宀⿱丏貝說文服也爾雅婦也
一曰妻死曰嬪古作⿰女丏姘⿰女⿱宀⿱丏貝⿰女⿱宀⿱丐貝 ⿱頻言說文匹也一曰多言 玭蠙說文珠也引宋弘云淮水中出玭珠玭珠之有聲者夏書以虫賓 ⿱艹賓
蘋說文大萍也或作蘋 櫇說文木也 ⿰賓頁方言毗⿰賓頁⿰氵⿱虍思也 ⿰糸頻擣衣也 矉說文恨張目也引詩國步斯矉 獱猵博雅獺也或作

猵⿱頻車車也⿰賓鬼說文鬼皃臏刖也⿱頻虫蟲名負盤也。民⿱𢆶⿱山八彌鄰切說文衆萌也古作⿱𢆶⿱山八文十泯滅也怋亂也
閺鄉名睧俯視也通作閺弫旗弧也錉鐵也暋强也。砏披巾切博雅砏磷聲也文三虨虎文⿰分刂分也。份彬悲巾
切說文文質備也引論語文質份份古从彡林俗作斌非是文二十玢璸玉文理皃亦从賓虨⿸虍林虎文或省⿰王扁理倉璘⿰王扁文采
皃⿱非目大目也攽⿰分刂說文分也引周書乃惟孺子攽亦从刀邠豳⿰豩山說文周太王國在右扶風美陽又曰美陽亭即豳也
俗以夜市有豳山或作⿱豳山⿰豩山豩說文二豕也汃說文西極之水也引爾雅西至汃國謂四極⿰分欠气分琘石次玉者史記琳琘
琨珸劉伯莊讀砏石也⿰分辛駮也⿲木分木木分也。貧穷皮巾切說文財分少也古作穷文二。珉瑉⿰石民碈玟砇
眉貧切說文石之美者或作瑉⿰石民碈玟砇文五十七⿱敃山⿱敃山岷崏汶說文山在蜀湔氐西徼外或作⿱敃山岷崏汶閺⿵門民鄉名
或作閺閩說文東南越蛇種旻閔說文秋天也引虞書仁閔覆下則稱旻天或作閔通作⿰民頁旼旼旼和也⿰目文睧眴視皃
或作睧昀忞暋說文彊也引周書在受德忞亦作敃⿰民頁⿰昬頁⿰𢀖頁彊頭也或从昬古作⿰𢀖頁捪抿說文撫也一曰摹也或省痻
病也或省緍緡說文釣魚繁也吳人解衣相被謂之緍一曰錢緍一曰國名或作緡又姓鍲錉說文業也賈人占鍲博雅稅也
或从民⿰貝勻⿰貝旬博雅本也一曰筭也稅也或作⿰貝旬罠⿰糸民說文釣也博雅兎罝罟或从糸⿰民支皮理⿰民攴勉也蠠⿰虫民說文

䖸也或作蚊　鴖䧂𨾴䳰說文鳥也山海經其狀如翠而赤喙可以禦火或作䧂𨾴離　笢竹膚也　文飾也禮大夫以魚須文竹劉昌宗讀　湣諡也史記齊湣王　暋悶也　虋禾名爾雅虋赤苗郭璞讀　苠𦳝衆多皃太玄人苠苠而處乎中或从昬　𨌇車軛也　𨀁蹎也　泯澤名山海經空桑之山西望泯澤　𡛷女字　鳼鳥名鶉子也　○珍鉁知鄰切說文寶也或从金俗作珎非是文六　駗說文馬載重難也　鎮寶器也周禮國之玉鎮一曰壓也　塡說文塞也一曰定也　趁趁邅行不進皃　○𤡮癡鄰切犬走艸謂之𤡮𤡮猭猭狁緣木皃文十三　䡭大笑皃　䠳走皃　𤞞𤞞猭連延皃　侲欲仆也　伸俲抻搷申也引戾也或作俲抻搷　縝博雅纑也一曰縝紛衆盛　瞋盛皃　狆狂也　胂伸身也　○陳陣池鄰切說文宛丘舜後嬀滿之所封一曰布也一曰堂下徑又姓古作陣文十七　塡寘久也或作寘通作陳塵　敶敕列也或作敕通作陳　𪋻𪋻塵　𡐦𡓨說文鹿行揚土也或省籀作𪋻古作𡐦俗作尘非是　䍶獸名似羊目在耳後　薼蔯茵薼菜或作蔯　趁趻邅也或从足　陳𨻰螴蜳不安定皃　○鄰隣厸離珍切說文五家爲鄰一曰近也或从𨸏古作厸文三十三　𡒄疄蔬畦曰𡒄　或作嶙　嶙嶙峋山崖重深皃　粼磷說文水生厓石閒粼粼也或从石　潾水清皃　璘璘瑞文皃　瞵說文目精也一曰視皃　繗紹也理絲也　轔轔轔衆車聲　麐麟說文牝麒也陸璣曰麕身牛尾黃色員蹄角端有肉音中鍾呂行中規矩王

者至仁則出或作麟通作麟　驎馬班文爾雅青驪驎驒通作粼　駗馬載重難也　⿰豕粦獸名山海經凡山有獸如彘黃身白首尾名曰

閵獜　獜鏻說文健也引詩盧獜獜或从金亦書作⿰粦犬　鱗鯪說文魚甲也或从令通作⿱粦魚又姓　翷博雅飛也　⿱山鱗山名⿱粦魚說文

魚也　粦燐鬼火或从火　⿱艹粦艸名似竹中實通作粼　蹸蹸蹸行皃　麟說文大牝鹿也　⿰粦刂削也　瞵闕人名漢有俞閭侯

瞵　憐愛也○⿰巾盾測倫切布載米文一○杋測人切木名文一○⿰刍鳥⿰旬鳥呼隣切⿰刍鳥鸇小鳥亦从旬文二○紉尼鄰切說

文繟繩也文一

十八○諄啍忳純⿰言𦎫朱倫切說文告曉之孰也一曰懇誠皃或作啍忳純古作⿰言𦎫通作訰肫文十三　⿰目享盹鈍目也或

从屯　惇厚也　肫說文面頯也　淳⿸厂享⿰氵𦎫漬也或作⿸厂享古作⿰氵𦎫　訰心亂皃○萅⿱芚具旾⿱艸日春樞倫切說

文推也从艸从日艸春時生也一曰蠢也古作⿱芚具旾⿱艸日隸作春亦姓文十　川穿通流水也　踳蹐也　鰆海魚名　媋女字　偆理也

○媋式勻切女字文一○純殊倫切說文絲也引論語今也純儉文三十一　沌⿱屯二⿰享屯粹也古作⿱屯二⿰享屯通作純　蒓水葵通作

蓴　⿱艹尃說文蒲叢也一曰蒲中秀　⿱大屯說文大也通作純　醇⿰酉屯⿰酉𦎫說文不澆酒也或作⿰酉屯古作⿰酉𦎫　錞金器錞于也圜如碓

頭大上小下所以和鼓　淳說文淥也一曰質也亦姓　焞博雅明也一曰灼龜炬　⿰享隹鶉說文鶉屬或从鳥　𦎫⿱享羊說文

孰也一曰鬻也或省陙說文小𨸏也⿱勻心恂忳說文憂也或作恂忳肫腊之全者膞股骨也屯屯留縣名在上黨巷 重刀

艸名⿰金脣器名紃采文也鯙魚名⿰目享鈍目也惇厚也馴順也○脣⿸辰頁⿰月留膰船倫切說文口耑也古从頁或作⿰月留

膰亦書作脤文二十二䔚牛䔚艸名如蕢斷寸寸有節拔之可復漘⿰氵辰說文水厓也引詩寘諸河之漘或省⿰牛川牛行遲也旬

均也馴順也⿱𡿺田墾田皃循蹲循逡巡也⿰木脣木名唇驚也陙小阜⿰巾盾布載米𨡷酒厚也橁杶也麎牝麋

紃采也鶉鷂屬純門名春秋傳有純門○犉濡純切黃牛黑脣曰犉文六⿰奠隹⿰奠鳥鳥名鷻鶉也或从鳥撋拭也瞤⿰目需說文

目動也或作⿰目需○荀須倫切說文艸也亦姓文三十橁說文杶也⿰木⿱𠣬亏木名可爲鉏柄詢⿰言⿱𠣬亏咰春秋傳咨親爲詢或作⿰言⿱𠣬亏咰栒

邑名在扶風一曰木名⿱𠣬亏驚也恂㥚說文信心也一曰均也樂也慄也或作㥚通作詢恂洵說文過水中也一曰水名一曰信也揮涕

也⿰旬欠⿰旬乞𣢲欨喜皃一曰氣逆也或从气眴𠣬目眩也或省姰狂也郇⿰𠣬阝說文周武王子所封國在晉地又姓亦作⿰𠣬阝

峋嶙峋山形⿰巾旬說文領耑也珣說文醫無閭珣玗琪引周書所謂夷玉一曰器也畇⿰田旬⿱𡿺田爾雅畇畇田也郭璞曰墾辟或作畇

⿱𡿺田檈圜案也旬徧也絢采成文曰絢⿰旬鳥⿰旬鳥鷂鳥名鷻鶉也⿰旬皮足坼曰⿰旬皮⿳艹旬大闕人名魏有韓⿳艹旬大○逡遁後

七倫切說文復也爾雅退也一曰逡巡行不進亦作遁後文十八夋說文行夋夋也一曰倨也竣踆⿸勹夋說文偓竣也引國語有司

已事而竣博雅止也伏也或作踆匔墫蹲士舞也墫墫舞皃或从足僎介僎也㝹免狡者㝹捘廣雅按也一曰推也皴說文
細皮起也悛改也𧼯說文行趚趚也嶟嶟嶟竦峭皃䘒袴襱曰䘒竴喜皃。遵𢍜蹤倫切說文循也古作𢍜文八跧
蹴也甲也僎鄉飲禮輔主人者嶟山銳也鷷蹲爾雅雉西方曰鷷或作蹲恮謹也。旬𠣏松倫切說文徧也十日為
旬古作𠣏文四十一巡𨋵說文視行皃或作𨋵古通作徇𧻙說文走皃循說文行順也恂恂恂善誘也洵爾雅均也馴
說文馬順也衛宏通作馻馻馬逆毛㸪牛行遲皃𪀚𪀚鶉小鳥名揗博雅順也一曰摩也緍縫也方言繞緍謂之𧞤裺郭璞
曰謂衣督脊紃絢約說文圜采也一曰絛也儀禮作絢約恂袧領耑也或从衣畇𤱠當墾田皃或作畇當甽山下
受霤處灥說文三泉也楯欄檻也姰博雅狂也殉貪也尚書殉于貨色徐邈讀訓道也周禮土訓鄭司農讀遒逡遒
縣名在淮南峋嶙峋深無厓皃迿先也公羊傳朋友相衛而不相迿㴸流皃史記汗出㴸㴸徇侚伨使也一曰徧示或作
徇伨蚼蟲名鬊亂髮也眴眴卷縣名在安定郡橁杊說文大木可為鉏柄或作杊梭木名。鷷從倫切西方雉名文一
。屯株倫切說文難也象屮初生屯然而難別易屯剛柔始交而難生一曰厚也文八迍邅也窀說文葬之厚夕引春秋傳窀穸從先
君於地下一說長埋謂之窀長夜謂之穸邨地名棆木名說文毋杶也𨘋不行也㡒說文載米齗也駗馬載重難行也。杶

朱諒

櫄欃杻槆敕倫切說文木也引夏書杶榦栝柏或从熏亦作櫄杻槆通作椿文十九椿木名橓也莊子大椿䡅輴楯
軥輇說文車約䡅也引周禮孫乘夏䡅一下棺車或从盾从木从旬从全楯一曰案也鶞䳠鳥名爾雅春鳸鴳鶞或从隹瑃
瑃玉名或从春芚无知皃莊子聖人愚芚李軌讀𢃔廣雅斷也䞓走皃橇禹治水所乘者通作輴○䣕重倫切純酒文二
𢃔斷也○倫龍春切說文輩也一曰道也又姓文二十六論言有理也綸青絲綬一曰邑名亦姓惀欲知皃一曰思也掄擇也
周禮邦工掄材踚博雅遺踚行也淪說文小波為淪引詩河水清且淪漪一曰没也侖侖𠕋說文思也籀作侖𠕋陯山阜
陷也棆木名似豫章爾雅棆無疵輪說文有輻曰輪無輻曰輇䑳船前桄也䈁䈁子船具鯩魚名山海經來需之水多鯩魚黑文
狀如鮒蜦蜧說文蛇屬黑色潛於神泉能興風雨或作蜧碖石也菕艸名腀皮也𧳠獸名崙崑崙山名洵水名崘
崘崓山皃耣耕也○因捆𡗝伊眞切說文就也徐鍇曰能大者衆圍就之一曰仍也又姓或作捆古作𡗝文四十二姻婣
𡛷說文婚家也女之所因故曰姻或作婣籀作𡛷諲噷敬也或从口歅闕人名秦穆公時有九方歅禋𥛅祻𥙿
說文潔祀也一曰精意以享為禋籀作𥛅或从因古作𥙿絪烟氤絪縕天地合氣也或作烟氤緸緸寬搖動皃堙壂
香艸通作茵裀博雅複襂謂之裀茵鞇筃說文車重席司馬相如說茵从革或作筃通作裀絪垔陻堙𡊩

𡒄垔說文塞也引尚書鯀垔洪水或作陻堙𡊄籀作𡓾古作𡒄　闉說文城内重門也引詩出其闉闍　湮說文沒也爾雅落也通作洇　洇說文水名　駰說文馬陰白雜毛黑引詩有駰有騢　湮洇寒皃或从因　䍲𦍧黑羊或从因　欭欭歎嘅也　䃌山名山海經東山之南有䃌山　栶木名　筃竹名　秵禾華也　壼壹壼不得泄也　○寅𡨚𡩟寊𡩝𠁥夷眞切說文髕也正月陽氣動去黃泉欲上出陰尚強象宀不達髕寅於下也古作𡨚寊𡩝𠁥文十二　夤𡩟說文敬惕也引易夕惕若夤籀作𡩟　䐗夾脊肉也通作夤　鏔博雅鏔子戟也　螾蟲名寒螿也　𦳝說文兔瓜也　𡍐場也　○礥下珍切難也文三　詢博雅詢誑欺也　賢多才也　○勻俞倫切說文少也一曰均也文八　畇墾田也　馴道也　㚬周也　洵水名也　昀日光也　巡行也尚書巡守徐邈讀　䂳石名　○鈞銁規倫切說文三十斤也一曰陶旋輪古从旬又姓或書作銞鋆文十六　均旬勻說文平徧也周禮作旬或作勻通作鈞亦書作𡊄　㽙畇𢽿墾田也或作畇𢽿　洵水名出沂縣　袀戎衣也偏裻謂之袀通作均　純鄭司農曰緣也　蚼蟲名馬蚿也　姰說文鈞適也男女併也　葋藕小者葋　𧺆走皃　妁女始粈　○巾𧘞居銀切說文佩巾也一曰首飾或从衣文六　抻以巾覆物也　觔斂也二十枚曰觔　弫弰也　艱險也　○堇墐𡓾𡐓𦶊渠巾切黏土也或从土古作𡓾𡐓𦶊文十四　㨷拭也　矜𥎊𥏡說文矛柄也或作𥎊𥏡通作槿　槿木名　魿蚙蟲連行紆行者或从虫　𪏰博雅黏也　圵

陳高

土壁也○趣渠人切行皃文一○緊乞鄰切稔也文一○銀魚巾切說文白金也又州名文三十珢說文石之似玉者垠水名

山海經禱過之山垠水出焉鄞說文會稽縣圁縣名在圁水之陰因以爲名齗太箎也爾雅通作沂誾說文和悅而諍也一

曰語也或从中訔山名言訢鄭康成曰言言和敬皃亦作訢嚚𡐓𡐠說文語聲也春秋傳口不道忠信之言爲嚚古作𡐓𡐠

狺犷犬吠聲楚辭猛犬狺狺或从斤狠犬鬭聲麐獸名如貉八目𧇭說文兩虎爭聲蘄說文艸多皃江夏平春有蘄亭根

木名垠圻𡋯地埒也岸也或作圻𡋯通作垠沂釿沂器之釿鍔或作沂齗笑露齒憖地名春秋會于厥憖蛝馬蛝

蟲名𣳚𣳚淪水回旋皃○咽鼝鼘𪔋於巾切鼓節也詩頌鼓咽咽或作鼝鼘𪔋亦書作鼘文九駰馬陰白雜毛黑者壼壹壼

不泄鄄縣名在濮陽慇殷憂也亦省○贇紆倫切美皃文八頵說文頭頵頵大也壼壹壼不得泄者也奫奫濴

水深廣皃涒涒𨛜水流曲折皃蝹蝹蝹龍皃峮嶙峮山皃䭀馬陰白雜毛黑○筠于倫切竹青皮文九荺藕紹也爾雅荺茭溳

水名出南陽入夏水囩說文回也一曰意不足縜說文持綱紐也引周禮縜寸隕隊也尹孚尹玉采筍弱竹可爲席貟闕人

字春秋傳有子貟○囷區倫切說文廩之圜者圜謂之囷方謂之京文十七菌本艸菌桂出交阯貟如竹箘䇹箟竹名或从

君从昆蜠𧵒貝也爾雅蜠大而險或从貝峮𡸣峮嶙山相連皃亦从囷或書作峮輑車軸相連曰輑壼壸爾雅宮中衖謂

之壺或作𡕒頄權骨也䔮地蕈之小者通作菌碅碅磳石危皃卷眴卷縣名在安定皸皴也○麇鹿麕麏俱倫切說文麞也或从囷从君亦國名文十四莙艸名爾雅莙牛藻似藻葉大頵頭大皃洵水名龜手凍坼也莊子不龜手之藥僎

輔主人者覠視也𧾷走皃䌰𡈁束也或作𡈁涒涒粼水旋流峮峮嶙山皃○𤲬舒均切墾田皃文一○蜵一均切蜵蜵蟲名文三淵深皃鼘鼓聲○竣踆夋壯倫切伏皃或作踆夋文三○𢘍巨旬切憂也文二赹獨行皃○天鐵因切顛也至高無上文一

○年禰因切穀孰也文一○苓戾因切艸名文一○顛典因切頂也文一田地因切樹穀曰田文一

十九○臻緇詵切說文至也通作轃溱文十七轃說文大車簣也搸琴瑟聲也聚也亲𣝐榟說文果實如小栗引春秋傳女摯不過亲栗或从辟亦作榟通作榛榛蓁說文木也一曰菆也或作樼𡵉獸名狀如狗有角文身五采司馬彪說潧說文水出鄭國引詩潧與洧方渙渙兮通作溱淨溱說文水出桂陽臨武入匯淨魯城北門池也瀙字林水名在豫州鐴小鑿也蓁說文艸盛嫀死也責求也春秋傳西鄰責言○莘莘辡疏臻切號地名又姓或作莘辡通作㜪文三十四㜪嫀有㜪國名或作嫀𡚾女字姺說文殷諸侯爲亂疑姓也引春秋傳商有姺邳𤵸說文寒病也𡵉獸名狀如狗通作莘侁佺倖說文行皃或作侁倖兟說文進也屾說文二山也甡說文衆生並立之皃引詩甡甡其鹿毨罽布也𥼶𣝐博雅𥼶𥼶多也或从林通作莘

陳忠

⿰羽辛翍翍羽多⿱艹兟艸名詵說文致言也引詩螽斯羽詵詵兮⿱竹兟篿也駪說文馬衆多皃⿱馬朱說文衆盛也引逸周書疑沮燊

說文盛皃从焱在木上一曰役也一曰火熾皃⿰木莘方言牀杠東齊海岱閒謂之⿰木莘籸⿰米先粉滓也粥凝也或从先⿰臬凡麻滓扟說文從上

挹也博雅捪扟減也阠陵名⿰魚莘⿰魚辛魚名長尾皃或省⿰魚辛通作莘⿰禾莘穀名廣雅⿰黍林⿰禾莘也○榛蓁鉏臻切木叢生曰榛或作蓁文

八侁往來皃殿殿殿動而喜皃淨魯北城門池帘幕也棧衆盛皃漢書蓁棘棧棧杋木名○瀙楚莘切水名文一

二十○文無分切說文錯畫也象交文亦姓又州名文三十一彣說文䫶也一曰青與赤雜古通作文紋織文玟⿰王彣玉文

或从彣魰魚名炆熅也馼說文馬赤鬣縞身目若黃金名曰馼吉皇之乘周文王時犬戎獻之引春秋傳文馬百駟畫馬也西伯獻

紂以全其身或書作媽⿰⿱亠冋文字林縻上汁一曰以手拭物汶水名在魯北鼤班鼠鳼⿰文隹鳥名爾雅鶉子鳼或从隹聞䎽

⿱𦔮昏⿱昏耳說文知聞也古作䎽⿱𦔮昏閺說文低目視也弘農湖縣有閺鄉汝南西平有閺亭閩⿵門蟲東南越名或从蟲蟁⿱昏蟲蚊

⿰虫蟁⿱蟁蟲說文齧人飛蟲或从昏以昏時出也亦作蚊⿰虫蟁⿱蟁蟲鴖鴖母鳥名紊亂也尚書有條而不紊徐邈讀雯雲成章曰雯鴍

鳥名山海經玄母之山有青鴍芠艸名妏女字○芬芬敷文切說文艸初生其香分布或从屮亦姓文三十雰詩傳雰雰雪皃

氛祥氣也通作雰帉說文楚謂大巾曰帉或書作帉通作紛翂鳻㵸翂翂飛也或从鳥亦作㵸通作紛⿰分毛⿰分毛⿰分毛毛落也

紛說文馬尾韜也一曰衆也亂也 砏大聲也 訜訜訜語不定 梤𣝏棻說文香木也或作𣝏亦省 衯說文長衣皃或書作衮 闠閝說文鬭連結闠紛相牽也或作閝 駖馬行疾皃 鳻鳥名爾雅春鳸鳻鶞 份文質備也 幩馬扇汗 岎隱岎丘高出 玢玢豳玉文理皃 扮并也太玄以扮天十八 羒牝羊 𧿳蹷也 𢗗心亂 𢼄亂皃通作紛 燹火皃 ○分匪方文切說文別也从八刀刀以分別物也一曰與也周禮作匪文二十四 鳻說文鳥聚皃一曰飛皃 扮并也一曰握也 衯衣大謂之衯 毴博雅毴毴罽也 𩞀饙餅餴說文滫飯也或从賁或省亦作餴 𧮳谷名在臨汾 玢玉文 坌𡓡𡊄拚叁糞坌掃除也或从糞亦作𡊄拚叁糞古作坌 汾水名在太原 毴毛落也 帉巾謂之帉 昐日光 賁飾也 ○汾符分切說文水出太原晉陽山西南入河或曰出汾陽北山冀州浸文七十一 枌說文榆也一曰榆之先生葉後生莢者 魵魚名出薉邪頭國郭璞曰小鰕 𧮳谷名在臨汾 妢妢胡胡子國在楚出美笄者 毴毛落也 鼢蚡鼖鼠名行地中者或从虫从賁 鳻鳻鶞鳥名 棼說文複屋棟一曰亂也 賁大也三足龜也 蕡說文雜香艸一曰艸木多實 濆說文水厓也引詩敦彼淮濆一說汝爲濆大水溢出別爲小水之名通作墳 樻木名 鐼鐵也 轒說文淮陽名車穹隆爲轒應劭曰轒轀匈奴車博雅以爲柳車 羵羵羊土神名 焚燓炃燌燔火灼物也或作燓炃燌古作燔 鼖鞼鼖𢿟說文大鼓謂之鼖鼖八尺而兩面以鼓軍事或作鞼鼖𢿟 馚穧也關中語 坋大防 𤘺

陳忠

牝牛也墳隫說文墓也方言冢秦晉之間謂之墳取名於大防亦作隫幩說文馬纏鑣扇汗也引詩朱幩鑣鑣羒說文牂羊也豶

獖說文羠豕也或从犬䴅䲀鳻鳥名如鵲三目六足或从隹亦省棼櫠棻香木也或作櫠亦省頒肦顮大首皃一

曰衆皃或从肉亦作顮𩿧鳥聚皃帉大巾亦書作帉𩕄醜也氛雰氲說文祥氣也或从雨亦作氲黂萉枲屬也亦

作萉或書作蘋通作蕡撌拭也馩馚葐博雅馩馧香也或作馚葐芬艸初生香分布蹯獸跡分趙地名劉伯莊說蚠闕人

名春秋傳劉獻公之子伯蚠弅丘高起皃莊子隱弅之丘紛紛緼亂皃簣帥簣弦也𤗘𤗘牀柎也蒶蒶藴蘊積也蟦蟲名

蛇蟦水母𣯊罽也翂飛皃𦦗水名𤸰𤸰沮憂皃熱瘍也雲〇于分切說文山川氣也从雨云象雲回轉形古作〇通作云文

三十六云言也語辭也亦姓通作員芸蕓說文艸也似目宿从艸云聲淮南子說芸艸可以死復生或作蕓𦓤䒣耘秐說文除苗間穢

也或从芸从云亦作秐通作芸熉黃皃妘𡣍說文祝融之後姓也一曰女字古从鼎鄖䢵說文漢南之國漢中有鄖關亦作䢵溳

說文水出南陽蔡陽東入夏水澐說文江水大波謂之澐䞫紜說文物數紛䞫亂也或从糸愪說文憂皃一曰動也耺耳中聲

眃眩眃視不明皃沄說文轉流也蕓蒷蕓薹胡菜或从員橒木名員鼎物數也籒作鼎𧥺訜𧥺語不定縜

持綱紐篔䉙篔簹竹名或从雲囩回也田十有二頃謂之囩𠹖博雅吐也韗𩏒鼓工或从韋鄆沁水鄉名。熅

於云切說文欝煙也文十七壼說文壹壼也从凶从壺不得泄凶也引易天地壹壼涒涒灘水皃搵没也氳氤氳氣也縕說文
紼也一曰亂麻榅馧蒀蒀馧香也或从香从艸薀積也蝹蝹蝹龍皃䡝⿰革宛說文大車後壓也或从革媪女字轀轒轀
匈奴車瘟瘟瘟小痛皃莙艸名牛藻也○⿱屮黑熏許云切說文火煙上出也从屮从黑屮黑熏象也隸作熏俗作燻非是文
二十二薰說文香艸也纁⿰糹薰⿰衤熏⿱穴熏說文淺絳也或从薰从衣亦作⿱穴熏曛日入餘光矄目暗也獯⿰犭軍獯鬻
匈奴別号或作⿰犭軍通作葷醺說文醉也引詩公尸來燕醺醺臐臛也羊曰臐勳勛說文能成王功也古作勛葷⿱艹焄說文臭菜
也或作⿱艹焄通作焄壎樂器焄香臭之氣也禮君焄蒿悽愴鑂鐵類⿰壴熏鼓鳴謂之⿰壴熏煇灼也史記斷戚夫人手足去眼煇之○君
⿱酉巛⿴巛口⿵𠘨君拘云切說文尊也从尹發號故从口一曰羣也下之所歸也古作⿱酉巛⿴巛口唐武后作⿵𠘨君文十八宭羣居也莙
艸名牛藻也䇹竹名桾桾欀木名出交阯鮶水鮶蟲名似魚麏麕麇麞也或从囷亦省軍実說文圜圍也四
千人爲軍从車从包省軍兵車也周制萬二千五百人爲軍古作実皸博雅皸皴也⿰豕軍豕也楎弋在墻曰楎○羣⿱君𧘇⿱君⿰彳羊
衢云切說文輩也一曰獸三曰羣亦作⿱君𧘇古作⿰彳羣或書作群文十三帬裠說文下裳也或从衣亦書作⿰君巾裙⿰羣阝地名宭說文
羣居也⿱山君嶙峮山皃或書作峮⿸疒君⿸疒羣痺也或从羣⿰羣攴⿰君攴說文朋侵也或省麇羣也春秋傳求諸侯而麇至○輑

虞云切軺車前橫木也文一。卷丘云切縣名在鄭文二皸皵也。磒旁君切石落聲春秋傳聞其磒然文一

二十一。欣俽惞許斤切說文笑喜也或作俽惞文十五忻說文闓也引司馬法善者忻民之善閉民之惡亦州名訢

說文喜也通作忻昕說文旦明日將出也炘熱也劤多力也邤地名一曰鄰也款闟人名曹有公子款時掀舉出也盺

視不明皃⿰言希大言也斤斤斤仁也妡女字。殷於斤切說文作樂之盛稱殷引易殷薦之上帝一曰中也大也衆也亦商別號因以爲姓

文八慇說文痛也濦⿰氵隱溵說文水出潁川陽城少室山東入潁或从隱从殷蒑菜名磤砏磤聲也㥯憂也。斤釿

舉欣切說文斫木也或从金一曰斤權輕重之數一曰明也文十筋竻腱⿰月虔肋說文肉之力也从竹竹物之多筋者又姓古作

竻或作腱⿰月虔亦省俗作䈥非是⿱竹堇竹名通作斤⿰黍斤黏也⿰扌堇拭也靖也。勤渠巾切說文勞也通作廑廑文十八廑⿸广勤說文少劣

之名或从勤懃慇懃委曲意慬懄憂也或不省瘽說文病也芹蘄說文楚葵也今水中芹菜亦作蘄⿱艹靳藥艸廣雅山蘄

當歸⿰矛堇矜矛柄也或作矜⿺辶堇說文菜類蒿朸漢侯國名堇菫⿱艹帛說文黏土也古作菫⿱艹帛嫤女字。⿰斤虎魚斤切說

文虎聲也文二十五斦說文二斤也齗齦⿰齒言說文齒本也或从艮从言垠圻⿱猌土說文地垠也一曰岸也或从斤从猌⿰龠斤⿱竹沂

⿱竹⿰犭斤大箎或作⿱竹沂⿱竹⿰犭斤通作沂⿱艹⿰犭斤艸多皃⿸鹿言獸名犾說文兩犬相齧也或書作⿰犭犬狠犬鬭聲⿰犭斤狺說文犬吠聲或从言

鄞縣名在會稽 沂水名 圁縣名在西河 听笑皃 ⿰氵出⿰氵出淪水旋流皃 誾和悅而諍 ⿱㹜齒齒出皃 釿平木具。梓所斤切簀版文一

二十二。元愚袁切說文始也首也又姓文三十九 厵原源說文水泉本也或从泉亦作原源一曰再也又姓亦州名

邍說文高平之野人所登通作原 沅說文水出牂牁故且蘭東北入江 魭魚名 邧地名在秦 阮五阮關名在代 嫄說文台國之女周棄母字也 謜徐語也 ⿰忄原測量也 䬲方言餌謂之䬲 ⿰牛原山海經乾山有獸狀如牛而三足名曰⿰牛原 騵爾雅騮馬白腹騵 羱獸名爾雅羱如羊 豲獂博雅豲豕屬或从犬 蒝說文艸木形一說莖葉布曰蒝 芫藥艸說文魚毒也 杬木名生南方皮厚汁赤中藏卵果 鳿鳥名 榞木名實如甘蕉皮核皆可食 黿魭黿黿說文大鼈也或作魭黿黿通作蚖 ⿱山原崟⿱山原山巔或書作⿰山原 ⿸厂⿱原䖵⿱⿰元元⿱日䖵⿱元虫⿸厂⿱原虫重蠶爲⿸厂⿱原䖵或作⿱⿰元元⿱日䖵⿱元虫⿸厂⿱原虫通作原 蚖螈說文榮蚖蛇醫以注鳴者亦作螈 傆怒也 愿慤慎也周禮上愿糾暴劉昌宗讀 笎竹名 ⿰鼠元鼠名 妧女字。袁于元切說文長衣皃从衣叀省聲又姓文三十 爰說文引也謂引詞也一曰于也又姓 援說文引也 媛嬋媛牽引皃一曰美也 ⿺走亘說文⿺走亘田昜居也通作爰 園說文所以樹果也又姓 垣⿰韋亘說文牆也又姓古作⿰韋亘 洹說文水在齊魯閒 溒水流白又姓 轅說文輈也籀通作爰又姓 榬⿱竹袁方言榬籆所以絡絲者或从竹又姓漢有

王京

榬終古 楥木名柳一曰欄也 湲潺湲水流 蝯猨猿䝊㹕說文善援禺屬或作猨猿䝊㹕 愋方言愋諒智也 鶢鶢鶋

鳥名通作爰 萲爾雅萲忘也施乾說 喛方言哀也 䫃面不正曰䫃 媴女名 园囬也 褑褤衣也或从袁 〓〓〓兔行

皃通作爰 煖煊暄許元切說文溫也或作煊暄文四十 吅讙喧說文驚嘑也亦作讙喧通作諠 愃快也 〓說文疾也 昍

明 諼諠說文詐也爾雅忘也亦作諠 藼蕿萱萲說文令人忘憂艸引詩安得藼草或从煖从宣从爰通作諼 喛

方言喛恚也不欲譍而強荅一曰愁也 愋〓博雅愋諒諝也一曰狠也或作〓 睻〓大目也或从爰 壎塤壦坃

說文樂器也以土為之六孔或从貟从雚从元 〓〓〓〓小鳥名或从隹 翧翧翾飛也 貆狟貉類或从犬 〓說文揮角皃梁

隱縣有〓亭 〓說文角匕也一曰牛角一頫一仰 蝖方言蠀螬自關而東謂之蝖螜 晅日氣也 旭日始出大昕時徐邈說

咺懼也 暖柔皃莊子有暖姝者 煇光也 箮竹華也 宣宣室天子居也 媗女字 ○鴛於袁切鳥名說文鴛鴦也文三十一 鵷

鳳屬莊子南方有鳥名曰鵷鶵 蜿䖤蜿蜿龍皃亦作䖤 冤說文屈也从兔从冂兔在冂下不得走益屈折也 怨惌讎也恚也

或作惌 宛縣名在南陽一曰屈艸自覆 眢目無明也廢井也 〓石之似玉者 婏〓宴婏也或从惌 妴婉也 裷方言

幡裷謂之襥郭璞曰即帊幞也 苑人姓 帵說文幡也 〓〓博雅貪也或省 〓鋺鉏頭曲鐵或从宛 〓〓說文量物

之鞔一曰抒井鞔古从革从宛　輐兵車　莧艸名說文棘莧也今遠志　葾博雅㼜葾敗也　涴涴水名山海經英鞮之山涴水出焉或

从宛　嬛博雅嬛姍好也　惋裁餘曰惋　⿰山宛山名　綩繙綩亂也　○言魚軒切說文直言曰言一曰我也又姓古作言文八　琂說文

石之似玉者　䇾大簫也　⿱艹言艸名亦姓　甗無底甑周禮陶人爲甗　巘山形似甗　娮女字　○⿰女擧丘言切擧也或作揭

文六　攐摳衣也　⿱𡨄走走皃　⿰礻騫祭也　⿰扌虔相援也　○軒虛言切說文曲輈藩車也一曰檐宇之末曰軒取車象又姓文九　⿰車⿱亼車

⿰革⿱亼車⿲彳車亍車後重曰⿰車⿱亼車或从革亦作⿲彳車亍通作軒　掀說文擧出也引春秋傳掀公出於淖　蓒蓒芋艸名生水中通作軒　鶱說文飛皃　⿱𡨄走走皃

邤鄰也　○⿰扌梟⿰木梟居言切⿰扌梟子⿰扌雩蒲采名或从木文二十五　靬乾革也一曰驪靬縣名在張掖　鞬⿰革蹇說文所以戢弓矢或从蹇　腱⿰月虔

筋博雅膂腱肉也一曰筋之大者或作⿰月虔筋　⿰虔刂剔也　犍⿰牛虔⿰牛曷犗牛或作⿰牛虔⿰牛曷　騝爾雅騂馬黃脊騝　鬻⿱⿲弓建弓鬲⿰鬲建餰

⿰食建飦⿰米建鬻也或作⿱⿲弓建弓鬲⿰鬲建餰⿰食建飦⿰米建　⿰革艮車革前也　軒闕人名漢有衆利侯伊即軒　⿰目建目數也　⿰扌虔相援也　⿱艹腱爪病

○焉依言切安也一曰鳥黃色出江淮文二　蔫博雅蔫菸葾也　○⿱竹腱腱筋渠言切字林筋鳴也或作腱筋文十　⿰扌虔說文相援

也　赶說文擧尾走也　犍⿰牛虔犍爲郡名或作⿰牛虔　揵擧也　卷曲也　⿰木虔檁也　○翻⿰番飛拚孚袁切博雅翻翻飛也或

从飛亦作拚文三十二　⿰韋番群也韋平方也　璠璵璠玉名　旛說文幅胡也謂旗幅之下垂者　橎堅木不華而實　幡說文書兒

扸䑺布也一曰幟也 繙 繽繙風吹旗也繙絩亂也 襎 襎褑帳也 番 數也 轓 博雅輫轓箱也 潘 說文大波也 鐇 博雅椎也一曰廣刃斧 潘瀋 米瀾也或作瀋 嬎 免子 䙺 窺䙺暫見 𩕊 大醜皃 嬔 匹偶 反 覆也漢書録因平反之 返 回行也 扁 番也莊子扁然 賁 山海經桂林八樹作賁隅 燔 蕃蕁艸名 舤 舟飾也 鱕 魚名 嬏 女字 噃 聲也 籓 蔽也 軬 車兩耳出也

犿 連犿犬宛轉皃 ○藩 樊 方煩切說文屏也亦作樊通作蕃文十三 蕃 說文艸茂也 籓𥶬番 說文大箕也一曰蔽也或从巾亦省 轓 車箱 鐇 椎也一曰鏟也 鱕 南越志鱕魚鼻有橫骨如鐇海船逢之必斷 犿抃 連犿宛轉皃一曰相從皃或作抃

播 木名 勫 健也 ○煩 符袁切說文熱頭痛也一曰勞也文六十三 擷 擷擱挼也通作煩 𩕊𣚉 說文大醜皃或省 䙺 ⿰木䙺 說文觀䙺也或省 緐 多也槩也 緐絣繴 說文馬髦飾也引春秋傳可以稱旌緐乎或作絣繴 繙 說文冕也一曰亂也

襎 博雅襎褑帳也 袢 袢延衣熱詩蒙彼縐絺是紲袢也 旛 旗幅下垂者 璠 說文魯之寶玉孔子曰美哉璵璠遠而視之奐若也近而視之瑟若也一則理勝二則孚勝 礬 藥石也有白青黃黑絳五種 鐇 廣刃斧 橎 說文木也一曰剛木不華而實 墦 博雅墦埌冢也或書作⿱番土

番蹞蹯⿱丑田⿱丑田 說文獸足謂之番从釆田象其掌或作蹞蹯古作⿱丑田⿱丑田亦書作⿱番足⿺辶番頁 轓 韋裹曰轓 䎌 博雅䎌瓬塼也

⿱番夂膰⿰礻番 說文宗廟火熟肉引春秋傳天子有事⿱番夂焉以饋同姓諸侯或从肉从示 燔 說文爇也 羳 說文黃腹羊 獖 說文

犬鬭聲蠜說文𠂤蠜也蟠蟲名說文鼠婦也⿰鼠番說文鼠也鷭⿰番隹鷭鶂鳥名似鶂或从隹⿰弓番⿰弓番生育也或省笲

竹器婦贄棗脩者⿰非番說文小蒜也⿰禾番稻名蕃茂也息也藩⿱艹燔艸名爾雅薚莐藩生山上葉如韭一曰提母或从燔薠說文

青蘋似莎者蘩蘩說文白蒿也或作繁棥說文藩也引詩營營青蠅止于棥通作樊⿱每泉泉名在魏郡瀿楚人謂水暴溢爲瀿

樊說文鷙不行一曰山邊也亦國名又姓⿰馬樊⿰馬樊駐馬躊躇不行也⿱樊邑說文京兆杜陵鄉或書作⿰樊阝通作樊⿱樊田說文燒田也鱕魚名

嬏女字噃聲也⿱艹樊艸名⿰番頁白喙幡拭簡布嬔偶也蕡艸木多實○樠槾模元切木名一曰木脂出樠樠然或从曼

文九璊赤玉⿰米㒼粥凝⿰谷曼⿰谷曼欲上谷亭名鄤鄭地⿺走曼行緩也⿰食免貪食摱引也○拳巴袁切力也詩無拳無勇徐邈讀文二

⿱龹韋爾雅革中辨謂之⿱龹韋○圈去爰切屈木也文一○⿱斷首止元切斷首也文一○棬九元切西棬縣名文一

二十三○䰟胡昆切說文陽氣也亦書作魂文四十六忶𢡵心悶也或从䰟⿰亻軍人姓俒完也⿰角昆角全也⿰軍頁顚顐

禿無髮也⿰見軍視也䐊餛餫粯博雅䐊肫餅也亦作餛餫粯惃亂也蜫蟲之總名⿺麥昆⿺麥完⿺麥昆方言麴也一曰麥不破也

或从完从昆⿰扌圂捆手推之也或从困渾說文混流聲也一曰洿下亦姓䫟面急沄說文轉流也煇赤也焜煌也䡣

說文土也洛陽有大䡣里或書作堚琿美玉⿰木䰟木名生南海⿰木圂梱說文梡木未析也或从困楎說文六叉犂一曰犂上曲木也

䡣說文軝軥也一曰輣也一曰車相避謂之䡣⿰馬軍山海經太行山有獸狀如騉駼四角而距名曰⿰馬軍騱⿰犭軍山犬也人面而毛緷周禮十羽謂之緷一曰百羽鼲說文鼠出丁零胡皮可作裘鞎⿰車艮車革前也或作⿰車艮溷燉溷鬱熱皃鯤大魚名昆

混闕人名漢有屬國公孫昆邪或作混梡博雅梡枝也芸香艸揮揮掄全而不破媈女字⿱艹睆䓛蒲艸名。昆公渾切說文同也一曰明也後也又姓文四十四罤㫒說文周人謂兄曰罤或作㫒通作昆惃博雅惃惣亂也⿰黑欠⿰魚⿰黑欠⿰角⿰黑欠說文昆于不可知也或作⿰魚⿰黑欠⿰角⿰黑欠⿰巾軍褌⿰巾昆裩說文惣也或作褌⿰巾昆裩崐崐崘山名或書作崑琨瑻說文石之美者引虞書揚州貢瑤琨或从貫錕赤金謂之錕鋙焜服虔曰明也⿱艹罤⿱艹㫒菎說文艸也或从㫒从昆䖵蜫⿰月昆說文蟲之總名也或作蜫⿰月昆通作昆鯤⿰魚罤鰥卵爾雅鯤魚子或作⿰魚罤鰥卵騉野馬屬爾雅騉蹄趼善陞甗箟竹名猑獸名也大犬也⿸鹿昆鹿屬鶤

鵾鳥名說文鶤雞也爾雅雞三尺為鶤一曰陽溝巨鶤古之雞名或从昆混緄混夷西戎名或作緄通作昆鼲博雅鼠屬婫女字餛餦餛餅也⿰石昆鍾病聲緷百羽也輥車轂齊等皃⿱雨貫⿱雨鼎齊人謂雷曰⿱雨貫籀作⿱雨鼎跟踵也⿱罒⿰黑欠圂也。溫烏昆切說文水出犍為涪南入黔水一曰⿰日壽也和也又姓亦州名文二十五𥁕昷說文仁也从皿以食囚也官溥說隸省轀說文卧車也一曰後因載喪飾以柳翣遂名喪車⿰馬昷⿰馬昷驪良馬豱爾雅豕奏者豱謂今豱豬短頭皮理膝慼縕赤黃閒色韞韣也⿰鹵昷

戎鹽榅杉也殟博雅殙殟病也一曰極也瘟疫也[昷阝]鄉名在廣陵縣名在蜀[昷瓜]博雅[昷瓜]瓲瓜屬蒀蒀藻水艸鴛鴛鴦匹鳥

也沈重說媪女字昷日出而温蝹蝹蝹動也藴方言饒也褞褞褐衣也瑥闕人名晉有瞿瑥榅柱也熅煾煒熅火微

或从恩○昏昬旦呼昆切說文日冥也从日氐省氐者下也一曰民聲古作旦文二十三婚[昏女]說文婦家也禮娶婦以昏

時籀作[昏女]怋忯惛說文怓也或作忯惛[昏欠]㱡㱡不可知也殙殙[昏頁]說文瞀也一曰未名而死曰殙或作殙[昏頁]閽說文常以

昏閉門隸也棔合棔木名俗轉為合歡[歹民]矜也莊子以黃金注者殙緍爾雅綸也一曰合也盛也暋悶也莊子慰暋沈屯㖧

㖧㖧目所不見痻病也[亻昏]闇也太玄闇諸幽[亻昏]涽滑涽未定皃睧[氏目]目暗也亦省○坤巛臾枯昆切說文地也易之卦

也从土从申土位在申古作巛臾文十四[囷頁]說文無髮也一曰耳門顝大頭髡髨說文鬄髮也或从元臗髖博雅臗尻也一

曰髀上或从骨豤[豕昆]貇[豤齒]齧也減也或作[豕昆]貇[豤齒][几乚]刊木枝也○[亻軍]吾昆切說文人姓文七顐[囷頁]顐禿也[女軍]女字

[軍見]視也[髟囷]鬋髮也[疒軍]癡也梱木名爾雅髡梱○垠圻[㓞土]五根切博雅厓也或从斤古作[㓞土]亦書作垦文六泿

水名痕博雅腫也鞎車革前曰鞎○奔犇[足奔]逋昆切說文走也一曰堂上謂之步門外謂之趨中廷謂之走大路謂之奔古

作犇或从足文十四賁勇而疾走曰賁虎賁亦姓[賁鳥]山海經太行山有鳥狀如鵲白身赤尾六足名曰[賁鳥][賁鳥][馬賁][馬奔]馬走或从奔

鐼錛平木器或从奔本喻德宣譽曰本走僨僨驕不可禁之勢黖黑也泍水急也蟦蠣也南方人燔以羞。歕鋪蒐切說文吹氣也文四噴

說文吒也一曰鼓鼻濆湀水也通作噴泍水急也。盆瓮蒲奔切說文盎也又姓或作瓮文十⿰山瓮山形似瓮葐葐蒀艸名

⿰盆鳥鳻鳥名博雅鶻鳩⿰盆鳥鳩也或省湓汾水名在潯陽一曰水溢也或省⿰口盆吐也衯衣長好皃。門謨奔切說文聞也从二户

象形文二十八捫說文撫持也引詩莫捫朕舌⿺毛㒼說文以毳為繝色如虋故謂之⿺毛㒼虋禾之赤苗也引詩毳衣如⿺毛㒼璊玧⿰王免

說文玉經色也禾之赤苗謂之虋言璊玉色如之或从允从免樠說文松心木⿰米㒼粥凝虋亹穈⿰禾㒼說文赤苗嘉穀也或

作亹穈⿰禾㒼亹⿰氵亹山絶水也一曰浩亹縣名在金城郡怋惛怋怋不明也亂也悶也或从昏⿰昬頁⿰昏頁⿰氏頁說文繫頭殟也謂頭被繫

無知也或从昏亦省汶汶濛沾辱也離騷受物之汶汶菛菛冬艸名通作虋⿰夕昏瞀也⿺走昬行遲皃⿰巾免吊服鸞山海經崇丘山有鳥

狀如鳧一翼一目相得乃飛名曰鸞鸞瞞瞞然慙皃⿰歹民矜也莊子以黄金注者⿰歹民悶悶然不覺皃一曰有頃間也。孫蘇昆切說文子

之子曰孫又姓文十六猻猴猻獸名搎⿰扌⿱孫廾捫也或从廾蓀⿱艹巽荃⿺辶蓀⿺辶⿱艹巽說文香艸或从巽亦作荃⿺辶蓀⿺辶⿱艹巽飧餐

說文餔也謂晡時食或作餐通作湌槂公槂木名蕵⿱艹湌爾雅須蕵蕪郭璞曰似羊蹄葉細或从湌⿰虫孫方言蜻蛚南楚謂之蚟⿰虫孫湌

水沃飯曰湌。村麤尊切援也聚也通作邨文五邨說文地名⿰扌阝鄉名澊水名爨爨爨鼎欲沸皃。⿱酋廾尊鐏墫

⿰尊瓦祖昆切說文酒器也从酋廾以奉之周禮六彝以待祭祀賓客之禮或从寸从缶从土从瓦通作樽尊一曰高稱文十二 鐏戈戟底 嶟山高皃 鷷西方雉名 繜說文薉貉中女子無絝以帛爲脛空用絮補核名曰繜衣狀如襜褕 踆蹲也莊子踆於窾水 樽林木盛皃 瀳水至也

◦存徂尊切說文恤問也一曰在也文十一 澊水皃 蹲⿰𧾷存俊說文踞也或作⿰𧾷存古作俊 鷷西方雉名 踆以足逆蹋曰踆 拵据也 袸衣帶爾雅衿謂之袸 ⿰存阝洊⿰存阝鄢縣名在犍爲或从水

◦敦都昆切說文怒也詆也一曰大也勉也誰何也文二十五 惇⿰立𦎫說文厚也古作⿰立𦎫通作敦 ⿱敦食貪食 墩平地有堆者 鐓鐏也通作錞 ⿱艹頓⿱艹敦艸名或从敦 ⿱敦山山皃 驐字林去畜勢也 ⿱敦石石可踞者 ⿰享瓦陶器似甌者通作敦 ⿱敦皿盂也 弴弫說文畫弓也或从民 邨地名 ⿱敦衣衣褚 鶉鳥名莊子鶉居而鷇食 蜳螴蜳氣不安定也 ⿰虫敦⿰虫敦蝺蟲名青蚨也 錞⿰金𦎫錞釪如鍾以和鼓或作⿰金𦎫 ⿰牛敦牛名 橔枯也 ⿱敦手擊也

◦暾旽他昆切日始出皃亦作旽文二十一 憞敦憞恨心不明也或省 燉火色一曰燉煌郡名 ⿰口𦎫啍⿰口敦說文口氣也引詩大車啍啍隸作啍或从敦 ⿰虫敦蜳⿰虫敦蝺蟲名似蟬而長或省 ⿰火𦎫焞說文明也引春秋傳焞燿天地一曰灼龜炬隸作焞 ⿰享黃⿰黃屯黃色或从屯 ⿰黑享博雅黑也 涒汭說文食已而復吐之引爾雅太歲在申曰涒灘史作汭 ⿰月敦⿰月享月光也或省 ⿰目享視不明 炖風而火盛皃

◦屯徒渾切聚也又姓通作敦也文四十一 軘說文兵車也 沌水流皃一曰沌沌愚也 吨吨吨言不明也 忳憂也亂也 訰多言也 ⿰黃屯黃色 肫

飩麰粇腒肫餌也或从食从麦从米　瓲瓝瓲瓜屬　坉艸土塡水曰坉一曰田隴　純包束也詩白茅純束　邨地名　窀窀穸也

犬見穴中也　庉居也　𧱓豚豘㹠遯說文小豕也从彖省象形从又持肉以給祠祀或作豚豘㹠遯通作肫　屍䐁臀

臀說文髀也或作脾臋臀　啍嗷口氣也或从敦　燉火色　敦大也一曰敦煌郡名　⿱竹殿⿰扌殿⿱竹臀說文榜也博雅从手或从臀

焞灼龜火也　炖火盛皃　芚木始生皃楊子春木之芚兮一曰菜名似莧一曰愚芚無知皃　閸闐門也　霕大雨皃　⿺風屯風也

遯逃也　囤廩也　○論盧昆切說文議也文十一　陯說文山阜陷也　崘崑崘山名或書作崙　踚行皃　掄說文擇也　輪舟名　菕

菕蘥香艸名　惀說文欲知之皃　侖昆侖天形　婨女名　綸經綸也　○敦儒昆切使也文一　○黁奴昆切香也文二　渜濡湯也

二十四○痕胡恩切說文胝瘢也文九　拫艮掀博雅拫攎引也或作艮掀　鞎說文車革前曰鞎　⿰木焉平量木　肩瓥小

皃莊子其脰肩肩　跟䟰足後也或从肉　○根古痕切說文木株也文五　跟⿰止艮說文足踵也或从止　珢石之似玉者　⿰艮刂削也

○恩烏痕切說文惠也文六　衮煾爊說文炮肉以微火溫肉也或作煾爊亦書作秋　蒽艸名出日南　⿰女恩女字　○吞他根切說

文咽也亦姓文三　䵳黃色　⿰阝否阮也

二十五○寒⿳宀茻仌⿳宀茻仌河干切說文凍也从人在宀下从茻薦覆之下有仌又姓古作⿳宀茻仌寒文二十八　韓韓榦幹

說文井垣也从韋取其帀也隸省或作榦幹一曰韓國名亦姓　**邯**說文趙邯鄲縣　**邗**說文國也今屬臨淮一曰本屬吳　**汗**可汗戎酋稱　**𦽰**艸名爾雅葴𦽰漿郭璞曰今酸漿也　**騫**馬多皃　**頇**顢頇大面皃　**韓**白韓艸名　**韍**膜也　**𣰋**獸豪也　**翰**天雞羽有五色者　**鶾**鶾音肥雉名以祀神通作翰　**𩁈雗**雗鸒鳥名即山鵲知來事者或省　**𩤷**駁𩤷馬名一曰馬毛長也　**豻犴**胡地野犬或从犬　**虷**井中赤蟲　**𧎳𧒖**蟲名𧎳蠦蚯蚓也或作𧒖　**馯**東夷別種名亦姓漢書有馯臂　**奆**大口也　○**頇**虛干切顢頇大面文三　**鼾**臥息也吳人謂鼻聲爲鼾　**嫨**老嫗皃一曰怒也　○**看䁑**丘寒切說文睎也从手下目或从倝文十　**刊**說文剟也　**栞栞**說文槎識也引夏書隨山栞木或从幵　**靬**弓衣也乾革也　**腯**腒腯坼也　**臤**堅也　**漧**燥也　**頇**頭無髮皃　○**干**居寒切說文犯也一曰澗也水涯也扞也亦姓文二十九　**戰**博雅櫓戰盾也通作干　**迀**說文進也一曰遮也　**忓**說文極也　**奸姧**說文犯也亦作姧　**乾漧**燥也或从水通作干　**肝**說文木藏也　**竿**說文竹挺也通作干　**杆**僵木也　**飦**燥飯　**攼**求也得也　**玕琿**說文琅玕也引禹貢雝州球琳琅玕古从旱　**榦**井上木　**盂**博雅盂謂之盤　**邗**越之別名通作干　**𨞈**說文地名　**汗**餘汗縣名在豫章通作干　**芉**蔽芉艸名　**雃鳱**雃鵲鵲也知未來事者或从鳥　**旰**日行也晚也　**虷**蟲名一曰犯也　**矸**石皃甯戚歌曰南山矸　**釬**器也一曰急也莊子有緩而釬　**幹**正也　**犴**野犴獸名　○**安**於寒切說文靜也又州名亦姓文八　**侒**說文宴也　**鞌**說文馬鞁具或書作

鞍盌博雅盌盞盂也郊當陽里名峖山名侒股也鴳鳥聲○豻犴俄干切胡地野犬或从犬文六雃鳥名雝鶔也

[illegible]山高皃亦姓或書作[illegible]忓博雅善也一曰秦晉謂好曰忓牪止牛也○⿰月冊⿰月散相干切脂肪也或作⿰月散文十三跚散

蹣跚行不進皃或作散珊說文珊瑚色赤生於海或生於山姍好也一曰誹謗也⿱竹刪竹器邖地名戔狹少意㹪闕漢

有單于稽侯㹪⿰豕冊豕名⿰黑冊⿱般黑⿰黑冊色下刪削也○餐湌囋千安切說文呑也或从水亦作囋俗作湌非是文九⿰舟粲舟名⿰魚餐

⿱歺魚魚名或省⿱⺮殘⿱⺮粲竹籤也或从粲⿰禾粲白⿰禾粲稻名○戔財干切說文賊也引周書戔戔巧言一曰戔戔多也通作殘文十五殘餘也

𣦼⿰虘又說文殘穿也亦作⿰虘又⿱歺貝害物貪財也⿱𣦼力殺害也故从𣦼从力⿱夕月⿰月戔說文禽獸所食餘也或从戔帴帬也帗也婦人

脅衣也盞博雅盌盞盂也⿰忄戔忮也⿰羽戔鷙鳥攫急疾皃揚子鷹隼⿰羽戔⿰羽戔⿱艹殘艸名淺水流皃戕外殺曰戕○單多寒切說文大

也一曰隻也文十六襌說文衣不重通作單殫說文殛盡也通作單嶀山孤者曰嶀或書作嵒丹甘彤說文巴越之赤石也

古作甘彤丹亦姓又州名簞說文笥也漢律令簞小筐也引傳曰簞食壺漿匰說文宗廟盛主器也引周禮祭祀共匰主癉勞病也

⿰車單⿰車單⿰車翟車名鄲說文邯鄲縣⿰月單胍肚謂之⿰月單彈射也勯力竭也⿱艹丹艸名○⿰氵⿰𦰩鳥灘他干切說文水濡而乾也引詩

灘其乾矣或从隹文二十一撣持不堅也⿰豸單獸名貙屬潬水中沙出通作灘⿰扌歎攤手布也或从難亦書作⿱難手⿰扌炭搫⿰扌炭婉轉

也 歎嘆太息也或从口 嘽說文喘息也一曰喜也引詩嘽嘽駱馬 𦧺譂誕言不正 譠方言譠謾欺語 嬗緩也 㾶博雅

㾶㾶疲也 幝敝皃詩檀車幝幝 漢太歲在申曰涒漢通作灘 墠寬也 癉勞病 驒馬青白文曰驒 驙騏驎謂之驙 ○壇

唐干切說文祭場也文三十 ⿰石亶石壇也 檀說文木也亦州名又姓 彈⿰弓丸丸射也一曰糾也或从丸 撣觸也太玄撣擊其名

一曰西南夷國名 襢爾雅襢裼肉袒也 繟滯緩也 ⿸疒亶疫病 癉風在手足病 僤疾也明也 繵繩也一曰紫色 儃

說文何也 但語辭也辭之固也亦姓 胆口脂澤也 唌歎也 𦧴譂𦧴語不正 聅軍法以矢貫耳曰聅 驙博雅白馬黑脊驙

驒驎驒青驪馬 蟺⿱亶黽水蟲名似蜥蜴或作鼉 鱣魚名 貚說文貙屬 鷤雉子 單闕姓也鄭有櫟邑大夫單伯通作檀 灘

爾雅太歲在申曰涒灘 憚驚怛也 ⿱艹亶艸名 躝踰也 ○闌郎干切說文門遮也一曰晚也希也失也文二十五 䦨說文妄入宮掖也通作闌 ⿰舌闌

譂⿰舌闌語不正 躝踰也 讕譋說文抵讕也或从間 ⿰口闌方言⿰口闌哰謰謱拏也通作蘭 欄闌也通作闌 欗木名桂類 蘭說文香艸也亦州名又姓

籣韊說文所以盛弩矢人所負也或从革 ⿰光闌⿺光蘭光色或从蘭 ⿰月闌⿰月戔也 ⿰衤蘭襴衣與裳連曰⿰衤蘭或省 斕⿰⿱艹米攵斒斕色雜

也或作⿰⿱艹米攵 瀾漣說文大波爲瀾或从連 灡說文潘也通作瀾 ⿰米闌糷飯相箸爾雅摶者謂之⿰米闌或从蘭 暕陰乾也 ○⿰𦰩鳥

難⿰堇隹⿰⿱𠂊堇隹⿰⿱艹爾隹⿰豆隹⿰品隹那肝切說文鳥也一曰艱也又姓或从隹古作⿰堇隹⿰⿱𠂊堇隹⿰⿱艹爾隹⿰豆隹⿰品隹文八 ⿰𦰩鳥艸名 ○籛子千切姓也文一

洪悅

◦⿸展䖵知干切蟲名从展省文一

二十六◦桓胡官切說文亭郵表也一說漢法亭部四角建大木貫以方板名曰桓表一曰木名似柳一曰桓桓威也又姓文五十

梡木名可食出蒼梧　瓛說文瓛圭公所執通作桓　捖捖摩工治玉也　完說文全也　丸說文圜傾側而轉者从反仄　⿹丸皿說文丸之孰也　⿸𠩺丸博雅⿸𠩺丸瘤病也

一曰鼓⿸𠩺丸失藏　寏院說文周垣也或作院　峘⿰山丸⿰山完爾雅小山岌大山峘或从丸从完亦書作⿱亘山⿰山丸　洹博雅洹洹流也一曰水名在齊魯間　汍汍瀾

泣皃　絙說文緩也　紈說文素也　綄船上候風羽楚謂之五兩　垸補也以桼和灰而髹也通作丸　芄雚說文芄蘭莞也引詩芄蘭之枝

爾雅作雚　莞說文艸也可以作席　⿱艹睆艸名說文夫蘺也郭璞曰今西方人呼蒲爲睆蒲江東謂之苻蘺通作莞　⿱艹亘艸名似菫葉大　雈萑

艸名說文亂也或省　萑說文鴟屬从隹从丫有毛角所鳴其民有旤或名木兔　鸛鸛專鳥名　⿰丸鳥⿰丸鳥鵅鳥名鳥喙蛇尾　莧⿰羊莧羦

說文山羊細角者或作⿰羊莧羦　豲獂⿰豕亘說文逸也引周書豲有爪而不敢以撅博雅豕屬一曰邑名在天水或作獂⿰豕亘　脘博雅脯也

一曰胃脂　⿰谷丸鄤⿰谷丸亭名　⿸鹿完鹿三歲也　鵍鶨鵍鳥名　貆說文貉之類　⿰米完粉餌　狟說文犬行也引周書尚狟狟　⿺麥完女麴也小

麥爲之一名⿺麥完子　⿱大亘說文奢⿱大亘也　皖地名在舒　垣⿰亯亘⿱穴亘墉也古作⿰亯亘或作⿱穴亘　烷火也　蒝艸名　◦歡懽⿱㑒雋

⿰女雚⿰女歡呼官切說文喜樂也或从心古作⿱㑒雋或作⿰女雚⿰女歡文二十七　⿱吅見嚾說文呼也或作嚾　讙說文譁也　酄⿰阝雚說文魯下邑引

春秋傳齊人來歸鄭或作隴通作驩驩說文馬名䳺鵍說文䳺專畐蹂如鵲短尾射之銜矢射人或从完鴅鳥名人面鳥喙腽

腽吺四凶之一通作鴅今通作驩貛貛獾貆貒說文野豕也爾雅狼牡貛亦作貛獾貆貒通作犿奞雚方言始也化也

或作雚犿連犿相從皃蠸蟲名守瓜也䑏山海經帶山有獸其狀如馬一角有錯名曰䑏疏粐白米巜也濡○寬完枯官

切說文屋寬大也一曰緩也古作完文四髖臗說文髀上或从肉○官𠆭沽丸切說文吏事君也从宀从𠂤𠂤猶眾也古作𠆭文二

十五倌詩傳主駕人也冠帽說文豢也所以豢髮弁冕之總名也从冂从元冠有法制以寸徐錯曰取其在首故从元或作帽亦姓

觀䉶罐視也古作䉶罐悹憂也亦書作悺懽憂無告也棺宷說文關也所以掩戶古作宷俗作埍非是涫說文灊也酒泉

有樂涫縣莞艸名一曰東莞地名亦姓鵍鶇鵍鳥名雚鸛水鳥也或从鳥䉶竹杼毌說文穿物持之也从一橫貫象寶貨之形

貫穿也易貫魚以宮人寵徐邈讀管管人掌館舍之官䕇艸名爾雅雚芄蘭謝嶠讀䓣蒲類蒄艸名琯石似玉○剜

剜烏丸切削也亦省文十四帵裁餘也捥𢱢捩也或作𢱢婠說文體德好也眢說文目無明也一曰廢井埦宄也𡖿

豌說文豆飴也一曰蹓豆博雅作豌惋歡也蜿𧉛博雅蜿蜿蝹蝹動也亦作𧉛睕睕睕深目皃○岏吾官切巑岏山銳皃

文二十三忨貪也䟍躦䟍蹲也䯈博雅䯈骫也飥餌也刓冠說文剸也一曰齊也或作冠园抏圓削也莊子园而幾

向方或作抗螈再蠶也通作螈⿺兔元兔子也⿰牛原野牛名角可爲窐韋材黿大鼈豲貉屬蚖毒蛇螈原蟲名蠑螈析易也或

作原通作蚖杬博雅椹也𦍩羱羦野羊名或从原从元妧女字芫艸名。潘鋪官切說文淅米汁也一曰水名在河南滎陽

又姓文十番番禺縣名在南海⿰酉㒼醭⿰酉㒼醬醋敗⿰番瓦⿰番瓦故甎也𢊍峙居也⿸疒番病死也拌方言楚人凡揮棄物謂之拌俗

作拚非是墦冢也嬏女字姍醜也。⿰去番逋潘切博雅輦也一曰部也文九般般說文辟也象舟之旋从殳所以旋也一曰移也

亦數別之名古从攴䙲衣表也吳俗語華籓說文箕屬所以推棄之器也官溥說呂靜作籓又姓𢊍儲物也䉽䉽籛竹名一曰

捕魚筍入而不可出半中分也。槃鎜盤柈蒲官切說文承槃也古从金籀从皿或作柈文四十二般弁卞

爾雅樂也或作弁卞通作槃⿱髟般說文臥結也⿱般目說文轉目視也搫說文擊擭不正也一曰除也蹣蹳跘蹣跚跛行

皃亦作蹳跘胖大也禮心廣體胖媻博雅媻媻往來也一曰奢也⿱般黑說文⿱般黑姍下色瘢說文痍也幋說文覆衣大巾或以

爲首鞶鞶鞶⿰革殳說文大帶也引易或錫之鞶帶男子帶鞶婦人帶絲或省縏小囊⿱般足屈足也繁緐絣馬鬣上飾春秋

傳繁纓以朝或作緐絣磐⿰石半大石一曰山石之安者或作⿰石半膰大腹磻溪名一曰以石箸堆緐也番番和縣名在張掖郡䉽

䉽筡竹筤一曰捕魚筍⿱艹般艸名⿰犭般⿰犭般狐犬短尾鵥山海經北嚻山有鳥狀如烏人面名曰鵥鶋夜飛晝伏郭璞曰鵂鶹屬⿱般虫

負盤臭蟲通作盤 蟠大也曲也委也一曰龍未升天謂之蟠 鄱趙地名 繙亂也寃也 瀊水洄也 拌弃也 彥大也常也

皤馬作足橫行曰皤易賁如皤如董遇說 ○瞞謨官切說文平目也一曰目不明亦姓文五十一 㒼說文平也從廿五行之數二十

分爲一辰㒳平也 芇說文相當也 漫水廣大皃 謾說文欺也 悗慢惑也或从曼 慲說文忘也一曰慲兜也 顢顢頇

大面 鬘髮美皃 鬗說文髮長也 襔胡衣也 蹣踰也 㙢墁土覆或作墁 𧼮行遲也 僈健也 鞔說文履空也一曰覆

也 浼汙也孟子汝安能浼我 𩈋塗面 𡚸皮也 曼曼曼長也俗作㬅非是 𢔄𢔄銧亭名在上艾 𥠉偏種皃 蔓蔓菁

艸名蕪菁也 羉爾雅彘罟謂之羉 樠木名 𥽭粥凝 𥻸𥻸𥻸飯澤 饅𪍾饅頭餅也或从麥 𨢊醰醭𨢊醬醋敗或从曼

縵𡮼無文也或作𡮼 鏝槾墁說文鐵杇也或从木从土 鄤鄭邑名 𩃻雨露濃皃 獌𤢊𧲓獸名似貍或作𤢊𧲓 蟃

蟲名 鰻䲯說文魚名或从㒼 𡩤穴黑皃 閩蠻別種周禮七閩 衊汙也 𥌛視也 絻連也 ○酸䤝蘇官切說文酢也關

東謂酢曰酸籀从畯文九 䶜齒酸也 痠痛也 狻𧳙麌說文狻麑如虦猫食虎豹者或从豸从鹿 𧅬艸名 䨲說文小雨

也 ○鑽祖官切說文所以穿也文八 劗吳人謂鬄髮爲劗 𢿱姓也 攢治擇也禮祖棃曰攢之通作鑽 䡅鞼𨏔說文

車衡三束也曲轅䡅縛直轅暈縛或作鞼𨏔 撮秉載器尸子行險以撮 ○爨七丸切炊也周禮以火爨鼎水也文五 竄入穴也

攛擲也鑽刀也⿰矛贊遥捉矛也。欑祖丸切說文積竹杖也一曰穿也一曰叢木文十六襸補也穳篹禾聚也亦作篹⿱菆桂
積木以殯或作挫通作欑⿰革贊⿰革贊⿰車贊車衡三束或作⿰革贊⿰車贊躦蹲躦⿰足元聚足或作蹲灒水集皃酇聚居也百家爲酇巑
巑岏山皃劗剃髮也僔偕也。耑多官切說文物初生之題也上象生形下象其根也文十六端說文直也一曰正也始也布帛
六丈曰端通作耑又姓竱博雅齊也偳闕或曰人名褍褍說文衣正幅或从端⿰禾耑禾垂曰⿰禾耑⿱竹鍴竹名博雅⿱竹鈎⿱竹鍴
桃支也或省⿱艹端艸名鍴方言鑽謂之鍴剬剸齊也⿰角耑說文角⿰角耑獸也狀似豕角善爲弓出胡休多國媏女字⿰馬耑馬名⿰山端
山名。湍他官切說文疾瀨也文九煓方言赫也一曰火熾盛皃偳闕或曰人名⿰黃耑說文黃黑色也一說⿱㸚夊⿰黃耑梁四公子名⿰享黃
⿰月黃黃色或作⿰月黃貒猯說文獸也似豕而肥或从犬褍衣寬也。團專园塼徒官切說文圜也周禮作專莊子作
园太玄作塼通作敦文三十四敦揣聚皃或作揣篿⿱竹叀說文圜竹器也或省⿰㡭⿱斤首剸說文截也或从刀⿺風專摶風也
慱爾雅慱慱憂也摶⿰扌叀⿰扌團說文圜也謂以手圜之或省亦从團漙⿱雨專⿰氵叀⿱雨叀漙漙露多皃或作⿱雨專或並省⿰木團大木
鄟邑名屬⿰叀阝鄟磚闕人名鄭有石磚嫥⿰女幾也鷒鳥名爾雅鸛鷒鶝鶔如鵲短尾射之銜矢射人鷻⿰享鳥鳥名說文雕也引詩
匪鷻匪鳶或省亦書作鷔⿰米專⿰米團⿰米耑粉餌或从團从耑蓴屮叢生鱄⿰虫專山海經雞山黑水出焉其中有鱄魚狀如鮒而彘尾

音如豚或从虫槫柩車也鏄塊鐵○渜濡奴官切水名在遼西肥如南入海陽或作濡文二○鸞盧丸切鳥名說文赤神靈之精赤色五采鷄形鳴中五音文二十二鑾說文人君乘車四馬鑣八鑾鈴象鸞鳥聲和則敬也通作鸞巒說文山小而銳欒灤說文漏流也一曰漬也或从欒亦書作灤䕾虊䜌說文鳧葵也或从攣亦省欒說文木似欄禮天子樹松諸侯大夫欒士楊一曰曲枅木一曰鍾兩角爲欒亦姓臠癵臠臠臞也或作癵通作欒𣤶說文欠皃一曰心惑不悟皃曫說文日旦昏時矕目昏也𡪓攣亂也理也又南䜌縣名在鉅鹿古作𤔔𨷸道入宮掖也孿小臣主駕者𢹬聚也擇也𦌾毚網也圞團也孌女字

二十七○删師姦切說文剟也文八狦博雅狼也一曰惡健犬姍闕單于名潸說文涕流皃引詩潸焉出涕𥳑博雅箾謂之𥳑姗毀也漢書姍笑三代䣌地名𢙼嫉利口也○關閞姑還切說文以木橫持門戶也一曰通也亦姓或省俗作関非是文十三𢇍說文織絹从糸貫杼也瘝病也擐貫也喧嚾喧喧和鳴也或从䜌通作關瞯睒睒視皃鉉所以舉鼎也欄手相關付也太玄欄神明而定摹莞䓴艸名可爲席或从睆𡟨女字○彎關貫烏關切說文持弓關矢也左氏傳作關或作貫文十二灣水曲也𢐆削也潫潫潫水深廣欒彎曲木圞圞潫水勢回旋皃䨹吳王孫休子名蠻蠻蟜蠻蟲曲息皃韋大韋里名在洛陽孌女字○檈數還切閑門機也文二栓貫物也○還胡關切說文復也文三十環瑗說文璧也肉好

若一謂之環或从爰又姓鐶金環也鍰說文鋝也引虞書罰百鍰一曰金六兩爲鍰寰寰内天子畿内也闤市垣也轘

轘轅關名在緱氏縣通作環韋大韋里名在洛陽呂靜說⿰睘刂樸⿰睘刂縣名在武威澴還水名一曰漩澴水濆起皃或从還郇

國名周武王子所封又姓戌說文屋北瓦下一曰維綱也鬟屈髮爲髻⿰睘飛禽繞飛也⿰目睘睔大目皃或作睔糫⿰麥睘餌也粔籹

吳人謂之膏糫或从麥⿰土睘環堵謂面一堵牆也通作環嬛女字𩡧說文馬一歲也从馬一絆其足亦書作媽患㦎也⿰⿱羊⿱虫心⿰⿱羊⿱虫心睘

山海經旬山有獸其狀如羊而無口不可殺名曰⿰⿱羊⿱虫心或作⿰⿱羊⿱虫心睘圜繞也懁辨急也莊子有順懁而達䴉水鳥名紅白深目目旁毛長亦

書作鸛⿱臤睘堅也○跧阻頑切伏也文一○奻尼還切說文訟也文一○姦姧悬居顏切說文私也一曰僞也或作姧

古作悬文九⿱艹姦說文艸出吳林山蕑蘭也亦姓菅茾說文茅也古作茾亦姓奸犯淫也諫諍也○馯丘顏

切馬青黑色亦姓文四豻胡地野犬鬜寡髮也⿰扌虔援也○顏⿰彥⿱巛首顔牛姦切說文眉目之間也籀作⿰彥⿱巛首或作顔亦姓文六

⿰木彥木名如橦豻胡地野犬⿰口顏⿰口顏⿰口顏爭皃○瘝⿸疒䍃吾還切痺也或作⿸疒䍃文三狠說文犬鬭聲○豩呼關切說文二豕也文二

懁性戾也○班辬逋還切說文分瑞玉一曰次也別也或作辨亦姓文二十三辬斑𤦟貣說文駁文也或作斑𤦟古作貣

通作般頒說文大頭也一曰鬢也引詩有頒其首一曰賜也通作朌朌顱顙謂之朌般還也通作班鬆鬢半白扳引也

春秋傳扳隱而立之䙺説文賦事也鳻方言鳩秦漢之間其大者謂之鳻鳩螌説文螌蝥毒蟲也攽説文分也引周書乃惟孺
子攽𤓰瑞瓜磐石文𤟤玨獸名玢玉文彬文采明也毨毨毨罽也卑水名出越嶲縣須班也禮笏大夫以魚須文竹○兆
攀扳𠬥披班切説文引也或作攀扳隸作𠬥亦書作攀文九眅𥉐説文多白眼也引春秋傳鄭游眅字子明或作𥉐盼美目
也眅爾雅大也砏砏磤石聲○蠻謨還切説文南蠻蛇種亦姓文十六⿰蠻鳥⿰䜌鳥山海經有鳥如梟一翼一目相得乃飛名曰⿰蠻鳥⿰蠻鳥或
省獌貓獌狼屬似貍或作貓獌謾博雅謾台𢥞也⿰禾曼稻名鬘鬘鬘美皃⿱曼黑畫車輪也⿱䜌目目暗也⿱䜌日日旦昏也蔓
蔓菁蔬名徐邈説⿺走曼説文行遲也孌女字㒼當也平也○⿺走雚巨班切行傴也文三⿰牛雚牛角曲⿰弓雚弓曲皃○⿰片分步還
切片也文一
二十八○山師間切説文宣也宣氣散生萬物又姓文五疝腹痛也㟅説文地名訕謗也汕魚㨆也○⿱𡕒豕棧山切魚
龍身濡滑者或説蛟將蟹人先以⿱𡕒豕被之蟹死者⿱𡕒豕著身厚尺許以鐵刮之乃散夏后所藏龍⿱𡕒豕是也文一○⿰犭單充山切噬也文一○潺
鉏山切潺湲流水皃文七虦獸名爾雅虎竊毛謂之虦貓或書作戲孱弱也⿰金孱趙魏謂小鑿爲⿰金孱鬝鬝秃皃⿰車單輞也⿰土座
⿰土座門聚名在睢陽○譠託山切博雅譠謾緩也文一○虦昨閑切説文虎竊毛謂之虦貓文三孱窄也呻也⿰土座⿰土座門聚名○媥

𣁽⿺辶函逋閑切斒斕色不純也或从并亦作⿺辶函文八 ⿰王扁玢⿰王扁璘玉文或从分 虨⿸虍林說文虎文也或从彬省俗作霦非是

鯿魚名 ○斕⿰粦文離閑切斒斕色不純或从粦文四 ⿰目闌視皃 潾闌潾水皃 ○儃知山切走藏也文二 譠譠謾欺語 ○⿰犭絲

丈山切⿰犭絲猭獸走皃文一 ○窀除鰥切犬見穴中皃文一 ○嘫尼鰥切⿰口垔嘫語聲文一 ⿱日難喝⿱日難暖也 ○⿺尢盧盧鰥切⿺尢盧⿺尢雚滕病文一 ○⿺尢雚

渠鰥切⿺尢盧⿺尢雚滕病文一 ○閑何閒切說文闌也一曰止也以木距門一曰法也習也文十九 閒安也隙也通作閑 憪⿰忄閑說文愉也

一曰靜也或作⿰忄閑 嫺嫻說文雅也或从閑 瞯覵說文戴目也江淮之間謂眄曰瞯又姓或作覵 癇⿰歹閑說文病也或从歹

⿰馬閒⿰馬閑說文馬一目白曰⿰馬閒二目白曰魚或从閑 鷳鷴鳥名說文鴟也一曰白鷴或从閑 蕑艸名 蛝爾雅蛝馬⿰虫戔一曰蝮蝠也

一曰蚍蜉子 藖博雅⿰車眞藖堅也一曰莖餘艸 㰖木名 慳老人智也 ○羴虛閑切羊臭也文一 ○掔丘閑切說文固也引詩赤舃掔

掔文二十 ⿱臤車博雅固確⿱臤車也 慳悋也 ⿰車眞說文車⿰車眞鉫也 ⿺辶𡿺過也 婜說文美也 䇂罪也 臤說文堅也 ⿺走虔⿺走寋行皃 顅說文

頭鬢少髮也一曰長脰皃 覵⿸户見說文很視也齊景公之勇臣有成覵者或作⿸户見 鬝說文鬢禿也 羥⿰羊皆羊名或作⿰羊皆 牼牛厀

下骨 ⿱雨覞見雨而止息曰⿱雨覞 ⿰犭堅獸名 藖艸名 肩膞也 ○間閒居閑切說文隟也一曰近也亦姓古作閒文十三 艱

囏⿰土堇⿰堇齒說文土難治也或作囏⿰土堇古作⿰堇齒 蕑博雅蘭也又姓 覵視也 ⿰扌虔援也 靬黎靬國名 硍鍾高聲 鉉所以

舉鼎澗山夾水曰澗。○黰黫⿰黑乙於閑切黑也或作黫⿰黑乙文九殷赤黑色春秋傳左輪朱殷⿰羊垔說文羣羊相積也一曰黑羊

⿰牛因⿰牛垔牛尾包謂之⿰牛因或作⿰牛垔漹水名⿰口垔⿰口垔然語聲。○訮牛閑切諍語訮也文十一齗⿰口閒齗齗爭訟也或作⿰口閒⿰犭閒⿰犭閑犬爭

曰⿰犭閒或从閑通作狠⿰口閒圁縣名虤說文虎怒也狠獸名嚚語聲羴⿰羊臭羊臭或作⿰羊臭。○湲胡鰥切潺湲水流皃文二

睆睆睆窮視皃。○嬛逶鰥切容媚也文一。○鰥⿱罒魚姑頑切說文魚也一曰丈夫六十無妻曰鰥古作⿱罒魚文七⿰金眔犂釬也綸

說文青絲綬也又姓淪姓也古有泠淪氏瘝病也矜丈夫六十無妻曰矜通作鰥⿱罒魚。○瓣薄閑切瓜中實也沈重說文一。○頑

五鰥切說文㮯頭也春秋傳心不則德義之經爲頑文二⿸疒頑痹病

集韻卷之二

集韻卷之三

翰林學士兼侍讀學士朝請大夫尚書左司郎中知制誥判秘閣兼判太常禮院群牧使柱國濟陽郡開國侯食邑二千四百戶賜紫金魚袋臣丁度等奉
敕脩定

平聲三

先第一 蕭前切 與僊通　僊第二 相然切
蕭第三 先彫切 與宵通　宵第四 思邀切
爻第五 何交切 獨用　豪第六 乎刀切 獨用
歌第七 居何切 與戈通　戈第八 古禾切
麻第九 謨加切 獨用　陽第十 余章切 與唐通
唐第十一 徒郎切

一○先 蕭前切說文前進也一曰始也又姓文八 跣 蹁跣旋行皃一曰舞容 姍姺 姍姍行皃一曰便姍衣婆娑皃或作姺 [石先]

珗石次玉也或作珗 銑豕類 西金方也 ○千倉先切說文十百也文十三 仟千人之長曰仟 阡路南北曰阡東西曰陌通作千

玨三里田爲玨或書作圱 峪博雅道也一曰望山谷峪峪青也 芊芊芊茂也 杄木名 汘說文水也 迁撫謂之迁一曰伺候也進也表也

忏方言自關而西秦晉之間呼好爲忏 帑博雅頭帑幧頭也 盰盰瞑遥視 奸女字 ○箋牋將先切說文表識書也一曰編也古者書紀其事以竹編次爲之或作牋文三十四

淺以色飾帋通作帴 帴小兒藉也 韉韆纏馬被具或从戔从系 籛姓也 毶毦屬 櫼櫼趙魏之間謂栗之小者曰櫼或作櫼 椾䬸香木名或作䬸 葏艸皃詩葏葏者莪李舟說

瀳瀳水名一曰水至也或作瀳 濺淺濺濺濺水疾流皃或作淺濺通作碊 諓巧言也一曰淺薄皃 𨘋說文自進極也一曰至也

𪏮戩黃色或从戔 轃輤大車簀或作輤 戔戔戔猥積皃一曰顯見皃 碊博雅搼碊鼓也 箈籛蔽絮簀或作籛

𨬟至也 亲榛木名或作榛 榗木名 沮湔沮小流 ○歬𠝣前才先切說文不行而進謂之歬或作𠝣隸作前文十四

媊說文甘氏星經曰太白上公妻曰女媊居南斗食厲天下祭之曰明星 葥艸名說文王彗也似藜可爲帚 葏艸茂皃

箈箭籛蔽絮簀也或作箭籛 籛細削竹也 騚馬四蹢白謂之騚 瀳水至也 葥車前藥艸 緓織一番也 ○

邊卑眠切說文行垂崖也或曰近也方也又姓文三十 籩𠥰匾說文竹豆也或从匚櫋作匾 𨘻澷水名出番侯山或省

甂方言自關而西盆盎小者曰甂 萹萹竹艸名 ⿰禾臱⿰禾邊稨稹籬上豆或从臱亦作稨稹 牑說文牀版也 編說文次簡也字林以繩次物曰編 ⿰亻邊⿰亻臱身不正一曰傍也或省 蹁⿰足邊行不正皃或从邊 ⿺走臱說文走意 蝙蟲名說文蝙蝠也 猵獱獸名說文獺屬或从賓 ⿰糹匾褰謂之編 楄山海經堵山有木曰天楄方莖而類葵 ⿱殹黹紩也 糄米也 鯿⿰魚賓魚名似魴或从賓 揙擊也 扁扁諸劒名吳王以葬 ○蹁徧蒲眠切說文足不正也一曰拕後足馬一曰蹁躚旋行也或作偏文三十一 褊褊䙪衣皃 緶編說文交枲也一曰緶衣也或作編 萹萹⿱艹巷艸木動皃 ⿰亻邊⿰亻臱⿰亻臱躚舞容或省通作蹁跰 胼跰胼胝皮堅或作跰通作骿 骿說文幷脅也晉文公骿脅通作駢 ⿰齒幷幷齒也 揙擊也 玭琕瑸珠名或作琕瑸 賆博雅益也 ⿰垂幷縣名在郎邪 輧婦人車四面屛蔽者 ⿰扁瓜博雅曰⿰扁瓜瓜屬 栟栟櫚木名 楄說文楄部方木也引春秋傳楄部薦榦一曰木名食之不噎 ⿰足卑下廣也 萆車名所以對敵自蔽隱者 牑牀版 駢說文駕二馬也 併列也 扁圜皃 紕繝布 蝙魚名 諞說文便巧言也引周書截截善諞言論語友諞佞 ○眠瞑民堅切說文翕目也或作瞑文十九 ⿰目臱⿱臱目說文目旁薄緻⿰目臱⿰目臱也一曰密也或作⿱臱目通作臱 臱說文宀宀不見也謂人㕙深室 ⿱殹黹紩也 ⿱宀臱說文⿱宀臱⿱宀臱不見也一曰⿱宀臱⿱宀臱不見省人徐鍇曰室無人也 ⿰耳冥埤倉注意聽也 ⿱髟臱說文髮皃一曰燒煙染眉謂之⿱髟臱 瞞瞞然慙皃 冥顚冥迷惑也司馬彪說 ⿰木臱說文屋⿰木臱聯也 ⿰民見病視 ⿰忄臱忘也 ⿺几皃邪行 ⿰臱頁博雅健⿰臱頁孌也

一曰美也 ⿰言臱 慧黠也 幎 覆也儀禮士喪幎目用緇 ⿰土臱 所以平地 ○顚 多年切說文頂也亦姓俗作顛非是文二十一 巔嵮 山頂也或省 ⿰亻顚傎 倒也或省 蹎 說文跋也 ⿺走眞 說文走頓也 瘨癲 說文腹脹也一曰狂也或从顚 齻 牙兩畔長者儀禮左右齻 ⿰馬眞 馬顙戴星謂之⿰馬眞通作顛 驒 驒騱馬屬一曰白馬黑毛 ⿱雨眞 雨聲一曰雨甚 滇 說文益州池名 槇 說文木頂一曰仆木也 ⿸厂顚⿸厂眞 塚也 ⿱艹顚 艸末也或省 ⿱穴顚 高遠也 鷏 鳥名 ⿱眞黽 ⿱眞黽鼅鼄類似蜘蛛出遼東土人食之 ○天兲𠑹 他年切說文顛也至高無上一曰刑名剠鑿其額曰天古作兲唐武后作𠑹文十一 吞 咽也又姓漢有吞景雲 誕 誕譂言不正也 芺 艸名 ⿰目夭 視也 訞 訶也 沮 消沮小流 黇 黃白色 祅 胡謂神爲祅 ○田 亭年切說文陳也樹穀曰田象四口十阡陌之制也又姓文三十七 佃 治土也古者一夫一婦佃田百畝一曰古卿車 畋⿰犭田甸⿰鬳攴 說文平田也引周書畋爾田或从犬亦作甸⿰鬳攴 窴塡鎭 說文塞也或从土亦作鎭 闐 說文盛皃 ⿰車甸䡘 ⿰車甸䡘車衆聲或从田通作顛闐 ⿰壴眞 ⿰壴眞⿰壴眞鼓聲 磌 博雅䃂碣磌礩也一曰石落聲 畇 地名在絳 眴 目皃大戴禮人生三月目眴然有所見 嗔 說文盛氣也引詩振旅嗔嗔 ⿰耳眞 聲盈耳也 譂 誕譂言不正 搷 擊也引也揚也 ⿰𧾷田 躡地聲 鈿鎭 金華飾亦作鎭 沺 水勢 滇 滇污大水皃 ⿰豸單 獸名貙屬 稹槇 木根相迫也或从木 顚 憂思皃禮色容顚顚 鷏 鳥名蚊母也俗說此鳥常吐蚊因以名云 ⿸广垔 久也通作寘塡 瘨 病也 撣 堵名山海經青要之山南望撣堵一曰人名漢匈奴曰逐王先賢撣 驒 廣雅驒騱馬屬 ⿰阝田 地名 ⿰車身 ⿰車身⿰車身喜動皃

瞋眠瞋低目皃○秊年𠦚寧顚切說文穀熟也引春秋傳大有秊或作年唐武后作𠦚亦書作秆文七⿰秊阝⿰年阝說文左馮翊谷

口鄉或作⿰年阝簚竹名姩女字○蓮靈年切說文芙蕖之實也文十四憐怜說文哀也或作怜⿺辶粦⿰麥粦⿰麥婁寒具干寶曰司徒儀吏死

祭用⿰麥粦⿰麥婁⿰亶凡⿰亶連⿰亶凡𨻰縣名在交趾或从連零先零西羌名瞵怒目皃一曰以目隨泠⿰令毛毛長總結也周禮羊泠毛而毳羶徐

邈讀或作⿰令毛譂噒誕譂言不正或作噒嫾女字苓艸名○堅經天切說文剛也一曰固也又姓文二十五熞灼鐵淬之鋻

剛鐵也緊⿰糸臣緊也或作⿰糸臣⿰糸臣通作堅⿰巾玆布名出東萊⿰扌玆縣⿰扌玆縣名在東萊肩肩說文髆也一曰任也克也或从戶又姓鈃關人

名六國時有宋鈃幵說文平也象二干對構上平也一曰羌名枅梋屋櫨也或作梋鵳䳡鵳鵑鳥名鵳也或从隹鳽鳥名說文鵁鶄也

⿱幵龍說文龍耆脊上⿱幵龍⿱幵龍亦書作攏⿱幵鹿說文鹿之絕有力者亦書作麉豣狷䝆說文三歲豕肩相及者引詩並驅从兩豣兮或作狷䝆鰹魚名

爾雅鰹大鮦趼久行傷足謂之趼菺艸名戎葵也顅長脰皃一曰頭少髮皃○牽摼掔輕煙切說文引前也亦姓古作

摼掔文二十五幵羌謂之幵一曰平也縴縴繾惡絮掔固也擊也牽也岍開山名在雍州或作開通作汧汧說文水出扶風汧縣

西北入渭爾雅汧出不流謂水泉潛出自停成汙池一曰水決入澤中者邢地名在河內周公子所封雃鳽說文石鳥一名雝鰈一曰精列引春秋傳秦有士雃

或从鳥麉鹿之絕有力者亦書作麓蚈蟲名螢火也枅屋櫨也豣⿰豕牽獸三歲曰豣或作⿰豕牽⿰犭幵犬名顅長脰皃牼

牛膝下骨 𥳑戶板謂之𥳑簈 臤堅也 茾秦茾藥艸 趼獸跡也 俓忮恨也急也 ○祆馨煙切說文胡神也唐官有祆正一

曰胡謂神爲祆關中謂天爲祆文三 詽說文諍語詽詽也一曰怒也訶也 仚說文人在山上 ○賢臤贒胡千切說文多才也一曰善也大也

又姓古作臤贒文三十二 𡡉妶說文有守也亦省或書作婺 慈說文急也河南密縣有慈亭 𧼒赼說文急走也或省 伭說文很也一曰

亭名在安邑 㘋難也聲也 𧦝言急莊子謀稽乎𧦝一曰堅正 𢹂縣名在東萊 弦說文弓弦也從弓象絲軫之形又姓 絃八音之絲也通作弦

𢙀說文布出東萊 𠜪自刎頸謂之𠜪 痃癖病也 舷船邊也 礥㘋難也太玄有礥首一曰地險也或作㘋 胘說文牛百葉也服虔說有角曰

胘無角曰肚一曰胃之厚肉爲胘 蚿馬蚿蟲名 蜆蚈蟲名爾雅蜆縊女謂小黑蟲赤頭喜自經死或作蚈 衒箭笴 茲說文艸也 𢎍說文艸木弓盛

也 肩贏小皃一曰直皃莊子其脰肩肩李頤讀 𢍰吳王孫休子字 泫混流一曰泫氏縣名在上黨 眴大目一曰國名 玹姓也 ○煙烟𡏁

𤎌圑因蓮切說文火氣也或从因古作𡏁籒作𤎌圑文二十六 燕國名 鄢說文地名 閼匈奴謂妻曰閼氏 橪𣖁橪支木也一曰橪支香艸或作

𣖁 咽胭𠹐䐡說文嗌也謂咽喉也或作胭𠹐䐡 驠馬名爾雅白州驠 湮落也塞也 篶竹名 禋祀天也詩頌肇禋徐邈讀 闉曲也

莊子闉跂司馬彪讀 歅闕人名莊子有九方歅 㹪獸名如牛四角白首 珚玉名山海經傅山多珚玉 蜵蟲名 𠛕刎也 𡡒女字亦書作嬿

䞋䞋赦婦人面飾 ○妍倪堅切說文技也一曰不省錄事也難侵也惠也安也文十三 研說文𥗼也 硯闕人名越有計硯通作研 揅說文摩也

趼蹄平正也爾雅騉蹄趼通作研 俓急也 䂼椀也 䳻石鳥也 鳽鵁鶄也 㯱博雅槷也 汧淨也 幵平也 麉鹿有力

○涓圭玄切說文小流也引爾雅汝爲涓亦姓文二十四 酮說文䤈酒也 蠲蟲名說文馬蠲也引明堂月令腐艸爲蠲一曰明也潔也 鵑𪇆嶲鵑鳥名或从隹

䓛𦬒茴明艸名祭以爲藉或从玄 䅌麵蠲說文麥莖也或作麵蠲 睊睊睊側目相視皃 焆明也 蜎蜎蠉巧蟲 鞙馬勒 鉉

鼏舉鼎也亦作鼏 淵鼓聲詩鞉鼓淵淵 狷有所不爲也 甋陶器 泫泫氏縣名在上黨 𡲸尻也 梋盂屬一曰車環 衛

車搖也 艄船前挑 ○鋗火玄切說文小盆也一曰無足鐺文十二 梋盌也 圓說文規也 矎博雅視也 譞譞多言也或作譞 嬛

貪色或省 駽說文青驪馬引詩駜彼乘駽 弲廣雅彈弲弦也 悁急也 鞙馬勒 ○玄𢆯胡涓切說文幽遠也黑而有赤色者爲玄

象幽而入覆之亦姓古作𢆯文二十六 玆黑也 泫㘋泫水深廣皃一曰水名 縣懸說文繫也或从心 𥈭目瞳子黑 訇訇說文漢中西城有訇鄉或

作訇 胘牛百葉 頙顋後 眩惑也一曰視不明 眴眴瞑大目 伭伻很也或作伻 𢍁吳王孫休子字 玹玉色一曰石次玉 駭馬一

歲名一曰馬黑色 閍試力士錘 誸急也 蚿馬蚿蟲名 狥獸名似豹而文少 妶女名 狖性褊急也 獧犬疾躍也 儇慧也 ○淵

淵囦𣶒縈玄切說文回水也从水象形左右岸也中象水皃一曰深也古作淵囦𣶒文二十六 弲弓隈也通作淵 㾓骨酸也 弲說文角弓

也洛陽名弩曰弲 剈𠟼剈說文挑取也一曰窒也剜也或从因古作剈 鼘鼝咽鼘說文鼓聲也引詩鼝鼓淵淵或作鼘咽鼘亦書作鼝

肙肙說文小蟲也一曰空也隸作肙 嬛博雅好也一曰嬛嬛美容 䢎說文行皃 雟說文鳥䳓也 蜎蜎蠉井中小蟲也亦姓 蜵蜎蜵巧蟲

名 悁忿也魯連曰棄忿悁之節 裫衣曲也 棩木曲也 焆火皃 娟女字 ○狗崇玄切獸名似豹而文少文二 䟃疾走

二 ○僊僊相然切說文長生僊去隸作僊通作仙文二十九 仙木名出祁連 䙴䙴外高也或从了 鮮說文魚名出貉國一曰鳥獸新殺曰

鮮又曰善也亦姓 鱻說文新魚精也从三魚不變 鸐鳥名似䙴鶴碧色 毨博雅毨毨罽也 躚躚蹮蹁躚猶蹣跚也或省亦作蹮 硟

擣繒石 廯廩也 秈䅾籼䅝方言江南呼稉爲秈秈或作䅾籼䅝 䔼艸名如莞 䉳戶板謂之䉳一曰竹名 𡾊小山別大

山曰𡾊通作鮮 䉵竹名 仚山居長往也 邖地名 綫縷也 𡛷女字 癬瘍也 褼褊褼衣皃 䕭䕭䕭艸木動皃 ○遷遷

親然切說文登也隸作遷古作拪 拪𢪃遷古作拪𢪃文十八 𦥛䙴䙴𡕒𡆲說文升高也从舁囟聲或从卩隸作䙴古作𡕒𡆲 䣔邗說文

地名或作邗 韆鞦韆北方山戎戲以習輕趫者 櫏櫏杄樝櫏木名子如馬乳或作櫏杄通作遷 籧箬籧竹名 𤸻痛也 攑揷也 ○煎

將仙切說文熬也文十 葏說文艸皃 湔說文水出蜀郡緜虎玉壘山東南入江一曰手瀚也洒也傍沾也 鬋女鬋垂皃 孱窘也今俗有孱戚語 幁

說文幡幟也亦書作幁 翦淺色周禮翦繁鵠纓 媊女媊星名 𣕮揃箋識也或从手亦書作揃 ○次湪涎湫㵪徐連切說文慕

欲口液也或作湪涎湫㵪亦書作㳄文六 唌說文語唌嘆也 ○錢財仙切貨泉也一曰田器亦姓文六 蝬蠽蟬蟲名或从錢亦作蟬 碊坂也 濽

浮也。○羴羶羼膻尸連切說文羊臭也或作羶羼膻文十九　挻說文長也方言楚部謂取物而逆曰挻一曰揉也　梴木長皃詩松桷有梴　埏和土也通作挻　搧批也　扇搖也　煽火盛也　脠醬生肉醬者曰脠　⿰魚延魚醬　綖說文車温也一曰巾帑綖牛領衣　顫鼻徹爲顫謂審於氣臭也　⿰目延博雅更也　⿰足延行也　猭獸名似兔　傓盛也　烻光也。○燀稱延切炊也文六　⿰犭單犬噬也　僤地名在魯春秋傳歸讙及僤　嘽嘽咺汙緩皃　幝車敝皃　闡開也明也。○饘⿳弜亶鬲⿳弜萬鬲餰飦⿰食建⿳弜萬鬲⿰米建⿸尸食⿸尸食⿰米亶⿳弜亶鬲諸延切說文糜也周謂之饘宋謂之餬或作⿳弜亶鬲⿳弜萬鬲餰飦⿰食建⿳弜萬鬲⿰米建⿸尸食⿸尸食⿰米亶⿳弜亶鬲文二十八　旃旜襢說文旗曲柄也所以旃表士衆引周禮通帛爲旃一曰之也亦姓或作旜襢　栴⿰木旃栴檀香木名或作⿰木旃　氈說文撚毛也　鸇⿸鹿鳥⿰亶隹鳽鶇鳥名說文鸇風也籒从廛或从隹古作鳽鶇　⿰旃頁⿰⿱冄木頁方言顩江湘之間謂之⿰旃頁或从菜　鄄地名在衞通作甄　⿰垔鳥⿰垔鳥山名　⿰弓垔弓辭　甄察也勉也。○山所旃切土高有石曰山文一。○鋋時連切說文小矛也文十五　單爾雅太歲在卯曰單閼一曰匈奴酋長曰單于姓孿鞮氏單于廣大皃言象天單于然　禪靜也浮圖說　嬋嬗嬋娟美容亦作嬗　儃僤態也或从單　撣博雅撣援牽引也　蟬蟺說文以旁鳴者方言蜩秦晉謂之蟬或作蟺　澶說文澶淵水在宋　埏地際也　亶亶爰山名　⿰車單⿰車單⿰車矍車輞　繟繟聯不絕皃。○潺鋤連切水流皃一曰水聲文八　孱說文迮也一曰呻吟也冀州人謂懦弱曰孱　虥虎淺文　⿰金孱小鑿　⿰車單車輞　⿰土座⿰土座門聚名在睢陽　⿰扌孱粟屬　鬜鬢禿。○然⿱難火如延切說文燒也一曰如也又姓古作⿱難火通作⿱艹難俗作燃非是文十五　嘫說文語聲

也一曰譍也蘸䕭說文艸也或作䕭肰𨉖瞅說文犬肉也古作𨉖瞅𤡮倮𤡮猿屬色青赤有文䳿鳥名嫶姓也蒼梧有嫶

氏繎說文絲勞一曰紅色𥳼竹名由吾也䕼野豆錕車釭○邅亶𢕉張連切屯邅難行不進皃或作亶亦从彳文九䞄

說文趁也驙說文駗驙也引易乘馬驙如一曰白馬黑脊驙一曰馬載重難行鱣𧕐𩽜魚名說文鯉也或从虫从廛澶水靜皃○脡抽延切說

文生肉醬也文十六鯅魚醬㢟說文安步㢟㢟也鋋長引也挻博雅長也一曰逆取物梴說文長木也引詩松桷有梴方言碓機自關而

東謂之梴𤢺𤢺猭獸走皃鏈𥖰銅屬一曰卝也或从石譠博雅譠謾欺也狿獸名䢭相顧行也𩋲鞮也㦁泣皃烻

光也猭獸名似兔○纏繵纒澄延切說文繞也一曰束也又姓或作繵亦省文二十襢袀襢褌也躔蹍說文踐也或从展䞄轉也

廛壥厘鄽說文一畝半一家之居一曰廛市物邸舍或从土亦作壥厘鄽䦨市門瀍水名出河南北山入于河澶水名在衛一曰

水𧓍蟲名方言守宮秦晉謂之蠦𧓍撣相纏不去也太玄提禍撣撣𦢊沐𦢊罔象別名𤢺𤢺猭犬走皃𡏝聚名在桂陽○連璉

陵延切說文負連也一曰連屬又姓古作璉文二十四謰嗹說文謰謱也或从口聯說文連也从耳耳連於頰也从絲絲連不絕也䎌博雅䎌翾飛也漣

風行水成文曰漣㦁說文泣下也引易泣涕㦁如通作漣僆僆孿生也一曰僆僂不相及𤄷山海經𤄷水出王屋山西北流注于秦澤鏈𥖰說文銅屬

或从石槤簃也一曰木名一曰門持關謂之槤令令居縣名在金城郡𡡅𡡅娟眉細長皃䶐說文齒見皃𤢺𤢺猭獸走皃鰱說文魚名

梴長皃𪓐轢禾也縺縺縷不解蠊蜷蠊蟲皃𡒄壠也𩜡𩜡𩞯寒具○甄稽延切說文匋也一曰察也免也亦姓文九𧁍艸名

豕首也鄄地名通作甄籈籈謂之篙鸇鷂屬𪀆穆天子傳𪀆鳥山名𢐗廣雅𢐗𩪐𢐗髀也覾視皃栞識也入山刊木以識道也

○嘕𠿎虛延切博雅樂也一曰笑皃一曰嘕嘕喜也或从虔文七嫣好皃一曰長也𡘍大皃仚輕舉也𦒋飜𦒋𦒋飛也或从飛○延

夷然切說文長行也一曰陳也及也又姓亦州名文十八𨗩行皃一曰遮遏䢟相顧視而行也或書作䀽埏羨登也方也墓道也或作羡莚艸名一曰

莚蔓相連屬皃筵說文竹席也引周禮度堂以筵筵一丈郔說文鄭地綖冠上覆通作延䘰帊䘰牛領上衣一曰車温鋋小矛也蜒

蟲名方言燕北謂易析曰祝蜒一曰蝘蜒獸名一曰蜿蜒龍皃狿獸名麙也衍進也周禮望祀望衍鄭氏讀挻取也周也𧍯蚰𧍯蟲名亦書作蜑

通作蜒唌唌唌讒急皃娫女字○漹尤虔切水名文三𧍾𧍾蠻蟲曲息也焉語助○焉於虔切說文鳥黃色出於江淮象形凡字朋者

羽蟲之長烏者日中之禽舃者知太歲之所在燕者請子之候作巢避戊己所貴者故皆象形焉亦是也一曰何也文九漹說文水出西河中陽北沙南入河嫣長皃閼

閼氏匈奴妻號蔫說文菸也鄢傿鄢陵縣名在潁川亦姓或从人𧍾𧍾蠻蟲曲息也㥏憶也○愆𡪨僁𨗃𢓈丘虔切說

文過也或从寒省籀作僁亦作𨗃𢓈文二十二䇂說文辠也从干二二古文上字張林說俗作僁非是褰𧞇𧜵𧞞說文絝也引春秋傳徵褰與襦或作𧞇𧜵

𧞞騫說文馬腹縶也一曰虧也亦姓又邑名𧾃蹇說文蹇行𧾃也或作蹇攓搴方言取也楚謂之攓一曰縮也拔也或作搴𠿎

嘕方言樂也一曰嘕嘕歡皃或作嗎　㩃相援也　攓說文摳衣也通作褰　攐欆寨木名或作欆寨　○乾乹𠦒𨸉渠焉切說文上出也从乙乙物之達也一曰易卦名健也亦姓籀作乹𠦒或作𨸉俗作乹非是文十九　筋大腱也　虔說文虎行皃一曰恭也固也殺也　𠢆負物也

犍犍爲郡名屬益州　鰬魚名似鱓博雅大鰈謂之鰬　𨜶說文河東聞喜聚　騝爾雅騮馬黃脊騝　𥓓磌也　榩椹謂之榩一曰構木爲廩

鍵鑰牡一曰車轄　揵舉也　靬驪靬縣名在張掖郡　𦺲艸名　赶馬走　𠟭削也　○鞭𠋫卑連切說文驅也一曰扑也亦曰馬檛古作𠋫文四　鯾魚名似魴而大　箯博雅暴輿也

○篇紕延切說文書也一曰關西謂榜曰篇又姓文十八　諞辯佞之言　偏徧說文頗也又姓史游章有偏呂張亦作徧　瘺說文半枯也公孫綽有瘺枯之藥以起死者　頨說文頭妍也从頁翩省　媥說文輕皃　扁扁特也古作扁　翩說文疾飛也一曰翩翩往來皃

鶣鶣鷅輕皃　萹艸名爾雅竹萹蓄似小藜赤莖節好生道旁可食　猵猵狙猿類一曰非類爲牝牡也　甂說文似小瓿大口而卑用食　覑斜視　𠟍削也　㣈弓反張也　編列也　○便毗連切說文安也人有不便更之一曰便便辯也亦姓文十三　平平平辯治也　𠲿

辯巧言也亦作辯通作便　㛹㛹娟美麗皃　緶博雅緁也　楩木名似豫樟　箯說文竹輿也　蝊蝊螌蟲名沙蝨也　鯾說文魚名

𧲛豬也　𦼳𦼳蔞艸名　𨂲行皃　○緜綿彌延切說文聯微也一曰纊之別名又姓亦州名或从糸文二十三　棉𣐊𣙜木名出交阯可爲布或作𣐊𣙜　矊矊矊目瞳子黑　宀說文交覆深屋也　謾𧩸慧黠也一曰欺也或作𧩸　㒙㒙㒙低皃　芇折𣪠也一曰相當　蝒

蝒蟲名說文馬蜩也或作蝒 蚒說文蚒蚗蟬屬 槾木密皃 緍緡緍蠻小鳥皃或作緡通作緜 窅窅然猶悵然李頤說 媔目美皃

檰木名有子似栗 𥿋細也 𡢻婂女字或省 ○鸇已仙切字林鷂屬文二 搴引取也史記搴長茇 ○宣𡨄荀緣切說文天

子宣室也一曰徧也揚也通也古作亘文二十 揎㨹擐手發衣或作㨹擐 愃江東呼快爲愃 蝖蟲名 𪄄鶤鶤鶤小鳥 頨𩑔𡇣

圓面也或作𩑔𡇣 朘縮也 瑄璧大六寸也通作宣 翧翔也 鍹銚也 𡬶博雅表也一曰手循 亘說文求亘也从二从回象亘回形上下所求物也徐

鍇曰回風回轉所以宣陰陽也 剶削也 吅呼聲 媗女字 ○詮逡緣切說文具也一曰擇言一曰解喻也文二十八 銓硂說文衡也一曰度也或从石

拴揀也通作詮銓 痊病除也 佺說文偓佺仙人也 跧屈伏也 悛說文止也 駩爾雅白馬黑脣駩 絟說文細布也 筌取魚

竹器 譔說文專教也一曰殊也 謜語和也 縓絳色 恮說文謹也 荃艸名說文芥脃也 梭木名如餘甘 繏所以縣持也

剶𠛕削也或从全 峑山頂也 匴方言篿或謂之匴璇一曰竹器 栓博雅盂也一曰釘也 鐉說文所以鉤門戶樞也一曰治門戶器 輇

車下埤輪謂之輇 竣退也國語已事而竣一曰改也 𥇡目不明也 姾女字 ○鐫鋑遵全切說文穿木鐫也一曰琢石也俗作鎸非是文五 朘

縮也 剶削也 睃闕人名漢有魯文王睃 ○旋旬宣切說文周旋旌旗之指麾也一曰疾也文三十四 還𢓭睘復返也或从彳亦作睘通

作旋 𣛴木名說文𣛴味捻棗 檈說文圜案也一曰以繩轉軸裁木爲器 鏇轆轤也 璿璚壡叡琁璇瓊瓗說文

美玉也引春秋傳璿弁玉纓古作璚籀作壡叡或作琁璇瓊瓗⿰月旋⿰月旋博雅短也一曰便旋小皃或省嬛續也一曰輕舉𩙪風回也漩漩說文回泉也或不省⿱旋䖵蜁蟲名博雅沙蝨蝡⿱旋䖵也或省⿴囗旋圜說文規也或作圜⿷匚旋箕也嫙⿰目旋說文好也或从目⿰扌旋引也⿰旋鳥⿰睘鳥目水鳥通作旋儇姓也黃帝之後梋椀謂之梋一曰車環⿰魚旋魚名出梁州⿰目旋明也○仝全𠓥從緣切說文完也一說純玉曰仝又姓或作全古作𠓥文二十五晆目眇視也牷說文牛純色泉灥⿱泉灥洤說文水原也或作灥⿱泉灥洤⿰虫泉貝白質黃文曰餘⿰虫泉通作泉⿰虫巽蜿⿰虫巽虵名騡駩白馬黑脣或从全鰁魚名還旋復也書還歸在豐徐邈讀或作旋純投壺禮二筭為純慱爾雅慱慱憂也郭璞讀恮慬也⿷匚全箕也葲羊葲艸名絟布細者曰絟⿰圓頁圓面⿷匚全箕也姾女字跧行曲○穿穿昌緣切說文通也从牙在穴中或从身文九川說文貫穿通流水也引虞書濬畎澮距川言深畎澮之水會為川也釧車釧灥眾流也竁穿地也周禮甫竁鄭少贛讀紃字林圜緣縚也⿰王穿玉也耑磬穿也○專朱遄切說文六寸簿也又姓文二十二叀𡴭𠧢說文專小謹也从幺省屮財見也古作𡴭𠧢通作專顓顓說文頭顓顓謹皃亦姓嫥⿰女叀說文壹也一曰女嫥嫥一曰可愛皃或省諯讓也數也鄟邑名鷒鸛鷒鳥名鱄魚之美者亦姓甎⿰耑瓦塼燒墼也或从耑从土瑼玉名篿楚人謂折竹卜曰篿一曰竹器膞鳥胃湍漙水名出酈縣或从專摶剸擅也一曰并合制領也或作剸通作叀專𩠐斷首也○遄淳沿切說文往來數也引易已事遄往文

十六 ○篅圌 說文判竹圜以盛穀也一曰竹器或作圌 輇輲槫團 說文蕃車下庳輪也一說無輻曰輇或从耑亦作槫團 ⿰木遄椯

木也或省亦書作崈 歂 說文口氣引也亦姓 諯 相讓也 膞甎 陶人作器具周禮器中膞或作甎 ⿰耑瓦 江東呼盆曰⿰耑瓦 叀 小謹也 塼

紡錘 ○船 食川切說文舟也方言自關而西謂之船又姓或書作舩俗作舡非是文三 膞 鳥胃也 ⿰目專 目動 ○⿰田耎⿰田需堧壖 而宣切說

文城下田也一曰⿰田耎郤也一曰游地或作⿰田需堧壖文十九 ⿰衣耎襦 衣縫𦄵也一曰緣也或省 撋擩㨎捼 煩撋猶捼莎也或作擩㨎捼 瓀瑌

珉也或从耎 繎 絲難理一曰絲勞 蠕 蟲行皃 ⿰牛𦎫犉 黃牛黑脣曰⿰牛𦎫或作犉 揣 博雅拄也 ⿰耑隹 鳥名博雅⿰耑隹雡也 瞤 目動

○栓 所貟切博雅栓欑釘也文三 ⿱算車 治車軸也 欄 豎木杙 ○恮 莊緣切曲卷也文六 跧 說文蹴也一曰卑也蹵也 ⿰目全 目眇視 ⿰虫巽

蜿⿰虫巽龍屈皃 佺 偓佺仙人名 勬 彊健皃 ○⿺辶全 珍全切⿺辶全⿺辶嶲行不正皃文一 ○⿰角華 火全切角俯仰也文一 ○鐉 椿全切所以鉤門戶樞也文四

猭⿺辶彖 獸走皃或从辵 剶 博雅剔也 ○椽 重緣切說文榱也文五 傳 說文遽也一曰轉也 縳 卷也 掾 陳掾馳逐也司馬正說 猭

⿰犭䜌猭獸走皃 ○攣⿱䜌力聯 閭負切說文係也或作⿱䜌力聯文十七 䜌⿱䜌夊 說文亂也一曰治也一曰不絕也一曰南䜌縣名屬鉅鹿古作⿱𢆶又 ⿰𧾷䜌 ⿰𧾷䜌踞足病 癵

⿸疒⿱䜌月⿸疒戀臠 病體拘曲也或作攣⿸疒⿱䜌月⿸疒戀臠通作攣 ⿰虫攣 ⿰虫攣蜛蟲名 ⿰月䜌 臆⿰月䜌臚馬腹腴 奱孌⿸广䜌 說文樊也或作孌⿸广䜌 ⿱艹攣 艸名鳧葵

也 臠 瘦皃 ○沿 余專切說文緣水而下也引春秋傳王沿夏文二十一 鉛 說文青金也 櫞 果名似橘出交阯 捐 說文棄也 鳶⿱戈鳥

鳶 説文鷙鳥也或从弋亦作鳶 蔦 蔦尾艸名夜干也 寽 以手循也 蝝 蟲名説文復陶也一曰蚍蜉子一曰蝗子 緣 因也一曰衣飾 鱌 魚名

阭 高也 允 允吾縣名在金城郡 玧 玧瑥蠻夷充耳 ⿰月旋 短也 猭 猭⿰犭縣兔奔 廵 相循也 ⿰扌緣 杷也 梋 車環謂之梋 船 舟也

○翾⿰睘飛⿰肙羽 隳緣切説文小飛也或作⿰睘飛⿰肙羽文十六 儇 説文慧也一曰利也一曰舞皃 譞 説文譞慧也 弲 角弓也一曰雒陽名弩為弲 蠉

蜎 蟲行皃一曰井中小赤蟲或从肙 ⿺走睘 疾走 嬛 説文材緊也引春秋傳嬛嬛在疚一曰便嬛輕麗 頨 頭妍也 ⿰目縣 目童子黑 澴 漩澴波涌

起皃 懁 辨急也 獧 疾也 ⿱幵龍 龍背堅骨 ○娟 縈緣切美皃文十一 嬛 便嬛輕麗 悁⿱肙心 説文忿也一曰憂也籀从心 ⿰山肙 山阿

潫 潫窊水深也 圎 規也 蜎 井中蟲名 睊 視也 嬽 眉皃一曰好也 蝹 蝹蝹龍皃 ○員⿱口鼎 于權切説文物數也徐鍇曰古以貝為貨

故數之籀从鼎文八 圜圓 説文天體也一曰全也或从員 湲 潺湲水流皃 篔 篔簹竹名 隕 均也 ⿰糹勻 采成文一曰約 ○嬽 紆權

切説文好也文三 潫 大淵潫大水 蝹 龍皃 ○⿰忄⿱䜌皿 免員切恐也文二 謾 欺也 ○⿱𠔉⿰糸力勬 拘員切勤力也一曰健皃或作勬文三 僒

困也漢書僒若囚拘蘇林讀 ○卷 驅圓切縣名在河南一曰冠武文十八 絭弮 弩絭或从弓 ⿰弓雚 弓曲也 ⿱日卷⿰糹雚 博雅

幘也一曰小兒帽或作⿰糹雚 棬桊⿱𠔉皿圈⿱卷皿 屈木盂也或作桊⿱𠔉皿圈⿱卷皿 鬈 長也 酄 鄉名在聞喜縣 拳 拳拳奉持皃 埢

圜墻也 錈 屈鐵 箞 揉竹 腃 身曲皃 ○權 逵員切説文黄華木也一曰反常一曰稱錘又國名亦姓俗从手非是文五十一 拳 説文

手也一曰拳拳憂也一曰愛也亦姓 矔目眶 𤸰手屈病 惓惓惓謹也 狋獾狋氏縣名屬代郡或从雚 觠䪻說文曲角

也一曰羷羊角三帀爲觠或从頁 顴𩪥輔骨曰顴或从骨 𦢊博雅𦢊睽醜也 𧾨䟃說文行𧾨趢也一曰行曲脊皃或从卷 踡𨇠

踡跼不伸也或从雚 婘嬳𡢃博雅好也或从雚从關 貛獾牡狼或从犬 犈爾雅牛黑脚犈 蠸說文蟲也一曰大螫也 埢

埢垣曲墻也 𪘀齤說文缺齒也一曰曲齒一曰笑而見齒皃或省 卷𢍰曲也一曰縣名或从雚 𪈴鸜鸛𪈴鴒鳥名或作鸜鸛

奞覌大視也或作覌 𥁮圈盂也或作圈 彏弓曲謂之彏 虇萑葦之類初生者皆曰虇 蜷蟲名詰屈也 爟烽火

捲說文氣勢也引國語有捲勇一曰收也治也 腃吻也 僒肩傴皃 輇量度也莊子輇才諷說 鬈說文髮好也引詩其人美且鬈

一曰髮曲 帣囊有底曰帣 巏巏務山名在柏人城東北 𦆟布名出蜀 𡗿大皃 𤈦蟲入火皃 㕡深通川也 𤔬爪轉也

三。蕭先彫切說文艾蒿也一曰肅也亦國名又姓文二十五 簫箾䉓說文參差管樂象鳳之翼或作箾䉓 櫹橚櫹槮

艸木盛皃或从肅 彇𢐦弓弭頭也或作𢐦通作簫 㩋𢹎擊也或从蕭 瞍目有眹無珠子曰瞍 瀟潚瀟瀟風雨暴疾

皃一曰水名或作潚 颾颼涼風謂之颾或作颼 艘船名 蟰蠨蟲名說文蟰蛸長股者或作蠨 慅爾雅慅慅勞也 騷愁也

一曰蒲騷地名 搜叜搜搜動皃亦省 熽焫也 嫐女名 繡綺屬。貂鼦䶤丁聊切說文鼠屬大而黃黑出胡丁零國

又姓或从鼠亦省文四十七　雕鵰說文鷻也籒从鳥又姓　鵃鶻鵃鳩名　鳭鴖雕鳥名爾雅鳭鷯剖葦謂好剖葦皮食其中蟲或从召

从隹　蛁蚒說文蟲也一曰蛁蟧小蟬或省　敦弴弤畫弓也或从弓亦作弤　刀古者軍有刀斗以銅作鐎受一斗晝炊飲食夕擊行夜亦姓俗

作刀非是　刐刟⿰兆刂博雅斷也或从召从兆　琱說文治玉也一曰石似玉　⿰金苕錐也　彫剧說文琢文也或从刀通作雕琱　凋說文半傷

也　芀葦華　⿱艹彫⿱艹凋艸名菰蔣也其米謂之⿱艹彫葫或作⿱艹凋通作彫　⿰髟周留髮也一曰髮多　⿰矢召博雅短也　⿰犭召犬之短尾者　⿰衤鳥

裯⿰衤隹說文短衣也引春秋傳有空⿰衤鳥或作裯⿰衤隹　⿰衤弔說文棺中縑裏或書作⿴衣弔　⿰豸周奝大也多也亦从大　⿰目鳥說文目孰視也　⿰舟召⿰舟周舟名

或作鯛　鯛鮉說文骨端脃也一曰小魚名或从召　婤女名　椆椆苕木名　軺博雅柳車也　⿱⺮周山海經中山之東有扶⿱⺮周山　⿰召毛⿰召羽⿰召毛⿰召毛

羽惡皃或从羽　齠毀齒也　○祧⿰礻翟他彫切說文遷廟也古作⿰礻翟通作庣文二十七　庣不滿也　⿰兆刂剔也　挑說文撓也一曰摷也引國語郤

至挑天　⿸庣斗說文斛旁有⿸庣斗一曰利也　⿰禾兆稻也　駣馬三歲一曰駣　⿸庣斤銚⿸庣句田器或作銚⿸庣句通作⿸庣斗　佻恌窕⿰車兆說文偷也引詩

視民不佻或作恌窕⿰車兆　趒雀行也　聎耳病也一曰耳鳴　覜見也　朓晦而月見西方　蓧⿱艹絛艸名爾雅蓧蓨或作⿱艹絛　蓨說文苗也

條枝落也詩蠶月條桑　嬥嬥嬥往來皃　桃長枋可以抒物於器中者通作桃　脩縣名周亞夫所封　莜艸田器　○迢⿺辶苕

田聊切說文迢遰也一曰迢迢高皃或从苕文四十八　跳⿰足條說文蹶也一曰躍也或从條　趒說文雀行也　佻⿰彳兆詩傳佻佻獨行皃或从彳　庣

過也嬥好也一曰嬥嬥往來皃髫髫髦童子垂髮齠毀齒也鬝髮多皃卲卜問也調稠說文和也或从禾㲈

䎄𪀚㲈毹鳥尾翹毛或从羽从鳥鋚紖首垂銅謂之鋚一曰鐵也鞗轡也𠤴𥂒說文田器也或从皿條樤說文小枝

也一曰木名或作樤苕說文艸也芀說文葦華也莜艸田器䉆竹名𠧪𠧱說文艸木實垂𠧪𠧪然籀作𠧱岧岧嶢山高皃或

書作岹鯈水蟲名山海經朱塗水中有鯈鳙狀如黃蛇魚翼蜩𧊅說文蟬也引詩五月鳴蜩或从舟鰷儵鯈白鰷魚名或作儵鯈鮡

魚名似鮎白色挑𢯎撓挑宛轉也一曰攪也或作𢯎怊悵也莊子怊乎若嬰兒之失其母郭象讀祒闕人名莊子有巫咸祒銚長矛也呂氏春

秋長銚利兵鍣錐也蓨說文苗也𡺿山皃㛐女字朷枝落也通作條○聊𦗻𦗲憐蕭切說文耳鳴也又姓或作𦗻𦗲

文七十八栁木名膫膋說文牛腸脂也引詩取其血膋或从勞省瞭目明也暸明也髎髖骨名一曰馬膀上骨爲八髎嘹嘹亮

鳴也一曰嗷夜也飉小風也飂飂戾風聲僚賤稱春秋傳隸臣僚又姓寮同官爲寮通作僚廫寥嵺說文空虛

也或作寥嵺寮說文穿也論語有公伯寮𥨐說文空谷也一曰究𥨐深也嶚嵺廣雅嶚巢高也或作嵺亦書作嶛嵺蹽埤蒼細長

也遼勞說文遠也或作勞遼一曰水名在遼陽縣轑轑陽邑名在楚一曰軸也摷動作擊也撈取也通作摷撩說文理也一曰取物

嫽說文女字也一曰相戲憀說文憀然也憭方言慧或謂之憭料量也春秋傳臣料虞君敹說文擇也引周書敹乃甲胄廖

王進

闕人名春秋傳有召伯廖亦姓鐐鏐說文白金也或从翏璙說文玉也繆繆繆絲皃繚纏也䜍䜍讈巧言橑椽也簝

說文宗廟盛肉竹器引周禮供盆簝以待事⿰竹聊竹名似苦竹而細軟江漢間謂之苦⿰竹聊⿱艹遼艸稀曰⿱艹遼漻說文清深也潦山海經潦水出衞臯

東一曰渫也尞燔柴祭天也通作尞尞姓也燎縱火焚也熮說文火皃引逸周書味辛而不熮⿰土尞周垣也翏高飛也鷯

⿰尞隹鳥名說文刀鷯剖葦食其中蟲或从隹鷚鳥名天鸙也獠豂⿰犭寮爾雅宵田爲獠或从豸亦作⿰犭寮蟟蟧蟲名馬蜩也或

从勞⿸疒卯疾也癆方言北燕朝鮮之間飲藥而毒謂之癆一曰痛也勠戮⿱翏劦并力也古作⿱翏劦或作戮膫漢侯國名在南陽⿰山聊

山名⿱艹聊艸名顟高鼻深目皃⿰舟尞舟名僇且也願也通作聊瘳病損也樛木名⿰谷卒䃕⿰谷卒谷空皃⿰豆留并州謂豆曰⿰豆留蟉

蚴蟉屈皃㡻蓋弓也通作橑⿱艹県艸器。驍堅堯切說文良馬也一曰健也文二十九梟說文不孝鳥也日至捕梟磔之从鳥首在木上県

說文倒首也賈侍中說此斷首到縣県字通作梟鄡縣名嘄說文聲嘄嘄也蟂⿰虫鳥獺屬害魚者或作⿰虫鳥獥狼子⿱敫鳥鳥名鷮鷊也似

烏蒼白色僥憢儌僞也或从心从敫澆𣿅說文渼也一曰薄也或从梟敫⿱堯攴擊也或从堯憿激說文幸也亦作

激通作僥儌邀撽遮也或从手趬行輕也釗爾雅勉也一曰弩機噭噭噭哭聲⿸疒敦博雅腫也徼說文循也⿰女県

女字⿰金県戟屬⿰目梟視也⿰車梟⿰車梟轕車亂皃。膮馨幺切說文豕肉羹也一曰香也文十六繞分梟一木也嘵譊

憢說文懼也引詩唯予音之嘵嘵或从言从心 [疒皋][月皋]腫欲潰皃或作[月皋] [大焦]博雅大也 [召羽][召鳥]翑翗羽皃或从鳥

獟獷也漢書誅獟駻 撓撓挑宛轉也 髐髐然髑髏皃 顤廣顤謂之顤 [谷周]谷大皃 [門周]門大開皃 ○鄡[県阝]牽幺切說文鉅鹿縣一曰鄡陽縣名或从県亦姓文十九

趬蹺說文行輕皃一曰趬舉足也或从足 繑說文絝紐也 顤說文大頭也 [大焦]長大皃

敫擊也通作敿 墽磽也 [宀県][宀県]寥空也 髐髐然髑髏皃 獢博雅獢犺健也 [敫火]說文[敫用]田也 燆火行也 [弓喬]引弓也

撬舉也 蹻舉足 [彳皋][彳皋][彳宰]空谷皃 僬僬[亻呆]多智 ○幺伊堯切說文小也象子初成之形文十三 吆吆吆聲也 怮博雅憂也 逌遠皃

[魚幼]魚名博雅鱎[魚幼]鱮 [宀皀]戶樞聲也 宎窔聲莊子宎者咬者 [耳幺]聊[耳幺]耳鳴 蟯蟲名在人腹 狕山海經隄山有獸狀如狗而文首名曰狕

[目乚]望遠也 [幺頁]頭小皃 紗說文急戾也一曰小意 ○堯[垚兀]倪幺切說文高也从垚在兀上高遠也古作[垚兀]文八 嶢說文焦嶢山高皃或書作嶤

垚說文土高也从三土 僥說文南方有焦僥人長三尺短之極 顤高長頭皃 蟯蟲名在人腹 蕘藥艸 藨普遼切艸名爾雅藨麃文一

○[東巢]子幺切蒜東也文四 [千卩][夕卩]非事之制也或作[夕卩]非 ○嬈褭聊切煩也一曰心不欲也文一

四○宵睄思邀切說文夜也从宀下冥也古作睄文三十八 踃跳踃動也 消說文盡也 霄[雲肖][氣肖]說文雨霓爲霄或从雲从氣

颵颵颵風聲 捎博雅揣抗搖捎也 逍說文逍遙猶翱翔也通作消 痟[歹肖]說文酸痟頭痛引周禮春時有痟首疾或作[歹肖] 綃

二 王進

縿綃說文生絲也一曰綺屬或作縿綃　銷說文鑠金也　焇曝也爍也　硝硭硝藥石　蛸蟲名說文蟲蛸堂蜋子亦姓　萷艸根也

哨口不正曰哨　翛翛䎄翛翛羽敝也或作翛䎄　鮹魚名　𤞞狂也　𪉷博雅鹽也　揱長臂皃一曰纖殺也　梢周禮梢溝

謂水漱齧之溝鄭衆說　奞張羽皃　𧷽𤡗山鬼或作𤡗　俏㑵俏然反琴聲李頤說或作㑵　肖衰微也史記申呂肖矣徐廣說

𣯍毸𣯍鳥尾翹毛也　撨擇取也拭也　萷萷蔘艸木茂皃　○𣂔𦨰𦩠銚鐰杲鍫橾千遙切爾雅𣂔謂之

鍤或作𦨰𦩠銚鐰杲鍫橾亦書作鍬文二十五　挑廣雅陗挑高也　𣏋匕也　篍簫管一名篍　幧幓𢄊帞頭也或作幓𢄊　紗

小意　繰帛如紺色　鏒以箴鉄衣通作繰　𦄼𪑊蕉𦆰麻苦雨生壞也或作𪑊蕉𦆰　摻持物也　䘯博雅䘯袩𧘹謂之褸

叙　鄵地名在鄭　愀色變也莊子愀然變容　○𤓯焦𤍠茲消切說文火所傷也或省亦作𤍠又姓文三十　燋說文所以然持火也

引周禮以明火爇燋　𪛃說文灼龜不兆也引春秋傳龜𪛃不兆或書作𪚮　𣯶曺顛毛曰𣯶　蕉說文生枲也　膲三膲無形之府通作焦　𪃃

𠠆說文鷦鷯桃蟲也或从刀　茮椒𣐈木名說文茮莍一曰莍萸子聚生成房皃一曰椒山顛也亦姓　蔋旱山無艸爲蔋　噍啁噍鳥聲

𩏫收束也　鐎温器說文鐎斗也通作焦　蟭蟳蟭蟲名螵蛸也　𩈣說文面焦枯小也　𥜽祭也　僬短人謂之僬僥　嶕山名　湫

夫湫地名在吳一曰人名魯有子服湫通作椒　萩菽闕人名楚大夫也或作菽　𦆰𦄼布屬或从焦　鷦鷦䳾神鳥似鳳　𨷓木名皮堅

黑若鐵生水中嫶女字。樵蕉藮慈焦切說文散木也或作蕉藮文二十九劁博雅斷也刈也憔顦嫶癄醮憔悴
夏憂患也或从頁从女从疒亦作醮撨博雅擇也⿰耳曹⿰耳焦⿰耳曹⿰耳曹耳鳴或作⿰耳焦譙國名一曰樓之別稱亦姓鄡地名嶕嶕嶢山峻皃巢
廣雅嶚巢高也鐎温器形如銚僬僬僥短人湫水名在朝那⿰面焦面枯也⿱艹沼說文艸也燋灼龜木周禮掌共燋契李軌讀噍
聲急也禮其聲噍以殺徐邈讀焦焦夷楚地名蕉艸芥也一曰芟刈潐水名山海經常丞之山潐水出焉軺軺車也嘈嘈聲也褿
祖也一曰衣齊好。猋卑遥切說文犬走皃文四十二飆颮⿺風勺飄說文扶搖風也或从包从勺亦作飄通作猋表剽⿰扌剽識也
或作剽⿰扌剽標木杪摽⿰票攴擊也或从攴杓說文枓柄也瘭漂疽病或作漂⿰骨票僄體壯也或从人慓說文幟也
熛⿱票火說文火飛也或省⿰土票封土爲識⿰山剽⿰山票磦山峯出皃或作⿰山票磦⿺走票說文輕行也⿰禾票稻苗秀出者蔈
陵苕之黃華者篻竹長皃驫衆馬走也嘌疾也聲也⿸㫃猋說文旌旗飛揚皃⿰貝猋貝名爾雅貝居陸⿰貝猋髟說文長髮猋猋也
⿱艹猋香艸爂輕脆也⿰月猋⿰月猋脾腫潰也⿰金剽鏢刀鋒曰⿰金剽或省⿰目猋惡視皃灬烈火⿰角票角名嫖女字謤
言有所止。漂⿰氵剽紕招切說文浮也一曰擊洋水中也或作⿰氵剽文四十二杓北斗柄星名嫖僄說文輕也或从人旚⿸㫃麃
說文旌旗旚繇也或从麃犥說文牛黃白色鏢說文刀削末銅也⿰票鳥⿰票鳥飛輕皃飄猋說文回風也或作猋慓博雅急也謤

言輕也 𤐫㶾熛 火飛也或作㶾熛 瞟 方言曬乾物 飃 飃風飄風吹皃 彯 彯彯長組皃一曰彯搖輕便也 㩠摽 擊也

䞄𨂐 說文輕行也或从足 翲 翲翲飛也 瞟覞 明察也或从見 𧓖𧍩螵 蟲名說文𧓖蛸也或作𧍩螵 嘌

說文疾也引詩匪車嘌兮隸作嘌 𦢊膘 𦢊膟腫欲潰或从票 㯹 囊張大皃 剽 末也 䯽顠 䯽䯽髮亂皃或作顠 薸𧃖

萍屬或从瓢 嫖 女字 標 木末 𡽫 山峯 ○瓢𤬋 毗霄切說文蠡也古作𤬋文十一 飄 回風曰飄 剽 爾雅鍾其中者謂之剽

薸𧃖 萍也或从瓢 㯹 說文囊張大皃从橐省匋省 螵𧍩 螵蛸蟲名或作𧍩 𨞪 地名 𩡧 𩡧馥香皃 ○𧍩

𧓖 彌遙切蟲名或从蚰文十 䖢 蠶初生者 篻 細竹 𢂇 網細者𢂇 䳂 鷦䳂鳥名桃雀也或書作𪄌 緢 旄絲也 薸𧃖

萍也江東語或从瓢 𤐫 輕脆也 ○鑣𧤲 悲嬌切說文馬銜也或从角文十二 臕 脂肥皃 儦𢔶 說文行皃引詩行人儦儦或从彳

瀌 說文雨雪瀌瀌 穮𦔸 說文耕禾閒也引春秋傳是穮是衮或从耒 藨𦿂 艸名子似覆盆一曰猋藨芀荼別名或从炰 鏖 津名

在匈奴中 麃 麃麃武皃 ○苗 眉鑣切說文艸生於田者一曰夏獵曰苗又姓文七 描 畫也 貓猫 爾雅虎竊毛謂之虦貓一曰食鼠貍或从

犬 緢 說文旄絲也引周書惟緢有稽 䰪 蠱鬼 茅 菅也易拔茅連茹鄭康成讀 ○燒 尸昭切說文爇也文二 𦃃 爪也 ○怊 蚩招切奢

也一曰怊悵失意文六 弨𢐗 說文弓反也引詩彤弓弨兮或作𢐗 紹 緩也詩匪紹匪游鄭康成讀 祒 閩人名莊子有巫咸祒 𤛓 牛羊不生子也

○昭炤之遙切說文日明也董仲舒曰食祝从火亦姓文十六鵃鶻鵃鳥名柖說文樹搖也一曰射的鉊說文大鎌也鎌謂之鉊張徹說招說文手呼也又姓駋馬名釗說文刓也周康王名一曰勉也一曰弩機盄盄說文器也或作盄𤿾皽肉之皽莫或从亶詔言誘也

鍣博雅錐也弨弛弓妱女字○韶磬招時饒切說文虞舜樂也引書簫韶九成鳳皇來儀一曰美也或作磬招文十七佋卲昭說文廟佋穆父爲佋南面子爲穆北面或作卲昭苕艸名𠮨卜問也帊擊也从卩軺小車也卲高也柖樹皃一曰射的劭爾雅勉也苕芀艸名詩苕之華徐邈讀牊牀別名通作招玿美玉○饒如招切說文飽也一曰益也多也又州名亦姓文九

襓博雅袟襓劒衣橈艭方言楫謂之橈或从舟犪牛馴伏蕘說文薪也方言蕪菁齊謂之蕘蟯說文腹中短蟲也擾順也瓇玉名○超癡宵切說文跳也亦姓文八𣢧𣢧歊氣上烝一曰健皃怊字林悵也𢂟𢂟杪細絲𠰍喉鳴𩗬清風曰𩗬

條枝落也詩蠶月條桑沈重讀𪀚鳥聲○𦩍朝陟遙切說文旦也亦姓隸作朝文三𦳍姓也○鼂𪔐晁馳遙切說文匽鼂也楊雄說匽鼂蟲名杜林以爲朝旦非是篆从皀或作晁亦姓文十朝𦩍覲君之總稱又姓古作𦩍通作晁淖潮說文水𦩍宗于海隸作潮通作朝狣獸絕有力也㸛俎几也䍬羊未卒歲爲䍬一曰夷羊百斤爲䍬○燎離昭切火在地曰燎文五髎尻骨謂之髎繚繞也敹擇也摎摶也一曰縛殺○遙遥隃踰餘招切遠也或作遥隃踰文六十七媱說文曲肩行皃一曰

戲也傜使也通作繇㑾說文喜也自關以西物大小不同謂之㑾䌛繇說文隨從也一曰憂也由也或作繇䬙上行風也⿰䍃欠⿰䍃欠說文⿰䍃欠⿰䍃欠氣出皃或作⿰䍃欠窯窰說文燒瓦竈也或从缶蘨蘨說文艸盛皃引夏書厥艸惟蘨古作蘨通作繇鰩魚名山海經泰器之山灌水出焉是多鰩魚鳥翼蒼文白首赤喙銚說文溫器也一曰田器又姓姚說文虞舜居姚虛因以爲姓或爲姚嬈也史篇以爲姚易也摇說文動也又姓䚻謠猶說文徒歌或作謠猶軺⿰車䍃說文小車也或从䍃䍃廣雅瓶也愮爾雅愮愮憂無告也一曰亂也通作恌恌方言理也謂情理⿺辶繇進也一曰相隨行陶陶陶和樂也䌛⿰䍃瓜說文瓜也或作⿰䍃瓜鷂雉名爾雅江淮而南青質五采皆備成章曰鷂褕揄褕翟王后之服刻畫鷂羽以爲飾或作揄洮湖名在陽羡西烑光也⿰食兆餌也⿸疒䍃痓⿸疒䍃疾名⿰弓繇⿰弜䍃說文弓便利也或从二弓⿸㫃䍃旗旒謂之旐榣說文樹動也一曰山名嗂說文喜也䠛說文跳也方言陳鄭之間曰䠛瑤說文玉之美者引詩報之以瓊瑤⿰虫兆蟲名猺獸名一曰獏猺狗種鎐酒器⿰山䍃山皃筄爾雅屋上薄謂之筄鮡魚名似鮎白色爾雅鮂大鱯小者鮡燿昭也⿱艹銚艸名⿱艹銚芅羊桃葉似桃子如小麥通作銚⿺走䍃博雅⿺走䍃行也朓方言朓說好也緰帛也珧說文蜃甲也所以飾物引禮佩刀天子玉琫而珧珌⿺辶䔄䔄艸名蒲葉也或省䁏美目也䁏明也䈔䈔支竹名⿰牛䍃牛名⿰革匋⿷匚䍃鼓也或从匚櫾木名○要腰⿱𦥑夊⿱𦥑女伊消切說文身中也象人要自臼之形或从肉古作⿱𦥑夊⿱𦥑女文十五邀徼遮也或从彳䙅䌊衣襻也或从糸喓喓喓蟲聲葽說文艸也引詩四月

秀葽劉向說此味苦苦葽也⿱要鳥⿱要隹山海經鹿山有鳥名曰鴒⿱要鳥其名自呼服之不眯或从隹⿰虫要青⿰虫要蛇名蟯腹中蟲⿰木要棗名子細薔。

翹祁堯切說文尾長毛也一曰企也一曰翹翹高皃或書作䩕文九荍艸名說文蚍蜉也今荊葵劭精異意漢書劭農蘇林說⿱艹翹艸名連⿱艹翹嘺不知意

⿰喬羽仄飛曰⿰喬羽⿰爿多俎几也招舉也漢書以招人過釗弩機也一曰逸也勉也。鴞于嬌切鳥名說文鴞鴞寧鴂也文三⿰号阝鄉名在淸

陽猇縣名在濟南。⿰女芺妖於喬切說文巧也一曰女子笑皃引詩桃之⿰女芺⿰女芺或省文十三⿰示芺祅說文地反物爲祅或省通作妖枖⿰木芺說文

木少盛皃引詩桃之枖枖或从艸⿰言芺訞語祅祥一曰巧言或省夭夭夭和舒皃⿰夭芺害物也⿰夭鳥⿰夭鳥鵂鳥名三首六目六翼六足⿱芺食

餳也紗紗緭綖小皃一曰紗未成而綖。囂⿱吅買虛嬌切說文聲也氣出頭上或省文二十呺⿰言号号呺然虛大皃李軌說或作⿰言号号枵

說文木根也引春秋傳歲在玄枵玄枵虛也敲歊說文歊歊氣出皃或从喬⿱殸喬爾雅大磬謂之⿱殸喬獢驕犬名說文猲獢也一曰犬短喙

者或作驕⿰犭鄉犬黃白色藃說文艸皃引周禮轂獘不藃⿰亻圣驕也⿱㗊高說文炊氣皃虈艸名說文楚謂之蘺晉謂之虈齊謂之茝熇

燆炎氣也或从喬⿰月臯膝⿰月臯腫欲潰⿱㗊山山名。蹺趬蹻⿰止喬丘祅切舉趾謂之蹺或作趬蹻⿰止喬文十八趫說文善緣木走

之才⿰巾喬繑絝紐也或从糸⿰喬頁大頭也⿱大喬肥也⿸尸喬屐也驕馬壯皃撟舉也獟獷也嘺博雅誺也喬

喬詰意不平橇鞽橋泥行所乘或作鞽亦从木。驕居妖切說文馬高六尺爲驕引詩我馬惟驕一曰野馬文十四憍逸也矜也通作驕

嬌女字禹娶塗山之女謂之女嬌　穚禾秀也一曰莠艸長茂皃通作驕　鷮雉名長尾走且鳴　喬木枝上竦也　蕎藥艸大戟也　嶠

山銳而高　簥爾雅大管謂之簥　鱎白魚　撟博雅取也一曰選也舉手也　矯矢躍出也神異經東王公與玉女更投壺千二百矯　轎車名　橋

桔槔也　○喬渠嬌切說文高而曲也引詩南有喬木又姓文二十五　僑說文高也　⿱宀喬博雅客也通作僑　嶠爾雅山銳而高嶠或書作嵪

橋墧說文水梁也一曰圯墧从土亦姓　趫善緣木走　鷮說文走鳴長尾雉也乘輿以爲防釳著馬頭上　⿱殸喬大磬　轎竹輿　嬌女字

蕎藥艸大戟也一曰麥屬　蟜蠪蟜蟻名一曰有蟜古諸侯　鐈說文似鼎而長足　蹻舉足行高也　⿰羽喬高飛　⿱喬皿廣雅盂也　⿰角喬

角曲　簥大管一曰田器　驕闕人名陳有袁驕　憍虛憍高仰也　穚禾既秀曰穚　撟舉手謂之撟　嘺埤倉不知誰也　⿰喬毛

⿰喬毛⿰肖毛氍毹也　○瀌蒲嬌切瀌瀌雨雪盛皃文三　藨麃艸名爾雅藨麃子似覆盆而大可啖或作麃　○⿰肖毛相妖切⿰喬毛⿰肖毛氍毹也文一

五　○爻何交切說文交也象易六爻頭交也文三十四　肴餚說文啖也徐鍇曰謂已脩庖之可食也或从食　胶脛骨也　⿰酉爻⿰酉交洁也或作

酘　倄說文刺也一曰痛聲　姣⿱爻女說文好也或作⿱爻女　⿰言肴⿰言爻言不恭謹或从爻　⿰忄肴⿰忄恙也　恔說文憭也　絞⿰糸爻蒼黃色或

从爻　殽說文相雜錯也　⿰木肴木名博雅梔子⿰木肴桃也　校楄也　筊⿱竹爻⿱竹殽說文竹索也一曰簫之小者謂之筊或从爻从殽　崤

郩山名在弘農亦从邑通作殽　⿰口肴聲也　淆混淆濁水　洨說文水出常山石邑井陘東南入于泜郩國有洨縣　⿰犭翏獿⿰犭翏駭犬吠聲一曰獪也

虓虎聲一曰縣名在濟南　校杦也　蔽博雅蔽茇根也　蘞茭黃茅也根可治渴或作茇　佼效也像也　橇蠶槅也關中呼長杖曰橇條○交居肴切說文交脛也文三十　𡥈說文放也謂放效也　佼友也通作交　这說文會也通作交　詨詨矜誇也　教令也　咬咬咬鳥聲通作膠嘐　鉸削刀也　䩭𩊆囊也或从爻　摎束也　筊竹索　膠說文昵也作之以皮一曰欺也糾也又水名亦姓　艽秦艽藥艸俗作芁非是　鉸樂器埴類　轇轇轕長遠皃一曰雜亂　漻漻滈水廣皃　郊說文距國百里爲郊　嘐說文誇語也　駮鵁鳥名說文鵁鶄也一曰鵁鸕也或从爻　茭說文乾芻一曰牛蘄　蛟說文龍之屬也池魚滿三千六百蛟來爲之長能率魚飛置笱水中即蛟去　鮫說文海魚皮可飾刀　粎粎糊粉餌　挍亂也一曰憤意　洨邑名漢有洨矦　鵁鳥名爾雅鵁頭鵁似鳧不能行　骹膝骨也　乂乂乂○敲擊搞丘交切說文橫擿也或作擊搞文二十八　骹骹跤蹻說文脛也或作骹跤蹻通作校　窯窯寥空寂　膠顤窅膠面不平或作顤　恐恐恀伏態　磽磝礉說文磐石也或作磝礉　䂭䂭礉戎名　郩山名　庨宮室高邃皃　墽墝𡓄塙　嵪說文磽也或作墝𡓄塙嵪　頝頝贅不媚也　僇方言陳宋之間謂盛曰僇　校凡足也儀禮拂凡授校　獿博雅擾也一曰獿恀多辭訥澀皃　毃擊頭也　嵺山谷深廣皃○虓唬猇虛交切說文虎鳴也或从口从犬文四十二　哮𧳜說文豕驚聲也或从豕　詨

謼呼謞嗃𧦝嘮吳人謂叫呼爲詨或作謼呼謞嗃𧦝嘮　嗃謍嗃奮迅聲　嘐𡁹大也孟子其志嘐嘐一曰駭皃一曰啁嘐

夸語或从号烋咻烋烋自矜氣健皃或从口硣硣磟山勢⿱宀孝窙氣上烝或从穴㾧㾧瘷喉病庨庨豁宮室高皃顤

䫜顤胡人面髐髑髏皃髇骹⿰骨孝鳴鏑也或作骹⿰骨孝通作嚆髐颾颾颮熱風灱熇暴也或从高涍水名在南郡

藃穘艸皃或作穘鵁⿰爻鳥鳥名爾雅鵁頭鵁似鳧脚近尾或从爻⿰犭翏⿰犭孝⿰犭高說文犬獿獿咳吠也或作⿰犭孝⿰犭高侾侾佬大皃婋

女字笣竹名⿳亠口孔謹也〇䫜於交切大首深目皃文十八窅見深目皃或作見眑眑膠面不平鴢鴢鶪鳥名曲喙咬哇咬

淫聲⿰口夭⿰口夭咋犬多聲坳地窊下也拗戾也軪車聲一曰軪軋奇皃梎木柯曰梎凹窊也泑水名在長沙窒窒寥深遠

皃⿰犭翏⿰犭翏獿犬吠⿰女幼女名岰山曲柪曲木也〇⿱敖牛牛交切不聽也文十四謷不肖人也嶅磝磽礉墽說文

山多小石也或作磝磽礉墽⿰忄牙恐⿰忄牙伏態⿱堯攴⿱堯手⿱堯角擊也或从手从角贅頞贅不媚⿱山⿸广堯博雅崒也⿰交皮皮堅也〇包

班交切說文象人裹妊巳在中象子未成形也元氣起於子子人所生也男左行三十女右行二十俱立於巳爲夫婦裹妊於巳巳爲子十月而生男起巳至寅女起巳至申故男

年始寅女年始申也一曰本也亦姓文十三胞生兒裹也泡漻泡盛也勹說文裹也象人曲形有所包裹通作苞苞說文艸也南陽以爲麤履亦姓

笣竹名出荔浦其筍冬生枹木叢生曰枹通作苞⿰包阝說文地名⿰山包山名鮑闕人名楚有申鮑胥通作包苴天苴地名在益州

⿰白皃緥色也⿰女缶好也〇胞披交切說文兒生裹也文十六脬說文膀光也通作胞泡拋摽⿰票支抱棄也或作摽⿰票支抱⿱罒包

覆車罔也　泡說文水出山陽平樂東北入泗或曰浮漚　嘐言不實貝而夸　葩芃藥艸或从卂　郇地名　僇盛大也　穮穮䅦

禾虚皃　𤘩牛行足外出也　鮑魚名　。庖蒲交切說文廚也通作包文三十四　炮炰說文毛炙肉也或作炰　胞肉吏也　咆⿰口麃

⿰口雹說文嗥也或从麃从雹　掊捊抱引取也或从孚从包　穮耕也　跑蹴也　鉋平木器　鞄柔革工　麭赤黑桼　颮

風聲　泡泡泡流也一曰盛也　麃麅說文麠屬或作麅　狍獸名目在腋　匏瓟包苞說文瓠也从包取其可包藏物或从

爪亦作包苞　⿰山麃山名　藨艸名子似覆盆　骲骨鏃也　軳車軫一曰戾也　⿱竹麃竹名　刨削也　齙齒露　嘐大言不實　𠣑

𠣑脛交也或作𠣑　。茅謨交切說文菅也一曰明也亦姓文二十一　媌說文目裏好也方言河濟之間謂好而輕者爲媌　緢絲旋曰緢　描打也

罞爾雅麋罟謂之罞　貓猫食鼠狸也或从犬　犛氂斄髦說文西南夷有長髦牛也或作氂斄髦通作貓　⿰山茅山名　渵

大水皃　鶜鳥名鶜鴟也通作茅　蝥蟊⿱茅虫蟲名說文盤蝥也或作蟊⿱茅虫　⿱茅䖵蟲名說文蠿⿱茅䖵也方言蜩蟧謂之⿱茅䖵蠽　昴

昴西方宿也詩維參與昴徐邈讀古作昴　䅦穮䅦禾不實　。梢⿱竹梢師交切說文木也或作⿱竹梢文二十九　艄船尾　捎說文自關而西凡取

物之上者爲撟捎　髾髮末　鞘韒博雅鞴謂之韒或从韋　弰弓末　旓旌旗旒　輎兵車以鹿皮爲飾　稍稅也　綃帆維　䘯

衽也褾也　稍種也　娋⿱稍女博雅娋孟姊也或从稍　⿱竹稍筲說文陳留謂飯帚曰⿱竹稍一曰飯器容五升一曰宋魏謂箸筩爲⿱竹稍或从肖　颵風聲

莦說文惡艸皃鮹海魚名形如鞭旒蛸蠨蛸蟲名箾象箾舞者所執司馬正說萷萷參木枝竦也綃維舟謂之綃⿰肖攵

擊也焇乾也浚水盛皃唆吞乾物也○⿰言巢初交切伐人說也文十一勦說文勞也引春秋傳安用勦民以力鈔剿抄

摷說文叉取也或作剿抄摷⿺走巢競走訬說文訬擾也一曰訬獪一曰書也⿺鬼堯疾皃楚俗謂鬼剽輕爲害者觘角匕吵闕人名宋大夫吵

○⿰耳巢⿰言巢莊交切⿰耳巢⿰耳巢聲擾耳或从言文十七罺樔爵撩罟也或作樔爵巢⿱竹巢爾雅大笙謂之巢或从竹抓

博雅搔也⿰火巢⿰灸巢焚也或从灸窼鳥穴中也摷擊也拘也⿰土巢地名在聊城鄛鄉名在南陽釗闕人名周康王釗

啾⿰口愁小兒聲或从愁○巢鉏交切說文鳥在木上曰巢在穴曰窼一曰大笙又國名亦姓文二十樔說文澤中守艸樓轈⿰車果說文

兵高車加巢以望敵也引春秋傳楚子登轈車或省通作巢⿱山巢嶚巢山高皃窲寥窲屋深皃⿰土巢⿰土巢陽地名在聊城漅湖名鄛

說文南陽棗陽鄉⿰巢高高皃⿱艹巢⿱艹巢麥艸名⿰魚巢魚子⿰東巢⿰韋巢東也或从韋⿰足巢行捷也勦勞也⿺鬼堯博雅健也一曰剽輕

爲害鬼訬博雅獪也⿰石巢附國之民壘石爲巢而居曰⿰石巢⿰女巢女字○啁陟交切說文啁嘐也文八嘲謿說文謔也或作謿通作啁⿺走周

⿺走周⿺走咼跳躍皃鵃鶻鵃鳥名似山鵲而小鳭鳭鷯黃鳥寥寥窲屋深皃颵風皃○⿵風刀丑交切炎風謂之⿵風刀文六掉角挑也

嘮說文嘮呶讙也趠超也⿰亻⿱攵目目不正灱熱也○顟力交切大首深目文十四髎馬脊骨一曰髖也窌深空皃寥

窒寥深遠皃僇盛大皃蹘走也一曰足相交賿庚語謂錢曰賿摎物相交也巢國名嶚山名𤞤𤞤獿犬亂吠廫室中虛皃澆水洄洑皃譑多言也。𥝢除交切禾穧曰𥝢文一。鐃尼交切說文小鉦也軍法卒長執鐃文二十一呶詉說文讙聲也引詩載號載呶或作詉橈曲也譊說文恚呼也一曰譊譊語也怓說文亂也引詩以謹惽怓䰘見鬼驚詞嶢崒也撓挏抓也或从匃匃洶硇礮匃沙藥石或作洶硇礮獶犬名獿說文獿𤞤也謂犬吠鷯鵻鵁鷯黃鳥聲或从隹繷博雅紛繷不善也蕘蘴蕘菜名蕪菁也颵風熱風。巢組交切爾雅大笙謂之巢孫炎讀文一。虓于包切虎聲一曰國名一曰犬聲文二倄刺也一曰痛謼六。豪豪豪豪乎刀切說文豕鬣如筆管者籒从豕或省文三十三毫長銳毛號皋号唬說文呼也或作皋号唬諕譹說文號也或作譹告勂休謁也漢書告歸之田或从力嗥獋貋說文咆也譚長說嗥从犬或从豸濠水名在鍾離亦州名壕城下池通作濠㩥較多少曰㩥𨚙說文南陽淯陽鄉𡾰崤山名在弘農或作崤𧲝椃說文木也或省𧮰𧮰䜿深谷皃𩕄顤𩕄大面皃𠢕健也彊也通作豪呺𩗗風聲莊子萬竅怒呺或从風膠戾也隦隦窒謂之隦一曰城下道或从豪殽雜亂也餚膳羞也。蒿呼高切說文菣也文十四𧮰𧮰䜿深也撓擾也薧薧說文死人里或不省 ⿱艹⿰女辱⿱艹⿰女辰茠㧅鎒⿱艹搞說文拔去田艸也籀作⿱艹⿰女辰或作茠㧅鎒搞 髜髮高皃 ⿰山蒿山名 ⿰犭蒿豕名

○尻⿸尸丘⿰月尻丘刀切說文脽也或从尾省亦作⿰月尻文八 ⿺九言戲言一曰迫也 栲⿰木尻木名或从尻 嵪嵪嶅山峻 ⿰骨尻骨也 ○高居勞切說文崇也象臺觀高之形又姓亦州名文三十四 皋說文气皋白之進也禮祝曰皋登歌曰奏故皋奏皆从夲引周禮詔來鼓皋舞皋告之也一曰局也澤也俗作睪非是 ⿰彳皋⿰彳皋⿰彳辛深皃 咎姓也通作皋 ⿰忄夲⿰忄皋局知也或从皋 ⿰皋見見也 ⿰皋阝鄉名在范陽 ⿰山皋⿰山皋崒山名 羔說文羊子也 ⿰犭皋闕人名晉靈公夷⿰犭皋 膏說文肥也 餻糕⿰食高博雅饔餻餌也或从米从高 櫜⿰韋皋說文車上大櫜引詩載櫜弓矢或作⿰韋皋 ⿰禾高秆也 鼛說文大鼓也引詩鼛鼓不勝 ⿰木⿱艹高⿱竹高⿱竹咎方言所以刺船謂之⿰木⿱艹高或省亦作⿱竹咎 槹⿰木咎木名一曰桔槹機器或作⿰木咎 ⿱艹咎艸名實似瓜 ⿱艹皋說文蒿屬白華 ⿰皋鳥⿰皋隹鳥名方言鶡鴠韓魏謂之⿰皋鳥鴠一曰鳩也或从隹 麔牡麕 橋起勁疾也 ⿰皋頁⿰皋頁⿰⿱睪頁面大也 告白也 槁木名 ⿰禾皋禾名 ○爊⿱夭衣於刀切煨也或作⿱夭衣文七 鑣說文溫器也一曰金器通作⿸鹿金 ⿸鹿金⿰扌麃盡死殺人曰⿸鹿金糟漢霍去病合短兵⿸鹿金皋蘭下或作⿰扌麃 ⿱艹爊菜名 懊懊憹痛聲 ○敖敖遨傲牛刀切說文出游也一曰傲也隸作敖或作遨傲文四十二 翱說文翱翔也 ⿰髟敖髮皃 ⿱敖力說文健也 ⿱敖手擊也 ⿰敖頁⿰敖頁高也 ⿱敖風風聲 ⿱敖日日光 ⿰忄敖⿰忄敖憂心也亦書作⿱敖心 嗷說文眾口愁也引詩哀鳴嗷嗷亦書作嗸 謷說文不肖人也一曰哭不止悲聲謷謷 ⿱敖耳不聽也 ⿱敖女侮易也 熬⿱敖麥⿱敖鬲

說文乾煎也或从麥从鬲 嶅山多小石或書作嶴嶅 磝礉磝 滶說文水出南陽魯陽入城父 鏊釜屬 𦪈槊舟接首謂之𦪈或从木

驁長皃 鼇海中大鼇 鰲魚名 䵅螯𧿒蟹大足者或从虫从足 𢧢戭戟鋒謂之𢧢或省 驁駿馬以壬申日死故

乘馬忌此日 鷔不祥鳥也白身赤口似鴈所集國亡 獒說文犬如人心可使者引春秋傳公嗾夫獒 蔜艸名爾雅蔜蕿蔞 嚻賷

謷也一曰地名古作嚻 隞地名通作敖嚻 獓山海經三危之山有獸焉其狀牛身四角豪如被蓑名曰獓𤞞是食人 璈樂器 ○襃褒裦

襃博毛切說文衣博裾也一曰獎飾又姓或作𧞣裒褎文九 虣吳王孫休名子 報進也 郙地名 葆廣也 蕔荒也 ○橐普刀切囊

張大皃文七 藨艸名 靁雪皃 颮輕風 犥牛黃白色 𣬬毤毛起皃一曰輕也或从巾 ○袍蒲襃切說文襺也引論語衣弊縕袍

亦書作裒文六 郒地名 𧦝𧦝譟亂語 軳車軨一曰戾也 㬥謈痛甚稱阿謈 嚗鳴也 ○毛𣭩耄謨袍切說文眉髮之屬及獸毛

也又姓或作耄文二十五 髦說文髮也爾雅髦士官也 𩬂髳說文髮至眉也引詩髮彼兩髳漢令有髳長或省 氂犛𤛓犛牛尾也

或作犛𤛓 旄說文幢也一曰獸名 𩡧一曰馬長毛 軞公車也通作旄 芼艸也通作毛 枆楙木名冬桃也或作楙

通作旄 㴞水名 嵍堥䃕務丘前高後下或从土从石亦作務通作旄 酕酕醄極醉皃 牦牛名今所謂偏牛者顏師古說 蛑

螗蜋也 耗獨皃漢書靡有孑遺耗矣 覒說文擇也 ○騷蘇遭切說文擾也一曰摩馬文三十九 搔掻說文括也或从蚤 繅繰

王臻

繰⿰糸蚤說文繹繭爲絲或从參从喿从蚤⿰月喿⿰月蚤說文豕膏臭也或从蚤鱢說文鮏臭也引周禮膳膏鱢鰠山海經鳥鼠同穴之山有

鰠魚其狀如鱣溞爾雅溞溞淅也⿰木叜艘⿰木叟說文船總名或作艘⿰木叟⿰金蚤⿰金蚤鉼銅器颾⿺風喿風聲或从喿⿰亻蚤說文⿰亻蚤驕也

⿱艹嫂艸名慅懆說文動也一曰起也或作懆㥮愁也通作騷瘙疥也⿱髟蚤⿱髟蚤⿱髟蚤髮皃⿰彳蚤⿰彳蚤衜緩行皃⿰犭蚤獸名⿰蚤阝

鄋鄵北方長狄國也在夏爲防風氏在商爲注芒氏或作鄋鄵搜叟搜搜動皃或省廋博雅求也溲便也國語少溲於豕牢

哨方言冀隴而西使犬曰哨槮櫹槮木長皃⿰犭參神異經西方深山有人長尺餘袒身捕蝦蟹以食名曰山⿰犭參⿰目蚤日色⿱竹蚤⿱竹蚤⿱竹蚤竹聲○

操⿰喿攵倉刀切說文把持也或从攵文十二鄵鄭地名造進也幧絡頭也⿰衤曹⿰巾曹說文帴也或从巾譟聲也⿰車敢

蒼色飾車既練所乘者參宣也莊子以參爲驗懆愁也澡澡澡欲沸○糟⿱曹酉⿱艹酒醩臧曹切說文酒滓也籀作⿱曹酉或作⿱艹酒

醩文十七㯥日出明慒慮也⿰月曹脆也⿰衤曹⿰巾曹博雅⿰衤曹帗褅也或从巾遭說文遇也一曰邐行⿰火曹說文焦也槽⿰木遭

果木華實相半也或从遭傮⿰歺曹說文終也或从歺嶆峁嶆山皃⿰言曹⿰言包⿰言曹聲亂○𣍘曹財勞切說文獄之兩曹也在廷東从

㯥治事者从曰徐鍇曰以言詞治獄也隸作曹又州名亦姓文二十四⿰女曹廣雅好也⿰歺曹終也⿰月曹脆也一曰腹鳴⿰耳曹⿰耳翏⿰耳曹耳鳴嘈廣雅嘈哰聲也

⿰示曹祭也祐也一曰祭豕先⿰衤曹說文帴也一曰衣失浣槽說文畜獸之食器艚舟也漕衛邑名嶆峁嶆山皃髞髝髞

高皃鐰剛折謂之鐰蓸說文艸也蠤蟦蝤蟲名說文齊蠤也或省亦作蝤⿰日曹日晚⿱竹曹竹名鏪穿也傮

懠也愁憂也楊雄有畔牢愁。刀釖都勞切說文兵也或从金文十二魛魚名飲而不食忉忉忉憂勞也亦書作忍裯說文

衣袂祗裯方言汗襦自關而西或謂之祗裯舠⿰舟周小船也或从周杒木心曰杒一曰木名⿰壽頁⿰壽頁顛大面惆方言惛江湘謂之昬惆錭

鈍也啁嘐啁語多。⿱號食⿰食號叨饀⿰飠刀他刀切說文貪也一曰貪財爲⿱號食籀作⿰食號或作叨饀⿰飠刀文五十慆說文悅也一曰慢也一曰慆慆

久也謟爾雅疑也詜往來言也一曰小兒語不正⿸攸目目不明曰⿸攸目一曰目通白⿸攸目⿰日𡳿日色或从𡳿絛縚說文扁緒也或从舀幍

巾帙也韜鞱說文劒衣也一曰寬也或从革綢韜也一曰縵束弢說文弓衣也𡳿說文滑也引詩𡳿兮達兮一曰取也一曰戎鼓大首謂之

𡳿夲說文進趣也从大十猶兼十人也搯掏說文捾也引周書師乃搯搯者拔兵刃以習擊刺詩左旋右搯一曰抒也或作掏挑⿰彳兆佻

挑達相見皃一曰往來皃或从彳从人⿰禾兆稻也翢爾雅纛也今羽葆幢瑫美玉一曰玉飾劒⿱竹舀飲牛器方言篆趙岱之間謂之⿱竹舀⿱𠂊畐

⿷匚舀與說文古器也籀作⿷匚舀或作與⿰舟兆⿰舟舀博雅⿰舟兆舸舟也或从舀洮說文水出隴西臨洮東北入河滔說文水漫漫大皃⿰木舀

木名爾雅稻山榎⿰牛𡳿說文牛徐行也⿰山舀山名⿰馬舀說文馬行皃⿰魚舀魚名蜪蝮蜪蝗子挑抌抒物之器或作抌聎耳鳴

蓧艸名⿰兆頁盥也夵進也从小从大⿰女舀女字⿰牛壽牛羊無子也。匋徒刀切說文瓦器也古者昆吾作匋通作陶文五十七陶

燾：說文再成丘也在濟陰引夏書東至于陶丘陶丘有堯城堯甞所居故堯號陶唐氏 燾 溥覆照也 洮 盥也一曰淅也 淘 淘淘水流也 濤

說文大波也 ⿺風壽 ⿺風𠷎 風也或从𠷎 掏 抒也擇也 逃 跳 說文亡也或作跳俗作迯非是 ⿰彳匋 徭⿰彳匋行皃 儔 翳也 翿 翢

翿 翳 舞者所執幢或作翢翿翳 鞀 鞉 鼗 ⿱殸召 鼓名說文鞀遼也鄭康成說鼗如鼓而小持柄搖之旁耳還自擊或作鞉

鼗籀作⿱殸召亦書作鼗 鞫 鼓木也考工記韗人爲皐鞫 醄 酕醄醉皃 ⿰壽頁 ⿰壽頁顝大面 ⿰言匋 ⿰言包 啕 說文往來言也一曰小兒未能

正言也一曰祝也或作⿰言包啕 咷 說文楚謂兒泣不止曰噭咷 ⿰食匋 ⿰食匋陰地名在齊 ⿺麥匋 ⿰食舀 餌也或作⿰食舀通作⿰食匋 萄 說文艸也 桃

說文果也又姓 ⿰木𠷎 檮 說文斷木也引春秋傳檮杌或从壽 ⿱竹挑 ⿱竹挑枝竹名通作桃 綯 絞也詩宵爾索綯 裪 裪襦袖褾也 錭

鋾 說文鈍也或作鋾一曰鋾鑄也 騊 說文騊駼北野之良馬 駣 馬四歲謂之駣 ⿰舟兆 舟名 ⿰壽鳥 ⿰壽鳥河鳥名通作淘 祹 神也 蜪

蝗子爾雅蝝蝮蜪 幬 幔轂革 姚 闕人名春秋傳周有頹叔姚子通作桃 滔 聚也莊子滔乎前而不知所以然 慆 慆慆久也 籌

壽 方言戴也或省 ⿰牛𠷎 ⿰牛壽 說文牛羊無子也隷作⿰牛壽 瘦 疾也 聎 耳病 羅 闕人姓春秋傳有羅茷 ○勞 憥

僗 郎刀切說文劇也用力者勞古从悉或作僗文四十八 ⿰言勞 嘮 聲也尚書大傳⿰言勞然作大唐之歌或从口 澇 潦 說文水出扶風鄠北

入渭或作潦 牢 窂 ⿵冂牛 說文閑養牛馬圈也从牛从舟省取其四周帀也又姓或从穴古作⿵冂牛 簩 箆簩竹名皮利可爲刀一曰竹

名一枝百葉有毒𧯷穋𧰕䕩野豆謂之𧯷豆或作穋𧰕䕩醪説文汁滓酒也撈沈取曰撈𡷮嵲𡷮山皃蟧

蟲名小蟬也一曰螺屬嘮嘮嘈大聲髝髝髞高皃一曰性麤麤急𠢕𠢕𤾩物未精憥苦心也一曰疲病𩮑𩮑鬎長皃𦖈𦖈瞽

耳鳴䆼𧮫䆼深也鋅鐒廣雅鋅鑪鏑也一曰鐒鋅銅器或从勞䃕磱䃕石器或从牢从勞璙玉名嫪嫪嫽妬也

囒囒哰謰謱言語不解也橮木名簝竹器所以受肉膫腸脂浶浶浪驚擾皃𡺮嶗𡺮嶆山險或作嶗佻

獨行皃詩佻佻公子沈重讀轑撓也漢書轑釜摷取也㑒僗膠㑒麤大皃或从勞𪀋𪀋鳥名錦文癆朝鮮謂中毒曰

癆嘐嘐啁語多○夒獿獶猱蝚奴刀切説文貪獸也一曰母猴似人从頁巳止夊其手足或从夒从憂从柔亦作蝚一曰獿善

塗墍者文十九獿獶獳説文犬惡毛也隸作獿或作獳通作𤞞𤞞巙𡾰説文山在齊地引詩遭我于𤞞之間兮或从夒从農

𢝊𢥞劣也或从夒𤩎玉也䖈戲也臑羊豕臂也𧩦喜也謎也農耕也憹懊憹痛悔

七○歌謌䛆可居何切説文詠也或从言从咅古作可文二十一哥説文聲也通作謌柯説文斧柄也又姓怨

法也戨𢦦牁博雅戨戨杙或省亦从爿通作柯舸船名菏荷𦽰説文菏澤水出山陽胡陵引禹貢浮于淮泗達于菏

或作荷𦽰茄芙蕖莖滒説文多汁也廣雅滒溏淖也抲揮也鴚鳥名説文鴚鵝也妿姆也𤭛居結棟謂之合𤭛

苛苛母艸名出嶺南○珂砢丘何切石次玉或从石文五𣧫死皃䯊膝骨也軻車接軸亦姓○訶虎何切說文大

言而怒也文十二丂說文反丂也徐鍇曰气已舒呵欱博雅呵呵啞啞笑也一曰氣出或从欠頙傾頭也岢止也袔祭也

抲說文抲撝也引周書盡執抲苛苛譏察也或作苛呿開口聲妸女字○阿於何切說文大陵也一曰曲阜一曰比也一曰

慢應亦姓文十二娿說文陰娿也謂媕娿不決疴痾說文病也引五行傳時即有口疴或从阿妸婀說文女字也或不省䋍絅

博雅䋍縞練也或省通作阿妿說文女師也杜林說加教於女櫰櫰[illegible]樹枝長弱皃鈳錒鈳鏻釜屬或从阿○何寒歌切說

文儋也徐鉉曰儋何即負何也亦姓文十一河說文水出焞煌塞外昆侖山發原注海荷說文荷芙蕖葉菏滒水名或作苛滒通作菏苛

說文小艸也一曰急也蚵蟲名博雅蚵蠪蜇蜴也訶哬訶訶衆聲或从口魺魚名廣雅魺鮀魠也呵唯呵問也通作何○莪

牛何切說文蘿莪蒿屬文二十三䄉衣盛飾哦唫也𢬵搓也娥說文帝堯之女舜妻娥皇字也秦晉謂好曰娙娥皒皒皒白色

祭名峨峩說文嵯峨也或作峩亦書作峩鵝䳘鳥名說文鴚鵝也或从隹俄說文行頃也引詩仄弁之俄䫊博雅哀也

一曰齊皃䖸蛾說文蠶化飛蟲或从虫亦書作蝵睋視也涐說文水出蜀汶江徼外東南入江誐說文嘉善也引詩誐以溢我

硪說文石巖也訛動也詩或寢或訛徐邈讀檥附船著岸騀博雅騀騀馬屬珴奉珪璋皃

八。戈 古禾切說文平頭戟也文二十六 過 說文度也亦姓 濄渦 說文水受淮陽扶溝浪蕩渠東入淮或省亦姓 檛 紡車也

輠 車盛膏器通作楇 𩰫鬲 說文秦名土釜曰𩰫或作鬲 鐹 廣雅鐹錕釭也 鍋鈛𩰬 鍋𨯫温器或作鈛𩰬 𤵡

瘑 禿也一曰創也春發爲燕瘑秋發爲鴈𤵡或从咼 緺 綬文 𪀁 鳥名 蝸 不蝸蟲名螗蜋也通作過 堝 甘堝液金器 薖 艸名

蝸 蝸牛蟲名 𠻘 𠻘唆小兒相應聲 𪇞𪆬 鳥名廣雅𪇞𪆬工雀也或省 𦬸 艸名 𨠬 酒之色 蜾 蜾蠃桑蟲 。科

苦禾切說文程也从禾从斗斗者量也文二十一 窠 說文空也穴中曰窠樹上曰巢 薖䈑 說文艸也一曰寬大皃一曰飢意或从竹 𠏑 美皃

稞𥡴 青州謂麥曰稞或作𥡴 萪 艸名海苔也一曰藤類 蝌 蝌斗蟲名或書作蚪 䴹𩜁 䴹斗餌也象蟲形或从食 犐

牠料觰 博雅郭犐牛屬一曰牛無角也或作牠料觰 課 孛也 𥯋 竹名 𤵡瘑 首瘍或作瘑 髁 骨也 窾 空也

通作科。倭 烏禾切女王國名在東海中文十七 𤟤猧 小犬或作猧 濄渦 水名爾雅濄爲洵或省亦姓 𡓷 地阬也 窩

穴居也 踒 足跌也 𪃍 鷙鳥食已吐其皮毛如丸 萵 萵苣菜名 𡖖 燕人謂多曰𡖖 㶹 煖皃 涹 濁也漚也楚人曰漚齊人曰涹亦山

名 覣 視皃 莒 婆莒室葦北狄別種名 㖷 小兒啼 捼 手縈也 。和 胡戈切說文相譍也又州名亦姓古書作咊文十四 龢

說文調也一曰小笙十三管也一曰徒吹 𥞤𣏾 博雅棺當謂之𥞤或从木通作和 禾 說文嘉穀也二月始生八月而熟得時之中故謂之禾禾木也木王

而生金王而死从木从𠂹省𠂹象其穗鉌鉌鑾鈴也通作和𡁷小兒相應也澕水深皃𦬁萂艸名或从和盉說文調味

也通作和𣲘水名喛嘽喛泣皃𡛷女字○吪𨇖僞吾禾切說文動也引詩尚寐無吪或作𨇖僞通作譌文十三譌訛說文

譌言也引詩民之譌言或作訛通作吪鈋說文鈋圜也囮𡈭說文譯也率鳥者繫生鳥以來之名曰囮或从繇枙厄木節曰枙或省

䱲䲡魚名或从厄蔿艸名○波逋禾切說文水涌流也文十六皤博雅白也番僠番番勇也或从人𢓭蹇也

紴說文絛屬一曰錦類陂岥博雅陂陁衺也一曰山陂或作岥嶓嶓冢山名菠菠薐菜名碆石也可爲矢鏃潘潘旍縣名

在臨淮磻說文以石箸隿繁也通作碆播水名在豫州域𩕳老皃譒敷也○頗𩑔詖滂禾切說文頭偏也或从叵古作詖

文十四坡岥𡵆說文阪也或作岥𡵆翍飛皃𨹍陂𨹍陁不平也或从皮鉕鉕鑼銅器玻玻瓈玉名瀕水皃𥘾

衣皃跛闕人名楚有蘧跛○媻婆蒲波切說文奢也一曰女老稱或从波文十八鄱番說文鄱陽豫章縣或省皤𩕳說文

老人白也引易賁如皤如或从頁膰大腹也緐䋣姓也亦省陂陂陁不平搫𢷋斂聚也除也或从緐𧁸白蒿也

蔢蔢䔢茷皃一曰艸根橎木名碆石名潘潘旍縣名蟠委也○摩擵眉波切說文研也或作擵文十八磨

治石謂之磨䃺石磑也劘削也麼細小曰麼魔鬼也𡣍女美稱𥂤博雅柸也䬴饝食也一曰哺小

皃或从靡髍說文瘺病也謂身支半枯或書作䯢⿰忄靡心病⿰月麻⿰月靡⿰月麻痳漏病或从靡靡散也⿰山靡山名⿰米靡碎也精也
○娑桑何切說文舞也引詩市也婆娑文十八挱抄摩抄也亦省或書作挲通作獻沙⿰馬沙⿱沙馬馳⿰馬沙馬行皃或从沙⿱氵省視之略也髿
鬆垂皃傞⿰亻沙說文醉舞皃引詩屢舞傞傞或从沙些減也⿰革沙⿰革沙鞄樂器⿱艹娑⿱艹娑艸根一曰茂皃桫桫欏木名⿰金沙⿰金娑鈔鑼
銅器或从娑犧獻戲酒尊名飾以翡翠鄭司農說或作獻戲○蹉倉何切說文蹉跎失時也一曰跌也文十二瑳說文玉色鮮白溠
水名搓搓挪也腬大腹也髊治牙骨也通作磋磋博雅磨也傞舞不止也𪘂齹齹跌也或从差差漸也通作
溠嵳嵾嵳山石皃○醝才何切白酒通作酇文二十五⿱差鹵說文鹹也河內謂之⿱差鹵或書作鹺⿰田差說文殘薉田也引詩天方薦⿰田差瘥⿰歹差
爾雅瘥病也或从歺通作⿰目差⿺麥差說文⿰石靡麥也一曰擣也⿰日差博雅晒⿰日差春也嵯⿸厂差說文山皃或作⿸厂差或書作蒫蒫爾雅蒫薺實⿱竹差
筥屬蔖蓾蔖艸名可苴履⿰髟差髮多也𪘂齹說文齹差跌皃引春秋傳鄭有子𪘂或从差⿰足虘躦踏也或从贊虘
說文虎不柔不信也⿰虘阝酇說文沛國縣蕭何初封邑或从贊⿰月差腹鳴也⿰麥皮粟體艖⿰舟贊編艖舟也或从贊⿱雨差雨聲○
衰蓑⿱亠冄蘇禾切說文艸雨衣秦謂之萆或从艸古作⿱亠冄文二十二莎艸名說文鎬矦也桫木名⿰木莎⿱竹夋梭織具所以行緯
也或作⿱竹夋梭⿰扌莎挼⿰扌莎手相切摩也通作莎沙⿰女坐女字穆天子傳盛姬之喪叔⿰女坐為主⿸疒衰疾也髿鬖髿鬆美也唆⿰口過唆小兒相應聲

上 集韻卷三 二十二 陳文

誜侳也動也⿱坐心⿱坐心題縣名在清河郡趖說文走意魦鮻魚名或作鮻沙亭名在元城縗編鷺羽爲衣也⿰女夋女字

⿱雨坐小雨○遳村戈切脆也文四⿱竹坐竹名脞叢脞細碎也⿰女坐訬疾也一曰叔姓周穆王女字○侳臧戈切安也文七⿰血夋

朘⿸尸夋赤子陰也或从肉从尸挫案也莊子挫鍼治繲睉目小皃⿰女坐少皃一曰女字○矬祖禾切廣雅短也文九痤說文小腫也一曰族絫銼說文鍑也睉說文目小也⿰女坐說文訬疾也一曰女字⿰木座⿰木坐木名樝李也一曰車下李或作⿰木坐脞叢脞細碎也

⿰山坐山名○多𡖋當何切說文重也从重夕夕者相繹也故爲多重夕爲多重日爲曡古作𡖋或書作㚣文九⿱艹侈侈姓也或从中茤南夷名姼方言南楚謂婦妣曰母姼婦考曰父姼鄲漢侯國名一曰縣名在沛蹛蹛林匈奴地名跢攜幼行也○佗他湯何切彼之稱或从也通作它文十四

它蛇說文虫也从虫而長象寃曲垂尾形上古艸居患它故相問無它乎或从虫詑訑說文沇州謂欺曰詑或从也⿺麥它⿰米它餌也或从米拕拖扡說文曳也或作拖亦省鼧鼠名痑馬疲病嘽嘽嘽衆也一曰嘽喛泣皃○駝馳唐何切橐駝匈奴奇畜或从㐌通作它文五十三佗說文負何也一曰美也亦姓駄馬負物⿰朿它橐囊也一曰馬上連橐驒說文驒騱野馬也一曰青驪白鱗文如鼉魚⿱佗齒馬齒長也⿰犭它⿰犭也獸名或作⿰犭也⿰革它⿰革㐌說文馬尾⿰革它也今之般緧或从㐌⿰車它車疾馳⿰羊它⿰羊尃⿰羊它獸名如羊四耳而九尾牠⿰角它牛無角者或从角鼧鼠名⿸疒它⿸疒也病也或作⿸疒也鮀⿰魚也魚名說文鮎也或作⿰魚也鴕

駝鳥名似雉或从陀鼉蟺鱓說文水蟲似蜥易長大或作蟺蟬䖪獸名山海經驕山有神䖪狀如人面羊角虎爪出入有光沱沲說文江別流也出嶓山東別爲沱一曰滂沱大雨或作沲陀岮陁博雅陂陀衺也或作岮陁㼠瓦缶也迱迤逶迱行皃或作迤通作佗他䟞說文蹉跎也或作䟞拕拖扡引也或作拖扡袉裾也詑訑欺也或作訑酡酏飲而赭色著面或作酏紽絲數也詩素絲五紽通作它他匜與器池呼池水名通作沱㐌闕人名後魏柏帝猗㐌柁木葉落汏淅也馳走也鞁皮帖履蛇蟲名蠖也○羅良何切說文以絲罟鳥也古者芒氏初作羅一曰帛之美者亦姓文二十⿱山羅山名或書作⿰山羅⿰女羅女字蘿說文莪也籮方言箕陳魏宋楚之閒謂之籮一說江南謂筐底方上圜曰籮儸⿰亻庶儸健而不德也⿰麥羅饠餅也或从食⿰氵羅水名在長沙羅縣欏博雅欏落籬也一曰欏木別名囉歌助聲邏遮也鑼鈔鑼銅器罹遭也蘆艸名爾雅茭蘆葩纙衣也宋玉蔛弘婢著青紋栙纙攞擄揀也或作擄⿰罒刂擊也⿰魚羅魚名一身十首○那𨙻囊何切說文西夷國安定有朝那縣一曰何也一曰安皃亦姓古作𨙻文二十⿰多冄廣雅⿰多冄⿰多辛多通作那難⿱罒里難卻凶惡也周禮方相氏率百隸而時難或作⿱罒里通作儺梛木名儺說文行有節也引詩佩玉之儺⿰鬼難說文見鬼驚詞⿱難山⿰山那山名或作⿰山那哪哪哪儺人之聲⿱難肉⿰月罝雜骨醬也或作⿰月罝⿰牛冄獸名似牛白尾⿰𦰩能山海經甘棗之山有獸狀如鼣鼠而文題名曰⿰𦰩能食之已瘻挪搓挪也榱⿰木難榱榱枝弱或作⿰木難⿰足那足跌娜女字○垜⿰阝朶

都戈切小堆或从自文七𧜞博雅䘙褓袖也埵鑄金具崜小山皃棰株也𥟖博雅積也○詑訑訑土禾切欺也或从也俗从他文八涶說文河津也在西河西誘僻誕也𧭚譮方言慧也楚謂之譮或省隋中高四下也○牠䑨徒禾切牛之無角者或作䑨文十五𡹗山形似碢者碢碾輪通作碃磚橢圜而長也一曰堛鼓器名墯䃧砣𤮐瓵瓦飛甎戲也或作磓砣甑𤭛踻蹉踻行蹭皃惰美也磚圜皃𡲼屨屬扡撝也○𩷃盧戈切魚名有翼見則大水文三十三𣎆獸名驘𩧢騾說文驢父馬母或从蠃亦作騾虆蔂㙂盛土籠或作蔂㙂絫十黍爲絫𣎆欙木名可爲箭笴或从蠃𦃇綫紋鸁須鸁鳥名鷿鷈也似鳧而小蠃螺蠡蝸蚌屬大者如斗出日南漲海中或作螺蠡蝸嬴穲縠積也或作穲蘿菜名生水中鑹鏍鏍温器說文銼鑹也或作鑹鏍覶說文好視也一曰覶縷委曲也俗从爾非是嬭順也腡手指文緺綬文摞博雅理也儽疲勞也縲大索也䍡博雅釜也蠡蕃夷聚落謂之熐蠡瘰瘯瘰膚病○捼挼擱奴禾切說文推也一曰兩手相切摩也或作挼擱文五𦓎說文丸之熟也𤳎博雅土也一曰城下田○嗟䰈遭哥切易大耋之嗟王肅讀古作䰈文五㜗小疫也一曰未婚而夭𨱼丘名𡯂𡯁足横皃○訏于戈切拒譍也文一○鞾靴𩋥屩屩呼肥切說文鞮屬或作靴𩋥屩屩文十扡撝也𠹞吙吐氣也或作吙𥄿目動譁諠也○肥於靴切手

足曲病文二俄恒俄癡皃○䯿丘靴切足病皃文一○瘸衢鞾切手足病文一○𦢊驢鞾切驢腸胃也文一○伽求迦切伽倍國
名文三茄菜名子可食枷拂也○脞醋伽切脆也文二𡜌訬疾也○佉去伽切人姓一曰神名文五呿啓口謂之呿恒
恒俄癡皃𡛗女字𣢑出气○迦迦居伽切迦互令不得行也或从加文三迦迦謀譏言
九○麻蔴謨加切說文與林同人所治在屋下亦姓或作蔴文十五痲風病麿緩視皃𪎊顛𪎌𪎊顛難語或作顛𪎌𥂕
博雅杯也犘牛名出巴中重千斤䵦鼉䵦似龜生海邊沙中蟆蟲名說文蝦蟆也或書作蟇䳸雞名𡽫山名靡收靡縣名
在益州升靡藥艸所出𪎶廣雅稗也○葩苩披巴切說文華也或省文十五皅說文艸華之白也帊殘帛妑女字𦐇飛皃吧
大口皃𩬾鬍皃鈀博雅鈀錍鏑也𩈗面黃舥浮梁謂之舥蚆贏屬形中央廣兩頭銳𧢄牛角張芭闕人名漢有侯芭
𡗢大也○巴邦加切說文蟲也或曰食象蛇又州名亦姓文十九蚆贏屬爾雅蚆博而頯豝犯說文牝豕也一曰二歲能相把拏也引詩一發五豝
或从犬芭芭蕉艸名笆竹之有刺者一曰笮也𧳹獸醜狀鈀說文兵車也一曰鐵也引司馬法晨夜內鈀車疤筋節病𧆂𧆂虘
皁疾𪘂𪘂齖齒出也吧大口皃𢻃斂也𤘽牛角相背謂之𤘽蚆螺屬兩首銳者𥮐笮也通作笆妑女名䩋兵車
也羓腊屬○爬把蒲巴切搔也又姓或从手文九杷說文收麥器一曰枇杷果名琶釋名琵琶樂器胡中馬上所鼓推手曰琵却手

集韻三 卷三 二一四
陳俊

曰琵因以爲名跁跁跒蹲也罷止也論語欲罷不能陸德明讀鮁魚名潖水名鵧鵧鷑鳥名○些尖思嗟切少也或作尖

文四瘑癢也[木些]木名○䜺嗟䰈𦍋咨邪切說文咨也一曰痛惜也或作嗟古作䰈𦍋亦書作謯文二十[镸左]山名在東海謯

博雅謯[言录]也瘥[歺差]病也亦从歺通作嗟[女虘]怚驕也或作怚祖祖厲縣名一曰好也[田差]殘田也溠水名罝[罒組]䍜

說文兔网也古从糸籒作䍜蒫薺實苴菜壞也一曰獵場菹澤有草曰菹孟子驅龍蛇而放之菹丁公著讀[女差]女字○衺邪

徐嗟切說文褱也謂不正或作邪通作斜亦書作衺文十六峫山皃斜說文抒也[大且][大且][大且]大皃[艹衸][艹枒]枲屬或作[艹衸][艹斜][艹邪]

荼[艹斜][艹秝]茅穗亦作[艹邪]古作荼[艹邪]菜名苴苴咩城在雲南[氵斜]水名[犭邪]猎[犭邪]獸名[口邪]聲也[忄邪]心不直○奢

奓詩車切說文張也籒作奓文十譇譇詉不解賒說文貰買也一曰遠也畬火種也[余阝][舍阝]說文地名或从舍緒

緒餘殘也徐邈說鉇方言南楚五湖矛謂之鉇䯫骨名○車[車戔][車無]昌遮切說文輿輪之總名夏后時奚仲所造又姓籒作[車戔]古作

[車無]文九莗莗葥艸名蛼蛼螯蟲名如蜆而大通作車硨博雅硨磲石之次玉者[車頁]牙車通作車[山車]山名哆

大皃○遮庶之奢切說文遏也或省文九奢博雅父也[亻庶][亻庶]儸健而不德也諸姓也闍城臺也詩出其闉闍徐邈讀

嗻謶囉嗻多言或从言嫬女字○闍堵時遮切爾雅闍謂之臺或从土文十七蜍佘姓也或作佘鉈[矛施]

鍦說文短矛也或作䂳亦作鍦 它蛇虵虵屬或作蛇虵 荼芀也爾雅蕫葶荼 邪歸邪星名 斜伊雅斜匈奴單于名 㐌山海經虵山有獸如狐白尾名曰㐌狼 ⿰氵蛇水名 鉈兩刃臿 訑淺意 ○若人奢切蜀地名文三 惹博雅拏也 婼婼羌戎國名 ○沙師加切說文水散石也从水从少水少沙見楚東有沙水譚長說或从尐亦从石沙又姓亦州名文二十一 沚砂 硰硰石地名在樓煩西 ⿰金沙⿰金沙鑼器也 粆蔗飴通作沙 髿髿鬆髮垂皃 紗絹屬一曰紡纑通作沙 裟⿱沙毛毛衣謂之袈裟或从毛 ⿱沙牛牛名 ⿰革沙⿰革沙博雅⿰革盍⿰革沙韡也或不省 挱挓挱開皃 桬桬棠木名 魦鯊說文魚名出樂浪潘國或从沙 莎莎雞蟲名 ⿰幺沙廣雅小也 ⿺麥沙碎麥也 ⿰扌莎抝引也 ○叉初加切說文手指相錯也又象叉之形文十七 杈說文枝也一曰杈杷農器 差𢀩說文貳也一曰擇也一曰差不相值也籀作𢀩 扠打也 靫博雅靫鞴矢藏也 ⿰舟叉博雅䑹謂之⿰舟叉 ⿰叉頁頤旁也 釵婦笄 芆艸名 ⿰叉瓦甊⿰叉瓦礳垢也 訍許也 鎈錢名 ⿰月差脯腊 ⿰差刂割物也 ⿰舟叉艖博雅舟也或从差 ○樝楂莊加切說文果似棃而酢或作楂通作柤文二十六 柤說文木閑 抯⿰𠯑且說文挹也一曰取物泥中古作⿰𠯑且 ⿱虘又摣說文叉取也或从手 ⿰齒虘齟說文齬齒也或从且 皻齇𦢊皻鼻上皰或从鼻从肉亦作皻 溠水名 ⿰氵朱棠木汁 查查下地名亦姓 ⿰禾虘紅稻也 渣水名 謯說文謯娽也 ⿰氵虘說文水出北地直路西東入洛 蔖蒩艸名楚葵也或作蒩 ⿰虘攴指按謂之⿰虘攴 ⿸疒虘疕也 ⿸广虘屋隤皃

𥹍滓也通作渣○髽莊華切說文喪結引禮女子髽衰弔則不髽魯臧武仲與邾戰于狐駘魯人迎喪者髽文二　檛馬杖○茬槎

查鋤加切邪斫木也漢書山不茬蘖或作槎查文二十一　柴燔燎祭天也　柴小木也　䶥齟齒不正也或省　苴𦺗水中浮艸

或作蒼　䖢屋嵮皃　䣜地名　蹅行失序　鉏鉏牙物傍出也　柤博雅隁也　齹開口見齒皃　溠水名在北地　痄痄疨病甚

楂水中浮木一曰柴門　厏厏㡯不齊　䙈衣見褐　嫭女名○爹陟邪切廣雅父也文一○奓陟加切張也文二十四　挓挓抄

開皃　觰䚩𧢲說文觰拏獸也一曰下大者也或說角上張亦从奢从奓　譇謯說文譇詉羞窮也或作謯　厇開張屋也　𤸱

䐗𦛗博雅痕𤸱瘢也或作䐗𦛗　㚊說文厚脣皃　𪘏博雅齺𪘏齹也　𦛗𦛗膨不密也　藸藸菝亂艸　𪏮𪏮黎相黏

也　吒咤喥噴也怒也或作咤喥　秅數也二秭為秅一曰麻屬　秺縣名在濟陰通作厇　𢢼誕也　潳潳渧沾溼也　肐

胍肐腹大今謂杖頭大者曰胍肐○𥯤簻檛張瓜切說文箠也或作簻檛文五　撾擊也　膼腿也○侘抽加切侘傺失志皃

文八　哆張口也　痑癡皃　㚊厚脣皃　譇䛬譇詉羞窮或从奓　訍博雅拏也　㤞㤞傺未定也○秅直加切數

也說文二秭為秅引周禮二百四十斤為秉四秉曰筥十筥曰稯十稯曰秅四百秉為一秅文十八　捈擲也　厇說文開張屋也濟陰有厇縣　梌吳人謂刺

木曰梌　𤵸瘢也　塗涂沮洳也一曰飾也或省　躇跱躇不前　𨜏亭名在馮翊　𨻳垞丘名或作垞　𥦗窊𥦗不正

𥥛窾𥥛深皃𡜊美也荼𣘻茶茗也一曰葭茶或从木亦省斜伊穉斜匈奴單于名○拏挐女加切說文牽引也

或作拏文二十一詉誽諸詉羞窮一曰言不可解或作誽譇博雅譇詉也㤕心亂蒘藸蒘艸名胗膠胗不窑也𪏮

黍多黍多黏着䋈絲絮曰䋈䘫說文敝衣㸐爬㸐搔也一曰斂也笯䉤籠也或从䘫秅鳥秅西域國名茹闟人名莒有大夫茹

通作拏誽說文言相誽司也摣取也㴸漏㴸沾溼也呶嘮呶讙也抲搦也○邪耶余遮切說文琅邪郡一曰疑辭

或从耳俗从玉爲瑯非是文二十六𧀰𦺚木名皮可爲席或作𦺚釾鋣鎁說文鏌釾也或从邪从耶斜梁州谷名南口曰褒北口

曰斜峫山名擨歋擨歈舉手相弄或省亦作揶通作邪䓉艸名說文茅䓉也𦲂茅穗也一曰蓄積也𦺚𦺚

梟屬皮中索亦从木䈊節竹名或从耶涂涂山名在匈奴中餘緒餘殘也徐邈說荼荼陵縣名在長沙枒梛

椰木名出交阯高數十丈葉在其末或从邪从耶蛇關中謂毒蟲曰蛇捈抒也通作斜○遐徦何加切爾雅遐遏遠也或从彳通作

瑕文二十八蝦蟲名說文蝦蟆也一曰蝦蟲與水母游鍜說文錏鍜頸鎧也霞雲日氣相薄通作蝦赮赮赤色瑕說文玉小赤也一曰

過也亦姓騢說文馬赤白雜毛謂色似鰕魚鰕魚名說文鮽也假巳也犌牛有力者𧿤說文足所履也顅𢜧顅顅言不正也一曰

顅顅難制或从心碬說文厲石也引春秋傳鄭公孫碬字子石韕鞎緞說文履也一曰履根後帖或从革从糸遐蕸爾雅芙蕖其葉蕸或

集韻平聲三　二十六　陳文

省叚說文豕也从彑下象其足睱目白皃瘕說文女病也椵因械也叚姓也春秋傳晉有叚嘉通作瑕㥦怨也㰺歁㰺

咽病㗇咽也○煆虛加切火氣文十九谺岈⿰谷閜⿰谷閕⿰口閜⿰口閕谽谺谷中大空皃或从山亦作⿰谷閜⿰谷閕⿰口閜⿰口閕蝦蟲名⿰身叚身傴

皃呀說文張口皃颬風吹謂之颬瘕疨喉病或从牙鰕魚名歍博雅息也訶廣雅訶訶笑也㗇咽也太玄

爲㗇咕宋惟幹讀閜門閜也⿰忄虖⿰忄虖忦無志○⿰齒可丘加切字林大齧也文十跒跁跒蹲也㤉愘恐㤉伏態或从客

抲挌⿰扌牙搋也或作挌⿰扌牙⿱齒可女⿱亞女⿱齒可女女媧也欲出氣也加膠加戾也王逸說○嘉佳居牙切說文美也或作佳亦姓

文四十六加說文語相增加也家㝐家說文居也爾雅牖戶之間謂之扆其內謂之家古作㝐家珈說文婦人首飾引詩副笄六珈通作

笳⿱髟衣毠袈毛衣謂之⿱髟衣⿱毛衣或作毠袈幏蠻夷稅布跏屈足坐也痂⿱加肉說文疥也或作⿱加肉瘕病也枷耞

說文拂也淮南謂之柍或作耞⿺辶枷迦說文⿺辶枷互令不得行也或省笳胡人卷蘆葉吹之也⿺辶葭芙蕖葉也通作葭葭說文葦之未秀

者茄說文芙蕖莖一曰地名豭猳說文牡豕也或从犬貑獸如熊黃白文關西呼曰貑羆犌爾雅牛絕有力欣犌麚

⿸鹿加說文牡鹿以夏至解角或作⿸鹿加⿰犭哥玃也鴚⿰哥鳥⿱加鳥鳥名廣雅鴚鵞鴈也或作鴚⿱加鳥亦書作鴐⿰言加誣也⿱加米米也⿱加皿

米中黑蟲椵因械也通作枷駕闕人名左氏傳有榮駕鵝⿰黍隶⿰黍隶支穀名⿰石加石名⿱艹嘉艸名泇水名腵腸病⿱茄虫

蟲名螢蟆蛙類[禾加]禾也瑕垂瑕地名○雅鴉鵶於加切說文楚烏也一名鸒一名卑居秦謂之雅或作鴉鵶文十八烏烏秅西域

國名去長安九千九百五十里錏鐚說文錏鍜頸鎧也或作鐚亞伊優亞者辭未定東方朔說[宀亞][宀亞]窊不正跒岐道椏方言

江東謂樹岐爲杈椏[亞欠]氣逆丫物之歧頭者[石亞]土不平謂之[石亞]一曰石名[亞刂]博雅剜也一曰[亞刂]也[犭亞][犭亞]犽赤子啞啞嘔小兒

學言[亻亞]傲也婭婭姹態也○牙𤘅牛加切說文牡齒也象上下相錯之形古作𤘅牙一曰旗名文十九齖齖齵齒不正芽說文

萌芽[忄牙]恐[忄牙]伏態枒說文木也一曰車輞會亦通作牙稏穲也[扌牙]杈[扌牙]不正吾允吾縣名在金城郡邪縣名在馮翊衙

彭衙地名一曰古者軍行有牙尊者所在後人因以所治爲衙又姓犽獸名似貙而長[牙予]吳人謂赤子曰[犭亞][牙予]雅人名尚書有君雅通作牙疨

痄疨病甚笌筍也[罒牙]兔罔厊厏厊不齊涯涘也○華䔢胡瓜切說文榮也古作䔢文二十三崋山名通作

華驊駵駿馬名或作騮譁嘩讙也或从口鷨𩀨山雉名或从隹[虫華]大蛇名善啖小蛇芣釫鋘

鏵說文兩刃臿也从木丫象形宋魏曰芣或作釫鋘鏵划找舟進竿謂之划或从手侉怯也痛也樺木名[禾華]禾盛也

[忄華]心侈也摦寬也[蟲華]蟲名蝦蟇也[炏華]熾也○譁呼瓜切說文讙也文十一華花蘤爾雅華荂也或从化

亦作蘤𠤎變也蛙蟲名蝦蟇也誇譍也蔿博雅譌也[扌化]撝也[忄瓜]夸誕也吪口開○誇[夸言]枯瓜

切說文譀也古作奆通作夸文十八　侉說文備詞也　夸夲說文奢也或作夲　荂榮也　姱奢皃一曰好也　䠸䠸骫體柔通作
夸　鮬魚名　胯股間　恗心自大也　跨吳人謂大坐曰跨　𥑮磐石　𩩲骴𩩲骼上骨　䀿闕人名邾婁叔術子䀿
㼌萎㼌邪離絕皃或作萎　婐女侍也　○瓜姑華切說文蓏也俗作苽非是文二十三　抓引也擊也　䠞踻足理文或从咼　腡
手指文　瘑病也　婐女侍也　歄弱皃　媧古之神聖女亦姓　緺綬青紫色文　騧𩦺䯄說文黃馬黑喙籒从𤔔或作䯄
蝸蟲名說文蝸蠃也　渦水名在淮陽　㛧女名　顝短頭也　柧棱也　䁥䀭目也或作䀭　𠚵割也　胍胍肚腹大　㼌
㼌邪離絕皃　○窊𥧑溛烏瓜切說文汚衺下也亦作𥨍或从水文十八　夰說文夰大也　窐說文甑空也　㽛㽛留地名在絳
洼㴿說文深池也一曰曲也或从亞　窪說文清水也一曰窊也　鼃蛙蟲名說文蝦蟇也或从虫　汙鑿地也禮有汙尊　㧕
手捉物　哇淫樂　𩂣蹄涔也　抓博雅引也　呱兒啼　䏜䏜臞腹下肉　○㕦𣢉吾瓜切歌欲弱皃或从瓜文六　骫
骫𩩲骼上骨　譁譌方言化也或作譌　㛧婐也一曰身弱皃　○苛黑嗟切辨察也鄭康成曰苛其出入文一　○哶彌嗟切葞
哶城名在雲南文一　○捼儒邪切揉也關中語文一　○挫祖加切折也周禮凡揉牙內不挫李軌說文一　○䃴七邪切石也文一　○查才邪
切大口皃文一　○儸利遮切儸㑩健而不德文三　囉囉嗹多言　臞臚腹下肉

十。陽隢余章切說文高明也又姓古作隢文五十六 昜說文開也一曰飛揚一曰長也一曰彊者衆皃 暘湯說文日出

也引書暘谷或作湯通作陽 崵說文崵山在遼西一曰嵎銕崵谷也一曰首崵山在洛陽 煬烊爍金也或作烊 揚敭說文飛舉也又州名

古作敭 徉廣雅彷徉徙倚也 佯弱也 詳詐也通作佯 諹譽也讙也 愓方言媱愓游也 䍩多也 𢒉美善也通作洋

洋洋洋盛大也 眻暘眉間曰眻一曰目美也或作暘通作揚 鐊鍚說文馬頭飾也引詩鉤膺鏤鐊一曰鍱車輪鐵或作鍚通作鞨

瘍痒瘍傷說文頭創也一曰創癰也或作痒瘍傷 颺說文風所飛揚也 瑒玉名 輰博雅輰䡵柳車也 楊說文

木也又姓 样方言槌齊謂之样 盪杯也 蕩艸名 𦬙𦬙菒藥艸 鴹鷸鴹鳥名舞則將雨通作羊 鸉鶍鳥名

爾雅鸉白鷹似鷹尾上白或作鶍 羊說文祥也从𦫳象頭角足尾之形孔子曰牛羊之字以形舉也 蛘蟲名 垟墳垟土怍 𩧶馬名 鰑

魚名鱺也 禓說文道上祭 將雜名周禮伯用將劉昌宗讀 霷十月爲霷通作陽 𥶓博雅𥳑篖符篖也 鞨馬鞁 𦼥艸名

𥬡竹名 𢏗弓曲 𢧐戈也 勒勸也 𣅶𥅘明也或从样 𤎥炙燥也 婸女字。芳敷方切說文香艸也又姓文七

妨彷㤃說文害也或作彷㤃 𣲷汸山海經箕尾之山𣲷水出焉或从方 雱雰雱雪皃。方汸放舫分房切說文併

船也象兩舟或从水亦作放舫方一曰矩也道也類也且也亦姓文二十四 𪕹地鼠 坊堕說文邑里之名或从防 邡說文什邡廣漢縣 肪說文

肥也趽曲脛也鈁說文方鍾也博雅鑒謂之鈁一曰鑊屬祊周禮祭四方之名枋說文木可作車一說蜀人以木偃魚曰枋⿰禾方禾名牥牛名日行三百里能行流沙中鴋⿰方隹鳥名說文鴋澤虞也字林鸅鴋人面鳥身或从隹蚄虸蚄蟲名食苗者防比也通作方匚𠃊𠥓說文受物之器古作𠃊籀作𠥓閍巷門⿱竹方竹器○房符方切說文室在旁也又姓古書作防文十三防⿰阝⿱方土坊說文隄也或作⿰阝⿱方土坊又地名汸水名仿彷仿佯徙倚或从彳通作方方方與縣名在山陽郡鴋⿰方隹鳥名澤虞也或从隹魴鰟說文赤尾魚或从旁肪脂也○亡亾武方切說文逃也一曰無也或作亾文二十一妄無也禮妄常以儒相詬病忘說文不識也朚翌也忘也望在外望其還也朢𦣠月滿與日相朢也或省邙洛陽北山名一曰縣名在沛⿱山忘山名杗說文棟也引爾雅杗廇謂之梁芒說文艸耑⿰禾亡⿰禾芒稻稃也或从芒莣艸名說文杜榮也似茅可爲繩一曰莣憂萱也⿰言望責望也硭硭硝藥石山石中採之布於芒上沃以水以盎覆之經宿飛著盎故曰硭硝其布於木皮曰朴硝通作芒鋩刃端罔汪罔氏長狄之君⿰杗阝郡名一曰鄉名在藍田汒谷名在盩厔○襄⿳亠𤕦𧘇⿳亠⿲幺爻幺⿱衣思將切說文漢令云解衣耕謂之襄一曰除也上也駕也成也篆作⿳亠𤕦𧘇古作⿳亠⿲幺爻幺⿱衣文二十二緗淺黃色纕佩帶一曰馬腹帶瓖玉名一曰馬帶玦驤說文馬之低卬也一曰馬後右足白儴爾雅因也忀忀徉逍遙也一曰行皃相說文省視也引易地可觀者莫可觀於木引詩相鼠有皮⿰扌目及也欀木名出交趾皮中有物如米屑之可食廂廡也箱說文大車

牝服一曰竹器蘘葙青蘘藥艸或从相瀼水皃通作蘘湘說文水出零陵陽海山北入江鑲兵器𢿫縱也蠰

蟷蠰蟲名螗蜋也倡狂也太玄物戚倜倡宋衷讀○瑲鏘鎗創千羊切說文玉聲也引詩鞗革有瑲一曰樂聲或作鏘鎗創文二十

五將請也搶𥎰說文歫也一曰刻木傷盜曰搶或从矛蹌𧾩說文動也一曰舞皃古作𧾩蹩說文行皃引詩管磬蹩蹩或書作蹡

謒語輕也斨說文方銎斧也引詩又缺我斨牄䳰說文鳥獸來食聲也引虞書鳥獸牄牄或从鳥嶈山高皃𥏣𥏫傷也亦从

倉搶集也突也莊子搶榆枋嗆鳥食也一曰愚皃篬䈀竹名或作䈀𪘏小齒也𩔣顙也鶬鳥名閶門聲

○將資良切有漸之詞一曰且也大也領也送也文十三𢪃摪說文扶也或作摪通作將𣐵柯也或書作槳𤖣牀漿說文酨也古

作牀或作漿蔣艸名說文苽蔣也螿蟬屬鱂鰪鱂魚名䉃席也戕牂戕橛也𨿕亭名○詳徐羊切說文審議也

文十七祥說文福也一曰善也佯弱也𡛟女鬼一曰殘也庠說文禮官養老夏曰校殷曰庠周曰序痒說文瘍也翔鴹

說文回飛也或从鳥𨁈趨行也通作翔𡶊山名洋說文水出齊臨朐高山東北入鉅定一曰洋洋水盛皃𦺄菜名𦍩多也禓

道上祭样槌也嬙女字也眻明也○牆𤖨𤖨墻慈良切說文垣蔽也籀作𤖨𤖨或作墻文十六廧𢉒廧咎如赤

狄別種或省檣艢𤖮埤倉颿柱也或作艢𤖮戕說文槍也春秋傳自外曰戕𡺀說文山峻也嬙婦官也蘠薔

艸名說文蘠靡虋冬也或省　佯弱也　奘妄強犬也　○商𧷥𧷥𧷥𧷥𧷥尸羊切說文從外知內也

一曰刻也一曰契所封地名亦姓一曰徵音之所生古作𧷥𧷥𧷥𧷥籀作𧷥文四十三　𧶜說文行賈也通作商　觴醻𩫖說文觶實曰觴虛曰觶或从酉籀作

𩫖　傷說文創也　慯痛也憂也通作傷　殤說文不成人也年十九至十六死爲長殤十五至十二死爲中殤十一至八歲死爲下殤　𥏫說文傷也　禓

強鬼也一曰祭名或作禓　塲場暘蝪方言蚍蜉犂鼠之塲謂之坻塲一曰浮壤或作場暘蝪　湯蕩湯湯水流皃或作蕩　蔏

鬺鬺鬺說文煑也或作鬺鬺鬺　𪑝黑也　饟餉餳𩞋饁也或作餉餳𩞋　痐𤸎憂疾或从商　蔏

艸名蔏蔓蒿也一曰蔏陸馬尾　鷸鷸鶏鳥名一曰鷸鷛鷔黃　螪蟲名爾雅蛶螪何一曰蜥蝪類　愓愓愓行直疾皃　煬諡也魯有煬公徐邈說

蠰蟲名爾雅蠰齧桑似天牛　踼躩踼驚動皃　汤水名　滳水名　○昌昌蚩良切說文美言也一曰日光也引詩東方昌矣又州名亦姓

籀作㫐文十六　倡娼樂也或从女　閶闛說文天門也楚人名門曰閶闔或作闛　琩琩玩蠻夷充耳　裮帽博雅披裮不帶也或

从巾　猖猖狂也　菖菖蒲艸名蓀也通作昌　鯧鯧鯸魚名　鶬廣鶬鳳皇屬　稆穅也　淐水名　蜎小蠃　○章

諸良切說文樂竟爲一章从音从十十數之終也一曰采也亦姓文二十二　暲日光上進皃　彰說文文彰也　嫜偉夫之兄曰兄嫜或从

人　遧週遧迕也　傽傽徨行不正　慞慞惶懼也　璋說文剡上爲圭半圭爲璋引禮六幣圭以馬璋以皮璧以帛琮以錦琥以繡璜

以黼墇障瘴壅也或作障瘴通作鄣鄣說文紀邑也𩏾馬韉漳水名說文濁漳出上黨長子鹿谷山東入清漳
清漳出沾山大要谷北入河南漳出南郡臨沮蔁說文艸也樟豫樟木名麞獐說文麞屬或从犬鷾鷾渠水雞也商
度也尚書我商賚汝徐邈讀蔏蔏陸艸名○常裳辰羊切說文下帬也或从衣常一曰天子旗名一曰久也又州名亦姓文十六嘗甞
嘗說文口之味也一曰試也一曰秋祭名亦姓或作甞嘗尚主也漢官也書主大計徜博雅徜徉戲蕩也償說文還也鋿鏛磨也
一曰車輪繞鐵或从常鱨魚名說文揚也鷬䳓鷬鸘鳥名或从隹𢡱人行五常也通作常瑺玉名𦰡艸名○穰
如陽切說文黍䅯已治者一曰豐也又姓文二十七禳說文磔禳祀除癘殃也古者燧人禜子所造儴因也鬤毴髮鬤髮或从毛攘
𣀓襄說文推也古作𣀓襄孃煩擾也一曰肥大懹恇懹怯遽也鑲說文作型中腸也一曰兵器纕說文援臂也瓤
瓤瓜瓜中𨞰說文今南陽穰縣是瀼䨦瀼瀼露也或作䨦釀博雅釀醢菹也蘘艸名說文蘘荷也一名葍蒩
𥳧說文裛也一曰漉米竹器獽獸名猴屬也蘐艸名可作縻綆蠰蟲名說文蟷蠰也𦡮秦晉謂肥曰𦡮壤土也
驤馬右足白躟距躟行遽也勷劻勷遽皃○霜師莊切說文喪也成物者文十一孀嫠也驦騻驌驦良馬名或
从爽通作爽鷞鸘說文鷫鷞也西方神鳥或从霜蠰蟲名爾雅蠰齧桑長角體有白點緗淺黃也湘水名在零陵爽

陳俊

差也明也驦騯驦馬淺黃色○刅創刱𠛗刅戧初良切說文傷也从刃从一或作創刱𠛗刅古作戧文十瘡痏也滄

寒也瑲玉聲愴悲也○莊𦚯側羊切恭也爾雅六達之道謂之莊亦姓古作𦚯俗作荘非是文十妝娤糚粧說文

飾也或作娤糚粧裝說文裹也奘妄強犬也梉木名似豫章其小似桃故生七年乃知𥂕楊州謂杯爲𥂕○牀床仕莊

切說文安身之坐者或作床文六霖漴霖霖急雨或作漴牄說文扶也疒病也○張中良切說文施弓弦也一曰開也亦姓文七

𧫾譸𧫾誑也通作張䁖目大也餦餦餭餳也一曰餅也通作粻粻糧也漲水大皃倀狂也○𦱤抽良切說文艸枝枝

相植葉葉相當文四倀說文狂也一曰仆也一曰倀倀無見皃瞠直視皃鼚鼓聲○長镸兲𠑿仲良切說文久遠也古作镸兲

兲文十八踥方言北燕之郊謂跪曰踥腸脹說文大小腸也或作脹場塲暘說文祭神道也一曰田不耕一曰治穀田也或作塲暘

瓺方言朝鮮洌水之間謂罃爲瓺𦺊雞𦺊菜也萇艸名說文萇楚銚弋一曰羊桃又姓蟐蟲名博雅蟐蠷蛐蜒也倀狂也粻

糧也薚蓫薚艸名一曰馬尾悵恨也○皀良囯𡰪𨑢吕張切說文善也一曰甚也亦姓隸作良古作囯𡰪𨑢文三十五

𥶮博雅𥶮謂之笨量量說文稱輕重也古作量糧粮說文穀也或作粮粱𥞊說文米名或从禾梁㴷

說文水橋也一曰梁棟古作㴷梁又國名亦姓涼說文薄也亦州名凉薄寒曰凉䬤𩙥說文北風謂之䬤或从良𠒎說文事有不善言𠒎

也引爾雅𤷍薄也 賝賦斂也 綡纚也 䣼博雅漿也通作涼 𨃧跳踉走也 踉踉蹡欲行也 悢悲也 椋木名說文即來

也 犉說文牻牛也引春秋傳牻椋 駺山海經大封國有文馬縞身朱鬣名曰吉駺 蜋蟲名爾雅蛣蜣蜋 輬說文臥車也故遂爲喪車合

名而呼之也 亮諒信也或作諒 稂童梁也 俍良工也 𩨍股内謂之𩨍 ○孃尼良切說文煩擾也一曰肥大也文四

瓤瓜實 鑲兵器 娘女字 ○香香薌虛良切說文芳也一曰穀气也引春秋傳黍稷馨香或省亦作薌文十 皀穀之馨也

象嘉穀在裹中之形 鄉說文國離邑民所封鄉也嗇夫別治封圻之内六鄉六卿治之又姓 膷牛之美者 麘麝麘獸名 哼愚皃 饗

享享也或作享 ○羌羗𡵸墟羊切說文西戎牧羊人也从人南方蠻閩从虫北方狄从犬東方貉从豸西方羌从羊此六種也西南僰人僬僥

从人蓋在坤地頗有順理之性唯東夷从大大人也夷俗仁仁者壽有君子不死之國亦从犬又姓古作𡵸文七 蜣蜋蜣蜋蟲名或作蜋 慶亂也

通作羌 羌水名 ○薑薑居良切說文禦溼之菜或省文二十二 畕說文比田也從二田 畺疆𤳳壃彊說文

界也從畺三其界畫也或作疆𤳳壃彊 姜說文神農居姜水以爲姓 倞強也 僵說文僨也 𣾏涷凝 殭死不朽 礓礫也 橿

說文枋也一曰鉏柄 𤛮犞說文牛長脊也或从姜 繮韁說文馬紲也或从革 𧒽蠶白死 葁山艸 猄猄猄鶬行皃通作彊

○彊弶渠良切說文弓有力也或作弶一曰勝也亦姓文十二 強𧓍蟲名說文蚚也籀作𧓍 勥𢐊說文迫也古作𢐊 𩸫

鯨大魚也或作鯨　蘠蘠蘼艸名百合也　摾扶持皃　漒水名在河南　㛮女字或書作㛮○央於良切說文中央也一曰久也

文二十　姎䄃祆說文咎也或从示古作秧　鞅馬頸革　𪚦𪓰龜屬或从黽　䱀魚名　鴦說文鴛鴦也　咉譍聲

鉠鈴聲謂之鉠　泱說文滃也謂雲氣起皃一曰泱泱水深廣也　秧說文禾若秧穰也一曰蒔謂之秧　䨀雲皃　佒身傴謂之佒一

曰樂　胦脖胦臍也　怏怏然自大之意　㹧獸名狢也　紻纓謂之紻　英稻初生未移者○王雨方切說文天下所歸往也董仲舒

曰古之造文者三畫而連其中謂之王三者天地人也而參通之者王也孔子曰一貫三爲王又姓文十　蚟蟲名方言促織南楚謂之蚟蟋　䲛魚名鮪也　往

行遽皃　騜馬黃白色　翌翿也舞者執以祀皇　往之也　惶恐也　餭餦餭餳也　徨彷徨往來○匡筐匩曲王

切說文飲器筥也或从竹亦省匡一曰正也又地名亦姓文二十四　迋妄也　𨜵邼說文河東聞喜鄉隸省　蛧大蝦　洭洭說文水出

桂陽縣盧聚山洭浦關爲桂水隸省　㤮恇說文怯也隸省　劻𤞞劻勷遽也或作𤞞　𩬅髺鬤髮亂　䒰方言隨也一曰艸名　軭

車戾謂之軭　眶䫃目厓或从頁　框牀門謂之框　軖繀輪也　閶門周木也　𦙶腔也　𨁂趪距躟行遽或从走○

𤞣狂㤮渠王切說文狾犬也一曰躁也隸作狂古作㤮或書作𤝎患文十七　枉汲具　㳹水皃　軖說文方車也一曰一輪車　軭

軭說文車戾也或省　𩵹大魚或書作鵟　鵟𤞤鳥名鴟屬五色有冠者或从隹通作狂　㞷呈艸木妄生古作呈　迋妄也

應劭讀漢書迋吾兄也　俇俇儴惶遽也　抂抂攘亂皃　框柩也　○恇俱王切狂也文一　○卬魚𡛥切卬卬君德也文一

十一○唐啺𤞣𢈔徒郎切說文大言也又國名亦姓古作啺𤞣𢈔文六十六　餹糖糛餳方言餳謂之餹或作糖糛

餳　搪方言張也　傏揬也通作唐塘　踼說文跌踼也一曰搶也　逿過也　堂坣𩫖說文殿也古作坣籀从高省　隚殿基謂之

隚　鄌𨞶說文地名或省　塘偃瀦也通作隚　磄磄䃜恠石　溏滒溏淖也一曰池也　漟滂漟漢相著皃　煻熱灰謂之煻煨　闣

說文闣闛盛皃　闛閬高門謂之闛或从良　鎕說文鎕銻火齊　瑭博雅瑭璑玉也　䴑小餅有耳者曰䴕䴑　蓎艸名爾雅蓎蒙女蘿

篖筕篖竹席直文而粗者　棠木名說文牡曰棠牝曰杜或書作樀　榶木名棣也通作唐　摚博雅距也　𥲕筸也　䡇𨎖

輎兵車也或从堂亦省　樘車木　赯赤色　鶶䧜鳥名爾雅鶩鶶鶶似烏蒼白色或从隹　䭚馬色　𣭉博雅𣭉毾罽也

𤛆𤛐牛名或从堂　䶂䶂䶂鼠屬一曰易腸鼠謂一月三易腸　䲎魚名博雅魧䲎魠也　螗蜩螗蟲名蟬也　螳螳蜋蟲名通作螗

蝪蟲名爾雅王蛈蝪形似鼅鼄　隚爾雅廟中路謂之隚通作唐　𡑎蕪荑一名蕨𡑎　愓方言佚愓緩也　嵣岾嵣山名　禟祐也

鄌國名　糖精米　漟溪也　膅肥也　颾風皃　䣘豕名　𥞪蜀人謂黍曰糖稰　碭石之有文者一曰山名　𡟛𡡊

女字亦从堂　○當都郎切說文田相值也文十八　儅俘儅不當也　襠裲襠衣名　璫充耳也　鐺說文銀鐺也　簹篔簹竹名

欓木名 譡忠言 轄車轄通作欓 稽稂檔禾皃 艡䑛艡舟也 瓽瓽瓤瓜中也 蕾艸名 蟷蟲名說文蟷蠰不過
也或書作蟷 聸膅耳下垂謂之聸或从肉 澢水也 甎甌屬一曰甈甈謂之瓽溝 ○湯他郎切說文熱水也又姓文二十三 蕩
簜水名東至內黃澤西山或从竹通作湯 膛肥皃 鏜鐺說文鐘鼓之聲一曰鐵貫物謂之鏜引詩擊鼓其鏜或从當 鼞闛
鼚闛闛鞺說文鼓聲也引詩擊鼓其鼞或作闛鼚闛闛鞺 瞠矘直視也或从棠 搪揬也 趤走皃 踼蹚
跌踼行不正皃或从堂 盪滌器也 蝪王蛈蝪蟲名 蕩葛艸名爾雅蘧蕩馬尾一曰蒚陸或省 倘止皃莊子倘然止 ○郎
盧當切說文魯亭也一曰官名亦姓文三十八 廊博雅廡廊舍也 㝗寶說文康也或从穴 閬高門也 躴長身也 哴號極
無聲曰唴哴一曰兒啼不止 眼目病 欴欴欶貪皃 䯬博雅骮䯬骬也 跟跟蹡行皃一曰欲行 輬𨎮輬兵車 艆舟名 浪
滄浪水名南入江一曰浪浪流皃 峎峻峎山名冬至日所入 硠說文石聲一曰硠硠堅也 琅𤦡說文琅玕似珠者一曰琅邪郡古作𤦡俗作瑯
非是 鋃說文鋃鐺鎖也 𧲾說文豸屬 莨說文艸也 䕞蒗蒗毒藥艸或从浪 筤筤謂之笶一曰籃也 蓈稂
說文禾粟之采生而不成者謂之蓈或从禾 桹說文高木也一說桄桹屑之如麪可食 羮臛也魯頌楚辭急就篇與房漿穅爲韻 榔檳榔
木名 鵖鵖鵯鳩也 狼說文似犬銳頭白頰高前廣後亦姓 駺馬尾白駺 䱶蟹其雄曰䱶鱧 蜋蟲名說文堂蜋也一名蚚父 㢃

高也瓵瓦器名劻有力也鄸不鄸邑名通作羹○囊囊奴當切說文橐也一曰有底曰囊無底曰橐亦姓隷作囊文十一蠰

蠰蟷蠰蟲名螗蜋也或从囊欜水名瀼霷露盛皃詩零露瀼瀼徐邈讀或从雨瓤𤬪瓤瓜瓣孃煩擾也蘘⿱襄鼓

牂蘘艸名皮可作綆古作⿱襄鼓○幫⿱封革縍鞤⿰旁皮逋旁切治履邊也或作⿱封革縍鞤⿰旁皮文十二⿱封手捍也並也⿰酉旁⿰舟旁加杯酒曰

⿰酉旁或从角彭多皃詩行人彭彭搒掠也⿰牛旁並將牛也謗毀也○滂雱霶⿱雨⿰氵旁鋪郎切說文沛也或作雱霶⿱雨⿰氵旁文十

三滂滂磄凍相著皃磅隕石聲膀脹也鎊削也榜木名⿰旁斗說文量物溢也牓履編模也旁旁礴混同也⿰旁阝

鄉名在銅陽○旁旁𠀗𠀗𠀗㝱蒲光切說文溥也爾雅二達謂之岐旁隷作旁古作𠀗𠀗籀作𠀗或作㝱文三十三房阿房秦宮

名傍徬說文近也或从彳⿰忄旁㥬惶恐也彷方彷徉徘徊也或作方膀髈說文脅也或从骨趽足曲謂之趽⿰足旁跟⿰足旁

欲行皃⿰旁阝說文汝南鮦陽亭磅隕石聲稖⿰米旁博雅稖穆穄也或从米蒡艸名爾雅蒡隱葱似蘇有毛可爲葅篣箕屬騯

馬盛皃螃螃蜞蟹屬⿰王旁⿰王旁⿰王康玉名彭壯也一曰彭亨驕滿皃王肅說盳盳洋仰視皃滂水流聲漢書滂潬流溉郭璞讀⿱髟並⿱髟並鬤髮亂也

⿰旁斗量溢者⿰旁斗嫎女字⿰弓旁⿰弓方弦急也或省○芒茫謨郎切芒芒廣大皃或从水芒又姓文二十八⿰石亡⿰山亡硭⿰石亡碭山名

或从山从芒通作芒汒谷名在京兆邙說文河南洛陽北土山上邑⿰杗阝鄉名在藍田杗梁也⿰巾荒⿰巾巟⿰巾亡周禮⿰巾荒氏掌湅絲帛或省

亦从亡忙心迫也吂問而不答曰言朚䀮博雅遽也或作䀮𥆞目不明也㬉𣅠暑熱也或省薧勉也㝍寐言

莽莽蒼艸野之色𥄗𥄗洋仰視皃𦃕絲曼延也𡺎山名恾憂皃𤰣曠野或書作畗㡃女字○桑桒𣜩

蘇郎切說文蠶所食葉木也又姓古作桒籀作𣜩或書作桒文十四𠷔喪𡃧𡃫𡂤說文亾也从哭从亾會意隸作喪古作𡃧𡃫𡂤

𩦑𩦓馬色黃尾白或从桑𦄯纕緗纕淺黃也或从襄顙額也○倉仺千剛切說文穀藏也倉黃取而藏之故謂之倉又姓奇字

作仺文十七㡆說文古器也蒼𦬁說文艸色也又姓古作𦬁篬竹色滄泠𣴓凔說文寒也古作泠𣴓或从仌滄一曰水名亦州名

鶬𩿧鳥名說文麋鴰也或从隹牄牛名瑲玉色搶搶搪鋸也䭭食也傖傖囊亂皃○臧匨𢨋茲郎切說

文善也又姓古作匨籀作𢨋通作藏文十二贓受賕曰贓藏艸名似薍㸕博雅㸕戕杙也牂𤕰羘說文牝羊也或作𤕰羘䍧

槌也𣅹明也葬瘞也○藏𤖽匨䁖慈郎切說文匿也或作𤖽古作匨䁖文八𦳫瘞也周禮以相𦳫埋劉昌宗讀鑶鈴聲

𣴠没也𡽗岇𡽗山高○鴦於郎切鴛鴦匹鳥文十九𧳜𤞣江東呼貉為𧳜𧳜或从犬抰打也䵸龜屬頭喙似鴟

佒傴佒體不申皃姎女人自稱眏眏𥈭目皃咉𪒰聲泱泱泱弘大也春秋傳泱泱乎大風一曰水深廣皃央中央也一曰盡也鞅

博雅鞅罔無賴也𩶯魚名善醒酒坱塵埃也嫈小心態胦脖胦臍也殃敗也鉠鉠鉠鈴聲秧栽也一曰秧穰禾下葉多

○炕虛郎切張也爾雅守宮槐葉晝聶宵炕文七 欿飲欿貪皃 𥇾狼𥇾南夷國名 黗黑皃 忼吷忼很戾 ⿰臭亢臭也 ⿸疒香气疾○

穅康糠粇丘岡切說文穀皮也古作康或作糠粇文二十七 康樂也爾雅道五達爲康又州名亦姓 㱂說文飢虛也通作康 㝩

⿱穴康說文屋康㝗也謂屋閑或从穴 ⿰阝康槺⿱艹康虛也司馬相如作槺鄭康成作荒 漮說文水虛也一曰水名在伊闕 ⿰康瓦⿰荒瓦⿰康瓦瓠陶器

或从荒通作康 ⿰目康睽⿰目康目皃 ⿰身康長身謂之⿰身康躴 邟城名在陽翟 砊砊磕雷聲 ⿰虫康⿰虫康蛜蟲名蜻蛉也 炕灼也 ⿰石康石聲 ⿰山康

⿰山康峎山名在西羌 ⿰康阝地名 ⿰忄康忼⿰忄康慨歎也或作忼 閌門高皃 ⿰女康女字○岡居郎切說文山脊也或書作罡通作阬俗

作崗堽非是文二十九 剛⿰亻⿷匚三說文彊斷也古作⿰亻⿷匚三或書作信 鋼堅鐵 綱⿰木幺說文維紘繩也古作⿰木幺 ⿰田亢說文境也一曰陌也趙魏謂陌

爲⿰田亢 堈隴也 亢頏肮說文人頸也一曰咽也或从頁从肉亢亦星名 掆抗扛舉也或作抗扛 棡橫牆木 苀艸名葉似蒲叢生

犅犺說文特牛也或从亢通作剛 迒獸迹 魧蚢說文大貝也一曰魚膏或作蚢 笐說文竹列也一曰弦加竹謂之笐 阬地名 伉剛正

皃後漢書難經伉伉劉太常 ⿱艹岡山海經小陘之山有艸名⿱艹岡葉如葵赤莖白華如蘡薁 瓬⿰岡瓦鋼博雅缾也一曰大瓮爲瓬或作⿰岡瓦鋼 邟

縣名在潁川○卬魚剛切說文望欲有所庶及也引詩高山卬止一曰我也文十 昂日升也一曰明也 ⿰革卬說文⿰革卬角⿰革是屬 ⿰馬卬⿰馬卬馬怒皃一曰馬白腹

謂之⿰馬卬 枊馬柱 ⿰木昂斜㮜謂之飛⿰木昂 ⿱艹卬說文昌蒲也益州云 仰靈威仰青帝號 ⿱山卬⿱山卬⿱山藏山高皃 昂舉目

視。斻航杭䑳寒剛切說文方舟也禮天子造舟諸侯維舟大夫方舟士特舟或从舟从木亦作䑳通作斻文二十八抗舉也邟
邑名在餘杭沆水流皃一曰渡也行列也左傳二十五人爲行胻脛也桁木在足曰械大械曰桁翃⿰目行⿰亢鳥鳥飛上曰翃下曰翃
或作⿰目行⿰亢鳥通作頏吭頏亢咽也或作頏亢通作肮迒䟘說文獸迹也或作䟘魧魚名博雅魧鱐魧也一曰魚骨蚢紫蚢海貝
一曰蟲名食蒿者苀艸名爾雅苀東蠡筕筕䈉織竹也瓨博雅瓶也肮大脉謂之肮⿰黃亢黃也⿰忄行悦也妔女字
笐樂器有絃一曰竹名。洼汪烏光切說文深廣也一曰池也隸作汪又姓文八尣尩說文尣曲脛也或作尩洸水涌也
⿰目汪⿰目王⿰目王目欲泣皃⿱汪鳥雉名其鳴自呼⿱汪女女字。巟⿰氵荒呼光切說文水廣也引易包巟用馮河或作⿰氵荒文三十三荒說文
蕪也一曰艸掩地也一曰遠也亦姓⿰禾荒⿰禾巟⿰禾芒說文虛無食也一曰果不熟爲⿰禾荒或作⿰禾巟⿰禾芒⿰言巟說文夢言也⿰目巟⿰目荒目不明也一曰
狼⿰目巟夷國名人能夜市金或作⿰目荒⿰忄巟慌博雅忘也或作慌肓說文心上鬲下也引春秋傳病在肓之下衁說文血也引春秋傳士刲羊亦無衁
也⿱亡巾⿱巟巾博雅⿱亡巾幪帳也或从巟⿰巾巟⿰巾荒⿰巾芒說文設色之工治絲練者一曰⿰巾巟隔或从荒从芒⿰糸巟⿰糸荒說文絲曼延也或从
荒⿰日巟旱熱也⿰馬巟⿰馬荒說文馬奔也或从荒⿰巟瓦⿰荒瓦器也或从荒鄺姓也芒歲在巳曰大芒駱通作荒⿱宀巟博雅居也
通作巟⿰巟明說文翌也⿰巟阝縣名⿰巟見視也⿰犭荒狼屬⿰女巟女字。⿰骨光苦光切博雅⿰骨光⿰骨良⿰骨可也文三硄石聲⿰巟瓦⿰巟瓦⿰瓜瓦

破熒○光炗𤐫𤎱姑黃切說文明也又州名亦姓古作炗𤐫𤎱或書作灮文二十五洸潢說文水涌光也引詩有洸有潰或作潢僙

恍武也或作恍通作洸侊盛也一曰小皃胱膀胱脅也桄門名漢長安北有橫門桄桄榔木名一曰舟前木也垙𨸝𤱽陌也或从阜从

田𨏬輄車下橫木或从光通作桄茪艸名爾雅薢茩芵茪郭璞曰芵明也一曰蔆也䮴廣馬回毛在背曰闕䮴或作廣珖玉名

𨵗門關也𤖮牀下橫木姯女字趪走皃○黃𡕛胡光切說文地之色也又姓亦州名古作𡕛文六十四癀𤺥疸病也或

从皇皇𦤎說文大也從自自始也始皇者三皇大君也亦姓古作𦤎媓南楚謂母曰媓趪走皃僙武皃通作趪遑偟說文

急也一曰暇也或从人徨徬徨彷徉也惶說文恐也喤說文小兒聲引詩其泣喤喤鍠韹說文鐘聲也引詩鐘鼓鍠鍠或从音鍠一

曰兵器瑝說文玉聲也璜說文半璧也𦏁說文樂舞以羽翿自翳其首以祀星辰也通作皇簧說文笙中簧也古者女媧作簧篁

說文竹田也一曰竹名䅣𥻆說文穄䅣也穄別名或从米穔野穀餭餦餭餌也煌熿䵃說文煌煇也或从黃亦作䵃䑟

䑟說文華榮也引爾雅䑟華也古作䑟㞷𡉏說文艸木妄生也古作𡉏堭墴博雅堂堭壂也或从黃隍說文城池也有水曰池無水曰

隍引易城復于隍𨛦縣名在會稽𨞠古國名通作黃潢說文積水也湟說文水出金城臨羌塞外東入河艎𦪇艅艎吳大

舟名或从黃通作皇凰𪃍爾雅鶠鳳其雌凰或从鳥通作皇騜𩦼爾雅馬黃白騜或从黃獚𤞑博雅楚獚犬屬或从皇通作黃

鱑鰉魚名或从皇　蝗蟲名說文螽也　蟥蟲名說文蟜蟥也　䐵𦢊病腫或从尣　𪏰黃卵中黃　𪍿䊗𪍿塵或从米　𤛫牛名　𩞄糜也　鷬鸝鷬鳥名　撗橫艸名爾雅傅橫目一名縷艸或从木　崲地名南史始寧郡有休崲湖　磺石名

葟博雅葟葟茂也　○彺䞷誑王切行征彸也或从走文二　○瘡磢霜切瘍也文一

集韻卷之三

集韻卷之四

翰林學士兼侍讀學士朝請大夫尚書左司郎中知制誥判秘閣兼判太常禮院羣牧使上柱國濟陽郡開國侯食邑三千一百戶賜紫金魚袋臣丁度等奉

敕脩定

平聲四

庚第十二 居行切與耕清通　耕第十三 古莖切

清第十四 親盈切　青第十五 倉經切獨用

蒸第十六 諸仍切與登通　登第十七 都騰切

尤第十八 于求切與侯幽通　侯第十九 胡溝切

幽第二十 於虯切　侵第二十一 千尋切獨用

覃第二十二 徒南切與談通　談第二十三 徒甘切

鹽第二十四 余廉切與沾嚴通　沾第二十五 他兼切

嚴第二十六 魚杴切　咸第二十七 胡讒切與銜凡通

銜第二十八 乎監切　凡第二十九 符咸切

十二○庚 居行切說文位西方象秋時萬物庚庚有實也一曰道也十日名也亦姓文二十二 賡 續也 更 說文改也一曰歷也償也 秔稉粳 說文稻屬或作稉粳 鬻䰞𩱧羹 說文五味盉鬻也引詩亦有和鬻或作䰞𩱧羹亦从肉 鶊⿸庚隹 鶬鶊鳥名鵹黃也或从隹 郠 邑名在琅邪 ⿺辶更⿰足更 兔逕或从足 ⿱艹庚 艸名 埂 秦晉謂坑爲埂 浭 水名出北平 亢 闕人名老聃弟子有亢桑子 ⿰犭更 彼⿰犭更犬名 邟 縣名在潁川○阬坑 丘庚切說文閬也或从土从石文七 硎 石也 砊 砊硍石聲 劥 劥⿰乘力有力 妔 美女 亢 跡也○亨享亯享 虛庚切嘉之會也或作享古作亯享文九 涥 水名 脝 膨脝腹滿皃 悙 憉悙自矜健皃 ⿰女亨 ⿰女彭⿰女亨肨也 哼 噡哼愚怯皃○行 何庚切說文人之步趨也文十四 衡奧 說文牛觸橫大木著其角也引詩設其楅衡一曰橫一木爲門也一曰平也又姓亦州名古作奧 洐 說文溝水行也 珩 說文佩上玉也所以節行止 羹⿰月羹 肉湆也亦从肉 胻 說文脛耑也 䯒 牛脊後骨 桁 屋橫木一曰葬具 筕 方言筕篖籧篨直文者

蘅杜蘅香艸鶶鳥名鶩黄也衠角長皃。横衡胡盲切說文闌木一曰東西曰縱南北曰横或作衡文二十二
鐄鍠鐘聲或从皇煌火光⿰衤黄字林⿰衤黄褡小被也黌學舍通作横揘揘畢撞柲也⿰舟黄藤屬
可用織喤諻也怒也一曰小兒泣聲諻方言譟諻音也一曰大聲瑝玉聲蝗螽也⿰黄瓦小瓦謂之⿰黄瓦⿰忄卬
憕⿰忄卬失志䅭穔䅭穔穄也⿺風黄暴風潢⿰舟黄博雅筏也或从舟彋起皃韹爾雅韹韹樂也鐄大鐘也大鎌也
。諻呼横切大聲文八喤諻也揘擊也嚝聲也謍謍謍小聲⿱𤇾羽博雅⿱𤇾羽⿱𤇾羽飛也鍠鼓鍾聲
⿰黄風⿰黄風⿺風且風皃。觵觥姑横切說文兕牛角可以飲者也其狀觵觵故謂之觵或从光文十一侊說文小皃引春秋國
語侊飲不及一餐⿱罒光⿱罒云橐罔滿也或作⿱罒云橐⿰月⿱罒云⿰月黄膨⿰月⿱罒云大腹或作⿰月黄⿱雨黄吴王孫休子名僙
趪武皃或从走。⿱髟示⿰礻彭祊補横切說文門内祭先祖所以徬徨引詩祝祭于⿱髟示或作⿰礻彭祊通作閍文二十
二閍宮中門⿰舟并舟名⿰糸彭結也彭衆車聲騯旁騯騯馬盛皃或省榜說文所以輔弓
弩嗙說文謌聲嗙喻也司馬相如說淮南宋蔡舞嗙喻也一曰叱也傍傍傍然不得已⿰并力⿱大朋⿰朋力大力也或
作⿱大朋⿰朋力搒⿰扌方相牽也或作⿰扌方埲塚口穴浜溝納舟者曰浜⿰女彭⿰女朋⿰女彭婷胖也或作⿰女朋⿰犭彭犬也。磅

磞披庚切擊石或作磞文二十三 忼忼慨也一曰志㦗 洴泙滂水聲或作泙滂 烹亨亯亨

䰂煑也或作亨古作亯亨䰂 抨打也 錓鍊金也 悙憉悙自矜健皃 澎苹滂澎濞水皃或作苹滂

怦博雅急也 梈木弩 軿軿訇車馬聲 弸絣張弦也或从糸 㱶擊聲 ○彭蒲庚切說文鼓聲也

一曰水名在衞地一曰國名文二十六 𨍭𨏈䡫𨻗傍車聲也或作𨏈䡫𨻗傍通作彭 騯說文馬盛也引詩四牡騯騯通

作彭 輣說文兵車也 棚說文棧也 趽說文曲脛馬也 錋兵器 𩭿𩭿鬤亂髮皃 膨膨脝大腹 憉憉悙自矜

健皃 澎縣名在東海一曰水皃 斞量溢 榜所以輔弓弩也 搒笞擊也通作篣 篣博雅籠也 蒡艸名

爾雅蒡隱葱郭璞說 𥟬𥟬程穄也 蟚蟚蜞蟹屬或書作蟛 馩馩馞芬芳也 旁旁勃白蒿也兔食之壽八百歲

稝禾密也 嘭聲也 ○盲眉耕切說文目無牟子 𥄕朚痯或作𥄕朚痯文十九 鼆說文冥也 䁅䁅盯

直視 鄳縣名在江夏 𨞢縣名在義昌 蝱虻說文齧人飛蟲或省 鑂鋩銷也或省 莔䒰萺䖟

艸名說文貝母也或作䒰萺䖟通作蝱 䈍篃竹名或作篃 黽地名在秦 ○趟中庚切趟趟跳躍也文五 撐橕柱也

或作橕 䬤𩘚䬤暴風 瞠直視 ○瞠𥌾盯憆䁝抽庚切直視也或作𥌾盯憆䁝文十七 𧽶說文距也 竀

䏁正視也一曰深意或作䏁 𧿒跉𧿒行遲皃 樘橖牚橕說文衺柱也或作橖牚橕 𨎥小車轅也通作樘 湞水皃 蹚𨆲距也或从棠 ○棖除庚切說文杖也一曰法也一曰棖謂之楔文十八 𣪘掁撜博雅揨也或从長从登 摚趟蹚距也或作趟蹚 揨博雅揨掄擇也一曰舉也 盯瞪䁐盯視皃或从登 憕憕忛失志也 澄水清定也 粻糧也 𩤲馬住皃 倀獨立皃 篖簞也 趟趟趟驚走皃 䬒䬒颹風聲 ○鬡鬤尼庚切鬡鬤鬆亂皃或从襄文十 𣰴犬多毛謂之𣰴 𣪠𣪡毀說文亂也一曰窒𣪠籀作𣪡或省 𦶃艸也說文𦬁𦶃可以作縻綆 攘搶攘亂皃 檸吳俗謂木椑曰檸頭 𤸷病也 ○兵𠊧𢍭晡明切說文械也从廾持斤并力之皃古作𠊧籀作𢍭文三 ○平𠀤蒲兵切說文語平舒也从亏从八八分也爰禮說亦姓古作𠀤文十四 評博雅評訂平也 坪坪平也或書作垩 泙說文谷也一曰水名 枰㭊枰仲木名一曰博局或作㭊 苹萍說文蓱也無根浮水而生者或作萍苹一曰藾蕭 胓博雅胓脟脂也 蚲蟲名博雅蚲蠽蛘也 呯呯呯聲也 抨使也 玶玉名 ○朙明眉兵切說文照也从月从囧古作明又姓亦州名文十三 盟盟盟𥂋說文引周禮國有疑則盟諸侯再相與會十二歲則盟北面詔天之司慎司命盟殺牲歃血朱盤玉敦以立牛耳或从朙从明古作𥂋 䳟𪅳博雅鷫䳟鳳也或从朙亦書作𪇷 鳴說文鳥聲也 冥暝也易冥豫鄭康成讀 鄳縣名在義陽 眀視瞭也 萌蘞萌艸名 ○生

㞷⿷匚㞷 師庚切說文進也象艸木生出土上又姓古作㞷唐武后作⿷匚㞷文十九 甥 說文謂我舅者吾謂之甥亦姓 笙 說文十三簧象
鳳之身正月之音物生故謂之笙大者謂之巢小者謂之和古者隨作笙一曰吳人謂簙爲笙 鉎 鐵衣也 牲 說文牛完全 猩
狌 猩猩獸名能言者或从生 ⿱鹿生 獸名似鹿而小一曰大兔 鼪䳊 江東呼鼬鼠爲鼪或从鳥 湦 闕人名曹桓公終湦 姓
闕人名春秋傳蔡公孫姓 㽓 死而更生 泩 水深廣皃 ⿰生毛 ⿰生毛氄毛起皃 苼 地名在魯 胜 鯹肉 ○鎗鏿 楚耕切說文鐘聲也
或作鏿文七 槍 爾雅彗星爲欃槍 瑲 聲也 鐺 釜屬通作鎗 滄凔 冷皃古作滄 ○傖 鋤庚切吳人罵楚人曰傖
文八 ⿴行角⿰牛甬 獸角長曰⿴行角或作⿰牛甬 鬇⿱髟盈 鬇鬡亂髮或作⿱髟盈 鎗 鐘聲也 搶 搶攘亂皃 嗆 嗆啍愚怯 ○京
居卿切說文人所爲絕高丘也一曰大也又姓文十 荆⿱艹刅 說文楚木也又姓亦州名古作⿱艹刅 驚 說文馬駭也 麠麖
說文大鹿也牛尾一角或从京 鶁 羌鶁鳥名南方有之 蟼 蟲名爾雅蟼蟆蛙類 ⿸广京 廣雅倉也 婛 女字 ○卿 丘京切說文章
也六卿天官冢宰地官司徒春官宗伯夏官司馬秋官司寇冬官司空又姓文三 𠨍 說文事之制也亦姓 慶 賀也 擎
⿱苟廾 渠京切舉也或从廾亦書作擏文十四 勍 說文彊也引春秋傳勍敵之人 黥剠⿰黑刂 說文墨刑在面也又姓或
作剠古作⿰黑刂 ⿰成頁 博雅頷⿰成頁項也 ⿰埶力 艸名山⿱髟韭也 ⿰木敬⿱敬弓 說文榜也或从弓亦書作檠 ⿰木竟 鑋柄 ⿰魚畺鯨 說文

海大魚也一說雄曰鱷雌曰鯢常以五月生子於岸八月導而還海鼓浪成雷噴沫成雨水族畏之或从京 矜 戈戟柄 ○迎 魚京切說文逢也 ○英 於驚切說文艸榮而不實者一曰黃英一曰知出万人爲英又姓亦州名文二十三 柍楧 說文梅也一曰江南橦村其實謂之柍 瑛 說文玉光也 颶 高風也 媖 女人美稱 蝧 蜂屬 韺 博雅五韺帝嚳樂通作英 郥 地名 霙 霰也通作英 渶 水名出青丘 瞕 目深也 鶧 繼鶧鳥名通作英 央怏 鮮明皃詩旂旐央央或作怏 泱 泱泱雲皃通作英霙 煐 闕人名南史有張煐 廮 長廊 碤 水中石 鍈鉠 鈴聲或省 䁐 谷名 蚾 青皃 ○榮 于平切說文桐木也一曰屋梠之兩頭起者爲榮一曰艸華謂之榮又姓亦州名文十 嶸巆 崢嶸山皃或省 瑩 石似玉 禜 祭水旱也 蠑 方言易蜥南楚或謂之蠑螈通作榮 揘 擊也 熒 火蟲名 嫈 女字 𤬩 小瓜 ○兄 呼榮切說文長也一說从人口以制下文一 ○謍 乙榮切謍譁聲也文一 ○夻 口觥切大也文二 硡 硡硡石聲

十三 ○耕畊 古莖切說文犂也一曰古者井田故从井古作畊文二 ○鍞鏗鎮 丘耕切博雅鍞鎗聲也或从堅亦作鎮文二十九 㧬揁 琴聲論語㧬爾舍瑟而作或作揁通作鏗 摼挳 說文擣頭也或作挳 𣢭 欬也 䁹𥉻 瞪矘視不明或从巠 岴 谷也 硜踁 硜硜小人皃或作踁 硻 說文餘堅也 臤 堅也 鞶 䡅 說文車堅也或从冥 䡠 博雅

轚也⿰車盲輷輘車聲牼說文牛厀下骨引春秋傳宋司馬牼字牛羥說文羊名鳽雃鳥名或从隹⿰石昆硍鍾病
聲周禮高聲⿰石昆杜子春說或作硍誙誙誙趣死皃李頤說娙女身長謂之娙硎臨硎山名在吳郡吳宮以爲門名一曰磨
石一曰谷名⿱殸巠不可近也○娙魚莖切說文長好也文三俓⿰亻幵急也伎也或作⿰亻幵○罌甖甇於莖切說
文缶也或从瓦亦作甇文三十英⿰矛英以羽飾矛或从矛罃說文備火長頸缾也鎣器也⿰罃刂刋木也賈思勰曰山澤林
木大者⿰罃刂殺之嫈說文小心態一曰嫈嫈好皃䁝目淨皃譻說文聲也嚶說文鳥鳴也通作譻謍呷也鸚
⿰嬰隹說文鸚䳇能言鳥也或从隹鶯鸎說文鳥也引詩有鶯其羽或作鸎櫻櫻桃果名莖姚莖艸名蘡艸名博雅
燕薁蘡舌也褮鬼衣⿰衤嬰閒采⿰目貝說文頸飾也瓔石次玉嫈嫈嫇下俚婦人皃⿰目嬰⿰目嬰⿰目棠目無光䳇鸚䳇
鳥名東夷有之⿰言嬰謍怒也或作謍韹銅器聲○莖何耕切說文枝柱一說艸曰莖竹曰箇木曰枝文九⿰音巠博雅
六⿰音巠顓頊樂通作莖牼牛膝下骨誙誙誙趣死皃鈃⿰幵瓦⿰巠瓦鋞器似鍾頸長或作⿰幵瓦⿰巠瓦鋞鋞鏁幹○宏
⿱穴厷乎萌切說文屋深也或从穴文三十三厷大通也通作宏宖說文屋響也閎說文巷門也又姓紘紭
說文冠卷也一曰纓从下而上者或从弘耾⿰耳宏博雅聾耳也一曰耳中聲一曰耾耾大聲或从宏⿰弓厷彋弸⿰弓厷弓聲或作彋

鋐吰鏗鋐鍾鼓聲或从口砿硡博雅砿磕聲也或从宏嶸巆嵤峵㟩說文崝嶸也或作巆嵤峵㟩谹說文

谷中響也翃翃翃飛也或書作𦑊蚿蟲名竑𨍏度也周禮竑其輻廣或作𨍏㯻罖罔滿也或作罖汯浤汯汯迅流也或从宏

揈擊也颹大風也或書作颹𩣡馬一歲也一曰縣名熒火光○泓烏宏切說文下深皃一曰水皃文九宖屋響也謍

謍譁小聲閔試力七鍾也吼牛聲耾耳中聲弦弓聲汪水皃宖幽深皃○訇訇呼宏切說文駭言聲

漢中西城有訇鄉籀不省又姓文三十颹𩙯風聲或从薨揈拘揮也或作拘愩𢡟惆愩怒皃或作𢡟渹

𤃫水相激聲或作𤃫鍧鑋鏗鍧鐘鼓聲或作鑋轟輷軥輷說文羣車聲也或作輷軥輷𥗍硡

䃔礯石落聲或从宏从訇从營䎍𦒏䎊翃䎍䎍飛也或作𦒏䎊翃薨衆也疾也詩度之薨薨沈重說閎

閎廓深遠也一曰大也謍𡾰大聲也或作𡾰耾耳中聲一曰耾耾大聲巆岭巆山深○琤初耕切說文玉聲也文十

錚鏳金聲或从曾噌噌吰聲也掙博雅刺也淨泠皃鏘將鏗鏘聲也或作將棦木束也

䁝呻也○爭𠬸甾莖切說文引也徐鉉曰从受丿受二手也而曳之爭之道古作𠬸文十八箏說文鼓弦竹身樂也一說

秦人薄義父子爭瑟而分之因以爲名䒛說文艸䒛藍皃埩耕治也䋫綪說文紆朱縈繩一曰急弦聲或作綪

猙獸名似豹一角三尾⿰月爭足筋⿰魚爭魚名博雅竹頭⿰魚爭也錚說文金聲也⿰羊爭羚羊名⿰爭阝國名⿰耒爭
犁上木⿰車爭車聲鮏魚名⿰夕生雨而見星諍訟也○崝崢嶒鋤耕切說文嶸也或作崢嶒亦書作⿱山爭文
十七竲說文北地高樓無屋者淨說文魯北城門池埩耕治也鬇⿱髟盛鬇鬡髮亂或作⿱髟盛⿱艹爭⿱艹爭薴
艸亂⿰石爭破聲⿱穴曾⿱穴曾宏屋大噌噌吰聲也⿰魚爭魚名鏳琤玉聲或从玉⿰弓曾弓弦聲⿰石曾⿰石爾磳
石皃○朾丁中莖切伐木聲或作丁文十三玎玎玲玉聲⿰足丁跉⿰足丁行遲皃⿱登丁撜張也或作撜⿱穴登⿱穴登宏
屋響⿰扌尚引也僜僜偈不仁憕⿰忄卯憕失志⿰風登⿰風登⿰風爭風聲鬇鬇鬡髮亂猙猙獰犬毛○橙登除耕切說
文橘屬或从艸文十五朾揨⿰亭攴揨⿱尚攴說文橦也或作揨⿰亭攴揨⿱尚攴⿱尚攴⿰尚殳揬也或作⿰尚殳⿱穴丁小突也⿱穴曾
⿱穴曾究響也⿰目亭審視皃湞湞陽縣名虰蠪虰螘屬⿰口⿱穴丁器也○儜尼耕切弱也通作嬣文九⿰言寧
營⿰言寧小聲⿰食寧食也鑏刃柄⿱艹盈薴說文艸亂也杜林說艸⿱艹爭⿱艹盈皃或作薴⿰禾寧禾芒曰⿰禾寧嬣姘嬣女劣皃
獰猙獰犬毛一曰惡也○繃綳悲萌切說文束也引墨子曰禹葬會稽桐棺三寸葛以繃之或作綳文十五絣說文氏人
殊縷布也⿷匚𢆶繩以直物通作絣⿺辶絣博雅⿷匚𢆶也一曰行急拼抨伻迸平苹爾雅使也或作抨伻迸古作平

苹𢏳彈也通作拼嫺謹也軯車聲螃蝦蟇類○怦姘披耕切博雅急也一曰忠謹皃或作姘文

二十八姘說文除也漢律齊人予妻婢姦曰姘拼伻迸平苹使也或作伻迸古作平苹通作抨抨說文

撣也閛閞闔扉聲或从并㶕㶕渟水聲弸弸弦弓聲砰硑訇𩜹廣雅砰磅聲也或作硑訇古作𩜹

軯駍車馬聲或从馬胓腹脹𤙴說文牛駁如星羘駁羊名一曰使羊也馮馮閎大也一曰虛廓恲㥊

忼慨也或从朋硼磞石名或从彭勈大也○弸蒲萌切說文弓彊皃一曰滿也楊子弸中彪外文六㥊㥊悺怒皃

淜淜澴水勢相激皃馮馮閎大也棚博雅閣也㾦腹滿○甍欂𤭛謨耕切說文屋棟也或从木亦作𤭛

文十六䒞艸名似苕可爲帚䈍竹也一曰竹筍萌鋂說文艸芽也古作鋂蕄心所在也通作甿萌俗作蕄非是甿

說文田民也氓說文民也通作萌甿嫇嫈嫇幼婦一曰小人皃矒瞑瞑矒視不明皃或作瞑盟誓約也莊子其留如

詛盟徐邈說鄳縣名在江夏橗木名○宖𥦗于萌切屋響也或从宂文三㤤㤤憕失志皃○磷力耕

切砰磷峻皃文四輘輷輘車聲駖馬衆聲玲玲玎玉聲

十四○清親盈切說文朖也澂水之皃文六鯖魚名圊博雅圊廁也請漢有請室請罪室也棈木名䨝

䨝女神名。精咨盈切說文擇也文二十六晶晟說文精光也或作晟菁艸名說文韭華也鶄⿰青隹鳥名說文
駮鶄也或从隹蜻蟗蟲名說文蜻蛚也或从精鼱鼱鼩小鼠婧竦立也一曰有才睛目睛聙善聽也⿰青頁
⿰青頁顱頭不正氏狝氏縣名在代郡旌旍䄵⿰羽青說文游車載旌析羽注旄首所以精進士卒又姓或作旍䄵⿰羽青㳝旌
水名在南郡或从旌蔳蕪蔳艸名通作菁⿰精鳥⿰精鳥鴷鳥名鶄鸂也腈肉之粹者睛目瞑葏茂皃詩葏葏者莪通
作菁箐笭箐小籠。餳徐盈切說文飴和饊者也文一。情晴慈盈切說文人之陰氣有欲者或从口文十姓
晴暒說文雨而夜除星見也或作晴暒請受言也⿰貝青受賜也戕殺也蜻蟲名如蟬而小餳飴也
。觲觪思營切說文用角低仰便也引詩觲觲角弓或省文七騂⿰牛辛牲赤色或从牛⿰土觲垶說文赤剛土也
或作垶⿰火觲博雅赤也。幷卑盈切說文相從也又州名亦姓文十栟木名說文栟櫚也箳箳篂車轓屏
屏營征忪也⿰忄幷屋蔽也通作屏絣雜也太玄錯絣⿱竹洴盛絮籠姘姦也⿱竹幷竹名鵧鳥名。名
彌幷切說文自命也从口从夕夕者冥不相見故以口自名又姓文六洺水名冥幽也史記冥冥冥眉決事劉伯莊讀眉闔
謂之覭眳眳睛不悅皃⿰米名漬米也。聲殸書盈切說文音也亦姓古作殸文三⿰殸耳無形而響。⿺辶正征

徰諸盈切說文正行也或从彳古作徰文二十三　延說文行也　正歲之首月夏以建寅月爲正殷以建丑月爲正周以建子月爲正　鉦說文乘輿馬飾也　鉦說文鐃也似鈴柄中上下通　怔射的通作正　征怔方言征伀惶遽或从心

眐眐眡獨視也　裎裎松小兒衣也　鴊鳥名方言齊魯間謂題肩爲鴊　脡鯖⿰月酋⿰火酋鯖煑魚煎肉曰⿰火酋脡或作鯖⿰月酋鯖　炡炡⿰火酋煠也　政賦也周禮聽政役以比居通作征正　証諫也　聇博雅聇聇行也　姃女字

○成戚時征切說文就也古从午亦姓又州名文十八　郕說文魯孟氏邑　城䪫說文以盛民也籒作䪫　誠說文信也　宬說文屋所容受也　盛說文黍稷在器中以祀者也　晟明也　珹美珠也　⿰成頁項也　⿰成瓦甂也　晟飯匱也从曰　峸山名　⿰阝成地名　荿艸名　筬筬筐織具　娍女名

○禎知盈切上所稱說文祥也文十一　貞鼑偵說文卜問也从卜貝以爲贄一曰鼎省聲京房所說一曰正也古作鼑或作偵　楨說文剛木也上郡有楨林縣一曰築牆具　湞說文水出南海龍川西入溱　⿰貞阝地名　⿰阝貞說文丘名　⿱宀貞闕人名後周齊王子⿱宀貞　揁引也　媜女字

○檉癡貞切木名說文河柳也文十八　偵博雅偵質問也　湞水名　䞓赬⿰赤丁⿰糸貞說文赤色也引詩魴魚䞓尾或作赬⿰赤丁⿰糸貞通作竀　浾泟說文䞓棠棗之汁或从正　𧿒跉𧿒偏行　竀⿰正見說文正視也从穴中正見也或作⿰正見　虰蟻屬　朾地名在宋春秋傳會于朾通作檉　蟶蚌也　阷丘名　酲病酒　逞縱也　○呈

馳貞切說文平也一曰見也文十二程說文品也十髮為程一程為分十分為寸又姓酲說文病酒也一曰醉而覺也珵佩玉也珩謂之珵一曰玉大六寸䟫行期也通作程鄭地名筳博雅笭筳竹席一曰竹名可為笛裎倮也一曰佩紟謂之裎脭肉之精者挰博雅擇也一曰擧也娗女名虰蟻屬○跉離貞切跉𧿒偏行文五伶建伶縣名令使也𢒉多聲也魿魚蟲連行紖行○盈怡成切說文滿器也一曰國名文二十五楹𣞤桯說文柱也引春秋傳丹桓宮楹或从嬴从呈𨛫姓也䑉肥也溋闕人名魯有大夫溋𤢍獸名黃狐也嬴說文少昊氏之姓𡣍方言娥𡣍好也瀛海也楚人名澤中曰瀛亦州名汮水名在沂縣礹石名贏夃說文有餘賈利也或作夃籯䈬說文笭也或从盈攍𢸫方言儋齊楚陳宋曰攍或从盈通作嬴逞闕人名晉有欒逞通作盈蘏𧃒菊華也或作䔰䋼綎絲綬也或作綎𪁥鳥名白鷺也江東語○輕𨌬遟牽盈切說文輕車也古作輕遟文九䡖金聲也一曰斷也𨇨一足行也窒空也詩瓶之窒矣罄不可近也㯳側器傾酒漿也𡶶深谷○頸渠成切項也文四鯨說文魚名葝𦸗艸名爾雅葝山䪥或从刀○嬰賏伊盈切說文頸飾也或省一說女曰嬰男曰兒文十三瓔石似玉纓說文冠糸也攖拈也亂也瀴瀴溟水絕遠皃鄸地名蘡艸名蘡薁也櫻櫻桃果名𥏘短也癭頸疾鑍博雅鑍謂之鈁𤛓牛名

○營維傾切說文市居也一曰度也亦姓文十八　瑩石似玉　鎣器也一曰采鐵也　⿱𤇾瓜小瓜　塋說文墓也　櫿木名　營惑也　覮覮然能視也　謍說文小聲也引詩謍謍青蠅　瀯瀠濴濚濚瀯水回皃或从縈从榮　榮屋梠之兩頭起者禮升自東榮劉昌宗說　禜祭水旱也　熒火光也　⿸疒營病也　⿱𤇾耳聲也　○⿰貝旬翾營切貨也文四　騂牲赤色　滎濴水名或作濴　○傾⿰阝頃窺營切說文仄也或从阜文六　頃說文頭不正也　坰遠也詩在坰之野　⿱艹頃麻屬　廎屋側也　○瓊璚瓗琁葵營切說文赤玉也亦从矞从巂或从旋省文二十五　⿱𤇾子說文回疾也　惸⿱𤇾儿⿰忄勻⿱勻心惸惸憂也或作⿱𤇾儿⿰忄勻⿱勻心　⿺走⿱𤇾子赹說文獨行也或从旬　睘說文目驚視也引詩獨行睘睘　⿰木⿱𤇾子博子通作瓊　⿰女⿱𤇾子⿰女⿱𤇾子⿰亻⿱𤇾凡⿰亻⿱𤇾儿⿱𤇾子獨也或作⿰女⿱𤇾子⿰亻⿱𤇾凡⿰亻⿱𤇾儿學通　⿱𤇾車說文車輮規也一曰一輪車　藑艸名說文茅蔔也一曰舜也　⿱艹⿱𤇾凡⿱艹榮艸旋皃或作⿱艹榮　⿰木⿱𤇾儿木名　⿰貝旬⿰貝學貨也或作⿰貝學　○縈⿱𤇾巾娟營切說文收鮝也或从巾文十　⿱艹榮說文艸旋皃也引詩葛藟⿱艹榮之　⿱𤇾衣說文鬼衣小心態一曰繚嫈漢侯國名　⿱𤇾音聲也　幎覆也　攖有所繫著也　礯石名　滎滎瀯波浪涌起皃　○泂古營切大泂地名文一　○頸吉成切項也文二　瀅絕小水也　○穰人成切蹂禾黍之餘文一　○騂許營切牲赤色文二　⿰貝旬貨也

○甍忙成切屋棟也文一○聘匹名切訪也文一

十五○青夲峇草倉經切說文東方色也木生火从生丹丹青之信言必然又州名亦姓古作夲峇草文十一

⿰青色⿰青色艶無色鶄鶄鶄鳥名畜之以厭火綪淺碧色菁華盛皃鯖魚名蜻蜻蛉蟲名蝍蛉也六足四

翼圊廁也○曐星垒〇桑經切說文萬物之精上爲列星一曰象形从口古口復注中故與曰同或省又姓古作

垒唐武后作〇文二十三程禾稀也惺惺憽了慧也醒醉解也篂博雅箳篂蔽籓也鉎鍟鐵衣或从星腥

豕肉中息胜說文犬膏臭也一曰不熟猩說文猩猩犬吠聲鮏鯹說文魚臭也或从星狌獸名似人⿰舟星船名⿰衤星

燐光箸衣⿰目星目睛照也⿰石星石名⿰虫星⿰虫星蜓蟲名煋火熱也瑆玉光○竮滂丁切竮竮行不正也通作俜文十八甹說文亟詞

也一曰甹俠也三輔謂輕財者曰甹俗作𢏚非是荓荓蜂摩曳也通作甹⿰骨甹肋骨⿱艹涄水中浮艸⿱竹竮吳人謂蠶曲爲

⿱竹竮俜說文俠也⿱雨甹⿱雨甹⿱雨甹雨皃⿰彳甹⿰立甹說文使也或从立姘姦也頩博雅艵頩色也艵說文縹色也

聠耳聞也⿰言甹言也⿱竹甹舟車蓬涄水皃⿰糸甹吳人數絮○缾瓶⿰缶平旁經切說文甖也或从瓦从平

文二十五輧軿說文輕車也或从屏屏所以蔽也⿰齒屏⿰齒并說文帡也杜林以爲竹筥楊雄以爲蒲器或从幷⿰立屏

竮竛竮行不正或省郱說文地名在臨朐洴洴澼漂絮聲蓱苹艸名說文苹也或作萍荓艸名說文馬帚也箳竹名一曰箳篳戶扇鵧鵧鷑鳥名簈簈篁蔽簹䶄說文䶄令鼠一曰鼠子蛢蟲名說文蟜蟦也苹蔽也周禮苹車所用對敵自蔽隱之車鉼漢侯國名駢地名論語駢邑三百帡覆蓋也楊子夏屋之爲帡幪玶玉名○冥暝忙經切說文幽也从日六冖聲日數十十六日而月始虧幽也亦姓或从日文二十三瞑翕目也覭說文小見也引爾雅覭髳弗離顭眉目間也引詩猗嗟顭兮幎覆也熐熐蟗匈奴聚落也絽細絲也嫇說文嬰嫇也一曰嫇嫇小人皃一曰嫇奵面平銘名志也或作名溟說文小雨溟溟也鄍說文晉邑也引春秋傳伐鄍三門蓂蓂莢堯時瑞艸𥻨麊潰米也一曰𥻨泠縣名在交阯或作麊榠榠樝果名⿰豸冥⿰犭冥小豚也或从犬螟說文蟲食穀葉者吏冥冥犯法即生螟禥福也⿰耳冥行而上聽⿱冥方密也○丁个當經切說文夏時萬物皆丁實象形一曰當也又姓古作个文十五釘說文鍊鉼黃金郭璞曰鶴鄰釘一曰鐵鉞矛江東呼爲鈴釘玎說文玉聲也引齊太公子伋謚曰玎公靪說文補履下也⿰阝丁說文丘名疔病創𧿒⿰彳丁跉𧿒獨行或从彳⿱罒丁⿱罒令⿱罒丁小罔叮叮嚀囑辭通作丁虰朾蟲名赤蚍蜉也或作朾灯火也奵女名一曰嫇奵面平○聽湯丁切聆也文二十九廳古者治官處謂之聽事後

語省直曰聽故加广　汀町渟說文平也謂水際平地或从平从亭　訂㓅評議或作㓅　[illegible][illegible]說文緩也或从呈

綎鞓鞓說文系綬也或作鞓鞓　矴庁碑材或省　桯說文牀前几一曰碓梢　筳笭筳竹器　朾地名

在宋　艼艸名說文艼熒朐也　頲狹頭頲皃　町圢說文田踐處曰町或从土　耓耒下木也　[illegible][illegible]罔也　[illegible]腨骨

𩩲髆𩩲長骨皃　筳方言縮筳意也　[illegible]豕皃　珽大圭長尺二寸　耵耵聹耳垢　○庭唐丁切說文宮中也文三十八

廷說文朝中也　[illegible]穴也　亭說文民所安定也亭有樓从高省　停止也　渟水止曰渟　娗婷博雅娗婷容也

一曰女出病或从亭　聤耳病　䁎目眵　梃縣名在膠東國　甹說文定息也　綎綬謂之綎　[illegible]瓶也　霆[illegible]

說文雷餘聲也鈴鈴所以挺出萬物或从鼎　朾橦也　葶葶藶藥艸　莛𡈼說文莖也一曰屋梁或作𡈼　筳說文

維絲筦一曰楚人結艸折竹卜曰筳篿　狿[illegible]狿猱猨屬或从庭　鼮鼠名文如豹漢武帝時得此鼠終軍知之　[illegible][illegible]

魚名䲂也或从廷　蜓蝏蜓蟲名蟪蛄也　[illegible]蠶中息也　梃檽梃長木　楟木名棃也　[illegible]廣雅重也　蝏蝏蠑水蟲

名　訂評議也　𡹃山名在白登　閮門中也　邒亭名　汀水平　定止也　○靈[illegible][illegible][illegible]

霝郎丁切說文靈巫以玉事神一曰善也又姓亦州名或从巫古作[illegible][illegible]霝俗作霊非是文一百六十五　[illegible][illegible]神名或从霝　[illegible]

零⿱霝令⿱雨泠囹說文雨零也引詩霝雨其濛通作零說文餘雨也又姓或作⿱霝令亦从泠古作圝⿱霝龍⿱雷龍⿱零龍⿱令龍

說文龍也古作⿱霝龍⿱零龍⿱令龍⿰霝鬼⿰靈見山神人面獸身或作⿰靈見亦書作⿱霝鬼昤⿰日靈昤曨日光或从靈朎朎朧月光泠說文水出

丹陽宛陵西北入江又姓伶說文弄也益州有建伶縣通作泠亦姓姈女字⿱霝女說文女字也竛彾跉竛竮

行皃或从彳从足呤埤倉呤呤語也詅衒也⿰鬼令鬼名冷吴人謂冰曰冷澤聆說文聽也鈴說文令丁也

玲說文玉聲⿰酉霝醽⿰酉零⿰酉令湘東美酒或不省亦作⿰酉零⿰酉令通作酃酃說文長沙縣亦清河縣齡古者謂年

⿰齒霝齒亦齡也通作秢獜犬聲⿰零阝縣名⿺風令寒風⿰禾靈⿰禾零艸莖踈也或从零拎⿰扌零⿰扌靈懸捻物也或从

零靈令使也囹說文獄名⿰霝頁說文面瘦淺⿰霝頁⿰霝頁也⿸疒令疲病岭山深也或書作岺⿰阝令巔⿰阝令阪名通作軨

⿰金霝⿰缶令說文瓦器也或从令亦書作⿱霝缶瓴⿰靈瓦⿱霝瓦說文⿱雔瓦似瓶或作⿰靈瓦⿱霝瓦⿰木霝⿰木零說文楯間子也或从零通作靈櫺

方言屋梠謂之櫺柃說文木也⿰舟霝⿰舟靈舲⿰舟零舟也一曰舟有窻者或从靈从令从零軨⿰車霝說文車轖閒橫木或

从霝司馬相如說苓⿱艹領艸名說文卷耳也一曰茯苓藥艸或从領蘦艸名說文大苦也⿱艹零艸蘦落也通作苓笭

⿱竹軨說文車笭一曰笭⿱霝瓦也或从軨⿱竹聆⿱竹靈竹名一曰竹器或从靈⿸鹿霝⿸鹿零⿰羊靈⿰羊霝羚說文大羊而細角或从零

亦作麢𦍼羚駖駖軨車騎聲毴毛結不理通作泠𪕋博雅𪕋鼥鼠屬狑𤢳𤣊良犬也秦有狑或作𤢳𤣊鴒

𪈆鶂鴒鳥名或从靈通作令𩁴䨩鳥名鷚小者𩁴或从隹翎說文羽也魿說文蟲連行紆行者一曰魚名𧖅說文螟𧖅

桑蟲也通作蛉蛉蟲名說文蜻蛉也一曰桑根紷綼絮一曰絲細湅爲紷布細湅爲繐𪉖鹽也𧇖獸名似虎而小出南海

怜𢤱心了也或从靈瓴小瓜出南海𤛱𤘘牛名或作𤘘𨙦撞也𠠾𠜂刢刀剖物或作𠜂刢䬆

方言餌謂之䬆𩞊食飽也𠴲耳聲砱𥗢𥓂石也或从靈从零𢋁𧯡巖穴或从谷坽峻岸𤓵爧

火光也或从零𧆑蘦艸名旱荷也一曰蔬似葵或省𧕋蟲名丹良也䕘絮也秢禾始熟曰秢閝䦘門上

窻謂之閝或从霝罖罜罖罔也獜犬健𢈢屋宇通皃𣀐擊也澪水名𠱠衆聲也从三口𨏩𨏩軨零軨殿名𩪸䯍

𩪸骳骨皃或省𧽃犬走逐皃涔水名楚辭望涔陽兮極浦𤅷灵水曲或从靈鬡髮髮踈也或从令𤾗𤽲

皊白色或从霝从零从令𥇀𥉎目光或从零𧞤𧛍衿衣光也或从零从令𧲈𧰙猪𧲈藥名或从令

𪛊黃𪛊龜名䉖艸名蔓生𥨍穴也𩇔天𩇔人頂骨可爲藥𤖫𤖅牀牀笭或从零从令𨽍隟鏬也

𧮭䨩音也或省𥽴粦米餌或从零○寧囊丁切說文願詞也又州名文十六寍說文安也从宀心在皿上

皿人之飲食器所以安人通作寧聲告也聽耵聹耳垢也一曰耳聒郣郱鄉名在馮翊谷口或作郱鸋雡
鳥名爾雅鴽子鶵或从隹嚀叮嚀囑辭通作寧⿱寧䖵⿰虫寧說文蟲也一曰螻蛙或作⿰虫寧儜諂也莊子儜人之心郭象讀
⿱寧天昊天謂之⿱寧天濘汀濘小水嬣女字⿱寧廾顚也○經絰坙堅靈切說文織也一曰常也又國名亦姓古作
經巠文十二巠說文水脈也一曰水冥巠也涇說文水出安定涇陽幵頭山東南入渭雝州之川也鵛雞鳥名爾雅輿鵛鶏或从隹
徑行過也剄說文刑也桱說文桱桯也東方謂之簜⿱艹經藤類江淮人經絲用之⿰巠阝鄉名在密縣○馨醢經切說文香
之遠聞者文六⿰身只說文聲也蛵蟲名爾雅虰蛵負勞即蜻蛉也虖虖池水名洞滄也⿱罒丂定息○形乎經切說文象形也文二
十七㓝型說文罰罪也从井刀引易井法也古作型通作刑刑說文剄也硎砥石型說文鑄器之法也一說以土爲法曰型以
金爲法曰範以木爲法曰模鋞說文溫器也圜而直上鉶⿰金形說文器也即禮盛和羹美器或从形通作鈃鈃瓶⿰巠瓦鈃說文
似鍾而頸長一曰酒器或作瓶⿰巠瓦鈃陘說文山絕坎也亦姓⿰巠阝鄉名在高密邢說文周公子所封地近河內懷蛵蟲名說文丁蛵
負勞也娙⿰女刑好也或从刑桯方言榻前几江沔之間曰桯⿱𤇾瓜小瓜⿰山巠說文谷也⿰山刑山名⿰骨巠骨也坙地名在趙
通作陘緈直也侀成也○熒玄扃切說文屋下燈燭之光文十八螢⿰虫熒火蟲或从熒褮爾雅祴謂之褮一曰鬼衣

藑艸名熒說文絕小水營說文惑也𤬪說文小瓜也嵤巆嶺嵤山深皃或从營嫈好也一曰態也鎣
博雅磨也一曰器也⿰貝冋貨也泂泂澤地名通作熒謍小聲瀠回波曰濴濴濎濴小水皃營辯解也莊子口將營
之。扃扄冋涓熒切說文外閉之關也一曰鼏扃古作扄或作冋文十七冂同坰說文邑外謂之郊郊外謂之野野外
謂之林林外謂之冋象遠界也古从口象國邑或从土駉說文牧馬苑也引詩在駉之野駫說文馬盛肥引詩四牡駫駫⿰鼠冋博雅⿰鼠冋鼠
絅說文急引也瀅水名在襄陽熲光也鉉舉鼎也顈禪也泂大洞地名一曰水皃耿明白也楚辭吾所陳之耿
著⿰木扃木名。娙五刑切廣雅好也文一。菁子丁切韭華也一曰茅有毛刺曰菁茅文二青青青茂盛也通作菁。嫈
於丁切博雅好也文四啨啨吟小語鯖魚名青色有枕骨鎣器名。瀅烏熒切水皃文四謍小聲䁝
深目皃嫈好也。坰欽熒切林野之外地文五⿰石冋石聲絅急引也冂遠也洞大洞地名。更古青切歷
也文一。⿸尸⿰彳妥子坰切不借之粗者曰⿸尸⿰彳妥文一。桯餘經切博雅桯肜俎几也文一。⿱殸巠苦丁切不可近也文三⿱穴巠空也
漀側器傾酒漿也。嫈火營切女人潔清皃文一
十六。蒸烝諸仍切說文折麻中幹也或省文十二烝說文火氣上行也一曰君也進也衆也淫上也⿰言烝諸仍語煩脀

脀以牲實鼎或作脀　蒸博雅蒸謂之蒀　篜竹炬一曰竹名皮有文　𢿦擊也　承丞承陽縣名在長沙或作丞

拼取也拔也　○承丞丞承辰陵切說文奉也受也又姓或作丞丞承文十四　丞丞說文翊也从廾从卩

从山山高奉承之義隸省　脀說文騃也　𨊧𢉖說文軺車後登也或从广　𣴆博雅潛氶沒也　郕成地名或省　儆

理也　拼上舉也　○繩神陵切說文索也文二十一　譝譽也通作繩　憴爾雅憴憴戒也　乘椉兖說文覆也

从入桀桀黠也軍法曰乘一曰四矢曰乘亦姓或作椉兖　䡕輮車一乘也或作輮　騬騬說文犗馬也或从椉　澠水名　溗

𣿇淩溗疊波一曰水不流也一曰水名或从椉　塍䐪畻堘塖說文稻中畦也或作䐪畻堘塖　鱦江東謂魚子未成者曰鱦

嵊亭名在吳　䐇姙也　○升書蒸切說文十籥也一曰布以八十縷為升一曰進也成也文十二　昇陞日之升也又州名或

作陞　陞阩𨀭登也或省亦从足通作升　勝𡕝說文任也从舟亦姓古作𡕝　拼撜上舉也或从登　𪎭麻屬　𨊧

登車也　○稱蚩承切說文銓也从禾爯聲春分而禾生日夏至晷景可度禾有秒秒分而秒定律數十二秒而當一分十分而寸其以為重

十二粟為一分十二分為銖故諸程品皆从禾又姓俗作秤非是文七　爯說文并舉也　偁說文揚也　蘔巨蘔藥艸　秤平耒也

𢙢𢙢𢣬愚皃　㛵女字　○仍如蒸切說文因也文十九　扔𢪙戎說文因也一曰引也或作𢪙亦省　𧥄𧦝說文厚也

或从仍礽揺也通作仍陾說文築牆聲引詩捄之陾陾芿艿說文艸也一曰陳艸相因芿或作艿杤說文木也珥

割牲以釁也周禮珥于社稷耳昆孫之子爲耳孫通作仍鹵鹵說文驚聲也古作鹵通作迈迈及也往也阞地名⿱乃王

玉器秎禾名○仌冰悲陵切說文凍也象水凝之形或从水亦書作冫文六弸弓彊兒掤說文所以覆矢也引詩抑釋掤

忌通作冰淜無舟渡也輣車輣○淜披冰切淜滂水聲文七砯砰水激山也或作砰⿰月冰腹脹兒馮盛也春秋傳震電馮

怒徐邈說𣽹馮𣽹瀷水兒堋削牆土隤聲○凭皮冰切說文依几也引周書凭玉几或書作凴文八憑倗依也厚也滿也或作

倗通作馮𣽹馮𣽹瀷水兒淜說文無舟渡河也通作馮⿱艹憑⿱艹馮艸木盛馮說文馬行疾也一曰乗也凴據也○繒

繒慈陵切說文帛也籀从宰省揚雄以爲漢律祠宗廟丹書告文十六鄫說文姒姓國在東海罾置魚筍中炙或書作熷

驓蹭爾雅馬四骹皆白驓或从足騬搚馬橧豶爾雅豕所寑橧或从豕竲高兒䙢汗襦嶒峻嶒山兒

甑炊器噌泓噌空罍意⿰牜曾牛名僧僧倰不寧也○徵敳敳壬知陵切說文从微省壬爲徵行

於徵而聞達者即徵之一曰成也明也亦姓古作敳文七𨞑古國名癥足瘡一曰腹病⿰方丁旌旗杠○僜丑升切僜倰

僜病行兒文六庱亭名在吳興棱吳人謂酢柚爲棱睖睖瞪直視兒⿰虫夌蛉屬紿絲勞也○澂瀓

澄持陵切說文清也或作澂亦从登文十一懲說文忞也通作徵瞪直視憕說文平也謂心平承漢縣名在東海一曰楚言春秋傳蔡昭侯將如吳諸大夫恐其又遷也承橙橘屬徵縣名在同州紿絲勞也縢美目皃。夌閭承切說文越也从夊从𡴆𡴆高也一曰夌徲文三十四陵𨻰說文大阜古作𨻰凌說文水在臨淮又姓朕凌說文仌出也引詩納于朕陰或从夌倰𠠲𠡍侵尚也或从力亦作𠡍㥄憐也怖也𡋯說文去也掕止馬也裬馬腹帶輘車轢也䈊竹名餕騃馬食粟曰餕或从馬糉稜烏糉稻名或从禾婈婈娩鬼出也一曰病皃祾博雅祭也綾說文東齊謂布帛之細者曰綾一曰福也崚崚嶒山皃或書作夌菱蔆菱蔆說文芰也楚謂之芰秦謂之薢茩或从遴司馬相如說或作蔆睖睖瞪直視鯪鯪鯉魚名一曰獸名一曰石鯪藥名庱亭名在吳碐石皃倰姓也棱柧也婈女名。蠅䗀余陵切說文營營青蠅蟲之大腹者或从女文三僜理也。膺𩩖於陵切說文𦚢也或从骨文十一應說文當也亦姓䧹鷹說文鳥也从隹瘖省聲徐鍇曰鷹隨人指蹤故从人或作鷹𥌭䁝𥌭睖定視或作䁝𧖅蟲名寒蜩也譍𧫸荅言也或作𧫸雁闕人名漢有雁疪。冰凝仌魚陵切說文水堅也一曰成从凝古从仌文四𦟭肥也。興虛陵切說文起也从舁从同同力也又州名文四嬹悅也一曰女名鄓地名蕻蕻藥菜名一曰芸薹。砽石

欺矜切硱磳石皃文一○磳七冰切硱磳石皃文一○兢兢居陵切說文競也从二兄二兄競意一曰敬也古作兢文十一矜說文矛柄也一
曰憼也莊也齡爾雅滷齡鹹苦也䶖博雅䶖衍大也兢䕘兢鬼出狑獸名歺𣦼骨朽之餘或作𣦼亦書作歺伶大也
愼也通作矜稞寡也通作矜○儚亡冰切爾雅儚儚惛也文一○鬙即凌切爾雅鬙謂之鸞文一○熊矣姚切獸名文一
○耺笱冰切耺耺聲也文一○䋲息凌切䋲繒也文一○兢巨興切兢兢欲死皃文四兢兢兢堅彊皃䓯菳艸名根可
緣器或从金○兢色矜切兢兢欲死皃文二𣚍艸木盛皃
十七○登𤼷蹬僜都騰切說文上車也从癶豆象登車形籒从𠬞或从足从人登一曰姓也亦州名文二十四鐙燈
說文錠也徐鍇曰錠中置燭故謂之鐙或从火璒說文石之似玉者𡖒登㽅說文禮器也从廾持肉在豆上或作登㽅通作鐙
㲪毾㲪罽也簦說文笠蓋也鬙鬙鬄毛不理皃䔲金䔲艸名竳竳竳立皃𪆮鳥名鵂𪆮也澄小水相益䭃
祭食謂之䭃鼟鼓聲𤸯病也嬁美女皃覴久視也墱墱墱築墻皃通作登磴益石也○鼟鼟
他登切鼓聲也或作鼟文九膯吳人謂飽曰膯澄小水相益磴益石也𨍏伸之長也驓馬傷穀病鼟倰鼟長也
𨺗益也○騰徒登切說文傳也一曰騰犗馬也俗作驣非是文二十五䠮踜䠮行皃滕說文水超涌也又國名亦姓或書作滕謄

說文迻書也謄美目也一曰大視憏懵憏迷亂儯僜倰儯長也或作僜𤺥𤻲痛病或从滕縢𦅜繼說文緘也或作縢縢幐說文囊也藤蔙藤艸名胡麻也一曰藟也𧇊虪說文黑虎也或省螣𧕌說文神蛇也一曰蝗也或作螣鰧鰧魚名山海經來需之水多鰧魚其狀如鱖或作鰧黱黑皃籐竹器𥇶瞢瞪瞢目暗鼟鼓聲○棱

楞盧登切說文柧也或作楞俗作稜非是文十五輘輘輷車聲倰博雅長也䬋䬋䬞大風祾博雅祭也踜蹶也一曰踜𨇖行皃䯖骨高皃崚崚嶒山皃䔖菠薐菜名掕博雅止也㥄方言㥄憮哀也䬈馬食穀病碐石皃䈊竹名

○能䏻耐奴登切說文熊屬足似鹿能獸堅中故稱賢能而彊壯稱賢傑也或作䏻耐文六𣶗水名𩬖鬙𩬖毛不整

而安也易宜建侯而不寧鄭氏讀○崩𨻐𨽦悲朋切說文山壞也古从𨸏或作𨻐亦書作崩文八傰阿黨也𤶑女病血不止

𣃔斸也𠟡斫也鵬鳥名○淜披朋切水激有聲也文三堋振也弸弸彋弓聲○䎱朋蒲登切輩也說文爲古鳳字鳳飛羣鳥從以萬數故以爲朋黨字隸作朋文十鵬鳥也莊子北溟之鯤化而爲鵬說文亦以爲古鳳字隸从朋倗

說文輔也鬅鬅鬙鬉亂堋射埒棚博雅閣也輣兵車也䠬走也傰姓也前漢有南山盜傰宗○瞢矒彌登切目不明也或作矒文十九夢爾雅夢夢夢亂也儚懵𠐓𩕢爾雅儚儚惛也或作懜懵儚𩕢甿野民萌蕄爾雅

上

朱琮

萌萌在也或作蕄俗作蕄非是蘉勉也鮴鰽魚名說文鮔鮴也或从曹艷艷艷神亂也蔓博雅蕆也鄫邑名在曹

媒媒媒瞴皃瞢瞢瞢目無光○僧思登切浮屠道人文三鬙鬅鬙髮長⿰曾色艷艷神亂○增咨騰切說文益

也文十九譄說文加也曾則也又姓憎說文惡也罾說文魚网也矰⿰曾戈說文隿䠶矢也或从弋⿱曾貝

說文置魚笱中炙也或書作熷䎖博雅䎖翥飛也一曰舉也潧水名橧竲聚薪以居也夏則居橧巢或作竲磳硱磳

石皃⿱艹曾艸名博雅菎⿱艹曾也繒帛也噌泈噌空罾囂意璔玉皃嬞女字層重屋○層徂稜切說文重

屋也通作曾文十四繒帛也⿰礻曾楚人謂禱曰⿰礻曾曾說文詞之舒也䁬瞢䁬目不明䁬瞢䁬目不明嶒崚嶒山皃驓爾雅馬四骹皆

白者橧⿰豕曾博雅圈也或从豕竲窮高謂之竲䉕簦䉕笠也譄加言⿰月曾肥也○搄揯居曾切說文引

急也或省文七緪絙說文大索也一曰急也或省⿰亘刂剖也䱍魚名說文鮴也恒弦也詩如月之恒沈重讀通作緪○恒亙

𠄨胡登切國諱說文常也从心从舟在二之間上下心以舟施常也引詩如月之恒一曰山名古作亙𠄨文七峘爾雅小山岌大山峘佷

佷山縣名在武陵姮女字桓桓山藥艸○薨呼弘切說文公侯⿰歹卒也一曰壞聲文八⿰亻薨⿰薨頁說文惛也或从頁⿺風薨

⿺風厷大風也或从厷⿰氵薨水聲⿱薨羽翃博雅⿱薨羽⿱薨羽飛也或作翃通作⿱薨羽○厷厶肱姑弘切說文臂上也古作厶徐鍇曰象人曲肱

而寫之乃得其實不爾即多相亂或作肱文五軯鞃車軾中靶或从革○鬙七曾切毛張皃文二竑度廣也○弘胡肱切說文弓聲也一曰大也文四鞃車軾中靶苰苰藤艸名胡麻也閎門也○鞃䩑軯䡏苦弘切說文車軾也引詩鞹鞃淺幭或作䩑軯䡏文六苰苰藤艸名宖室響○泓乙肱切下深皃文一○鞥一憎切馬轡也文一○奟𠠲肯登切倰奟彊大皃或从力文二

十八○尤𢗷于求切說文異也徐鍇曰乙欲出而見閡見閡則顯其尤異也一曰甚也過也又姓古作𢗷文二十𣏓木名腄䐶縣名在東萊或作腄肬疣黕說文贅也或作疣黕怣不動也沋說文水名郵卸說文境上行書舍从邑垂垂邊也一曰事之過者爲郵亦姓一曰田閒舍或作卸訧說文罪也引周書報以庶訧通作尤蚘蚩蚘古諸侯號通作尤𦾾芜艸名或作芜駀馬名𧱓豕名𡛜女字𨑛經過也○休庥茠虛尤切說文息止也从人依木或从广从艸文二十三咻煦痛念聲或作煦通作休𦙶脙胳腹脊閒謂之𦙶或作脙胳髤𩭟髹說文桼也一曰赤多黑少之色或从休亦省貅貅㹯摯獸名或省亦从犬䮌說文馬名鵂舊鳥名博雅怪鵂也或作舊𤶊𤶊息下病㳜水皃烋美也和也善也通作休㑑廢也𡜊女字烌吳俗謂灰爲烌○𠀉𠀌丘㘳祛尤切說文土之高也非人所爲也从北从一一地也人居在丘南故从北中邦之居在崐崘東南一曰四方高中央下爲丘一曰空也又姓古作𠀌或作㘳亦書作坵文十八區域也邱𨛝說文地名

或作坵訄博雅迫也蓲說文艸也蚯蚯蚓蟲名龜龜茲西域國名恘惆戾也或作惆也𣪘揉屈也驅疾馳
也⿰口丘聲也⿰氵丘水也⿰女丘女字。惆尼猷切戾也文五𣪘揉屈也惄愁也⿰口柔⿰口柔呢小兒聲疛小痛
。鳩居尤切鳥名說文鶻鵃也文二十一勼九⿰忄咎救說文聚也或作九⿰忄咎古作救通作鳩艽穋藥艸或作穋
捄盛土虆中丩相糾繚也忇絕力也芁艸相糾疛疛瘤肉起一曰腹中急璆玉名摎說文縛殺也
⿰牛丩大牡謂之⿰牛丩⿰車丩車長軫也剹剹流回轉皃⿱竹勼竹名朻樛曲木或作樛。求渠尤切索也亦姓文六十
六⿱宀求搜室也裘說文皮衣也一曰象形與裘同意亦姓俅⿰求頁說文冠飾皃引詩弁服俅俅或从頁絿⿰糹九說文
急也引詩不競不絿或从九扏扏扏緩持也一曰不固仇⿰求九說文讎也一曰仇匹也亦姓或作⿰求九通作逑⿱咎心⿰忄求怨也
或作⿰忄求亦書作⿰忄咎叴說文高气也臨淮有叴猶縣一曰三隅矛或書作⿰口九訄說文迫也一曰安也謀也或書作⿰言九逑說文聚斂也引虞書
旁逑孱功⿺走勼⿺走⿹勹求足不伸也或作⿺走⿹勹求⿰足求蹋也毬⿰求皮丸蹴或从皮脙⿰月咎說文齊人謂臞脙也或从咎捄長皃詩有
捄棘匕觩觓⿰牛求角皃或作觓⿰牛求肍說文孰肉醬也頄⿰求頁面顴也或作⿰求頁鼽⿰鼻求說文病寒鼻窒也或
作⿰鼻求⿰女求爾雅終也⿰金丩⿰金丩⿰金仇弩機謂之⿰金丩或从丩从仇銶鑿屬通作⿰金丩球璆說文玉磬也一曰美玉或从翏賕

說文以財物枉法相謝也一曰戴質也𨛫說文地名一曰鄉名在陳留𧮫𧮫𧮫亭名在上黨𣏢亭名在新市一曰荆也馗鳩

爾雅中馗菌也或作鳩艽說文遠荒也引詩至于艽野一曰獸蓐芁芁蕢艸名莍說文茮椒實裹如表者梂說文櫟實也一

曰鑿首朹木名爾雅朹檕梅𡷐山名浗水名犰犰狳獸名鳥喙鵵目蛇尾𧖨蛷說文多足蟲也或从虫𥬇小籠

㝌深也𤖻廣雅𤗇𤖻梂也𧺢違也𧨣止也𢈻偏厦𢧀矛飾颫小風𥁕姓也㛏女字氿水厓也捄盛土

蔈中○牛魚尤切說文大牲也牛件也件事理也又姓文三芉艸名一曰芉膝藥艸汼水名○𢝊懮於求切說文愁也或

作懮通作憂文二十五優說文饒也一曰倡也又姓憂𢔈說文和之行也引詩布政憂憂或从彳瀀說文澤多也引詩既瀀既渥

麀𪋞爾雅牝麀也或从幽櫌耰說文摩田器引論語櫌而不輟或从耒鄾說文鄧國地也引春秋傳鄧南鄙鄾人攻之怮怮怮

憂也一曰舍怒嚘說文語未定皃通作𣤶獿犬名蘷菜名纋笄中央狹曰纋妋皐目閒有恨也一曰貪皃燠奧

燠休痛念聲或作奧蚴蚴蚴龍皃呦鹿鳴𢆶微也𣤶欭𣤶嘅也一曰气逆老子終日號而不𣤶𢋨地名鷗鳥名水鷄也山海經

玄股國人衣魚食鷗○由夷周切因也用也又姓文八十六𢎘柚說文木生條也从弓由聲引商書若顛木之有𢎘枿古文言由枿徐鍇曰說文

無由字今書只作由枿蓋古文省弓而後人因之从弓上象枝條華函之形或作柚䛻徒歌一曰從也或書作𠐊䍃說文瓦器也冘冘豫不定通作

猶抌舀眈揄抒臼也或作舀眈揄歈擨歈舉手相弄蓾䕗說文艸也或从茵卣卥說文氣行皃古作卥揂

掩也卣偤中尊也或作偤䚻深視苬瑞艸爾雅苬芝謝嶠讀䚻說文下視深也鋚瑬王名山海經平丘有遺玉或从

卣游斿旟汓說文旌旗之旒也或省亦作旟古作汓遊𨑒遊行也或从子从斿通作游䢋說文行䢋徑也䌛爾雅

迪䌛道也一曰喜也猶𧳜獸名說文玃屬一曰隴西謂犬子爲猶一曰似麂居山中聞人聲豫登木無人乃下世謂不決曰猶豫或从豸一曰猶若

也可止之辭也猷道也謀也通作猶悠說文𢙢也一曰遠也攸汥攸泅說文行水也徐鍇曰攴入水所杖也又姓秦刻石嶧

山文作汥或作攸古作泅逌所也通作攸滺浟流皃詩淇水滺滺或作浟通作悠油說文水出武陵孱陵西東南入江一曰膏

也一曰油油和謹皃柚柚梧竹名一曰橙屬秞禾盛曰秞一曰物初生皃蕕𦾅說文水邊艸也一曰臭艸或作𦾅莤水艸

名爾雅莤蔓于蘨艸盛櫾說文崑崙山河隅之長木也楢說文柔木也工官以爲㮕輪槱禉燎柴也或作禉輶說文

輕車也引詩輶車鑾鑣㾈博雅病也偤侍也𡈞囮捕鳥媒也或作囮廇𢊁簷梠謂之廇一曰久屋朽木也或从卣邮

𨛭亭名在馮翊高陵縣或作𨛭鮋鯈小魚或从攸䳑䳑夷鳥名蝣蜏蟲名爾雅蜉蝣渠略也或从㐬颵颵飀風聲蚰

蚰蜒蟲名璆美玉蝓螔蝓蠃也翛疾皃莊子翛而往李邈讀儵白魚也𥬲爾雅屋上薄謂之𥬲岫爾雅山有穴爲岫

俞然也猇縣名在齊南嶶山海經硜山有獸狀如馬而羊目四角名曰嶶嶶婑女字蕕艸名艞舟行也溲
治帛也蝤蝤蛑水蟲怞憂皃翛翛翛鳥飛皃○𢓭彌攸切足腫也文一○輈張流切說文轅也𨏭籀从戟文二十二
𧺆𧺆𧽪行不進也𥈱𥈱脹目動皃咮鳥喙啁啁噍鷰雀聲怞憂也調朝也詩惄如調飢譸嚋
𠷎說文訓也引周書無或譸張為幻或作嚋古作𠷎盩說文引擊也扶風有盩厔縣一說山曲曰盩水曲曰厔俗作盩非是𦨢射鳥矢或
書作𦨖侜說文有廱蔽也引詩誰侜予美跦跦行皃春秋傳鸜鵒跦跦倜侏菲也太亟物咸鵃鳥名說文鶻鵃
也䑷䑷騪馬名詶多言也煪燥也璆美玉○𢹸抽𢭏丑鳩切說文引也或从由从秀文二十紬引絲緒也妯
動也悼也婤女字䐓䀊說文眣也或从丩瞜儆眣失意視也古作儆眣惆說文失意也𠑷足病瘳說文
疾瘉也廖闕人名春秋周有瑕廖揄垂手行也鯈山海經彭水多鯈魚其狀如雞三尾六足四首𧩤𧩤譠不決倏犬走
篸竹相合也○儔𡔥𠑷陳留切說文翳也一曰侶也或从朋古作𠑷文六十三怞懤朗也憂也或从壽𦞠脯也躊
𨇣廣雅躊躇猶豫也或从𠷎𢅆幬𢄍說文禪帳也或作幬𢄍通作裯裯禪被也紬說文大絲繒也綢繆說文繆也
或作繆袖𧛽祝也或从留妯動也𤳤𠷎疇說文耕治之田也从田象耕屈之形或省亦作疇𠷎疇嚋

施章

譸說文詞也引虞書帝曰𠷎咨或作疇嚋譸　𠷎說文誰也通作嚋𠷎　稠說文多也　薵䕻艸名博雅薵藸蒠也或从𠷎　菗蒥艸名博雅菗蓨地榆也或从㨨　籌說文壺矢也　𥳓𥳓說文𥳓箸或作𥳓通作籌　檮剛木也或書作㯻

椆木名寒而不凋　聚姓也　鬄鬝說文髮多也或从周　燾溥覆照也或書作燽　飅颾風也或从𠷎　𪆟𪆟𠷎南方雉名或从𠷎亦作𠷎　鯈說文魚名一曰魚子或書作鮋　鮋魚名　鰝魚之大者　𨚨蜀江原地　㨨抽引也或作抽　盩諸盩周先公名

敦覆也禮毋敦一几劉昌宗說　婤女字春秋傳衞襄公嬖人婤姶　趎闕人名莊子有南榮趎　擣聚也史記上有擣蓍　𧮢谷名　嬦女字　䊭厚鬻　𣫂棄也　𣪠縣擊物　濤潮也　𤸫心悸　酬報也易是故可與酬酢徐邈讀　儵闕人名春秋傳有伯儵

○留力求切說文止也又地名亦姓文八十七　遛豆遛不進通作留　鎦劉說文殺也或作劉劉又姓亦邑名　𨶒說文經繆殺也　摎𢺃束也捋也亦姓或从劉　勠𦑹并力也古作𦑹　憀賴也且也　懰𢞑懰慓憂皃一曰怨也或从留　瘤𦟫說文腫也或从肉

鏐鉚說文弩眉也一曰黃金之美者或从丣　翏翏翏飛皃　瑬說文垂玉也冕飾通作旒　旒斿游統㐬旌旗之旒廣雅天子十二旒至地諸侯九旒至軫大夫七旒至轂士五斿至肩或作斿游統㐬　瑠琉瑠琉珠也或作琉　珋說文石之有光璧珋也出西胡中

𪌃梟也　𧯱博雅豌豆𧯱豆也　裗袿衣之飾　餾飯饋熟爲餾　𤳇說文燒穜也漢律曰𤳇田茠艸　𥻆博雅粰𥻆饊也

硫磂硫黃藥石或作磂通作流䉧𥴦竹名或作𥴦嵧嶇嵧山皃榴石榴果名橊扶橊藤緣木而生其味辛可食

嬼美也䉧𥶍說文竹聲也或作䉧藰艸名藰弋也或作劉𦻃香艸一曰𦻃萸藥艸㳅流汓說文水行也或

作流瀏漻水清皃或从翏飂飀𩙫說文高風也或从留从劉通作翏膢立秋祭名通作劉鷚鳥名爾雅鷚天鸙大如鷃色似

鶉騮駵說文赤馬黑毛尾也或作駵𪕋𪖆說文竹鼠也如犬或从留鶹說文鳥少美長醜為鶹離鹠水鳥𪇘鳥名博雅

𪇘鵃飛鸓綹綺屬鰤鰡魚名或从留蓅菜名蛶蝣蜉蝣蟲名朝生暮死𠗽𠗽翏手足凍皃𥞤禾名一曰禾盛皃蚽

蟲名似蟹而小十二足蟉蟲名說文蛐蟉也溜水名出鬱林觩觮觩角皃蔞萬蔞所以正車輪者聊木名爾雅朻者聊

犂犂然栗然也廫闕人名春秋傳有瑕廫鷚鷚卵鷚也鎏美金謂之鎏橊木名懰定意𤟹執𤟹狗名言善執留

禽獸罶捕鳥獸具昴星名詩維參與昴熮火皃繆枲十絜也媹女字。脩思留切說文脯也一曰長也又姓文二十一修

說文飾也古省或通作脩羞䐹饈𦠄說文進獻也一曰致滋味為羞或从肉从食亦作𦠄羞一曰恥也𩜚𩟗廣雅饋謂之𩜚或从

修糔滫說文久泔也一曰溲也或作滫鎀博雅鎀鉏鋌也樇木名𥟃𥢶禾名或不省𨏭𨏭輆載麥三箱車河南穫麥用之或說載喪

車非是蓨說也鱐魚腊嫍女名䬄風也𣯫毸𣯫羽悴皃。秋𪛁龝雌由切說文禾穀孰也籀作秌一曰秋秋馬騰驤

也所謂秋駕以善馭不𨘢逸也又姓古作龝𪚼𪛁文三十六緧𦅎𦃈鞧鞦說文馬紂也或从秋从叟亦作鞧鞦趥𨄅說文行皃或从

足篍吹筩楸橚木名說文梓也或作橚通作萩萩艸名說文蕭也鶖鶖鳥名說文禿鶖也或从秋𥤛雞雛湫集也

春秋傳𨻁閼秋底徐邈說一曰沱水鰌鰍魚名說文鰼也或从秋鱃魚名博雅鱃鰗鱮也山海經蒼體之水多鱃魚狀如鱧犬首食之不

疣觩妝緻具𪓰鼀𪔁䵸𪓰鼀蟲名詹諸也或作𪔁䵸𦞦𦡅股脛間或从酋𧓘𧒂䖻蟲名爾雅次𧓘䖻蠿

或从秋亦作𧒒酋長也愀色變取取慮縣名在臨淮楢木名山海經崌山多楢杻中車材媝女字遒白也○揫將由切說

文束也引詩百祿是揫一曰聚也或書作揫文三十揂愁說文聚也或作愁醔酒官遒逎縣名在涿郡或作逎𦅾束枲也

𩏧𩐐說文收束也或从要通作揫䰯鬏接髮也噍燕雀聲禮啁噍之頃通作啾𦖇𦗏耳鳴或作𦗏啾說文小兒

聲也或書作啾𥤛方言鷄雛徐魯之間謂之𥤛子猶犬名湫水名在周地一曰安定朝那有湫泉或書作湬楢柔木一曰木堅中車材

蝤蝤蛑大蟹一曰蟲名木蝎也鮂鳥化爲魚者頸有骨毛𥠶禾生皃酋終也莤酒滓也鄭司農曰稻醴清莤焦

鐎釜屬或从金𢜓慮也蟭蟲名蟳蟭螵蛸也𥨳𥨳穾穴中鼠聲煪火皃趥徒行○囚徐由切說文繫也文二十慒

𢗧爾雅慮也或作𢗧傮𣩵終也或从歺泅汓游湭說文浮行水上也古或以汓爲没或作泅游湭鮂魚名烏賊也

⿰阝酋 沓⿰阝酋縣名在臨淮 茜 爾雅茜芝瑞艸也一歲三華 ⿺辶酋 逡⿺辶酋縣名在淮南 鰌鰽 魚名似鯿而大鱗肥美多鯁或作鰽

酋 方言久熟曰酋 ⿰歹因 殘也 ⿱艹洒 滓也 ⿱艹⿰氵囟 艸名生水田子可食 逎 拘留也 ○酋醔 字秋切說文繹酒也禮有大酋掌酒官也或作醔文三十一

湭 ⿱艹湭 博雅湭酒液也一曰水名在雍州或作⿱艹湭 㥢 ⿰忄猷 博雅㥢鉗惡也一曰傲也或从猷 ⿺辶酉 逎 說文迫也或从酋

⿰耳秋 耳鳴謂之⿰耳秋 ⿰角酋 說文雉射收繳具 ⿰山酋 ⿰山酋崪山皃 緧 馬紂 愀 變色皃 ⿰火酋 燥也或書作⿱酋灬

⿰示酋 祭天燎柴 鰌 魚名 蝤螬 蟲名說文蝤齏也或从曹 揫 ⿰韋焦 爾雅聚也一曰細也或作⿰韋焦 ⿰豸酋 良犬也 ⿰柔焦 束枲也

⿱髟酋 鬆接鬏也 楢 木名 傮 ⿰歺曹 終也或作⿰歺曹 ⿰氵愁 腹中有水氣 鰌鰽 魚名或从曹 啾 小聲 揂 捊聚也

○收 ⿰扌丩 尸周切說文捕也一曰夏冠名古作⿰扌丩文六 ⿰亻攸 縣名在長沙 ⿰目攸 ⿰目黎⿰目攸斂容視皃 ⿱攸牛 牛名 莜 艸名荊葵也紫色

○犨 犫 蚩周切說文牛息聲一曰牛名又姓亦地名或不省文四 趎 闕人名莊子有南榮趎 ⿰牛壽 畜無子謂之⿰牛壽

○周 之由切說文密也又地名亦姓古作周文二十八 ⿹勹周 說文帀徧也通作周俗作週非是 賙 振贍也 州 ⿵几乂 ⿰㐬刂 說文水中可居曰州周遶其旁从重川昔堯遭洪水民居水中高土故曰九州引詩在河之州一曰州疇也各疇其土而生之古作⿵几乂⿰㐬刂又姓 洲 渚也說文通作州

舟 說文船也古者共鼓貨狄刳木爲舟剡木爲楫以濟不通 輈 說文重也一曰低也 粡 粘粡粉餌 婤 說文女字也春秋傳嬖人

王京

娟始喌㖨喌喌呼雞聲或省郮國名黃帝後所封鵃魚名山海經英鞮之山浣水出焉是多鵃魚琱玉也翢弱羽

碉石也淍水名一曰水匝徟徟徸行皃椆說文木也烐火行𦬹艸名葤艸名似葵五色𣪕禦也脽尻也

洀水文也○讎𠷎𠷎㤘時流切說文猶譍也一曰仇也古作𠷎𠷎㤘文二十四𨡪醻酬說文主人進客也或从壽

从州詶𠷎說文譸也或作𠷎𣪊𣫍說文縣物𣪊擊或从壽𢿵𣀓𩴾說文棄也周書以爲討又引詩無我𣀓兮或从壽亦

作𩴾𨟗說文蜀江原地𡕢耕田器名䱔魚名𣓌地名𠷎雉名雔說文雙鳥也𣏾木名𠷎詞也𤱩

𠃬耕治之田象形或省○柔而由切說文木曲直也一曰安也文三十四媃女名揉以手挻也鍒鑐說文鐵之耎也或作

鑐瓇瑈說文玉也或从柔蹂踐也詩或籔或蹂腬說文嘉善肉也一曰盛也脜𩑶說文面和也或从頁鞣

𦍩說文耎也謂柔革或从羊𤱩說文和田也一曰鄭地名葇薷香葇菜名或作薷騥爾雅馬青驪繁鬣曰騥

鶔鳥名爾雅鸛鶔鷗鶔射之銜矢射人鬏馬繁鬣一曰黃鬏蝚蟲名說文蛭蝚至掌也𨞾𨛫鄉名或作𨛫輮車輞

也𦑝翿柔忍也或作翿猱夒玃猱獮猴類或作夒通作蝚僥僬僥國名渘水名𩀨鳥名亦姓𡏸丘名前高

後下糅食也鰇魚名𢚓心安也○摉搜𢯱踈鳩切說文衆意也一曰求也引詩束矢其摉或作接古作𢯱文三十九廋

廣雅匿也一說索室曰廋 蒐 艸名說文茅蒐茹藘人血所生可以染絳一曰春獵曰蒐 蓃 艸名爾雅蔜蓃蔞 鄋鄋 說文北方
長狄國也在夏爲防風氏在郩爲汪茫氏引春秋傳鄋瞞侵齊或作鄋 𨑻 趨𨑻不進 醙醩 白酒也一曰黍酒古作醩 䐹鱐 說文
乾魚尾䐹䐹也周禮有腒䐹或从魚 餿餿 飯壞也或作餿 叟叜溞 叟叟淅米聲古作叜或作溞通作溲 鎪 鏤也一曰
馬耳 颼颼 博雅颼颼風也或作颼 𣯌 氍𣯌毛織有文者 𤛘犙 牛三歲也或从參 𧳜 貕𧳜獸名 獀 說文南越
名犬獿獀一曰春獵 螋 蟲名博雅蛷螋蟉蛷也 鮻 闕人名韓將有鮻申差 滫 淅米汁 傁 闕人名春秋傳齊有公孫傁
蓃 蓃茱椒子聚生成房皃 瘦 瘠也太玄山殺瘦 騪 騆騪馬名 溲𣸈 溺謂之溲或作𣸈 𥱦 竹名 𠞤 刈也 𣘘
木名似白楊 橚 木長皃 ○搊 初尤切博雅搊拘也俗作搯非是文十 棸 廣雅䉶謂之棸 掫 手取物也 篘䈞𥳑
醔 漉取酒也或作篘䈞𥳑醔 𥻨 濾取粉也 謅 謅謲私語 𣝅 牛鼻繫繩具 ○鄒 甾尤切說文魯縣古邾國帝顓頊之後所封一
說魯穆公改邾作鄒又姓文三十四 郰鄹 說文魯下邑孔子之鄉或作鄹 陬 隅也一曰魯邑 齱 說文齵也 齺 說文齒搚也一曰齰
也一曰馬口中糜 𨃗 獸足也 緅 色也周禮染羽五入爲緅 縐 細絺也 𦪇 船名舷謂之𦪇 菆 說文麻蒸也一曰蓐也一曰餘
也一曰矢之善者通作箃 箃 竹黄也 棷 說文木薪也 棸 木名亦姓 掫 持也 㯄 艸木子聚生 黀𪎌 說文麻藍也或

集韻平聲四 二十

从芻騶說文廐御也亦姓僽偢愁皃或省媰說文婦人妊身也引周書至于媰婦⿱竹皺取魚器謅小言私授謂之謅
⿰口愁嬰兒啼也⿰王取玉文娵女名⿱穴瞍韡也⿰禾芻禾穰也槭木名可作大車輮啁啁哳鳥聲⿰革芻皺革文蹙也或作
皺芻艸也○愁鋤尤切說文憂也或書作愁文二⿰氵愁說文腹中有水氣也○不鴀方鳩切鳥名夫不隹也或从鳥不一曰姓
也辭也文十三哹吹聲紑衣絜鮮皃㲉未燒瓦器也垺大也盛也⿱不目見也捊引取也古作摭摭胞胎衣也
衃凝血𥳣竹有文者㐬流也○浮房尤切說文氾也亦姓文五十三⿱雨孚⿱雨孚⿱雨孚雨雪皃通作浮涪說文水出廣漢剛邑
道徼外南入漢⿰山孚山名桴說文棟名泭併木以渡通作桴艀舟短小者錇小缶也枹艸名爾雅楊枹薊稃穀皮
也莩艸名掊把也鹽官入水取鹽謂之掊通作捊𥳣竹有文者芣說文華盛一曰芣苢箁竹名巷姓也棓
大杖⿺走孚行皃粰博雅粰䊦饊也一曰鬻也烰說文烝也引詩烝之烰烰⿸疒孚火瘍哹吹聲鉜錇鉜鏂大釘或作錇
琈美玉名⿰多孚廣雅⿰多孚⿰多孚多也䍖罦說文覆車也引詩雉離于䍖或从孚⿱罒否罘說文兔罟也一曰罘罳闕前飾或省⿰虫不
水蟲名⿰孚鳥⿰浮鳥⿰孚隹博雅⿰孚鳥⿰浮鳥也或从浮从隹⿰魚孚魚名蠹蜉蟲名說文蚍蠹也或从孚娐女字孚⿱付女玉采也或作⿱付女
通作琈包包來邑名在紀國通作浮培闕人名魯有申培公衃艸名爾雅蔽蚍衃多華少葉通作⿰虫不⿰崩阝⿰崩刂鄉名在右扶風在沛

城父或作㓹　枹擊鼓槌通作桴抱　雺霧也　裒𡨚聚也或作𡨚　梵木得風也　諏謀也　捊抱引取也或从包

○飆披尤切風吹物皃文十四　秠禾一稃二米　肧衃肧胎未成物之始或从血　㲉坏瓦器未燒或作坏　紑說文白鮮衣皃引詩素衣其紑　醅醉飽也　䨽霖聲　朴夷姓也魏有巴夷王朴胡　䂠破聲　覫視也　箁竹名　哹喉中聲

十九○矦𥎦帿胡溝切說文春饗所䠶矦也从人从厂象張布矢在其下天子䠶熊虎豹服猛也諸侯䠶熊豕虎大夫䠶麋麋惑也士䠶鹿豕爲田除害也其祝曰毋若不寧矦不朝於王所故伉而䠶汝也一曰候也維也古作𥎦或从巾文四十二　猴獸名說文夒也　翭鶔說文羽本也一曰羽初生皃或从鳥　鍭說文矢金鏃翦羽謂之鍭　銗頸鉗也博雅錏鍜謂之鏂銗　𧛔𧛔褕短衫　骺𩪈骨端謂之骺骺或从侯　瘊疣病　䪷䪷顒揚言也一曰健皃　㰯㰯欨氣出皃　喉𦡆說文咽也或从肉　餱糇說文乾食也引周書峙乃餱粻或从米　𥉻半盲也一曰深目　郈地名在晉　𧮫𧯁谷名在城皋或从矦　𣔭𣔭桃果名　葔艸名蒿葔莎通作矦　緱刀劍首飾　篌箜篌樂器或說空國之矦所好故謂之箜篌通作侯　𩿨鳥名出崑崙　鯸說文魚名　螏蟲名方言守宮東齊海岱之間謂之螔螏　逅覯邂逅解說皃或作覯　𤬪𠊩王瓜也或从侯　㟴山名　𥍓矛屬　𡣋女字　𢿏鼃膜也　颹風皃　㤞㤞𢙇怒皃　𥛉祭求福也　㤧和解皃　郈鄉名在東平

○謳烏侯切說文齊歌也文三十七　嘔博雅嘔嘔喜也一曰小兒語一曰嘔夷川名　歐姓也

一曰歐刀醧私燕飲也顧顧頸面折慪恪也漚水泡也區量名四豆爲區又姓甌説文小盆也又姓塸聚沙瞘

目深也或作曉𥫣竹器吴人以息小兒蓲吴人謂育蠶竹器曰蓲膒夂脂也一曰以脂漬皮褔襒涎衣謂之褔一曰編

梟頭衣或从歐鏂門鋪謂之鏂鉐剾博雅剾劊剜也櫙樞蓲木名爾雅櫙荎今刺榆也或作樞蓲鷗鳥名説文水鴞

也𣡚地名紆陽紆山名優嚘伊優亞者辭未定東方朔説或从口𤛓特牛也㔭足劬謂之㔭熰炮也

纋屈笄以安髮𡨋闇𡨋夷人屋𣂐𣂐斪偃鉏也鰸水蟲似蝦無足𨻼𨻼窬深下皃𢡃愁也𡤟

巴人歌○齵魚侯切説文齒不正也文四吽狋吽牙者兩犬爭東方朔説腢肩頭也嵎嶇嵎山皃○彄彀

墟侯切説文弓弩耑弦所居也或作彀文二十五摳挎説文繑也一曰摳衣升堂或作挎袧辟兩側空中央曰袧儀禮喪服裳幅三袧

剾鏂𣂐鎠剞剜也或作鏂𣂐鎠剞韝捍臂也𢃇幅射決也或从區漚水名在常山夠多也

鷇鳥哺眗曉瞘埤倉目深皃目或作曉瞘斢挹也緱緱氏地名毆地名春秋傳盟于毆蛇嫗閩人名陳有夏

嫗夫通作彄綮博雅綮繸綃也芤病脉徐氏説按之即無舉之來至傍實中空者曰芤○齁呼侯切齁齁鼻息文五鷗

鳥名纋屈笄以安髮睺方言半目爲睺呴喉中聲○鉤鞲居侯切説文曲也一説鉤縣物者亦劒屬或作鞲文四十四

昫畦也 句區說文曲也又姓或作區 檄枸木曲枝曰檄一曰木名或省 拘拘摟聚也 夠多也 斪說文斫斪鎌也斪斸

鋤屬 軥車名夏曰軥車通作鉤 𦨭艕博雅𦨭艛舟也或从冓 冓數名十秭曰冓一曰邑名漢有邯冓侯 溝說文水瀆廣四

尺深四尺 袧衰裳幅辟兩側也 𩚬牛飽 韝說文射臂決 褠𢄼單衣或从巾 緱說文刀劍緱也又姓亦地名 嚾

嚾唶聲亂一曰大聲 篝𥵜說文笭也可熏衣宋楚謂竹篝牆以居也一曰蜀人負物籠上大下小而長謂之篝笭或作籍 篘竹名

博雅篘籠桃枝也 瓝字林瓝瓠王瓜也 鼩鼩鼉水蟲名似龜皮有文 鴝鴝鵒鳥名鵂鶹也 購購贖取也史記購吳王千金

彄嫗鬬人名春秋傳陳有夏彄夫或作嫗 呴匈奴單于名史記呴犁湖 鬮說文鬬取也 蚼蚼犬獸名如犬食人 泃水聲

䐢足曲也 耩耕也 磚礴碻堅也 搆牽也 苟苟吻艸名 寠夜也 𦱽𦱽芺艸名 彀張弓也 ○抙

抱抔蒲侯切說文引取也或从包从不文二十 腤豕肉醬 餢餢䭈食曰 錇瓿說文小缶也或从瓦 箁說文竹箬也

䎊博雅䎊耕也 棓高下有絕加板曰棓公羊傳踊于棓而窺客一曰木名依樹生枝交如罔 垺大也盛也 踣斃也 涪

涪漚水泡 䯱顊說文髮皃或作顊 掊說文把也今鹽官入水取鹽爲掊 裒襃臼爾雅聚也或作襃臼俗作裒非是

錇錇鏂釘名 ○謀某𢘅嗼𠭇母𠰏迷浮切說文慮難曰謀亦姓或作𢘅嗼𠭇母𠰏亦書作㖼文六十二 恈愛也

鬏髳髦髮至眉也或省亦作髦　眸博雅目珠子謂之眸通作牟　侔件說文齊等也或省　桙枡器名或省

牟說文牛鳴也从牛象其聲气从口出一曰取也大也又姓　劺敄北燕之外相勉努力謂之劺一曰彊也或作敄　䅚堆隴也　洋

廣雅䍧洋庢也　雺霿蒙爾雅天氣下地不應曰雺或作霿蒙　䤡醔醶揄醬也　麰𪎲說文來麰麥也或作𪎲通作䍧

䏬脊也　矛戏𨥨說文酋矛也建於兵車長二丈象形或从戈从金　鉾劒端　鍪說文鍑屬或書作鍪　鞪鞮鞪

首鎧通作牟鍪　𦃃縛也　繆枲絜也　鷚鳥名爾雅鷚天鸙大如鷃或書作鷚　鴾鳥名鴽也　鮇蝆魚名或省　蛑

䗋蝤蛑蟹屬或作蝶　蝥盤蝥毒蟲　𧖴蝥蟊𧑂𧒂說文蟲食艸根者从蟲象其形吏抵冒取民財則生或从

敄亦作蟊𧑂古作𧒂通作蛑　母淳母膳珍也　貿目不明皃一曰貿戎戎別種　務務妻邑名　瞀俯視

也或从敄　瞴說文瞴婁微視也　毋毋䫉夏后冠名　𥎊車衡上衣謂之𥎊　䒞艸名　婺女皃　䜼䜼踰豆秸　袤䙫

長衣籀作䙫　閞開也　○涑漱先侯切說文澣也一說以手曰涑以足曰澣或作漱一曰涑水名在河東文二十二　鏉鎪鄗也或从

叟　鞻𩍡治革也或从敕　颼颼颼風聲　鬏鬉鬏鬉髮亂或从夋　擻捒摟擻取也或省　嗾𠻮𠹀使犬

聲或从速从造　漱涑冷也一曰冰氣或作凍　𡢃女字　捜搜求也莊子捜於國中李軌說或作搜　撨推也擇也　狻南越

謂犬爲獿㹻敹攴也○誰千侯切博雅就也文一○緅緅將侯切臬未漬也或从取文十五緅帛青赤色諏

諏咨事爲諏或作諏陬陬說文阪隅也或作陬掫趣說文夜戒守有所擊引春秋傳賓將掫或作趣鯫小魚也

棷戲謂之棷一曰木薪租包裹也菆蕈也儀禮御以蒲菆膼脯也𠞊斷也○𠞊𠞊徂侯切穿林細斷也

或作𠞊文四鯫魚名漕水運也○兜當侯切說文兜鍪首鎧也文二十四吺咎說文讘吺多言也或作咎侸

侸佔侸極疲一曰僂侸下垂或作侸䜴䀺䀺說文目蔽垢也或作䀺䀺鬝鬝鬆亂剅𠛴𧯙小穿也一曰剅也或作𠛴𧯙

郖郖說文恒農縣庾地或作郖篼說文飤馬器也鬭交爭也𨀁跌也緰結縷囊櫆木名捝抴也鴝

鴝鴝鳥名人面鳥喙有翼不能飛頭䪷頸面折窬偃窬深下𣃟斷𣃟偃鉏○偷愉他侯切苟且也或从心文八鍮

鋀石名似金或从豆䱏魚名媮說文巧黠也緰布名揄垂也莊子揄袂○頭徒侯切說文首也文二十五投

投說文適也一曰合也亦姓古作投揄引也𣪌說文繇擊也酘酒再釀剾博雅剜也坄陶竈𣪍博齒褕

褕襜褕短袖襦一曰近身衣或从巾牏說文築牆短版也𢈞行圊受糞函也通作牏窬穿也䤮醔䤮醬名緰

說文緰貲布也逗射也歈歌也匬說文甌器也𪏝說文𪏝屬或書作𪏝鴡鳥名似梟逾車米數名𪉾𪉻鹵地

或作蕍木名。婁𡝓𡠙𡟩郎侯切說文空也从毋中女空之意也一曰宿名又姓籀作𡝓古作𡠙𡟩文四十八樓𩫨
說文重屋也又姓古作𩫨廔說文屋麗廔也一曰種也⿰婁阝鄉名南陽⿰婁阝縣𨻳羸𨻳縣名在交阯塿說文塺土也一曰部塿小阜通
作婁漊水名出武陵蠻中寠山顛也遱說文連遱也謂不絕皃僂僂傴下垂髏⿰婁頁說文髑髏也或从頁瞜⿰婁見
瞜睺偏盲一曰細視或作⿰婁見慺慺慺恭敬皃一曰勤也謱嘍說文謰謱也从口一曰謹也褸縷博雅袥謂之褸南楚凡人貧衣
破謂之褸裂或作縷⿰巾婁方言飤馬橐自關而西謂之⿰巾婁篼鞻鞮鞻氏掌夷樂官膢⿰礻婁漢以立秋日祭獸因以出獵還祭宗廟名
貙膢或从示軁軀軁傴也摟說文曳聚也⿰婁刂小穿也艛舟也簍說文竹籠也𥣫種具⿰婁瓜⿱艹⿰婁瓜茜
鉤⿰婁瓜王瓜菰⿰婁瓜土瓜或从艸亦作茜蔞蒿類鷜鳥名野鵝也⿰豕婁求子豕通作婁⿰羊婁山海經崑崙之山有獸狀如羊名曰土⿰羊婁⿰魚婁
說文魚名一名鯉一名鰜螻蟲名說文螻蛄也一曰螜天螻⿱宀年削約握之中央以安手也儀禮士喪握手用玄⿱宀年寠窶甌寠猶抔
摟也或从穴⿰馬婁馬類一曰大騾⿰女婁女字⿱罒婁罜⿱罒婁罔也。羺奴侯切胡羊謂之羺文十一⿱艹羺艸名獿南越謂犬
爲獿獶⿰需兔⿱丷兔江東呼兔子爲⿰需兔或作⿱丷兔亦書作⿰兔需⿰需皮柔革⿰犭耎獳怒犬皃或作獳⿰需鬼鬼聲譨譨譨多言也
⿸广需⿸广需也。捊普溝切掬也文九紑衣鮮絜皃吥吸也⿰不頁須短白皃浮漂也哹吹也⿰魚孚鯆⿰魚孚魚名婄

不肖婄女皃

二十○幽於虯切說文隱也又州名亦姓文十四丝說文微也呦㰶說文鹿鳴聲或从欠怮說文憂皃一曰含怒不言䱂

魚名蚴方言蠭之小者燕趙之閒謂之蚴蛻麀⿸鹿幽說文牝鹿也或从幽泑泑澤在崑崙下一名蒲昌海去玉門關三百里⿰虫幽蟲名

說文⿰虫幽蟉也黝黑色⿺風幽風聲㴭深也○聱俔虯切廣雅不入人語也文四鷔汼魚鳥之狀或作汼通作聱謷

不肖也○摻山幽切三歲牛文一○驫必幽切博雅驫驫走也文五灦水聲髟髮垂皃虨虎文也飍風也飍

香幽切風也文六膮字林豕羹也休美也通作烋驫博雅驫驫走也烋微也貅鷙獸○稵⿰禾幽子幽切禾生也或从

幽文三⿱秋隹雞雛名○飍步幽切風也文一○區羌幽切域也文三鷚天鷚鳥名江東語惆至捩○瀌平幽

切瀌瀌雨雪皃文三滮水流也烰火氣也○樛居虯切說文下曲曰樛通作朻文二十朻說文高木也摎束也或从

丩一曰姓也漢有摎氏丩剹說文相糾繚也一曰瓜瓠結丩起或作剹虯龍類⿱艸丩說文艸之相丩者⿸疒丩腹中急病璆美玉

繆糾細也或作糾⿰丩力赳輕勁皃或从走⿰丩刀大刀觓觩角曲皃或从求鬮鬮取也䀭瞭⿰目收視皃芁

秦芁藥艸○虯⿰龍丩渠幽切說文龍子有角者或作⿰龍丩文十九朻木下曲也觓觩⿰牛求說文角皃引詩兕觵其觓或作觩⿰牛求

通作捄捄長皃璆球美玉名出崐崘或从求鷚鳥名似鶵蟉蚴蟉也釗弩機剹剹流環繞也銶鑿屬

絿急也一曰糾也穋禾類管子其種穋秜鏐美金莍茱萸實梂櫟實○鏐力幽切黃金美者一曰弩眉文二

蟉蚴蟉蟲名○彪悲幽切說文虎文也文四髟髮垂皃驫說文衆馬也䱐魚名博雅鱄䱐鮒也○滮淲皮虬切說

文水流皃引詩滮沱北流或作淲文四颮風皃瀌雨雪盛皃詩雨雪瀌瀌徐邈讀○繆亡幽切說文枲之十絜也一曰綢繆束也文五

𦤎細也鞪縛也鷚鳥名爾雅鷚天鸙樛木名

二十一○侵千尋切說文漸進也从人又持帚若埽之進又手也一曰五穀不升謂之大侵俗作𢔶非是文十八駸駸字林馬行疾也

或从侵浸滲㵦浸淫漸漬或作滲㵦𧯔幽豆也博雅𧯔謂之䜴一曰野豆𥟗鋟錐也或从金綅絳綫也梫

木名爾雅梫木桂𠗦冷也𧪼私語僭侵也詩以籥不僭祲祲祥地名春秋盟于祲祥鈐鈦也𣈶日光也埐地名○心

思林切說文人心土藏在身之中象形博士說以為火藏文六沁水名𦽳螟食苗心死也𨊥車鉤心制軸者通作杺芯艸名杺木名

其心黃一曰車鉤心木○祲咨林切說文精氣感祥引春秋傳見赤黑之祲文二十三駸說文馬行疾也引詩載驟駸駸綅說文絳綫

也引詩貝胄朱綅𥟗錐也兟說文兟兟銳意䃢小石𤩮石似玉𪖐鼛高臯謂之𪖐或从侵寖漑也亦水名埐

說文地也梫木柱梣㮫說文青皮木或从寑省𩀏鵀漢中呼雞爲𩀏或从鳥䁮山高大皃䲋魚名一說
南方謂羹曰䲋䍫羊䏘𦢑烹也礹櫼楔也或从木僣侵也詩以籥不僣○𢒝尋徐心切說文繹理也从工口又
寸工口亂也又寸分理之彡聲度人之兩臂爲尋或省又姓文三十四𦄼續也襑衣博大也撏取也䐣古姓鐔說文劍鼻
也亦姓鬵𩱦鼎大上小下籀作𩱦灊水名出巴郡潯𤀹潭說文旁深也或作𤀹潭𡓮地名䧪小阜也在三輔
鄩說文周邑也又姓枔木葉也燂𤒦燅火孰物或作𤒦燅樳木名一說以爲炭煉生鐵一烹乃熟撢修也鱏
魚名涔漬也鰭魚名蕈菌也蕁艸名海蘿也𥳷竹名長千丈可爲大舟𤛓牛名𧼈長也馬融
曰蹲𨃚枝蟫蟫蟫物動皃橝盾上竿𤪌石次玉㜬女名○𩱻𩱪才淫切說文大釜也一曰鼎大上小下若
甑曰鬵籀作𩱪文二十一鮗魿博雅鮗鰲也一說大魚曰鰲小魚曰鮗或作魿嶜山高也梣橬𣡳㮫青皮木名
一曰江南樊雞木也其皮入水綠色可解膠益墨或作橬𣡳㮫灊水名出巴郡宕渠埐地名𣢈鈂博雅耕也一曰臿屬或从金䤁
博雅寑䤁幽也岑岑崟高皃一曰岸也𤩧石似玉埁土也枔木葉鰭魚名涔漬也罧也䃡石門○深
㴱式針切說文水出桂陽南平西入營道一曰𥨸也又州名古作㴱文五突說文深也一曰竈突蓡說文蒲蒻之類琛爾雅寶也

施端

郭璞讀。覘充針切內視也文一。斟諸深切說文勺也又姓文十三鍼鑯針說文所以縫也或从箴从十通作箴
斟斟鄩古國名在河南禹後也通作斟箴說文綴衣箴一曰誠也一曰竹名又姓瑊石次玉葴艸名說文馬藍也⿱箴鳥
鳥名說文⿱箴鳥鷲也通作箴鱵魚名⿰黑箴晳而有黑⿰糸箴刺也禮記其刑罪則⿰糸箴剸瀸水艸名酸漿也。諶時任切說文誠諦也引詩
天難諶斯訦說文燕代東齊謂信曰訦忱愖說文誠也引詩天命匪忱或从甚煁說文烓也瘎⿸疒冘
方言秦晉之間謂病曰瘎或从冘湛水名在襄城春秋傳戰于湛阪⿰魚朁說文魚名⿰酉甚⿰麥甚孰⿰彔冘鈂臿屬或从金⿰木朁
積柴水中以取魚。壬如林切說文位北方也陰極陽生故易曰龍戰于野戰者接也象人褱妊之形一曰佞也文十五任說文
保也又姓妊⿱任女孕也或作⿱任女亦書作姙⿰言壬信也諏也一曰喉聲謂之⿰言壬恁博雅思也⿰金任銋字林濡也博雅韏也或省紝⿱任糸
機縷也或从任亦書作紝⿱任鳥⿰任隹戴勝也或从隹⿰言壬念也⿰侌阝地名⿱壬土貪也。森疏簪切說文木多皃文二十三槮
蔘說文木長皃引詩槮差荇菜或作蔘曑參𠫭說文商星也或省古作𠫭篸說文差也一曰竹長皃⿰女參婬也傪
歡也衆也蓡⿱艹侵說文人蓡藥艸出上黨或作⿱艹侵通作蔘參襂綝幓襂纚衣裳毛羽垂皃或作綝幓⿰參阝地名棽
木枝扶踈皃滲漉也⿰犭參犬容頭進皃摻林離摻攦也罧說文積柴水中以聚魚也突深也一說俗謂深黑爲窨突一

曰竈突也鬖鬖髿毛皃穇禾長皃○嵾初簪切嵾嵯山不齊皃或書作嵾文十三篸篸差竹皃梫木名桂類葉似

枇杷而大白華穇穇禾短曰穇或省槮槮木長皃或从篸駸馬行疾也僭侵越也詩以籥不僭攙天攙星名鬖

鬖亂皃參簪參差不齊古作簪○兂簪䈲⿱𥫗匨篸緇岑切說文首笄也或作簪䈲篸古作⿱𥫗匨文九璔說文

石之似玉也撍疾也通作簪鬵釜屬鐕可以綴著物者通作簪○岑鉏簪切說文山小而高又姓文二十涔說文漬也一曰涔陽渚在郢中梣博雅栫也⿰木鬵

橬青皮木或作橬通作槮笒竹名嶜嶜崟高銳皃或書作嶜霯博雅霝霯霖也一曰雨聲汵池也⿱岑頁頫頷俯首

⿱山入說文入山之深也⿱雨乑說文霖雨也南陽謂霖⿱雨乑⿰禾朁禾苗將秀曰⿰禾朁⿰魚岑博雅⿰魚岑鰲鰲也鱛說文魚名鬵釜屬一曰疾也

⿰足岑⿰足虎蹟停水也通作涔汵⿱罒今罔名灊水名璔石似玉○碪砧知林切擣繒石或从占文十鉆鬼谷篇有飛鉆湼䤵

椹枮鍖斫木櫍也或作枮鍖⿰立甚坐立不移皃揕刺也一曰斫木聲戡擊也坫櫍塗謂之坫○琛賝癡林切爾

雅寶也或从貝文十棽說文木枝條棽儷也⿰月見說文私出頭視也闖馬出門皃一曰出頭皃踸踸踔無常也郴說文桂陽縣亦

州名綝說文止也一曰善也⿰舟冘說文船行也諃善言○沈湛持林切說文陵上滈水也一曰濁黕也一曰溺也或作湛俗作沉非

是文十三霃說文久陰也通作沈鈂⿰枲冘說文臿屬或从枲⿱𥫗冘竹名⿱艹冘⿱艹沈說文艸也生山上葉如韭或从沈⿰冘瓦方言甖其小者謂之

㼾犹吴牛謂之犹通作沈魫魚子也枕繫牛杙醓熟麴○林犂針切說文平土有叢木曰林又姓文二十二箖

箖䉮竹名臨𦣞說文臨監也一說以尊適卑曰臨亦姓古作𦣞琳玪說文美玉也古作玪霖說文雨三日以往淋𤁰說文

以水沃也或作𤁰瀶𤃤濂說文谷也一曰寒也一曰瀶瀶雨也或省或从兼又書作𤁰罧積柴水中聚魚也痳說文疝病也𣚍

櫴類俯首岑岑巖山高皃碄碄碄深皃㝝室深也惏惏慄寒也慊慊縿羽毛皃𡾊山名○䚾尼心

切喉聲謂之䚾一曰諛也文七紝𦃡𦄃織也或作𦃡𦄃軠紡車鵀鳥名博雅戴鵀戴勝也恁思也弱也信也

○淫夷針切說文侵淫隨理也古通作㸒文二十七㸒說文近求也从爫壬壬徼幸也霪湛久雨爲霪或作湛通作淫婬

說文私逸也通作淫冘佔說文冘冘行皃一曰冘豫未定或作佔醓說文孰𥶞也𤺊疾也鐔博雅劒珥謂之鐔撢探也

鄩地名𥮜竹名𤆍𤌾方言明也或作𤌾鷣𩀈江南呼鷂爲鷣或从隹鱏說文魚名引傳曰伯牙鼓琴鱏魚出

聽蟫說文魚也潯濅潯漸也潭水名在武陵𥦗𥤮深也或作𥤮𨓷過也𢱢通水具𦁤久緩皃莐

艸名○愔伊淫切愔愔安和皃文四窨地室韾聲和靖也䇁䇁𧯷豆名○音於金切說文聲也生於心有節於外謂之

音宮商角徵羽聲金石絲竹匏土革木音也从言含一文十九𨼆陰說文闇也水之南山之北隸作陰亦姓霒霠雺侌

侌說文雲覆日又姓或作霒雺古作侌侌 瘖說文不能言也 𧯷博雅豉謂之𧯷 喑說文宋齊謂兒泣不止曰喑 韽
小聲 蔭艸木蔭翳也 愔安和皃春秋傳祈招之愔愔徐邈讀 闇默也何休曰闇高宗諒闇 隌隱闇 䤃醉聲 吽
牛鳴 窨窨窔黑也 ○吟䪩訡欽魚音切說文呻也或从音从言亦作欽文二十二 ⿰口岑⿱艹嚴芩菜名似蒜生水中古
作⿱艹嚴芩 魿魚名似鼈也 ⿱雨乑霖雨也 乑說文衆立也从三人 厰說文崟也一曰地名 碞山石皃一曰僭也 唫說文口急
也 ⿱山欽兩山相向 玪玉名 崟碒巖嵒岑𡷫⿸厂今說文山之岑崟也或从石亦作巖嵒岑𡷫⿸厂今或書作崯岭
○歆虛金切說文神食氣也文五 廞說文陳輿服於庭也 ⿱歆女愛也 ⿰甚尤火盛皃 嶔嶔巇山險皃通作廞 ○欽欽
祛音切說文欠皃一曰敬也古作欽文十一 衾說文大被也或書作衾 嶔磡山高險也公羊傳嶔之嶔巖或作磡通作崟 𦬐
𦬐荃艸名 ⿰金頁顉曲頤也或作顉 唫口急也 厰崟也 廞像車服以送死也 ○今居吟切說文是時也文十五 金
金說文五色金也黃爲之長久薶不生衣百鍊不輕从革不違西方之行生於土从土左右注象金在土中形又姓亦州名古作金 黅
博雅黃也 紟衿⿰糸金說文衣系也或作衿籀从金 裣襟䘳說文交衽也或作襟䘳 禁勝也制也 ⿰足禁坐也
靲鞮也 𦬐𦬐蒙艸名 ⿰忄禁懃也 ○琴珡⿱珡金⿵門⿱珡金渠金切說文禁也神農所作洞越練朱五絃周加二絃亦

姓古作輿橐䰞文四十七⿰革今說文鞮也⿰耳今地名說文引春秋國語回祿信於⿰耳今遂肣斂也灼龜首仰足肣捦㩒擒扲

說文急持衣衿也或从禁从禽从今通作禽⿰今攴鈙說文持也或从金⿰火殳禁也紟⿰糸金衿衣系也或作⿰糸金衿庈閼人名春

秋傳魯有費庈父⿸厂金⿸厂今說文石地也或从今黔黑色春秋傳邑中之黔又地名亦姓⿱艹金艸名說文黃⿱艹金也通作芩黚⿰黑禽

⿰黑葴黃黑色或从禽从葴芩說文艸也引詩食野之芩仱仱佅古樂人忴忴⿰忄其健了皃⿱艹琴艸名生水中根可緣器

⿰禾朁禾欲秀檎林檎果名禽⿱今⿱凶巾說文走獸總名一說二足而羽謂之禽古作⿱今⿱凶巾鳹鵭雂句喙鳥或从金从隹鉆

飛鉆鬼谷篇名⿰今阝亭名在重安稟凜㓎凚寒也或从廩从禽从禁⿰齒今苦也蠄蟲名軡地名在江南通作黔

岑岑崟險也澿水名○舚天心切舚舑吐舌皃文一

二十二○覃覃⿱卤豆⿱卤旱⿱卤⿱豆旱徒南切說文長味也引詩實覃實訏或省古作⿱卤豆⿱卤旱⿱卤⿱豆旱文四十三⿰覃阝

說文國也齊桓公之所滅通作譚譚大也又姓潭說文水出武陵鐔成玉山東入鬱林一說楚人名深曰潭亦州名橝說文屋梠

前也一曰蠶槌一曰木名灰可染蟫衣書中白魚⿺走覃⿺走參⿺走覃走皃燂說文火熱也鐔劍旁鼻曰鐔⿰香覃馣⿰香覃香氣

⿰米覃糜和也⿰甘覃博雅甛⿰甘覃甘也酓酒味苦也⿸厂酉和也醰⿰月覃厚味或作⿰月覃驔馬豪骭曰驔曇雲布

謂之曇曇 壜甗鐔墰 甒屬或作甗鐔墰 蕁𡤡 艸名說文芜藩也或从爻 憛 憂意 藫 苔也爾雅藫石衣 譚 譚譚鼓聲 㜝 貪也愛也 𧡬 内視視也 瞫 視也 戡 博雅戡戡戡盛也 眈 視近志遠 沈 沈沈深邃皃通作戡 蕈 艸名生淮南平澤可作鹽 腩 腤也 嘾 貪也 潯 傍深也 鷣 鳥名 嫬 女字 ○貪 他含切說文欲物也文八 探撢 說文遠取之也或作撢 欲炊歛 說文欲得也或作炊歛 潭 水也一曰没也 僋 癡謂之僋儋 ○耽 都含切說文耳大垂也引詩士之耽兮俗作躭非是文十五 酖 說文樂酒也 媅妉湛愖 說文樂也或从冘亦作湛愖 𡖅 博雅多也 眈 說文視近而志遠引易虎視眈眈 𧡬 說文内視也 甔𤭛 罌也容一石或从冘 戡 戡戡室宇深邃皃 䞎 緩頰也一曰舉首 𣸤 滛也 䎸 聲也 ○婪惏 盧含切說文貪也杜林說卜者黨相詐驗爲婪或作惏亦書作㦧文十二 啉 聑也一說飲畢曰啉或書作替 霖 霖 久雨或从淋 燣 熱也爓也色焦也 顲 顲顲俯首皃 嵐 山氣一曰㟁嵐山名在太原又州名 葻 說文艸得風皃 𠈭 𠈭儖鶩鈍皃郭璞說 躝 急行 颿 翔風也 ○南𦍒 那含切說文艸木至南方有枝任也古作𦍒文二十 男 說文丈夫也从田从力言用力於田也古書作𠢐 枏楠 木名爾雅梅枏或从南 抩 廣雅持也 䶲𤰞 龜甲邊也或从甲 莔 艸名 諵 聑語 詽諵喃 博雅詽諵語也或作諵喃 聃那冄 國名或作那冄 𦱊 艸名博雅藜蘆葱𦱊也 䁪 國名

唐天寶中封其王爲懷寧王 蓢萱蓢艸名 弇姓也 ○毿蘇含切毛長也文九 鬖鬛鬖鬆垂皃 蔘蔘綏垂皃

襂衣垂皃 犙說文三歲牛 糝糝糣糜和也 ⿸广𢿱 ⿸厂𢿱厭也或省 謲謲譚怒語 ○參三𠫭倉含

切謀度也間廁也或作三古作𠫭又姓文十二 嵾山皃 謲說文相怒使也 驂說文駕三馬也 ⿺走參⿺走參趲走也 傪說文好皃 ⿰女參

婪也 ⿰參阝地名在鄭 犙牛名 摻摻搓捫也 ○鐕蠶篸祖含切博雅篋謂之鐕或从蠶从參文十一 鐕

說文可以綴箸物者一曰釘也一曰綴衣通作撍 撍疾也 ⿰月朁腤⿰月朁烹也一曰脣病 ⿰羊朁揊藏肉一曰獸名似羊 ⿰足朁博雅止也 ⿰弓朁

弓弦謂之⿰弓朁 ⿰朁阝亭名在貝丘 ⿰女朁女字 ○蠶祖含切蟲名說文任絲也俗作⿱朁虫非是文七 撏方言衞魯揚徐荆衡之郊謂取

曰撏 ⿰朁阝亭名在貝丘 ⿱⺮剡搔馬也 ⿰足朁博雅止也 ⿰羊朁羊臭謂之⿰羊朁 ⿰女朁女字 ○嵅呼含切大谷也文二十二 谽

⿰谷今谽呀谷空皃或省 ⿰面含⿰面酓面赭色或从酉 酓酒味苦也或書作⿰酉今 馠⿰香今博雅馠馣香也或作⿰香今 欱欦⿰咸欠

含笑也或省亦从咸 唅博雅唵也 ⿱穴裣⿱穴衿寢不襛衣或省 蜬水蟲名爾雅蠃小者蜬 ⿰口感吼也 ⿰赤含赤色 ⿰含羽小鳥飛皃

⿰忄含踈縱也 ⿱咸言愛也 歛欲也一說戲乞曰歛 領醜皃 ○龕枯含切說文龍皃博雅鋡龕受盛也文十七 堪說文地突

也一曰任也又姓 ⿸厂欿山穴閒 戡說文刺也一曰勝也 撖拄也 鈙鈙散不齊 ⿰目咸博雅視也 領醜皃 嵁嵁巖不平 ⿰今戈

㦰說文殺也引商書西伯既㦰黎或从舍古通作戡曆和也欿貪惏也坩瓦器雂鳥名戡能也歁

意不滿○弇𢍁姑南切說文蓋也古作𢍁文二十一𦅻監持意淦泠淊水入舟隙謂之淦一曰水名或从今从舍

䶲𪕳鼠屬或从舍𠛍吴人刈禾具雂鴿鳥名或作鴿嵅嵐崴山名䬮風也紞綠皃䢔䢔行不進

肣肥牛脯犙牛三歲諴嗤也礛以石蓋也䃘和也𩉦器斂口者○含胡南切說文嗛也文四十八圅說文

舌也象形舌體𢎘𢎘通作肣凾椷容也或作椷肣䏜肥牛脯或从含瓴檶說文治橐榦或作檶瓴一曰似鉼有耳

顄說文頤也通作唅頷頜面黃也或作頷裫𧝤博雅裫襌袖也或从凾䨡𩃏說文久雨也或作𩃏涵涵

汵說文水澤多也引詩僭始既涵或从函从今浛阾湆淊淦𣸏方言沈也或作阾湆淊淦𣸏涵說文寒也鋡

博雅鋡甲介鎧也通作函鋡方言齊楚謂受曰鋡博雅鋡鐕謂之𨭉𢎘艸木之華未發𣐺木垂華實皃筨𥳑𥷈笒

筨隋竹實中或作𥳑𥷈笒梒梒桃果名櫻桃也通作含䶲𪕳說文鼠屬或从舍蜬蠃之小者琀飯玉唅唅胡怒氣鈐

鈙也馠馠馠香也𩉦𩉦𩌇小餅嵅嵐崴山名晗欲明也𠥮受物器𣞀潛通水具娢女字雂鳥名○諳𧩘

𧧝烏含切說文悉也一曰諷也或作𧩘亦从弇文四十二䧱鷂鴿鵪鵪雓鳥名說文雓屬或从弇鳥亦作鴿鷂鵪雓

嬒女有心嬒嬒或从會 馣跛也 喑啼泣無聲謂之喑一曰大呼 䤲說文下徹聲 馣䅖博雅馣䅖香也或从禾 盦覆蓋也

腤䏃烹也或从弇 鞥轡屬 㡋裺博雅㡋篼囊也或从衣 錌溫器 庵菴圜屋曰庵或从艸

闇陰治喪廬也禮高宗諒闇三年不言或作陰 ⿱奄女貪也愛也 ⿱艹音野艸 埯小坑 菴葊菴藺艸名或作葊

痷痷婪泛意也 韽聲小 ⿰酉音醉謂之⿰酉音 韾聲和也 ⿰女音女志不靜 盦器口歛 檶⿰木奄木名或省 諳

詥諳阿語不決或作詥通作嬒 ○⿰言縣⿰亻縣吾含切不慧也或作⿰亻縣文八 諴嗤也 ⿰齒合齒齶也 嵁嵁崿山皃 ⿰口弇⿱穴弇

寐聲列子眠中⿰口弇囈呷呼或作⿱穴弇 巖山厓也 ○沈長含切沈沈宮室深邃皃文一 ○䫮常含切顉䫮俯首皃文一 ○緂充含

切衣鮮色文一

二十三○談徒甘切說文語也亦姓文二十三 郯說文東海縣帝少昊之後所封亦姓 惔說文憂也引詩憂心如惔 倓

⿰亻剡說文安也或从剡 憺恬也 痰病液也 餤進也 淡澹水皃或作澹 ⿱天火小熱也 錟說文長矛也 ⿰⿱炎金刂

馬⿰⿱炎金刂也所以播馬一曰飼篦 炎美辯也莊子大言炎炎 ⿱艹淡⿱艹淡藍瓜菹 ⿱穴淡⿱穴監⿱穴淡匾薄也 ⿰炎頁面長也 ⿱寐炎寐不

解衣 儋姓也通作澹 啖啗啖少味 ⿰酉炎酒醋薄也 ⿰火炎燼也 ⿰女炎女字 ○舑他甘切舚舑吐舌皃文十七 耼聃說文

耳曼也或从甘俗作耼非是坍𣲆水壞岸也或作𣲆𣴘𣿅𣴘𣿅峻波皃或作𣿅𥦎𥨍𥦎薄而大也緂衣白鮮也𦯬
艸名葱也錟錟鏦矛也𦙶膚肉壞菼菼藍瓜菹倓𠊽安也或从剡惔憂也𢪆說文并持也○儋
擔都甘切說文何也或从手文十二噡噡噡煩語聸說文垂耳也南方有聸耳國通作儋甔罃也方言齊東北海岱之間謂
之甔通作儋聃耼耳曼也或从甘襜澹蹛胡名史記李牧破殺匈奴滅襜襤或作澹蹛繪緩也薝薝棘
艸名○藍盧甘切說文染青艸名也亦姓文二十五灆說文瓜菹也一曰水清籃𠪚說文大篝也古作𠪚懢嚂貪懢
嚂也或从口儖儖儳皃惡𩈣𩈣䩨長面皃䰐說文鬣長也擥取也爁火延皃襤繿衣名說文裯謂之襤
或从糸𢅻說文楚謂無緣衣𥨊𥨊𥦎匾薄也璼玉名濫邑名在郝𠟉聚切也厱礛礛說文厱諸治玉
石或作礛亦省𪇊𪇊鵮鳥名郭公也襤襜襤壯胡別名𨈆𨈆𨉖身長皃𡟹女名○三弍蘇甘切說文天地人之道也从
三數古作弍文七參博雅參三也㣌𢗔衣破或从三鬖䰐鬖獸毛垂皃蔘蔘綏垂也○慙財甘切說文媿
也或書作慚文十㨻說文暫也或書作摲暫須臾也䞟往也䩨𩈣䩨面長皃鏨鑿也𪆁䳜
鳥名博雅𪆁鷲鶘也或从隹𡠺女名𨉖𨈆𨉖身長○蚶魽呼甘切蚌屬魁陸也橫縱其理五味自充炮則羞或从魚文八𧵳

王進

戱乞也通作歛婪貪也愛也憨㦑欿愚也或作㦑欿歛博雅欲也○坩㽉枯甘切土器也或从瓦文二○甘

凶百沽三切說文美也从口含一一道也古作凶百文十八𪎊說文和也从甘从麻麻調也㤌心伏也通作甘泔粓說文周謂

潘曰泔或从米𩚵餌也柑果名似橘疳病也笘竹名姏老女稱媒媞也嵌山名苷說文甘艸也⿰甘干

南方山有蚶蟅林東方朔說通作甘蜬蚶蠃之小者或作蚶○玵五甘切美玉也文四雸霜也鉗刃也雂闕人名今春秋傳

有公子苦雉○酣甘佄胡甘切說文酒樂也或省亦作佄文十四𪎊和也邯詽邯縣名亦姓𣼨⿰甘欠方言𣼨或也沅澧之

間凡言或如此者曰𣼨如是一曰𣼨湖不定也或作⿰甘欠⿰炎占炶⿰炎甘火上行或作炶⿰炎甘甝獸名爾雅甝白虎䱔蚶蛤也或从

虫䗆桑莱上蟲○䵋作三切面長皃文一○姏蔑甘切老女自稱文二耼耳垂○緂充甘切女衣文一○笘

七甘切竹箠文一○袩與甘切行也文一○黰鄔甘切深隱也文二喑喑啖少味○耼乃甘切闕人名古有祝耼文三詽

多言妠入取也○⿰冄刂市甘切搔馬具文一○蚺汝甘切大蛇名出嶺表文六詽詽邯縣名⿰食占相謂食須⿰彡冄須也䎃

⿰冄龜龜甲邊或从黽

二十四○鹽盬壛余廉切說文鹹也古者宿沙初作煑海鹽或省亦从土俗作塩非是文三十四餤進也檐

櫩櫚簷𤗻𠂆說文梍也或从閻从闇亦作簷𤗻𠂆⿰木鹽木名膠可作香闇說文闇謂之樀樀廟門也通作檐
⿰糸閻續也閻爓說文里中門亦姓或从土憛惶遽也袩徐行也阽說文壁危也爓說文火門也⿰氵閻
灩說文海岱之間謂相汙爲⿰氵閻一曰水進或作灩韂衣蔽也⿸疒閻博雅傷創也⿱竹閻竹病不可析筤⿰炎鳥博雅⿰炎鳥離怪鳥
屬覃利也詩以我覃耜徐邈說讇過恭也禮立容辨卑毋讇⿰炎頁面長也⿸疒延方言病也棪木名⿰甘閻味甘⿰木鹽
禾也孄女字熑熑熑火不絕皃○懕𢣂厭於鹽切說文安也引詩懕懕夜飲或作𢣂厭文十二猒猒饜
說文飽也或从肙亦作饜嬮說文好也⿰忄奄⿰忄奄憸多意氣皃⿰女酓博雅美也一曰含怒皃稖稖稖苗齊等也餤進也憛
博雅悇憛懷憂也○銛錟思廉切說文鍤屬一曰利也或作錟文三十六⿰禾韱稴⿰禾韱艸不實韱⿱艹韱艸名說文山韭也或
作⿱艹韱纖說文細也通作韱⿰糸㑴綅繒名白經黑緯一曰綫也或作綅嬐說文敏疾也一曰莊敬皃孅說文兑細也襳
小襦摻攕摻摻女好手皃或作攕譣說文問也引周書勿以譣人憸說文憸詖也憸利於上佞人也通作⿱冊心⿱冊心⿱冊心
說文疾利口也引商書相時⿱冊心民或作⿱冊心彡⿰革翏飾謂之彡鬖髟也暹日光外也䨘⿱雨戔微雨或省枮說文木也⿱艹瀸
艸名百足也孅盡也瀸爾雅泉一見一否爲瀸⿰炎占木名似松可爲船及作柱埋之不腐郭璞說釤刀名獮獸名⿰米韱粉餌

⿺毛韱毛也⿰月韱臁也櫼抑也⿰革毚⿰革參縿旌旗末也或作⿰革參縿○籤揃千廉切說文驗也一曰銳也貫也或作揃文十七簽博雅簽籯籠也僉說文皆也引虞書僉曰伯夷憸博雅彊也一曰詖也鋟鑯刻也春秋傳鋟其板或作鑯槧削牘也

臉⿰月韱埤倉臁也或从韱釗切也憸帔也鹼鹽在水曰鹼孅巧佞也史記孅趨而言懺摽識也鐱臿也譣議也○𢦏將廉切說文絕也一曰田器文二十五殲𣦼說文微盡也引春秋傳齊人殲于遂古作𣦼鑯說文鐵器也一曰鑴也鋟

尖博雅銳也或作尖瀸說文引爾雅泉一見一否爲瀸一曰洽也漸流入也⿱雨僉⿱雨澰說文小雨也或从水⿰口韱⿰口韱⿰口取不廉懺攕說文拭也或从手櫼說文楔也熸吳楚謂火滅爲熸蔪蔪蔪麥秀𧄶艸名百足也湛漬也禮湛饎必

絜通作漸⿱雨𢦏⿱雨韱說文微雨也或从韱纖刺也韱艸名山韭也鋑⿰禾𠬶鐫錐也或作⿰禾𠬶鐫○燅綫燅爓膶燖燂煔徐廉切說文於湯中爚肉或作綫燅爓膶燖燂煔文十六⿱艹燅菜名生山中⿱燅手⿱艹⿱燅手撏摘也或从艸从尋亦書作橪

橪木名細葉⿱燅巾博雅幨⿱燅巾巾也閻鬼閻地名在潁川⿰氵閻方言洿也○潛漸慈鹽切說文涉水也一曰藏也一曰漢水爲潛亦姓或作漸通作涔文二十二⿰阝朁縣名在廬江通作灊灊說文水出巴郡宕渠西南入江朁於朁縣名在丹陽

鬵⿱兟䰜爾雅鬵謂之鬵古从弜⿱竹沾說文蔽絮簀也䁮閉目內思也燂博雅煥也一曰炙瀾熸火滅螹螹蠸蟲名

一曰蜥胡似猨　膌揊肉也　燖爓⿰炎占沈肉於湯也或作爓⿰炎占　涔橬博雅濅涔栫也或作橬通作潛　⿱艹燚艸名五原之韭曰⿱艹燚　撍摘也　⿰羊朁羊腊　嶜嶜嵒山皃　○襳師炎切襳䙴毛衣皃文八　攕摻說文好手皃或作摻　幓縿⿰革毚旗正幅爲幓或从糸亦作⿰革毚　⿱雨韱微雨　⿰氵彡瀸⿰氵彡波皃　○苫詩廉切說文蓋也亦姓文六　笘說文折竹箠也潁川人名小兒所書寫爲笘　痁說文有熱瘧引春秋傳齊侯疥遂痁　枮木名　⿱沾女妗⿱沾女喜皃　葠說文喪藉也通作苫　○襜韂袡襝蚩占切說文衣蔽前一曰襌襦謂之襜或从韋亦作袡襝文二十五　幨裧⿰巾炎⿰巾僉車襜山東謂之裳幃一曰潼容或作裧⿰巾炎⿰巾僉　⿰魚炎袩佔衣動皃或作袩佔通作襜　緂說文白鮮衣皃　⿰女占小弱也一曰女輕薄皃　妗妗⿱沾女喜笑皃　惉怗苫音敝不和或作怗苫亦書作⿱占心俗作惉非是　⿸疒冉⿸疒皮說文皮剝也或作⿸疒皮　沾沾沾自整頓也　⿰多占⿰多占⿰多并多也　⿰足詹馬急行　詀多言　笘小兒書簡一曰折竹箠　⿰舌詹⿰舌詹舑吐舌皃　○詹之廉切說文多言也一曰至也亦姓俗作詹非是文十六　瞻說文臨視也　占說文視兆問也亦姓　沾沾沾輕薄也　厃仰也一曰屋梠秦謂之桷齊謂之厃　蛅蟲名說文蛅斯墨也　蟾蟲名爾雅鼁鼀蟾諸似蝦蟆居陸地　嶦山峯　⿰詹刂削也　點闕人名魯有曾點齊有鮑點　讝疾而寐語也　⿰目占目垂也　薝木名山海經爾谷之山多薝棘　⿰詹鳥鳥名山海經女祭山有⿰詹鳥其色青黃　譫噡多言或从口　○棎⿰木突時占切果名似柰而酢或从突文八　撏探取也或作探　蟾蟾諸蟲名　橬積柴

水中取魚也諜言不實讇寱言○䫇髥頾毦𣰮如占切說文頰須也或从髟亦作頾毦𣰮文二十三冄秝
冄冄毛皃古作秝呥呥呥自安皃一曰噍皃䑙䜆䑙長皃一曰吐舌䛁說文䛁䛁多語也樂浪有䛁邯縣抩博雅持也姌
弱長皃𤵥皮剝謂之𤵥袡䌪博雅褘袡蔽厀也一曰衣下襈或从糸枏木名說文梅也𪛊𤰅說文龜甲邊也天子
巨龜尺有二寸諸侯尺大夫八寸士六寸或从甲蚦說文大蛇可食蛅蛅蟴蟲名通作蚺𢓜遲行也𡖋𡖊𡖋多也䬯楚謂
相謁食麥爲䬯○霑知廉切說文雨霂也通作沾文四鉆鬼谷篇有飛鉆涅闇慼衺說沾水名黇黃色○覘
佔沾貼癡廉切闚也或作佔沾貼文十二䯐博雅髻也𢘋志懘樂音不和或書作怗鉆說文鐵銸也一曰膏車鐵
鉆𠠼說文播馬也銛銛也㚲說文妗也一曰妗婆喜笑皃𠜾剡物使薄閸小開門以候望也○𤆍持廉切說
文小熱也引詩憂心𤆍𤆍文四𧧺言利美也黇䵘黃色或从炎○廉𢋂槏㢘離鹽切說文仄也一曰自檢也又姓
亦州名古作𢋂槏㢘文四十七稴䅐稴䅐不實或从廉𤺥臞疾㡘𢅥說文帷也或从廉帘酒家幟䡲車輞
籢匳匲奩𥷈說文鏡籢也或作匳匲奩𥷈覝說文察視也𩟃說文嘰也一曰廉絜也鎌鐮說文
鍥也或从廉熑𤒻說文火煣車輞絕也引周禮煣牙外不熑一曰火不絕皃或作𤒻襝襝襜衣垂皃𢿄𪔵搛擊鼓

謂之𪋞或从壴从手 磏 說文𥕢石一曰赤色 嬚 女字 𩅰 說文久雨也 𧹎賺 博雅賣也或省 薟 白蘞藥艸

蘝 艸名似栝樓一曰蔓也 溓 說文薄水也一曰中絕小水 獫 爾雅長喙 蛝 說文海蟲也長寸而白可食一曰蚍

名 斂 斂盂地名 蠊 蜚蠊蟲名輕小能飛 𤬪 博雅水芝瓜也其子謂之𤬪 簾 說文堂簾也 薕 艸名說文蒹也一曰

三薕味酸可食一曰薑也 鬑 說文鬑也一曰長皃 臁 脛也 𦇌 縿也 𠟸 輕刺也 䜕 䜕讇言不正 槏 艸木

踈皃 ○黏粘 溓 尼占切說文相箸也或从米亦作溓文九 𩚭 方言陳楚之外相謁而飧曰𩚭 𪎭 青𪎭藥艸地節也華佗說

鮎 魚名 秥 禾也 黏 心有所箸 袡 蔽膝 ○炎 于廉切說文火光上也文三 惔 憂也詩如惔如焚 𪀚 廣雅𪀚離怪鳥

屬 ○淹 衣廉切說文水出越巂徼外東入若水一曰漬也留也文十九 醃 博雅醃藍葅也 腌 漬肉也 𩐏 小聲 俺

愛也 媕 女皃 閹 說文豎也宮中奄閽閉門者 𣪧 殳也 𨛔 邑名 崦㟏嶖 山名山海經鳥鼠同穴山西南曰崦嵫或

从弇从翕 菴葊 菴閭艸名古作葊 厭 溼意詩厭浥行露沈重讀 弇 弇中隘道 硽 石名 𧧊 𧧊消克當也一曰拏也 𥝾

𥝾𥝾禾苗美也 ○㦓 丘廉切㦓倚意不安皃文九 𨧢 曲頭鑿 嶔廞嵰 山高峻皃或从广亦作嵰 顩 顩顩醜皃 杴

𣜴 泄水器或从盦 𥂖 吳人謂盛衣櫝曰𥂖 ○黚 紀炎切水名南至鼈邑入江在犍爲文二 䢛 䢛尬行不正 ○䶢 牛廉切齒

差也文九噞鹼噞喁魚口動皃或从魚碒山名膁美也顩顩顩醜皃嶮嵰嶮山皃㘙呻也巗礹巗山皃
○鍼巨鹽切針也文一○箝𥮜其淹切說文籋也或作𥮜文三十三拑㪁說文脅持也或从攴扲博雅甾扲專職業也
靲鞮也鉗鉆說文以鐵有所劫束也或作鉆鈐說文鈐鏞大犂也一曰類梠耹地名國語回祿信於耹隧鍼葴
闕人名春秋傳秦有鍼虎或作葴𢂁𦁠市帛名或作𦁠忴忴惧心急也黔說文黎也秦謂民爲黔首謂黑色也周謂之黎
民引易爲黔喙仱仱侏古樂人黚說文淺黃黑也羬麙羊六尺爲羬或从鹿芩艸名岒山名蚙蝦蟹距也雂
鳹說文鳥也春秋傳有公子苦雂或从鳥衿紟衣系也或作紟軡軡中地名通作黔柑以木銜馬口也春秋傳柑馬而秣之
𩬸去鬚著鉗之刑玪玉名厱石地𥡛禾名○砭𥐞悲廉切說文以石刺病也或作𥐞文三楓木名似白楊○猈
𥶂蒲瞻切闕人名楚有史猈或作𥶂文四𣸣方言栝也柉木名○婝火占切說文婝姈也一曰喜笑皃文十㾾𤺤
物毒喉中病或从兼薟辛味一曰薟豨藥艸馦𤯍香也或省䵌黃色欦㰹貪欲或从咸𦅾口閉也
二十五○沾他兼切說文水出壺關東入淇一曰沾益也文十一添益也通作沾酟黇說文白黃色也𦀰罽也酟
和也𦧲𦧸𦧲䑙吐舌皃或作𦧸詀方言謰謱拏也南楚謂之詀謕呫嘗也婖女字𦯬青𦯬藥艸○𩬍丁兼切𩬍

鬑髟䟌文十二敁玷敁掇以手稱物或作玷佔佔侸下垂也一曰疲劇詀詀讝巧言祮衣袥也方言䘿謂之祮帆衹
領耑或从衣聑說文小垂耳也䀡竊視也一曰目垂皃𪖐鼸𪖐鼻垂䩞䩞醃面陋○甜甛徒兼切說文美也从甘从舌舌
知甘者或从食文八恬說文安也湉澹湉安流皃菾菜名治病熱萜藥艸胋䑛肥也或作䑛○鬑勤兼切說
文鬋也一曰長皃一曰鬑鬑髮垂文十二䆋禾黍䟌皃稴說文稻不黏者熑𤒓火不絕也或从廉𦗁𦗁聑耳垂鼸鼸𪖐鼻垂
䵊小也濂溓中絕小水或省磏礪石槏艸木䟌皃○鮎奴兼切魚名說文鯷也文三䬯說文相謁食麥也
拈說文抓也○馦𤮪馨兼切博雅馦馦香也或省文九𤻈喉病㾾蠚瘍也妗說文姿妗也一曰喜笑皃蘝
辛毒之味𪏷說文赤黃也一曰輕易人𪏷姁也𣣋口閉也欦博雅歛欦欲也○謙嗛苦兼切說文敬也或从口文七
慊意不足𨐹𨐹苦艱也𣣋持意堅固謂之𣣋一曰口閉熑燥輌也𢧵戈屬○兼䈴堅嫌切說
文并也从又持秝兼持二禾秉持一禾亦姓古从二秉文十二縑說文并絲繒也鶼鳥名比翼也稴𥻨稻不黏者一曰青稻
白米或从米蒹說文雚之未秀者䉶絲網曰䉶鰜說文魚也𨕵𨕵䢗行不正搛夾持也𤻈喉病
○嫌賢兼切說文不平於心也文六慊兼說文疑也或省通作嫌稴𥻨稻名或从米鰜魚名○浧其兼

切鬼谷篇有飛鉆湼閻劉昌宗說文一。鬖斯兼切髮垂皃文二攕拈攕手稱物

二十六。嚴㘙魚杴切說文教命急也古作㘙亦姓文十一䕾艸名⿱竹嚴厂說文雖射所蔽者也或省巖

⿸广嚴嶔巖險也或省⿰氵嚴巖凝寒也孍女字喦嶜喦山皃薟字林水中野韭。⿰韋僉虛嚴切博雅被也文十二杴

⿰木匳⿰片欠鍫屬或作⿰木匳⿰片欠⿰禾芡禾傷肥⿸疒僉⿸疒兼味毒喉中或从兼蘞艸味辛毒⿰火僉字林⿰火僉熇熱也薟

豨薟艸名一曰天名精⿸广匳⿸广欠櫃也或从欠。欦丘嚴切說文含笑也一曰多智也文七鈐鍫屬刃曲⿸厂僉山穴閒

嵁嵁巖不平歛欲也⿸广欠櫃也壧地穴。醃於嚴切漬藏物也文四腌肉漬淹久也剣刑也。黔

其嚴切黃黑色易艮為黔喙文三鉗鐵束鈙鈙敲不齊。黔居嚴切黃黑色文一。产之嚴切仰也一曰屋梠文一⿰言利

直嚴切言美利也文一。氾扶嚴切水名文一

二十七。咸胡讒切說文皆也悉也从口从戌戌悉也亦姓文二十四諴說文和也引周書不能諴于小民鹹說文銜也

北方味也俗作醎非是函揷鍤匱也杯也或作揷鍤一曰木名亦姓嵅山名在肴陵⿰車咸車聲麙羬說文山羊而大

者細角或从羊⿰馬咸⿰馬咸驩縣名通作咸鰜鰔魚名或从咸蠊蝛海蟲或作蝛稴⿰米兼稻不黏者或从米涵

同也詩僭始既涵鄭康成讀葴艸名爾雅葴馬藍今冬藍也瑊瑊玏石次玉者䎍䎍翻疾飛也椷趙魏謂杯曰椷鼜鼓聲

䶢口持不齧○㰹欦虛咸切含笑也或从今文十一妗女輕薄皃通作㰹⿰面今⿰面占⿰面今小頭醶鹵味⿰虫咸蠊蛤屬或从兼

喊呵也谽⿰谷今谽谺谷空皃或作⿰谷今麙羊絕有力○鵮⿰臽攴⿰臿攴立咸切鳥啄物也或作⿰臽攴⿰臿攴文十歁意不滿

嵁嵁巖不平⿸厂僉山穴閒顑頭頰長也⿰車咸車聲膁牛馬肋後胯前⿰兼頁⿰兼頁醜皃○緘居咸切說文束篋也文十

八⿱㰹糸喊說文監持意口閉也或从口玪瑊說文玪塾石之次玉者或从咸椷說文篋也一曰栝也⿰米咸塗也⿰鹵臽

䶢也⿺辶兼說文不正也⿰黑箴黬說文雖晳而黑古人名⿰黑箴字晳一曰釜底黑或作黬咸棺傍所以繫紼者齊人謂棺束為咸繩禮大夫

窆以咸通作緘䶢說文齧也⿰黑僉說文黃黑也⿰車咸車聲蒹雚未秀者葴艸名藍屬鰔魚名○⿰犭音於咸

切說文竇中犬聲文四淊沒也黯深黑色揞方言摩滅也荊楚曰揞○嵒魚咸切說文山巖也文十三⿰言嵒

諴戲言一曰和也或作諴碞說文磛嵒也引周書畏于民碞孔安國曰僭也取參差不齊之意⿰兼頁說文頭頰長也⿸咸鹵

齒高皃⿰骨咸⿰骨敢⿰骨咸骨高皃黬黑色⿸虍咸雄虎絕有力者⿰羊咸⿸鹿咸郊羊其大者⿰羊咸⿸鹿咸或作⿸鹿咸⿰犭咸羊牝謂之⿰犭咸

⿰兼齒齒美也○攕摻⿱削手師咸切說文好手皃引詩攕攕女手或作摻⿱削手文十七摲芟也禮有摲而播櫼

木名。霴霺雺細雨謂之霴或作霺雺　毿毛長皃　鬖鬖髿髮垂　犙犬容頭進也　釤闕人名晉有沙樓國帥釤

加⿰目參⿰目彡暫見也或省　嘇唅嘇物在口中　⿰車韱車聲　⿰木⿸厂冉木名。讒鋤咸切說文譖也文二十五　儳說文儳互不齊也

嚵說文小啐也一曰喙也　纔說文帛雀頭色一曰微黑色如紺纔淺也　饞饕也　⿰齒毚⿰齒毚⿰齒嚴齒高　⿰皐毚⿰皐毚⿰皐毚高皐　攙刺也

⿰革毚馬韉也　鏨鎜屬　酁說文宋地也　瀺瀺灂水落皃　毚⿰犭毚說文狡兔也兔之駿者或从犬　⿱雨毚小雨　獑

螹獑猢獸名似猨或从虫　⿺鼠韱博雅鼠名腰黑　⿰黑毚刋書謬也　鏩鏩鏩銳進皃　蔪麥秀　⿰忄毚吝也　⿰毚欠笑也　⿰身毚

⿰身監⿰身毚身長　⿰朁刂刺也。詀知咸切南楚謂謰謱曰詀謕文六　⿰面占⿰面占⿰面今小頭　站趈坐立不動皃或从走　⿰鹵占鹹也　⿰占鳥鳥啄物

。諵喃婻尼咸切詀諵語聲或作喃柬晳作婻文四　淰水濁。菱亡咸切博雅蘞也文一。⿰魚今才咸切魚名文一。袩

弋咸切徐行也文一。⿰忄咸湛咸切不安也文一。尖壯咸切銳也文二　⿰朁刂刺也

二十八。銜行乎監切說文馬勒口中从金从行銜行馬者也或省文十一　譀誕也調也　甉瓦施屋也　⿱甘䖵蟲名食爪者

嗛咁說文口有所銜也或作咁　⿱艹銜艸名　嵌嵌嵒深谷　⿰面今⿰面占⿰面今小頭　溓漬水沾物。監⿱𥃳言⿱監言居銜切說文臨

下也古从言或作⿱𥃳言文十　⿰目監說文視也通作監　鑑鑑諸可以取明水於月或書作鑒　⿰監刂脥切也　礛⿸厂僉礛⿰石諸礪也或作⿸厂僉　⿱監土

王名覽大夔。嵌嵰嵚廞丘銜切嵌巖山嶮或从兼亦作嵚廞文七𩪿𩪿骨高皃𢋈山穴開薟艸名菜屬

。巖嚴險魚銜切說文岸也一曰險也或省亦作險文九𪘨說文齒差也齴齴𪙊齒高礹說文石山也𡅅巗

說文岬也或从巖壛穴也。衫師銜切小襦通作襂文二十四𦄼幓襳襂𧜗說文旌旗之游也一曰正幅或作幓襳襂𧜗通作

衫韂𩋎馬韝垂皃或作轂彡說文毛飾畫文也髟髟髟長髮檆粘杉說文木也或省亦作杉芟蔪

說文刈艸也或作蔪纔帛青色穇稴穇禾穗不實犙牛三歲名𩅰𩃦細雨謂之𩅰或从戔𠟤刈也漢有𠟤胡子

萩禾肥曰萩槮森槮木長皃㺑犬容頭進也。欃初銜切爾雅彗星爲欃槍通作攙文十攙博雅銳也一曰刺也

㲋兔辰星別名或省𩕄鑱𩕄頭皃鼸鼠名黑耳白腰者嚵讒言也𠢐抄也𪓾𪓾𪑀少也纔

帛紺色。巉嶃漸鋤銜切巉巖高也或作嶃漸亦書作嶄文十五磛說文礹石也或書作嶃鑱鑯說文銳也一曰犂鐵

或从參劖說文斷也一曰剽也剗也艬博雅艬舟也欃㲋爾雅彗星爲欃槍一曰木名或省𨽌地名獑犬聲

蠶蟹屬𩈁面長醜皃儳儳互不齊。𧗵在銜切獸名𧗵猢類猿而白腰以前黑文三滲𨂃跡水也纔帛雀頭色

。𨅔皮咸切涉也或書作𨈳文三𣳳行淖中也淜徒涉也。𩕄力銜切䰐𩕄頭皃文三𪓝𪓝𪑀少也鬛鬛鬖髟長皃

○顢而銜切頰須也莊子黑色而顢文三冄秝毛長皃古作秝○漸側銜切流皃楚辭涕漸漸兮文三巉阜高皃覱

避也○讝女監切病人自語也文一

二十九○凡符咸切說文最括也从二二偶也从了了古及字亦姓文十七仉博雅仉儳輕也盄盌𥂁盋博雅杯也

或作盌盋亦省帆𦨖舟上幔所以汎風或作𦨖通作颿舥梵博雅舥謂之舷或作梵氾水名一曰地名在鄭亦姓柉木名皮可

爲索颯颯颯中庸之聲颿馻說文馬疾步也或从凡邔地名杋木名俗呼此木皮曰水桴○芝甫凡切說文艸浮水

中皃文八盌盂也風風也杋楓木名或从風氾水名訉言急也泛深也○顩頷顩顑丘凡切顩

頤醜皃或作頷顩顑文十欦欲也鈐鑿屬曲刃鈙鈙敧不齊㰹欦㰹也或从欠欦多智也含笑也○炎于凡

切火光上也文一○琔亡凡切玉名文一

集韻卷之四

集韻卷之五

翰林學士兼侍讀學士朝請大夫尚書左司郎中知制誥判秘閣兼判太常禮院群牧使柱國濟陽郡開國侯食邑三千二百戶賜紫金魚袋臣丁　度等奉

敕脩定

上聲上

董第一 覩動切 獨用

腫第二 主勇切 獨用

講第三 古項切 獨用

紙第四 掌氏切 與旨止通

旨第五 軫視切

止第六 渚市切

尾第七 武斐切 獨用

語第八 偶舉切 獨用

噳第九 五矩切 與姥通

姥第十 滿補切

薺第十一 在禮切 獨用

蟹第十二 下買切 與駭通

駭第十三 下楷切

賄第十四 虎猥切 與海通

海第十五許亥切　軫第十六止忍切與準通
準第十七主尹切　吻第十八武粉切與隱通
隱第十九倚謹切　阮第二十五遠切與混很通
混第二十一戶袞切　很第二十二下懇切
旱第二十三下罕切與緩通　緩第二十四戶管切
潸第二十五數版切與産通　産第二十六所簡切

一。蕫覩動切艸名說文鼎蕫也杜林曰藕根文十八　董正也督也通作蕫　蝀螮蝀虹也　懂懵懂心亂　箽付器一曰竹名或从重亦姓　⿰壴董鼞鼞鼓聲　⿰氵董物墮水聲　動振動拜也以兩手相擊而拜一曰今倭人拜以兩手相擊蓋古之遺法　橦木名　湩水濁　⿰石冬石墜聲　⿰口東多言　⿰扌東擊也　⿰月董肥也　⿰女董女字　⿰牛董牛名　⿰土董⿰土鼎墥封垤也。侗吐孔切侗胴直皃文十七　⿰彳同徿侗直行　⿰身同躘⿰身同身不端　⿰同頁說文直項或从頁亦書作⿰女同　捅進前也引也　⿰衤同衣短袖　桶說文木方受六升　⿺麥同餅屬　曈曈曨欲曙　恫痛也　硧磨也　⿰甬攵擊也　槦鴻槦木名可爲矢　⿱穴童⿱穴童竉闇也　⿰女甬女字　墥

堹墥封垤。動運僮動杜孔切說文作也一曰踈也古从辵从彳或作勭文二十一眮吳楚謂瞋目顧視曰眮詷諗詷急也

一曰共也挏說文攤引也漢有挏馬官作馬酒䞒赤色酮酒酢壞洞洞洞孝敬心至也硐磨也⿰同攴項直皃或書作姛沖

涌也桶廣雅桶樬箸筩也一曰方斛謂之桶筩甬候管或作甬桐水名莊子自投桐水胴侗胴直皃也一曰食䐁⿱穴同

通穴也⿰口動大歌謂之⿰口動峒山穴。竉魯孔切竹器文十四攏持也掠也一曰拗攏籌也儱儱侗未成器⿰忄龍⿰忄龍悷佷也襱

乘馬也一曰牽也一曰兼有襱襩袴之兩股曰襱襱或从賣曨曈曨欲曙巃巃嵸山孤皃竉孔竉穴也蘢蘢茸聚皃

朧肥皃躘躘⿰身同身不端徿徿侗直行。鸗盧動切鳥名小⿰馬巴也文一。琫鞛⿰革咅琣補孔切說文佩刀下飾天

子以玉諸侯以金或作鞛⿰革咅琣鞛一曰皮屨文十八玤玤說文石之次玉者以為系璧或作玤⿰糸封⿱封皮⿱封衣說文枲屨也一曰小兒皮

屨或作⿱封皮⿱封衣亦書作⿱封糸⿰虫菶蟲亂飛皃俸併俸小皃一曰密不見唪說文大笑也菶說文艸盛葑艸名爾雅蕵葑蓯

埲塺埲也⿰奉鳥鳥亂飛皃⿰丰頁耳本⿰瓜丰瓜多實皃詩瓜瓞⿰瓜丰⿰瓜丰通作唪。蠓母揔切蟲名說文蠛蠓也文十七鸏水鳥名矇

睄矇目未明⿰白蒙物上白醭⿰蒙頁⿰丰頁頭昏朦豐也大也矇睄矇目不明⿰糸蒙絲亂也懵懜懞廣雅闇也一曰

心亂或从夢从蒙幪茂盛皃詩麻麥幪幪濛微雨一曰濛鴻大水一曰小溝蒙蔑蒙飛揚皃⿱冖鳥鳥名⿱冖鳥也⿰月尨博雅膧也

庬庬澒未分之象通作濛。敵捅揁動切擊也引也或从手文九駷搖馬銜走或作擻鏓刀通竹節中一曰大鑿平

木者蔥蔥方言著篅自關而西謂之桶蔥或作蔥楤木名搃推也。總揔緫摠𢇛祖動切說文聚束也

一曰皆也或从手古作總摠𢇛俗作揔非是文二十八縱趨事皃禮喪事欲其縱縱爾從高大皃禮爾無從從爾鄭康成讀鬆鬆

馬鬣一曰鬉角或作騣通作總偬倥偬苦也一曰事多䁓相窺視南楚謂之䁓𢈤屋階中會也𢋈衆立也一曰兩屋合𨌖𨍉

車輪方言關西謂之𨌖或作𨍉熜說文然麻蒸也䅵稯禾聚束也或作稯𢯏鳥飛竦翼上下也蓯艸名爾雅須葑蓯一

曰葦蓯艸皃猣犬生三子鬷艸名爾雅素華軌鬷嵸巃嵸山孤皃䡯蒼色飾車嵕九嵕山名在雍州繱博雅

綮繱綃也璁美石憁悾憁倯不得志。嗊虎孔切囉嗊歌也文十三䀬䀬䀬日欲明𦚎𦚎𦚎月不明㦝愩心恍

憁曰㦝或省䪜頸頍頭昏𢻔擊也澒汞說文丹砂所化爲水銀也或作汞渢水風也䪨肥皃䀬曚䀬目不

明鴻濛鴻大水通作澒。孔孔苦動切說文通也从乙从子乙請子之候鳥也乙至而得子嘉美之也古人名嘉字子孔一曰甚也亦姓

古作孔文五空竅也通作孔倥倥偬事多一曰苦也悾悾憁倯不得志。澒汞戶孔切水銀也或作汞文十二𤆘𤆘

火皃𩓥頭直也鴻濛鴻大水通作澒琟瑦琟琟鳥肥大也或从鳥𠯫𠯫𠯫聲也𦕛𦕛𦕛耳中鳴𧉧蟲名𩗓

風皃錄鍾聲。蓊鄔孔切蓊鬱艸木茂皃一曰艸名可染黃文二十翁翁翁葱白色箹竹皃䨴䨴䨴雲皃滃說文

雲氣起也一曰大水皃螉蟲名暡暡曚日未明聬聬聬耳聲𡖇方言南楚凡大而多謂之𡖇勜頟勜劜屈強皃或从頁⿱穴翁

室中闇塕塵也㷰㷰然煙氣臃⿰月翁肥皃或从翁⿰香翁⿰臭翁香也或从臭嗡闇聲嵡山皃。嵷才總切巃嵷山

高峻皃文一。⿱艹𣬛菶蒲蠓切⿱艹𣬛⿱艹𣬛艸亂皃或作菶文十一唪大聲埲塕埲塵起⿰坴奉⿰坴奉⿰土孛煙塵雜起皃⿰香奉香氣盛也

熢熢㶻火氣漨漨滃水濆皃⿰鳥奉鳥亂飛皃⿰虫奉蟲亂飛皃⿵風奉風起皃。湡吾蓊切水名在襄國文一

二。腫主勇切說文癰也文八穜種類也或从重喠不能言也一曰喠喀欲吐踵說文追也一曰往來皃歱說文跟也一曰

迹也通作踵偅說文相迹也董董董髮短也通作種。⿰重隹⿰重鳥蠢勇切⿰重鳥飛皃一曰雀也或从鳥文四喠急喘也一曰喠喀欲

吐衝衝蓯相入皃張揖說。⿸疒童瘇⿺尢童尰⿰骨重豎勇切說文脛氣足腫引詩既微且⿸疒童或作瘇⿺尢童尰⿰骨重文七歱跟也喠

喠喀欲吐。宂乳勇切說文散也从宀人在屋下無田事引周書宮中之宂食俗作宂非是文三十四坈地名笂竹頭有足茸艸生皃⿰宂辱

不肖也一曰偈⿰宂辱劣也通作茸⿺毛茸⿺毛茸⿺毛茸猥雜皃一曰不肖搑說文推擣也軵⿰車茸⿰車宂說文反推車令有所付也一曰輕車或从茸从宂通

作⿰扌戎⿰扌戎相也⿰氵宂⿰氵宂⿰氵宂水皃氄⿰毛戎⿰毛冗⿰革茸⿸⿰毛冗縟說文毛盛也引虞書鳥獸氄髦或作⿰毛戎⿰毛冗⿰革茸⿸⿰毛冗縟⿱茸毛⿸广羽説文羽獵

韋綺引虞書鳥獸氄毛或作褎𡖋𡖋𡖋眾多也迒蹟行也或作蹟牨吳牛名蚢小蟲行𪕊說文鼠屬積禾稭
取使也績博雅索也𥟖秬黍𡊅地名傇眾也𦯬𦯬𦯬艸亂皃㦽戟屬○竦捒㨦㩳筍勇切說
文敬也从立从束自申束也一曰上也或从手古作㨦㩳文二十二愯𢥞悚說文懼也引春秋傳駟氏愯或作𢥞悚通作聳慫說文驚也
聳說文生而聾曰聳一曰高也從傱從從疾皃或从人𢺑擭執也推也或省縜𩓑獸前絆謂之縜或作𩓑亦書作
縜𧝓襌衣嵷嵱嵷山峯皃駷搖馬銜走也蓯衝蓯相入皃洶洶溶水皃愡忪楚人謂惲曰忪愡或作忪○衳
愡𧞤忪衳取勇切博雅衳襌幝也一曰帙也或作愡𧞤忪衳文六喠喠喀欲吐○𧝓足勇切博雅𧝓襟襌衣文四慫從
縱方言慫涌勸也或作從縱○捧拝奉撫勇切掬也或作拝奉文七㛔死也麷熬麥也周禮其實麷蕡徐邈讀淎水也
俸併俸小皃○覂㡰泛跁方勇切說文反覆也或作㡰泛跁文七𦦗𦦙所以枝鬲者或作𦦙㳭塗也○奉
捧𡗬父勇切說文承也或作捧古作𡗬奉一曰祿也文四唪口高皃一曰大笑○冢塚展勇切說文高墳也或从土冢一曰大也文五涿
偃水也湩水濁㟅山名○寵丑勇切說文尊居也一曰愛也文三𧼫𧼫𧽒小行埫埫塎不寧○重𡍞柱勇切厚也善也慎也古
作𡍞文九㣫說文遲也襱襩𧙕說文絝踦也方言袴齊魯之間謂之襱或从賣从同鮦說文魚名一曰鱶也𢃔廣雅𢃔謂之幪媑

女字。隴魯勇切說文天水大坂也因以爲州名文五 壠龍說文丘壠也一曰田埒或省亦書作壟通作隴 躘行正也 ⿱瀧土說文塗也。甬
尹竦切說文艸木華甬甬然也周禮鍾舞上謂之甬一曰甬東地名在越文三十四 埇地名在淮泗一曰道上加土通作甬 勈𢦒恿說文氣也一曰
健也或从戈从心亦書作勇 悀⿰忄勇⿰忄容心喜也一曰凡以器盛而滿謂之悀或从勇从容 踊踴說文跳也一曰刖足者屨或从勇 ⿺走甬說文
喪辟⿺走甬通作踊 ⿰口容⿰口甬喠⿰口容欲吐或从甬 慂容臾勸也方言南楚凡己不欲喜怒而旁人說者謂之慫慂或作容臾 搈說文動搈
也 傛說文不安也 俑說文痛也一曰偶人 衜道也 涌湧說文滕也一曰水名在楚國或作湧 溶說文水盛也 塎埫塎不寧 嵱
嵱嵷山峯皃 蛹說文繭蟲也 筩箭室 桶斛也通作甬 硧磨石 ⿰飠勇⿰飠甬食也或省 ⿰女甬女名 ⿰容彡垂帶飾皃 鰫魚名
。洶詾拱切說文涌也一曰洶涌水聲文七 詾衆言 兇恟說文擾恐也引春秋傳曹人兇懼或作恟 昫朐煦日出溫也司馬法鼓
旦明五通爲發昫或作朐煦。恐𢖶恖丘勇切說文懼也古从工或作恖文七 蒆艸名廣雅蒆華藺⿱艹碭也 拲兩手同械 ⿱巩足
行聲 ⿱巩禾穫也。拱共古勇切說文斂手也或省文二十九 拲⿱共木說文兩手同械也引周禮上辠梏拲而桎或作⿱共木 廾⿰手手說文
竦手也楊雄說廾从兩手 巩𢪃⿱巩丰說文袌也或从手亦作⿱巩丰 ⿰忄共說文戰慄也 珙⿰王凡璧也或作⿰王凡通作拱 鞏說文以韋束也
引易鞏用黃牛之革一曰固也亦縣名又姓 ⿱臼廾所以枝鬲者一曰舂器亦姓 ⿱巩車車輞一曰轢也 輁輁軸喪遷柩之具 栱杙大者曰

集韻 上聲上

王臻

栱⿱巩石說文水邊石也引春秋傳闕⿱巩石之甲⿱巩瓦⿱巩缶瓶也或从缶蛩蛬蟲名博雅蛩趗織或作蛬⿰魚共魚名博雅鯤也⿰酉巩鹹菹

獷獷平縣名在漁陽服虔說⿱巩馬馬名青毛善走日千里𦨭舟名孒孒孑井中小蟲蛩蟲名百足也○⿱巩木巨勇切穫

也文三洪凝也鞏曲轅一曰車軛○擁擁揹攡委勇切說文抱也或作擁揹攡亦書作擘𢫬文十六臃臃腫肉起灉水聚

雍睦也祐也壅廱邕堨塞也或作廱邕通作雍⿸广蟲⿱雍虫蟲名廣雅蠶也一曰蛘也或作⿱雍虫噰氣咽塞翁葱白色甕

甕類[illegible]吳王孫休子字饔食饐也⿱雨雍雲氣○湩覩鴂切乳汁一曰水濁文三⿰石冬石墜聲揰擊也○⿰豸農乃湩切博雅繷多

也文四繷博雅紛繷不善也癑說文痛也獽犬多毛○䳋母湩切鳥名似鷹而白或書作䳋文二⿰月尨豐大也

三○講古項切說文和解也一曰謀也習也文九港溝水分流也或作溝傋佬傋不媚皃耩⿰禾冓耕也或从禾虹螮蝀

也鄭司農曰白虹彌天或書作垂顜覯明也和也直也史記顜若畫一或从見通作講○構虎項切佬傋不媚文七⿰忄冓㑌構很戾⿰扌項

工山東謂擔荷曰⿰扌項扛或作扛通作傋⿰月冓肥皃顜邪視⿰忄頁勜頊多力○⿰忄翁⿰亻翁⿺乚翁鄔項切㑌構很戾或从人从乚文六⿰翁色

色深惡皃勜勜頊多力⿱翁巴⿱翁巴繷多多也○項戶講切說文頭後也亦姓文六銗說文受錢器也古以瓦今以竹一曰銗如缾可受投書⿱艹項

艸名似葵⿰忄頁勜頊多力澒汞水銀或作汞○⿰糸封⿱封皮補講切小兒皮屨一曰枲屨或从皮亦書作⿱封糸文三⿰丰頁耳本也○棓

梆棒𣏌部項切說文棁也謂木杖或作梆亦从奉从丰文十七 拝打也 稖邦禾屬 玤𤦙說文石之次玉者以爲系璧或作𤦙 厗周地名通作玤 蚌蜯鮮硥蛖說文蜃屬一曰美珠或作蜯鮮硥蛖 㤶怑悻悄很戾或从丰 𥐚石皃 ○佬毋項切佬㑌不媚文七 硥石皃 䳁䧣䳁鴡鳥名似鷹而白或从隹 䏶朦豐肉或作朦 厖豐也厚也詩爲下國駿厖徐邈讀 ○擃

搑匿講切攩也刺也或作搑文四 𡘈郺𡘈多也 𩞁河朔謂強食不已曰𩞁 ○控克講切打也文三 崆山皃 㱁堅固也

○㩧普講切擊也文一 ○𦗲雙講切博雅聾𦗲也一曰欲也悚也文三 㩳執也 從齊立皃 ○傯初講切衆齊也文一 𥰔帆張也

四 ○紙帋掌氏切說文絮一苫也釋名紙砥也平滑如砥一說古以擣絮蔡倫後以敝罔樹膚爲之一曰姓也或从巾文二十九 砥平石 坻隴阪也 坻汦說文箸也或从水 汦水名山海經拘扶之山汦水出焉 只㕥說文語已詞或作㕥 咫𦔮𧿹說文中婦人手長八寸謂之咫周尺也或作𦔮𧿹 抧說文開也 抵觝扺說文側擊也或作抵觝扺 枳說文木似橘一曰枳首蛇名一曰縣名在巴 軹說文車輪小穿也一曰地名通作枳 恀忯爾雅恀怙恃也或从氏 𪀚𪀚鵌鳥名赤足善禦焚 积說文多小意而止也一曰木枝曲 氏姓也 祇辭也易無祇悔馬融讀 疧說文歐傷也 訳廣雅調也 茋茋蒻艸名小萍也 蚳毒蟲名 ○弛

弛𢐅賞是切說文弓解也一曰捨也或作弛𢐅文十八 豕豕說文彘也竭其尾故謂之豕象毛足而後有尾古作豕 阤壞也

施捨也改易也通作弛 鉹鉐爾雅䰝鉹也或作鉐 侈大也一曰鐘形中央約 豨豨韋氏古帝王號李軌說通作豕 胣

肔刳腸也莊子萇弘胣或作肔 㞆𢇛闕人名莊子有謻㞆或从广 痑衆皃一曰自放縱 豙豕屬 㤬不憂事也

○侈奓侶敞尒切說文掩脅也一曰奢也大也或作奓古作侶文二十四 𨚚有大度也 𢇛庝說文廣也引春秋國語俠溝而

庝我或省 哆衆意春秋傳於是哆然外齊侯也一曰張口一曰大皃 誃謻說文離別也周景王作洛陽誃臺或作謻 垑說文恃也

謂恃土地 恀恃事曰恀 灖沾灖不和 姼說文美女也曰姑姼輕薄 𡛖妻母曰𡛖通作姼 鉹鉐說文曲鉹

也一曰䰝鼎一曰小刀或从氏 𤆵說文盛火也 𦙶肉物肥美也 袳移𠸿說文衣張也引春秋傳公會齊侯于袳或作移𠸿亦

書作衺 豙豕屬 茈茈虒不齊也 疧毆傷 ○是昰上紙切說文直也亦姓古作昰文十九 諟惿說文理也一曰

正也審也或从心 氏阺說文巴蜀山名岸脅之旁箸欲落㙑者曰氏引楊雄賦響若氏隤或作阺氏一曰姓氏也姓王者所賜氏

以王父字爲之 𧿒說文封也一曰積聚 徥行也 媞說文諦也一曰妍黠也一曰江淮之間謂母曰媞 姼美女一曰南楚謂妻母曰姼

恀忯恃事曰恀或从氏 褆美衣服皃 鯷魚名重千斤 狏狼屬似狐白色尾長見則有兵 踶牛展足謂之踶 𢐗

彈也䊓黏也崼山也。舓𦧇䑛𦧺甚尒切說文以舌取食也或从也从氏从是文五狧犬以舌取物。尒忍氏切說文詞
之必然也通作𠐍亦書作尒文八𠐍爾說文麗爾猶靡麗也一曰汝也从冂从㸚尒聲或省邇𨕹迩說文近也古作𨕹或作迩
薾說文華盛引詩彼薾維何嬭姊謂之嬭。躧𩌦蹝所綺切說文舞履也或从革从徙文二十二𩍓說文鞮屬謂革
履也屣屣不躡跟也灑汛也落也爾雅大瑟謂之灑言琴瑟多變聲流離布出如灑也簁籭說文簁箄竹器也或作籭纚
縰斯說文冠織也謂以緇帛韜髮或作縰斯矖𧢄𥌠視也或作𧢄𥌠蓰物數也五倍曰蓰孟子或相倍蓰或相什百
攦折也莊子攦工倕之指徐邈讀釃說文下酒也一曰醇也𧥃分也漇潤也𦌾䍦也襹襂襹旌旆皃縰毛垂
皃。𢫦阻氏切說文捽也文五跐蹈也𧘂䘹也𪌉𣇍磨麥也或从曰。揣𢿱𢯣楚委切說文量也度高曰揣一
曰捶之或从攴古作𢯣文七𧌰蟲動皃椯捶也𤼵也𩭙髮好皃𪋻膚如粟。捶棰主繠切說文以杖擊也或
从木文十四箠菙說文擊馬也一曰策也或从艸𢁒𦨴小巵或从專𩣡𩥂說文馬小皃籀从乑或書作𩥂𣈆
博雅春也㑰𠈗㑰小皃沝說文二水也錘鍛也諈諈諉煩重皃揣治也。菙埀是棰切水名周禮有菙氏共荊
菙以灼龜或作埀文八𡠥不悅皃壝土埒箠馬策錘鍛也捶以杖擊也𥟖博雅積也。繠橤乳捶切說

文垂也或从木文九蕊蘂艸木華蘂或作蘂通作橤𦸂艸秀不實蕊艸木叢生皃一曰香艸根似茅蜀人所謂葅香劙

柔弱也惢竹葉再生曰惢樬木名。𨑖𢓊徙𢓴𨘢想氏切說文迻也或从彳亦作徙古作𢓴𨘢文十五壐

璽說文王者印也所以主土籀从玉磃磃氏館名㐰𢓯佌說文小皃引詩㐰㐰彼有屋或作𢓯佌𤪌弛弓蓰

艸名杫榹木名可以爲器或不省。此淺氏切說文止也从止从匕匕相比次也文十七佌㐰𢓯小也詩佌佌彼有屋或作

㐰𢓯跐履也或書作𧿹𧺗說文淺渡也泚水清也𡗦直大也或書作𡗦䳄鳥名或書作鷲䮞說文馬名𢂑巾也

一曰布名玼皉玉色鮮絜或从白㚢舞也一曰婦人皃𧇀𧇀虎不齊也通作佌坻阪也鮆魚名。紫蔣氏切說

文帛青赤色亦姓文二十茈說文茈艸也一曰藟類一曰蕨屬訾𤺊說文不思稱意也引詩翕翕訿訿或从疒亦書作訿呰說文

苛也一曰此也呰說文窳也一曰短也𢫬說文捽也跐行皃一曰足踐也𣹕泚水名在長沙或作泚𩶝山海經汾水多𩶝魚

狀如鯈而赤鱗疵毀也通作訾佌爾雅佌佌小也毑姐母也或作姐𩚁惡食也管子𩚁食則不肥胔鳥骨一曰骨有

肉謂之胔或書作骴𣏕木名𥫯竹名𧙆衣縫。䯝髓𩨗膸選委切說文骨中脂也或作髓𩨗膸髓文十六

瀡齊人謂滑曰瀡𩜲𩟆𪍂豆屑和飴也或作𩟆𪍂靃靃靡弱皃一曰靃靃細皃䕪艸木花敷皃嶲巂

越嶲郡名或作嶲䔺博雅蔕也𤢖𤣈狞豚或不省。觜㖢嘴𠻳祖委切鴟舊頭上角觜一曰觜觿星名或

作㖢嘴𠻳文五𣏂說文識也一曰石鍼謂之𣏂一曰藏也。惢聚𥾯切說文心疑也从三心文三𤞞獸名雖狢也𥝩禾積

也。𢷾展豸切博雅刺也一曰至也文五䙝袳緻敝衣𪓘𪓘黹艸書勢崔子玉記𧭈言也𤺃下病。褫丑豸切奪衣也

文九𠜸剥也𧣳說文角傾也搋扡拸析也或作扡拸弛落也胣肔刳腸曰胣莊子萇弘胣徐邈讀或作肔

。豸𧉮丈尒切說文獸長脊行豸豸然有所司殺形一曰有足謂之蟲無足謂之豸或从虫文二十六芺艸名蒿也虒委虒獸名似虎

而角出廣陽廌解廌獸名通作豸傂佌傂參差皃通作虒扡析也𧣳觰角不端或从豸褫奪衣也易終朝三褫

之禔衣厚皃徥行徥徥謂之徥䊓黏也阤陁陊說文小崩也一曰崖際或作陁陊踶踶跂用力皃杝說文落也一曰

析薪鷈解也春秋傳虒有鷈乎徐邈讀通作豸蠆蠆介於背中簃連閣也締結也楚辭氣繚轉而自締𨻰地名

氐蟲名蚔蚑也坻秦人謂阪曰坻𥍮矛屬。邐輦介切說文行邐邐也一曰邐迤旁行連延也文九峛峛崺丘名㸚說文二爻也

𤼣病瘠黑也欐欐倚支柱也一曰重累跂踶跂用力皃離離跂攦臂皃纚連也攦折也。柅乃倚切說文木也實如梨

一曰檹柅木弱皃文十二伲㒩你汝也或作㒩你檷鑈絡絲趺一曰所以制動或作鑈通作柅𧙄檹𧙄衣好皃旎旖旎旌旗从風皃

狔猗狔弱皃䭲馜䭲香也呢聲也抳止也。○酏演爾切說文黍酒也一曰甜也賈侍中說酏爲鬻清文二十三匜器也說文似羹魁柄中有道可以注水迆迤說文衺行也引夏書東迆北會于匯一曰靡也訑𧥺自得之語或从匜崺峛崺丘名袘衣緣也肔胣刳腸也或作胣惿說文怟惿不憂事也搋拸扡析也或作拸扡雉下雉縣名在江夏也詞也斯也𠈊小皃效希明皃孈愚戇多態栘木名唐棣也褫福也陁阤邪皃或作阤。○企𤴗跂遣尒切舉踵也或作𤴗跂文九抧開也觖怨望也𨑥博雅避也忮害也健也逗曲行也吱行喘謂之吱。○枳頸尒切枳椇木名白石李也一曰枳首蛇名文四積多小意而止也汦水名鴃鴃鶌鳥名似烏赤足。○䓀尹捶切艸名方言芵北燕謂之䓀文十七蔳蘱艸名說文藍蓼秀一曰蔕也或作蘱笋芟說文艸之皇榮也一曰艸木華初生者爲笋或从䓀省貏豨猜隊說文豨也一曰俗呼小豨爲貏子或省亦作豨隊癟膗說文創裂也一曰疾癟或作膗嫢怒也孈愚戇多態揹摘博雅棄也一曰把也或作揹貐貜貐獸名類貙虎爪食人餚豆屑和飴也。○趌跬頃蹞窺躨犬繠切說文半步也司馬法凡人一舉足曰跬跬三尺也兩舉足曰步步六尺也或作跬頃蹞窺躨文十三跬奎跬躨開足皃或省頍說文舉頭也引詩有頍者弁缺巻幘也結項中隅爲四綴所以固冠者儀禮緇布冠缺項通作頍烓行竈𤎅火皃抧開也。○禕許倚切卧息聲一曰去涕文三戲

博雅擊也噧氣聲一曰多言○綺去倚切說文繒也亦姓文十三婍博雅好也通作裿㤦憾㤦儉意䞈𧼮行皃或从奇
㾨病疸也觭牛角謂之觭一曰角一俯一仰碕石皃齮齧也裿博雅禪襦謂之襜裿𡯷蹇也崎山形一曰崎錡
不安皃敧攲敧多少不齊皃○掎舉綺切說文偏引也文十五𡯷蹇也一曰一足行踦博雅脛也何休說閉一扇開一扇一
人在外一人在內曰踦門敧去也一曰不平𣧑棄也剞刻說文剞劂曲刀也或作刻庋庪掎攱閣藏食物也或作庪
掎攱觭得也周禮觭夢軹車輪小穿也裿博雅禪襦謂之襜裿枳枳椇木名一曰白石李○技巨綺切說文巧也通作伎文十
四妓㚊說文婦人小物也或从多徛舉脛渡也伎說文與也引詩鞫人伎忒錡釜也方言江淮陳楚之間謂之錡倚立也
易參天兩地而倚數王肅讀踦足脛也鬾鬼服䯨小骨䝼貝名崎巋崎山皃𩰻鈘三足鍑或从金○倚奇
隱綺切說文依也或作奇通作猗文十九猗犗犬一曰猗狔弱皃椅檹椅柅木弱皃一曰木名或从旖旖旑旖旎旌旗從風皃或
省輢說文車旁也踦立倚也春秋傳踦閭而語㾨䂬博雅痓也或作䂬𡯷蹇也陭隑也𥬳博雅𥬳簜笿篖也㡼
庋藏也䭲䭲𩡅香也裿裿裞衣皃攲掎攲匜不正也或省○螘𧕰蟻蛾𧗀語綺切蟲名說文蚍蜉也
或作𧕰蟻蛾𧗀文二十四齮𪘏說文齧也或从義亦姓錡說文鉏鋙也江淮之間謂釜曰錡一曰鑿屬𩰻鈘說文三足鍑也

集韻上聲五

一曰滫米器或从金 轙钀說文車衡載轡者或从金獻 艤南方人謂整舟向岸曰艤通作檥 檥榦也一曰木名 義儀

𡵂羲山高皃或作𨽌亦書作巇 礒硪石皃或省 羛羛陽鄉名在鄭 嬟婍嬟好皃 踦觸也莊子膝之所踦 綺闕人

名莊子有士成綺 䉝竹器 鄬地名○頠五委切說文頭閑也一曰靜也文十三 姽博雅好也 硊磈硊硊石也或从鬼

𪀗𩀡鳥名鳭鳩也即今布穀或从隹 頍弁皃 瓦屋甍也莊子纍瓦結繩 产說文仰也从人在厂上一曰屋梠秦謂之桷齊謂之产

峗峻峗山皃 䁻䁻䁻目好皃 跬開足行皃 洈水名在南郡○委鄔毀切說文委隨也一曰棄也任也安也文十五 唩聲也

骫說文骨耑骫奊也一曰骫骳屈曲也 𣩫說文鷙鳥食已吐其皮毛如丸 羵羊相羵也 蜲蟲名黍負也通作委 崣嶊崣

山高皃 萎荽藥艸爾雅熒委萎葉似竹表白裏青可啖或作荽 𡖺多也 磈碨䃬磈硊石皃或作碨䃬 捼捫也

嵬山皃○蔿羽委切說文艸也亦姓文十五 𤾨華榮也 薳說文艸也引春秋傳楚大夫薳子馮 寪說文屋皃亦姓 闟

闠說文闢門也引春秋國語闟門而與之言亦姓或从毀 鄬地名 隖阪名在鄭地 𧳂豕名 儰動揺也 𤸷說文口咼也 篙筍皮

𤻮病也一曰瘡烈 擕裂也 嫷愚也○毀毀虎委切說文缺也一曰壞也古从壬文二十 毇𥻶說文米一斛舂爲八斗一曰饘也或作𥻶

𧫴譭謗也或作譭通作毀 𡟊說文惡也一曰女字或書作𡟊 擊說文傷擊手也或書作擊 燬焜熄火也或作焜熄 烜取火官名周禮

司烜氏掌以夫遂取明火於日檓木名爾雅檓大椒今椒樹叢生實大者名爲檓𪇆鳥食吐毛如丸𥗥敗也列子事之破𥗥籔簗

籔春謂之毇或作籔亦省蘬艸名祪遷廟也通作毀。𨓏逶𥏶𡖒苦委切博雅㑧也一曰跂也或从委亦作𥏶𡖒文十二

蛫蟹屬跪說文拜也郈陸郈山名頠面頠也一曰厚也爾雅貝蚆博而頠魏細也秦晉之間凡細而有容謂之魏奎奎踽開足行皃薛綜

說垝陒毀垣也或从𨸏。詭謉譌古委切說文責也一曰詐也或从鬼从爲文三十三佹恑異也姽說文閑體行姽姽也恑

說文變也一曰悔也庪庋攱閣藏食物或作庋攱䄢祈祭山名或作祈通作庪庋𡧜通也祪說文祔祪祖也一曰毀廟

主佹𢻱重累也一曰依也或从支𢫬毀撤也垝陒說文毀垣也引詩乘彼垝垣或从𨸏郈山海經綸山東有陸郈山通作陒

𥦂穴也𨧫說文函屬一曰瑩鐵桅說文黃木可染者𥍣短矛洈說文水出南郡高城洈山東入繇觤䍧說文羊角不齊

也或从羊鵖鸐鵖鳥名子規也蛫說文蟹也一曰蟹六足者一曰鼠負也一曰猿類一曰獸名似龜善禦火蟡涸水之精曰蟡𣢸疲極也

跪𧼮張跪也或从走𩋙韉也。跪𧼮巨委切張跪也或从走文四峗硊山皃或从石。俾補弭切說文益也一曰俾門侍

人文十六𢓤畁使也或作畁通作俾𢻎博雅喬𢻎客也捭挾持也髀𨁈脾說文股也或从足从肉崥山足也一曰兩

石閭鞞劒削方言自關而西謂之鞞箄說文簁箄也博雅箄篗篆也方言筡箄析也𪏭說文黍屬𦳢萆艸名爾雅萆鼠

芫可以爲席或作萆 匲籠也 辟肶也。諀呲普弭切博雅諀訾毀也或作呲文十六 䫌傾頭也 𧣪角傾也 嶏山摧也

庀庇比治也具也或作庇比 疕說文頭瘍也一曰痂也 仳別也詩有女仳離 訿𧥮言具也或省 敉爾雅憮敉撫也孫炎讀

𨂂形下大也 蚍芘艸名爾雅蔽蚍衃或作芘。婢部弭切說文女之卑者也文七 庳說文中伏舍一曰屋庳通作埤 𨂂卑形下

大也或作卑通作庳 𢿘𢿘跬用力皃 埤田百畝謂之埤 髀股也通作𨂂。弭𢏽母婢切說文弓無緣可以解轡紛者古从兒通作彌文二

十五 渳說文飲也周禮大渳謂浴尸也 洱水名入洛通作沔 濔瀰洋沔水盛皃或作瀰洋洒 敉侎㥱說文撫也引周

書亦未克敉公功一曰愛也安也或从人从心 㥱也 𨵨褊狹也一曰智少力劣而爭 罙冒也 芈咩說文羊鳴也亦姓或作咩 𡫋

熟寐也 蝆蟲名爾雅蛣蟞強蝆今米穀中小黑蟲一曰蝆蝆螗蜋也 䕼爾雅䕼春艸 彌辟止也周禮彌災兵或作辟通作弭

髀股也 㰁具也 絡絲 瞇眇目也 𢐀弛弓。彼補靡切說文往有所加也一曰對此之稱文八 𣩬說文裂也 佊埤倉邪也

柀木名說文椒也一曰折也 罷㒑遣有罪也或从人罷亦姓 貏貏豸漸平皃 紴錦屬。𣧹普靡切折也文七 披

裂也 𦽐艸名 紴錦屬 柀柀檆木名 秛租也 頗闕人名春秋傳楚有薳頗。被部靡切寢衣一曰及也亦姓文八 罷

艸名 罷弱也易或鼓或罷徐邈讀一曰散也春秋傳布路而罷一曰遣有罪 貏貏豸漸平皃 埤下濕也春秋國語松柏不生埤 𣧹

折也骳骫骳曲也庳舍下也○靡母被切說文披靡也一曰靡曼美也一曰無也文十五𡾰山名𨇁𧗿𧗿行皃或作
𧗿𧗿通作靡𥻵碎也孊女字漢許皇后姊孊⿸麻⿱非耳說文乘輿金馬耳也寐𥩂孰寐也或作𥩂骳曲也蘼艸名
爾雅蘠蘼虋冬通作靡縻散也易吾與爾縻之徐邈讀𤃫水流皃旇旌旗皃○𤢋猜直婢切狩狏也或从豕文三
種小積也○萎䔣女委切艸名爾雅熒委萎或作䔣文二○鮆自爾切刀魚也文一
五○旨香𣅀𣅀𠮛𣅀軫視切說文美也古作香𣅀𣅀𠮛或作𣅀文十九恉說文意也通作旨指脂說文手指也或从肉
祁地名⿰目言說文許也厎砥說文柔石也或作砥厎一曰定也耆致也通作厎⿱艹厎茋⿱艹厎蒻艸名萍也或省⿰禾旨禾名氐
氐道地名在廣漢鞱蓋杠絲也○矢笶𥎦𠓛矧視切說文弓弩矢也从入象鏑栝羽之形古者夷牟初作矢或从竹古作𥎦𠓛矢
一曰陳也文十一芺說文菜也⿱艹囟𡳧𡲠𡳝𡳞說文糞也从艸胃省或作𡳧𡲠𡳝𡳞通作矢⿰石矢石墮聲○視眎眡
眂善旨切瞻也比也或作眎眡古作眂文五鉃箭鏃○水數軌切說文準也北方之行象衆水並流中有微陽之氣也文四⿱𥫗水竹名𨑾
𨑾𨒪短皃準平也一曰車轢脊不停水○𨒪汝水切𨑾𨒪短皃文一○死𦬂𣦸想姊切說文澌也人所離也古作𦬂𣦸文三○姊蔣兕
切說文女兄也文四秭說文五稯為秭一曰數億至萬曰秭笫牀也方言陳楚謂之笫𠂔止也○𠒋兕𧰿光雉字姊切獸

名說文如野牛而青象形與禽离頭同一說雎犀也古作兕𠈀或作兇雉文十 羠說文騬羊也 𧰳𧳢豕也 薙芟艸也 荑苵艸名

萬也或从矣 ○趡取水切說文動也引春秋傳盟于趡趡地名文二 𨅮狂走一曰趡也 ○濢祖誄切說文小溼也文九 臎博雅臎髁骨也一曰

肥實謂之臎 啐鳥喙一曰鳥聲 璻玉色 㞂脧赤子陰也或从肉 嶊山皃或省 崔山曲也 ○嶵粗耒切嵬嶵山

皃文一 ○黹展几切說文箴縷所紩衣或作絺希文十五 𧜉絺緻說文紩衣也或作絺緻 夂說文从後至也象人兩脛

後有致之者 𧶭財物相當 鏽鑽也 𪓎說文刺也 桎礙也 鵗雉名通作希 𪐵𪐵黊艸書勢 㯓木枝 軝大車後至 ○彝

𧍐楮几切移蠶也蠶或从蠶文二 ○雉𨿑鴙𪄇直几切鳥名說文有十四種盧諸雉喬雉鳪雉鷩雉秩秩海雉翟山雉翰雉卓雉伊洛而南曰

翬江淮而南曰搖南方曰𩀱東方曰甾北方曰稀西方曰蹲古从弟或作鴙鵗雉一曰陳也理也文十一 滍泜說文水出南陽魯陽堯山東北入汝或作

泜 𨼆山名 𩌈驂具 薙芟也 埃垁城三堵也太玄閑黃埃或作垁通作雉 ○履履履𩕄頣履𡲴

兩几切說文足所依也或作履𩕄古作𩕄頣履𡲴文六 ○柅女履切說文木也實如棃一曰止車輪木文七 檷鑈絡絲柎或从金通作柅 詉呢

言以示人或从口 抳博雅止也一曰手指物 尿說文篗柄也通作柅 ○壘魯水切說文軍壁也亦姓文四十四 垒說文垒墼也 厽

說文絫坺土為牆壁象形 絫累說文增也絫一黍之重也或作累 礨𡾎壘嵬磊碨礧山皃或作𡾎壘嵬磊通作壘 藟

虆說文艸也引詩莫莫葛藟一曰秬鬯或作蘽　蘽櫐𣡿說文木名爾雅山櫐似葛虎櫐有毛刺或省籀作𣡿　藟山海經藟山其上有玉　膘皮起也　樏山行所乘一曰盤隔器名一曰木實　㵽溭㵽水波涌起皃　漯灅瀃水名出鴈門或作灅漯　雷推石下也

畾畾空小穴一曰小封也　畾田閒謂之畾　轠轠轤車　讄𧫦讄諑說文禱也累功德以求福引論語讄曰禱尒于上下神祇或作𧫦讄諑通作誄　誄說文諡也　耒田器　鸓蠝獵猓䴎鼺說文鼠形飛走且乳之鳥也一曰以其䫇飛或作蠝獵猓䴎籀作鸓亦書作鸓

猚蜼獸名似狖卬鼻長尾或从虫　傫姓也春秋傳飲之無傫氏　䉂纝法也一曰法可以䉂网人心李舟說或从糸　擂魁擂喪家之樂　○唯愈水切說文諾也文十九　鷕雉鳴　嫶愚而多態　蜼獸名爾雅蜼卬鼻而長尾　踓趡走皃或从走　壝埒也

瀢瀢遺魚行相隨皃一曰魚盛謂之遺一曰水流皃一曰膏液　鰖𨼆𨽍魚始生者或作𨼆𨽍　蓶說文菜也一曰似馬韭而黃　沇沇溶水流澗谷中　撱𢷬博雅棄也或作𢷬　𤻎創裂一曰病也　抁揣也動也　遺饋也　𧑏蟲名似蜥易有文　○𥌇虎癸切恚視也文二　婎姿婎自縱皃

○癸𣶒頸誄切說文冬時水土平可揆度也一曰北方之日古作𣶒文三　湀水通流　○揆巨癸切說文葵也一曰度也文六　楑說文木也一曰度也　㥨㥨㥨竦悸也　嫢好也小也一曰秦人謂細而有容曰嫢　湀說文湀辟深水處也　猤獷悍

也　○歖𣢞隱几切歖欬驢鳴或省文二　○唏許几切博雅笑也一曰哀而不泣文五　𩏑息也一曰卧息聲　韢涕也　𢿞擊也　䛥語也

方迪

○几舉履切說文踞几也象形周禮五几玉几雕几彤几髹几素几文十机說文木也邔說文地名屼說文山名一曰女屼山弱水所出屇

㞆赤舄或作㞆通作几麂鹿二歲曰麂𪊑麂說文大麋也狗足或从几犱獸名兔喙而虵尾○跽腃巨几切說文長

跪也或作腃文七郿山名𡸫跽說文長跽也或从足亦書作巷邔邑名在河南畀舉也○洧羽軌切說文水出潁川陽城山東南

入潁文五鮪魚名說文鮥也引周禮春獻王鮪一曰水名鞏縣西北臨河有周武山下有穴通江穴有黃

魚春則赴龍門故曰鮪岫今為河所侵不知穴之所在痏說文疻痏也䵋黃色侑祐也○巋苦軌切山小而衆曰巋一曰高峻皃文六

蘬艸名爾雅紅蘢古其大者蘬樻椐樻木名頯大朴皃莊子而頯頯峞峞巍山皃䙆視皃○軌衜𨑥矩鮪

切說文車徹也或作衜𨑥文十九簋𠤳朹說文黍稷方器也古作𠤳朹通作匭匭匣也晷說文日景也宄𡧓𡦹說文

姦也外為盜內為宄古作𡧓𡦹𡣕竦身也厬濐𣿅𣸈說文仄出泉也或作濐𣿅𣸈氿說文水厓枯土也引爾雅水醮曰氿䪫

香艸䫊𪕔屬中央廣而兩耑銳者○鄙補美切說文五酇為鄙文十三啚𡆵說文嗇也古作𡆵通作鄙娝姓也肥薄也列子

口所偏肥通作鄙𤺊痞腸中結病或作痞仳離也秕粃穀不成者或从米沘水名北至壽春䮘獸趨行皃否

惡也○嚭噽普鄙切說文大也引春秋傳吳有太宰嚭或从丕文十六秠䅣黑黍也爾雅秠一稃二米或从否疕創也𡷤

壞也𢻃𣧧方言南楚謂器破未離曰𢻃或从皮岯伾山名或从人仳說文別也引詩有女仳離庇比庀具也或作比庀䚰訛

言具也或省○否部鄙切塞也文十八痞說文痛也仳離也𢻃齊楚謂璺曰𢻃𢂑幓裂也圮𨢍說文毀也引虞書方命圮族或

作𨢍崩說文閒也豾獸名貍也方言北燕朝鮮之間謂之豾苤艸木枯落殍𣧾餓死或作𣧾岯䬵坯伾山一成曰岯或

作䬵坯伾瓿瓶也駓駓騃獸行也○美母鄙切說文甘也从羊从大羊在六畜主給膳也美與善同意文九媺善也通作美媄說文色好

也渼水名在京兆一曰水波𦸗艸名犛獸名似牛𥧉熟寐也眯物入目病敉疾也○匕補履切說文相與比敘也

匕亦所以用比取飯一名柶文二十四比夶並也古作夶𢂑說文幓裂也妣𡛓說文殁母也籀省𥙊𥘵說文以豚祠司命引漢律

祠𥙊司命或省枇朼所以載牲體或省通作匕秕粃𥝠說文不成粟也或从米亦省𨠍𨟻酒名或省沘水名在廬江灊縣

疕說文瘍也一曰頭痛也髀䟆說文股也或从足𣹟以水澂物魮魚名尾有毒紕說文氐人繝也芘艸名牝獸雌者牝○牝

並履切畜母文三蜌小蛤狴獸名似豕○柿側几切削木餘也詩傳許許柿皃文二緇黑色○㠑丑水切山皃文一○巵藝蓶切山

皃文一○郈巨軌切山名文一○沝之誄切闔人謂水曰沝文一

六○止諸市切說文下基也象艸木出有阯故以爲足一曰已也文十五趾足也阯址說文基也或从土沚洔說文小渚曰沚

引詩于沼于沚或从寺　時說文天地五帝所基址祭地右扶風有五時好時鄜時皆黃帝時祭一曰秦文公立也　杫板施於礎上柱下者　芷
香艸　茝艸名蘪蕪也　祉福也　砋擣繒石太玄輆于砋石一曰礪石　⿱⺮止竹名　訨許也　⿰氵芷水名一曰原名在霸陵其上　○𦽊
齒𠚒齔止切說文口齗骨也一曰年也列也古作齒𠚒文六　⿱艹齒馬藺艸名　⿰糸止績苧一紙謂之⿰糸止　茝艸名　○始乱乨
乨首止切說文女之初也古作乱乱乨文五　⿱艹始艸名　○市士止切說文買賣所之也文九　恃⿰忄市說文賴也或从市　畤田際也一曰平
時地名　沶縣名　洔溡水中小陼也一曰水暫益未減曰洔或从時　鈰劒名　⿱⺮市竹名出南方荒中長百丈圍三丈　○耳忍止
切說文主聽也一曰語已詞文八　洱山海經水名在罷谷山　⿰糸耳⿰糸耳⿰糸耳纚盛皃通作耳　駬騄駬馬名　珥珥瑠　⿺鼠耳⿺鼠耳⿺鼠耳鼠屬一說鼠形
如獸　餌米餅　栮木莫　○滓壯仕切說文澱也文十一　笫說文牀簀也　⿱食止胏⿰月宰⿰月仕說文食所遺也引易噬乾⿱食止揚雄說
⿱食止从市或作⿰月宰⿰月仕　⿸疒市說文瘕也　⿱艹宰苐說文羹菜也或作苐　⿰扌此戟撮也　𠂔止也　○剚⿰叕刂⿰叕刂測紀切博雅割也或
作劉剚文六　⿰叕己⿰叕欠⿱叕欠齕也或作⿰叕欠⿱叕欠　○史爽士切說文記事者也亦姓文八　⿰犭史⿰豸史獸名似犬或从豸　使⿱㞢又說文令也
古作⿱㞢又　⿰氵史水名在河南　駛疾也　⿰皀史香之美者謂之⿰皀史　○士上史切說文事也數始於一終於十从一从十孔子曰推十合一爲士亦
姓文六　仕說文學也　柹說文赤實果俗作柿非是　戺爾雅落時謂之戺一曰砌也或書作⿰阝巳　⿱艹鄕鄉名在密縣通作士　事

從所務也。俟牀史切說文大也引詩伾伾俟俟文十四竢䅀𥩟𢓊𢇛𤶸𨑖𡱝說文待也引詩不竢不來或作䅀𥩟

𢓊𢇛𤶸𨑖𡱝通作俟騃獸行皃𡲬屓也方言西南梁益之閒謂之𡲬涘說文水厓也引周書王出涘𤙭牛一歲謂之𤙭𥐜石墮

聲。枲想止切說文麻也𨥈籀作𨥈文十五葈菓胡葈艸名枲耳也或作菓葸博雅愼也一曰質慤皃䈤䈤篣竹名

一枝百葉有毒如董𥳑竹篾崽博雅子也諰說文思之意也一曰直言愢謙也𠩺說文石利也𤟕偲不安也或从人笥

竹器鄎漢侯國名。子𢀈𡦘祖似切說文十一月陽氣動萬物滋入以爲偁象形古作𢀈𡦘文十七仔仔肩克也虸虸蚄蟲名

害稼秄耔芓說文壅禾本或从耒从艸梓榟木名說文楸也或从宰杍治木器曰杍通作梓吇吇吇鳥聲𠂔說文止也从𣎵

盛而一橫止之也𨸝地名釨鋅剛也或作鋅𡵪縣名在犍爲一曰𡵪腸。佀似以㠯象齒切說文象也或作似亦省

古作㠯文三十四巳說文巳也四月陽氣巳出陰氣巳藏萬物見成文章故巳爲蛇象形祀𥛂禩祠禩說文祭無巳也或从㠯从異从司古作禩

姒妀爾雅娣婦謂長婦爲姒婦亦姓古作妀枱梩䎣耜杞𦓡田器說文臿也一曰徙土輂齊人語或作梩䎣耜杞𦓡鈶矛屬

鋁釲博雅鋁鉛鋌也或作釲攺𢻱攺大剛卯也佁至也呂氏春秋佁儗之機高誘讀汜說文水別復入水也一曰汜窮瀆也引詩江有汜

洍㳲說文水也引詩江有洍或作以𪊑鹿二歲名郘國名𤬦甈𤬦甎也枱辝耒耑或作辝通作鈶圯東楚謂橋曰圯苢

苡 薏苢艸名一說禹母呑薏苢而生禹故以爲姓或作苡 ○徵 展里切宮音所生也亦姓文六 𦺇 艸名紫芎也 𣯧 獸毛多曰𣯧 敳

赳王證也也 𢷎 刺也 ○恥 誀 丑里切說文辱也或作誀文四 祉 說文福也 𧈬 蟲伸行或書作蚩 ○峙 偫 丈里切爾雅偫供峙具也或

作偫文十九 跱 峙 跱躇行不進也或作峙 時 畤 畜財也或作畤 恃 心不明 庤 畤 說文儲置屋下也或从田 植 持也

偫 說文待也 洔 說文水暫益且止未減也 痔 說文後病也 秲 稻名 塒 鑿垣棲雞也 滍 水名出魯山 騃 獸行皃 畤 祭處

峙 山獨立皃通作峙 ○里 兩耳切說文居也文十五 理 說文治玉也一曰正也文也 𨛫 𨸹 說文南陽西鄂亭或从邑 俚 說文聊也一曰下俚或曰

南夷種名 娌 妯娌娣姒婦也 悝 憂也 㾖 爾雅病也 裏 說文衣內也 艃 䑴艃舟名 李 說文果也亦姓古書作杍 鯉 𩸩 魚名說文

鱣也或从裏 梩 臿也一曰輂也 𦕰 地名 ○㠯 以 養里切說文用也从反巳賈侍中說巳意巳實也象形或作以文十四 巳 止也 佁 癡也 攺

𢾊攺大剛卯也 苢 苡 艸名說文芣苢一名馬舃其實如李令人宜子周書所說或从以 廙 石利也 笖 笥也 㹏 伊獠姓 汜 洍 水決復入

或作洍 叕 張羅皃 𡰿 踞也 ○矣 羽巳切說文語巳詞也文八 唉 譍辭 䓇 艸名蒚也 俟 大也 㑆 哭餘聲 㥞 說文痛聲

欸 欸歌騄鳴 騃 獸行皃通作俟 ○喜 歖 憙 許巳切說文樂也或从欠从心文九 訢 喜也 唏 方言痛也一曰笑聲 蟢 蟢子蟲名

蠨蛸也 𪖐 臥息 暿 盛皃一曰熱也 嬉 末嬉夏桀妃字 ○起 迉 口己切說文能立也亦姓古从辵文十六 屺 峐 說文山無艸木也引

詩陟彼屺兮或作峐亦書作岂 𡵂 山高皃 玘 説文玉也 邔 縣名在南郡 杞梩 木名説文枸杞也一曰國名亦姓或作梩 芑 説文

白苗嘉穀 己 姓也 苉 藥艸可治金瘍 ⿰禾己 禾名管子其種穋⿰禾己 ⿱竹己 簟也 㠱 古國名衛宏説與杞同 ⿱艹㠱 艸名馬喫之則馴通

作芑 〇己 ⿱己工 苟起切説文中宮也象萬物辟藏詘形也古作⿱己工文八 邔 説文南陽縣 紀 説文絲別也又國名亦姓 妀 説文女字也 ⿱己口

言也平也 改 更也 ⿱丞己 儆也身所承也 〇擬儗譺疑 偶起切説文度也或从心从言亦作疑文十三 儗 説文僣也一曰相疑 薿

⿰禾疑 説文茂也引詩黍稷薿薿或从禾 孴𣊫孖 説文盛皃一曰若存籒作𣊫或作孖 ⿰口疑 聲也 ⿱疑言 博雅調也一曰詒也或書作譺 騃

馬行皃 〇譩 隱巳切恨辭文五 醫醷臆 和醴酏爲飲也或作醷臆 噫 嘆聲 〇芑 巨己切白苗也詩維糜維芑徐邈讀文二 忌

戒也 〇你 乃里切汝也文一 〇弟 蕩以切次也悌也文一 〇禮 隣以切體也履也文二 醴 濁酒 〇體 天以切四支也文三 涕 目汁 緹 赤色

〇啓 詰以切開也文一 〇薺 茨以切艸名文一 〇潎 鋪市切水擊絮也文一

七 〇尾尾㞙 武斐切説文微也从到毛在尸後古人或飾系尾西南夷亦然又姓或作尾古作㞙文十八 浘

浘潤海浼一曰水流皃一曰泉底 娓 説文順也一曰美也 ⿰赤尾 赤色 ⿱艹尾 艸名 ⿰食尾 食餘 ⿰風尾 ⿰風尾⿰風尾風偃物 亹亹 亹亹勉也或从

文通作娓 虋 艸名一曰赤粱 ⿸尸来 ⿰禾尾 廣雅饡也或作⿰禾尾亦書作⿰米尾 ⿰山尾 山名 ⿱竹尾 竹名 ⿰石尾 砡⿰石尾磨也 梶 樹杪 〇斐 妃尾切説

文分別文也引易君子豹變其文斐也文十五 ⿱非巳說文別也一曰鳥名似梟 悱⿰忄匪心欲也或从匪 朏說文月未盛之明引周書丙午朏古作蚏 菲艸名說文芴也一曰薄也 騑馬名 俷背也史記燕王策曰無俷德 悲博雅悵也 棐方言猝也 誹非說文謗也或省 痱鬼痛病 ⿰禾非禾穗皃 棐棐林地名 ○匪⿰糹匪府尾切說文器似竹筬引逸周書實玄黃于匪或作⿰糹匪通作篚匪一曰非也文十九 篚說文車笭也 棐說文輔也 榧木名有實出東陽諸郡 餥說文餱也陳楚之間相謁食麥飯曰餥 蜰蟲名爾雅蜚蠦蜰 棐方言猝也 ⿱非䖵蟲名負蠜也或从虫 蜚 ⿱非土塵也 斐文章皃 ⿱非丰說文兩壁耕也一曰覆耕種也 誹謗也 ⿰足非刖也 ⿱非巳鳥名山梟也 ⿰禾匪稻名

⿱人美賤事也 ⿰忄匪心欲也 ○膹父尾切膗也文十 ⿰禾蕡稻紫莖不黏者 樻⿰舟賁舟邊也或作⿰舟責 蟦蠐螬也 陫⿰阝匪陋也或从匪 ⿰金非小丁 ⿱非土塵也 俷肥薄也 ○豨狶許豈切說文豕走豨豨古有封豨脩虵之害或作狶文七 唏說文笑也一曰哀痛不泣曰唏 ⿰言希⿰言希⿰言希語也 俙僾俙仿佛也 ⿰鼻希卧息 靅雲皃 ○豈去幾切說文還師振旅樂也一曰欲也登也非也文二 ⿱艹豈說文菜之美者雲夢之豈 ○蟣⿱幾虫蟻舉豈切說文蝨之子一曰齊謂蛭曰蟣或作⿱幾虫蟻文九 幾⿱幾又且數古作⿱幾又 穖說文禾穖也 ⿺鬼幾南方之鬼曰⿺鬼幾一說吳人曰鬼越人曰⿺鬼幾 ⿱幾血血祭謂之⿱幾血 ⿰酉幾酒浮也 ○扆隱豈切說文戶牖之間謂之扆通作依文十一 依譬喻也 ⿸厂衣⿸广衣廣雅⿸厂衣隱翳也或作⿸广衣 ⿱依心⿰亻哀說文痛聲也引孝經哭不⿱依心或作⿰亻哀 僾僾俙仿佛也 㐆歸也从反身 靉靉靅

雲皃⿰阝衣陵名⿰石衣石聲○顗語豈切說文謹莊皃文三螘蟻蟲名蚍蜉也或作蟻○韙羽鬼切說文是也引春秋傳犯五不韙籀通作愇文三十二愇恨也偉⿱韋木說文奇也一曰美也或作⿱韋木煒說文盛赤也引詩彤管有煒暐光盛皃𩏡韡說文盛也詩萼不韡韡或从華椲說文木也可屈爲杅者葦艸名說文大葭也通作⿱竹韋瑋廣雅瑰瑋琦詭也一曰美玉鍏臿也媁美姿⿰衤圍重衣皃緯束也颹大風謂之颹徫行皃⿰扌韋逆追也⿰口韋呼聲崴㟪畏山皃或作㟪亦省或書作⿱山畏⿱竹畏篚也渨渨灅水波涌起皃𩎡羊相逐皃一曰羝也⿱鬼韋鬼也⿸疒韋弱病犩牛名嵬𡾋山險也或作𡾋碨磈石皃或从鬼○虫詡鬼切蟲屬說文一名蝮博三寸首大如擘指象其卧形物之微細或羽或毛或介或鱗以虫爲象通作虺文十四虺蟲名說文虺以注鳴引詩胡爲虺蜥⿱畾虫⿱畾歸闕人名仲⿱畾虫湯左相或作⿱畾歸⿱畾虫通作虺⿱雨虺雷聲㷂燬說文火也引詩王室如燬春秋傳衛侯燬一曰楚人曰㷂或作燬娓美也⿰隶鼻卧息卉說文艸之總名⿰虫犬獸名𣳚𣴎水流皃或从卉○鬼䰟矩偉切說文人所歸爲鬼从人甶象鬼頭鬼陰氣賊害从厶或从示鬼一曰遠也慧也文四愧博雅愧愇緌也磈石皃○嶉子尾切山曲也文二⿰口翠鳥嗉○隹諸鬼切山皃莊子山林之畏隹李軌讀文一○恢苦虺切大也一曰恢怩譎怪文一○壘良斐切山皃文一○儡魚鬼切儡然意不安定皃文五⿰扌危懸也嵬⿱山歸山高皃或作⿱山歸⿰石委石皃○壝欲鬼切起土爲埒也文一

集韻上聲五　十五　陳俊

八。語𠱡偶舉切說文論也古作𠱡文二十三 齬說文齒不相值也 圄說文守之也 圉說文囹圉所以拘罪人一曰圉垂也一曰圉人掌馬者亦姓通作圄 禦說文祀也 篽籞魰篽𧄔說文禁苑也引春秋傳澤之自篽或作籞魰篽𧄔 敔梧說文禁也一曰樂器椌楬也形如木虎或作梧 𨧰𨮴鋙說文鉏𨧰也一曰白謂之𨧰或不省亦从吾 峿岨峿山皃 䦜小門 衙說文行皃一曰縣名在馮翊亦姓 衙御止也或作御通作禦 𡾊山名 蘌翳也。許喜語切說文聽也亦姓文六 鄦𨛬說文炎帝太嶽之後甫侯所封在潁川或作𨛬通作許 滸水涯 𡶛山名 蘛虎蘛藥艸續斷也。去弆口舉切徹也或作弆文十 紶繼也 麮鬻麥 𤸁病也 胠腋下 鼁𧊒蟲名爾雅鼁鼀蟾諸一曰去父或作𧊒 詓聲也 紶緒也。𦦦 舉苟許切說文對舉也亦姓或作舉俗作擧非是文十八 鬲支鬲也 弆去藏也或作去 𧺆行皃 莒艸名說文齊謂芋爲莒一曰國名亦姓 筥說文筲也 簴說文飲牛筐也方曰筐圜曰簴俗作籧非是 柜柜柳木名 欅木名 拒捍也 𨚫亭名在長沙 椐木名腫節可爲杖 昷吳王孫休子字 𪘀齗腫也 异舁共舉也古从収。巨榘𢀖臼許切說文規巨也从工象手持之或从木矢矢者其中正也古作𢀖巨一曰大也文四十三 拒捍也違也通作距 𪏿秬說文黑黍一稃二米以釀也或作秬 柜說文木也 距𧣣𧤌說文雞距也或作𧣣𧤌 歫說文止也一曰搶也超也 虡𧇧鐻鐻𣟴簴說文鐘鼓之柎也飾

爲猛獸从虍異象其下足或省亦作鐻䥷櫖簴鉅說文大剛也一曰弓名詎渠說文詎猶豈也或作渠齟齗不固曰齟駏狟

駏驢獸名或作狟通作岠粔𪌾蜜餌也吳謂之膏環或从麥苣炬管說文束葦燒或从火从竹一曰苣藤艸名藘

蘧蕢簴艸名或作蘧昛明也怇慢也罝魚罟鴡鳥名萬所以正輪者周禮萬之以眡其匡也蚷商蚷蟲名澽

博雅曝也醵合資而飲謂之醵𥝩孤也洰水中物裸曰洰蝵獸名蹴也蘧艸名豦封豕。扵歐許切廣雅扵拍擊也文

六䯽旝肩骨或省亦書作膂雨水从雲下也㛀姑也唹笑也。胥偦寫與切什長也有才知者或从人文二十諝

𢘞說文知也或从心𡳐履屬𥜽說文祭具也稰熟穫曰稰糈𨁟說文糧也或从卺醑釃酒也湑說文

莤酒也一曰浚也一曰露皃引詩有酒湑我𡹷山名䝓財卜問爲䝓𤸃痛病楈木名蝑蚣蝑蟲名𩑒囟也疋足也輏車下𪘏

齒酸也。䐗此與切皺也文三且多皃一曰恭慎詩籩豆有且匴薄也。苴子與切履中艸一曰艸浮水中文六㡹相依也咀

㕮咀謂商量斟酌之一曰含味䃊硧碴礓也疽瘦疽痒病䔘茅藉祭也通作苴。敘象呂切說文次弟也通作序文二十六序

𨸚𡊄說文東西牆也或作𨸚𡊄緖說文絲耑也𡱽屐說文履屬或从夂抒挹也芧柔木名栩也或作柔

藇𨣙美也詩釃酒有藇或作𨣙漵澳水名或从與嶼山在水中鱮魣說文魚名或作魣麌獸名襖矛屬沮

敗也蝑蟲名爾雅蜤螽蜙蝑郭璞讀坾博雅反坫謂之坾伃方言豐人楚謂之伃汿溝也孖山海經狌山有堪孖之魚狀如

夸父而彘尾一曰魚子杼姓也○咀在呂切說文含味也文十沮止也壞也一曰丘名水出其後怚驕也趄邪進也祖說文事好

也一曰祖厲縣名跙跙跙行不進蛆蟲名方言春黍謂之蛆蝑齟嚼也⿸广且相依也珇王文○所⿸户且爽阻切說文伐木聲

也引詩伐木所所一曰處也亦姓古作⿸户且文十一齭⿰齒胥齒傷酢或从胥疋足也盨檐盨負戴器糈博雅饊也俗作精非是

䝸⿰貝胥說文齎財卜問爲䝸或从胥數目物也蔬粒也○阻岨壯所切說文險也或从山文九詛呪也爼柤⿰爿且說文

禮俎也从半肉在且上或从木从爿齟齟齬齒不正⿰足阻馬傷足病沮止也一曰沮陽縣名在上谷○楚刱所切說文叢木一名荊也一

曰國名亦姓文十⿰黹虘說文合五采鮮色引詩衣裳⿰黹虘⿰黹虘⿰衤戚美皃齭齼說文齒傷酢也或从楚礎楹石憷⿸疒楚痛也

或从疒濋水名𨼆阪也○齟⿰齒虘狀所切齟齬齒不相值或从虘文六岨岨峿山形鉏鋤鉏鋙相距皃或从助跙跙跙行不

進○暑賞呂切說文熱也文七鼠說文穴蟲之總名黍說文禾屬而黏者以大暑而種故謂之黍孔子曰黍可爲酒禾入水也

⿰虫黍⿰虫鼠蟲名博雅螌蝑蝽⿰虫黍一曰⿰虫黍蝜或从鼠亦書作⿱黍虫癙憂病通作鼠⿸疒暑暍疾○⿲弓⿱者鬲弓煑⿲弓⿱者鬲弓掌與切說

文亨也或从火从水在其中亦省文九渚說文水出常山中丘逢山東入湡陼爾雅小洲曰陼通作渚⿱者蟲惡蟲名庶驅除

毒蠱之言周禮有庶氏𦍩五月生羔杵敞吕切說文舂杵也文三処處說文止也得几而止或从虍○墅野上與切田廬也或省文八野黑也紓緩也杼芧木名栩也或作芧亦書作柔抒說文挹也一曰除也桃抒物之器○汝忍與切說文水名出弘農盧氏還歸山東入淮文八女爾也通作汝𤺄楚人謂痳曰𤺄䊰䊰黐黏也籹粲蜜餌或作粲肗魚敗曰鮾肉敗曰肗茹飤也貪也一曰菜茹○貯𥻸著展吕切積也或作𥻸著通作褚文二十一褚囊也衧敝衣㡜幯覆棉衣或从著⿰齒宁⿰齒著說文㡜也所以載盛米从宁从甾甾缶也或从缶眝說文長眙也一曰張目㤖詝博雅智也或从言楮柠木名穀也或作柠⿰虫宁蟲名宁門屏間曰宁柱支也紵檾之粗者史記用紵絮斮陳⿰火宁熏也柔木名栩也或書作杼⿰土宁積塵也○楮柠丑吕切說文穀也或从宁文四褚說文卒也一曰製衣亦姓栩木名柞也○宁丈吕切說文辨積物也文二十四⿱盧皿說文器也或省佇竚久立或作竚躇𡒉躊躇進退皃或从止眝張目也⿰土宁積塵芧苧說文艸也可以爲繩或从宁紵⿰糸寧說文檾屬細者爲絟粗者爲紵或从者省⿰氵宁澄也抒挹也除也柔木名說文栩也通作杼杼⿱竹宁說文機之持緯者或从竹羜說文五月生羔⿰忄宁智也予闕夏帝名通作杼著門屏間也通作宁⿰夕宁進皃柠木名梧桐也○吕膂兩舉切說文脊骨也昔太嶽爲禹心吕之臣封吕侯或从肉旅一曰吕陰律亦姓文二十六旅魯⿰衣旅說文軍之

五百人爲旅亦姓古作魯㐲　祣禶祭名或作禶　侶儷也　儢嬄儢儢不欲爲也或从女　启闕人名晉有大夫启　㤦慢也

郘亭名　⿸疒吕久病　絽廣雅絣也　梠說文楣也　⿰木旅⿰木㐲木名中箭笥或省　穭稆禾自生或从吕通作旅　⿱竹旅筥⿱竹⿴囗爻

飯器或作筥⿱竹⿴囗爻　⿰女吕⿰女旅醜皃或作⿰女旅　膂細切肉也。女庀碾與切說文婦人也象形王育說古作庀文五　籹⿱奴糸粔籹餌也

或从如　⿰黍女黏也。與⿱与廾⿱𦥑六演女切說文黨與也古作⿱与廾⿱𦥑六文二十　与說文賜予也一勺爲与通作與予　予說文推與也象相予

之形　伃⿰亻与大也安也或从与　㞐履也　⿺走與說文安行也　歟歎也　⿱與心⿱与心說文趣步⿱與心⿱與心或作⿱与心亦書作懙　嬩女字

䣿美也通作藇　⿰禾與藇苗盛也或从艸　野郊外曰野　輿闕人名春秋傳楚有闉輿罷　⿰亻與謹也倚也　⿰月與肥也

九。噳麌麌五矩切說文麋鹿羣口相聚皃引詩麀鹿噳噳或作麌麌文八　俁⿰亻⿴囗吳說文大也引詩碩人俁俁或作⿰亻⿴囗吳　⿰魚吳

魚名　⿰口吳欲笑皃　喁噞喁魚口聚皃。傴痀⿸疒區委羽切說文僂也或作痀⿸疒區文十　噢痛聲噢咻　迃曲皃　鰸魚名　嫗

以氣曰煦以體曰嫗　僂手病春秋傳曹公子手僂　⿰衤區編枲衣　竘健也匠也。詡火羽切說文大言也一曰徧也和也文二十　冔⿸尸⿰羽寸

商冠名或作⿸尸⿰羽寸　昫日出溫也　欨⿱句灬呴吹也或作⿱句灬亦省　咻噢咻痛聲或省　煦烝也一曰溫潤　姁說文嫗也一曰佚樂

謂之姁　膴博雅脯也一曰膴肉大臠　⿰衤羽祋⿰衤羽縣名在馮翊　⿰阝句博雅離也一曰縣名在安邑　珝玉名　栩木名說文柔也其皁一曰様　訏

訏訏大也憮媚好也孟康說一曰傲也蛡蜂房也太玄蛂其蛡一曰蟲飛憮覆也○𤘚齲顆羽切說文齒蠹也或从齒文九踽
說文疏行皃引詩獨行踽踽𧺮跔行皃或作跔竘說文健也一曰匠也逸周書有竘匠曲曲遇地名𪗋說文𪗋腫也噢噢咻痛聲
○矩榘果羽切法也或作榘文二十七聥博雅驚也一曰張耳有所聞聥𥃳驚視皃或作䀠踽獨行也𩔀目衺也翑鳥曲
翎𥞤說文積𥞤也一曰木名徐鍇曰積𥞤不伸之意楀木名椇枳椇木名曰白石李一曰俎足曲而下枸說文木也可爲醬出蜀一曰枸木飴
善釀酒蒟說文果也一曰蒟蒻似芋可食萬艸也亦姓漢有萬章岣岣嶁山名鄅國名在琅邪拒方陳也史記攻其前拒裴駰說
豿爾雅豕後足皆白豿通作翑拘拘澗水名東南至邯鄲入白渠𢱢𥛟姓也詩𢱢維師氏或从示通作萬竘健也柜山海經方
山有青樹名曰柜格之松齲齒蠹病𩽉魚名𥬟𥬟簍規車輞則也苟艸名○窶郡羽切說文無禮居也一曰貧窶文七
痀痀僂身曲病簍𥬟簍規車輞則也貗獸名爾雅貒子貗簍蔞艸名一曰木耳或省樻樻𥁕負戴器○羽
王矩切說文鳥長毛也一說北方之音文二十七禹𠧤𢍏說文蟲也从厹象形古作𠧤𢍏一曰夏王之號亦姓偊偊偊行皃𦑣說文
頭姸也聥說文張耳有所聞也雨𠕒𠕲𠕹說文水從雲下也一象天冂象雲水霝其間也古作𠕒𠕲𠕹𩂣說文雨皃方語也
宇㝢𢇍庽說文屋邊也引易上棟下宇籀从禹或並从广鄅說文妘姓之國引春秋傳鄅人籍稻𨚝說文南陽舞陰亭

栩杸栩縣名在馮翊瑀說文石之似玉者栩木名柞也一曰栩陽地名楀說文木也萬說文艸也亦姓芋芋尹楚官名

透遠也春秋傳不透其文⿱雨羽說文水音也通作羽⿱艹羽艸名○撫⿺辶亡斐父切說文安也一曰循也或作⿺辶亡文二十一柎樂器也實

以穅一曰編柎棺中方木鴮鳥名㕮㕮咀嚼也拊說文揗也攺說文撫也弣弓把中也通作柎拊⿰女咅物敗生白也⿰糸咅⿰糸無

說文治敝絮也或从撫省俌說文輔也剖判也⿺走句⿰咅句健也或作⿰咅句⿱髟咅⿱髟舌髮好也或作⿱髟舌⿱艹剖⿱艹剖蔀艸名魚薺也

尃本也拂也⿱付鼓軍鼓聲喧也嘸不精明也○甫父匪父切說文男子美稱也从父用或作父甫一曰大也始也亦國名文三十二

府說文文書藏也一曰聚也公卿牧守稱府道德之所聚帑藏稱府財物之所聚亦姓頫俛俯說文低頭也太史卜書頫仰也如此揚雄

曰人面頫或作俛俯⿸疒付說文俛病也一曰短也俌輔也腑人之六腑通作府脯說文乾肉也黼黼說文白與黑相次文或作黼

簠⿱艹簠⿷匚夫說文黍稷圜器也古作⿱艹簠⿷匚夫斧鈇說文斫也或作鈇⿺鬼甫北斗星名⿱父䖵蟲名食瓜者通作父蚥去蚥蟲名

蟾諸也蜅蟹屬鯆大魚也⿰石甫⿰石甫碏礑也郙說文汝南上蔡亭莆艸名說文萐莆也㕮哺㕮咀嚼也或从甫⿰骨甫

博雅⿰骨句也⿰馬父牡馬⿱髟付⿱髟舌也𢱍捍也怤思也○父彐奉甫切說文矩也家長率教者古作彐文三十二㕮㕮咀嚼也輔

⿰甫頁⿰車父⿰面甫說文人頰車也或作⿰甫頁⿰車父⿰面甫亦姓鬴⿰鬲釜釜釜說文鍑屬或作⿰鬲釜釜隸省滏水名在鄴腐⿸府火說文爛也

或从火府痡博雅病也或从甫稨穛博雅𥢶稨穧也或从専鵂鳥名鵂鸓蚥蟲名爾雅不蜩王蚥一曰去蚥蟾諸駁壯馬釜瓜中小蟲也通作父俌䋠助也古作䋠通作輔蜅蟹也鳺雉鴀鳥名越父也或作雉鴀殕物敗生白曰殕䰄髮謂之䰄

㟪山名鞴㤝也。武罔甫切說文楚莊王曰夫武定功戢兵故止戈爲武文四十七䟼𨗽𨅾博雅跡也或作𨗽𨅾通作武舞

儛𦐠說文樂也用足相背或从人古作𦐠侮㑉㑄𢘥嬶務說文傷也一曰慢也古作㑉㑄𢘥或作嬶務嫵娬說文媚也或从武㒇失意皃憮說文愛也韓鄭曰憮一曰不動一曰傲也𢜩說文撫也一曰愛也瞴微視膴美也詩周原膴膴廡𢋅庑說文堂下周屋籀从舞或作庑

橆蕪說文豐也从林㚘或說規模字从大丗數之積也林者木之多也丗與庶同意引商書庶艸繁橆或作蕪通作廡𦌟𦋺說文牖中网也或从無𦉰雉罔𦪙舟謂之𦪙墲墓域敄彊也潕𤁔說文水出南陽舞陰東入潁或从舞碔珷𥖝碔砆石似玉或作珷𥖝甒𤮐瓵方言甖周魏之間謂之甒或从廡武賦平原䳇鵡毋鳥名說文䳇鵡也或从武亦省嘸嘸然陽應也

譕誘詞匞刀室㼘瓦器。綇縃聳取切說文絆前兩足也漢令蠻夷卒有縃或省文六𢿜數數猶汲汲也𦆠繏方言所以縣襻東齊海岱之間謂之繏或省盨說文𣛴盨負戴器也。取此主切說文捕取也周禮獲者取左耳引司馬法載獻聝聝者耳也文二娶取婦也

。聚在庾切會也文三鄹亭名在新豐䣜民所聚居。數爽主切說文計也文五籔藪聘禮十六斗曰籔或从艸狗

羽曲盨檳盨負戴器通作藪藪○主炷腫庾切說文鐙中火主也或作炷主一曰君也掌也文十宔砫⿰示主說文宗廟宔祏或从石从
示枓斗說文勺也或省麈說文麋屬哇呼雞聲罜說文罜麗魚罟也○豎豎⿰亻豎上主切說文豎立也籀从殳或从人
俗作竪非是文九裋⿰衤豎方言襜褕自關而西其短者謂之裋褕或从豎樹扶樹也尌侸說文立也或作侸壴陳樂立而上見
○⿰豕聚⿰豕取撰禹切牝豕或省文二○乳蘂主切說文人及鳥生子曰乳獸曰產从孚从乙乙者玄鳥也明堂月令玄鳥至之日祠于高禖以請子故乳从乙
請子必以乙至之日者乙春分來秋分去開生之候鳥帝少昊司分之官也文四擩說文染也周禮六曰擩祭醹⿰氵乳說文酒厚也引詩酒醴惟醹或作⿰氵乳
○丶黈冢庾切說文有所絕止而識之也亦姓或作黈文六拄牚也通作柱柱艸名爾雅柱夫搖車哇口不正壴陳樂立而上見
○柱重主切說文楹也文八⿱竹主⿰木⿱竹主樂也所以調絃或从木⿱山柱山名⿰主龜烏⿰主龜龜名跓停足⿰身主⿰月主身直皃或从肉○縷
朧主切說文綫也文十九褸說文衽也僂軁說文尫也周公韤僂或言背僂亦从身慺姓也謱謰謱委曲也婁卷婁猶拘
攣也一曰空也⿰阝婁⿱亯⿰月丮⿰阝婁縣名嶁峋嶁衡山也或書作⿱山婁漊說文雨漊漊也一曰汝南謂飲酒習之不醉爲漊簍博雅奮也一曰竹籠蔞
艸名一曰萬蔞正輪者⿱艹褸艸名爾雅蔜蕿⿱艹褸今之蘩⿱艹褸一曰雞腸茜艸名香蔽也鷜鸕鷜鳥名郭公也藪寠藪帶器⿱雨婁
雨皃⿰婁見視也⿰女婁婦無廉也○庾⿸广俞⿷匚臾勇主切說文水漕倉也一曰倉無屋者亦姓或作⿸广俞⿷匚臾文二十五斞⿰金臾匬說文量也

引周禮桼三斛或作𩏂𤰞 抌刺也 愈勝也通作俞 瘉癒說文病瘳也或作癒通作愈 瘐漢律囚以飢寒而死曰瘐 㥚懼也 㼌

說文本不勝末微弱也 窳窪說文污窬也朔方有窳渾縣或作窪 [艹庾]萸薛萸艸名或从臾通作庾 楰木名鼠梓也 貐獸名

說文貗貐似貙虎爪食人迅走 俞俞俞容皃和恭也 踰越也史記無以踰人司馬正說通作瘉 [竹庾]玄竹也 腴腹下肥 蕍蕍芘

木耳 窳嬾也史記呰窳偷生 ○檽尼主切木名可染文三 擩拄也 醹厚酒

十 ○姥滿補切女老稱亦姓文十六 娒姆女師也或省 馬馬也 媽博雅母也一曰牝馬 [忄某]愛也或書作[某心] [罒母]罔也 [山老]

山名在丹陽 茻宿艸 莽犬逐兔艸中 [忄莽][忄莽]惱心惑 [言莽][言莽]鹵言不足 [金莽]鈷[金莽]溫器 牡禽雄曰牡 瞴微視 憮失意皃

○[竝日]普頗五切說文日無色也亦姓隷作普文七 溥說文大也通作普 誧人相助也一曰謀也 浦說文瀕也 烳火皃 潽水也 ○補

[糸甫][甫攴][衤甫]彼五切說文完衣也一曰數也十兆曰經十經曰垓十垓曰補或作[糸甫][甫攴]古作[衤甫]文十三 譜[言竝]說文籍録也或省 圃甫[囗甫]

說文種菜曰圃或省亦作[囗甫] 黼白黑文也詩玄衮及黼徐邈讀 [土尃]闕人名衞有石[土尃] 烳火皃 鯆魚名 ○簿伴姥切籍也笏也文十

薄[艹囟]薄艸也 部分也總也 蔀蔀蔀艸名一曰蔀明物 篰竹器 溥塗也 [革薄][韋薄][革甫]鞋[韋薄]車茵或从韋亦作[革甫] 蒲

艸名生水中 ○蔖州五切艸名可作屐履一曰艸死曰蔖文六 皻[且皮]博雅皻皵皻也或省 [麗鹿]艸屐履 鐠博雅鋁謂之鐠 縒繒色

鮮見。祖袓摠古切說文始廟也亦姓古作袓文十珇說文琮玉之縁一曰美也靻馬鞨也組說文綬屬其小者以爲冕纓葙

說文菜也苴葙藉也或作葙伹淺也作造也。粗麆䴥坐五切說文䟽也或作麆䴥通作觕文九蔖艸名可爲

屨駔會也一曰駿馬名伹廣雅鈍也觕牛角直皃[illegible]大也通作駔麆[illegible]閉目思也。睹覩董五切說文見也古从見文十

八睯闕仉睯梁公子名睹說文旦明也賭[illegible]博弈取財或从度肚胃也堵[illegible][illegible]陼說文垣也五坂爲一

堵籒从𩫏或作[illegible]陼亦姓居美石楮木名[illegible]桑皮也帾博雅幡也杜姓也楚有杜敖劉伯莊讀琽玉名者語辭。土

統五切說文地之吐生物者也二象地之下地之中物出形也文六靯鞴鞁也一曰車中薦吐說文寫也[illegible]鄉名稌沛國呼稻爲稌芏艸名爾雅

芏夫王生海邊似莞藺越人以爲席。杜動五切說文甘棠也亦姓文十六稌說文稻也引周禮牛宜稌荰荰蘅香艸土桑根也方言東齊謂

根曰土通作杜[illegible]字林桑皮也肚胃也[illegible]顱也靯鞴鞁也一曰車中薦[illegible][illegible][illegible]說文閉也或从刀古作[illegible][illegible]舍也

[illegible]塞也[illegible]博雅[illegible]也[illegible]鳥名通作杜芏艸名夫王也。魯[illegible]籠五切說文鈍詞也引論語參也魯一曰國名

亦姓古作[illegible]文三十一虜擄說文獲也或从手[illegible]博雅強也一曰動搖[illegible][illegible]憐[illegible]心惑或从虜[illegible]誁[illegible]言不定鹵滷塷澛

說文西方鹹地也象鹽形安定有鹵縣東方謂之㡿西方謂之鹵或从水从土亦作澛[illegible][illegible]也[illegible][illegible][illegible]伏地[illegible][illegible][illegible]吴俗呼猪

聲虜䲐說文廡也或作䵣磠砂也櫓樐㯭說文大盾也或从鹵从虜杼木名可染艪所以進船也通作樐鐪
鑥說文煎膠器一曰刀柄或作鑥𦺬蓾說文艸也可以束或从鹵䲐說文魚名出樂浪潘國簬竹名嚕語也𪉈豆名
○怒暖五切恚也文六弩說文弓有臂者引周禮四弩夾弩庾弩唐弩大弩砮石可以爲矢鏃努方言勉也孥子也𡋯水𡋯
蟲名○虎䖘㔯火五切說文山獸之君亦姓古作䖘㔯文十六琥說文發兵瑞玉爲虎文引春秋傳賜子家雙琥一曰禮西方之玉虝
蟲名善捕蠅許滸滹說文水厓也或作滸滹滬戽舟中渫水器或作戽鄠𨞰說文地名或作𨞰萀豆屬似狸豆而
大許許許柿皃箎竹名高百丈䨞北方謂雨曰䨞吕靜說○苦孔五切艸名說文大苦苓也一曰急也文三𥯥𥬔竹名
或省○古𠵳果五切說文故也从十口識前言者也古作𠵳文三十六詁說文訓故言也引詩詁訓鼔說文擊鼔也鼓鞁鼛韡
說文郭也春分之音萬物郭皮甲而出故謂之鼓从壴支象其手擊之也古作鞁籀从古或从華瞽說文目但有眹也股𦙶骰說文髀也或从
古从骨沽苦略也或作苦通作盬夃秦以市買多得爲夃賈𧴪說文賈市也一曰坐賈售或从古盬說文河東鹽池袤五十一里廣
七里周百十六里盬𥂤說文器也或作𥂤蠱說文腹中蟲也引春秋傳皿蟲爲蠱晦淫之所生也梟桀死之鬼亦爲蠱从蟲从皿皿物之用也罟
說文网也鈷鈷鉧溫器牯牛名羖𦍩說文夏羊牡曰羖或从古𤅡水𤅡蟲名丣𠑹說文廱蔽也从人象左右皆蔽形或作𠑹

集韻二聲上　二十一　陳忠

⿱山鼓山名 棝棝斗射鼠器 顧視也書我不顧行遯徐邈讀 薣艸名爾雅薣一曰蘢鼓 ⿱竹古籔也 估市稅 酤一宿酒 ○戶

⿱戶木後五切説文護也半門曰戶一曰止也古从木文四十一 怙 恛説文恃也或作恛 祜説文福也 昈方言效昈文也一曰赤文 婟

好也 ⿱沽女説文⿱沽女鹵貪也 酤一宿酒 扈 屺 ⿸虍巴説文夏后同姓所封戰於甘者在鄠有扈谷甘亭亦姓古作屺或作⿸虍巴 ⿰扌扈抪扈不順

理 滬玄滬水名 洿水深謂之洿 鄠説文右扶風縣名 岵説文山有艸木也引詩陟彼岵兮 ⿰山扈山皃而大曰⿰山扈通作扈 居説文

美石也 埻 ⿰阝享坼也或从阜 帍方言帍裱謂之被巾 ⿰氵戽 戽抒水器或作戽 簄取魚竹罔通作槴滬 苄 芦

艸名説文地黃也引禮鈃毛牛藿羊苄豕薇是或作芦 楛説文木也引詩榛楛濟濟 雇 ⿱雩鳥 鳸説文九雇農桑候鳥扈民不婬者也

春雇頒盾夏雇竊玄秋雇竊藍冬雇竊黃棘雇竊丹行雇唶唶宵雇嘖嘖桑雇竊脂老雇鷃也或从雩从鳥亦書作雐鳸 枯竹名通作楛

羽緩也周禮弓而羽閷末應將發 虖閼人名莊子有子桑雽 姱性不端良謂之⿰女夾姱 熩光也 ⿰王扈玉也 槴籍書具一曰取

魚具 下下也 ⿱艹⿱手木茅蒡 樟木名 ○隖 塢 ⿰石烏 埡於五切説文小障也一曰庳城也或从土从石亦作埡文十五 嵨山名 鄔

説文太原縣一曰周地名 瑦説文石之似王者 ⿰氵烏水名一曰水大皃 ⿰巾烏 䫖首巾謂之⿰巾烏或作頸 ⿰言亞 ⿰言惡説文相毀也一曰畏

亞或从惡 ⿰走烏説文走輕也 ⿰車烏博雅⿰車烏頭柳車也一曰車首 ⿸疒烏疾也 ○五 ⿱乂五 乂阮古切説文五行也从二陰陽在天地間交午

也古作㐅乂文十　伍說文相參伍也亦姓　仵偶也亦姓　逜迕過也或作迕　午說文啎也五月陰气午逆陽冒地而出　旿明也

玝闕人名後蜀有李玝

十一。薺在禮切艸名文十三　鮆鱭說文飲而不食刀魚也或从齊　呰短也弱也　霽濟雨止也洪範曰雨曰霽或作濟

齊齊齊恭慤皃　䍤博雅盪也　瘠癠方言江湘間凡物生而不長大曰瘠一曰病也隷作癠　璾玉病謂之璾　穧穫也

𩯭髭小而高爲𩯭　。洒洗小禮切說文滌也古爲灑埽字或作洗文三　姺古國名　。泚此禮切說文清也文八　玼說文玉色

鮮也引詩新臺有玼　緀紕帛文或从此　淒雲雨起皃　皉白也　批捽搣也　萋艸盛皃一曰恭順皃　。濟泲子禮切說文水出常

山房子贊皇山東入泜一曰齊也一曰州名亦姓古作泲文十三　泲說文沇也東入于海　䍤莤酒也通作泲　癠短皃一曰生而不長

批博雅捽也　𨂂走皃　枇木名　卯事之制也　秭禾五稯　霽爾雅雨濟謂之霽　訾博雅諀訾也　擠排也　。米

母禮切說文粟實也象禾實之形文十二　蔝蔝蔾艸名　眯說文艸入目中也或書作杲　𥿋𪓋說文繡文如聚細米也古作𪓋

寐𥨊說文寐而未厭或作𥨊　洣水名在茶陵　𣧙米半壞　鮢魚名一曰魚子　濔瀰濔濔水流皃或从彌　。䫌普米

切說文傾首也文九　俾睥俾倪邪視或从目　𢾺捭說文毀也或从手　庀庇具也周禮庀其委積或作庇　𢗡愼也

集韻三　二十二　方迪

壀壀堄陴也。陛坒部禮切說文升高階也或从土文十四　梐梐枑行馬也　髀䯗𩩖脾肶股也或作䯗𩩖脾肶
𠇚𠇚儴行張足　蜌字林小蛤也　萆芫屬　狴狴犴獄名　坒相連也　𤙖𤛏𤙖牛馬行。邸䢑典禮切說文屬
國舍也或作䢑亦姓文三十二　氐說文至也从氐下箸一一地也一曰星名　疷病也　奃大也　底說文山居也一曰下也　柢說文木根
也　堤說文滯也　聜不聽也一曰耳病　詆呧說文苛也或从口　袛袛裯短衣　抵掋說文擠也或作掋　牴觝說文
觸也或从角　𢼚博雅隱也　軧輾說文大車後也或从底　䑛䑛艢舟名　弤弓名　菧艸名爾雅茋菧苨　提絕也一曰
史記以冒絮提文帝蕭該讀　砥厲石之尤細者　趆說文趍也　迡說文怒不進也　阺坻說文秦謂陵阪曰阺或从土　𤝐犬名
骶臀也　𦊗罘也　𣐑樀也。體軆土禮切說文總十二屬也或从身俗作躰非是文十三　涕說文泣也　洟鼻液　禔
止也　緹袛說文帛丹黃色或作袛　醍酒赤色　𢻵博雅𢻵棓杖也　挮𪖐去涕也或从鼻　䪞軟謂之䪞　𤞟孩也
。弟𠂖待禮切男子後生爲弟古作𠂖文十四　娣說文女弟也　媞媞娓無媚一曰諦也　悌易也　䑯船名　遞遆
更易也　𤭛𦈘甂也方言陳魏宋楚謂之𤭛或从缶　涕泣也　怟怟怟愛也郭璞說　𢻵杖也　𧼩輕也。禮礼
𠃞里弟切說文履也所以事神致福也亦姓古作礼𠃞文二十八　豊說文行禮之器从豆象形　醴說文酒一宿孰　澧說文水出南陽

雉衡山東入汝亦姓一曰州名蠡蠡蠡說文蟲齧木中也或省古作蠡醨醨醎蠡酪滓或省歔說文數也劙刺也

劙盠博雅瓢也一曰盠簞也或从皿欚艬說文江中大船名或作艬通作欐麗簠竹名鱧鱺魚名說文鱯也或从麗麗

鼓麗澤名通作蠡鱶魚名說文鮦也蠡赤艸也禮戟屬鈒謂之禮欐梁也矖視也莉莉芘織荆屣蹝也易屣

霜堅冰鄭康成讀。禰祢乃禮切說文親廟也亦姓或作祢文二十八嬭廣雅婢嬭母也鬍鬏說文髮皃讀若江南謂醋母爲

鬍或作鬏檷鑈鈮說文絡絲檷或从金亦作鈮通作柅𩋈轡垂也通作鞮抳博雅止也苨泥露濃謂之苨或省瀰水流

也柅木名實如棃抳地名在衞苨艸名薺屬薾華茂曰薾尼爾雅定也懦心弱也闟閼說文智少力劣也或

作闟昵近也通作尼瀰爾說文滿也一曰瀰瀰衆也或省鞮韃輭也或作韃𨛌地名䵒黏也。啓遣禮切說文教也引

論語不憤不啓文十六启說文開也通作啓晵說文雨而晝姓也亦姓闙開門也通作啓𧝉袳開衣也或作袳𠮦卜問也

𩠐稽說文下首也或作稽䏿肥腸棨戟說文傳信也一說形如戟有幡書之吏執爲信或作戟綮說文緻繒也一曰幟幟信也有

齒一曰肉結處也鑙方言鍇鍇堅也軫軞說文礙也一曰至也或从居。僁徯蹊螇傒戶禮切說文待也或作徯蹊螇傒文十八

謑謨說文恥也或从奚一曰謑詬小人怒瞸目動匸說文衺徯有所俠藏也从匸上有一覆之涀水名出高陵蒵艈所以

安船或从舟𢲸揭也蒵𥢶也謑誠言也譍也褉開衣也肩肥腸軫至也礙也○垷吾禮切埤垷城上垣文十
二䀿戰䀿擊聲掜擬也一曰不從倪睨俾倪視皃或从目睍日昳一曰明也䙸裗視衣飾觬說文角觬曲也西河有觬氏縣
謑恥也盻盻盻勤苦不休息皃一曰恨視婗媞婗無媚一曰疑不決寱夢魘○㕧杏禮切然也文三嬑婗也䛈博雅
譍也○埤卜礼切埤垷城上垣文二𢾹戰𢾹擊聲○灑時禮切汛洒也文一○𪃍鶪古礼切鳥名皃也或从臭文三肩肥腸○茝
掣睨切香艸名似蘭齊謂之茝楚謂之蘺文一
十二○蟹下買切蟲名說文有二敖八足旁行非蛇鮮之穴無所庇通作䲒文十八邂迦邂逅解說皃或作迦薢艸名說文薢茩
也解曉也散也亦姓獬𤛎觟獬豸獸名或作𤛎觟澥說文勃澥海之别也一曰澥谷也嶰山澗𨼆說文水衡
官谷也一曰小溪鞵廣雅鞘謂之鞵䲒魚名鮦也𡎄地名𥯥竹名𧳀豸也檞松樠也𢈈盾皐○解舉蠏切說
文判也以刀判牛角一曰解廌獸名文六薢薢茩艸名檞松樠也獬㑰獬獬豪強皃或从人嶰谷名○芐口蠏切戾也
文三𡤣意難也𧢼勴𧢼疲也○矮㾨躷倚蠏切矬也或作㾨躷文五𠾃笑聲㢊倚坐○𠀤古買
切羊角文七罫柺杖或作柺亦書作枴𢈈盾皐掛别也𥦗罫博局方目也或作罫○扮虎買切亂也文一

○擺補買切開也或書作⿱罷手文五　埤說文兩手擊也　鵯鵯鵯小鳥名　⿰歹卑博雅裂也　⿰金罷鐵杖　○罷部買切說文遣有辠也从网能言有賢能而入网而貫遣之引周禮議能之辟一曰止也文十四　⿰竝卑　犤犤䠋短皃或作犤　猈說文短脛狗　⿰金罷鐵杖

⿰歹卑裂也　⿰忄備疲也　⿰罷力⿰罷力⿰辟力疲也一曰惡怒　篺關人名楚有史篺　⿰氵罷水名　擺擙也　捭兩手擊也　⿱艹罷艸名

⿰牜罷牛短足　○買母蟹切說文市也从网貝引孟子登壟斷而网市利文六　嘪嘪嘪羊鳴　蕒蕒藚艸名　⿰氵買說文水出豫章艾縣西入湘　鷶⿰買隹鳥名博雅鷶鵤子鴂也或从隹　○矖所蟹切視也文十二　灑洒汛洒也或作洒汛　躧徐行也　⿰革麗⿰革徙

⿰革徙履也或作⿰革麗⿰革徙亦省　纚縰斯韜髮也或作縰斯　籭瑟也　○箉杜買切取魚竹器文二　杖杖也　○⿰犭廌⿰亻廌都買切豪強皃後魏時語莫⿰犭廌獼或从人文二　○廌⿰角虎⿰角豸⿰豸豸丈蟹切說文解廌獸也似山牛一角古者決訟令觸不直象形从豸省或作⿰角虎⿰角豸⿰豸豸通作豸文十　豸蟲無足　⿰豸矛矛也　扡析也　杝析木也　駘駘駛馬不進　佁佁儗癡皃　○⿱夅手杜買切攪物也文一

○嬭妳囡女蟹切博雅母也或作妳古作囡文四　⿰歹乃博雅病也　○抧庂蟹切擊也文四　跐蹋也　⿱此虫蟲名　⿰禾此禾也　○胯枯買切腰肥皃文六　銙⿰革夸帶具或从革　⿰巾夸小衫曰⿰巾夸　⿰忄夸心恢也　跨蹤跨行皃　○⿸厂見五買切博雅視也文一　○撮初買切指取物也一曰搦也文一　○女奴解切楚人謂女曰女文二　⿰歹乃病也　○⿱山豺楚解切山名文一　○崴

烏買切崴㠕山谷不平皃文一○㠕戶買切崴㠕山谷不平皃文二夥多也○𢂀怦買切裂也文一

十三○駭下楷切說文驚也文七絯挂也絲也侅奇侅非常也駴疾雷擊鼓曰駴豥爾雅豕四蹏皆白豥梩杷

臿也或作杷○鍇口駭切說文九江謂鐵曰鍇文八楷𣒚說文木也孔子冢蓋樹之者一曰模法也古作𣒚𦁐大絲腊瘦謂

之腊雉𥏼竘桂林謂人短爲矲雉或作𥏼竘○挨倚駭切說文擊背也文三唉飽聲謂之唉一曰應聲○騃語駭切說

文馬行仡仡也文四㾍病也癡也娭喜也覞視也○攋洛駭切把攋弃文三懶襰懶𢅭衣破或从衣○釹知駭切鈙

也文一○𢅭𧛔𦅸師駭切懶𢅭衣破或从衣从糸文四摋擺摋抖搜也○𥫗簤徙駭切竹器或从買文三徥博雅

行也一曰細而有容○鍇古駭切堅也文一○徥直駭切行也文二朷杖也○矲蒲楷切短也文一

十四○賄𧶊虎猥切說文財也或从每文十八㶕火色悔恨也或書作悳喛哀也䐴脂䐴大腫㶁爤也潣

湏水皃或从頁㶽方言火也倠𦤎仳倠醜皃或从自蛕土蟲名痗病也䪎說文青黃色也輠車轉

也溾溾涹穢濁謉啍謉詭言○𩓓苦猥切說文頭不正也文十五顝大頭也傀傀儡木偶戲𩔵𩔵𩔵多皃

磈𥗳嵔𡷨礧磈山皃或作磈嵔𡷨堀堀然獨立皃魁魁瘣木枝節盤結也塊大塊天地間也輠車轉也

簏篦竹高節或省 匯大皃匯儨長 ○瘣戶賄切說文病也引詩譬彼瘣木一曰腫旁出也文二十九 儰痛聲 媿媿媛不知皃 讉中止也 簏篦竹高節或省 溾溾浽穢濁 櫰木名似槐 匯說文器也一曰回也夏書東匯澤爲彭蠡 匯貿物價 廆廦也 儨匯儨長大皃 潰決溢也 螝蟲名說文蛹也 輠轙車轉也或作轙 回繞也春秋傳右回梅山徐邈讀 塊大塊天地間也 蘬黃也 蒐蒐艸名懷羊也或省 誨呼也 𧸘多也 鄓鄓邦境埇也 䫌䫌顡頭皃 鮥魚名叔鮪也 繢畫也 憒亂也 𡢃腫決也 ○猥鄔賄切說文犬吠聲一曰并雜文二十 𧤯說文角曲中也 𨒌𨒌𨓈行病 㱬㱬𣨙弱也 腲腲脮肥也 㛱㛱婑姸也 鍡說文鍡鑸不平也 嵔畏嵔壘山名或省亦書作㟪 碨䃬礣石皃或从委从威 渨溾博雅穢也或作渨 椳門樞 瘣痿瘣瘺風病或从委 餵肙而吐也 萎萎腇弱也 鄓鄓邦境埇也 ○頠五賄切頭閑習也文九 顡聉顡愚皃 隗說文隗陮隗亦姓 峞嵬山皃或从鬼 䫥廣雅大皃一曰頭不正 磈磈衆石皃或省 廆闕人名晉有慕容廆 ○琲部浼切珠五百枚也亦書作蜚文九 仳仳催面醜一曰離也 蓓蓓蕾始華也 痱𤸷說文風病也或从肥 倍反也 掊手起物 蓓黃蓓艸名 㑟姓也漢有㑟宗 ○浼母罪切說文汙也引詩河水浼浼引孟子汝安能浼我或作潣文十一 燗熟謂之燗 㞆碎其也

莓毐說文艸盛上出也一曰雖也隸作毐痗病也梅梅伯紂諸侯號挴慙也⿰禾黑博雅敗也一曰禾傷雨莓艸名說文
馬莓也○漼濢取猥切說文深也引詩有漼者淵或从萃文十六滜說文新也洒高峻皃詩新臺有洒璀說文
璀璨玉光皠白也鏙鱗甲謂之鏙錯一曰文采皃磪絲大皃崔動皃一曰速皃⿰米罪⿰米辠稻赤米曰⿰米辠或作⿰米罪
⿰氵罪泚⿰氵罪清也通作滜嶊山皃⿱髟崔⿺毛崔毛髮皃或从毛⿰扌辠摸也○槯祖猥切木蘊積文十蓌詐也挫也佳
嶊嶵山皃莊子山林之畏佳或作嶊嶵嗺口醜也洅雷震謂之洅⿰月乇面頟捘推也⿸广崔⿸广崔⿸广崔垂皃辠
粗賄切說文犯法也从自言辠人蹙鼻苦辛之憂也秦以辠似皇字改爲罪文五罪說文捕魚竹网⿱山辠⿱山罪說文山皃或从罪⿰扌罪
拉也○⿰月自覩猥切⿰月自腲大腫文九陮說文陮隗高也⿰口𦎫⿰立𦎫說文磊⿰立𦎫重聚也隸作⿰立𦎫⿰扌享排也郵陲郵木實垂皃啍
諄言頠頭不正皃埵堅土○骽腿吐猥切股也或作腿文十二妥爾雅止也一曰安也俀弱也脮腲脮肥也追
重追踵疾聉聉顡愚皃婑娞婑弱也⿺辶妥⿺辶鬼⿺辶妥行病僓說文嫺也一曰長皃⿰山妥⿰山妥嶵山高皃⿸疒追瘣⿸疒追風病○琣
普罪切闕人名唐有滕王循琣文五俖不可也啡唾聲朏月未明也昢日未明皃○錞鐓杜罪切矛戟平底或从敦文十四⿱竹隋
答⿱竹隋竹名憝恨也隊羣也隧徑也春秋傳當陳隧者徐邈讀梁益謂履曰屣遺潰遺沱水汎沙動皃或从潰⿱山⿸厂隹

高皃陮隹陮隗高也或作隹鐨博雅錬鈢錇也鐨𥪖重也萑艸也。磊磥礧魯猥切說文衆石也或从

累亦作礧文四十𤸇瘰癧病或从累𡚁大也礧磥礨𡾖大石皃或作磥礨壘㠥𡿣磈𡼏

𡾋說文𡼏也或作𡾋磈𡼏嵔亦書作𡾋儽儡傫說文垂皃一曰儽儽疲也一曰嬾解或作傫傫鑸說文鍡鑸也櫑櫑具劒上鹿盧飾陲說文磊也郲鄙郲境埆

郲洡縣名在桂陽或作洡頛頭不正䐯䐯腲腫皃𦓨𦓨瓠瓜中癗小腫蕾蓓蕾始華也耒田器壘纍

累㟼壘山名或作纍亦省礨礨空小穴也一曰小封灅㵽水名漢書在北平南至無終東入溴或省儡儽纝傀儡木偶

戲或作儽纝瘣魁瘣木枝節盤結也。餧餒弩罪切說文飢也或作餒文十五鯘鮾腇魚敗也或作鮾腇通作餧婑

婑婐婑姸也或从委娞婐娞弱也浽涹博雅濁也或作涹𩗲風動謂之𩗲腇萎腇耎弱也𤬪瓠𤬪瓜中𤬪

重垂也𨓊𨓊𨓊行病。阢俞罪切高危也一曰地名文一。累路罪切畏累山名文四頪偏頗也春秋傳刑之頗類徐邈讀礨

壘磊不平皃瘣魁瘣木枝節盤結皃。頠沽罪切頗高皃文四乑背呂也腲腫大也憒博雅亂也。悖必每切博

雅㔟也。文一崔息罪切動皃速皃文一。倄於罪切痛聲文一。髃陟賄切假髻文一

十五。海許亥切說文天池也以納百川者或書作㴜文八烸燥也醢䤈蘸䕶說文肉醬也籒作䤈或作䕶榼

上 集韻上聲五 二十六 王神

醠盇酒器或作醠盇。愷豈凱可亥切說文樂也或省亦作凱文十五颽南風通作凱塏說文高燥也暟方言明也嵦山皃闓博雅欲也一曰開也鎧說文甲也膭肥也愒貪也輆博雅輆軩不平也一曰礙也肎字林箸骨肉也或作肎嘅歎也。改已亥切說文更也从己从攴李陽冰曰己有過攴之即改文十攺說文毅改大剛卯以逐鬼彪从辰巳之巳忋博雅恃也頦醜也頤胲䐙頰下曰頤或作胲䐙絠彈彄也一曰繹繩佁癡也輆輆軩不平。亥豕豣下改切說文荄也十月微陽起接盛陰从二二古文上字一人男一人女也从乙象裹子咳咳之形引春秋傳亥有二首六身古作豕豣文十四劾鞫囚也侅賅奇侅非常或从貝⿰扌亥動也搣也⿰立亥豎⿰立亥神人也通作亥輆輆軩不平也閡藏塞也頦頷也忋恃也⿰亥殳毅改大剛卯漢法以正月卯日作佩之除厲鬼或用金玉或桃銘曰正月剛卯⿰糸亥絲也。欬咳倚亥切謦也或作咳文十六⿸厂亥藏也娭戲也娒也挨博雅擊也絠說文彈彄也一曰冠卷毐人無行也靉雲盛皃駴疾擊鼓也周禮鼓皆駴李軌讀僾仿佛也⿰月與腁肥也或作腁鮯魚名叔鮪也與与也攺毅改大剛卯⿰火有爛也。啡普亥切唾謂之啡文四俖倗不可也或作倗朏說文月未盛之明从月出引周書丙午朏。倍簿亥切說文反也文八菩蒷說文艸也或作蒷蓓蓳蓓艸名蓓蓓蕾始華也培重也莊子乃今培風痱說文風病也傰姓也漢有傰宗。⿰禾黑毋亥切禾傷雨曰⿰禾黑文四挴

貪也莓艸名實如桑椹輆輆軩不平○采採此宰切說文捋取也或从手文十四綵繒也郲地名彩文色也通作采
婇女字寀爾雅寀寮官也一曰同地爲寀髤髻謂之髤瘵病也埰博雅冢也倸說文姦也一曰恨也䐆大腹
棌木也漢書唐虞棌椽𧬈就也○宰𡨦𠆸子亥切說文辠人在屋下執事者从宀从辛辛辠也賈公彥曰宰者調和膳羞
之名一曰官稱古作宰𠆸文十二𣪠殺也通作宰𡡉滅也䔂菜名崽湘沅呼子曰崽載年也縡事也通作載
𦖺說文益梁之州謂聾爲𦖺秦晉聽而不聞聞而不達謂之𦖺𩣯馬雜騘色𡩧烹也○在盡亥切居也存也察也文
一○茝昌亥切艸名說文虈也文一○佁夷在切說文癡皃文一○疓汝亥切病也文一○待竢蕩亥切俟也或从立
文二十迨隶隸逮及也或作隶隸逮始說文危也一曰近也駘疲也一曰駘蕩散也佁癡皃㾂病也靆
靉靆雲盛皃怠說文慢也詒江南呼欺曰詒通作紿紿𦃇說文絲勞即紿一曰纏也或从怠軩博雅輆軩不平也㖒
言不正𥲦箈竹萌或作箈悌易也○㤳布亥切恃也文一○等打亥切齊也文一○嚐坦亥切言舛也
文五檯吳人謂逆剡木曰檯𥲦箈竹萌或作箈騃疲也○釓鑸里亥切連鉤釣曰釓或从禮文四唻囉唻歌聲
硋磨也○𠄎乃迺𠧢𢎗圖鹵曩亥切說文曳詞之難也象气之出難一曰汝也或作乃迺古作𠧢𢎗圖鹵文

十三 䏻 埃䏻日無光 㾓 博雅病也 鼒 鼎大者 𦡀 肥也 𨏔 轅也 𦽜 艸名。諰 息改切語也文二 䈢 竹名

葸 慤也論語慎而無禮則葸一曰難順也。騃 五亥切童昏也文四 顗 爾雅顗顗靜也 闓 長也倚也 鼔 改理也

十六。軫 輴 止忍切說文車後橫木亦姓或作輴俗作軨非是文三十九 診 覙 說文視也或作覙 弫 弓強也 胗

疹 說文脣瘍也籒作疹 聄 眡 告也或引禮聄于鬼神亦作眡通作昣 眕 說文目有所恨而止一曰安重也 㚰 慎也 沴

沴汈涇相著 抮 了戾也 㕧 㕧㕧喜而動皃一曰擊也 𠘦 說文新生羽而飛也 㐱 鬒 說文稠髮也引詩㐱髮如雲或作鬒

黰 黑謂之黰 賑 眕 說文富也或作眕 軫 語辭一曰是也莊子奚來爲軫夫 砛 以石致川之廉也 𤺊 痳病 趁 走謂之趁

昣 明也 駗 馬載重難行也 䫃 笑皃 袗 裖 說文玄服或从辰 紾 說文轉也 縝 𦅸 縝 纑也或从㐱枲亦作縝 畛

眐 說文井田間陌也古作眐 稹 說文穜概也引周禮稹理而堅之 𩑺 說文顏色𩑺䫕慎事也一曰䵫也 振 襌也禮振絺綌通作袗縝

槇 木理堅密也一曰木根相迫。矤 矧 敜 訠 矢忍切說文況也詞也从矢取詞之所之如矢也或作矧敜訠文十一 弞 長也

弞 哂 吲 說文笑不壞顏曰弞或作哂吲 䫀 說文舉目視人皃 笉 竹名 鯅 延魚醬。腎 是忍切說文水藏也文十二

裖 脤 𦙶 說文社肉盛以蜃故謂之裖天子所以親遺同姓引春秋傳石尚來歸裖或作脤𦙶 鋠 圓鐵 麎 爾雅麋牝曰麎

蝁𧕎䵷蛤也說文雉入海化爲蝁或从䖵从黽䖘重脣欣說文指而笑也釰錫也○忍爾軫切說文能也文六涊

水名汈沴汈溼相箸訒純也難也荵說文荵冬艸肕胸肕縣名○胤羊忍切繼也文一

十七○準𦎧主尹切說文平也或作𦎧俗作准非是文十一埻說文射臬也肫頤也純緣也淳敦綧布帛

幅廣也或作純敦綧通作純諄方言宋魯凡相惡謂之諄蜳蜳㥾蜳蟲行隸作蜳○蠢𢧐𢨂𢦻尺尹切說文蟲

動也引周書我有蠢于西或作𢧐𢨂𢦻文二十惷𢽿說文亂也引春秋傳王室曰惷惷焉一曰厚也或从攴鬊髮亂皃偆說文

富也一曰喜樂皃䐇肥也朐⿰月勻朐腮縣名在漢中或从勻俗作胸非是𩤏駿馬春作也出也周禮春以切睶大目㖺

吹也踳舛僢蝽雜也或作舛僢蝽萅艸名○盾豎尹切所以扞身蔽目者通作楯文六吮舐也楯說文闌檻也

揗摩也循階也輴車轉者○蝡蠕蝡乳尹切蝡蠢蟲動皃或作蠕亦从𧉕文九毴氄說文毛盛也引虞書鳥獸

毴髦或作氄愞劣弱皃㖺吮也[illegible]膝韋絝或作膝○笉此忍切筊也文二⿱⺮盡竹小○⿰木盡子忍切盂也文四

盡極也任也濜湞濜水波皃枃絲梳○盡在忍切說文器中空也一曰悉也文四濜水急流皃藎艸名⿰女盡女字○筍

笋篿筍聳尹切說文竹胎也或作笋篿古作筍文十九簨簨簨槙栒所以縣鍾磬橫曰簨植曰簴或作簨槙栒

榫刻木相入笋艸木華初生者爲笋粤⿰忄粤說文驚亂也或从心鵻隼鶽鳥名說文祝鳩也或作隼一曰鶉子亦
作鶽⿰金隼金之萌生曰⿰金隼⿰言粤謀也⿰忄巽愞僎劣弱皃恂嚴慄也○⿰魚秦阻引切角齊謂之⿰魚秦文五⿱秦毛毛髮齊皃亲
木衆齊曰亲笫簀也周禮衽席牀笫徐邈讀濜濜㵎水流皃○齓楚引切博雅毀齒謂之齓文一○盡鉏引切湞
濜水波皃文一○牝匕婢忍切說文畜母也引易畜牝牛吉古作匕文九猵獺屬髕臏說文厀耑也一曰刖也或从肉扁
鶣扁鵲古之良醫或作鶣蠯蚌也蠙珠名書淮夷蠙珠劉昌宗讀一曰水苔也莊子鼃蠙之衣李軌讀○泯彌盡切水皃一曰盡
也文十六脗脗合无波際皃⿰車㥯車伏菟⿰民皮細理也惛昏意莊子惛然若亡而存緡合也莊子丘陵艸木之緡郭象讀
刡削也眠視也繩繩繩無涯際皃一曰運動不絕意勔黽僶爾雅勉也或作黽僶澠澠池水名⿰足民獸蹄甲也
笢說文竹膚也⿰耳冥注意而聽謂之⿰耳冥愍㥸蠠緍美隕切說文痛也古作㥸蠠或作緍亦書作㥸文三十二
敃聰也閔說文弔者在門也憫憂也或書作⿱閔心敏勄說文疾也一曰足大指名古从力⿰豸閔豕名敯說文冒也引周
書敯不畏捪撫也摹也敃敯忞說文彊也或作敯忞潣說文水流浼浼皃涽暋諡也史記齊有涽王或作暋
罠罔密也⿰車㥯䡇說文車伏兔下革也从㥯古昏字或从昏⿱竹閔⿱竹愍⿱竹愍艸名爾雅⿱竹閔筡中中空類竹或作⿱竹愍⿱竹愍⿱敏革

山牛蟞海魚名沔水名湏浴尸也周禮大湏杜子春讀蝱爾雅蝱没勉也鷩鳥名鷄也⿸疒閔病也。屒展引
切說文伏皃一曰屋宇一曰重脣文二眕視有所恨而止。辴丑忍切笑皃文九趁⿺辶㐱走也或从辵螴螴蜳蟲行一曰不安
定意賑富也齓毀齒也疢病也駗馬載重難也抻手伸物。紖絼丈忍切說文牛系也或作絼文十一杒
栚木名灰可以染或从朕⿰月引博雅瘢也一曰遽也⿰目引怒目謂之⿰目引一曰目睛眹目兆也朕華制也周禮函人為甲眡其朕
鄭司農說⿰車引引軸也診視也桭木名。嶙里忍切嶾嶙山峻皃文十九⿰粦巛隱⿰粦巛川形轔殷轔車聲燐鬼火疄
高壠謂之疄僯慭恥也通作隣撛扶也挺也橉木皮曰橉一曰砌也閾也驎隱驎馬色駁也一曰白馬黑脣瞵視不明
蹸說文轢也一曰行皃璘玉皃磷⿰石厽石皃或从厽⿱艹粦艸名⿰粦頁少髮皃或書作類獜博雅健也⿱亠閃燭息
火存謂之⿱亠閃⿰粦乚憂也。稐⿰耒侖⿰耒囷縷尹切禾束曰稐或从耒从囷文八惀思求曉知謂之惀淪没也尚書商其淪喪徐邈
讀埨⿰田侖壟土或从田蜦蝹蜦蛇行皃。緊紾頸忍切說文纏絲急也或作紾文九⿰木緊木名胗⿸疒取⿰月取疹脣瘍
或作⿸疒取⿰月取疹⿺辶堇菜名似蒿婜女字。螼遣忍切說文螾也文四⿱臤皮皮厚也⿺走臤說文行皃繾繾綣纏緜也引
⿰扌引以忍切說文開弓也一曰導也古从手文二十廴說文長行也从彳引之⿰扌衍申布也⿰口寅博雅笑也演水名弞笑不壞顏曰弞

肕當脊肉 軸擊小鼓以引樂 縯引也 戭長戈 釰爾雅錫謂之釰 靷𩌨說文引軸也籀作𩌨 濱濱濱水脈行地
中 螾蚓𧑡蟲名說文側行者或从引亦作𧑡 紖牛系也 𥬀竹名○𤸰才尹切博雅𤸰痠鮮也文一○𡰯
𢁻庾準切說文治也从又握事者也古作𡰯𢁻文十六 允說文信也 𠃵說文進也引易𠃵升大吉 䪩說文面目不正皃 玧瑱也
阭說文高也一曰石也 蚘蟲名 鈗說文侍臣所執兵也引周書一人冕執鈗 駀爾雅馬逆毛居駀 狁玁狁匈奴別號 楯
干也或省 蜳𡐦蜳不安定意 沇水名○齓創允切毀齒也文一○釿擬引切說文劑斷也文七 齤博雅笑也一曰齒齊 齗
𤝞犬爭謂之齗或从犬 磭大脣也 笉筊謂之笉通作听 听大口謂之听○磒羽敏切說文落也引春秋傳隕石于宋五
通作隕文十三 隕抎說文從高下也引易有隕自天或作抎 殞歿也 霣𩆷說文雨也齊謂靁爲霣一曰雲轉起也古
作𩆷 溳溳濆水波皃 愪憂也 䪩䪩頮面不平正也 笉筊也 䪳說文面色䪳䪳皃 縜持綱紐說文芟也謂茅根一曰
䔯梢 𤸫病也○稛圞麇苦磒切博雅束也或作圞麇文四 僒傴也○窘巨隕切說文迫也文二十 囷廩也 僒
𠇹傴也或省 𦓼輪𦓼束也 𡇸欲吐皃 惲重厚也 䐃獸脂聚皃一曰腸中脂 𤦴博雅𤦴砡齊也一曰玉名 莙
屮名說文牛藻也似藻葉大 菌蔨屮名說文地蕈一曰菌桂一曰鹿藿亦姓或作蔨 𪌉餅屬 蜠貝屬爾雅蜠大

而險鷐雞無尾頵頭皃卷眴卷縣名在安定郡箘箟箬説文箘簬也一曰博棊古作箟或作箬○輑牛尹

切説文車前横木文六稛輪稛束也珚珚砙齊也攟束也䨴雨也喗口大齒醜皃○脪㾙興腎切熱气箸

膚胃也或作㾙文二○駗知忍切馬重也文一○螼丘忍切蚓也文三趣行皃𧈰蠢也○臏連忍切刖也文二牑

腱肉○砯匹忍切石也文二覰覰䙰暫也○𧈰蒈姜愍切蠢也或作蒈文四螼螼螾蟲名巾飾也○賰偆

式允切賱賰富也或从人文三䐇腪䐇肥皃○囟思忍切小兒頭會也文二胤爾雅繼也○楯辭允切干也文一○蜳

柱允切螴蜳不安定意文四埭耕壟也隊道旁短垣瑑璧上成文曰瑑○蹲趣允切蹲循緩意文一○楯勑準

切案也司馬彪説文三螴螴蜳不安定意偆富也

十八○吻肳㖧吱武粉切説文口邊也或作肳㖧吱通作脗文十九脗聚筋也脗脗合無波際皃伆離也

抆捪拭也一曰拒也或从昏刎歾斷也或作歾忞博雅忞忞亂也或書作忟勿覆也䓘鉤䓘艸名笏箟笏手循

笛皃鄤鄉名在廣漢汶渂水名或从旼沕水絶皃○忿撫吻切説文悁也文二魵魚名鰕也○粉府吻切説

文傅面者也文六幩説文以囊盛穀大滿而裂也黺説文衮衣山龍華蟲黺畫粉也衞宏説讀作粉扮㧱握也動也

或从忿 蒶艸名。憤 ⿰忄奮 馮父吻切說文懣也或从奮亦作馮文三十 忿 賁怒也或作賁 潰涌也 膹說文

臛也 扮說文握也一曰動也并也 弅隱弅丘高起皃 坋說文塵也一曰大防 ⿸麻分分也 墳土膏肥也 ⿸疒賁病悶也

轒轒輐大車 樻博雅樻棣樹也 ⿰片賁牀版 鼢 ⿰鼠賁 蚡說文地行鼠伯勞所作也一曰偃鼠或从賁从虫 獖

博雅狂獖犬屬 羵土之怪 魵魚名爾雅魵鰕出穢邪頭國 鱝 ⿰魚忿魚名大鮋也形圓有毒或从忿 棼闕人名楚有伯

棼 ⿰田分⿰田分泉地名在魯通作賁 蕡蕡藹木繁茂皃孫炎說 ⿰忄奮 憤穀囊滿或从賁 秎穦秎穫也

十九。隱倚謹切說文蔽也一曰安也亦姓文二十四 𤔌說文所依據也从𠬪工 㥯 懚憂病也哀也或作懚 乚

說文匿也象迟曲隱蔽形 慇痛也通作隱 ⿸疒㥯 癮⿸疒㥯胗皮小起皃或不省 ⿰糸㥯博雅絣也一曰縫衣相合 ⿰山㥯 嶾

嶾嶙山高皃或从隱亦書作⿱山㥯 濦 ⿰氵隱說文水出潁川陽城少室山東入潁或从隱 殷 磤雷聲詩殷其雷或从石

⿰車隱 ⿰車殷車聲或从殷通作殷 ⿱雨隱⿱雨隱⿱雨隱雲皃 ⿰木㥯 櫽棟也或从隱 蘟蘟⿱艹㥯菜名似蕨 ⿱艹㥯⿱艹㥯蓳艸名

㐆帰也 讔廋語。⿺虫㥯 蚓許謹切蟲名蚯蚓也吳楚呼爲寒⿺虫㥯或作蚓文六 脪 ⿸疒希創肉反出也或作⿸疒希 劤

多力也 炘博雅爇也。赾口謹切說文行難也文六 ⿰齒堇⿰齒堇齗齒皃 螼蟲名蚓也 听笑皃 齗口上肉 圻界也

○謹几隱切說文慎也文二十三 慬慤也憂也 赾行難也 堇𡐦𦰩艸名爾雅謂之齧苦今堇葵也一曰黃土古作𡐦𦰩 菫說文艸也根如薺葉如細柳蒸食之甘 𪏰博雅𪏰黏也 巹說文謹身有所承也 墐拭也 靳肕也 嫤好皃 卺巹說文蠡也一曰瓢也或作巹 近芹菜名類蒿或省 箽竹名 槿木名蕣也 㹕博雅柔也謂牛柔馴 廑闕人名衛有冶廑 漌清也 縺織紋緻密 瑾美玉 ○齓初堇切說文毀齒也男八月生齒八歲而齓女七月生齒七歲而齓文一

○近巨謹切迫也古作岓文三 瘽病也 ○听語近切說文笑皃文三 齗口上肉 𪘔笑也 ○抎羽粉切說文有所失也引春秋傳抎子辱矣文十一 䫜急也 䫜面 縜持綱細 𤸫病也 嗊廣雅吐也 殞殂也 熉黃皃 愪憂也 磒石落 枃絲梳 运走皃 ○攟舉蘊切博雅取也文二 𢈔儲積也 ○惲委隕切說文重厚也文十八 薀蘊苑宛說文積也引春秋傳薀利生孽或作蘊苑亦省 壼壹壼不泄皃 褞衣也 韞藏也 緼枲也紼也 䡝轒䡝車也 賱賱賰富也 醖釀也 揾博雅柱也 愠心所薀積也 膃膃腯肥也 榅木盛皃一曰積也 媪女字 蝹蝹蜦蛇行皃 ○齳牛吻切說文無齒也或作齫文九 夽說文大也 䞠趜走皃或从囷 喗啹說文大口也或作啹 輑車前橫木 珚珚砇齊也 ○趜去粉切說文走意文六 䊷粥稠皃 稛𡈼束也或从麇 卷縣名在鄭

麇羣也春秋傳求諸侯而麇至

二十。阮五遠切說文代郡五阮關也亦姓文九　沅水名在牂牁　邧說文鄭邑也　⿰亻⿱冖㔾小弱皃　⿰目元視也　⿰爰頁面不正

⿺辶音樂名　願面短皃　⿺走憲走皃。宛委遠切說文屈艸自覆也古作惌文三十四　夗說文轉臥也　妴說文婉也

婉說文順也引春秋傳大子佐婉　院垣中也　睕目開皃一曰嫵媚　倇方言歡也　⿰言宛慰也從也　踠屈也廷跌也

䘼韈也一曰袖耑屈　⿰革堯⿰革宛量物之⿰革堯或从宛　⿰革夗⿰革宛方言自關而東履其庳者謂之⿰革夗或作⿰革宛　⿰舟宛⿰舟夗說文

舟也或作⿰舟夗　琬說文圭有琬者　畹⿱夗田說文田三十畝也或作⿱夗田　苑說文所以養禽獸也　菀艸名說文茈菀出漢中房陵亦姓

涴涴演水皃　蜿蜑蜿蟺蚯蚓也或作蜑　⿰山宛山名　⿱鳥夗闕山海經女和月母之國有人名曰⿱鳥夗　⿰面宛面柔也韓詩青揚⿰面宛

兮通作婉　晼景昳也　⿰目叉捐目也　箢竹器　綩⿰糸夗冠絭也一曰纏色衣一曰罔也或省　⿰歹宛人死皃　裷襎裷幞帊

。遠逺⿰彳袁雨阮切說文遼也古作逺⿰彳袁文七　⿰爰頁說文面不正也　薳蒬薳蒠藥艸或作蒬　⿱大亘奢也大也

。咺喛火遠切說文朝鮮謂兒泣不止曰咺一曰懼也或从爰文二十　愃說文寬嫺心腹皃引詩赫兮愃兮　⿱大亘奢也大也

諼萲詐也或作萲　⿰目爰說文大目也　⿰爰見夐說文大視也或作夐　晅⿰日恒⿰目恒日氣也或作⿰日恒⿰目恒　烜光明也

煖温也暖柔婉皃莊子有暖姝者諠忘也漢書諠已而遺形通作諼菌艸名山海經孟子之山多菌蒲夐營求也媗
女字緩寬綽也○韏九遠切屈也文三餋祭也卷齤卷不舒也○綣苦遠切繾綣不相離散也文十四
𥞊禾相近謂之𥞊虇萑葦之類初生者皆名虇郭璞說裷襪謂之裷𢔍徐行也䊎𪏈粇說文
粉也一曰餢䊎摶也或从黍亦作粇圈圈豚行不舉足皃一曰轉也拳拳拳奉持皃卷區也禮一卷石之多范宣讀
捲摶也彏弓弓曲謂之彏或作弓○𧯷窘遠切豆屬文十四𥳒竹名菌艸名蕈也巴蜀語𦽍艸名鹿豆
也葉似大豆根黃而香郭璞說圈畜閑也亦姓𨻶聚名在河東卷捲斂也或从手韏屈也緷束也鬈
髮曲皃錈屈金也呂氏春秋柔則錈堅則折䴤餅屬裷襪也○𢡟忓許偃切張繒車上爲𢡟或从軒省文十一
軒車軾攇掀博雅擬也一曰手約物或作掀𧖱蚓寒𧖱蟲名蚯蚓也或作蚓𢡟恨也𤸃寒病讞很戾
也𧾩走皃○湕紀偃切水名出南郡文二十犍獸名似牛揵舉也難也寋爾雅徒鼓磬謂之寋一曰女字
𥳑竹名𠢙難也謇謇謇方言吃也或作謇謇𡾊𡾊嶮山阿也𢐀弓強也蹇說文跛也
鍵門牡也周禮援管鍵鄭司農讀楗馬行不利也考工記終日馳騁左不楗杜子春讀腱大筋褰字林袴也建施端

攑覆也漢書居高屋之上建瓴水或作攑　鰎魚名　揵博雅揵矟矛也　○言去偃切言言脣急皃文三　傿健傿相从也　嗟喂嗟癡皃　○言語偃切言言脣急皃文十　齴齞齒露皃或作齞　巘山形似甗或書作巚　甗甗也

甗博雅瓢也　遃方言行也　巇嶮巇山皃　屵𡶹仰也或从言　○蹇巨偃切徒鼓磬文十二　腱大筋

鍵說文鉉也一曰車轄　楗𨵧拒門木或从門　巏巏巏嵼山皃或从蹇　僆僆倨也一曰偃僆不從或从寋

揵舉也　鑳籥牡也通作鍵　蹇跛也　○匽隱幰切說文匿也文二十七　偃說文僵也亦姓　㫃㫃說文旌旗之游㫃蹇之皃从屮曲而下垂㫃相出入也古人名㫃字子游古作㫃　𡾊山形　賏物相當也　隁阪也　堰壅水也通作偃

郾縣名在潁川　鄢傿地名在鄭或作傿　趨走皃　嫣長皃　愝愝惼性狹　褗說文褔領也　鶠

鷃說文鳥也其雌皇或从隹　鼴鼴鼠名或从匽通作偃　鰋鰋魚名說文鮀也或从匽　蝘蝘蟲名蜩螗也一曰蝘蜓守宮或从䖵

䄷鍽戟三刃者謂之䄷或从金　躽傴也　䁙視也　○𩕋翻阮切醜皃文四　𧢄窺覸暫見　畚不釋米釀也

鴘鷹二歲色　○反反仮甫遠切反說文覆也古作反或作仮文十四　返彶行還也或从彳　阪

坂岅說文坡者曰阪一曰澤障一曰山脅也或从土从山　轓車蔽　軬說文車耳反出也　橎木名不華而實　犿

連𢍁相從皃 訮權言合道 瓪牡瓦 ○軬𣘻父遠切車上篷或作𣘻文八 飯餅飰食也或从弁从卞

笲竹器所以盛棗脩 䳁鷹二歲色 䪻無髮也 ○晚武遠切說文莫也文二十 輓挽說文引之也或从手 鮸

魚名 梚木名 㝃生子免娠也 娩婉娩容順 脕愉也一曰色美澤 𧇣博雅離也謂皮脫離 葂闕人名莊子有蔣閭

葂通作莬 饅博雅貪也 鞔屐空曰鞔 免黙也 勉勗也 俛頫俯也或作頫 冕冠有延前俯也 絻服也

稅禾名 莬艸名 ○塡徒偃切塡塡質重皃一曰詳徐皃文一 ○𤵸芳反切方言惡也文一 ○𠾋丑幰切𠾋

嗘癡皃文一 ○僆力偃切僆傻相从也文一 ○㒼忙晚切冠有延前俯也文一

二十一○混渾戶袞切說文豐流也一曰雜流或作渾文四十 倱倱伅不慧也通作渾 鯇鰥魚名似鱒而大或作

鯶 緷束羽也爾雅百羽謂之緷 𦼮莞艸名爾雅𦼮芙蘺或省 𥞩束艸也 麪全麥籾 焜煇說文煌也

或从軍 櫜說文櫜也 棍束木也揚雄曰棍申椒與菌桂 錕車釭 溷濁也亂也 𧫷謀也 法水流皃 婫女字

輥車轂齊等皃 很不聽行也行難也 顐顐顐面急一曰面首俱圓謂之顐 睔睍目大皃或从昆 䚠角圓

皃一曰獸角謂之䚠 䤞醹相沃謂之䤞 鯀說文大皋也 掍博雅同也 暉大出目也一曰暉暉視皃 硍鍾病聲周

禮高聲硍䩵車革前顐頰高也緄緄夷西戎名通作混捆博雅拑也䐊圓長皃昆闕人名漢有公孫昆
邪梡棞說文梡木薪也或作棞皖地名在舒眃眩眃疾皃○惛虎本切惛懣不憭也文三䵎黑也緫
結也○梱閫朱苦本切說文門橛也或作閫朱文二十五壼𡈁說文宮中道也从囗象宮垣道上之形引詩室家之
壼古作𡈁稇裍圞圈說文絭束也或从衣亦作圞圈稇一曰致也緷大束也悃說文愊也捆齊等也孟
子捆屨織席綑織也齫齦齒起皃一曰齧齒也或作齳碅倫碅石落皃𨂂說文瘃足也一曰跡也䫋無髮也通
作頣顐頰高也蓘艸名似蓍食之不夭豤𪘲豕齧物也或从齒詪講詪很皃墾耕也懇誠也
○衮卷古本切說文天子享先王卷龍繡於下幅一龍蟠阿上鄉或作卷文三十六睔說文目大也春秋傳有鄭伯睔
緄說文織帶也輥說文轂齊等皃引周禮望其輻欲其輥緷束也百羽爲緷蔉蕿苗也惃㦯博雅
惃惄亂也或从衮丨說文上下通也引而上行讀若囟引而下行讀若退滾混渾大水流皃或作混渾諢語不
明䃂鍾病聲謂鍾高則聲上藏衮然旋如裹𨍭車轉錕車釭齊燕海岱之間謂之錕掍㒞說文
同也或从同鯀說文魚也𩩶鮌鱞闕人名禹父也或作鮌亦作鱞通作鯀骸鯶魚名似鱒櫜大束緄

鵞鴨炙也。輥耕也。㥏㥏㥏濦也。頷頣頰高也或从艮。菎艸名薈也。骸細骨。㨠拑也。楎六尺犂也一曰犂轅。旛旗名。乛鉤逆鋩。○穩鄔本切蹂穀聚也文八。熅熅炳熱也。㥯𨇤安也或从足通作穩俗作坴非是。緼赤黄色禮士緼韍。顐顐顐面急。𡄪𡄪喗小口。愠愠惀煩憒。○本𡴎補袞切說文木下曰本古作𡴎文六。畚畓說文𦉫屬蒲器也所以盛種或作畓。笨說文竹裏也。苯苯蓴艸叢生。○翉普本切鳥飛上起文二。㖵噴也。○獖部本切廣雅犬屬一曰守犬文十四。泍泉涌皃。笨竹裏一曰不精也。楍棒舟篷也或作棒。穦穩穦穀未蹴皃。𢗰性不惠。体僜劣也。軬輽車蓬也或作輽。𪎪北𪎪。墳土起。𪎪麻蒸也。𩚵粗食。○懣蕄㦖鞔母本切煩也或省亦作㦖鞔文八。㵍水盈皃。悗廢忘也莊子悗乎忘其言一曰無匹皃。瞞暗也。悶悶然混然也。○損扻鎖本切說文減也古作扻文九。䐣䐪說文切孰肉内於血中和也或作䐪。瘁瘁㾓惡寒也。䁩目病。跣裸足行也。𥐻石次玉者。姺國名。○忖寸取本切度也或省文五。刌村博雅斷也或作村。譐聚語。○𠟼祖本切說文減也文八。撙挫也禮恭敬撙節。噂譐說文聚語也引詩噂沓背憎或从言。僔博雅僔僔衆也。蓴苯蓴艸叢生。蹲雉名。嶟

山高皃。鱒粗本切說文赤目魚文十⿱艹尊說文叢艸也⿰禾尊⿱莫禾禾積也或作⿱莫禾⿰口存噂大口也或作噂洊

再也易水洊至蹲聚也春秋傳蹲甲而射之徐邈讀墫說文舞也从士引詩墫墫舞我僔說文聚也引詩僔沓背憎

。⿰黑屯吐衮切說文黃濁黑文九畽⿰黑重怨畽行無廉隅或从黑淟淟涊水濁⿱肫灬烹肉也吨吨吨言不了錪

方言錪錘重也⿰黑惠⿰黑惠懷不明⿰言典⿰言典詪很皃。⿱竹屯囤⿱竹囤杜本切說文篅也或作囤⿱竹囤⿱竹屯一曰篪也文二十四盾

闕人名春秋傳晉有趙盾沌水不通一日混沌元氣未判純束也炖火盛皃庉說文樓牆也一日室中藏坉塞也

伅敦倱伅不慧或作敦⿰扌囷推也遯遁⿺辶彖踲遷也逃也或从盾从彖亦作踲腞腯豚行曳踵或

作腯豚⿰亻遁僊去也潡大水⿰巾盾載米齡屯聚也忳愚也。怨魯本切怨畽無廉隅文六惀廣雅思也

一日欲知皃稐束也碖碖硱石落皃睔目大也淪混淪水流轉皃。⿰火内努本切博雅爓⿰火内煥也文三涊淟涊

濁也渙水也。限魚懇切限切急意文三眼出大皃周禮望其轂欲其眼也鄭康成讀崀山名。芚治本切无

知皃莊子聖人愚芚郭象讀文一

二十二。很下懇切說文不聽从也一日行難也一日盭也文五詪說文眼戾也拫牽也⿱艹裉艸名似蓍

食之不夭䩕車革前也○穏安很切艸名文一○貇口很切誠也文八詪眼戾也硍石皃墾耕也頎
至也一曰惻隱齦說文齧也豤狠說文齧也謂豕齧物或从犬○頣頜皐很切說文頰後也或作頜文三詪
博雅詪詪語也○頜其懇切頰高也文一○洒蘇很切驚皃莊子洒然異之文一
二十三○旱下罕切不雨也文十三峊山名在南鄭皔博雅白也草艸名䛞大言也多言也悍
性急也通作旱垾小堤⿰𠦝力勤也睅暖大目或作暖取揩目⿰旱見大視也𧿞偏立○罕許旱切說文罔
也一曰希也亦姓文十六⿱艹焊蔊菜名味辛或作蔊厂厈山石之厓巖人可居籀从干暵熯焊乾也
或作熯焊暵𦔳耕也或从耒𧂈艸名灘⿰氵鶾水濡而乾也或从鳥軒闞人姓鄭有軒虎浫水名鶾鳥名
○侃可旱切說文剛直也从㐰㐰古信字从川取其不舍晝夜引論語子路侃侃如也文三衎說文行喜皃鶾鶾鴠鳥名似雞
五色晝夜鳴○笴幹簳竿古旱切字林箭笴也或作幹簳亦省文二十一稈秆⿱艹幹⿱艹⿰𠦝禾說文禾莖
也引春秋傳或投秉稈或作秆⿱艹幹⿱艹⿰𠦝禾芊艸名一曰薏苡子衦紆摩展衣也或作紆擀扞以手伸物或省盰
目多白也一曰張目仠長也皯䵟𩈕說文面黑气也或作䵟𩈕⿰木笴⿰木竿柄也或从竿矸碾繒也

二十四。緩䋸戶管切舒也或从素文三十一㣪徽㣪徐行捖擊也摩也䞁赤色一曰濁也瀚澣
浣濯衣垢也或作澣浣綄博雅纆也一曰船上候風羽岏山多㬊明也暖大目也覌大視也梡棵斷木
也一曰木名一曰薪蒸束或作棵賗䝹賗小有財篓博雅籥篓節也䓻莞艸名芙蘺也或省鰀鯇鯶
魚名或作鯇鯶嵈山名皖縣名在廬江輠回也禮叔孫武叔見輪人以杖關轂而輠輪者輐圓也形截之所用漶
漫漶難測也䴷全麥麱蘐藨也甋瓦器大口豢食犬豕曰豢。盌㼝埦椀鄔管切說文小
盂也或作㼝埦椀文十一捥取也䝹䝹賗小有財宛闕人名春秋傳使宛來歸祊婉順也詩燕婉之求徐邈讀取
捾目睆睕小嫵媚或从宛。款欵苦緩切說文意有所欲也或从柰俗作款非是文十七擑捉也窾空也鏉
燒鐵也裷襛也棵梡欟斷木也或从完从款鱇魚名𢔊𢔊㣪徐行顆𦺻艸名爾雅菟奚顆凍或作
𦺻稖禾病也捖擊也㵎水名緩舒也。管琯古緩切說文如篪六孔十二月之音物開地牙故謂之管或从
玉古者琯以玉舜之時西王母來獻其白琯前零陵文學姓奚於泠道舜祠下得笙玉琯夫以玉作音故神人以和鳳皇來儀也管一曰
姓也通作筦文二十𧍘蟲名筦說文筟也輨𨎌說文轂端沓也或作𨎌錧田器博雅鍊鏥錧也䩪說文

車鞍具館客舍也俗作舘非是綰博雅綺其綰謂之襱盥灌澡手一曰灌祭也或作灌悹悹悹無依也一

曰憂也或書作悺痯爾雅痯痯病也浣浣滌也史記身自浣滌劉伯莊讀逭爾雅逃也脘朊說文胃府也一曰即

胃脯漢殖貨傳濁氏以胃脯連騎或省脘胃府𨴗所以出鍵也通作管○滿母伴切說文盈溢也亦姓文十一懣

煩也或省𥳵𥴀博雅𥲒箋笭也或从滿鏋金精謂之鏋浼汚也䩖塗面也曼曼濾不分

別皃㒼平也五行數廿爲一辰有兩㒼平故从廿从㒳𧖴以血塗也○坢普伴切平坦也一曰發地文四𧺺走皃奤

面大拌捐弃也○粄𥹋𩝑補滿切屑米餅也或从半从食文九瓪牝瓦昄大也綆車輪箄也般漢縣

名在今齊州地一曰面平皃跘交足坐𩭿卧髻○伴部滿切說文大皃一曰侶也文八㚘說文竝行也鉡

鋬也竝並同竝縣名在牂牁或作並拌博雅拌捐弃也昄爾雅大也秚物之相和○通作拌㪔散顙早

切雜肉也隸作散文十四𣏞麻分也通作散𢿥飛也繖㡤傘𠍴說文蓋也或从巾亦作傘𠍴𥳑博雅

簻𥳑桃枝竹也饊糤說文熬稻粻餭也或从米𥳴竹器鏾弩機緩謂之鏾𦺏艸名○𩯍子罕切髮好也

一曰光澤皃文四趲逼使走也穳補也攢折也○瓚在坦切宗廟祼器一說三玉二石曰瓚四玉一石曰瓏玉石相半曰

玽諸侯用之文四欑營欑祭處趲逼使走囋嘲也○筭選撰損管切說文數也或作選撰文七匴
說文渌米籔也篹䉵籩屬一曰竹木素器或作𥳔通作匴䉶博雅籍謂之䉶○簒纂纗祖管切說文似
組而赤一曰集也或作簒纂纗文十九𨏔車衡三束纘𩟔說文繼也古作𩟔𥎤廣雅鋋也欑矛戟柄一曰管
欑禜祀之所儹說文最也一說聚而計事曰最籫𥳔說文竹器也或作𥳔酇說文百家爲酇酇聚也一曰縣
名在南陽焞焌灼龜也或作焌僔衆也鐏戈柄下銅趲逼使走也穳纂禾積也或作纂○鄹
郰緒纂切亭名在新豐或省文五選算筭數也或作算筭○亶單黨旱切說文多穀也一曰誠也
厚也或作單俗作亶非是文二十二𤺺癉風病或从單鴠鶡鴠鳥名𨳿㞊孱也嘽慄也疸黃病
笪担博雅擊也亦姓或从手皽面膚病也觛博雅䚟觛巵也狚獸名獺亶也嬗嬋也燀
厚燠也呂氏春秋衣不燀熱𢈈偏舍謂之𢈈繟緩也通作嬗㔊割也繵束也史記繵緣中經維絡僤
速也動也僤怛勞也或作怛○坦壇黨旱切平也明也或作壇文十三𨳿闊也儃儃儃舒閑皃僤
速也動也靼𩏂柔革或作𩏂䁴明也璮玉名䪴面平也嘽嘽唌聲舒緩也敳敳敳無文嬗

緩也婐也。但袒襢亶蕩旱切說文裼也或作袒襢亦省文二十三膻胆說文肉膻也引詩膻裼暴虎或省儃
何也僤速也誕這𠯁說文詞誕也或省亦从口誕一曰大也䱇說文小觶也𣊻瞟也繵襌也一曰大帶謂之
繵憻憻悗喪之輕服䩥馬帶也潬江東呼水中沙堆爲潬今河陽縣南有中潬城蜑𧕿蠻屬或从䖵
憚勞也難也撣說文提荷也嬗緩也婐也柦木器如櫛無足。嬾懶𢙾㦨孄𡤻魯旱切說文懈
也怠也一曰臥或从心亦作𢙾㦨孄𡤻文十五糷𥽉𥹫飯相著也或从蘭从柬瀾灡潘也𧮢讕㘓詆讕誣言也或
作調㘓攋方言壞也襰惰於祭也。虥士嬾切爾雅虎竊毛謂之虥貓施乾讀文一。攤乃坦切按也文二
𢄙以巾拭墀也。短𢫫覩緩切說文有所長短以矢爲正或从手文九裋布襦斷剸𣃔斦截也古作
剸𣃔斦俗作断非是𢿦博雅轉也一曰轉籆也䝎睆賶小富。疃畽墥暖𨇇土緩切說文禽獸所踐處引詩
町疃鹿場或作畽墥暖𨇇文九𧬬誺𧬬言惑㦨悿㦨心惛瘓癱瘓病皃𩏂履後帖。斷斦𣃔剸
杜管切絕也古作斦𣃔剸文八𨇇說文踐處也𩏂縀𩋡履後帖或从糸从革。𣯎千短切說文精䶂也文二毳
重祭也。卵魯管切說文凡物無乳者卵生象形文二怨行無廉隅謂之嚾怨。俀阿㑆切俀俀不懼也文一。輐五管

切輐斷刑截所用也一曰圜皃文二 鯇鯇斷無圭角皃 ○煗煖暖㬉乃管切說文溫也或作煖暖㬉文十一

餪博雅餪餫饋也一曰女嫁後三日餉食爲餪女 渜湄說文湯也或作湄 稬稻也 䙇短襦也 堧垣外餘地

臑體煗也 ○豢胡滿切養也莊子民食芻豢文二 輐圜皃 ○湲火管切弄水也文二 𤺺痛也

二十五 ○潸數版切涕下皃文二 𩅟雨皃 ○𤞤楚綰切說文齹也文二 𪘲𪘲齗齒不正皃 ○酢阻版

切酢䤉老也一曰色赧文三 拃摸也 㧒迅飛皃 ○𧊧仕版切蟲名爾雅蛝馬𧊧一曰蟬大黑者謂之𧊧文三 虦虎竊毛謂

之虦猫 𪘲齗𪘲齒不正皃 ○撰篹雛綰切持也具也或作篹文五 饌籑具食也或作篹養 簨竹器禮食

於簨徐邈讀 ○赧𧹞戁乃版切說文面慙赤也周失天下於赧王或从皮亦作戁文八 䤉𩈩酢䤉色赧或作𩈩

戁說文敬也 㬊說文溫溼也 蝂蟬屬 ○㬊丑赧切㬊暴溫溼皃文一 ○僩下赧切說文武皃引詩瑟兮僩

兮一曰寬大皃文七 憪愉也 撊忿皃春秋傳撊然授兵登陴 橌大木 捍止也 獮猛也 業以飾縣鍾鼓也

○𪗋齗雅版切說文一齒見皃或从开文三 嵃巘嵃山皃 ○睅睆戶版切說文大目也或从完文十九 鯇說文

魚名 皖晥明皃或从日 鋎刃也 莧莞唍莧爾笑皃或作莞唍 裷衣褔 䴽䴷黃蒸䴽子

一曰全麥爲麲或从完峞山名悍急也攌木柵也史記攌若囚拘劉伯莊讀睅日出皃脘肉也捍
捍摌搖動浣水名在江夏○綰鄔版切說文惡也一曰絳也綃也繫也文五捾取也𩈲曲面謂之𩈲悺
闕人名漢有左悺䀓捾目○版板補綰切說文判也或从木文八蝂蝜蝂蟲名或書作蠜通作版舨艎舨
舟也瓪說文敗也一曰牝瓦鈑爾雅鉼金謂之鈑胖夾脊肉一曰半體也周禮膴胖杜子春讀昄說文大也○眅
普版切多白眼也文二昄大也○阪坂皈部版切坡也或从土从自文八返𢓃說文還也引商書祖伊返
或从彳昄大也反難也詩威儀反反沈重讀魬魚名○矕母版切說文目矕矕也一曰目美皃文六娨
傲慢也蔄菜名瞞瞞然慙皃眅多白眼也虋艸名
二十六○産所簡切說文生也文十二簅大籥通作産摌捍摌手精擇物也㹌說文畜牲也
嵼嶘嵼山曲皃汕魚游水也滻說文水出京兆藍田谷入灞一曰出涕皃䉾竹器驏馬名𣘨木名
𪉭𥗍粟也㦃全德也○剗楚限切平也翦也韓詩勿剗勿敗文十三鏟說文鏶也一曰平鐵丳
燔肉器羼說文羊相厠也從羴在尸下尸屋也一曰相出前也㦃全德也𪉭𪍵字林𥗍粟也或

集韻上聲五　　三十八　　施端

作𨅊䐮皮也㹽說文齧齒也𪌉麥也𨅊徒騎也劗劑彝也戔擣傷也○㦃揣縮切全德也文二𪖼

𥗋栗○醆阻限切盎齊也禮醴醆在戶文十一琖𧤘盞湔錢玉爵也夏曰琖殷曰斝周曰爵或从角从皿亦

作湔錢𣜬木名棧爾雅鐘小者謂之棧東晉元興中剡縣民井中得一鐘長三寸口徑四寸銘曰棧一曰淺也𡸈

嶘𡸈嵼山峻皃或作嶘戔擣傷也○棧仕限切說文棚也竹木之車曰棧亦姓文十八碊博雅鼓也一曰

蜀道輚𨏔臥車也一曰兵車或作𨏔通作棧𦢊腹大皃㹽犬食曰㹽嶘𡸈說文尤高也或省亦書作

𡸂𩵦𩷽魚名或从孱孱博雅惡也一曰孱陵縣名在武陵𤖨𦍩豢羊屋也或从羊僝具也

𠟾博雅攻也虥虥貓獸名𪗪齒跌皃䗃馬䗃蟲名○限下簡切說文阻也文八硍石聲𥈅說文

大目也一曰晚𥈅目視皃𤛓牛不從羈謂之𤛓𨳿𡰯𣓌閾也或作𡰯𣓌通作限骭脛中也○齦

𤘤起限切博雅齧也或从牙文二○簡賈限切說文牒也一曰略也閱也誠也亦姓文十三橺說文大木皃𤅢

說文漸也僩撊武皃爾雅瑟兮僩兮或作撊𧝩襇帬幅相𧞂也或省柬揀說文分別簡之也從

柬八八分別也或从手通作簡暕明也𥶒說文𥶒存也覵視也閒地名春秋傳大蒐于昌閒○眼皀

語限切說文目也古作𥄎文六 齴 棧齴高峻皃 嵃 嶘嵃山皃 ⿰𧾷彥 跡也 喭 小笑皃 ○盻 匹限切動目也

一曰美目皃文一 ○睌 武簡切說文睌䁂目視皃或書作⿺免目文一 ○版板 蒲限切籍也古从木文三 阪 阪泉地名

○軋 膹眼切車⿰車𠬝文二 窴 窴寂迫窄也

集韻卷之五

汲古閣鈔本叢刊

集韻

下册

〔宋〕丁度 纂

浙江古籍出版社

集韻卷之六

翰林學士兼侍讀學士朝請大夫尚書吏部郎中知制誥判秘閣兼判太常禮院羣牧使柱國濟陽郡開國侯食邑一千二百戶賜紫金魚袋臣丁度等奉

敕脩定

上聲下

銑第二十七 蘇典切與獮通

獮第二十八 息淺切

筱第二十九 先了切與小通

小第三十 思兆切

巧第三十一 苦絞切獨用

晧第三十二 下老切獨用

哿第三十三 賈我切與果通

果第三十四 古火切

馬第三十五 母下切獨用

養第三十六 以兩切與蕩通

蕩第三十七 待朗切

梗第三十八 古杏切與耿靜通

耿第三十九 古幸切

靜第四十 疾郢切

迥第四十一 戶茗切獨用　拯第四十二 蒸之上聲與等通

等第四十三 得肯切　有第四十四 云九切與厚黝通

厚第四十五 很口切　黝第四十六 於糾切

寑第四十七 七稔切獨用　感第四十八 古禫切與敢通

敢第四十九 古覽切　琰第五十 以冉切與忝儼通

忝第五十一 他點切　儼第五十二 魚檢切

豏第五十三 下斬切與檻范通　檻第五十四 戶黤切

范第五十五 父鋄切

二十七○銑 穌典切說文金之澤者一曰小鑿一曰鐘兩角謂之銑文十九 洗 說文洒足也一曰潔也通作洒 烍 熂也 㧥 捵㧥手捻物

箲筅 飯帚或从先 跣 說文足親地也 毨𨾴 理也說文仲秋鳥獸毛盛可選取以為器用或作𨾴 姺𨛜 國名或从邑 𣐊 木名

爾雅𣐊大棗出河東猗氏縣子如雞卵 𦬕 艸名 𩶡 魚名 洒 肅恭皃禮一爵而色洒如 䈀 竹器博雅箱謂之䈀 鍌 闕人名唐有竇維鍌

燹野火⿰缶萹小缶。扁補典切說文署也从戶冊戶冊者署門戶之文也一曰不圓皃亦姓文十六匾器之薄者曰匾榼編綫也

緶⿰糸匾褰衣或从匾萹⿺辶萹艸名說文萹茿也或作⿺辶萹⿰禾⿺辶扁藊⿰禾⿺辶扁豍豆名或作藊稨豍惼愊惼性狹碥乘石皃通

作扁糄燒稻取米曰糄扁⿸戶卑扁虒薄皃或从卑。覑匹典切視皃文二萹萹茿艸名。辮婢典切說文交也文十六辡

旋流編⿰肅扁博雅緶謂之編一曰履底或从肅艑艑艖舟也編紐也⿰鹵扁⿰鹵區⿰鹵扁鹽也⿸疒扁風病⿰骨扁骨⿰骨扁生扁鶣姓也

古有扁鵲或作鶣⿰扁毛⿰扁毛毿毛不理⿰缶扁小缶一曰紡錘揙搏也⿰片扁牀簀⿰月扁脈隱起如辮繩。丏弥殄切說文不見也象壅蔽之

形文十眄目偏合也一曰邪視搷博雅搷培封塗也矊目童子黑矏目旁薄緻宀宀也芇相當也⿱艹丏艸名沔淟沔

水皃眠楚謂欺爲眠娗一曰僈劣⿰扌㒼飾也。忏七典切怒也文一。典⿱竹典多殄切說文五帝之書也从冊在丌上尊閣之也莊

都說典大冊也一曰常也古从竹文九敟說文主也通作典蕇艸名說文亭歷也琠說文玉也⿰典頁頰後也錪釜也婰女名⿱典黑

黑也。腆⿱竹腆⿱竹⿱典言他典切說文設膳腆腆多也或作⿱竹腆⿱竹⿱典言或書作⿱典月文三十六娗欺慢也一曰僈劣⿰虫敟⿰虫敟蝸蟲名青蚨也飻貪也

奵嫇奵好皃紾垂絕皃⿰阝典⿰阝典華藥艸捵手伸物也⿰貝典當也⿰目典明也琠⿰王眞⿰王殿王也或从眞从殿錪說文朝鮮

謂釜曰錪一曰重也靦⿰面旦⿰面亶⿰面單說文面見也引詩有靦面目或作⿰面旦⿰面亶⿰面單㥏⿰目典說文青徐謂慙曰㥏或作⿰目典⿰足典⿰足亶行皃

或从亶⿰口典吐也⿸疒典痶瘨病也淟博雅淟涊垢濁也倎⿰土典厚也或从土通作腆町圢⿰田忝⿰土鼎町疃鹿跡一曰餇田人衆皃或

作圢⿰田忝⿰土鼎蚕蟲名蛩蟺也⿰言忝⿰言忝讇言不定悿⿰忄忝⿰忄讇心惑○殄塡⼣徒典切說文盡也或作塡古作⼣文十五⿱殄食⿰食典

貪食爲⿱殄食食或省蜓⿰虫㐱蟲名說文蝘蜓也一曰蜓蚞蟬類或从殄⿰犭典⿰犭典⿰犭難劣皃跈止也典腆典堅刃皃一曰車轅束紾角理捔也周禮

老牛之角紾而昔一曰垂絕皃沴陵亂也莊子陰陽之氣有沴徐邈說瘨病也詩瘨我以旱抮偝也娗眠娗不開通皃○撚捵乃殄

切說文執也一曰蹂也或从典文八蹨跈趁蹈也逐也或作跈趁涊淟涊垢濁抮廣雅偝也⿰面然靦⿰面然面少色○⿰木盡子殄切博雅盝⿰木盡盂

也文一○顯㬎呼典切說文頭明飾也一曰著也光也亦姓古作㬎文十四韅顯⿱㬎革說文箸腋鞥也一曰在背曰韅或从顯蜆⿱顯虫

小蛤或从顯⿰㬎刂鑖削也或从金抮攇偝也或作攇憲興盛皃詩憲憲令德晛日見也灦灦渙水皃⿰忄然意難也

○⿱穴堅牽典切不動也文七豤齧也⿱臤齒⿱臤齒齞齒露皃⿱堅黍⿱臤黍博雅稴也或作⿱臤黍蜸蟲名蛩蟺也⿱臤牛說文牛很

不从牽也一曰大皃○䌠繭絸吉典切說文蠶衣也从糸从虫芇聲或作繭古作絸俗作蠒非是文二十五⿱艹繭艸名紫綦也涀小溝⿰圭鳥

鷤鴂鳥名子鳺也襺說文袍衣也以絮曰襺以縕曰袍挸⿰扌繭博雅拭也或作⿰扌繭⿱典黑黑皺也趼⿰繭皮胝也一曰足指約中斷傷

爲趼或作⿰繭皮⿱幵東⿱夫東⿰東幵⿰禾幵⿰禾見說文小束也或作⿱夫東⿰東幵⿰禾幵⿰禾見垷塗也筧梘通水器或从木豣獸名爾雅麕絕有力者

顋頰後蕣艸名蔄也檷棧也硯濡石○現峴胡典切山名一曰山小而險一曰嶺上平或作峴文二十一垷說文塗也⿰忄然⿰忄然⿰忄然
意難也俔譬喻也一曰磬也誢諍語哯吽說文不歐而吐或从幵晛日氣一曰明皃睍說文出目也一曰好視筧竹名
臔博雅臔臔肥也一曰肉急𪐝黑皺也⿰糸頁綴也蜆蟲名說文縊女也鋧銑鋧小鑿也䧋限也嫢細要也現
石之次玉者礥堅也娊女字○蝘⿱匽蚰於殄切蟲名說文在壁曰蝘蜓在艸曰蜥易或从蚰文十五躽曲身也歐大呼用力也
⿰目晏⿰目匽說文目相戲也引詩⿰目匽婉之求一曰仰視或作⿰目匽嬿嬿嬿婉安順皃醼合飲也宴燕爾雅宴宴居息也或作燕⿰燕阝
闕人名春秋傳有歜仲曾孫⿰燕阝㥷㥷偏性狹⿰足亶行跡妟安也偃仰也○齞研峴切說文張口齒見文一○犬苦泫切說文狗
之有縣蹏者也象形孔子曰視犬之字如畫狗也文二畎畎戎西戎之種通作犬○旋信犬切鍾縣謂之旋李軌說文一○蜎於泫切井中小
蟲文二⿰食肙飫也○く甽畎古泫切說文水小流也周禮匠人爲溝洫耜廣五寸二耜爲耦一耦之伐廣尺深尺謂之く倍く謂之遂
倍遂曰溝倍溝曰洫倍洫曰巜古从田川篆从田犬聲六畎爲一畝文十六汱水落皃狷獧有所不爲也或作獧埍說文徒隸
所居一曰女牢一曰亭部詃誘也詐也罥羂絹繯挂也或作羂絹繯擐繫也琄玉皃⿰氵畎淖耕也呟
聲也○泫胡犬切說文湝流也上黨有泫氏縣文二十八汱水落皃鉉說文舉鼎也易謂之鉉禮謂之鼏琄珮玉皃通作鞙

閔説文試力士錘也　罥絹挂也或作絹　鞙𩊲大車縛軛靼也或从玄　𨊵𩊄𨍏車弓也或从革从肙　繯説文絡也　埍徒隷所居一曰女牢一曰亭部　陏博雅坑也　䁐説文盧童子也　馯馬一歲　𧵍賣也　旬目搖　炫説文爛燿也　畇𤳙田平均也或作𤳙　虤虎怒皃　贙説文分别也从虤對爭貝也一曰獸名出西海大秦國似狗多力獷惡　駽爾雅馬青驪者　鋗玉聲　𩂡露皃　泉水流皃

二十八○𤢿獮省獮息淺切説文秋田也或作獮省獮文二十五　𥙊禰説文宗廟之田也或作禰　尟鮮尟魚鱻仙説文是少也尟俱存也从是少賈侍中説或作鮮尟魚鱻仙　燹𤓰野火或作𤓰　𣟨木名　廯博雅囷倉也　癬𤺌説文乾瘍也或作𤺌　蘚垣衣一曰白艸名　𥴤博雅篇𥴤籍也　𧒂蚰屬　𡾏小山別大山曰𡾏通作鮮　𤃉水也　𢢇慚也　𤪌玉名　𡣆女字○淺𣸸此演切説文不深也或作𣸸文五　跣足親地也書若跣弗視地徐邈説　刋斷也刋肺脊以祭徐邈説　諓言淺也○翦𦐔子淺切説文羽生也一曰矢羽古作𦐔文二十七　前𠝣説文齊斷也或作𠝣俗作剪非是　揃㨵説文搣也一曰擇也或从翦　戩𢦦説文滅也引詩實始戩商爾雅履戩福也或作𢦦　錢説文銚也古田器引詩庤乃錢鎛　瑐玉名　劗剃髮　諓諓諓淺薄皃一曰巧言也一曰善也　媊明星也一説太白妻曰女媊　鬋説文女鬢垂皃　帴帬也襟也

狹也謭語煩萷艸名王彗也簮竹名𥳭竹名籛姓也一曰竹名戔少意湔水名在蜀郡譾俴
淺也史記能薄而材譾或作俴𦐇博雅𦐇𦐇武也煎滅也子孖謹也。綫似淺切博雅綫綫緩也文一。踐跈在演切說
文履也一曰列也或作跈文十三𧗱說文迹也或从行𨹟說文水阜也俴說文淺也餞送去食也諓說文善言也一曰詎
也一曰淺薄皃𤸱廣雅瘍殘蚌也錢田器帴戔狹也周禮革自急者先裂則是以博為帴或省淺滅也書肏淺納日馬融讀
餞通作。選撰須兗切說文遣也从辵巽巽遣之一曰擇也或从手文十一巽選置說文网也引逸周書不卵不蹼以成鳥獸
巽者蹼獸足也故或从足亦作置簨竹名算數也𥻨字林未晬羊𧡺見也僎具也顨選具也。臇燸子兗
切說文脽也或作燸文十一𤏋火皃剸斷齊也鐫博雅鏨也𧕿說文蟲食也雋肥也僝具也或省惢
華皃劖裁也。雋粗兗切說文肥肉也从弓所以射隹長沙有下雋縣亦姓文十一抁揣也吮𠯗說文欶也或从舌𤹪
廣雅癘殘蚌也𦺍菑雋菜名巂酅地名在齊或从邑慱爾雅慱慱憂也郭璞讀阭高也一曰地名𧐡蟲食
創也。㦓矢善切意臡也一曰意急而懼一曰難懇也文三𡢕恣也亦姓𥈤視面色變也。闡齒善切說文開也引易闡幽文十六幝
說文車弊皃引詩檀車幝幝𦆍說文偏緩也繟說文帶緩也嘽單聲緩也或省譂妄言燀說文炊也引春

秋傳燀之以薪囅廣雅黰囅黄也灛水名爾雅汝爲灛僤墠地名在魯或作墠通作闡墠寛也老子墠然而善謀河上公

讀通作繟鏟博雅籤謂之鏟憚慢傷也繟寛大奢也。膳旨善切耳門也文二十七䁪𥉂說文視而止也或从善

顫說文倨視人也嬗說文好枝格人語也一曰靳也戩戩戩武也鐔剸說文伐擊也或从刀劚博雅劚攻揭也𨊩儃倮也

或从人顫首動皃皽博雅皽㿥皮寛也䆄束也樿說文木也可以爲櫛杓橏木名一曰木瘤也燀炊也饘餰

縻也或作餰襢露也戩爾雅福也醰酒苦謂之醰醆栝也撣排急也僐作姿也戔賊也周書戔戔巧言

擅引也。譱善𡝫上演切說文吉也或省隸作善或作𡝫文二十五膳說文具食也𠐐僐說文作姿也或作僐

單單父縣名亦姓墠壇說文野土也一曰除地祭處或作壇墡䃷白土也或从石鄯鄯善西胡國名䴛䴛麵屑新麥爲餌鱓

鱣䱇說文魚名皮可爲鼓一曰蛇鱓黄質黒文或作鱣䱇紾牛角理捔潬澶宛潬水相薄也或作澶僤行動皃漢書象輿婉僤顔

師古說蟺蟮蟲名說文蜑蟺也或作蟮蟺一曰土蠭樿木名山海經風雨之山其木多棷樿白理中櫛鱔魚名。蹨忍善切踐也文十二

㞋燸煗說文柔皮也或作燸煗㒄㦚說文意膬也一曰意急而懼或从心戁懼也熯說文乾皃引詩我孔熯矣嫨歎也

通作戁橪木名說文酸小棗一曰染也齴廣雅笑也㜣姿也亦姓。舛踳尺兗切說文對臥也从夊中相背楊雄說舛从足春

一曰錯亂文十喘歂說文疾息也或从欠荈茶晚取者名荈篿竹以貫物揣敱博雅度也或从攴⿰虫耑螺端動蟲一曰無足蟲腨腓也○膞主兗切說文切肉也文十二⿰齒耑剸說文截也或作剬剬說文斷齊也竱說文等也春秋國語竱本肇末孨說文謹也从三子一曰孤煢可矜謂之孨⿵門耑說文開閉門利也一曰縷十紘⿴囗兗因刑固出⿸巵耑⿸巵專說文小巵也或从專鱄說文魚也轉無窮也太玄軫轉其道王涯說○腨⿰足專豎兗切說文腓腸也或作⿰足專文十九踹足踵也膞腄切肉或省歂口氣引也⿸巵專危說文上小巵有耳蓋者鄟⿰阝專地名屬魯或从𠂤鱄魚名輲輇槫團載柩車也或作輇槫團蒪艸名無魚也凡水有此艸則無魚漙⿱雨專露皃或从雨剬斷齊也吮舐也○耎乳兗切說文稍前大也文三十八⿰車叚輭軟需濡柔也或从耎从欠亦作需濡通作耎⿱北皮⿱北㼱韏𡰪⿱北皮說文柔韋也从北从皮省从敻省徐鉉曰北者反覆柔治之也敻營也或作⿱北皮韏古作𡰪籀作⿱北皮腝足疾媆說文好皃愞懦偄⿰忄叚選愞劣弱也或作懦偄⿰忄叚緛⿰衤耎說文衣縐也或从衣⿰貝耎小有財⿰田耎城下田碝礝瑌說文石次玉者或作礝瑌⿰木耎木名楔棗也似柹而小⿱艹耎檽說文木耳也一曰萮茈或作檽蝡蠕說文動也一曰狄號或作蠕𡰪博雅弱也⿱艹渜艸名紅藍也⿱竹耎竹名⿰耎刂⿰需刂刺也或作⿰需刂⿱北毛⿱耎衣羽獵韋絝或作⿱耎衣渜濯也○棧士免切棚也文七俴淺也孱孱陵縣名在武陵

齴齒不正轏車名蝬蟲名戲獸名虎文○撰巽鶵免切持也或省文十七譔籑述也或作籑通作撰僎
說文具也通作撰顨選具也巳巳齊也从二巳巺𨃲囧也或从足鱌魚名無骨籑饌具食也或作饌僝
見也或省鱒大魚也詩鱒魴沈重讀𦼮艸名襈衣緣○巺式撰切囧也文五𦏡未晬羊㦏愞撰弱也匴
匴笥也一曰淥米籔一曰竹盤或作匴○褊俾緬切說文衣小也文七辡𢙐說文憂也一曰急也或作𢙐諞巧言緶輪箄也
揙搏也惼狹意楩婢善切木名文九𢙐博雅憂也一曰急也揙說文搏也諞巧言扁姓也古有扁鵲牝畜母𨊻
車也艑舟名編履底○緬䌯彌兖切說文微絲也或作䌯文二十二䩄𩊀說文勒靼也或作𩊀愐幕謂之愐愐𢖲說文
勉也一曰想也勔僶爾雅勔勔勉也或作僶通作黽偭鄉也一曰偭焉不顧皃湎醽說文沈於酒也引周書罔敢湎于酒或作醽酾沔
說文沔水出武都沮縣東狼谷東南入江一曰入夏水一曰流滿皃丏說文不見也象壅蔽之形㤨說文厲也一曰止也澠黽澠池縣名或作黽通作沔
湎浴尸也周禮大湎李軌讀媔姡也殙矜也莊子以黃金注者殙眠眠娗不開通皃○辡平免切別也文六辯說文治也从言在辡之間
辡罪人相訟也𥳑博雅箄籓篩也一曰竹簡諞巧言𢙐博雅憂也○辡辯邦免切說文辠人相與訟也或从言文九睘
說文兒初生瞥者覵視皃鴘鷹隼二歲色赤亦姓辨別也周禮辨方正位劉昌宗讀瀳水皃釆揀別也一曰獸懸蹄𥳑古書竹簡

也。鵵披免切鷹隼二歲色赤文一。免美辨切釋也止也亦姓文十五娩婉娩順也㝃生子免娩也勉說文強也俛俯也冕
絻帵說文大夫已上冠也邃延垂瑬紞纊古者黃帝初作冕或从糸从巾鮸說文魚名出薉邪頭國葂莬闕人名莊子有蔣閭葂或作莬
䵎廣雅黃也挽引也浼潣浼浼水皃或作潣。㞡展知輦切說文轉也一曰誠也舒也省視也隸省文十四蹍蹎也襄
襢丹縠衣或作襢㠭說文極巧視之也輾臥而不周曰輾通作展搌博雅搌極也一曰縛束也皽皮也嫸嫸妍好皃蟵
蟵說文蟲也或省紾轉也榐木名。蕆丑展切說文敕也引春秋傳以蕆陳事一曰去貨文十六蚩說文蟲曳行也𠐊人形長皃延
遚安步也或作遚𨪕博雅𨪕杼長也搌搌擅展極也囅笑皃𩌭收絲器一曰驂具㫃說文旌旗杠皃𤘿牛緩謂之𤘿窴
窴赦笛聲緩也𢲼擊也𩛩長味榐樿榐樹長皃梴木長皃。𧽢邅躔丈善切移行也一曰循也或作邅躔文四紾轉也
。輦力展切說文輓車也从扶在車前引之文十六謰謰謱語亂也摙負擔也僆爾雅雞未成者一曰江東人謂畜雙產曰僆蓮蓮芍
縣名在馮翊槤璉說文瑚槤也或从玉通作連鄻說文周邑也爦小然謂之爦連難也易往蹇來連𤅊水名山海經王屋之
山𤅊水出焉即濟水𪐝𪐝禾也㶊水也𢝑留意膦膦輭無力𤍿㸙𤍿劣皃。𠬋尼展切弱也一曰柔皮也文十二𨋈
輾說文轢也或从展碾𥑮磨也或从艮趁跈蹍𨁸踐也或作跈蹍𨁸赦窴赦笛聲緩也𨻐魯邑榐轢物

器。轉陟兗切輾轉反側也文四㯻死㯻簿也竱廣雅齊也嫥女名。篆柱兗切說文引書也文十二瑑璏圭璧
上起兆或从篆摶百羽爲摶縳練說文白鮮色也或省隊博雅院也一日道邊庳垣埭耕土卷沌水名在江夏腞
篆也莊子腞楯之上司馬彪說鱄魚名鮅也戭闕人名檮戭古才子。臠脟力轉切說文臞也一曰切肉臠也或作脟文八覶
視皃𡟾孌孌說文順也引詩婉兮𡟾兮或作孌孌亦書作䜌蘗虊艸名鳬葵也或从欒。遣去演切說文縱也文九
𦥯𦥯說文𦥯商小塊也隸省繾繾綣不相離也𩜱𩜱博雅𩜱𩜱摶也一曰乾餌或省𥳑𥳑籍也譴
小息也𨓲土𨓲也。演以淺切說文長流也一曰水名文十五衍說文水朝宗于海也一曰廣也達也樂也散也通作演縯
長也戭說文長槍也引春秋傳有檮戭衍舒布也勬䋣緩也勉也嚝笑也蔩艸名爾雅蔩菟瓜𧗾蟲名蚰蜒也
延綖冕上覆或作綖諓諓諓善言蜑蜑蜑虫形𧊔蟲行皃椼木名。蠉馨兗切說文蟲行也文七𧽤走意
瞏兒初生瞥者蜎蝝井中小蟲或作蝝縜綴也闤開閉利也。蜎蠉下兗切井中小蟲或作蠉文三繯維也一曰
旗紐一曰旞耳。㕣容以轉切說文山閒陷泥地从口从水敗皃讀若沇州之沇九州之渥地也故以沇名焉古作容文二十沇沿渷
說文水出河東垣王屋山東爲泲古作沿或从兗阭𨻰高也一曰地名或作𨻰抁𢯀動也揣也或从兗綄綃也䒞艸名雀弁也

⿰風允小風⿰馬允馬逆毛兗州名通作沇蜎蜵井中小蟲或作蜵訡笑皃一曰善言繯維也吮嗍也孑孖謹也。蜎

葵兗切井中蟲名說文肙也文二鞙說文大車縛軛靼。蹇九件切說文跛也亦姓文三十二⿰言蹇⿰口蹇寋謇⿰言蹇⿰言虔

博雅吃也或作⿰口蹇寋謇⿰言蹇⿰言虔謇一曰難也寋爾雅徒鼓磬謂之寋⿰扌寋攓搴說文拔取也南楚語引楚詞朝搴阰之木蘭或从蹇

亦作搴俗作攓非是⿰亻蹇⿰亻寋偃⿰亻蹇傲慢也或作⿰亻寋⿰扌善搌⿰扌善展極也⿰糸虔縮也⿰衤蹇褰絝也或省𢐄弓彊⿰山蹇⿰山蹇嵯山皃

⿱艹搴⿱艹蹇艸名蕳也或从蹇鱴魚名囝閩人呼兒曰囝鍵籥牡也⿱𡨄走說文走皃⿰虔阝地名聞喜有⿰虔阝鄉⿺辶建

竹名揵舉也難也⿰衤建矛屬也⿱寋鳥鶱也⿰干力力干也⿰木善⿰木善⿰木展樹長皃。鍵⿰金蹇巨展切籥牡也或作⿰金蹇文六楗⿵門建柜門

木或从門件說文分也从人从牛牛大物故可分⿰山蹇⿰山蹇嵯山皃。繾起輦切縮也文一。㫃於蹇切旌旗皃文四⿺走焉走意嫣

長皃鼴鼠名。齴齗語蹇切博雅笑也或作齗文十三⿰山獻山形似甑⿰山彥峨⿰山彥山峻皃甗甑也遃行也⿰女岸⿰女屵

博雅⿰女岸嫧齊也一曰好也或省瓛玉甗讞評獄也齞⿰齒开齒露也或从开⿰鬳瓜瓢也。卷古轉切說文厀曲也文十菤葊

艸名爾雅菤耳苓耳形似鼠耳叢生如盤或作葊韏屈也一曰革中辨謂之韏帣斂衣裹也⿰阝卷聚名在安邑捲斂也通作卷

埢塚土觠爾雅羊角三觠羷⿰豆卷豆屬。圈巨卷切說文養畜之閑文七蔨艸名爾雅蔨鹿藿蜎井中小蟲

集韻上聲六　　十二

箘簂竹名或从圈菌草名蕈也倦息也。欄來圈切木名文一。剗測展切刈也文一。蟤茁撰切蜿蟤蟲不申兒文一。藑詳兖切艸名爾雅葍藑茅藑葍一種華有赤者爲藑郭璞說文三鄻地名𦝫短也一曰便𦝫小皃。萹匹善切艸名爾雅竹萹蓄文一。羡延善切溢也文一。䞂女軟切小有財文一。宛烏勉切闕人名鄭有大夫宛文二夗方言夗稾薄也。腞敕轉切篆也莊子腞楯之上文二蜳螴蜳不定意徐邈說

二十九。筱篠先了切說文箭屬小竹也或作篠文十䃤黑砥石也山海經京山有玄䃤謏謏說文小也誘也引禮足以謏聞或作謏鰷⿰魚了鯈魚名或从了亦作鯈⿰石変小石也𢹇打也。湫子了切說文隘下也引春秋傳晏子之宅湫隘一曰水名在周地安定朝那有湫泉文十二⿰氵愁腹中有水气漅水名在廬江勦勞也藻艸名山薺也罺溼盈也朴相高也一曰忽高𨚸地名在魯⿰巾㕜幓頭也一曰凶首飾愀變色也憔拭也剿絕也。鳥丁了切說文長尾禽總名也象形鳥之足似匕故从匕文十八帩帩須帞縉頭也⿰忄勺憂也蔦樢艸名說文寄生也引詩蔦與女蘿或从木鵃鵃舠船長皃扚說文疾擊也⿰衤鳥短衣⿰禾勺說文禾危穗也ㄠ⿰幺ㄠ懸也方言趙魏之間曰ㄠ或从幺窵窵窅深皃隝嶋水中可居曰隝或从山佻遠也釕鋋釕也⿰石鳥磟⿰石鳥懸石皃偙偙儅不常。朓土了切說文晦而月見西方謂之朓文八趒躍也眺覜見遠視

或从見窱廣雅窈窱深也䠷身長皃窕爾雅肆也謂輕窕放肆碼磟碼懸石皃○窕徒了切說文深肆極也一曰閑

也文二十三⿰爿兆牀版絩繒長皃⿰田兆田界一曰畛田中穴⿰彳翟行皃誂⿰口窕說文相呼誘也一曰戲也或作⿰口窕⿰亻翟獨立也

挑博雅疾也一曰弄也掉搖動也嬥說文直好皃一曰嬈也一曰巴歌⿰石卓⿰石兆磽⿰石卓石名或从兆佻獨行皃詩佻佻公子一曰

偷也趙⿰扌周刺也詩其鎛斯趙或作⿰扌周⿰矢兆矢也跳挑戰也兆數也十億曰兆踔路遠也⿰卓攴擈也朓月側也垗

埒也○了朗鳥切說文了尥也从子無臂形一曰慧也訖也決也文二十九⿰石蓼磟碼石垂皃⿰镸尞博雅⿰镸尞驕長也繚繆說文

纏也或作繆⿰衤了方言小袴謂之⿰衤交⿰衤了瞭目明也周官有眡瞭憭說文慧也一曰快也僚嫽說文好皃一曰戲也或作嫽⿰舟了

鵃⿰舟了船長皃璙玉名⿰面尞⿰面尞⿰面尞面白也撩挍也取也釕⿰革疌鈠謂之釕憔拭也燎⿱尞火轑說文放火也或作⿱尞火

轑爒⿰炙巢炙也或从巢⿰氵蓼漻⿰氵蓼洌水清或省⿰蓼阝鄝說文地名或作鄝通作蓼蓼說文辛菜薔虞也蟉

蟉蚪曲皃⿰魚了魚名⿰土尞長垣○褭乃了切說文以組帶馬也一曰騕褭馬名或書作⿱馬衣文十五⿰亻褭嬝美也或从女⿰山褭

岰⿰山褭山皃嫋說文姌也⿰镸朱幼⿰镸朱長而不勁嬲⿰男男戲相擾也或省嬈說文苛也一曰擾戲弄也一曰嬥也⿰石褭山田謂之⿰石褭一

曰⿰石兆石⿰扌褭擿也⿰禾褭衡不舉也⿰木褭木長弱皃茮苭茮艸長⿰阝褭偃低皃○皛胡了切說文顯也从三白文十一

施章

芍葯敫艸名說文鳧茈也或从葯从敫㵿渺㵿水遠也一曰㵿漾水深白皃幼相詐惑也或書作㓜鷕雉也䯧

水膁也的葯蓮子也或从艸蒚艸名。杳伊鳥切說文冥也从日在木下文三十二䁘幽靜也一曰視皃窅說文

深目也从穴中目窈窔說文深遠也或作窔偠婹⿰女幼嬈偠⿰亻褭美皃或从女从幼从堯騕⿰馬夭要騕褭

古之良馬或作⿰馬夭要⿰長幼⿰長幼镺長而不勁葽艸名爾雅葽繞蕀蒬今遠志也⿸㫃要⿸㫃攸說文旗屬一曰旗皃或从攸鴢鳥名爾雅

鴢頭鵁似鳧脚近尾略不能行或書作鴢官宎窔穾說文戶樞聲也室之東南隅或作宎窔穾𣅀說文望遠合也从日匕匕

合也徐鍇曰匕相近也窅說文冥也闄隔也䁏⿰目䍃䁏眇遠視或作⿰目䍃苭苭茮艸長皃鷕雉鳴宎窔聲莊子

宎者咬者⿰宎見深視皃⿰氵窅⿰氵窅溟深不測岆山名。磽倪了切山田一曰磽文一趙起了切刺也詩其鎛斯趙沈重讀文一

。曉馨鳥切說文明也文四鐃說文鐵文也皢說文日之白也膮豕肉羹。⿰石兆磽輕皎切山田也或从堯文四⿰高幷

⿰金曉鐵文也⿰衤交⿰衤交衲小袴憿繳行縢謂之憿或从糸恔說文憭也譑糾也⿱敫手持也⿵門翏博雅絞也一曰絞繆殺也

高也憿幸也。皎晈吉了切說文月之白也引詩月出皎兮或从日文二十六皦說文玉石之白也⿰白白白也璬說文玉佩

⿰耳丩重瞼也撟撓曲也敫光景流也儌儌倖求利不止皃絞繚也曒⿰日臬明也一曰清別皃或作⿰日臬憿憿憭以誠

告也一曰幸也徼邀也史記徼一時權徐廣說杊木也爾雅杊者聊鷦鳥名似鳥蒼白效方言效娃明也芍艸名鳥九茈也

三十。小思兆切說文物之微也从八丨見而分之文四[艸小]葽[艸小]艸名遠志也[魚小]魚名杪說文相高也謂木生相高。悄[忄小]七小切說文憂也引詩憂心悄悄或从小文八愀容色變也[彳肖]行皃繰說文帛如紺色一曰深繒釥小好也方言青徐謂之釥一曰微也[米肖]粉也杪小木高也。剿剿子小切說文絕也引周書天用剿絕其命或作剿文二十二勦說文勞也引春秋傳安用勦民[巾焦][衣焦]式也或从衣摷[手巢]說文拘擊也或作摷[骨肖]膘脅骨或作膘萩萩闕人名楚有大夫萩或作萩愀色變皃或書作愁[罒焦]潐說文釃酒也一曰浚也湿盡也或作潐杪小木高也[耳喿]耳鳴湫隘下也一曰地名在楚一曰水名在安定[少阝]邑名在魯漅湖名釥利也僬僬仯驚竦[氵愁]腹中水氣。少始紹切說文不多也文三[少阝]說文地名[艸少]艸也。[麥酋]麨糗齒紹切糗也或从少亦作糗文十楢赤木名弨弓反曲也眧以目玩人謂之眧鈔取也。潐樵小切湿也文一。沼止少切說文池水文五炤光也苕艸名仙苕也昭明也詩其音昭昭箈竹名。紹市沼切說文繼也一曰紹緊糾也亦姓古作綤文九佋介行也袑說文綺上也一曰綺襠也一曰衣襟[召見]見也召也祒闕人

洪明

名莊子有巫咸招招博雅揪謂之招卲說文卜問也堲耕休田一曰爪塍○擾擾鐃爾紹切說文煩也一曰順也或
作擾鐃文十六獿犬驚也橈木曲嬈亂也繞說文纏也亦姓遶字林圍也犪說文牛柔謹也躨躨躟足動
褭騕褭良馬揉撓屈也或作撓繚闕人名莊子有黃繚猱獸名如獮猴健捕鼠隢地名○狢巨小切博
雅狢犺健也文二虯蟉虯曲皃○⿰高幵丑小切山皃文三超趫輕走皃或从喬○趙直紹切說文趨趙也一曰國名亦姓文二十二
肁說文始開也亦姓肈謀也始也肇說文擊也通作肈晁晁陽縣名在東陽𠧞兆⿱儿八說文灼龜坼也从卜
兆象形一說十億曰兆古省或作⿱儿八⿰爿兆桃⿰片兆博雅版也或作桃⿰片兆垗⿰田兆說文畔也爲四時界祭其中引周禮垗五帝於四郊或从田通
作兆旐說文龜蛇四游以象營室游游而長引周禮縣鄙建旐駣駣騂馬屬一曰馬三歲⿰羊兆說文羊未卒歲一曰夷羊百斤爲⿰羊兆狣
狗也爾雅絕有力狣鮡說文魚名大鮎也⿰扌周⿺走⿰周刂刺也詩其鎛斯⿰扌周或作⿺走⿰周刂通作趙洮水名在淮南絩說文綺絲之數也漢
律曰綺絲數謂之絩布謂之總綬組謂之首○溔以紹切浩溔大水皃文二十三苭苭茱艸長皃舀抌⿰臼冘⿰臼召說文抒臼也引
詩或簸或舀或作抌⿰臼冘⿰臼召⿰骨肖⿰骨号膂骨或从号⿰山羔山皃⿱艹羔艸皃⿰目䍃美目一曰眇⿰目䍃視皃⿰木羔木長皃⿰口鳥說文雌雉鳴也
引詩有鷕雉鳴或書作鷕闄廣雅遮也蓶艸名鴽韭也⿰䍃欠⿰羔欠出气也或作⿰羔欠偠要偠紹舒緩皃或作要⿰方要

旌旗皃⿰爿兆牀板婹女字⿰山要山名。夭於兆切說文屈也从大象形一說獸雙爲夭文十三紗紗緺理絲未成約急緩也岆
山名枖木名妖少殀也丿右戾也仸尪弱謂之仸一曰仸僑不伸⿸鹿夭獸名爾雅⿸鹿夭其子⿸鹿夭芺艸名爾雅鉤芺大如
拇指中空初生可食一曰芺薊味苦江東食以下氣闄隔也窈窈糾舒姿也⿰木芺艸少長也一曰木華葉茂⿱艹幼艸皃。矯舉夭切說
文揉箭箝一曰妄也文二十二撟說文舉手也一曰擅也正曲也通作矯敿說文繫連也引周書敿乃干或从殳⿰女盧說文竦身也
嬌女字憍小人得志也譑糾也一曰多言蹻爾雅蹻蹻憍也⿰目丩眣也一曰目重瞼⿰角喬角高皃太玄⿰角喬其角蟜說文
蟲名一曰夭蟜龍皃一曰野人身虎文亦國名又姓鱎白魚糾窈糾舒皃槁撓木使曲橋闗人名秦有盛橋驕慣驕不可禁之
勢藨艸名喬喬詰意不平僑伕僑不伸⿰喬阝國名鐈溫器似鼎高足。⿰镸喬巨夭切⿰镸喬驕長也文十丩相糾
也糾窈糾舒皃⿱艹廾艸相糾皃麔牝麋也狢獪也趫趫走荍艸名爾雅荍蚍衃撟夭撟頻伸皃爾雅人
曰撟欲博雅吐也。褾⿰衤少裱俾小切袖耑或从少从表文十三蔈說文苕之黃華一曰末也標木末也莊子上如標枝
⿰山票山顚⿰票見說文目有察省見也剽末也檦落也北史檦其門閭⿱艹⿰犬夭艸名狢獪也表⿰衤麃外也一曰上衣或从麃
。䁨吉小切目重瞼文一。縹匹沼切說文帛青白色也文十八標說文木杪末也顠⿱髟票髮亂皃或从髟瞟

瞟說文瞭也一曰目小皃或从剽覭目有察省見也慓說文疾也膘說文牛脅後髀前合革肉也醥酒清謂之醥蔈苕華一曰草盛皃篻竹名實中者犥牛白黃謂之犥摽落也瀌水皃皫鳥色變麃麜屬漂浮也○摽𢸲婢小切說文擊也一曰絜䦘壯也古作𢸲文十二蔈芆受莩落也或作芆受莩通作標慓卞急也顠𩯭髮白皃或作𩯭膘脅前鰾魚膠也標木名○眇彌沼切說文一目小也文十六吵雉鳴訬高也擾也渺渺漾水皃淼大水藐遠也春秋傳藐諸孤䒘艸細莖者篎說文小管謂之篎秒𥞩說文禾芒也或作𥞩杪說文木標末也䳌鳥名說文焦䳌也一曰桃雀即巧婦或書作鷍紗𠐊微也或作𠐊仯僬仯驚竦皃一曰小皃妙嫽妙女皃

○表𧘥𧝄𧜓彼小切說文上衣也从衣从毛古者衣裘以毛爲表一曰識也明也古作𧘥𧝄𧜓文十裱方言帍裱謂之被巾褾袖耑藨艸名子似覆盆婊女字蔈艸名諘讚也○皫麃滂表切鳥毛變色或作麃文四藨艸名子似覆盆犥牛白蒼色○受被表切說文物落上下相付也通作芆莩文十七殍𣧫芆莩餓死曰殍或作𣧫芆莩藨蔍苞艸名說文鹿藿也一曰蔽屬或作蔍苞皫犥毛羽朱色不澤也周禮鳥皫色而沙鳴貍或从牛摽落也詩摽有梅徐邈讀麃牡鹿淲水皃歋歐吐也猺獪也貓獸名似狐善睡擿析縛也○槁祛矯切枯也莊子槁項黃馘文

四喬喬詰意不平鱎角皃鱎白魚。⿰鼻乚魚小切折鼻也文三⿰牛堯獸名一曰趙魏謂牛馬騰躍曰⿰牛堯鱎白魚

三十一。巧⿰扌丂苦絞切說文技也古作⿰扌丂文六⿱巧鳥鷦鷯鳥名巧婦也⿰阝丂地名頝薄媚⿱巧女女字。絞古巧

切說文縊也一曰縛也亦姓又國名文三十狡說文少狗也匈奴地有狡犬巨口而黑身一曰獪也疾也⿰目交聊⿰目交邪視攪捁說文亂也

引詩祇攪我心或作捁筊竹索鉸交刃刀也⿱漻皿⿰犭⿱翏皿⿱翏皿說文器也一曰撓使濁或从犬亦省姣佼妖⿱夭女好也亦姓

或从人亦作妖古作⿱夭女烄說文交木然也⿱交火⿱效灬說文交灼木也或作⿱敫灬㽱⿸疒交說文腹中急也或作⿸疒交挍亂也

一曰憤意咬聲也莊子宎者咬者膠膠膠和也校疾也周禮轚兵細則校一曰柴也恔慧也⿰犭翏擾也摎摎蓼搜索

也⿱竹殽筍也⿱艹殽藕根也江東謂之⿱艹殽一說弓角接曰⿱艹殽⿰扌⿱山交接物也一曰戾也⿰氵覺撓水聲。抝⿰扌窔於絞切拉也或作⿰扌窔

文十二鴢鳥名爾雅鴢頭鵁似鳧足近尾略不能行怮韱上也⿰面幼⿰面幼⿰面丂面曲窅見⿰目丩⿰目堯眑深目也或作見⿰目丩⿰目堯眑

狕獸名⿰女幼⿰女幼嫪不順。齩⿰齒堯⿱齒咬五巧切說文齧骨也或从堯亦作⿱齒咬文六骲骨鏃也磽石皃。⿱堯兒士絞

切黠也文二僺長皃。澩⿰氵學下巧切水聲或作⿰氵學文二十三⿰犭翏擾也骹脛下也⿱艹骹茭茭博雅⿱艹骹茭根也

或作茭茭佼說文交也漻博雅清也一曰水中絕一曰潭也校几足⿰木⿱翏皿⿱漻皿⿰犭⿱翏皿器名或作⿱漻皿⿰犭⿱翏皿⿰扌學攪亂也或从

覺。恔慧也。⿱竹骹⿱竹𣪘筍也或作⿱竹𣪘。轇轇轕車多。䘨䘨衩小袴。齩齧骨也。效事露。狡犬吠通作⿰犭翏。飽
⿰食采⿱卯食⿰食缶博巧切說文猒也或从采从卯从缶文五。怉悖也。鮑部巧切說文饐魚也亦姓文七。骲骨鏃。⿰耒包廣雅耕也。鞄
⿰韋包⿱陶韋柔革工或从韋从陶。⿰耒包木名。卯丣莫飽切說文冒也二月萬物冒地而出象開門之形故二月爲天門古作丣文十
泖水名。媌⿰女卯博雅好也或作⿰女卯。昴⿱日丣說文白虎宿星古作⿱日丣。茆艸名鳧葵也。聊眏聊邪視。緢旄絲。稍
山巧切漸也文十五。蕱藕根細者。⿰身少⿰身少⿰身少體長皃。⿰⿱肖女攵捎擊也或作捎。潲博雅潲濯滫也。⿰耒肖耬種也。搜攪搜
亂也。櫹梢說文長木皃或作梢。⿱稍女長姊謂之⿱稍女。⿰角肖牛角開皃。⿱竹銷竹枝長。⿱艹⿰長肖艸長皃。髾毛髮長。鬻
⿱𩰲火⿰鬲芻煼炒焣楚絞切說文熬也或作⿱𩰲火⿰鬲芻煼炒焣亦書作⿱芻火文十三。抄掠也。謅訬弄言一曰聲也或从少。⿰面丂⿰面幼⿰面丂
面曲。㤞心迫也。吵聲也。仯小也。爪側絞切說文丮也覆手曰爪象形文十四。叉蚤掻說文手足甲也或作蚤掻通作
爪。瑵玌說文車蓋玉瑵或从爪。笊笊籬竹器。䒚菜名生水中。抓廣雅搔也。僺長皃。藻⿱艹⿰氵巢水艸或作
藻。⿰犭巢㺃西南夷種或从爪。嗃哮孝狡切大呼或从孝文二。獠𧳩⿰犭巢竹狡切戎夷別名或从豸从巢文三。橈
女巧切曲木也文七。撓摎說文擾也一曰抹也或从摎。⿰犭翏方言猥也。獿犬驚吠皃。㲧㲧⿰襄毛⿰瞿毛⿰能毛毛深亂者。膠[illegible]膠

雜亂皃

三十二○晧下老切說文日出皃文四十　翯素羽　杲日在木上　昦昊說文春爲昦天元气昦昦或从天

淏清皃　暭說文暭旰也亦姓　顥皓皜皞暠⿰景高說文白皃引楚詞天白顥顥南山四顥白首人也或作皓皜皞暠⿰景高　浩澔說文澆也引虞書洪水浩浩或从皓　灝說文豆汁也一曰灝灝夷曠也　鎬說文温器也武王所都在長安西上林苑中

滈說文久雨也一曰水名在鄠　鄗隝邑名在常山或从𨸏　格木名　⿰昦阝⿰皐阝邑名在南陽或从皐　⿰号⿱壴虎⿱⿰号虎土說文土鍪也或不省亦作⿱⿰号虎土

鰝魚名爾雅鰝大鰕　薃艸名爾雅薃侯莎　曒明也老子其上不曒　灝博雅灝灝大也　⿰禾咎綢飾謂之⿰禾咎一曰禾名

悎懼也　峼山皃　⿰矛号矛屬　夰放也　⿱山号山名　⿰女告女字　唬虎聲　⿰王號石似玉　⿱臼⿱艮土地名○好許晧切說文美也古作⿰王子玻文四

旭字林日始出也一曰明也○考苦浩切說文老也一曰成也亦姓古通作攷丂文十九　攷說文敂也　丂說文气欲舒出𠀁上礙於一也　⿰高頁⿰高頁頟大頭　祰禞說文告祭也或从高　槀說文木枯也或書作槁　薧乾也

拷掠也　⿱⺮考⿰木⿱⺮考⿱⺮考笔屈竹木爲器或从木通作栲　⿰木尻栲木名說文山樗也或从考　洘水乾　燺熇燥也或省　撟以火曲物也周禮撟幹欲孰於火而無贏劉昌宗說

殦博雅胋殦曝也　⿰考瓦瓦器也○杲古老切說文明也文二十七　暠明白皃

夰說文放也从大而八分也臭說文大白澤也顥廣大皃縞說文鮮色也一曰細繒𥢶說文𥢶椒而止也从稽省賈侍中說稽𥡴𥢶三字皆禾名稾藳槀蒿說文稈也或作藳槀蒿𤸓𤸓痥疥病格說文木也𥓓女𥓓石名燕珢也皓皓皓絜白也浩以水沛酒曰浩亦姓櫜弢也周禮犬禨尾櫜劉昌宗讀祰博雅謝也槀槀本藥艸鰝魚名大鰕也笴槁弓材或作槁晧光也澔澔汗大水皃灝煑豆汁鶮鳭鶮鳥名鳩類栲木名似樗○媼烏浩切說文女老偁也文十九夭少長曰夭燠甚熱也襖袍也跃跃跳長也𩪋䐿䐿胃或作䐿懊忛恨也或从夭䳌䳂𨾊說文鳥也或省亦从隹芺說文艸也味苦江南食以下气麇獸名爾雅麇其子麇䮍馬名鄡邑名帎帎𢁼巾也𥳠移蠶具蝹蟲名形若羊若豕在地中食屍腦殺之以栢葉覆首乃死陳倉人曾得之○䕾五老切爪蔓文二䫨大頭也○寶宲珤𠈃補抱切說文珍也古作宲珤𠈃亦書作寚文二十六葆說文艸盛皃一曰大也棒上苗也鼓上飾也𠦒說文相次也鴇𩿫鳵𨾴說文鳥也肉出尺胾或作𩿫鳵𨾴亦書作鴇宗𢈈說文藏也引周書陳宗赤刀或作𢈈堡隄也墇也或書作堢保𤓽𤔄保保呆說文養也一曰任也守也亦姓古作𤓽𤔄保隸作保呆𧶼和僨物者緥褓說文小兒衣也或从衣䎂矢羽一曰羽五色駂馬名烏驄也或書作騯𩭤𩯋髻也一曰

髮未長。褒抱簿晧切說文褱也或作抱文五怉懷也勹說文覆也㬥白宪也。蓩武道切艸名說
文卷耳也一曰葆也一曰毒艸通作蔜文十二耄旄老稱古作旄抈持也冃說文重覆也䀎說文低目視也引周書武
王惟䀎茆蔜艸叢生也或从敎媢夫妒婦芼以菜和羹楙木名冬桃也莓艸名馬母也。嫂
嫂蘇老切說文兄妻也或从叟俗从更非是文八燥乾也俗作熮非是埽掃說文弃也或从手嫂蕿說文
艸也或作蕿糔溲也。艸草屮采早切說文百芔也从二屮或作草屮文八騲牝馬嘈嘈嘐寂靜也懆
說文愁不安也引詩念子懆懆愺愺恅心亂慅爾雅慅慅勞也一曰愁也。𣅀早子晧切說文晨也从日在甲上隸作早通作蚤
文十九𧓃蚤𧉷蟗說文齧人跳𧓃或从虫亦作𧉷蟗璪澡說文玉飾如水藻之文引虞書璪火黺米或从璅說文石之似玉者
繅文采也通作繰藻繰博雅繰謂之縑一曰紺色棗木名說文羊棗也亦姓藻藻藻說文水艸也引詩于以采
藻或从澡从繰鱢魚名雞足也轈車飾有華藻也杜子春說劋方言獪也秦晉閒曰劋鄵邑名在筑陽。皁
在早切黑色一曰馬閑一曰賤人文十一梍木名莢實者草草說文草斗櫟實也隸作草草通作皁造遭艁
䢐趞作也或从草古作艁䢐趞淖水名。倒覩老切仆也文三十㨶擣搗捯說文手椎也一曰築也或作擣搗捯

禱𥜗𩕳𠷎說文告事求福也古作𥜗籀作𩕳或作𠷎𡶒隝㠀隯島說文海中往往有山可依止曰島或从阜亦作㠀隯亦書作嶋古作鳥檮斷木禂䮻騳說文禱牲馬祭也引詩既禡既禂或作䮻騳𤸫𤻲病也古从𠷎壔壽說文保也一曰高土或从壽𡗗𡘟𣊏博雅舂也或从𠷎亦作𣊏𥗶磟碡懸石皃𣪁懸擊物

懤憂也𥨎𥨎窅深皃菿艸名。討土晧切說文治也一曰求也殺也文五套長大也梼木名山楸也𪏮關西呼蜀黍曰𪏮稻秔也關西語。道衜衜杜晧切說文所行道也一達謂之道古作衜衜文二十二䆃瑞禾一莖六穗一曰治粟稻說文稌也亦姓駣馬二歲名𨲑𨲑镺長也洮水名在江淮閒纛纛翿𣪈翳也舞者所執或作纛翿古作𣪈

𩬸髮長𦅵色在青黃閒曰𦅵肁始開也肇擊也肈謀也始也𦍫羊未成曰𦍫鮡魚名小鱴也絩五色縷狣犬絕有力者𨗦說也通作道敦覆也禮毋敦一几。老魯晧切說文考也七十曰老从人毛匕言須髮變白也亦姓文二十二撩取也嘐嘷嘐寂靜𤸿瘑𤸿疥疾恅愺恅心亂轑說文蓋弓也一曰輻也橑說文椽也蘮藔說文乾梅之屬引周禮饋食之籩其實乾蘮後漢長沙王始煑艸爲蘮或从潦栳𥮾栲栳柳器或从竹蓼博雅蓼䴷黃也簝受肉籠潦說文雨水大皃咾聲也澇水名在扶風

蓼摎蓼搜索也欄木名𧳜獠僚獛西南夷謂之𧳜或从犬从人亦作獛一曰土人自謂獠獛別種○匘腦

腦𠜭䐉乃老切說文頭髓也从匕匕相匕箸也巛象髮囟象匘形或作腦腦𠜭䐉文三十三𨲞長皃镺𨲞嫍惱𡟭

𡤓憹說文有所恨也今汝南人有所恨曰嫍或作惱惱𡟭𡤓憹碯瑙𥗽瑙博雅碼碯石次玉也或作瑙𥗽瑙獶貘

貘獿獸名雌貀也或作貘獿獿詔譊語相侮也或作譊瘤瘤瘧病也或作瘤瘧熇熇燋熱皃或作熇燋

㑊姓也嫐嬈也騷裹騷馬名擾煩也鬆鬆髮皃○皫麃滂保切毛羽不澤也或作麃通作犥文四犥牛白

蒼色𢿘擊虛聲

三十三○哿賈我切說文可也引詩哿矣富人文十舸大船也方言南楚江湖謂之舸笴箭幹𥯗𥬴

箇蒟或作𥬴魺鮓也南越曰魺菏𦽳荷澤名或作𦽳荷戓繫舟杙○可口我切說文冎也文六岢岢嵐

山名軻說文接軸車也一曰轗軻失志坷坎坷不平一曰亭名在寧陵閜門傾也𣂈斷𣂈制擊也○歌㗬許我切大笑或

作㗬文五𩑶傾頭視也𢧉𣪊擊也或作𣪊○荷何抲抲下可切博雅儋也或作何抲亦省文八嗬慢詈

聲苛急也𥔲礲砢山皃笴箭幹○閜閜倚可切說文門傾也或省文十二旖旖旎旌旗皃䙖裒衣皃

錒鏻也 椏𣟗椏樹衺 㰁㰁𣞧木盛皃 掗掗𢷕搖也 猗阿柔皃詩猗儺其枝或作阿 𡝤婀𡝤娜弱態或省亦書作婀又姓 ○我𢦙語可切說文施身自謂也一曰我頃頓也亦姓古作𢦙文十一 涐水名在蜀 俄䫏行頃也或从頁 哦誐吟也或从言 𢫬差也 硪峨砐硪山高皃或从山 騀說文馬搖頭也 ○𠂇左子我切說文𠂇手也象形或从工亦姓 𨓈𨓈迤行不正 𡚲她姐博雅𡚲𡛋母也或作她姐 佐助也 䖪左丘名 ○嚲亸典可切垂下皃一曰厚也廣也古作亸文十一 奲說文富奲奲皃 䫂醜皃 哆說文張口也 𨇤𨇤𨇤小兒行態 䏧肉物肥美 㚊博雅妻父謂之父㚊妻母謂之母㚊 癉勞也怒也 袳衣弱皃一曰被也 ○袉他可切長皃文四 拸加也 訑言不正也一曰欺罔自誇皃 柁木堅皃 ○拕拖扡佗待可切引也或作拖扡佗文二十七 袉說文裾也引論語朝服袉紳通作拖 爹說文爹奢父也 阤陀陊博雅壞也或从它从多 沱𣶢𣹢沲水皃或从陀从陁亦作沲 柁柂舵䑨杕正船木或作柂舵䑨杕 炧灺燭餘或从也 詑訑謻欺罔也或作訑謻 酡將醉謂之酡 𩑠傾頭視也 拸加也 抲擔也 ○砢𥕢朗可切衆石皃說文磊砢也或从羅文十八 㰁㰁𣞧木茂皃 𣃁剆𥗾說文柯擊也或作剆𥗾 𣟗𣟗椏樹衺 𨪕斫曳鈞也 㦬裂繒 㩡揀也裂也 𦣛𦣛哆垂皃 㦬𩈨懡㦬慙也或从面 邏遮也 囉聲也

⿰石⿱山維 礛硐山皃 擺 掗擺搖也 矖 曬矖日無光。娜 乃可切婀娜美皃文十二 那 何也 儺 行有節也 㫊旎 旑㫊

旌旗皃或作旎 恀懹⿱旦多 博雅宬恀也或作懹⿱旦多 袲 裒袲衣皃 橠難 欀橠木茂或作難通作儺 ⿰車褱 ⿰車堯也

。縒 想可切繒鮮絜謂之縒文六 㛗 女皃 䙎 衣長也 ⿱髟差 髮美 娑 駁娑殿名 瑳 明也。瑳玼 此我切玉

色或作玼文十 ⿱沙石 ⿱沙石石地名 ⿱髟差 說文髮好也 傞 傞傞舞皃 醝 山醝粟名 縒 采色鮮曰縒 䙎 衣長也 娑

駁娑殿名 搓 邪皃

三十四。果菓 古火切說文木實也从木象果形在木之上或作菓文十九 盉 盤也 淉 說文水也 惈

惈敢勇也通作果 裹 說文纏也 輠錁 車膏器曰輠或从金 鐹鍋 刈鉤方言陳楚謂之鐹或省 ⿰果刂划

割也或从戈 猓 猓然獸名似猴通作果 ⿰虫爾蜾蝸 蟲名說文⿰虫爾蠃蒲盧細要土蠭也天地之性細要純雄無子引詩螟

蠕有子蜾蠃負之或从果亦作蝸 蠃 蠃蘭車名喪服所乘 粿 米也 餜 餅也。顆 苦果切說文小頭也文八 堁 堀堁

塺起皃 棵⿰爿果 俎名或从爿 敤 說文研治也舜女弟名敤首一曰擊也 ⿸尸果髁 髀骨或从骨 果 飽皃莊子

腹猶果然。火𤆍 虎果切說文燬也南方之行炎而上象形古作𤆍或書作灬文三 邩 說文地名。禍𥜮𡢀 户果

切說文害也神不福也古作禍媧通作禍文十一　咼說文节惡亢驚詞也　過秦晉之間凡人語而過謂之過　夥⿰多咼說文齊謂

多爲夥或从咼　輠楇⿰車咼過篅也車盛膏器或作楇⿰車咼過　○婐婑鄔果切說文婐㛂也一曰女侍孟軻曰舜爲天子二女

婐或作婑文八　倭倭隓髻皃　⿰多委博雅⿰多委多也　⿱髟委⿱髟委鬢⿱髟委美　⿰石果⿰石果砈石皃　捰捰扼摘也　⿰目果明也　○㛂五果切說

文婐㛂也一曰弱也好也文六　厄說文科厄木節也賈侍中說以爲厄裹也一曰厄蓋　砈⿰石果砈石皃　⿰厄頁靜也　扼捰扼摘也　⿰魚厄

魚名　○跛補火切說文行不正也一曰足排之文八　彼說文蹇也　⿸皮黽蚾蟲名蟾蜍也或从虫　駊駊騀馬行皃　播

搖也　簸說文揚米去糠也　⿸皮龜⿸皮龜屬　○頗普火切不正也文八　叵說文不可也从反可　駊⿰馬叵馬行皃說文駊騀也

或作⿰馬叵　⿰氵叵水皃　⿱山頗⿱山頗峩山皃　⿰口叵聲也　䀝⿰目果䀝小高皃　○爸部可切爸爹父也文一　○麼⿸麻月母果切說

文細也或作⿸麻月文十一　懡⿰面麼⿰面靡⿰面麻懡㦬慙也或作⿰面麼⿰面靡⿰面麻　⿰日麼⿰日麼㬳日無光　塺細土　没不知而問曰拾没

⿰骨麼漏病　⿰彳靡行皃　○⿱肖貝損果切說文貝聲也文二十二　鎖鏁銀鐺也或作鏁　瑣璅說文玉聲也或作璅　⿰革⿱肖貝

革鎖也　⿰石⿱肖貝⿰石巢小石或作⿰石巢　損揣擊也一曰動也　惢心疑也　⿰⿱肖貝阝亭名在河南　溑漅說文水也或作

漅　葰葰人縣名在上黨　⿱竹俊博雅⿱竹將⿱竹俊席也一曰竹名一曰箄也　⿺麥⿱肖貝⿺麥巢說文小麥屑之覈也或作⿺麥巢　⿰魚⿱肖貝⿰魚巢

魚名或作鱳　脞叢脞小也　䐑說文臠也　𠞊切也一說斫○脞取果切小也一曰切肉爲脞文三　硰硰石地名
硰碎石○坐粗果切止也或作坐文五　侳安也　𡷮山名　睉目小○朵朶䒳都果切說文樹木垂朵朵也或
作朶亦从艸文三十二　褍衣長一曰衣正幅　椯說文箠也一曰椯度也一曰剟也　𡎺動也易觀我𡎺頤京房讀　㛊
說文量也一曰女字　𦁐冕前垂也　綞字林綞子綾也　硾石皃　揣挅摇也一說度高曰揣或从朵　陊小崖　鍒
缺也　垜說文堂塾也　鞢屨緣謂之鞢　𥞲說文禾垂皃　𩂢雲不族也　鬌𩯨剃餘髮或从朵　捶𢿈
故捶物輕重也或作𢿈　褋博雅𧚔褋袖也　橢科橢木首机也宋惟幹說　埵說文堅土也　𧝂大衣也　𡶣𡶍山皃或从
朵　跺行皃　𨬍車轄頭　棰木聚生皃　䉰竹名○妥綏𢾅吐火切安也或作綏𢾅文二十二　嫷媠好也
或作嫷　隋埋祭餘也　鰖魚子已生者　𡹞𡾊嶞山長皃或作𡾊嶞　鬌嬰兒前髮謂之鬌　橢木圜而長曰橢
一曰車中器通作隋　鵎鳥名　䐛牲肉謂之䐛　𥟂禾穗也　跺行皃也　撱揲也　𣻕水名也　墮墬也　惰不敬也　䀘䀘䀯
小高皃　𡐊倭𡐊髻皃○憜惰媠㥩杜果切說文不敬也引春秋傳執玉憜或省古作媠㥩文二十八　隋說文
裂肉也　嫷說文南楚之外謂好曰嫷　陊隓墮說文落也或作隓墮亦書作墮　垜陏堂塾一曰射堋或从𠂤　𥝩

王允

禾積也箐笛箐竹名實中䅵甌也楕說文車笭中楕楕器也鞣履緣鯖⿰阝魚說文魚子已生者籀省鬌
剃餘髮一曰髮美⿰阝⿱青山說文山皃錆說文鈴錆也⿰阝⿱青山說文山之⿰阝⿱青山⿰阝⿱青山者掅揉也筿篐筿竹名生南陽漢時獻爲馬策
⿰豕青⿰豕青豕埵堅土毈卵壞墤起土爲埒。臝裸躶倮儽魯果切說文袒也或从果从身从人从纍文二十三
卵凡物無乳者卵生蠃蟲名說文蜾蠃也瘰癧病蠡⿱家䖵瘰瘯蠡皮肥也一曰疥病或作蠡瘰稞無皮
穀蓏儽臝說文在木曰果在地曰蓏一說有核果無核蓏一說有殼果無殼蓏或作儽臝果龜名前弇果⿰歹臝說文畜産
疫病也鸁鳥名博雅果鸁桑飛⿺⺁臝說文⿰系卩中病也蠃說文獸名象形⿺麦果麪也欙木名實有皮無殼蜾
蟲名虒蝓也通作臝。⿰女厄媠努果切婐⿰女厄好皃或作媠文三扼趙魏之間謂摘爲捰扼。坷苦我切埳坷地不平文一。齹
⿱佐齒才可切齒不齊也或从佐文二
三十五馬。馬⿱日⿰彳彡影母下切說文怒也武也象馬頭髦尾四足之形古作⿱日⿰彳彡影亦姓文十碼瑪碼磂石之次玉或从
玉罵詈也䣕祁䣕縣名䆾穴名在燕野鰢魚名鷌鳥名。乜母野切虜姓文二咩羊鳴。把補下
切說文握也文三⿰帚巴說文擺擊也笆竹名有刺。跁部下切跁跒不前文五⿰立卑說文短人立⿰立卑⿰立卑皃笆竹名有刺蜌

蟲名小蛉也 罷止也。寫洗野切說文置物也文九 瀉去水也一曰鑑形 ⿰木舄博雅案謂之⿰木舄 ⿰金舄範金也 ⿱舄吾

獸名 ⿰言舄言以寫志 舍方言發挩舍車也 ⿸厂舄仄也 蕮澤蕮藥艸。且丒且淺野切說文薦也一曰署詞古作丒且文五

跙蹴跙足利 抯取也。姐毑她媎子野切說文蜀謂母曰姐淮南謂之社古作毑或作她媎文六 担博雅取也 飷食無

味。灺似也切說文燭𤐫也文二 抯取也。姐慈野切弥姐羌族名文二 担取也。捨舍始野切說文釋也或省文七 ⿰食余⿰食舍

餉飫也或从舍 騇牝馬 庴小室 赦放因一曰置也。奲齒者切寬大也文十一 哆侈拸大皃或作侈拸 撦裂也

⿰扌者擊也 ⿰奢鬼⿰者鬼醜⿰奢鬼惡也或省 ⿰氵奢⿰目賣⿰氵奢不絜也吳俗語 奓張也 ⿺走斥距也漢令⿺走斥張百人。者止野切說文別事詞也从白𣎵聲

𣎵古旅字文六 赭說文赤土也 堵縣名亦姓 ⿰扌者擊也 褚衣赤也方言卒謂之褚 𩣡馬名。社社⿰礻坴常者切說

文地主也引春秋傳共工之子句龍爲社神一曰周禮二十五家爲社各樹其土所宜之木亦姓古作社⿰礻坴文三。惹爾者切詭也⿰言奄也結也或書作

偌文六 若艸乾也一曰若若綏垂皃一曰令人謂弱爲若亦姓 喏䛔唋應聲或作䛔唋 踷蹤踷距地用力也。灑

所下切落也汛也文一。鮺⿰魚差⿱差䱜鮓側下切說文藏魚也南方謂之魿北方謂之鮺或作⿰魚差⿱差䱜鮓文十七 ⿱羊炎博雅曝也

一曰束炭 㡩屋也 厏厊厏厊不相合 痄痄疨創不合也一曰病甚 詐⿰言厊詐⿰言厊言戾或从虘 槎衺斫也 苴

王九

苲土苴和糞艸也一曰糟䰢或作苲䈣炭籠長沙語艖小舟䬣食無味諎誘言○槎柞𠜂仕下切說文衺

斫也引春秋傳山不槎或作柞𠜂文十夻奓夻自大㡲屋也痄痄㾌創不合⿰糸乍繒紕皃⿱羊炎束炭也厏厏㡲

不相合詐詐㖶言戾○葰數瓦切葰人縣名在上黨文五謏強語傻傻俏不仁一曰輕慧皃⿰面夋⿰夋頁面醜或从頁○硰

楚瓦切石藥雌黃也一曰小石皃文三嗄惡言浚泥也○觰展賈切觰觰牛角上張皃文五苴土苴糟䰢也一曰不眞物⿰糸奓

⿰糸奓⿱奴糸絲⿱奴糸相著皃⿰亻商⿰亻咼⿰亻商行皃踷衺行皃○奼姹丑下切說文少女也或作姹文三土土苴不眞物○⿱若石吕下切⿱若石䃰不

中皃一曰⿱若石苴泥不熟文二砢⿱若石砢石皃○⿱奴糸女下切⿰糸奓⿱奴糸絲⿱奴糸相箸皃文七⿰石尒⿰石奓⿰石尒石垂皃⿰月多膩也⿰食多饜也肥⿰月奓肥

肥皃⿰黍多⿱奴黍⿰黍奓⿰黍多粘也或作⿱奴黍○⿰糸奓⿰糸奢竹下切⿰糸奓⿱奴糸絲⿱奴糸相箸也或从奢文七⿰黍奓⿰黍奓⿰黍多粘也⿰足奢踻⿰足奢行跨皃⿰石奓⿰石奓⿰石尒

石垂皃䃰⿱若石䃰不中皃⿰月商腏肉○⿱稞米丑寡切穀名可食一曰莪葵文一○野墅壄埜以者切說文郊外也

或从土古作壄埜文十一也⿱世乙說文女陰也一曰語助或作⿱世乙冶說文銷也一曰女態虵虵蛭氏虜姓也蠱腹病一曰媚也⿰氵埜

⿱邪土泥淖也或从邪○丅下亥雅切說文底也指事或作下文六夓⿱會疋夏說文中國之人也从夊从頁从𦥑𦥑兩手夊兩足一

曰大也亦國名古作⿱會疋隸作夏廈大屋○閜許下切說文大開也文六⿰口閜⿰口閑博雅笑也或作⿰口閑襾覆也煆方言熱也土

土苴糟魄也。䠍宅下切䠍跒行不進文一。跒口下切䠍跒行不進文三價㒜價大皃齖齖䶣也。賈舉下切姓也一曰國

名文十六斝說文玉爵也夏曰琖商曰斝周曰爵一說斝受六升叚𠫴說文借也或作𠫴譚長說如此通作假假說文非真也一

曰大也亦姓假蝦說文至也或作蝦遐說文大遠也嘏博雅好也瘕腹中久病檟榎木名說文楸也引春秋傳

樹六檟於蒲圃或作榎通作夏檟一曰苦荼椵說文木可作牀几夏陽夏縣名鰕魚名爾雅鰝大鰕瑕已也詩烈假不

瑕鄭康成讀。搽烏瓦切吳俗謂手爬物曰搽文四跨踩跨行不正窊色敗腂腂脆肥皃。啞瘂瘂倚下切瘖

也或作瘂瘂文七婭婭姹作姿𣢾鼓𣢾驝鳴也挜挜攞摇也𨀤行不正皃。雅鴉語下切鳥名說文楚烏也一名鸒一名卑

居秦謂之雅或从鳥雅一曰正也文九疋說文古詩大疋字通作雅𥁓博雅杯也厊厏厊不相合庌說文廡也引周禮夏庌馬疨

痄疨病甚牙車罔訝詐訝言戾。踝戶瓦切說文足踝也文二十三㛍㧓說文擊踝也或作㧓㼘甊甖大口曰甊或

省倮肉袒也𡲬屦履也方言西南梁益之間謂之𡲬一說青絲頭履或作屦輠車轂轉皃一曰車膏器稞粿說文穀之

善者一曰無皮穀或从米麲麴也蘳說文黃華也觟說文牝牂羊生角者也鰈魚名說文鱧也跨髀間髁誒髁不正皃一

曰謹刻腂藥艸名生山谷中益氣延年黊黈黊黃也𦕈地名𧭢嚍疾言皃或从口鮭楚冠名。髁骻苦瓦

切髀骨也或从夸文十五 跨 跨行不進皃 𠂢㐄 說文跨步也或作㐄 夸 夸奓自大 銙鞾錁 帶具或作鞾錁 袴祠
小衫曰袴或作祠 顝 醜皃 咵 言戾也 㤟 心恢也 楇 橫擿杖 ○寡 古瓦切說文少也从宀从頒頒分賦也故爲少文十二
𠎾 𠎾偏行皃 罫 博局方目也 篙 籤篙收絲具 觚 觚觰牛角上張皃 踻 踻躇行跨皃 冎另剮 說文
剔人肉置其骨也象形頭隆骨或作另剮 丫 說文羊角也象形 枴柺 老人杖也或作枴亦書作楞 ○瓦 五寡切說文土器已
燒之總名象形文五 邛 地名在衛 瓬 博雅鼓謂之瓬 䝘脆 財也或从危 ○哆 丁寫切魚口張皃文一 ○跒 力者切身
不就皃文二 怹 怹怹心不欲 ○土 片賈切土苴不眞物一曰糟魄文一 ○笡 初雅切竹名文一
三十六○養敉 以兩切說文供養也一曰育也亦姓古作敉文十五 懩 心所欲也 勨 說文緐緩也一曰動也勉也 痒
癢 膚欲搔也或作癢 瀁漾潒 滉瀁水皃或从羕从象 蛘𧖵蟓 蟲名說文搔蛘也一曰北燕人謂蚍蜉曰蛘或
从養从象 𦢊 𦢊𦢊欲吐 勸 勸動也 𢶊 發動也 ○象爲 似兩切說文長鼻牙南越大獸三季一乳象耳牙四足之形一曰罔象水
神一曰南蠻號古作爲文十六 像 說文象也通作象 勨 勉也動也 襐 說文飾也一曰未笄冠者首服 潒 潒水急皃 樣橡
說文栩實也或作橡 㠗 山名 蟓 蟲名食桑葉作𧖵者 鱌 魚名白魟也 䝯 艸名 鐌 鐌鼻器鈕一曰錦名 遻 行也 鵵

鳥名⿱竹將剖竹未去節。獎將子兩切勸也助也或作將文九⿰爿⿱夕犬說文嗾犬厲之也蔣艸名說文菰蔣也一曰國名亦姓⿱竹將
說文剖竹未去節謂之⿱竹將一曰⿱竹𤓰也席也⿱⿱竹將木槳⿱竹⿰將廾⿰舟將方言所以隱櫂謂之⿱⿱竹將木一說前推曰⿱竹⿱將木却曳曰櫂或作槳⿱竹⿰將廾⿰舟將亦書作
⿰木將。网里養切說文再也引易參天网地通作兩文十五兩說文二十四銖爲一兩从一从网平分入入說文二入也网字从此緉
說文屨兩枚也一曰緉纕絞也蒳艸名脼說文膎肉也一曰多味倆伎倆功也㔗㔗𠡠力拒也一曰體急皃裲衣名博雅裲襠
謂之袹腹𣑱松液蜽魎良閬說文蛧蜽也或作魎良閬通作兩𢫬飾也春秋傳御下𢫬馬。鞅倚兩切說文頸靼也文十
九抰說文以車鞅擊也怏不服懟也眏無眥也詇說文早知也一曰問也⿰食英䬬博雅滿也一曰飽也或作䬬秧秧穰
禾密皃柍屋中央一曰架屋皃一曰木名梅也胦脖胦臍也炴火光眏恨視紻說文纓卷也岟山足也一曰山名駚駚卒
獸跳踏自撲也一曰駚讋馬皃⿰虫色气流皃摬擊也佒傴佒不能俯皃一曰守分歸一曰之佒陸德明說⿱央瓦盆也。強彊
巨兩切勉也或从畺文十五⿱強言詞不屈也⿱強力⿱彊力迫也或从彊⿱彊金鉛屬⿱強鬼鬼名弜說文彊也从二弓⿱強瓦⿰瓦畺仆也
言競言二言也摬擊也滰說文浚乾漬米也引孟子夫子去齊滰淅而行疆堅土也周禮疆㯺用蕡⿱艹強艸名偸歲人食其根⿰食強
硬食。仰卬語兩切說文舉也或省文五⿰革卬屨也方言東北朝鮮洌水之間謂之⿰革卬角⿱艹仰茚艸名昌蒲也或作茚。⿰爽瓦

𤭛楚兩切說文瑳垢瓦石或从相文十二摤𥕢磨滌也或作磢漺淨也𩔰醜也搶突也傸惡也𠜫膽皮傷也或作膽

愴愴怳失意漺冷皃○想寫兩切說文冀思也文四𦺈鯗魚腊或从養欀木名皮中有米可爲餌○掌止兩切說文手中也文九

爪說文亦丮也从反爪抓批擊也仉仉仉督梁四公子名或从爪一說从几者誤黨姓也𥳑竹名𦺬艸名攩推也

○爽爽𡙕所兩切說文明也一曰差也或作爽古作𡙕文十七騻驌騻良馬篸竹皃㥻性明也漺浮也

塽地高明處通作爽𤮊𤭛半瓦也或作𤭛縔愽雅緉縔絞也一曰履底繩𦆚縔中蘔樉木名一曰木茂皃䕞艸名

𪈑鷞鳩鳥名鷹也通作爽𩔰醜也𥟵禾皃○敞齒兩切說文平治高土可以遠望也一曰開也露也文十三㦂惝㦂怳

鷩皃或省氅𪆽鷩羽或从鳥廠屋無壁也𧯛踼也歫也倘倘然止皃儻弭敞偏也𪃘鳥名山海

經基山有之如雞三首六足𨛾地名㢢寬也䠀踞也○響𡪇薌嚮𧬴許兩切說文聲也古作𡪇薌或

从口从言文十五嚮兩階間謂之嚮曏說文不久也引春秋傳曏役之三月亯享亭說文獻也从高省曰象進孰物形引

孝經祭則鬼亯之一曰當也隸作享古作亭饗說文鄉人飲酒也蠁蚼說文知聲蟲也司馬相如作蚼一曰醢雞名𨞲

門響也向闕人字春秋傳晉有叔向○繈舉兩切說文觕類也文九鏹以繈貫錢襁強襁說文負兒衣或省亦作襁

膙強筋強也勥勈勥力拒也絙闕人名鄭伯絙也慦敬也○支丈雉兩切說文十尺也从又持十隸作丈文六

杖說文持也仗刀戟揔名一曰憑也⿸疒丈病也扙傷也○⿱⺮將在兩切剖竹未去節文二⿺走匠行皃○昶丑兩切通也明也文二

鋹利也○壤𡒃汝兩切說文柔土也古作𡒃文十九䑋說文益州鄙言人盛諱其肥謂之䑋穰豐也纕絲棼也

鬤髮亂皃攘擾也孃煩也躟⿰彳襄躟躟疾行或从彳⿰石襄雌黃之惡者禳祭名蠰蠰谿蟲名土蠭也

⿱⺮襄說文裛也一曰蕢也蘘艸名博雅葇蘇也一曰葅也爙火也⿰弓襄弓曲瀼⿰氵壤水淤也或从土○賞始兩切說文賜有功也一曰玩也文八

𩟽餳說文晝食也或从傷省鄉少時謂之鄉償報也莊子世俗之償饟周人謂饋曰饟

餉⿰食敞或从向从敞○仿倆髣𩬊⿰扌方撫兩切說文相似也籀从丙或作髣𩬊⿰扌方文十一眆眪微見也或作眪

紡說文網絲也鶭鴋鳥名爾雅鶭澤虞或省㕫如聞也○网罔網冈罓⿱宀亡罖

罔文紡切說文庖犧所結繩以漁或作罔網罔籀作罔古作⿱宀亡罖罔一曰無也俗作冈非是文二十一⿱艹网艸名㞷誷誣也或作⿰言网

惘惘㦎失志蛧蝄魍方說文蛧蜽山川之精物淮南王說蛧蜽狀如三歲小兒赤黑色赤目長耳美髮引國語木石之怪夔蛧蜽或作蝄魍方

輞棢車輞或从木⿰耳罔耳疾茻衆艸也⿰氵罔水名在蜀○昉昞甫兩切明也古作昺文十放

倣方倆效也或从人亦作方倆鴋鶭鳥名說文澤虞也或从紡瓬說文周家摶埴之功也𩭿鬡鬤髮亂𣏌
枉嫗往切說文衺曲也隸作枉文九𢻮說文放也𣳂汪𣸁𣳂陶縣名在鴈門或省亦从枉䠠背也𢼊倿也𢻰曲侵
也。徃往𨓤羽兩切說文之也或省古作𨓤文六䀮光美也皇皇皇祭祀之儀𣶢徃也楊雄弔屈原作此以其去水中故从
水。怳詡往切說文狂之皃文三詤夢言也軦黃軦蟲名。搶摤此兩切突也或从爽文六槍逆刺𦠆傷也墏
基也𥼶竹名。長镸兲展兩切孟也進也古作長夫文五涱漲大水也或从張。丄上二是掌切說文高
也此古文指事也一曰升也或作上古作二文三。臩俱往切說文驚走也一曰往來皃引周書伯臩文七迋逛欺也或从狂
𠈌𢓊遠行也或从彳儣儣負戴器也獷犬獷獷不可附一曰縣名在漁陽。俇求往切惶遽也文四䠠背也
迋欺也誑誑也。恇丘往切懼也文一。硄丘仰切石名文一
三十七。蕩湯待朗切說文水出河內蕩陰東入黃澤一曰大也放也亦姓或从楊文二十七盪說文滌器也
勨博雅動也潒溈說文水潒瀁也或作溈𢡄愓婸偒說文放也或作愓婸偒碭說文文石也崵
𡼏山名或从湯通作碭嵣嵣岨山皃璗說文金之美者與玉同色禮佩刀諸侯璗琫而璆珌通作瑒簜說文大竹也引

夏書瑤琨筱簜簜可爲幹筱可爲矢簜說文大竹箭也一曰盛酒竹器⿰昜光光皃暘春也⿱湯心⿱湯虫博雅⿱湯心湧動也或从
虫⿰衤爲襐博雅飾也或作襐⿱竹黨竹名逿過也⿱湯女婺也戲也瑒大圭尺二寸○黨底朗切說文不鮮也
文十四讜譡善言也或作讜灙漭灙水皃攩說文朋羣也通作黨⿰尚阝⿰黨阝說文地名周禮五百家也或作⿰黨阝古書作鄙通
作黨欓木名越椒也通作⿱艹黨党党項虜名⿱艹黨艸名⿱党瓦博雅⿱党瓦坻甊也儻助也一曰倜儻卓異皃⿰禾黨頓⿰禾黨黃穀名
蕩簡易也○矘坦朗切日無光也文二十一灙灙漭水皃矘說文目無睛直視也⿰白昜⿰白黨白色或从黨爣
爣烺火皃帑金幣所藏也儻倜儻卓異皃偒真也一曰長皃⿰忄黨⿰忄黨慌失意⿰月黨月不明簜大竹箭⿸厂昜
大瓜蕩平易也詩魯道有蕩徐邈讀倘止皃一曰自失皃莊子倘然止李軌說惝僋惝然惘也或作僋黨異也
漢書黨可徼幸通作儻攩攩搅擊也踼申足伏臥欓木箭○朖⿰日良⿰月兩里黨切說文明也亦姓或从日古作⿰月兩亦書作
朗文二十一悢懭悢意不得皃詪言之明也⿰目兩⿰目良目明或从良硠博雅硠硠堅也一曰石聲⿱宀良⿱宀康⿱宀良屋虛崀
嵻崀山虛俍儣俍不平㮾樠木名或作樠狼狼犺獸名似猴烺爣烺火皃筤說文籃也⿰衤良⿰衤良[illegible]衣敝⿱穴良
⿱穴康⿱穴良空也閬爣閬寬明皃浪孟浪較略之言徐邈說埌壙埌原野迥皃○曩乃朗切說文曏也文五灢泱灢水濁

瀼灢水流皃或从曩襄𣰶𣰭𣰶氍毹毛深亂皃○榜牓補朗切木片也或从片文十𩭟𩭟𣰶髮亂𩮜𣯽博雅

𣯽𣰌罽也一說邪文曰𣯽或从旁騯騯𩧆馬皃螃蟲名陸居蝦蟇也傍左右也䒍蒡牛䒍艸名或省○髈普朗

切脅肉也文三𦫞𦫞𦫢色晴也𧡨視物皃○莽母朗切說文南昌謂犬善逐菟艸中爲莽文二十茻說文衆艸也从

四屮𩅧𩅧𩅧雲色漭泂漭流水大皃或作泂𡹦𡸧嵣𡹦山皃或从芷瞈曭瞈不明也瞈無一目曰瞈鏻

鈷鏻温器𣯼𣰂𣯼毛布蟒大蛇𦫞𦫞𦫢色晴𧯥吳王孫休子名孟孟浪無趣舍之謂向秀說汒忽遽皃莊子汒若於

夫子之所言空空窎空也骿骯骿體胖也𥲼竹名其節稠鳻鳻鵐鳥名○顙寫朗切說文頟也文十一𧯄

鼜鼓柂或从壴騷騯騷馬皃嗓喉也磉柱下石鎟鈴聲褬裉褬衣敝搡填也瘮馬病轑車輞

○蒼采朗切莽蒼寒狀一曰近郊之色文一○駔子朗切說文牡馬也一曰馬蹲駔也一曰市會文五驡驡騹良馬骿

骯骿體胖䁴大也通作駔臧善也○奘在朗切說文妄彊犬也从犬文四鋆鈴聲奘駔說文奘大也从大或

作駔○沆下朗切說文莽沆大水也一曰大澤皃一曰沆瀣露气文十四骯骯骿體胖𣦻莽𣦻直項皃蚢魧海貝也或从魚

迒獸迒一曰道也伉闕人名䟘伸足也行行行剛皃忼慢也慷慷慨憤意吭頏咽也或从頁𦐋翓𦐋

飛皃通○汻許朗切姓也文三酐苦酒盰鹵地田名○忼慷口朗切慨也或从康文十二骯骯髒體胖⿰車亢
車⿰車亢也⿱宀康⿱宀康宦室虛⿱康心大意⿱山康⿱山康崀山虛伉闕人名⿰口康⿰口康咳聲也⿱宀康⿱宀康宦空也吭頏咽也或从
頁○⿰田亢舉朗切博雅竟也一曰趙魏謂陌爲⿰田亢文十二⿰亢夋說文直項莽⿰亢夋皃从亢从夋夋倨也⿰鹵亢⿰酉亢鹽澤或从酉犺
犺狼獸名⿰足亢伸足也一曰擊踝亢頏咽也或从頁⿰亢瓦甖屬沆漭沆大水皃魧海貝⿱宀亢廣也○坱倚朗切塵
也文十七泱滃泱水皃炴氣皃⿰山央山形⿱雨央白雲皃⿰耳央⿰耳央⿰耳莽不明眏目不明⿱竹央竹名一曰竹無色醠⿰酉央濁酒
或作⿰酉央通作盎盎⿱央瓦盆也或作⿱央瓦姎女人自偁我也胦脖胦膌也咉咉咽悲也駚駚⿱龍言馬皃軮軮軋遠相映皃
○⿰馬卬⿰馬亢語朗切馬驡謂之⿰馬卬或作⿰馬卬⿰馬亢文四⿰車卬⿰車亢⿰車卬車名一曰竹輿○胱熿爌⿰光廣煌戶廣切說文明也或
作熿爌⿰光廣煌文十九皝闕人名櫎横說文所以几器一曰所以帷屛風之屬一曰兵欄或省幌帷也榥書牀攩
博雅擊也一曰推行滉潢瀇洸水深廣皃或作潢瀇洸潢一曰染紙也愰愰懩心不定⿰金晃鍾聲⿱艹晃
艸名⿰目晃目大皃○慌⿰忄巟怳恍芒荒虎晃切昬也或作⿰忄巟怳恍芒荒文十九⿰言巟博雅忽也一曰
夢言⿰目巟目不明⿰目晃⿰目莽⿰目晃目疾⿰月巟⿰月黨⿰月巟月不明爌寬明皃⿱艹晃艸名⿱宀巟廣也⿰金晃鍾聲⿰口荒⿰目巟

旱熱也或省懬大意汻姓也喤喤呷衆也○懬苦晃切大意文八懭懭悢意不得也軭車名儣儣俍不平爌爌爌明皃或作爌爌壙𡨴毷也一曰壙埌原野逈皃○廣古晃切說文殿之大屋一曰闊也文八𠠽解也鄺姓也出廬江懬大意鷬鷬鷞鳳類晄𤒻光皃或作𤒻𢋼張大皃○汪鄔晃切大水一曰水名在譙郡文三瀇水深廣皃漥池不流

三十八○梗古杏切說文山枌榆有朿莢可爲蕪夷也一曰略也荒也文十九哽說文語爲舌所介也鯁說文魚骨也骾𦛺說文食骨留咽中也或从肉綆䋁說文汲井綆也或从亢㾘病也埂說文秦謂阬爲埂一曰堤封謂之埂莄艸莖𢙾恨也峺硬礙也或从石郠說文琅邪莒邑引春秋傳取郠挭挭攪也或作挭暅日光䨣雲皃𧌒蟲名○杏下梗切說文果也文七莕荇𦷓艸名說文菨餘也或作荇𦷓悻很也胻脛也鋞温器○卝胡猛切金玉未成器也文三濚潿濚水回旋皃擴擴也○䀮苦礦切驚而舉目視一曰好皃文三𥦗空也𣉠明也○礦𥗺鑛𨥥𥐥卝古猛切說文銅鐵樸石也或作礦鑛𨥥𥐥卝文十二懭悍也穬說文芒粟也一曰稻未舂𪍿𪌳麥也或从黃通作穬獷

說文犬獷獷不可附也漁陽有獷平縣 奣 明也。苜 烏猛切說文惑也文六 ⿰氵苜 水淨皃 奣 明也 ⿰口苜 犬聲 泂 泂濙水回旋皃 ⿰牜苜 犢也一曰牛鳴。⿰牜苜 於杏切吳人謂犢曰⿰牜苜文二 哽 咽聲。猛 母梗切說文健犬文八 𥉐 𥉐瞪有餘視一曰恚皃 艋 博雅舴艋小舟 蜢 蟒 蚝蜢蝗類或作蟒 皿 字林器也 ⿱宀皿 博雅⿱宀皿窇⿱穴皿也 鯭 胡鯭蝦蟆屬通作蜢。鮩 白猛切蟲名文六 ⿸广⿱車虫 ⿸广⿱車䖵 蜯 蚌 說文陛也脩爲⿸广⿱車虫圜爲蠇或从蚌亦作蜯蚌或書作⿸广触 蛃 博雅白蛃魚也。朾 都冷切擊也文一。炳 百猛切明也文四 ⿰亻兵 詐僞 浜 浦名 邴 邑名。冷 魯打切說文寒也亦姓文二 ⿱罒令 ⿱罒令⿱罒丁罔也。盯 張梗切⿰目黽盯直視文五 ⿰糸丁 絲繩緊直皃 ⿰亻盁 海岱之人謂勇悍曰⿰亻盁 掟 張也 ⿰皮丁 皮膚急皃。瑒 丈梗切玉名長尺二寸祭宗廟有瓚文五 挺 直也 瞠 直視皃 ⿺辶攵 廣雅盡也 町 町除地爲墠也。檸 拏梗切木名皮可爲藥文一。丙 補永切說文位南方萬物成炳然陰氣初起陽氣將虧从一入冂一者陽也文十七 炳 昞 說文明也或从日亦書作昺 怲 說文憂也引詩憂心怲怲 蛃 蟲名蟫也 邴 說文宋下邑又姓 鮩 說文蚌也 秉 說文禾束也从又持禾或曰粟十六斛爲秉亦姓 抦 柄 棅 持也或作柄棅通作秉 苪 艸名 寎 病 爾雅三月爲寎一曰穴也或作病 眪 目明也 鈵 博雅固也 陃 闕人

陳眞

名宋有鮑陃○皿眉永切說文飯食之用器也象形文六盌說文北方謂地空因以爲土穴爲盌戶[illegible][illegible]馬汗馬名
盟盟信也坎用牲加書或作盟鄳縣名○省所景切說文視也从眉省从屮徐鍇曰屮通識也一
曰簡也古作𡬠隸作省文二十一眚說文目病生翳也一曰過也⿸疒省⿰骨省瘦謂之⿸疒省或从骨媘說文
減也⿰省瓦博雅甈⿰省瓦甁也渻清爾雅水出其前渻丘一曰水名一曰少減亦姓或作清⿰木省說文木參交以支炊
籅者也⿰虫省蟲也生育也周時四乳生八子陸德明說㗂愼言也⿱宀省⿵門省禁署或从門通作省⿱艹省
艸名箵竹名⿱髟省長皃㑏直皃⿰省阝地名○景影於境切物之陰影也葛洪始作影或書作⿰彳景文十三璟
璄玉光也或从竟⿰食景⿰食英⿰食竟餇也飽也或从英从竟摬博雅擊也炴火光⿸广英廡也⿰英見視皃⿰英刂
削也刺也⿺風英風高皃○景舉影切說文光也又姓文十二璥說文玉也竟境界也或作境儆擏
說文戒也引春秋傳儆宮或作擏警說文戒也謂言戒憼說文敬也檠所以正弓漢蘇武能檠弓弩或書作
檠蟼蛙屬[illegible]警枕擎除也○永[illegible]于憬切說文長也象水巠理之長引詩江之永矣古作[illegible]文三
栐木名○憬俱永切說文覺寤也引詩憬彼淮夷一曰遠行皃文十六璟玉光烱炎蒸也暻明也

囧說文窻牖麗廔闓明象形 箇竹名 熲熲火名一曰日光古作熲 [illegible]驚走也 炅耿光也或作耿 䣓闕人名周有伯䣓䣓通作囧熲[illegible] 獷惡皃 泂澋水洄皃或从景 箇竹名○澋呼猛切水皃文一○憬孔永切遠行皃詩憬彼淮夷沈重讀文一○令盧景切官署之長文一○伉苦杏切健力也何休曰辨護伉健者爲里正文五 摼擊也 硻剛也 䡩車聲 揁琴聲○莄況永切艸名文二 泂滄也○䏟側杏切足跟筋也文一○𤁋差梗切楚人謂冷曰𤁋文一○⿰言幸虎梗切瞋語文一

三十九○耿古幸切說文耳箸頰也从耳烓省杜林說光也从光聖省文五 ⿱耿心憂也 ⿱艹耿博雅苹其莖謂之⿱艹耿 ⿱耳目⿱耳目監有餘視 邢地名通作耿○㚔幸下耿切說文吉而免凶也从屰从夭夭死之事故死謂之不㚔隷作幸文七 倖婞僥倖也一曰親也或从女通作幸 ⿰幸瓦博雅⿰幸瓦甗瓶也 悻悻悻很怒也 ⿰言幸言很也○黽黽母耿切蟲名說文鼃黽也从它象形籀作黽文六 鼆蟲名博雅冥也一曰句鼆魯邑名 鄳說文江夏縣 䲰魚名 䁅䁅盯直視○皏普幸切博雅白也文三 頩色也 絣氐人布名○⿰亻並並蒲幸切偕也或省文六 併博雅安也 ⿰魚並鮩魚名或从并 ⿰虫並水蟲名似蛤○⿺辶絣⿺辶𢆶必幸切行急也文四 絣急縕也一曰布名一

曰無文綺⿰衤幷急也

四十○靜疾郢切說文審也一曰謀也文十九竫說文亭安也靖說文立竫也一曰細皃又姓婧竦立

皃一曰有才也姘博雅絜也一曰靜也𢒊說文清飾也古作□睜睛字林略睜不悅視也或从青阱

穽汬陷也或从穴从水猙獸名飛狐也一說章義山有獸如赤豹一角音若擊石名曰猙⿱⺮靜⿱⺮靖竹名或从

靖靚召也一曰女容徐靚清潔也埩說文治也頸顯頸好皃○省⿱少囧箵息井切察也審也古作⿱少囧

箵文十一⿰忄省惺悟也或从星眚過也⿰木省組几渻說文少減也一曰水出丘前謂之渻丘一曰水名亦姓箵

笭箵也睲視也篂箳篂車蔽簹○請此靜切說文謁也文三睛眳睛不悅皃蜻蟲名蟬屬○井

井子郢切說文八家一井象構韓形・罋之象古者伯益初作井或省文三郱郱陘趙魏地山嶮名○整之郢切說文齊

也文一○徎丈井切徑也文五⿱浧土浧通流也或省裎深衣涇寒也○逞呈丑郢切說文通也楚謂疾行爲

逞引春秋傳何所不逞一曰快也或作呈文十四程說文徑行也騁⿰馬騁說文直馳也古作⿰馬騁裎說文袒也方言禪衣

趙魏之間無裦者謂之裎侱役也悜憂也浧塗泥也⿰革蚩說文驂具也睈睈睈照視也壬善也梬

木名似柹睛眳睛不悅皃○領里郢切說文項也文八嶺阪也或从𨸏阾柃木名袊方言袒飾謂之直袊
謂婦人初嫁上服一曰繞袊謂之帬江東通言下裳曰袊⿱艹領艸名軨車有和鈴也徎徑也○頸經郢切說文頭莖也
文二烴烴爑焦皃○痙巨井切說文彊急也文二涇博雅寒也○廮於郢切說文安止也鉅鹿有廮陶縣文八郻說文
地名巊巊嫇山皃癭⿱賏月⿰嬰頁說文頸瘤也或从肉从頁⿰嬰欠怒氣炴火光○⿰禁頁渠領切博雅怒也文一○郢
⿰王阝以井切說文故楚都在南郡江陵北十里或省文五梬說文棗也似柹浧泥滓⿰氵窐說文清水也一曰窊也○潁
庚頃切說文水出潁川陽城乾山東入淮豫州浸文五⿰⿱匕木頁木名一曰錐柄一曰刀環一曰警枕頴說文禾末也引詩禾頴穟
穟⿱𤇾廾深池也窐清水一曰窊也○頴騂頴切足几也文二⿰扌頴竟也○頃⿰⿱匕田頁犬頴切田百畝也亦从田文十
一⿱𤇾林⿱艹頃苘艸名說文枲屬引詩衣錦⿱𤇾林衣或作⿱艹頃苘⿰扌頴博雅竟也高廎說文小堂也或作⿸厂頃烓博雅
明也一曰小竈傾俄傾少選也通作頃⿰阝頁仄也○餅𪍑必郢切說文麪餈也或从麥文十六鉼金鈑一曰鬴也併
幷合和也或省屏說文屏蔽也庰帡說文蔽也一曰覆也或从巾庰一曰廁也箳箳篂車蔽簹緶
輪箄也辟除也莊子至信辟金𪘂𪘂齒偋偋倖窒皃𨂁並足立皃玶玉名⿰畚并畚也○眳母井切眳

晴不悅文三慎慎悜意不盡一曰憂也溟溟泠寒皃○頸九領切項也文一○㝡知領切日出皃文一○悜吁請

切博雅狂也文一○䮁如穎切馬行疾皃文一

四十一○迥戶茗切說文遠也文十四泂泂說文滄也或从冫炯光也蘔熒⿺辶苘艸名或省亦从

迥絅禪也琑佩玉皃爾雅琑琑刺素食也郭璞讀皛博雅白也冂冋空也或作冋⿰木迥⿰木冋枰牀也或省○詗

火迥切知處告言也文四泂北燕謂襟曰泂⿱目火火光鶪鶬鶪鳥名似鷺蒼色○褧顈犬迥切說文檾也引詩衣錦褧

衣示反古或作顈文十苘莔䔛枲屬或作莔䔛冋空也絅䌹禪也或从帛通作褧耿耿耿小明也

扃扃扃明察也○熲眑迥切說文火光也文十七炅香說文見也或作香鎣治器从金爲之炯

耿說文光也或作耿泂泂寒謂之泂或从水餇飽也⿱目介目驚也⿰虫扃蟲名似蛙畎田畝也書作畎

絲枲劉昌宗讀扃扃扃明察也憬覺悟也顈足几也一曰篋也⿱目火大目也皛明也○濙瀅

榮瀅烏迥切洴濙小水皃或从瑩亦作濴瀅文七⿱𤇾幷說文深池也熒瑩德熒疑惑也或从玉○婞

悻倖下頂切說文很也引楚詞鯀婞直或作悻倖文十七⿰忄巠說文恨也脛胻也⿰矢幸小皃緈說文直也涬

溟涬自然氣也 涬 涬冷寒也 鋞 温器 鮏 魚名 睈 瞑目皃 鈃 字林似小鍾而長頸 ⿰幸瓦 博雅⿰幸瓦⿰𠂢瓦瓶也 巠
地名在趙 剄 斷首也 誙 誙誙趣死皃 ○謦 棄挺切說文欬也文十三 ⿱殸水 說文側出泉也 ⿱殸金 一足行也
綮 結處也莊子肯綮 汫 汫涏小水皃 ⿱殸火 火乾出也 ⿰氵巠 泉也 磬 擊石聲 罄 盡也 高廎 小堂
也或作廎 ⿱穴巠 空也 ⿰冫巠 寒也 ○剄 古頂切斷首也文四 烴 焦臭 坙 水脈也或作巠 ○巊 烟頂切巊⿰山冥山高皃
文三 瀴 瀴涬水皃 ⿸黑巠 巠猒 ○⿰目巠 研領切直視也文三 ⿰矢廷 ⿰矢幸⿰矢廷小皃 烴 焦臭也 ○鞞 補鼎切說文刀室也
一文 ○頩 艵 普迥切美皃楚辭玉色頩以脕顏一曰斂容或从色文二 ○竝 並 部迥切說文併也隸作並文六 併
並立也 鮩 白魚 蛃 廰 蜃屬或作廰 ○茗 榠 母迥切茶晚取者或作榠文十七 嫇 嫇奵自持皃一
曰面平皃 瞑 瞑睥目不明 姳 好也 酩 佲 ⿰亻冥 酩酊醉甚或作佲⿰亻冥通作茗 ⿰冫冥 凍皃 溟 溟涬水皃 慏
意不盡也 眳 日暗也 眳 目小也一曰眳睛不悅也 ⿰山冥 巊⿰山冥山高皃 冥 暗也詩維塵冥冥 蓂 蓂莢瑞艸
⿰冥色 青黑皃 ○醒 銑挺切醉也文五 惺 悟也 箵 笭箵車笭也 ⿰火斷 焦也 篂 箳篂車蔽當 ○頂
⿰首丁 ⿰鼎頁 顁 都挺切說文顛也或作⿰首丁亦从鼎从定文二十四 奵 嫇奵自持一曰面平 耵 耵聹耳垢 鼎 鼑

吳定

說文三足兩耳和五味之寶器也昔禹收九牧之金鑄鼎荆山之下入山林川澤螭魅蝄蜽莫能逢之以協承天休易卦巽木於下者爲鼎象析木以炊也古作鼑薡薡蕫艸名似蒲而細酊酩酊醉甚仃或作仃濎湏濎濘水皃或作湏艼艸名葶葶藶艸名能毒魚出熊耳山靪博雅補也一曰補履屓博雅重也一曰待也展也⿰木鼎

朾廣雅梧也或从丁釘鍊鉼金町田畝謂之町嵿山名⿰土鼎⿰土鼎壇蟻封打擊也○𡈼他頂切說文善也从人士士事也一曰象物出地挺生也文二十六珽珵說文大圭長二尺抒上終葵首或作珵徎侱徑也或作侱

脡脯朐也⿸鹿廷鹿走皃侹說文長皃一曰著地一曰代也勇也頲⿰壬頁說文狹頭頲也或省町圢⿰土鼎說文田踐處曰町或从土亦作⿰土鼎甼田器也艼艸名爾雅蕍艼熒蜓蟲也⿱罒丁罜⿱罒丁小網⿵門壬門上關

挺直也鋌廣雅鑯鏶鋌也葶葶藶毒艸⿱竹丁竹函也⿰魚廷全魚醬霆迅雷濎濎濙水皃宁空也

○挺待鼎切說文拔也一曰直也持也一曰縣名在膠東文二十三艇小船鋌說文銅鐵樸也梃說文一枚也一曰木名娗說文女出病也博雅娗娗容也方言媯娗僈也霆爾雅疾雷爲霆霓莛艸莖⿰禾廷⿰禾定稻麥皃或从定涏洴涏小水一曰波直皃蜓蟲名爾雅蜓蚞螇螰一名蟪蛄誔博雅詑也一曰欺慢訂說文平議也脡脯朐也筳

屋梁也通作莛侹徑侹直也葥博雅補也𢾔博雅畫也町鉤町縣名汀汀濘泥淖也閮門外啓謂之閮烶

火皃䁝目出也○𥳑朗鼎切箳𥳑也通作笭文八箳䉹䍅䍅罒小網泠水皃冷涬冷寒也酃𨟙縣名

在長沙或从零笭笭箵也怜憭也○𩕋𩖍乃挺切頂顛也或从甯文十聹耵聹耳垢濘水皃湖謂之濘

濘一曰淖也𧓍𧕋蟲名似蛙或从甯檸木名薴艸名博雅薴䓯莛蘇也一曰葶薴毒艸鑏吳俗謂刀柄入

處爲鑏䈁箳𥳑篕䉹也○汫祖醒切汫濙水皃文一○婧續領切女有才也文一○䳂呼頂切鸍䳂水

鳥文一

四十二○抍承撜拯丞舊說無切語音蒸之上聲說文上舉也引易抍馬壯古或作承撜拯丞文九

𨋹軺車後登也或書作𨋹烝氣上達皃𤸰骨𤸰病也氶縣名○𢤱尺拯切𢤱㥗愚皃文一○庱丑拯

切亭名在吳文四崚踜止也或从足㥗𢤱㥗愚皃○殑其拯切殑𣧑欲死皃文二𠗚𠗚冼寒皃○𣧑色拯

切殑𣧑欲死皃文二冼𠗚冼寒皃○憑皮殑切憑也文一○耳仍拯切耳也關中河東語文一○𪗨稱拯切𪗨

也河東云文一○澄直拯切水清不流文一

四十三。等得肯切說文齊簡也从竹从寺寺官曹之等平也文二瞪白也。倗㑭普等切博雅不也从朋聲一曰从勿从人文四鄳𠞰國名穆天子傳西征至于鄳人或作𠞰一曰縣名在扶風鄉名在鄠。肎肯肎苦等切說文骨閒肉肎肎箸也从肉从冎省一曰骨無肉也或作肯古作肎文三。能奴等切夷人語多也文四𧍿𧍿蜂類或从虫𠹻多言也。倰朗等切倰𨲠長皃文一。𨲠他等切倰𨲠長皃文一。𤳖子等切水田文一。𨄛徒等切𨄛𨄛行皃文一。䣙步等切山名文一。瞢忙肯切目不明文三懵惛也𥨍𥨍宣癡也。宣孤等切𥨍宣癡也文一絙急也一曰大

四十四。有ナ云九切說文不宜有也引春秋傳曰有蝕之一曰質也古作ナ又姓文十九右左右手也佑佐佑助也友㸤𦣲說文同志爲友从二又相交友也古作㸤𦣲囿苑也𥁕盍器也或从右侑勸也栯木名食之不妒𪀖鳥名似雉黝黑色博雅黝堊塗也苬艸名疚顫疚頭搖皃𦽏艸名从苗四禾𪚷兼有也鮪魚名似鱣長鼻。㱐朽許九切說文腐也或从木文六疞病也殠臭也糗乾飯屑也扝㧅扝力也。糗臬去久切說文熬米麥也或作臬又姓文六𩝣食物爛也犞牛無子搝搝揭手舉䤛面䤛

面醜○九己有切說文陽之變也象其屈曲究盡之形文九　夊說文从後夊之象人兩脛後有矩也引周禮夊諸牆以觀

其橈　玖說文石之次玉黑者引詩貽我佩玖　灸說文灼也　奺說文女字也　雓姓也　韭韮說文菜名一種而久

者故謂之韭象形在一之上一地也或从艸　镹長也通作久○臼巨九切說文春也古者掘地爲臼其後穿木石象形

中米也文二十二　舅說文母之兄弟爲舅妻之父爲外舅或書作舅　齨說文老人齒如臼也一曰馬八歲齒臼也　桕

說文春糗也　䓘字林艸名　咎說文災也从人从各各者相違也　倃諮說文毀也或从言　𢘓說文怨仇也

𣗁木名　欲蹴皐也　瘔病也　鷲𦤎鳥名百舌也一曰鳥鷲鳥也或从隹亦書作鴭　麔說文麋牝也

莥艸名爾雅蔨鹿藿其實莥　鯦魚名說文當互也　𩡧馬八歲謂之𩡧通作齨　𦬁艸名　䲆魚名　柩

匶棺也籀作匶○懮於九切舒遲皃詩曰舒懮受兮文十五　䱂魚名　𧳜𧳜柔輭也　𣧤𣧤狃欲死　𤈦

𤈦𤇧欲乾𣈆或从日　𩈳𩈳𩈶面醜　噢痛聲　𣢌歐也一曰蹙皐　桕春糗也　鰋魚也　坳邑名　黝博雅

黝堊塗也一曰黑色　𩙬緒風謂之𩙬𩗃　𧝋福也○酉以九切說文就也八月黍成可爲酎酒象古文酉之形古

文酉从卯卯爲春門萬物已出丣爲秋門萬物已入一閉門象也文三十六　牖說文穿壁以木爲交窻也譚長以爲甫上日也

非戶也牖所以見日羑說文進善也文王拘羑里在蕩陰㕗誘䛻𥠛說文相訹呼也或作誘䛻𥠛卣

𨡚中樽也亦作脩㰯𣢑說文言意也或省槱楢禉積木燎之也或作楢禉通作猶庮說文久屋朽木

引周禮牛夜鳴則庮謂臭如朽木𥤚貧病也輶輕車也琇𤥚玉名或从莠𤩢遺玉也𤢖

臭艸莠說文禾粟下生艸䒒莤艸名或作莤蜏蟲名晨生暮死攸懸危皃春秋傳湫乎攸乎一曰

所也徐邈讀翛疾皃莊子翛然而往媨醜也湵水名𧣤收弋繫具梄木名囮鳥媒也戭長盾盍

小甌煪火也。缶𤭢俯九切說文瓦器所以盛酒漿秦人鼓之以節謌象形或从瓦文二十炰火熟之也或作

炰亦書作𤋱否說文不也一曰口不許也又國名通作不不說文鳥飛上翔不下來也从一一猶天也象形𠚜說文

刀握也一曰以刃掘取物鴀鳥名鷄鳩也䍌白也痞病也婄博雅敗也㚶𡛼好皃或作𡛼一曰女儀也

芣衃艸名芘芣菝也或作衃秠字林黑黍一稃二米婄廣雅醜也𧊎蠶臥郶地名蒪艸木莖葉

舒布皃。紑孚不切衣絜鮮也文一。婦扶缶切說文服也从女持帚灑埽也文二十二負說文恃也从人守貝

有所恃也一曰受貸不償一曰荷也通作偩偩依也禮樂偩天地之情𠂤𡴯阜𨸏說文大陸山無石者

象形或作𠂤阜古作𨸏𨺅𨹔說文兩𨸏之間也从二𨸏隸作𨹔騲隅馬盛也一曰益也或作隅焯熾盛也
鵖鵖雀鷂也通作負𧕾𧖳蟲名爾雅𧕾螽蠜或从䖵通作阜蝜𧍙蟓蝜蟲名或从帚萯艸名說文
王萯也菩艸名服牝服車箱也草草鬱香艸𤭛瓦器○滫糔息有切浚也或作糔文八醙酒白
謂之醙𦀌緧絆前兩足亦从酉餿饋也謏訹博雅誘也或作訹○酒子酉切說文就也所以就人性之善
惡一曰造也吉凶所造也古者儀狄作酒醪禹嘗之而美遂踈儀狄杜康作林酒或書作禀酋文二愀愀然變色皃○湫
在九切隘下也一曰著也春秋傳墊隘湫底服虔讀文四愀變色皃遒近也媨博雅好也○百𦣻首始九切說
文頭也古文作𦣻巛象髮謂之鬊鬊即巛也或作首文十手𠂿說文拳也象形古作𠂿守𡨲說文守官也从
宀从寸寺府之事者从寸寸法度也或作𡨲艏舟也䭫產而不鼬謂之䭫或曰人初產子狩冬獵也○帚
箒止酉切說文糞也从又持巾埽內古者少康初作箕帚秫酒少康杜康也葬長垣或从竹文七鯞爾雅鰿鯞
小魚也𣈶晭明也或作晭㧢執也𧳟獸名○醜魗媿𡈆齒九切說文可惡也或作魗古作媿𡈆又
姓文六𧅇瑞艸菝蕕也㪍棄也計也○受𠬪是酉切說文相付也一曰承也从𠬪舟省聲古作𠬪文十五

授說文予也綬說文韍維也壽𠷎說文久也又姓古作𠷎𨞪濤水名在蜀或从水⿰受阝𨞪
鄉名或作𨞪㥅闕人名漢有武安侯㥅⿰氵受水皃⿰片壽棺也⿰礻氣久祭璹王名○厹蹂忍九切說文獸
足蹂地也象形九聲引爾雅狐貍貛貉醜其足蹞其跡厹篆从足柔文十九𢖿說文復也煣揉楺說
屈申木也或作揉楺輮說文車軔也沑說文水吏也一曰溫也葇⿰艹揉菜名似蘇或从揉鞣柔皮
也腬⿰月頁面色和柔皃或从頁𥞥轢禾也狃犬狎也一曰習也杻木名意也糅粈雜飯也或作粈
韖韌也○⿰氵叜溲⿱𦥑叜所九切說文浸沃也或作溲古作⿱𦥑叜文十一⿺走叜走皃颼颾颼風皃⿱叜食饋也
醙白酒也獀春獵名國語獀于農隙廋𢊓隈也或从叜蓃白滓○⿰革取⿰革芻楚九切束也或
从芻文四⿰音芻齺齺衆聲棷博雅校棷柴也○掫趣側九切夜戒守有所擊也或作趣文六搊𢪬持也或从州
⿰木菆艸木子聚生⿰虫取蟲名○⿰禾聚士九切聚也文三鯫魚名聚姓也○肘𦙶陟柳切說文臂節也从肉从寸寸手
寸口也或作𦙶疛⿸疒肘⿸疒壽⿰月壽說文小腹病或从肘从壽从肉扭手轉也一曰按也⿰虫寸海蟲名似
人肘○丑敕九切說文紐也十二月萬物動用事象手之形時加丑亦舉手時也文七杽杻⿰金手鈕說文械也

或从丑亦作𨥖鈕莥說文鹿藿之實名也吜聲也。紂𩋸丈九切說文馬緧也或从革紂一曰商辛別號文九鮦同鮦陽縣屬汝南葤薵艸苞物也或从壽箹竹易根而死棸姓也𦡆髀後曰𦡆一曰小腹病懤愁毒也。桺柳力九切說文小楊也一曰聚也一曰柳谷日入處隸省文三十二罶𦉽𦌏說文曲梁寡婦之笱魚所留也或省亦作𦌏珋石也茆艸名說文鳧葵也引詩言采其茆䉧竹名懰㚶劉好也或作㚶劉通作嬼綹說文緯十縷爲綹一曰絲十爲綸綸倍爲綹熮火皃一曰灼爛鉚美金瀏說文流清皃引詩瀏其清矣𩗬飀緒風謂之𩗬𩗬或从劉𪕮竹鼠蟉蚴蟉龍皃蓼糾蓼相引皃留昴星別名蔞僂𨋀𨎤喪車飾也或作僂𨋀𨎤通作柳嬼婁婦藰艸名葦蓫也𠛾割也泖水皃蓫蔏蓫艸名餾餌也㧕捫也。紐女九切說文系也一曰結而可解文三十沑溼也忸愧也鈕說文印鼻也玐或从玉亦姓𦙍說文食肉也䵀黏也扭案也𢔩習也狃說文犬性驕也𨚶說文地名莥𦯀𦭮爾雅藨鹿藿其實莥或从𦙍从紐粈𩛃說文雜飯也或从食䄎禾耎弱者杻木名爾雅杻檍似棣細葉材中車輞厹蹂獸跡或作蹂輮車輞也揉撓之也䂋說文刺也閂門關也泅水名在汝南妞姓也高麗有之炄𤇳炄欲乾妞

[illegible]妞欲死 粈 [illegible]粈輭也 衵 衣奀也。㤟㤓 匹九切小怒也或从咅文六 紑 鮮衣也 秠 字林黑黍一稃二米

䜴 唾聲一曰唾而不受也 雺 霧也。䶢 牛久切齒差也文一。柚 羊受切柷屬文一

四十五。𠪋厚垕𡍳 很口切說文丘陵之厚也从𣆪从厂又姓隸作厚古作垕𡍳文十四 𣆪 說文厚也从反亯徐鍇曰亯者進上也以進上之具反之於下則厚也 后 說文繼體君也象人之形施令以告四方故厂之从一口發號者君后也又姓 茩 艸名說文薢茩也 姤 遇也 後逡 說文遲也从彳幺夂者後也徐鍇曰幺猶𢇛蹢之也亦姓古从辵 郈 說文東平無鹽鄉又姓 㖃 欲吐也一曰怒聲 詬訽 謑詬恥也或作訽。㖃呴吽吼 許后切說文厚怒聲或作呴吽吼文十一 𤘱𤙖 郭璞曰青州呼犢爲𤘱或从后 蚼蛌 蟲名蚍蜉也或从后 呺 風聲莊子萬竅怒呺徐邈讀 竘 方言治也謂治作也 犼 北方獸名似犬食人。口 去厚切說文人所以言食也象形又姓文十一 𧥢叩 說文扣也如求婦先𧥢叕之一曰𧥢𧥢笑也或作叩 扣 說文牽馬也 敂 擊也通作扣 叩 說文京兆藍田鄉 釦 說文金飾器口 𤘩𤙖 牛名或从后 竘 博雅治也一曰巧也健也 劶 勔劶用力皃

。耇𦒸 舉后切說文老人面凍黎若垢或不省文二十一 茩 薢茩艸名 詬訽 辱也或作訽 敂

扣也玽說文石之次玉者岣岣嶁山顚一曰岣嶁衡山名垢坸說文濁也一曰塵也或作坸茍蒟說文
艸也一曰且也或作蒟又姓鮈鯷鮈魚名笱⿱罒句說文曲竹捕魚笱也或作⿱罒句狗說文孔子曰狗叩也叩气
吠从守豿熊虎子也漢律捕虎購錢三其豿半之是也通作狗⿰木茍枸木名博雅⿰木茍乳苦杞也或作枸蚼說文
北方有蚼犬食人⿰牛句青州呼犢子曰⿰牛句○毆敺摳於口切說文捶毄物也或从攴从手文十六歐嘔
㗒欲䜲欣說文吐也或作嘔㗒欲䜲欣褔博雅袼褔次衣也一曰編枲頭衣塸沙堆⿶凵丂山名在陽
羡⿰牛后犃牛名或作犃甌西甌駱越別種饇飽也○偶語口切說文桐人也一曰儷也通作耦文十一耦說文
耒廣五寸爲伐二伐爲耦髃腢說文肩前也或从肉⿰禺瓦博雅缶也⿰女禺女字蕅藕⿱艹⿰礻禺說文芙蕖根或
从耦从偶喁于喁聲相和也湡水名在襄國○⿰扌保捬彼口切說文衣上支也或作捬文四掊擊也捬捬擻
振也○剖普后切說文判也文十五婄婄⿰女乳婦人肥皃一曰不才⿱髟咅髮短皃⿱艹剖菩艸名或省蔀暗也
小也一曰星名⿰咅鳥⿰咅隹雀名或从隹咅相與語唾而不受棓何休曰凡無高下有綖加躡板曰棓齊人語
⿱竹剖篰篰簍也一曰竹櫝或作篰醅醉飽⿰衤尃華葉布也掊擊也○部蒲口切說文天水狄部一曰統

集韻上聲卷六　三十一　刊仲魚

也界也又姓文十八培𡶈垺附博雅培塿冢也或作𡶈垺附腤豕肉醬麰䭹麰麮餅也或从食瓿
說文甂也䥛廣雅瓶也蔀艸名廣雅蔀蔀魚薺也一曰術家推閏法爲蔀首篰剖說文籋篓也或作剖犃
廣雅犌犃雄也一曰牛短首謂之犃娝女字勏勏劬用力箁竹葉也䳝䳝鴀鳥名○母莫後切說文牧也从女象
褭子形一曰象乳子也文三十七拇胟說文將指也或从肉𧿳足將指踇行皃畮畞畝說文六尺爲步
步百爲畮或作畞畝𦽵說文艸也某槑說文酸果也古作槑厶且字也通作某䳇𨾋鸚䳇能言鳥也或从
隹牳䭵說文畜父也或从馬𤞣猵𤞣獸名茻衆艸也莽南昌謂犬善逐菟草中爲莽姆女師也坶
地名在朝歌𢜗愛也砪雲母藥石𦯀艸名罞䍙䍙罔也或从毋从母牳牛名豠豕名戊
中宮也茂美也堥𦍩瓦器六月羔蓩艸聚生皃𪌉麥也痗病也牟中牟地名○叜
叜傻叟傁蘇后切說文老也或作叜傻叟傁文三十瞍瞍說文無目也或作瞍𦖔𦖔字林聰也
或作瞍嗾㖩𠿬使犬聲或作㖩𠿬謏誘辭廋隱也擻抖擻舉索物也橾車轂中曰橾通作藪
藪棷䕋說文大澤也九州之藪楊州具區荆州雲夢豫州甫田青州孟諸沇州大野雝州弦圃幽州奚養冀州楊

紆并州昭餘祁是也或作棷亦从叟籔䉤篘說文炊籅也或从叜亦作篘駷騪搖馬銜走或从叜

搜搜搜動皃通作叟藪爾雅菜謂之藪⿸厂叜廋隈也或从叟陖阮也⿸厂數后也。趣趨

此苟切促也周禮有趣馬官或作趨文九取獲也棷廣雅柴也鯫小也采捊取也掫擊也娵美女

⿰聚刂析薪也。⿱夭止走子口切說文趨也从夭止者屈也隸省文二。鯫仕垢切說文白魚也一曰小也文五

棷柴也⿰豕聚⿰豕取小牡豕名或省齱齱齵齒不正。斗當口切說文十升也象形有柄俗作㪷非是文九枓

枓栱一曰勺也抖抖擻舉索物也阧陡峻立也或从走襡衣袖⿰山斗山名⿱燮斗燮燮名蚪科蚪蟲名通作科

斗。姓他口切說文女字也文十七黈黃色通作⿰黃斗紏絲黃色⿱艹黈廣雅好也⿰黃斗字林⿰黃斗奪取

物鈄姓也敨展也⿰麥主⿰麥俞飳⿰麥豆⿰麥主餅屬或作⿰麥俞飳⿰主鳥⿰主隹說文鳥也似鳧黑色或从隹⿰犭主

犬名黃身黑首⿰魚豆⿰魚主說文魚名或从主計誘也諳言悉也。⿰金𧯠鋀𧯠徒口切說文酒器也从金

𧯠象器形或从豆亦省文九揄引也襡博雅袖也一曰短衣⿱艹揄艸名一曰編艸坐具⿰主鳥水鳥名銗說文

受錢器也古以瓦今以竹鈄姓也。塿婁郎口切培塿小阜或省文十六嶁山巔也⿰阝婁亮⿰阝婁縣名在蒼

梧郡 甊博雅瓿甊瓶也 𪍿麰𪍿鏤餅也司徒儀吏死祭用麰𪍿三十千寶說 漊溝也 謱嘍方言謰謱拏也

或从口 𥢧耬耕畦謂之耬或从耒 簍竹器 數多也 廔后也 蔞艸名 斢字林斢斢奪取物 。㝅

㝅穀𣪏𡪠乳𡥈乳吼乳乃后切乳子也或作𣪏㝅穀𡪠乳𡥈乳吼乳文十二 㝅虎乳也通作𣪏𣪏 𣴎

說文水也一曰酒也 陾衆也 檽構檽木名可染紫 嬬婄嬬女肥皃 。鯫才垢切小也亦姓文一 。齺

初口切樂音美也文一

四十六。黝幽於糾切說文微青黑色或作幽文十八 怮怮怮憂也 欲說文蹴鼻也 𣢮㰶

愁也或省 眑靜也 𡶛山曲皃 泑說文澤在昆崙下山海經有泑山蓐收居之 𤇯𤇯欲乾 颵颵飂風聲 䱂

說文魚名 蚴𧍜蟲名博雅蚴蜕土蜂一曰蚴蟉龍皃或从幽 呦鹿鳴 拗抑也 𤱡黑壤 蟉蟉蚪盤曲皃 。糾

糾吉酉切說文繩三合也或作糾文七 赳說文輕勁有才力也 朻木也爾雅朻者聊 鬮鬮取也 孂竦身

也 觓角皃春秋傳展觓角 。虯蟉渠糾切龍皃或从翏文二 。孂苦糾切竦身也文一

四十七。𠎝寑𡩋寢寑七稔切說文臥也櫏作寑古作𡩋寢寑文二十 寱視皃 沁水名

浸浸浸寒皃寑寑說文病臥也或作寑鋟爪刻也公羊傳鋟其板⿰酉朁甘也一曰歃酒葠葠說文覆也或省梫梫木名說文桂也或省祲氣妖⿸疒𠬶⿰𠬶頁體陋也或从頁⿰朁頁懦劣也通作⿰𠬶頁。罧槮斯荏切積柴水中以取魚或作椮文四伈博雅伈伈懼也沁水名。⿰酉朁子朕切說文歃酒也文九⿰食朁博雅美也一曰味小甘也通作⿰月朁⿰月朁脣病濅濅溼也漸也或作濅⿸疒朁痛疾⿱穴濅地名孫叔敖邑鋟博雅錐也⿰朁頁⿰朁頁⿰朁頁頭長。蕈慈荏切說文桑萸也文一。宷審式荏切說文悉也知宷諦也或作審亦姓文二十九諗說文深諫也引春秋傳辛伯諗周桓公瞫覾說文深視也一曰下視一曰竊見亦姓或从見眹視也⿰牛冘牛名⿰女覃貪頑也一曰志下淰魚駭皃一曰濁也魿魚名一曰大魚爲鮝小魚爲魿魫魚子蕈桑萸⿰木審棯木名或从念⿱山覃山名沈邥國名亦姓或从邑槮罧積柴水中以取魚或作罧䑙孰也⿱艹審州名⿰氵闖⿰氵闖淪水流漂疾訦燕代謂信曰訦覃邦利皃⿰氵念⿰氵念濅水動皃椹桑子⿱炎㐭侵火也⿰魚夭大魚俗謂叔母曰嬸。瀋沈昌枕切說文汁也引春秋傳猶拾瀋或作沈文四瞫闞人名春秋晉有狼瞫⿰甚頁弱也。枕章荏切說文臥所薦首者文四⿰冘頁說文項枕也⿰朁頁頭俯皃一曰頭銳而長也⿰火魚魚首骨

○甚㔊𢀞食荏切說文尤安樂也从甘甘匹耦一曰遇也古作㔊𢀞文十 葚𣝛椹說文桑實也或从桑

从木 訦信也 抌方言推也 魿魚名 魫魚子 ○飪餁𩜍肚凭腍忍甚切說文大孰也或作餁𩜍

肚凭古作腍通作𩛀文二十 稔說文穀孰也引春秋傳鮮不五稔 恁說文下齎也徐鍇曰心所齎卑下也一曰思也

或書作恁 衽說文衣裣也 䇮單席通作衽 荏艸名說文桂荏蘇 𣏓說文弱皃或書作栣 棯𦱳木名爾雅

還味棯棗或从艸 羊說文撖也从干入二爲羊言稍甚也 任佞也 妊說文孕也 秹禾弱也 潭水動皃 腍

飲也 ○𤵸所錦切寒病文七 㴸澿㴸寒皃或从罧 瘮駭恐皃 槮積柴水中以取魚 𩕛𩑐𩕛

懦弱皃 沁水名出上黨 ○墋堪楚錦切土也一曰不清澄或从甚文十一 磣物雜砂也 醦博雅醋也 跉

跉踔行皃 瘮駭恐 謲隂言譏之也 慘毒也 駸馬聚皃 餕食有沙 蔘覆也 ○頪

𩑶士痒切醜皃或作𩑶文五 魿𩶘小魚鯗也或从岑 岑山厓 ○稟筆錦切說文賜穀也文三 癛

疾也 𦿆艸名藤也 ○品丕錦切說文衆庶也又姓文一 ○㱱陟甚切說文下擊上也一曰禁也文十 黮博雅黮黕

私也一曰深黑 抌𢿝說文深擊也一說楚謂搏曰抌或作𢿝 黕汚也 戡 揕刺也或从手 𥗍用石椓也

集 韻

㔢用力也䀕出頭視皃。踸趻踔丑甚切說文踸踔行無常皃或作趻踔文十顊顊類懦劣皃

髟多多皃闖馬出門皃鍖鍖銋聲不進皃嵁山高皃湛湛潭水皃䀕出頭視也通作闖。朕

艵直稔切我也古作艵文十一淁水流皃黱黑色䲢魚名似鱖螣龍類能興雲霧栚榺說文

槌之横也關西謂之㯰或作榺㼵瓜青膚曰㼵橝屋梠前也黮污也一曰黔黮果實壞皃。亩廪稟

廩稟力錦切說文穀所振入宗廟粢盛倉黃亩而取之故謂之亩从入回象屋形中有戶牖古作廪稟或作廩稟文十九

㨆方言殺也一曰自關而西謂打爲㨆懔伈懼皃或作伈古通作亩稟菻藁說文蒿屬或从廩檁屋上

横木凜澟說文寒也或从廩顲作色謂之顲一曰顑顲不飽一曰瘠也𨟙說文地名癛寒病燣

說文侵火也箖博雅翳也澟淒清也。拰尼凜切搦也一曰拰搦調弓皃文三銋鈓鍖銋聲不進皃或省

。瀈潭湛以荏切瀈藻水動也或作潭湛文五梄鄉名在濟北燣火盛也。廞廞羲錦切興

也喪禮有廞車服或从今文三㵝寒皃。坅丘甚切埤倉坎也文九趛趛低首疾趨謂之趛或从今顉

顉頤曲上曰顉或从金頗顩頗顩醜皃或从金昑明也拎持物。錦居飲切說文襄邑織文文二䃃

石名。噤渠飲切寒閉口也文九唫說文口急也𪋻廣雅怒也一曰𪋻頗𪋻懦劣澿寒皃㯲闕人名漢有劉㯲蘔艸名襟勤也𥿋絮中小繭蕈菌生木上。歙飲𩚣𩛂𩜥𨢈於錦切說文歠也或从食古作𩚣𩛂𩜥𨢈文十一灊水大至也喑喑醷聚氣也李軌說黔黔黮果實壞皃嶔山岑皃。䘳牛錦切䰾魚也文十一僸嬐仰頭也或作嬐趛說文低頭疾行也廞興也岑崖岸也莊子未離於岑廞大屋顩顉顩醜皃嵒嶜嵒山皃坅坑也吟噤吟顉頤皃。嶜集荏切嶜嵒山皃文一。呫當審切甞也文一。⿰朁頁側踸切頭俯皃文一

四十八。感古禫切說文動人心也文十九⿷匚贑篢箱類或作篢䃭以石蓋也一曰石篋灨贛贑水名出南康或作贛贑⿰章頁蓋也⿰氵⿰章頁豆瀋也㖤鳥聲𪉩醶𪉩味或从酉⿱贑酉說文酒味淫也⿱艹贑說文艸也一曰薏苡通作贑⿱竹贑竹名有毛鱤鰔魚名魠也一曰黃頰或省㺂犬名⿰魚贑魚名。顑虎感切說文飯不飽面黃起行也文七喊博雅可也⿰感欠气盛也⿰感羽飛皃⿰土感土起⿰木感木裂⿺走感走皃。坎𡶈埳苦感切說文陷也或作𡶈埳文十九竷說文繇也舞也樂有章从章从夅从夂引

詩竷竷舞我一曰擊也通作坎鋊連鐶也歁說文食不滿也惂說文憂困也輡轗輡轗車行不平也一
曰不得志或从感欿欿然不自滿足意一曰欲得也⿰土感⿰土感坷不平⿰感頁顑首動也或省⿰去虎虎䖘屬⿰淊欠
濁也臽小阱⿸厂敢陵岸竷扻擊也或作扻。頷戶感切說文面黃也文三十四顄⿰口函肣說文
頤也或作⿰口函肣顄頤也⿰女會含怒也⿰山會山皃揻撼說文搖也或从感⿰巾函⿰衤函巾擁耳也或从衣
肣牛腹也淊說文泥水淊淊也一曰纅絲湯憾感恨也或省⿰火函灼爛涵水澤多也⿱马木說文木垂
華實从木马马吗說文嘾也艸木之華未發函然象形或从口菡說文菡藺也通作⿰函欠⿰函欠欿欲得
也或作欿莟⿱艹頷開華也或作⿱艹頷⿱髟臽髮短皃蜭蟲名說文毛蠹也⿰口⿰函欠聲也函䐄口上曰臄口下
曰函或从肉⿰土感⿰土感坷不平邯邯淡豐盛意顏師古說泔滿也漢書秬鬯泔淡一曰泔淡水皃⿰去虎虎聲。晻
隌暗鄔感切說文不明也或作隌暗文三十一黭說文果實黭黯黑也盦覆蓋也黤黯深黑色或
从音⿰氵闇說文水大至也腤腤腩調飪也罯說文覆也揞博雅藏也唵博雅唅唵也一曰手進食⿰田奄
⿰耒奄⿰禾奄種田也或从耒从禾⿺尢奄蹇也⿰金音鍾病聲周禮微聲⿰金音戚衮讀闇隱晦皃禮記君子之道闇然而

日章厭沈溺意莊子其厭也如緘 嘻嘻醷聚氣皃 黬釜底黑也 淰濁也 醃醃醃香也 蘸繁茂

也 醅醅醦面感容 䨄雲氣盛也 媕含怒也 埯阬也 揜掩覆取也或从奄 穽窒也。顉頷

頷五感切說文低頭也引春秋傳迎于門頷之而已或作頷頷文八 嬒說文含怒也一曰難知也引詩碩大且嬒 嵁

碪嵁嶜山形或从石 儑凝也 喊可也。糂糣糝䭙桑感切說文以米和羹也一曰粒也籀从替古

文从參或作䭙文十五 嘇啗嘇物在口中也 傪𢕌顉傪動也或从彳 粽蜜漬瓜實曰粽 捒撼捺

搖也 槮聚柴木水中魚寒入其裏因以簿圍捕之 頷顉頷首動皃 叄雜也儀禮有叄侯 𥈍視也 倸

僋倸無儀 灁水皃。慘七感切說文毒也文十四 憯𤸷說文痛也一曰憯也或从疒 噆銜也莊子蟁蝱

噆膚 朁說文曾也引詩朁不畏明通作憯噆 黲說文淺青黑也一曰敗也 傪好皃 嫪嬸說文婪也或作嬸

懆說文愁不申也通作慘 醦醅醦面感容 叄叄譚眾多皃 縿淺紺繒也 頷顉頷搖頭。寁子感切說

文居之速也文十 昝姓也出蜀郡 撍揝毛動也或从昝 簪疌速也易朋盍簪王肅讀或作疌 坅

坎也 噆銜也 湆地濕 喒噆喒味也。歜歜徂感切昌蒲菹也或从艸文九 𠞨刺也 蹔𨁬弓張

弦也或从疌鐕綴物也慚鏩慚望也⿰魚岑魿博雅鮺也或省。黕都感切説文滓垢也文二十一眈

虎視也抌⿰冘攴刺也擊也或从攴衴緣也紞説文冕冠塞耳者⿰多冘多也⿰冘瓦博雅瓶也一曰瓦屬

井投物井中聲又姓⿰冘殳博雅禁也澸水滓吣鳥聲⿱艹冘艸名知母也馾馬名髧髮垂皃

⿱竹贛⿱竹貪竹名或作⿱竹貪䫉顑䫉醜也⿱竹感⿷匚⿱竹贛⿰木⿱竹貪篋類或作⿷匚⿱竹贛⿰木⿱竹貪。襑他感切説文衣博大文十三

䏙説文肉汁滓也⿱冘皿⿱沈皿⿰酉監醓説文血醢也禮有監醢以牛脯粱麴鹽酒也或作⿱沈皿醢醓⿰忄尋⿰忄尋忐心不寧

⿰言尋⿰言尋試言不定嗿説文聲也引詩有嗿其饁黮説文桑葚之黑也⿺走冘⿺走冘踔行進退也僋無檢也

⿱覀⿴冂乂吐舌皃一曰竹皮。禫徒感切除服祭名文三十二髧伔髮垂皃詩髧彼兩髦或从人譚大也亦姓

贉市先入直也⿰米覃説文糜和也醰厚味嘾説文含深也⿰甚見眈徐視謂之⿰甚見或作眈偡

齊也窞説文坎中小坎也引易入于坎窞一曰旁入也⿱穴冘竈突也黮廣雅黑也⿱雨湛⿱雨甚⿰雲甚

⿱雨湛⿱雨對繁雲或省亦作⿰雲甚藺萏⿱艹沓⿱艹欿説文芙蓉華未發爲菡藺已發爲芙蓉或作萏⿱艹沓⿱艹欿⿰木窞木名

湛水名周禮其浸潁湛李軌讀鐔劍口也⿺冘甚博雅⿺冘甚⿺冘甚盛也⿱穴覃曲内也太玄雷推欿⿱穴覃⿸厂沓再春

嵁 嵁嵁豐厚皃 撢 揞也 嬋 女名 憾 不安也 蕈 桑荌 ○壈 壈 盧感切坎壈不平一曰失志也

或作壈通作轗文十九 燣 焦黃色 顲 說文面顑顲皃 轗 輡轗車不進 澰 清也漬也 漤 汁滓也

字林藏梨汁也 醂 藏柹也一曰桃菹 㨆 方言殺也一曰打也 懍 懔 坎懍困極或作懔 𡝫 好皃 醶 酢醬

⿱入林 ⿱⿱入林心 悲愁皃一說林木君子所感故宋玉曰入林悲心或从心 婪 惏 不謹也一曰卜人詐告吉凶也或作惏

窞 王肅曰坎底也 ○湳 乃感切說文西河美稷保東北水文十四 腩 䣸 䐶 臛也或从酉亦作䐶 揇 搦也

䎃 博雅䎃䎃羽也 䊓 糝茹也 萳 艸長弱皃 𥳑 竹弱 淰 博雅濁也 喃 噆喃嘗也 暔 夷名唐有暔國

罱 取魚具 ⿱隹酉 醬也 ○縿 幓 所感切旌旗正幅或从巾文四 ⿰氵闖 灡淪水漂疾皃 ⿱雨彡 小雨也 ○⿱⿱厶乂夊

莫坎切首飾文一 ○⿰冄冄 如坎切鳥翼下細毛文一

四十九 ○𠭥 𣪘 𣪠 敢 古覽切說文進也从𠬪古聲古作𣪘𣪠隸作敢文八 橄 橄欖果名 澉

澉𩟗味淡 ⿱竹甘 大竹 ⿰石敢 𥗥窞模末賦大食國酋長名 ○喊 㘓 虎覽切聲也或从監文九 ⿱監木 壏 堅土也或

作壏亦書作監 ⿰谷敢 嵌 溪谷皃或作⿱山敢 鬫 聲大皃从門 㺗 犬聲 ⿸厂敢 山險 ○澉 胡敢切澹澉洒滌也

文一。㡎口敢切嶮也文四䗁虤屬𪉏鹹醶苦味𩜻飢也。黤烏敢切博雅忘也文一。𡝗母敢

切鄉名在河東文二䭶吳人謂哺子曰䭶。𩟗子敢切𩟗無味也文三𣂛繒末纏也𨢿醬也。槧

在敢切斷木爲槧文七鏨博雅鑴謂之鏨或書作鏩嶄𡺲山皃或作嵁𣃁縮朒皃太玄䒶𣃁䟭𪆔

鳥名鷄也摲擊也。㡎五敢切山石皃文二偘仰首皃一曰好皃一。𤁩賞敢切水皃一曰果勇也文二摲

芰也。膽覩敢切說文連肝之府文八𥗺石𥗺藥石黵說文大污也𪈼𨿌鳥名羽青黃色或从隹

佳㘓㘓𣚋蔪也薝薝棘艸名甔罌屬。剡菼吐敢切說文雚之初生一曰薍一曰騅或作䓴文十

一䌕緂𥿉說文帛騅色引詩毳衣如䌕或作緂𥿉毯毛毯席裧毛毯衣謂之裧𦋆魚罔黵

黑也倓安也荀子倓然見管仲之能㡎山險。啖啗噉餤嚪杜覽切說文噍啖也或作啗噉餤嚪

文二十澹水皃醈醲也淡說文薄味也憺惔說文安也或从炎𥲱竹名𥥍爨突謂之𥥍

𦧇舌出也𧵋蠻夷贖罪貨通作倓𩟡無味也濫竹聲倓𠟲博雅靜也或从剡䓴𦺃

艸名爾雅薍也或从剡。覽魯敢切說文觀也又姓文十擥攬擥說文撮持也或从覽从監欖

欖橄欖果名或从窞爁火焚也灠濫漬果也一曰淶也或作濫醶泛齊行酒也

五十。琰以冄切說文璧上起美色一曰圭之銳上者文二十五剡掞說文銳利也或从手𨂼

𨂼𨂼疾行也炶說文火光也𦦼說文火行微𦦼𦦼也灩淊淡瀲灩水滿皃或从臽亦作淡㶄

博雅汚也䌪方言未續也睒暫視皃扊闔謂之扊扅𤯍味甘也棪木名說文遬其也子似柰

赤而可食𥳽廣雅籃棪謂之蘧篨通作棪𦓡覃利耜也或作覃焱火華也閻地名春秋傳戰

于鬼閻錟利刃也史說錟戈在後櫩方言秦晉續折木謂之櫩夵本廣末狹謂之夵𤞤山海經女和月

母之北有國曰𤞤氏𤸷傷也。𦦼習琰切火行微也文四剡利也棪木名膠可和香爲蘇合銛臿屬

。脥謙琰切腹下也文三惔恨也唊猴頰藏食曰唊。黶黬於琰切說文中黑也或作黬文十五靨

面黑子一曰酺也壓塞也魘驚夢也擪持也𧞣襛也通作厭𥝑禾稻不實也酓說文酒味苦也

媕女有心媕媕也檿說文山桑也引詩其檿其柘通作酓或書作㯎𤿭瘍痂也㡮蟹腹下甲厭

開藏也一曰厭次地名𪒠忘也。湛牒琰切博雅湛湛露也文一。緂纖琰切槌紐也文二彡羌姓漢有西羌

彡姐。醶七漸切博雅酢也文六塹坑也憸憸詖也一曰憸憸多意也或作憸賧市先入直若今贉錢遾
遾欲近皃。䭑䭑子冉切嘗食也一曰䭑⿱舌酉味醶或从漸文六⿰面斬色弱𦜝羨美也䁮笑皃悏
悏悏恨也。漸疾染切說文水名出丹陽黟南蠻中東入海一曰漬也文十八槧說文牘樸也𧾩走進也或書作
𧾩螹蟲名說文螹離也一曰魚名鏨博雅鑴謂之鏨錟長矛燄火行微也磛磛礹石皃嚵小食
蔪⿱艹槧說文艸相蔪苞引書艸木蔪苞或从槧⿱漸酉說文闕一曰醬也一曰⿱漸酉⿱舌酉味醶剡銳上也鏩
鏩鏩銳進皃⿱艹漸麥秀皃㨻取也摲除也嶃嶃巗山高皃或書作嶄。閃失冉切說文闚頭門中也从人
在門中文十六⿰氵閃⿰氵䦧流皃或作⿰氵䦧睒睫說文暫視也或作睫通作睒覢說文暫見也引公羊傳覢然公
子陽生⿰言夾誘言夾說文盜竊褱物也从亦有所持俗謂蔽人俾夾是也㨛疾動皃陜說文弘農陜也古虢
國王季之子所封也⿰阝⿱夾女說文不媚前却⿰阝⿱夾女⿰阝⿱夾女也㩌戲㩌舉手皃䀹䀹䀹目皃淰淰淰躍踊逸也或作淰
⿱彡貝狄姓。颭職琰切風動物也文四𧾦前趨皃戲戲㩌舉手皃拈拈也。剡時染切縣名在
會稽文三⿰竹⿰魚詹竹名黮黑甚也。冄冉而琰切說文毛冄冄也象形或作冉又姓文十五姌姌說文姌弱

長皃或作姌䎃羽皃染說文以繒染爲色又姓⿱雨染說文濡也媣媣說文諟也一曰媞也或省⿱任酉
說文闕一曰⿱斬食⿱任酉味醹一曰醬也⿰金冉鐵也呥噍皃苒艸盛皃一曰荏苒柔木⿱竹冉竹弱枏木名梅也
○⿱斬手山儉切博雅次也文一○讇諂丑琰切說文諛也或省文四覘視也⿰女臽嫈女志前却○斂
力冉切說文收也文十三䭠廉食撿說文拱也⿰糹僉方言所以縣㯹關西謂之⿰糹僉一曰索也嬚女字瀲澰
瀲灩水溢皃或省隒厓也爾雅重甗隒溓廣雅漬也一曰冰其薄者溓薟蘞艸名說文白薟也或从斂
獫犬長喙者羷字林角三觠爲羷○險嶮虛檢切說文阻難也或从山文十譣憸廣雅詖也或从心
羷爾雅羊角三觠羷⿰女夾性不端良謂之⿰女夾姱⿰韋僉胡被謂之⿰韋僉玁周謂北夷曰玁狁通作獫獫說文
長喙犬一曰黑犬黃頭⿰木⿵冂木⿰目更⿰木⿵冂木蔭也○顩頗頊丘檢切顩顲面不平也或作頗頊文十一鼸鼠屬說文
⿰鼠今也嵰山高皃歁意不掩也隒厓也⿵門僉門屋䭠食未飫欦笑也笶小竹○檢居奄切說
文書署也一曰俗謂燕屍今世書窭簽下或作歧文九撿儉束也或作儉臉頰也瞼眼瞼也險字林山形
似重甑黬黔黑也或作黔贛贛榆縣名在東海○儉險㑒巨險切說文約也或作險古作㑒文

四芡說文雞頭也○奄衣檢切說文覆也大有餘也一曰久也同也从大从申申展也亦姓文三十七弇穿𡨦

說文蓋也古作穿𡨦掩說文斂也小上曰掩一曰撫也止也揜說文自關以東謂取曰揜一曰覆也𣄓車覆

罔𣄓旗皃罨罜也所以罔魚裺說文褗謂之裺腌屋櫓耑版也閹閹閹宮中閹守門者通

作奄媕說文女有心媕媕也𨛫說文周公所誅𨛫國在魯惀㥶博雅愛也或作㥶晻日無光也渰

𩃬說文雲雨皃或作霒碒山巖也黭果實黑壞也媕誣挐也崦嵱崦嵫山名日所入或从弇淹

水涯也一曰纖絲出緒也𣗈博雅𣗈檻棎也殗瘞也馣馣馤香氣通作唵菴菴藹木茂皃埯土覆

謂之埯醃美也錇椎也黤黑青也俺跧跛也或从足裺襐也稖禾不實○嚵士冉切博

雅嘗也瀺瀺灂魚鳥沈浮皃文二○醶醦初斂切酢皃或作醦文三𦢊羹也○黵止染切黑汚也文三𣪩敪舉手

皃𨘉𨘉𨘉疾𨘉

五十一○忝𢗰他點切說文辱也古作𢗰文十三栖鄉名在濟北蛇丘餂取也孟子是以言餂

之銛博雅鉀謂之銛一曰取也炶火光桥栝木杖也一曰炊竈木或作栝悿弱也嫸婦人細長皃

㛳女字阽亭名在京兆丙無光也。點多忝切說文小黑也文八者廣雅老也一說老人面如黑點玷

鉆玉器鈌刮刀鈌一曰斫也蒧闕人名夫子弟子曾蒧通作點怗博雅靜也一曰服也姑女字。簟

徒點切竹席文八簟篕灩水滿也居非戶牡或作非橝屋梠驔說文驪馬黃脊也⿰禾覃穋

穀名蕈桑萸。稴盧忝切稻不黏也文四溓恬靖皃一曰小水⿰瓜兼廣雅瓜其子謂之⿰瓜兼⿰冫兼薄冰。淰

乃玷切說文濁也文九⿰女覃說文下志貪頑也阽亭名在鄭姌纖細也⿰黑冉點⿰黑冉艸書埶⿱竹冉竹弱

皃⿱淰酉消也舑劣也疕病也。鼸下忝切鼠名文三嗛鳥獸頰貯食獫犬吠也。歉

⿰飠兼苦簟切食不飽也一曰不足皃或作⿰飠兼通作嗛文六慊恨也一曰不滿慊也一曰愜也嗛鳥獸頰貯食膁

馬腹旁謙安靜皃禮記此之謂自謙。嬚兼忝切竦身皃文二⿰飠廉博雅所也。憯此忝切痛也文一

。僣子忝切差也文一。濂爕玷切濂涑輕薄皃文二帴帬幅也。叜⿱囟叜美忝切腦

蓋也或作⿱囟叜文二

五十二。儼嚴曮⿱㗊敢魚檢切說文昂頭一曰好皃一曰恭也或作嚴曮古作⿱㗊敢文二十一顩

說文⿰齒兼皃曮日䠙謂之曮嬐含怒也嬐敢疾也⿰女广婦人齊整皃通作嬐广說文因广爲屋

象對刺高屋之形隒說文崖也嶮高峻皃⿰亻广⿰亻严俺⿰亻广癡也或作⿰亻严礹磛礹山石皃噞

說文噞喁魚口上見也⿰魚僉魚名⿸广含峻也孍好皃厱厓岸危也顩顩顩面不平○貶⿰貝僉辨

悲檢切說文損也或作⿰貝僉辨文六㝵說文頃覆也从寸臼覆之寸人手也从巢省杜林說以爲貶損之貶疺病也窆

葬下棺也○拈章貶切服也文一○欿口广切笑也文二⿸厂頁⿸厂頁顩醜也○埯倚广切土覆也文一○險

希埯切峻也文一

五十三○豏下斬切豆半生也文十糮博雅塗也減耗也禮以減爲文⿸厂咸博雅健也⿰犭兼說文犬吠

不止也一曰兩犬爭⿰口減喊怒聲或省⿰車咸車聲⿰兼瓦乾瓦屋也⿰舟咸船名○欿火斬切笑也文三喊聲也

諴廣雅謷也○槏⿸戶兼⿰木⿸戶兼口減切說文戸也一曰牖邊柱謂之槏或作⿸戶兼⿰木⿸戶兼文十三橄橄欖果名⿰兼頁醜皃⿰忄咸

⿰亻咸意不安也或从人歉不飽也⿰耳咸博雅陷也撖拄也危也箴竹名嵰山皃⿰車咸車聲○減咸

古斬切說文損也或作咸又姓一曰減水名出番條山文十一槭篋也⿱竹減箴竹名或省鹼鹻⿰鹵臽鹹也

或从兼亦作䶩。葴艸名寒蔣也。鰄魚名。䊞博雅塗也。○黯乙減切說文深黑也文十一。闇隱暗也禮

君子之道闇然日章。𣢑弇也。黶厭闕人名晉有欒黶或作厭。黬直聚氣也。醅醅黲感容。黤青黑

皃。𪒠志也。𤢺小犬吠也。黭黭黮果實黑壞衰。○摻所斬切博雅取也一曰執也文十一。摲博雅次也一曰

取也。摲芟也禮有摲而播。醦博雅酢也。㺑說文犬容頭進也一曰賊也。鬖亂髮也。嘇啗嘇

物在口中。蔘葦初生者。𣪠擊也。險艱難也。蔪芟艸木也。○膱楚減切臉膱以豬腸胥椒芥醯鹽爲

之文二。䤘說文酢也。○斬阻減切說文截也从車从斤斬法車裂也文一。蔪刈也。○瀺士減切瀺灂水聲文

十。嶃巉磛高峻皃或从毚亦作磛。劖斷也。嚵小飲。儳不齊也。𡏅兆名。摲除也。摲

取也。○𠐿丑減切癡也文三。趻踸趻踔行不進皃或作踸。○湛𣸣丈減切說文沒也一曰湛水豫州浸

又姓古作𣸣文五。偡齊進謂之偡一曰偡偡齊整也。㾕方言病也。黮黭黮果實黑皃。○臉兩減切臉膱羹屬

文三。溓味薄也。醶醶䤘酢味。○囡女減切縮取物也文六。𣐤木名。莔艸名。罱𦋈魚網或从衘

淰水無波也。○䶍竹減切鹹也文一。○䫡五減切面長皃文一

五十四。檻戶黤切說文櫳也一曰圈文二十艦戰船四方施板以禦矢狀如牢⿰犭監犬獟謂之
⿰犭監轞車聲通作檻⿱監車載囚車通作檻橄姓也出河内濫瀸爾雅濫泉正出郭璞曰正出涌
出也或作瀸通作檻⿱監缶陶器壏⿱監土堅土也或作⿱監土⿰米監⿱監米博雅毀檻饘也或作⿱監米⿰監刂利也⿰濂瓦
懸水皃⿰馬監馬走皃⿰忄監健也啗啗嚵物在口中也莕荇水艸或作荇。闞虎檻切虎聲文
三⿰犭敢說文小犬吠南陽新亭有⿰犭敢鄉⿰谷敢開皃。淰奴檻切水無波也文一。黤倚檻切說文青黑也文二
⿰黑敢說文⿰黑敢者忘而息也。醶楚檻切博雅酢也文一。⿱斬手山檻切取也文二⿰犭參⿰犭監⿰犭參犬聲。嵁
仕檻切高皃文二⿰犭參犬⿱敢齒皃。摻素檻切方言細也文一
五十五。范父錽切說文艸也又姓文八⿱范虫蟲名博雅蠭⿱范虫也通作范笵說文法也从竹竹簡
書也古法有竹刑通作範范軓⿰車巳說文車軾前也引周禮立當前軓或作⿰車巳範說文範軷也一曰模也
犯⿰犭乏說文侵也古作⿰犭乏。⿰亻閻丑犯切癡也文二⿰⻊閻跉足望也。槏胡犯切盂也文一。釩
峯范切器也文二⿰足乏俟也。⿰月乏補范切河東謂腫爲⿰月乏文三貶損也⿱覀乏博雅棄也。錽⿰金乏亡范切馬

集韻卷六　四十一

首飾或从乏文五𤕦說文𡿺蓋也象皮包覆𡿺下有兩臂而夊在下黢闇行也𢧜刃也○凵口犯切說文張口也象形文二𢪏取也○冂五犯切凵口張口文一○拑扱范切脅持也文一

集韻卷之六

集韻卷之七

翰林學士兼侍讀學士朝請大夫尚書左司郎中知制誥判秘閣兼判太常禮院群牧使上柱國濟陽郡開國侯食邑一千三百户賜紫金魚袋臣丁度等奉

敕脩定

去聲上

送第一 蘇弄切 獨用

宋第二 蘇綜切 與用通

用第三 余頌切

絳第四 古巷切 獨用

寘第五 支義切 與至志通

至第六 脂利切

志第七 職吏切

未第八 無沸切 獨用

御第九 牛據切 獨用

遇第十 元具切 與莫通

莫第十一 莫故切

霽第十二 子計切 與祭通

祭第十三 子例切

太第十四 他蓋切 獨用

卦第十五古賣切與怪夬通　怪第十六古壞切

夬第十七古邁切　隊第十八徒對切與代廢通

代第十九待戴切　廢第二十放吠切

震第二十一之刃切與稕通　稕第二十二朱閏切

問第二十三文運切與焮通　焮第二十四香靳切

願第二十五虞怨切與慁恨通　慁第二十六胡困切

恨第二十七下艮切　翰第二十八侯旰切與換通

換第二十九胡玩切　諫第三十居晏切與襇通

襇第三十一居莧切

一○送遚䢧蘇弄切說文遣也古作遚隸作䢧文五　鬆松鬆鬆髮亂皃　凇凍凇冰堅○謥千弄切謥詷言遽文

四愡愡恫不得志一日心急一日無知皃　檧檐也　䈡竹名○糉粽作弄切角黍也或作粽文十五　傯揔

倥偬苦也一曰困皃或从手　睃　窺視也一曰睃睃視皃　緵罭緵　爾雅緵罟謂之九罭一曰百囊罟或作罭緵　㚇捘　鳥斂
足也或从羽　鯼　魚名石首也　鞖　鞚鞖駕馬遽也　鄸　釜屬一曰漢侯國名　豵　牡豕　𠢽　勸厲也　。凍　多貢切說文仌
也文十四　涷　爾雅暴雨謂之涷　湩　說文乳汁也　棟　說文極也爾雅棟謂之桴　戇倲　倲戇愚皃或作倲　蕫　艸名　𤭛
博雅𤭛瓶甗也　𩬜　𩬜鬆髮亂皃　䍶　獸名如羊一角一目　蝀　說文螮蝀也　𧡍　視皃　娻　女字　崠　山脊　。痛　他貢切說
文病也亦姓文三　蘣　好黃也　𥦡　穴也　。洞　徒弄切說文疾流也一曰通也文二十一　峒　山嵾差不齊也一曰山穴通作洞
衕　說文通街也　迵　說文迵迭也一曰過也　眮　說文吳楚謂瞋目顧視曰眮　㖦　大歌聲也　䪢𩐨　鐘聲或从通
詷　謥詷急言一曰同也　慟　說文大哭也　憧　憧憧意不定　胴　大腸　筒　說文通簫也　絧　鴻絧深遠一曰相連次皃
戙　杙也　駧　說文馳駧去也　侗　誠愨皃郭象曰侗然而來　姛　項端　恫　惣恫不得志　烔　火皃　㓊　冷也　。弄挵　盧貢
切說文玩也或从手文二十　𢙬㑝　𢙬戇愚也或从人　哢　鳥聲也　𧘛　衣一襲　𢊅　厦也屏也　𨛰　邑名在魯　梇
說文木也益州有梇棟縣　㦭　㦭悷性恨　礲　石洞　礱　小磨　𥦬㟖𥑮𡋯　穴也或从山从石从土　摝　摇也周禮
摝鐸鄭司農讀　𣳟　水名　瀧　瀧凍溼也　㛞　女字　。齈　奴凍切鼻病多涕文四　濃　凍濃寒皃　癑　說文痛也一曰瘡潰

鬞鬞鬤髮亂○嗊哄胡貢切衆聲或作哄文十六訌潰也烘火皃一曰火乾物港港洞水皃鬨鬭聲孟子鄒與魯鬨

从門嗊廣雅歌也一曰大聲𥦂𥦂𥦂空皃戇愚也蕻茂也或作葓澒汞水銀也或作汞洚洪水也

虹虹洞相連也鴻鴻絧深遠一曰相連次皃○控苦貢切說文引也引詩控于大邦文十二鞚馬勒也倥倥偬困也

崆崆峒山深皃悾博雅誠也空窮也缺也𤖮穿垣謂之𤖮涳水直流皃䋘絲屬矼愨實皃莊子德厚信矼

羫腔羊腊亦从肉○貢古送切說文獻功也又姓文二十二贛贑說文賜也籀作贑湏灨水名出豫章或作灨

通作贛𨹹𢸅說文小桮也或作𢸅蘔說文艸也一曰薏苡𡒼𡊭地名或作𡊭䲨鳥讓食箺說文杯落也一

曰盛箸籠虹字林螮蝀也一曰縣名在沛郡或書作𡈪羾飛至也愩心動也一曰自高𨹈從𨹈山名在雲南攻戰伐也

戇恲戇愚也𡞞女字䔲艸木子聚生𠪍差也𣳾水皃○瓮甕烏貢切說文罌也亦从雍通作罋文八

罋䍽說文汲缾也或作罋齆埤倉鼻病也𪖴臭气翁頸毛壅縣壅山名在晉陽郭璞說○懞懞

蒙弄切蓋衣也或从蒙文十三濛微雨也霿霧說文天氣下地不應曰霿或作霧𡏦塗也艨艨艟戰船懞

心暗駹𩧥驢子或从蒙𨭚廣雅鍏鏒鑿也一曰鑿刃霥靁聲矇矇瞍視皃○夢莫鳳切說文不明也一曰艸中曰夢

通作瞢文十三㝱瞢說文寐而有覺也或作瞢通作夢瞢目不明也鄸邑名在曹鋈鑿刃也𧽍𧽍趧極行也一曰疲

也鸏鳥名幪巾也鏌博雅鏷也霿霧天氣下地不應或作霚夢楚謂艸澤曰夢通作夢瞢〇賵𧶊撫鳳切贈

死之物古作𧶊文三𧹛熬麥也〇諷風方鳳切說文誦也一曰諫刺或作風文二〇鳳𦐐𪀍馮貢切說文神鳥也引天老曰

鳳五色備舉出於東方君子之國見則天下大安寧古作𦐐象形鳳飛羣鳥從以萬數故亦以爲朋黨字或作𪀍文三〇趥千仲切行皃文

一〇銃充仲切斧穿也文三梳木種也筅竹尖也〇衆眾𠋢之仲切說文多也从㐺目衆意又姓古作眾𠋢文五螺

方言螻蛄謂之螺蛉霥小雨〇𠟤仕仲切鍤屬文一〇戇贛呼貢切悻戇愚也或省文八烘火气乾物蕻吳俗

謂艸木萌曰蕻篊竹器所以熯物者䁎瞢䁎不明嗊羅嗊歌也𡶔𡶔峒山谷深皃〇𣪈粗送切毅𣪈不迎自來也文五𥣋

麻束一曰積禾㑶聚也樷江東謂艸木叢生藂艸稚也〇中陟仲切當也文三衷折衷平也妕女字〇仲

中直衆切說文中也或省文九𥮋中籥也通作仲𧖅蚛蟲食物也亦作蚛茽艸卉叢生鴤鳥名博雅鶅鴤飛鸓也

中神神名𧍸鳥名〇𧽱𨁠香仲切說文行也一曰𧽍𧽱或从足文三嗅鼻審气也〇焪去仲切火乾物文八𣈶日乾物

䛪多言澋水急皃㑋小皃一曰寒皃一曰屈也𢲈捺也𨈯曲躬也一曰使役𠰎鞠訊也通作䛪〇矗丑衆切直皃文

一〇⿰木蓬蓬菶貢切艸木盛皃或作蓬文二
二〇宋蘇綜切說文居也一曰木者所以成室以居人也一曰地名商後微子所封亦姓文三謥謥詷言遽萗艸名〇綜子宋切說
文機縷也文四⿰豕宗豕子碂碎也琮半璧也禮君享用璧夫人用琮天地配合之象〇統他綜切說文紀也一曰攝理文二⿰黃充
博雅黃也〇⿱隆石魯宋切⿰石宮⿱隆石石落聲文二鼞鼓聲〇⿰石宮胡宋切⿰石宮⿱隆石石落聲文二⿰口動廣雅歌也一曰大聲〇湩冬宋切乳
汁文一〇霿雺莫宋切天气下地不應或作雺文二〇癑奴宋切病也文一
三〇用用余頌切說文可施行也从卜从中衞宏說古作用文六⿱亯用用也鼻知臭香所食也⿱用皿⿰用瓦大罌或作⿰用瓦苚
艸名〇俸奉房用切秩祿也或作奉文八縫衣會也周官有縫人捀奉也一曰分而數也⿰巾逢款書也覂覆也⿰骨逢
灼龜坼夆牾也〇葑芳用切蕪根也江東有葑田文四封⿱㞢土爵土也書往即乃封徐邈讀古作⿱㞢土湗深泥〇縱從
⿰糹刅足用切說文緩也一曰舍也或省古作⿰糹刅文五瘲瘛瘲風病縱紩屬〇頌⿰容頁似用切說文皃也一曰告成功之詩或作⿰容頁文
八誦說文諷也從同宗也訟⿰言谷⿱公吅說文爭也一曰謌訟古作⿰言谷⿱公吅〇從⿺辵从才用切說文隨行也或作⿺辵从文二
〇種種朱用切說文埶也或从重文六踵偅躘踵不能行皃或从人⿰重瓦甕屬鍾字林酒器也一曰樂器〇⿰革茸⿰革毛

毴緝而用切𣯋毴毛飾一曰罽也或作㲝毴緝文五 ⿰魚農鮐魚也 ○湩𪏮種竹用切乳汁也或从乳亦省文六 堹池塘塍埂

也 諥言相觸 惷愚也 ○贚良用切財貧也文七 躘儱躘蹱不能行皃一曰不強舉或从人 襱襱緟衣寬皃 ⿸疒龍瀧癃病也

𨗇博雅塗也 驡重騎 ○惷戇贛丑用切愚也或作戇亦省文五 蹱偅躘蹱不能行皃或从人 ○㧕戎用切推也文四

宂餘也散也 𧙕衣宂皃 ⿰冗鳥鷶飛 ○重𡏭𡐘儲用切說文厚也一曰再也古作𡏭𡐘文七 緟褈繒縷也或从衣 𨉢

㜀也 𢥞遲也 ○恐忎欺用切疑也古作忎文四 𦳝艸名博雅𦳝菙薗蔏 㑝遲也 ○供共居用切設也或省文五 龔慤也 蛬蟲名

蜙蝑也 拱檢手也 ○共𠔏渠用切說文同也古作𠔏文二 ○雍邕於用切地名又姓古作邕文十二 灉澭㴩爾雅

水自河出爲灉或作澭㴩 壅𡑑塞也一曰加土封也或作壅 甕甖也 䪢韗韗靿或从邕 襍襛襪靿或从邕

○揰昌用切推擊也文五 橦木杭也 𧼥拼𧼥邪行 艟艨艟戰船 衝要也 ○艨忙用切艨艟舟也文一

四 ○絳紅古巷切說文大赤也或从工絳一曰地名文十一 降夅說文下也古作夅 洚水不遵道也孟子洚水警予 袶

艸名爾雅囷极袶 稃禾垂 虹𧋒蝀也一曰縣名 𡲑博雅差也 恈恨也 洪水名 ○鄉巷衖𨞔鬨胡降切說

文里中道也或作巷衖𨞔鬨巷又姓文十二 𨞔邔說文鄰道也隸作邔 鬨鬮說文鬭也引孟子鄒與魯鬨或从巷 笐挂衣

架也一曰竹列降星名爾雅降婁奎婁也港水皃○胖四降切脹臭皃文五烊火聲韸鼓聲⿰面丰面腫咩支聲○

⿰耒叜⿰土叜楚降切不耕而種謂之⿰耒叜或从土文二○淙潨仕巷切水聲或作潨文四漴水所衝也通作淙⿱雨宗雨皃○

⿰忄尨尨巷切⿰忄尨戇愚也文一○戇贛惷陟降切說文愚也或省亦作惷文五⿱髟惷⿱髟惷鬞鬉亂皃偆立皃○⿱巷心赫巷

切惷憧志氣凌突文一○鬞尼降切⿱髟惷鬞髮亂皃文二⿰食農食无廉○淙朔降切水出皃文五⿱竹淙⿰竹錝以竹木刺

物也或从木雙相偶也⿱春戈捍船木○⿱巷目⿰春見⿰巷見丑降切直視也或作⿰春見⿰巷見亦書作⿰目巷文五惷愚皃瞳未有

知皃莊子瞳焉如新生之犢○幢丈降切衝城車也一曰陷陣車文八艟短船名幢后妃之幰曰幢憧⿰忄⿱童心意不定也

一曰戇憧愚皃亦作⿰忄⿱童心撞撞擊也⿱春見視不明也⿰童見⿰巷見⿰童見直視○贛呼降切賜也文一

五○寘支義切止也置也廢也文十四忮伎說文很也一曰懻忮強害也或从人伿惰也⿰言支不知也⿰多支博雅多也

觶⿰角辰觝說文饗飲酒角也引禮一人洗舉觶觶受四升或从辰从氏⿰只鳥鳥聲示置也禮示諸掌乎通作寘支方言

南楚謂謰謱曰支註⿰多卩有大度也⿰山寘山名○翅⿰羽氏施智切說文翼也一曰過多也或从氏文十九翨鳥之彊羽猛者或書

作提進鳥名啻說文語時不啻也一曰諟也餘也施㐌惠也與也古作㐌⿸尸施博雅⿸尸施⿸尸俞謂之幧帕鍦鉈江淮

南楚之間謂矛爲鍦或作鉈偒盡也䏧博雅䏧俎几也馶馬彊也蚔爾雅姑蚔彊蛘今米中小黑蟲弛改易也通作施樀
木名揓揥把也或作揥㚊有大度也○㚊誃充豉切說文有大度也一曰慶也或从言文五鉹鬵鼎也侈字林汏也
傢開衣也○敊豉𧯝是義切說文配鹽幽尗也或从豆亦作𧯝文十一𥻆廣雅黏也𢐗青州謂彈曰𢐗鯷魚名鮎也
扡牽也貤物重數易偒輕也或从人𩈲字林䩇𩈲面皃○惴之瑞切說文憂懼也引詩惴惴其慄文七𣇞𣆶
杵擊也或作𣆶諈爾雅諈諉累也揣治擊也錘鍛也醀病也○吹尺僞切噓也文六𪛎龡說文龡音律管壎之
樂也或省通作吹䄾糶也出出也詩杲杲出日炊炊累動升也○瑞樹僞切說文以玉爲信也徐鍇曰从耑諦也又姓文
十倕闕人名堯時有工倕睡說文坐寐𩪛桼器先以骨垸之也𨾩䳠鳥名說文𨾩也一曰雅鳥或从鳥種小積也
垂將及也腄縣名在東萊娷女字亦姓○𥝁而睡切內也一曰人心言而語謂之䄾𥝁文六薄抐也汭小水入大水也
内入也諉諈諉煩重皃𢏿弓曲謂之𢏿一曰張弩○𩌆韈所寄切鞮屬或从麗文九屣躧履不躡跟也一曰徐
行不履或作躧灑洒說文汛也或作洒曬說文暴也襹纚纚毛羽衣皃釃以筐漉酒○𧛌爭義切衣不伸謂之𧛌文
三𤿍皮不展也第牀格謂之第○賜錫斯義切說文予也又姓或作錫文十三澌說文水索也潟泄水門一

說停水曰澌南史有石澌嘶死也通作澌杫榹棤方言俎机西南蜀漢之郊曰杫或从徙亦作棤蕮說文艸也蘄
艸名斯儩盡也詩王赫斯怒鄭康成說或作儩屣履不著跟曰屣。刺七賜切說文君殺大夫曰刺刺直傷也俗作剌非是文二
十三朿說文木芒也莿茦說文茦也一曰艸芒也或省誎說文數諫也一曰書也通作刺諫謀也䚃說文䚃覷
閱覷也庛博雅舍也㡿相依也痓風痓膚疾庛廃廃周禮耒庛長尺有一寸鄭康成曰耒下前曲接耜者或作廃廃
棘楣屬蛓蚝蠀蜩蝀蟌說文毛蟲也或作蚝蠀蜩蝀蟌蠢蟲名博雅蠢蠆蠍也䏮聽不相當屎屢足前
却也。積子智切聚也周禮遺人掌邦之委積以待施惠或書作𧶠文十𧶠艸名一曰艸積積穧積禾也或从齊𢪛柴積也
一曰搣頻旁也或作柴積說文䅾積也鮆刀魚也㰣歐也嗟也眥目匡。漬涑疾智切說文漚也古作涑文十
六積誘積羊疫通作漬骴胔髊殰姊說文鳥獸殘骨曰骴骴可惡也引明堂月令掩骼薶骴或从肉亦作髊殰
姊或書作胔㰣說文歐也𢪛柴說文積也引詩助我舉𢪛一曰搣頻旁也或作柴鮆刀魚名眥說文目匡也或
書作眦穧穫禾也羨博雅曝也懠怒也。瀡思累切滑也文九䯝髓骨脂也或省𥟖穲禾四杷也
一曰禾積或作穲隋墮墮綏挼尸所祭肝脊黍稷之屬或作墮綏挼。𥏾智知知義切說文識詞也一曰知也

或作智知文五鼅鼅鼄網蟲潪水名。詈力智切說文罵也从网从言网罪人文十四離去也籬博雅笘籬籭也砅履石渡水
茘艸名似蒲而小根可作㕑一曰茘支果名㻛刀㻛琫廲博雅離也一曰瘦黑麗美也莊子麗譙之閒
䕻艸附地生𧢌督䁻視也或作督䁻隸附也𣟧木名。諈娷竹恚切說文諈諉累也郭璞曰以事相屬又姓
或从女文五𩜁飢也纗絃中絕錘權也一曰側意。縋絑馳僞切說文以繩有所縣也引春秋傳夜縋納師或从耒文十
五槌縣蠶曲杙說文關東謂之槌關西謂之持錘博雅錘謂之權一曰八銖也通作鎚硾倕鎮也一曰揣量物重也呂氏春
秋硾之以石或作倕𦈢甀說文小口罌也或作𦈢甀膇𤸶足腫也春秋傳重膇之疾或作𤸶腄縣名在東萊
垂鄉名在蘄縣娷女字鎚銅半熟。累纍力僞切事相緣及也或作纍文九厽垒絫坺土爲牆壁也或从土
嫘𡣍嫘祖黃帝妃西陵氏女或从纍通作累𤮚廣雅甂也儽病困謂之儽瓃玉器一曰玉名。諉女恚切說文
累也文八錗說文側意也𢐦𢏚弢𢐦張弓皃或从垂䄲內也㥨𢜛思也或从委娷女字。傷易以豉切說文輕
也一曰交易或省文十五敡說文侮也通作易伿說文惰也貤絼說文重次弟物也或作絼扊扊面衣也廣雅扊冪謂之幔帊移
遺也羨也大也施及也進也袘𧛔緆裳下緣也鄭康成曰袘之言施以緇緣裳象陽氣下施或作𧛔緆椸𣘆方言榻前几趙魏謂

之褫或从爿𣧷茇夷艸木曰𣧷。帝丁易切諦也文二疐躓也。企𠈇𨀘去智切說文舉踵也古从足或作𨀘文十二

跂垂足也一曰跂望𨑹避也攱伎說文頃也从匕匕頭頃也引詩攱彼織女或作伎通作跂蚑蟲行皃𪗋吱行喘息或从口

𧺢博雅𧺢𧺢行也一曰緣木行逗曲行也。馶居企切馬彊也文九鳷𨾴鳥名或从隹瞡博雅視也一曰瞋皃翨

說文鳥之彊羽猛者周官翨氏攻猛鳥或作翄亦書作翍頍小頭忮很戾𧶠多小意而止。縊於賜切說文經也引春秋

傳夷姜縊文八㱲物凋死螠蟲名縊女也㾬病也謚諡行之迹也或省䝭博雅益也撎俯手拜也。恚

於避切說文恨也文六烓行竈𥉂睳目小怒皃或省𡢃說文不說也𡃱恚聲。瓗弋睡切玉名文八纗

博雅纗紳𩋖帶也一曰維綱中繩一曰弦中絕賢益也鷁鳥名小鳩也諉累也錗懸也𧩘嬺諸女官一曰恨言𦁡垂也

。孈呼恚切愚戇多態一曰好皃一曰過也文七毀壞也麾以旌旗示之曰麾隋隓綏挼尸祭黍稷肝脊

也或作墮綏挼。觖窺睡切望也文二闚小視。瞡規恚切埤倉眇視皃文三規規規驚視自失皃李軌說嫢博雅好也

。戲香義切說文三軍之偏也一曰兵也文四𢹂擊也爔燒也嚱嚱嚱聲也。掎卿義切偏引也文四輢車傍

何奇也𠊨傍也。寄居義切說文託也文七𢓍徛爾雅石杠謂之徛郭璞曰聚石水中以爲步渡彴一曰舉脛有

所渡或从寄觭隻也莊子觭偶不仵䐀分牲謂之䐀一曰膱也掎戴也佹傍也○芰茤𦶟奇寄切說文蔆也杜
林說从多古作𦶟文十二汥水戾一曰水都騎乘馬也又姓輢車傍兵所揷處䝭貝名一曰器用𢫥積也一曰摵頻
旁䰻說文鬼服也一曰小兒䰻引韓詩傳鄭交甫逢二女䰻服陭阪名在上黨忮害也詩不忮不求韋昭讀䛭謀也
○倚於義切因也加也文七輢車傍陭阪名在上黨猗相附著也詩兩驂不猗踦足也一曰立倚也椅
木名楸屬旑旑旗皃○義宜寄切說文己之威儀也墨翟書通作羛通作誼文十羛說文魏郡有羛陽鄉本內黃北
二十里議說文語也一曰謀也誼𧧘竩說文人所宜也古作𧧘竩𩈘字林𩈘𩈘面皃𣽚周穆王駿馬名𡢃女字竩
正也○爲于僞切助也文二𨼧坂名在鄭○萎餧於僞切說文食牛也或从食文九委委積牢米薪芻之總名𣨙
益州人取鹿殺而埋地中令臭乃出食之名鹿𣨙鄭康成說𢏚𢏚弛張弓皃痿痺濕病涹水所聚也一曰漚也𦍮說文羊相
積也骫骫骳脛曲○縻縻寄切羈紲也文一○僞危睡切說文詐也文一○𧷎𧵳居僞切說文資也一曰古貨字或从危文
十五垝坫也可以鼓物一曰毀垣也𢻘𢻫瘢極也或作𢻫𥪃庋庪擧起物也或作庋庪𡧰𢈈毀也或作𢈈𢈈通作垝
硊石硊江名在宛陵西佹傍也嬀僞方言嬀媞僈也一曰健狡也或从人𥙑祭山名通作庋庪○佹丘僞切廣雅傍也文一

○譬匹智切說文諭也或作辟文四澼水中洲也簲射鳥具○臂卑義切說文手上也文五澼水中洲也嬖賤而得幸曰嬖𩪴博雅𩪴踁躃也蔽廦也○避辟𨓰毗義切說文回也或省古从彳文四比次也親也○帔被襬披義切說文弘農謂帬帔或作被襬文九㓟剥也貱迻予也一曰貱貤次第也秛禾租破壞也披散也鞁車駕具○賁彼義切說文飾也文十四佊衺也論語子西佊哉怶心怶㥦也通作詖詖說文辨論也坡阪也陂傾也易無平不陂通作詖跛偏任也禮立毋跛貱說文迻予也一曰益也披柩行夾引棺者䶔旇也謂簨虡飾𣯷廣雅𣯷毲罽也波循水行也漢書傍南山北波河𢅥帬也幩馬飾○髲平義切說文鬄也文十三被說文寢衣長一身有半一曰加也紴裝束皃一曰條屬鞁說文車駕具𢐄絲皮飾弓也一曰所以張弩一曰弓曲也骳骫骳脛曲旇旌旗皃披散也翍羽也𧛛衣不帶通作披𢫬積也汥水戾𡵍皮不展也○𧬊囟恚切毀謗也文一○𩛥祱式瑞切小祭也或从示文二○毀況僞切齓也文三𪖐爾雅息也麾招也春秋傳周麾而呼○鮆才豉切字林刀魚也或作鱭文二○靡縻詖切偃也曳也散也文一

六○至𡉏脂利切說文鳥飛从高下至地从一猶地也不上去而至下來也古作𡉏文二十五摯說文握持也又國名亦姓𡠗贄

竹帚也或从竹彗一曰星名 䜅說文相毀也 韢囊組謂之韢 𤻇風病 賥貨也 ○翠七醉切說文青羽雀也出鬱林文六 臎肥也臀也 䮔馬卒 濢下溼也一曰物之小霑溼 萃萃蔡衣聲 綷綷縩紈素聲 ○醉將遂切說文醉卒也各卒其度量不至於亂也一曰潰也文五 檇地名春秋傳越敗吳於檇李或作雋 酨漿屬 欈以木有所擣 ○㒸徐醉切說文从意也通作遂文四十六 遂迹遹說文亡也一曰因也達也古作迹遹 燧取火也論語鑽燧改火或書作𤏗 鐩鐆說文陽鐩也取火之鑑也或作鐆 隊𨷄說文塞上亭守𤏗火者古作𨷄通作燧 隧隊墜𨽻墓道也或省亦从土古作𨽻 禭䙡說文衣死人也引春秋傳楚使公親禭或作䙡 旞𣄴說文導車所以載全羽以爲允允進也或作𣄴 璲佩玉也詩鞙鞙佩璲 繸綫鞾爾雅綬也所以連繫瑞玉者或省亦从革 𩏄韢櫜紐也一曰盛虎頭櫜或从彗 䡵博雅輀䡵柳車也 蓫艸名似茵 檖𣝬說文羅也引詩隰有樹檖或从㒸 𦺹篴遳蓫也或作篴䉌 彗篲埽竹也或从竹 穟穟䅎說文禾采之皃引詩禾穎穟穟或省亦作䅎 采穗蓫說文禾成秀也人所以收从爪禾或从惠古作蓫通作穟 蓫澻田間小溝也或作澻通作遂 遺饋也周禮遺人徐邈讀 悴廣雅困悴也 𡡞嬘女字亦省 術六鄉之外地一曰道也通作遂 䅗禾四把 ○萃秦醉切說文艸皃一曰聚也文十一 崪博雅待也一曰止也 椊𣝨木朽或从萃 顇說文顦顇也 悴說文憂也 瘁病也 踤集也太玄鷺踤于林

誶告也猻雎貊穓稻黏者○地墬墜埊坔徒二切說文元气初分輕清陽爲天重濁陰爲地萬物所列也籀作墬墬
或作坔唐武后作埊文九楴簪屬締結也棣棠棣木名髢鬄也○至陟利切說文詣也文三十七質劕物相贅也
或作劕疐躓嚏疌擿說文礙不行也从叀引而止之也叀者如叀馬之鼻或从足亦作嚏疌擿躓說文跲也引詩載躓
其尾迣前頓也跮蹱跙也或作蹱騺鷙說文馬重皃或作鷙駤博雅騠駤止也一曰馬高大咥止也易咥
惕中吉馬融讀䡈輊輖𡎺轛說文抵也或作輊輖𡎺轛通作摯𢷕說文刺也一曰刺之財至也一曰摶也懫
止也忿也膣胵肥也或省懥恨也𣿄洷涇也或省賥賑也貝也𢐇博雅𢐇謂之彈徳施也菿說文艸大也
摯廣雅解也厎致也史記震澤厎定倁會也𡴓方言短也擿棄也○杘屎㭦丑二切篗柄也或作屎㭦亦書作柅
文二十一𩍐𣪠蠿析曰𩍐或从攴𧫟訵四沉灃之閒凡相問而不知荅曰𧫟或作訵𦃲結固也𧫚言緩皃𢝊情也
𧩤咥笑也或从口呬默知也𡒊懫𡓅說文忿戾也从至至而復遜遜遁也引周書有夏氏之民叨𡒊或作懫古作𡓅跮
作前却也一曰忿戾騺騺曼馬距抳遲頓皃一曰馬旁出螝㚏魑魅也山海經剛山多神螝或作㚏丨上下通也上小下大
中十等字从此○緻直利切說文密也文三十一𦅻緻紩也或从遲亦通作緻闥太玄首名陰氣閑陽緻密也王涯說稺

穉稚稊䅲說文幼禾也或不省亦作稚稊䅲⿰扌屖⿰扌雩𢷎采名通作雉治乿理也古作乿遟待也謘語謘也

⿰亻致字林會也⿰扌貳說文當也緻⿰革致⿰角致字林刺履底也或从革从角⿰魚致魚名懥怒皃沶沶鄉縣名⿰扌致刺也雉野雞

也滍水名⿱竹雉竹幼⿰禾致禾稠⿰木貳以木拒輪也⿱至土墊也眙驚視皃⿰扌戠持物使相當也○利𥝢力至切說

文銛也从刀和然後利易利者義之和州名亦姓古作𥝢文十九慗說文楚潁之閒謂憂曰慗痢下病⿰立隶莅蒞位

說文臨也或作莅蒞位涖沆也一曰涖涖下瀨水聲浰疾流也⿰麗見求視也颲暴風唎聲也⿱竹利竹名沴祅气

悷懍悷悲也蠡蟲名⿰亻戾怒也戾乖也罪也○膩⿰月疑女利切說文上肥也或从疑文十一⿰目𧶠目深皃⿰酉肯⿰酉耳字林重釀

也或作頣⿰忄貳字林飾也⿰忄貳快性也旎旖旎旌旗皃⿱貳目視也佴佽也疑也屎嚜屎欺也○轛⿰木對追萃切說文車

橫軨也引周禮參分軹圍去一以箱爲轛圍一曰車或从木文九追逐也周禮比其追胥劉昌宗讀⿺辶朿⿰足朿⿺辶坴⿺辶枼足不前也

或从足亦作⿺辶坴⿺辶枼疐⿹戊瓜跲也古作⿹戊瓜○墜隊䃍礈隧𨽍直類切爾雅落也或作隊䃍礈隧𨽍文九⿰木墜吳俗

斷木爲軸以申物懟譈說文怨也或从言○類頪力遂切說文種類相似唯犬爲甚一曰善也古通作⿰自胄亦姓文十禷說文以事類祭

天神⿰自胄血祭肉也淚目液也俗作涙非是⿰立隶莅臨也或作莅蘱艸名卒計數之名耒耜柄莊子耒耨之所刺⿰黑律黑色

○𦃇𦁆肄𨽾羊至切說文習也籒作䏌或作肄肆文二十四　𥫦𩚮說文塺也或作䊤　𢑱𢑱篆希屬　隶本也　𤕟𢑱

律爾雅貍子隸或作𢑱律　𢑱𢑱𢑱河內名豕也古作𢑱籒作𢑱　勩勞也詩莫知我勩　庚𢈔也　庾恭也一曰

行屋下聲　貤物重有次謂之貤　𢜨怒皃　世褻衣也　𧏖米穀中蟲　𧅞赤𧅞艸名　儩主也　諡行之迹　○棄弃

棄𢍺𠦘磬致切說文捐也从廾从推𠦒棄之从𠫓𠫓逆子也古作弃棄𢍺𠦘文十　𡖫博雅𡖫結多也　𡰪說文尻也一曰欵坐

皃　𧒕爾雅蟲也　𧓍蟲名似蛩蠐細長　𢡏憊也　○遺𧷎以醉切贈也或作𧷎文十二　𢙃忘也　𧵉目疾　𧎿

清漢侯國名一曰藥艸名　壝堳埒也　蜼獸名如母猴卬鼻而長尾　𧑅𧑅蟼神蛇二身同首六足而四羽見則不雨　𧒒

蟲名鮮也　篲帚也莊子操拔篲徐邈讀　疲字林病流行也　䐅肉病　○睢香萃切恣睢暴戾一曰自得皃文三　𥌳恚視也

婎醜也　○伵𢔂四火季切靜也或作𢔂文三　呬四爾雅息也施乾讀　○悸𢤦其季切說文心動也或作𢤦文十二　痵說文气不

定　䫔大口　睽睽睢張目皃　𥉼說文𥉼左右兩視　𥨴熟寐也　猤武猛也　𥍨𥍨視也亦作䁱　踩足也　桼

武玄之曰木下垂皃　○季居悸切說文少稱也又姓文六　淨水名　鵻鳥名　琗王名　𩕢頭小皃　頍弁小皃　○𪖌虛器切鼻息也文十九

呬𪖐說文東夷謂息曰呬引詩犬夷呬矣亦从鼻　叩𦞠呻也或作𦞠　屓臥息也　眉𡲬贔屓壯大

皃亦作屭䫌霼說文見雨而止息豷㺨闕人名寒浞之子或从犬咥唏笑也或作唏忥博雅忥忥喜也欷悲也譆語聲

覬幸也㚔疾也𧽃走也○器𡀍去冀切說文皿也象器之口犬所以守之又姓或作𡀍文五𤺺病也欬謦欬言笑

也一曰俗謂嗽爲欬䉯氣也○冀𢍵几利切說文北方州也一曰欲也又姓或省文十八覬幾钦說文钦𡘋也或作幾钦

𦾤艸名懻彊直皃𧪀言無次也穊秔穖說文稠也或省亦从幾驥說文千里馬也孫陽所相者天水有驥縣通作

騹洎灌釜也蘎艸多皃𧨯許也穗禾長穗旣已也騹冀及馬也○臮𣱧巨至切說文衆詞與也引虞書

臮咎𦃃古作𣱧文十五暨說文頗見也一曰與也洎說文灌釜也一曰及也璣珠不圓者湶說文水也垍說文堅土也塈

說文仰涂也或書作墍蔇至也𥂻器名一曰居𥂻獸名似蝟櫭杙也鵋鳥名鱀𩵘魚名鱁也大腹喙小銳而長齒羅生

上下相銜或从旡𥂫以血涂祭禨祅祥也嘰小食○懿𡔷㦤𣤿乙冀切說文專久而美也又姓或不省古作㦤𣤿文

十六𡕀方言貪也荊湘人貪而不施曰𡕀𪐝博雅黑色撎揖俯手拜也或作揖欭說文嚘也饐𩚬䭔說文飯傷

溼也或作𩚬䭔㙪陰晦也鷧鳥名說文鷧也或書作鷾曀陰而風曰曀𧮯痛聲○劓𠟊魚器切說文刖鼻也引易天且

劓或从𪖐文三𦡊𪖐腮肉○位于累切說文列中庭之左右謂之位文二壝堳埒也○豷㺨許利切說文豕息也引春秋傳生敖

及殪或从犬文五燹火也屓卧息唏痛聲。尉於位切說文捕鳥罔也文一。喟嘳㱦丘媿切說文太息也或从貴亦作㱦文十五𩮰說文屈髮也襀紐也鞼繡韋也䩻馬繮也𩪘說文厀脛間骨也一說以厀至地腃筋節急也韋里名在洛陽樻木名靈壽也蘱地名春秋傳伐邾婁取蘱巋獨皃莊子巋然而有餘蹪博雅疐也毇細米。媿愧謉聭基位切說文慙也或从心从言从恥省文十䁛𧢈視皃或作𧢈餽說文吳人謂祭曰餽騩說文馬淺黑色螝蠶蛹𦁤繒也。匱鐀櫃求位切說文匣也或作鐀櫃匱一曰乏也文二十四籄䈨土籠也或省樻木名說文椐腫節可作杖蕢臾蕢說文艸器也古象形引論語荷臾而過孔氏之門或作蕢𡓉累土鞼韇鞼說文韋繡也或从韋亦作鞼䩻馬繮也通作鞼繢繢織餘也或从貴藬艸名饋𩟔𩛂說文餉也或作歸古作𩛂通作餽餽吳人謂祭曰餽戣鍨字林兵也或从金闠市門。畀𣚃畁必至切說文相付與之約在閣上也或作𣚃古作畁文三十比說文密也二人爲从反从爲比仳㑭及也或作㑭庇芘說文蔭也或作芘痹疪濕病也或作疪𥘵肶祠也或作肶㢰射也紕飾也理也痹足气不至病萆艸名爾雅萆鼠莞可爲席蔽蔽芾小皃詩蔽芾甘棠徐邈讀鷩雉名婎醜也箅薄也覕暫見也淠水名在弋陽𥟖縣名在琅邪𢿭畫也一曰召使疾行也篳藩落也𧺝蹕

𢓭止行也或从足从彳妣母名蚍蚍衃艸名似葵紫色。屁𡰪𥥒𥨍𥻃匹寐切字林下出氣也或作屁𡰪𥥒𥨍𥻃文十三

𢻱器破也鵯魚名博雅黑鯉謂之鵯媲字林配也䏶方言盛也謂肥壯箅說文蔽也所以蔽甑底顊首傾也

𪖪𪖪沄敗皃𣬈別也一曰橐𣬈鳥名。鼻自毗至切說文引氣自畀也古作自文二十九𪖐𩑋犬初生子一曰首子亦从頁

𦢊肥壯皃痺說文足气不至也禆幝也一曰無裥之袴爲禆比俾近也或作俾坒說文地相次坒也𥘵祀司命謂之𥘵

枇笓櫛屬一曰次也或作笓芘艸也蹕止行也周禮凡之事蹕徐邈讀庳𢀷有庳國名象所封或作𢀷通作鼻

紕爾雅飾也𡉊配合也太玄陰陽𡉊參䖩蟲名大蜂也駜馬肥謂之駜鞑車華曰鞑妼女多容止也咇咇咇哀鳴𢱢

戲擊也列子攩𢱢挨抌佖威儀也𤸷痹病也或从畀𦳝艸名。寐蜜二切說文臥也文七媢夫妬婦也𥨣

眯博雅厭也或作眯䁥目合煝旱气嚜嚜尿欺也。祕兵媚切說文神也又州名亦姓文二十九秘密也毖說文慎也引周

書無毖于卹閟說文閉門也引春秋傳閟門而與之言䩧弓紲也泌說文俠流也𣏌地名䀣說文直視也一曰自愧恨

曰䀣貱逸予也㾥病也㚰女名𠨘說文宰之也鄪鄨費肸邑名在魯或省亦作費肸粊柴

粃說文惡米也引周書有粊誓或从比亦作粃皕二百也轡鞑說文馬轡也引詩六轡如絲或作鞑柲鉍說文攢也或从金

芘庇覆也或作庇濆闕人名史記鄭悼公濆恥方言懇趙魏之間謂之恥鬢鬢鬢多須○濞匹備切說文水暴至聲文八

淠水出汝南弋陽垂山東入淮嚊喘息也膞肥壯也活泙水名亦从平癭氣滿也淪濞淪沄敗皃○葡

葡平祕切說文具也隸作葡通作備文二十七癭癩說文滿也或从贔贔贔屓鼇也一曰雌鼇爲贔備俻說文愼也

古作俻奰奰說文壯大也从三大三目二目爲㗊三目爲奰益大也一曰迫也引詩不醉而怒謂之奰或省灪水皃𧷤勛博雅

挾也一曰壯也或省膞肥壯糒說文乾也謂乾糇㷶火乾也𣗄木名蜀中有之七八月吐穗穗如鹽粉著狀可以作羹𤗗

𤗗也模也一曰牀橫桄𢐗以絲被弓也絥茯鞴韍說文車絥也或作茯鞴韍犕說文引易犕牛乘馬一曰牛八歲謂之犕[illegible]

鳥名濞水聲憊極也庳下舍也○媚明祕切說文說也文十九郿縣名在右扶風睸目合皃鬽魅㲾

𧰨袜說文老精物也从鬼彡彡鬼毛或作魅籀作㲾亦作𧰨袜娓博雅順也嚜嚜屎欺也煝博雅焅謂之煝一曰旱熱篃竹名

一尺數節葉大如扇篃博雅箭篃𥳊也一曰竹名長節深根筍冬生蝞蟲名如蝦寄龜殼中食之益顏穙散種也[illegible]

屎博雅饘也或从禾从食亦作屎○出敕類切自中而外也文一○繫吉棄切聯也文三係縛也繼續也○系兮肄切箸

也文一○呬許四切息也文三吚呻也咥笑也○菑子異切剖裂也周禮居幹之道菑栗不迆沈重讀文一

七。志𢖽職吏切說文意也古作𢖽文二十　誌識說文記誌也或作識　鋕銘也　織綕䋢織文也或作綕䋢　痣䏄

黑子也或从肉　娡有莘氏之女鯀娶之　䓌遠志藥艸　幟帺旗也或从志通作織　䇔竹名也　䚷審視也　㤝忘也　沚小渚

𦐇𦑝羽盛皃或从志。試式吏切說文用也引虞書明試以功或省文十四　弑殺煞𢦏殺也自外曰戕內曰

弑或作殺煞𢦏　幟織旗也或作織　識志記也或作志　戠黏土　室居也　僿無悃誠皃　始始也禮蟬始鳴。熾

戭𤌿昌志切說文盛也古作戭𤌿文二十二　幟織䊋帺志旗也或作織䊋帺亦作志　哆聲也　埴戠戭

黏土也或作戠亦省　饎𩛂䬴𩟄糦喜𩞁說文酒食也一說炊黍稷曰饎或作𩛂䬴𩟄糦喜𩞁　俶耕發地也詩俶載南畝鄭康成

讀　偫衆盛也　識記也。侍時吏切說文承也文十　蒔秲畤𦼮𦺵說文更別種或作秲畤𦼮𦺵　植

樹立也史記方正倒植劉伯莊讀　寺𨳿寺人奄官或从門　恃仗也。鬻弭餌餗仍吏切說文粉餅也或作鬻弭餌餗文

二十一　𨡌酘酒也一曰次釀　佴說文佽也一曰貳也　㛅說文女號也　珥說文瑱也　眲凡人相輕侮以爲無知謂之眲一曰耳目不相信

咡口旁曰咡　𧉈釣魚食也　誀誘也　䏯腱也　衈殺牲血祭名　𦕇神聽告饗謂之𦕇　刵說文斷耳也　毦博雅

𣰆毦罽也一曰績羽爲衣一曰兜鍪上飾　洱水名在西域　髶去髮飾　𡛗春祭以除病　𦖞聽音也。胾側吏切說文大

[illegible]也文十六剚鏄插刀也或从金亦書作𠝎輜車輞入牙曰輜䐈肥皃鶅雉名東方曰鶅椔木立死也菑倳

事植物地中謂之菑或作傳事扻治髮也莊子簡髮而扻緇黑色椰木名畱田一歲曰畱𧩧言入也秧概皃

○駛䟽吏切馬行疾也文十二使將命者𧨿忘也𢾊說文列也𥥛究也𣲦𣳚水名在河南或从吏𧳜𩲉江東呼貉

爲𧳜𧳜或作䝟瑟樂器𩭐鬚鬤多須皃𩟗皁也○廁初吏切說文清也一曰閒也文二菑植物地中○事叓仕吏

切說文職也古作叓文五餕粃飾𩝐嗜食也殖植也○笥相吏切說文飯及衣之器也文七思慮也𤟧獄官也伺覗

奄闚也一曰候也或从見僿無悃誠皃一曰細碎司主也○𧋘七吏切毛蟲文一○寺閐祥吏切說文廷也有法度者也或从

門文九嗣孠台說文諸侯嗣國也亦姓古作孠台飤飼食飴說文糧也或从司亦作食飴○字㝅疾置切說

文乳也从子在宀下一曰文也古作㝅文十孳孶𡦧乳化曰孳古作孶籀作𡦧孖雙生子也一曰蕃長牸牛牝也芓茡說文

麻母也或作茡字詺詩也○子將吏切愛也禮記子庶民也徐邈讀文三秄擁禾根也俗謂禾猥生曰秄仔克也○置罬罼

竹吏切說文赦也一曰立也古作罬罼文六𢐁彈也植寘也書植璧秉圭鄭康成讀德禮立容德蓋如有所置物於前也徐邈說○眙

丑吏切說文直視也文入佁佁儗不前也𡐒𡌵忿戾也或作𡌵䰡䰫說文厲鬼也或作䰫惿怒皃誺不知也○值

直直吏切說文措也或作直文八 植種也槌也一曰將吏春秋傳宋城華元爲植 擿投也 置樹也周禮凡試廬事置而搖之 踶立也 遲待也

㯰戶旁木通作植。吏良志切說文治人者也徐鍇曰吏之治人心主於一故从一文七 孷雙生子也 ⿱𠩺心愛也 ⿰氵吏水名 裏衣内也

俚博雅聊也一曰下俚一曰勤也 ⿰忄吏愛也。異𢍱羊吏切說文分也从廾从畀畀予也古作𢍱文十 异說文舉也引虞書岳曰异哉

巳卒事之辭一曰去也 食闕人名漢有酈食其審食其 廙恭也 潩水名在河南密縣大騩山南 ⿱艹異艸名說文芓也一曰連翹

詒貽遺也亦作貽。⿰忄四許異切忻也文一。憙喜憘許記切說文說也亦省或作憘文八 嬉美姿也

嘻⿰口憙笑也或从憙 ⿰口豈聲也 誒謀也。亟去吏切說文敏疾也从人从口从又从二二天地也徐鍇曰承天之時因地之利口謀之手執之時不可失疾也文七

⿰多其⿰多吉多也或从吉 唭唭嗘無聞見皃一曰給也 倛倛儗不前 ⿱既皿居⿱既皿獸名似蝟而赤 ⿰山忌山高皃。記居吏切說文疏也文十

𨑡說文古之遒人以木鐸記詩言从辵从丌 忌⿱亓心己其語已詞詩叔善射忌或作⿱亓心己其 ⿱艹記艸名 近己也辭也詩往近王舅 ⿰多其多也 ⿰山忌山高皃。忌⿱亓心至渠記切說文憎惡也亦姓古作至文二十三 ⿱竹忌竹名 ⿱艹忌艸名

惎⿱甚心⿱亓心說文毒也引周書來就惎惎一曰教也意也或作⿱甚心古作⿱亓心亦書作惧 𢍏說文舉也引春秋傳晉人或以廣隧楚人𢍏之黃顥說廣車陷楚人爲舉之 諅⿰言棊說文忌也引周書上不諅于凶德或从棊 誋說文誡也一曰告也 惧祺⿰礻忌

繫也巾也或作祺禥　惎怒也　綨博雅鉥綨鍼也一曰秤綍　棋棋趺定綆紐之物　邔縣名在南郡　鵋鳥名鵂鵋也　咫食也

惎敬也　綦屨飾或書作綨　貄貍子　○意於記切說文从心察音而知意也又姓文十一　鷾⿰意隹鷾鳾鳥名或从隹　嬉

女字　檍木名可爲弓幹者　噫譩痛聲或从言　⿱艹啻薏⿱艹啻苡艸也一曰蓮的中或作薏　誒可惡聲　萁艸名

也　連翹　○魕魚記切博雅懼也文七　儗倛儗不前也　㘈唭㘈無所聞見也一曰給也一曰笑皃　譺博雅調也一曰誰也　豙豕怒

毛豎一曰殘艾也　⿱髟乞博雅瓶也　⿱刃心怒也一曰从刃心害意　○撎伊志切俯手拜也文一

○未無沸切說文味也六月滋味也五行木老於未象木重枝葉也文十四　味說文滋味也　菋說文荎藸也　⿰未頁面俯前也

⿱艹尾艸垂皃　⿰米尾⿰禾尾⿰飠尾博雅饘也或作⿰禾尾⿰飠尾亦書作⿸尸米　沬水名　⿱穴秝鮇魚名山海經諸鉤山多⿱穴秝魚或作鮇　⿰山未山名

⿰未阝地名　⿰木未木名　○費芳未切說文散財用也文十九　佛仿佛見不諟也通作髴　髴髣髴髮亂　⿱髟彔說文髮也一曰忽見

也　靅⿱雲弗雲布皃或省　昲日光皃一曰乾也　⿱沸鬲說文涫也　⿰米費食失氣者⿰米費　炥火皃　⿰木費木名　⿺走弗走皃怫

忿皃莊子怫然作色　⿰扌費擊仆也　⿰目費目不明或書作⿱弗目　紼緼也　鄪邑名在魯　⿱山費壞聲　芾小也　○沸⿱沸鬲

方未切涫也或从鬲文三十六　誹謗也　炥火皃一曰熱氣　⿰言弗多言也　疿熱瘍也　袚⿰衤弗⿰衤市襏蠻夷衣也一曰

蔽䋣或作袚芾襏⿱非牛博雅耩⿱非牛耕也鯡魚子一曰海魚名⿰⻊巿⿰⻊弗行疾皃或作⿰⻊弗芾茀小皃詩蔽芾甘棠或作茀亦姓
⿱非鳥鳥名或書作⿰非鳥拂佛扐拂形似也或作佛通作髴⿰氵費泉涌出皃餥爾雅食也蛂甲蟲也爾雅蛂蟥蛢朩孛
艸木盛朩朩然或作孛笰削矢令漸細髴髣髴髮亂韍蔽膝也妭羌人謂婦曰妭⿱非手覆手也⿰羊巿姓也
甶鬼頭綍大索⿰衤孛衣神誖⿱孛心⿹戈孛惛也或作⿱孛心籒作⿹戈孛。厞父沸切說文履也或通作菲文四十九⿰木費說文木也
⿰⻊非剕⿰⻊悲說文跀也或从刀亦作⿰⻊悲奜大也厞⿱非巾陫說文隱也或从巾从阜濆濆渭水溢皃痱腓
疤爾雅病也或作腓疤⿱弗目目不明也或書作⿰目弗費姓也⿰扌費拂楚謂搏擊曰⿰扌費或省⿰弗力武猛皃一曰迫也怫怫悁
心不安悲博雅悵也翡說文赤羽雀也出鬱林一說雄曰翡雌曰翠𧳜狒萬𩳁禺萬說文周成王時州靡
國獻𧳜人身反踵自笑笑則上脣掩其目食人北方謂之土螻爾雅𧳜如人被髮一名梟陽从厹象形或作狒萬禺萬禺萬蟦⿰虫費蟲名方言蟦螬
謂之蟦或从費蜰蜰蟦神蛇也⿱非蟲⿱非䖵說文臭蟲負蠜也或从䖵通作蜚⿱非土⿱非火說文塵也或从火⿰禾糞⿰禾費說文
稻紫莖不黏或作⿰禾費萉⿸麻賁蕡說文枲實也或作⿸麻賁蕡亦書作⿸麻費菲菜名⿱非牛覆耕也俷背也史記燕王策曰無俷
德昲乾也列子肴未昲⿱髟費髮也⿸疒費⿸疒費痱熱悶一曰腫盛皃蜚⿱非蟲獸名如牛白首蛇尾行水則竭行艸則枯見則大疫

或作蠱𧓇獸名蛩也𧑅萬上烝。欷許既切泣餘聲文三十三咥說文大笑也引詩咥其笑矣唏啼也譆語氣氣
𥻆䊠餼說文饋客芻米也引春秋傳齊人來氣諸侯或从既亦作𩜁既犔牛㹂謂之犔一曰牛餉鎎說文怒戰也引春秋傳諸
侯敵王所愾鎎通作愾愾說文大息也引詩愾我寤歎𩜁飽也忥說文癡皃一曰靜也息也一曰忥忥喜也𢜩炁息也亦省通作
塈亦書作慨墍垐仰塗也古作垐豷豕息也𩧉馬走皃熂薙艸燒之曰熂𩅰靉霼雲皃𪐤不明皃𧉭
蟣蟲名或从既𧓍居盬獸名㾒痛也㑶怒也𣳚水也摡抚博雅取也一曰拭也或作抚蔇至也一曰地名
在魯槩平木扢動搖皃。气氣炁丘既切說文雲气也象形一曰息也或作氣炁文十盵姓也𥂗居盬獸名似蝟
毛赤乞與也或通作乞暣𣅤日氣也古作𣅤𣢐气也通作氣汽水气也。既居氣切說文小食也引論語不使勝食既
一曰已也盡也或通作溉文十九𥝢說文稭也旡兂說文歆食屰氣不得息曰旡从反欠古作兂禨福祥也暨諸暨
縣名在越亦姓𤸃疙癡也或作疙穊稠也溉灌也蔇說文艸多皃𣢐不便言也一曰幸也肌體也汽相摩近也
鱀魚名胎生畠長丈稩禾長𩞄饋食生也𥂗器名韎茅蒐染韋。禨其既切福祥也文十𨣦沐酒也謂既沐飲酒
禮有進𨣦通作機璣𤫊珠不圓者或作𤫊幾近也暨及也刉刲也𣛭鍇也𩹉魚名畠在額𥂗居盬

獸名似蝟毛赤。衣於既切服之也文五亄博雅貪也黖深黑也靉靉靆雲皃輢車傍。毅魚既切說文妄怒也一曰有決也文

十三豙豙說文豕怒毛豎一曰殘艾也或作豙忍說文怒也⿱竹顡⿱竹毅竹名或从毅顡頭不聰也⿱艹顡⿱艹顡藙說文

煎茱萸引漢律會稽獻⿱艹顡一斗或作⿱艹顡藙⿱髟兒恐也或書作⿱髟兒劓割也尚書我乃劓殄滅之徐邈說⿸虍乞虎皃。⿱図月胃

⿰月胃于貴切說文穀府也从図从肉象形亦作胃⿰月胃文二十九謂說文報也⿰忄胃博雅忼慨也一曰心不安皃媦說文楚人謂女弟曰媦引

公羊傳楚王之妻媦緭說文繒也緯說文織橫絲也亦姓⿰虫韋蛒⿰虫韋蟲名⿺風胃風也⿰口韋小兒啼聲⿰火胃火光

渭說文水出隴西首陽渭首亭南谷東入河杜林說夏書以爲出鳥鼠山雝州浸也⿰舟胃運舟也⿰魚胃魚名如蛇文⿰月韋

皮也𢑥彙蝟⿰豸胃猬說文蟲似豪豬者隸作彙或作蝟⿰豸胃猬彙一曰類也圍繞也⿱亠⿱田廾⿱亠⿱田木⿱曲⿱日月說文艸木

⿱亠⿱田廾孛之皃或作⿱亠⿱田木⿱曲⿱日月葦織艸也莊子葦蕭而食偉大也⿰扌豙博雅動也一曰擔也⿱聿異獸名似鼠。諱許貴切說文誋也文七

卉艸之揔名⿰口卉叱聲⿰氵卉灌泋水皃⿰卉隶爾雅息也孫炎讀𠦪疾也⿱卉女女名。毇毇丘畏切米一斛舂爲八斗或不

省文七⿰多貴多得也⿰歸見淫視⿰衤貴⿱毀衣紐也或作⿱毀衣⿱髟貴屈髮。𧶠貴⿱臼冂歸謂切說文物不賤也亦姓隸作貴

古作⿱臼冂文八瞶極視一曰目無精也⿰亻歸使也餽饋餉也或从貴祪毀廟之神或謂之祪。𤈦尉紆胃切說文从上案

下也从𡰥又持火以尉申繒也一曰候也又姓隷作尉文十七慰說文安也一曰恚怒也畏𤰞威說文惡也鬼頭而虎爪可畏也古作

𤰞或作威𢭏以手布物也𧛾說文䄉也一曰薦也一曰斷也罻說文捕鳥網也犚牛名爾雅牛黑耳犚或書作𤛭鳚魚名

𧒀螱飛螘或从虫蔚說文牡蒿也一曰艸木盛皃𦶏茺蔚艸名益母也通作蔚瑋瑰瑋珍琦也霨雲起皃

○魏巍虞貴切地名春秋傳魏大名也一曰象魏闕名篆作巍文七𧔳再蠶也蘶艸木採更生也䰡阿魏香藥名通作魏

犩𤜄獸名如牛而大肉數千斤或作𤜄○窘巨畏切困也仍也文四鞼馬繮羯廣雅羖羊羠曰羯𤺄極也○倪

五未切顭視也鄭康成曰龜左倪䨻文一○猵鋪畏切猵狙獸名似猿狗頭文三㦟擟用力極也或从手

九○御馭御䘚牛據切說文使馬也徐鍇曰卸解車馬也或彳或卸皆御者之職古作馭御䘚御一曰侍也進也又姓文十二魰

漁捕魚也或从水禦衙止也或作衙語說語也𨞵鄉名迓迎也書迓衙鄭康成讀𩚼餞也○飫飫饇䬼

𥝖依據切說文燕食也引詩飲酒之飫或作飫饇飫古作𥝖文十七𩛂說文飽也民祭祝曰厭𩛂醧說文私燕飲也棜承樽器如案無

足禮有棜禁𡪢𥧌說文楚人謂寐曰𡪢或作𥧌扵擊也瘀說文積血也菸蔫菸敗也淤𡋯說文澱滓濁泥

或从土通作閼鄔縣名在太原閼閼與容暇皃○噓許御切吹也文一○去丘據切說文人相違也文十𦬺艸名

鳶鳥名㰦呿張口皃或作呿胠脅也㞐閉也麮說文麥甘鬻也䶗蟲名爾雅䶗䵷似蝦蟆居陸地祛袪末也

據居御切說文杖持也亦姓俗作㨿非是文二十二倨裾說文不遜也亦作裾踞說文蹲也諊言有則也鋸說文槍唐也通作鐻

鐻器名似鍾腒鳥腊𧹄質錢也据拮据手病澽𤃡乾也或作𤃡椐字林木名靈壽也䶙䚗獸名角似

雞距或作䚗鮔魚名豦𤢺獸名爾雅豦迅頭大如狗似獼猴黃黑色多髯鬣好奮迅其頭郭璞說或从犬居居居懷惡不相親比皃一

曰處也舉稱引也禮其任舉有如此者徐邈讀躆手據地一曰僑躆猶動作也䖏闕人名齊有梁丘䖏通作據○遽其據切說

文傳也一曰窘也懼也文十一懅懼也勮說文務也醵𨡉合錢飲酒曰醵或从巨壉地名澽乾也詎渠字林未知

詞也或作渠蘧㨿有形皃莊子覺則蘧蘧然或作據○絮息據切說文敝緜也一曰冒絮頭上巾也文二楈木為犁柄○覰

䁦七慮切伺視也或从目文十一坥蟥場也胆蛆蠅乳肉中也或作蛆蜡周官蜡氏掌除骴耝𠛎耕而土起謂之耝或

从刀狙說文玃屬一曰狙犬也暫齧人者一曰犬不齧人也𡟏博雅妬也𡳐屎𡳐行前却也○怚𢙝將豫切說文驕也或作𢙝文九

𡟏姐說文嬌也或作姐沮水名出漢中房陵東入江𣵻沮洳浸潤也一曰澤名通作沮苴艸也蒩菹澤生艸曰蒩或作菹

○疏綖所據切博雅條踈也或作綖文五捒裝也蔬菜也疋足也○憷創據切心利也通作楚文四儊不滑也

楚木名硫石不滑者。詛謯𧝉䃚作莊助切說文詶也或作謯𧝉古作䃚作文十跙䠩阻行不正也一曰馬蹄

痛病或作䠩阻俎禮器狙猿類莊子狙公賦芧。助牀據切說文左也文六耡鉏莇說文商人七十而耡助耤稅也引周禮以興耡

利甿或作鉏莇麆麡爾雅麕子麆或从助。恕𢙃商署切說文仁也古作𢙃文十二庶㡿庻說文屋下眾也古作

㡿庻𣹢水名篨箕屬謶冀也通作庶樜木名𤸂病也鏣器名嫬女字。䖏昌據切所也俗作處非是文一。翥

𩙣章恕切說文飛舉也或从飛文十四箸籮屬蠚毒蟲庶除毒蠱物也周禮有庶氏掌除毒蠱[illegible]

博雅[illegible]畚也亦作[illegible]樜木名𡾊山名𩞁犬豕食也𣂐斫也嗻語不要也蹠跳也。署常恕切說文有所网屬徐

鍇曰署置之言羅絡之若罘网也文九杼泄水槽也曙睹旦也或省諸藷薯藷與署預也或作藷薯[illegible]

溝也𡡾女字。茹如倨切說文飤馬也文六如似也左氏傳不如從長陸德明讀[illegible]洳說文漸溼也或作洳𤵸𤸂𤻮不達也

[illegible]度也。箸著𠯆陟慮切明也立也或从艸古作𠯆文四[illegible]吳俗謂盛物於器曰[illegible]。絮楮御切調也禮無絮羹文四

悇𢥞憂也或从慮𤻮𤵸𤻮不達也。箸筯櫡遲據切說文飯攲也或作筯櫡文十莇艸名苟芑也䇡

織所以持緯者𤻮字林瘇也除去也詩日月其除宁門屏間也躇躊躇不進皃[illegible]履屨也。慮良據切說文謀思也文二

十一勴勴勴說文助也或从慮从盧爈燒也南史山澤熂爈鑢鋁鐧說文錯銅鐵也或从呂从閭謯詐也𡼲山名在河内

⿰虍支慮侵也濾洗也澄也⿱竹慮舟中簀也櫖諸櫖木名一曰山櫐⿱罒呂罔也⿰馬旅傳謂之⿰馬旅蠦諸蠦蟲名通作慮⿰慮力疾也

⿱慮鳥字林鳥名錄寬省也太玄蹛于狴獄三歲見錄王涯說通作慮⿰石慮石名。女尼據切以女妻人也書女于時文五茹艸相連

絮姓也漢有絮舜⿰氵絮溼也挐拘挐不展。⿰女且祥豫切嬻也文一。豫⿰予象舒余羊茹切說文象之大者賈侍中

說不害於物一曰逸也叙也亦姓古作⿰予象或作舒余文三十二預忬先也安也或从心通作豫悆說文忘也嚜也引周書有疾不悆悆喜也

歟歎與也譽說文稱也與及也輿轝舁車也或作轝⿱與米食輿也⿱與土高平陸也礜說文毒石也澦⿰氵豫

灩澦水名或从豫⿸尸伃履也藇蕷藷藇艸名或作蕷穥禾稼謂之穥一曰穥穥黍稷美皃⿱與馬馬行也⿱與羊羊也

⿸鹿與獸名說文似鹿而大⿰與鳥⿱與隹鳥名說文卑居也或从隹亦書作鸒悇博雅悇憛懷憂也櫲⿰木預櫲章木名或从預

畬治田也或書作畭⿰金與鈿謂之⿰金與或書作⿱與金豫獬豫矛屬

十。遇元具切說文逢也文十二寓庽說文寄也或从广通作偶媀女妬男曰媀⿸疒禺疾也禺說文母猴屬頭似鬼⿱禺言

獸名⿰寓鳥鳥名狀如鼠麌獸名通作寓⿰木禺偶像人或作偶虞度也。嫗威遇切說文母也文六蓲艸名荎也

施章

饇飽也燠噢燠休痛念聲或作噢嘔和悅皃漢書嘔喻受之應劭讀。煦吁句切說文烝也一曰赤皃一曰溫潤文十四昫朐

說文日出溫也北地有昫衍縣或作朐䣝酗說文醉醟也或作酗姁嫗也呴欨休咻氣以溫之也或作欨休咻⿰虫區蚼

蟲名幺蠶也或作蚼䨞雨皃北方語違無韋也。驅區遇切馬馳也俗作駈非是文七姁嫗也一曰河南謂婦⿰牛區牛名毆

疾行也⿰虫區幺蠶夸奢也誇歌也。屨俱遇切說文履也一曰鞮屬文二十三鞻四夷舞者所屝也絇纑繩句詞絕

也怐恐也痀佝病僂或从人忂行也䀠⿱䀠大說文左右視也或从大⿱䀠介說文舉目驚䀠然也瞿說文鷹隼

之視也一曰心驚皃邭地名鱹說文魚名蒟枸果名出蜀或作枸駒駒麗國名懼無守皃顏師古說雊雊瞀縣名

在上谷泃水名在北地⿱竹竘織具一曰竹名拘拘挐不展椒積椒木名。戄瞿愳⿱䀠悤衢遇切說文恐也或省古

作愳⿱䀠悤文十臞瘦也具說文共置也从貝省古以貝爲貨亦姓埧堤塘也⿰飠具寒具餠屬⿰日瞿姓也漢有⿰日瞿丘颶越人謂具

四方之風曰颶。芋王遇切艸名說文大葉實根駭人故謂之芋也文十三吁譍聲一曰驚辭羽鳥翄雨自上而下曰雨⿱雨羽

水音也通作羽䨞博雅舒也一曰雨皃杅官名漢有因杅將軍翑箭羽⿱䀠具轉也⿰虫區幺蠶聥張耳有所聞雩求雨

祭一曰吳人謂虹曰雩⿱羽亏緝羽也雩祭所執。裕俞戍切說文衣物饒也引易有孚裕無咎一曰寬也古書作衮文十七諭

喻說文告也一曰曉也亦姓或作喻 蕍艸名 籲說文呼也引商書率籲衆戚一曰和也 覦欲也 𦉢廣雅䍦𦉢謂之幧帞 柚橘屬鄭康成曰魚鹽橘柚 欲慾貪也或从心 俞呴俞色仁也 諛諂也莊子孝子不諛其親 羭牡羊 愉樂也 渝水名在遼西一曰色渝也 螸蠭飛皃 牏築牆短板

○赴芳遇切說文趨也文十七 訃告也通作赴 ⿱兔⿰兔兔 ⿺走孚說文疾也或作⿺走争 嬔娩兔子也或省 ⿰𧾷卜說文趣越皃 豧豕聲 ⿱⺮盙祭器 報疾也禮報葬者赴虞鄭康成說 仆⿺走咅⿺走否掊踣說文頓也一曰僵也或作⿺走咅⿺走否掊踣 孚孵育也方言雞伏卵而未孚或从卵

○付方遇切說文與也从寸持物對人文十六 傅說文相也亦姓 ⿱艹傅說文華葉布 賦說文斂也一曰布也 ⿰羊尃⿰犭付獸名似羊四耳無尾目附於背或作⿰犭付 搏捕擊取也或作捕 ⿱髟付說文結也 陚說文丘名 蕌艸名說文葍也 柎拊以手著物也或作柎通作傅 姇美色 怤悅也 ⿰貝疋以財卜也

○附符遇切近也託也亦姓通作傅文三十六 傅箸也 坿說文益也一曰白坿石藥 紨縛縛繩也或从尃 祔付說文後死者合食於先祖或省 ⿱⺮紨箋 䠵䠵躹服⿰糸爾也 袝盛服 腑胕人之六腑也或省 ⿸厃尃器也 跗足上也 㤔心附也 圃樹蔬曰圃 ⿰面甫說文頰也 賻助也所以贈終布帛曰賻 ⿰耒尃田器 榑木名 駙駙說文副馬也一曰近也一曰疾也或从附 鮒鮒說文魚名或从附 苻藥艸 蚹蛇腹下齟齬也或書作蚥 詂𧩱言有所依也或从附 柎楄柎藉尸木 孚育也 軵車廂外立木承重較之材 砆白石 ⿱⺈尃

上 集韻去聲 王允

伏也搏捕也胕乳胕帗帛也○敄亡遇切說文彊也文二十六務說文趣也一曰事也亦姓婺說文不繇也一曰星名州名霚

雺霚說文地氣發天不應古从矛或作霧瞀目不明一曰俯視帑髮巾謂之帑一曰車衡上衣⿱罒舞牖中罔⿰糹舞纅絲

餘也嵍旄說文山名或作旄⿱敄足方言立也一曰⿱敄足跪拜騖說文亂馳也⿱敄羊說文六月生羔也一曰羔也⿱敄隹

鶩⿱敄隹鷔雛也或作鶩蝥蟲名募以財使也莊子募左右蕪蘪蕪艸名蟱⿰虫敄蟲名博雅蛛蝥蟱蛛也或作蟱通作

蝥蓩毒艸名葶藶也禺闕人名公叔禺人魯昭公子侮輕也⿱敄瓦瓦器○尟尠宣遇切少也或作尠文三⿱須糸

絆前兩足○娶逡遇切說文取婦也文五覷說文拘覷未致密也趣說文疾也趨趍行之速也詩巧趨蹌兮或作趍○緅遵遇

切青赤色文六足益也一曰足恭便僻皃⿰女芻妵也⿰女虘說文嬌也詛詶也⿰亻取促也○埾⿱聚土從遇切說文土積也或不省文七

聚鄹說文會也邑落云聚或从邑冣說文積也雛闕人名史記孔子弟子有顏濁雛覦覬也○戍春遇切說文守邊也

文十五輸委也隃俞說文北陵西隃鴈門是也或作俞腧五藏腧穴通作俞⿰身俞⿰衤戍射⿰身俞服稱也或作⿰衤戍⿺毛戍毛也

⿺走俞馬前負謂之⿺走俞⿰革俞刀鞞一曰餘也和也⿰口戍使犬聲束約也捒裝持也馵馬膝以上皆白曰馵⿰耳朱顴也呼也○注

屬主朱戍切說文灌也一曰屬也或作屬主文二十四澍霔時雨澍生萬物或作霔註拏也方言南楚謂之支註一曰解也識也

炷燈也鑄鬳說文銷金也一曰國名亦姓古作鬳⿰耳朱顫也呼也祩詛詶也⿰韋主戎服蔽厀也一曰韋絝蛀蠹也疰病也

馵說文馬後左足白也⿰犭馵鄉名在河南⿰犭主說文黃犬黑頭罜小魚罟鉒博雅罯著置也一曰以物送終謂之鉒牏版也飳

餌也⿰口主咮喙也或从朱⿰邑主邑名○樹尌⿰尌彡殊遇切說文生植之總名亦姓古作尌⿰尌彡文十七僼神名⿰礻豆⿰礻登說文

豎使布長襦或从豎尌侸僖⿰足尌立也从壴从寸持之也或作侸僖⿰足尌⿰女豈女字⿱壴力說文老人行才相逮襡短衣澍說文時雨

澍生萬物贖貨易也亦姓屬連也⿰目賣視皃○孺⿰子禹儒遇切說文乳子也一曰輸也輸尚小也亦姓或作⿰子禹文七乳育也擩

手進物也肉肌肉也濡沾溼也⿰牛需牛名○數雙遇切枚也文四捒裝也⿰巾俞殘帛也嗽使犬聲○⿱艹棸

菆芻數切鳥巢也或省文六⿰月芻⿰月壴⿰月差也或作⿰月壴⿰火菆火行謂之⿰火菆或書作⿱菆火⿰豆攴勇也○⿵門主⿸尸主丑注切直開也或从户文

二○⿰女芻⿰子芻仄遇切婦人妊身也或从子文七⿰月芻妍也皺也縐⿰糹聚絺也或作⿰糹聚緅青赤色⿱艹阻藏菜○駐

株遇切說文馬立也文十四鉒祭器一曰送死具軴車止也住立也咮鳥聲壴說文陳樂立而上見也亍步止也⿰垂鳥

不飛也⿺辶馬⿰垂馬說文不行也或省柱牚也刺也漢書連柱五鹿君註注述也解也或从水飳餌也○⿰豆攴昌句切博雅勇

也文二觸抵也○住廚遇切止也亦姓文七牏築牆短版逗留止也一曰曲行亦姓⿱竹拄壇篔祭竹也尌侸立也或从人

駐馬立也。屢婁𡡉𡢃龍遇切數也或作婁古作𡡉𡢃文十四屨𩏖也嘍呼犬聲窶貧也鞻靲鞻也𦀩𡠔求子豕也或省僂𩪷病僂身曲病或从身累諈諉累𠚻奴官名瘻頸腫。續辭屢切連也詩陰靷鋈續徐邈說文一

十一。莫暮莫故切說文日且冥也从日在茻中或作暮文十一慕說文習也一曰思也慔說文勉也募說文廣求也墓說文丘也一曰葬地謨謀也僞也篰籠也方言南楚謂之篰䈍竹笘也摹模也縸惡絮也齊人語。悑怖普故切說文惶也或从布文十一鋪設也一曰鋪首著門銜環者誧謀也陠博雅衺也𧦝諫也魳魚名痡痛痡痞病或作痛痡𡛟美女。布博故切說文枲織也一曰散也文十四抪擊也持也佈尃徧也古作尃圃甫囿種菜曰圃或省亦从布柨木名制截也一曰裁刀蛧蛧蟲名似蜆沛地名周世宗遣將破賊於東沛洲痡痡痞病或从布餔與食也。步蒲故切說文行也亦姓文二十五踄說文蹈也捕搏說文取也或作搏哺說文哺咀也餔糒粖餔餌也或作糒粖鵏鵏鴀鳥名通作鋪痡痞病瘖復病郙亭名鞴鞴韍箭室艄艄舟也方言艇短而深謂之艄或从符騇習馬也通作步酺脯爲人物災害之神一曰會聚飲食也或作脯賻以財相酬鯆鯆鮬小魚捗捗攎收斂

也騑本馬名荹說文亂艸豧豕謂之豧陠舍下也○縈素蘇故切說文白緻繒也从糸𠂹取其澤也隸作素文二十二訴

⿰言朔愬說文告也引論語訴子路於季孫或作⿰言朔愬餗膳徹葷也愫誠也傃鄉也榡器未飾也㴑遡溯說文逆流

而上曰㴑洄㴑向也水欲下違之而上也或作遡溯䛾譖也塑塐埏土象物也或从素通作素嗉鳥吭容食處爾雅其粻嗉猔獸名⿰王斥

玉名㨞晤取物也胥蟹醬也鄭康成所謂青州之蟹胥膆肥也索求也書序八卦之說謂之八索徐邈讀嫊女字○措厝

倉故切說文置也或从厂通作錯文七⿰金厝錯金塗謂之⿰金厝亦姓或省⿰氵昔博雅匽也所以壅水酢醋說文醶也或作醋○作宗

祚切造也俗作做非是文一○祚存故切說文福也文十二阼說文主階也胙說文祭福肉也飵食也⿺豦且說文且往也秨禾稼也一曰禾

搖皃⿰魚且⿰魚虘魚醬或作⿰魚虘⿱艹胙⿱艹秨艸名水芀也或从祚乍止也⿰氵昔匽也○妒妬都故切說文婦妒夫也或作妬文二十三

奼美女⿰月石⿰月乇廣腹也或作⿰月乇⿸疒乇乳病曰⿸疒乇⿱宀託咤宅詫說文奠爵酒也引周書王三宿三祭三⿱宀託或作咤宅詫⿰黑乇色深

黑殬⿰歹乇斁睪說文敗也引商書彝倫攸殬或作⿰歹乇斁亦省蠹螙⿰虫橐說文木中蟲或从木象蟲在木中形譚長

說亦作⿰虫橐秅⿰禾宅禾束或作⿰禾宅⿰禾厇漢侯國名在成武通作⿰禾宅喥吒也槖邑名○兔土故切說文獸名象踞後其尾形通作菟

文五菟菟絲藥艸鵵⿰兔隹鳥名爾雅鶅鵵軌或从隹吐歐也○度⿸广乇宅徒故切說文法制也亦姓或作⿸广乇宅文十五渡⿰氵⿸广乇

毛詩

說文濟也或作洍鍍塗金飾也或作塗斁塗也壓也墿道也篗博雅簎也坬土瓶蒦香艸芏艸名海莧也⿰⻊余
行不履也⿰女度敗也。路魯故切說文道也一曰道容三軌文二十二輅說文車軨前横木也一曰王之五輅通作路賂說文遺也璐說文
玉名⿸疒慮⿸疒盧⿸疒虜瘻⿸疒慮痞也或从盧从虜露說文潤澤也一曰彰也潞說文冀州浸也幽州有潞縣⿱罒路罾⿱罒路取魚具簬
簵⿱竹露竹名說文箘簬也引夏書惟箘簬楛古作簵或从露⿱艹露蕗蘩蕗艸名或作蕗鷺⿱路隹⿸虍鳥鵅鳥名說文白鷺
也或从隹从慮亦省⿰木路木名桐也攄捗攄收斂也酪醴屬。笯奴故切說文鳥籠也文九奴賤稱怒⿱奴心⿰亻怒說文恚也古作
⿱奴心⿰亻怒孥妻子也砮⿸厂砮石名古作⿸厂砮詉惡言。護胡故切說文救視也文三十九擭篧捕魚器或作篧濩布濩散也
頀大頀湯樂名通作濩鸌鳥名擭布擭分解也韄佩刀謂之韄嫭嫮⿰女亏妬也一曰好皃或从雩亦作⿰女亏⿱汙女貪也
婟說文嫪也一曰戀也胍胅胍肥大皃瓠說文匏也⿰犭互獸名似貜尾長⿱艹互艸名可爲繩⿱竹互互⿰糸互說文可以收繩也从竹象
形中象人手所推握也或省亦从糸互一曰差也⿱黍互黏也⿰言互誌也枑說文行馬也引周禮設梐枑再重⿱罒互說文罟也冱固寒也鱯
互魚名似鮎魱或作䱴獲爭取也禮毋固獲涸水竭穫焦穫地名在周雘黝屬山海經青丘山多青雘艧博雅丹也胡
頸也漢書捽胡晉灼讀䕶艸名神護也⿰衤互短衣綔佩印系續漢志諸侯王以下以綔嬳惜也沍水漫也⿰扌虖擁障也

○謼嘑呼荒故切說文評謼也或作嘑呼文十 桍栗茦坼也 篣籠也 ⿰血虖血汚也 ⿸疒虖江淮謂治病爲⿸疒虖 戽戽斗

抒水器 洿抒水也 鴮鳥名爾雅鵜鴮鸅善洿去河水以取魚故名云 ○庫苦故切說文兵車藏也从車在广下文十六 絝袴

⿰革夸說文脛衣也或从衣从革 胯跨跒說文股也一曰奎也或从足亦作跒 苦瘔困也今人病不善乘曰苦車或从疒 ⿰辛苦搗菜

茰爲之味辛而苦 酤醢醋說文非鬱也一曰菹也或作醢醋 秙秙穅禾不實 鮬藏魚子也 齁折鼻鼻 ○顧⿰雩鳥古慕

切說文還視也古作⿰雩鳥俗作顧非是文二十七 ⿰食固饘也 雇傭也 詁通古今之言也 古姑也通作故 故說文使爲之也亦姓 固怘

說文四塞地一曰再辞一曰堅也古作怘 盬攻緻也 錮說文鑄塞也 椢說文椢斗可射鼠 酤沽賣也略也或作沽 ⿸疒古痼說文

久病也一曰小兒口生瘡或从固 凅凝也 稒⿰扌固稒陽縣名在五原郡或作⿰扌固 ⿱艹固說文艸也 鷇㝅方言爵子雞雛皆謂之鷇或作

㝅 ⿱罒固⿱罒路⿱罒固取魚具 鯝魚腸一曰杭越之間謂魚胃爲鯝 鈷斷也 婟嫪惜也一曰女字 蠱事也 ○汙洿⿰氵夲盓

烏故切說文穢也一曰小池爲汙一曰涂也或作洿⿰氵夲盓文十四 惡⿰言亞⿰言惡恥也憎也或作⿰言亞⿰言惡 隖障也 塢野聚也 堊白飾

也或書作埡 噁喑噁怒皃 杇塗工具 ⿱汙女貪也 嗚歎傷也後漢書噫嗚流涕 ○誤五故切說文謬也文二十九 悞欺

疑也 悟⿱吾⿱吾心⿱吾吾說文覺也古作⿱吾⿱吾心籀作⿱吾吾 娛樂也 寤⿱宀⿰爿夢⿱宀吾說文寐覺而有信曰寤一曰晝見而夜夢也籀作⿱宀⿰爿夢或省 ⿰火寤

二十二

博雅竈也晤旿説文明也引詩晤辟有摽或从午聤聽也捂捰斜相抵觸也或从吳㹳猨類犬而有鬚色黄逜爾雅寤也
謂相午寤逜迕俉遇也或从午亦作俉鋙忤午蘁説文逆也或作忤午蘁娪青州呼女曰娪仵同也莊子觭偶
不仵愕倉卒也後漢書錯愕不能對⿱皀吾獸名梧魁梧大皃○寤傷故切行水也周禮以澮寫水劉昌宗讀文一○⿱辰心儒互切鈍
也从辱省文一○⿰足丂於故切踞也文一
十二○霽子計切説文雨止也文十三濟渡也鬛露髻曰鬛擠説文排也⿰山齊山名躋隮⿰足巠方言登也一曰墜也
或从𨸏古作⿰足巠通作⿰山齊懠緝也齊和也周禮八珍之齊徐邈讀齎行道之財用⿱折衣斷也管子⿱折衣領劕頸穧穫也○⿰糸囟細
思計切説文微也隸作細文十四⿰氵囟説文水出汝南新鄭入潁⿰木囟⿰木囟陽山名壻婿⿰土咠説文夫也引詩女也不爽士二其行士者夫也
或从女亦作⿰土咠俗作聟⿱癶耳非是⿰山囟山名粞米屑棲栖雞所止或从西些呰語辭或从口⿰女囟女字○切七計切衆也文十
砌碏也⿰目祭⿰目切説文察也一曰衺視或从切聺⿰耳切聰也或从切摖挑取也悽恨也妻以女嫁人曰妻⿱山祭山名○嚌
⿰口坐才詣切説文嘗也引周書太保受同祭嚌古作⿰口坐文二十一⿰鹵齊鹹也櫅斷木也⿰酉齊博雅醬也眥説文目匡也或書作眦
懠爾雅怒也一曰愁也疾也⿸疒齊病也一曰短也⿰齒齊⿰齒齊⿰齒旨齧也劑説文齊也⿱此衣衣交衿穧説文穫刈也一曰撮也齌説文

炊鋪疾也齊齋和也或作齋粢酒也禮粢醍在堂通作齊儕等也薺艸名疵瘕疵恨也霽晴也鍪利也。媲

匹計切說文妃也文十八踶蹢也剕劓割也或作劓壀埤壀垷城上垣或作埤淠潪說文水出汝南弋陽垂山東入淮博

雅淠淠茂也一曰舟行皃或作潪滭水聲通作潪鞞鞞鞔車名腗盛肥也犤牛名睥俾睤辟睥睨視也

或作俾睤辟潷水名在丹陽顊傾頭皃。閉必計切說文闔門也从門才所以距門也俗从下非是文六嬖說文便嬖愛也

箄甑蔽戰戰䟫毀也[木閉]木名綼緝也。薜蘗蒲計切艸名說文牡贊也或作蘗文十五[辟弓]弜也鐾治刀使利

䟆必蹴也[木閉]木名[罒辟]鳥罔鏊羊箠端有鐵[酉卑][酉卑]說文擣榆醬也或作[酉卑]箄薄也僿困病莊子先生之僿

箄捕鳥具僻辟也一曰从旁牽鏊銅生五色。謎彌計切說文隱語也文七[女迷]吳俗呼母曰[女迷][扌幾]拭滅也鐖小釜

檕檵粢木名瞇眯也㥸慺也。帝帝丁計切說文諦也王天下之號也古作帝文五十五偙儶偙儶困劣皃或作儶揥捎也戲也

諦諟䛳說文審也或从是从帶嚔嚏說文悟解氣也引詩願言則嚏或作嚔腣䐲腣胿胅腹或从帶骶博雅骶背謂

之骶摕[扌斥][折木]說文撮取也或从折从示兩手急持人也亦作[折木]厎至也[足氐]蹋也趆趨謂之趆迡驚不進也靪

氐補履下也革或从氐[疒帶]創也一曰下病[舟氐][舟氐]艦舟也一曰水戰船[氐瓦]瓦[氐瓦]甇大瓮疐[艹疐]去本也爾雅棗李曰疐之或从

艸柢楴根也或作楴怟悶也蔕說文瓜當也螮蝃蜥蚳說文螮蝀虹也或作蝃蜥蚳螮蝭螮蟧蟲名

蛁蟟也或从是扺擿也媂圜室神名一曰點媂女皃邸本也周禮四圭有邸氐東方宿名胝牲體之本也墆博雅墆翳障蔽

也⿰亻疐博雅⿰亻疐⿰亻疐憭也一曰疾也泜水名在常山⿰鼻至⿰鼻疐鼻疾太玄決其聾⿰鼻至或作⿰鼻疐亦書作䶑締結不解⿰魚帝魚名

大鱧也渧泣皃一曰滴水啻高聲一曰諟也詆呵也阺阪也奃大也⿱營是姓也○𪚌暜替地計切說文廢一偏下也

从竝白聲或从曰亦作替文四十五鬀剃𠜋說文鬀髮也大人曰髡小兒曰鬀盡及身毛曰鬀或作剃𠜋揥所以摘髮詩象之揥也⿰彖夷

⿰彖弟蠡易曲也或从弟涕泣也洟⿰弟鼻說文鼻液也或作⿰弟鼻⿰蚩欠唾聲⿰衤啻裼褅說文緥也引詩載衣之⿰衤啻或作裼褅达

字林滑也屟⿸尸冊⿸尸⿰彳戈屐中薦或作⿸尸冊⿸尸⿰彳戈⿰革夷馬鞁具⿱夭夕𡢽博雅極也或作𡢽睼說文迎視也笶車篷竹也戾說文

輜車旁推戶也⿰替阝亭名薙說文除艸也引明堂月令季夏燒薙俤困劣也⿰禾啇⿰禾啻種也或从啻⿰忄笶字林寧⿰忄笶心安也⿺辶⿰口眔

不嚼也汏沙汏擇也蛈蛈蝪蟲名棣棠棣木名一曰通也漢書萬物棣通孟康說⿹𢦏土國名在三苗東⿰扌弟物拭也鶙鶙鶙

鳥名鬄⿱髟世⿱髟曳髲也或从世从曳⿺麥替滌麵也軑韓魏謂車輪曰軑⿰衤笶補也○弟第大計切說文韋

束之次弟也或从竹弟一曰順也文五十四悌易也娣女弟一曰母之女弟鬄髢錫說文髲也或作髢錫締說文結不

解也睇眱眤說文目小視也南楚謂眄曰睇或从夷古从𡰪題題䚙視皃一曰顯也或作題䚙諦諟諦審諦也懘

說文高也一曰極也一曰困劣摕取也揥兩指急持謂之𣕒踶蹄說文躛也或作蹏遰說文去也遞迭逓說文

更易也或作迭遞逮逯及也古作逯禘說文諦祭也引周禮五歲一禘釱說文鐵鉗也墆墆翳障蔽也嵽岧嵽山形

軑說文車𨏹也一曰地名棣木名說文白棣也一曰棣棣威儀杕說文樹皃引詩有杕之杜𥳫竹名䑯舟名鷤鶗鷤鴂鳥名

子規也或从是彘𢑱河內名豕古作𢑱鮷鯷魚名鮎也或从是薙去艸曰薙提擲也史記以冐絮提文帝焍灼龜木也

史記梁卯焍黃蛈甲蟲也隶狐子也鴺鳥名山海經首山有鴺狀如梟三目珶玉名遞篪遞鐘樂器晉灼曰二十四鐘各有節奏聲

不常也殢極也𠥞刀鞞楴笄屬地元氣濁爲地戾輜車旁推戶○麗丽𠨧郎計切說文旅行也鹿之性見食急

則必旅行从丽聲引禮麗皮納聘蓋鹿皮也一曰華也著也古作丽𠨧文五十九離去也隸隸說文附著也一曰賤稱篆作隸儷𠑲

㒧偶也或从離亦省戾𢨟說文曲也从犬出戶下戾者身曲戾也一曰至也古作𢨟㑦博雅怒也通作戾悷懍悷悲皃𨂂脵

跛足或从肉盭𢿌說文弼戾也或省綟說文帛戾艸染色㸚二爻也颲𩗬急風或作𩗬𩙁颲𩙁風聲沴沵說文

水不利也引五行傳若其沴作或作沵𤻮說文癘也一曰瘦皃䚕𥍽說文求也一曰索視皃或作𥍽珕蛚說文蜃屬也引禮佩

刀士玏琫而珧珌或从虫劙𠠱𠜵方言解也或从麗从畄𢿢博雅布也一曰數也𤄙渧隸泣也一曰漉也欐小舟一曰棟名
棙琵琶其撥曰棙𣚍說文木也博雅篗其𣏹謂之𣚍𥷔篣也䕻艸木生著地通作麗𦯧說文艸也可以涤留黃茘說文
艸也似蒲而小根可作㕞一曰荔支果名唳鶴鳴蜦蜧神蛇或从戾𧒀蟲名蜥也蚴𡑼滿也莊子陰陽之氣有瀰𡑼崔譔說攦
折也莊子攦工倕之指㦒㦒忚欺謾也蠡方言參蠡分也一曰蠡名食木𧓉瓠勺𣐍果名似枇杷淚疾流皃淮南子水淚
破舟䁻視也𥟖長禾𢷬裂也孋美也錑鑽也鋸也㴖沱也一曰湴泄水聲浰淒浰疾皃。泥乃計切滯也文九埿
朽也迡近也濘涅也𣺹糟濃者嬭女字𢙴心柔窓也𣖒木立死誽言不通也。系𣪠𦃃繫結
胡計切說文𣫹繫也或从毄處籀作緐亦作𣫹繫結文三十一係說文絜束也通作結禊除惡祭𩓐說文伺人也一曰恐也盻說文恨視也𢟪
恨也妎爾雅苛妎也一曰妬也䐑𦞤喉脈也一曰腹也或从契瘛𤺄瘈博雅瘛瘲病也或作𤺄瘈㨙𢮃杭越之間謂換
曰𢶸或从糸榽木名爾雅魄榽榼細葉似檀𧜫𧛼繠滯也或作𧛼繠閉扇扉也韢說文櫜紐也一曰盛䕅櫜裹蒵
屐系一曰艸名嫨怯也一曰妒女殹擊中聲郋里名在召陵稧吳人謂秧稻曰稧𤤵羿闕人名有窮國君𤤵或作羿
。奆顯計切大肥也文六忚㦒忚欺也𣣻唾聲娎喜皃𡢃極困皃騞解牛聲莊子奏刀騞然徐邈讀。契詰計切說

文大約也引易後代聖人易之以書契文二十栔鍥說文刻也或从金通作契罄說文器中盡也𢡱說文備也㜉難也䫔同人一

曰恐也𥉈說文省視也䏿腨腸也𦪇博雅舟也𧒒蟲名挈鑽龜也通作契𧅑艸名爾雅𧅑狗毒𣅸廣雅瞖也

𤭛瓶也瘈瘈瘲癎疾㤲心有事也𥇍直視皃𪄔獸很不動皃絜提也○計吉詣切說文會也亦姓文二十五係

束也繫毄說文繫𦃇也一曰惡絮一曰維也或作毄繼說文續也一曰反𢇍為繼俗作継非是紒髻結束髮也或作髻結

轚舟車序行也郹國名說文封黃帝之後於郹通作𦺇𦺇艸名說文芺也蘻艸名說文狗毒也蘮蘮蒘艸名檵

木名說文枸杞也一曰監木檕說文繘耑木也一曰枕檕梅蟿蛙屬𧩢闕人名春秋傳晉有屠擊瘈狂也蛣瑣蛣海蟲名

猘狾狂犬或作狾蠿蠿英蟲名𢡱憂也𣪠聲也𠛱解也○医壹計切說文盛弓弩矢器也引春秋國語兵不解医文四

十覺視皃撎說文舉手下手也㥋恭也靜也殹說文擊中聲翳說文華蓋也一曰蔽也繄歎聲一曰語助一曰

繄裕小兒次衣一曰赤黑繒豷豕息謂之豷嫕𡢃婉嫕順從也或作𡢃瘱嫕說文靜也或作嫕瘞陸幽隱也或作陸

譩諟也吳越謂諟曰譩謕詍博雅讆也㝀說文靜也一曰安也𡟕壹說文死也古作壹𢡚廣雅審也一曰匿也曀

說文陰而風也引詩終風且曀壇堅說文天陰塵也引詩壇壇其陰或作堅瞖目疾柃柃指木名蘙艸名一曰艸茂皃䭇

瘞也蠮蟲名鷧鳥名鸕鷧也搤拉也醫醴酏爲飲也周禮六飲一曰醫徐仙民讀或作醫非是鷖青黑色也周禮彫面鷖總

劉昌宗讀縊經也縩結也肯縩李軌說湮爾雅落也猰猰猰貐獸名類貙或从犬韋昭說齸嗌江東名咽爲齸齸者齝食之所

在或从口噎咽痛方言廝嗌噎也○詣研計切說文候至也文二十四栺枍栺木名羿羿說文羽之羿風或省盻恨視⿸疒見⿸疒見疵恨也

睨倪說文衺視也或作倪覞說文旁視也⿰兒攴說文毀也堄埤堄城上垣寱⿱衛心也驚也羿說文帝嚳射官夏少康滅之引論語

羿善射通作羿潪燒松枝取汁曰潪輗輧輗車名⿰魚百魚名山海經瀤水多⿰魚百犬首音如嬰兒⿰齒旨⿰齒肖⿰齒旨齧也霓蜺虹也或作蜺

誽伺也淣水際掜捉也寄也帠法也莊子何帠以治天下⿰女羿姚也○慧胡桂切說文儇也通作惠文二十七惠𢡆說文仁也

古从芔憓愛也順也通作惠譓儶僀儶困劣皃韢橐紐一曰橐囊屬㨹⿰扌惠裂也桂也或从惠鏏廣雅鬵鼎也潓

說文水出廬江入淮蕙香艸櫘槥說文木也或从彗蟪蟪蛄蟬屬譿譓辨察也或作譓鏸銳也一曰矛三隅謂之鏸⿰阝惠

陸也繐疏布⿰缶夬⿰䜌夬⿰缶夬大管⿰羽惠⿰羽慧⿰羽叀⿰羽彗博雅羽也或从慧亦並省熭乾暴也轊⿰車惠車軸頭或从惠○嘒⿰口慧

嚖呼惠切說文小聲也引詩嘒彼小星或从慧从惠文九暳⿰日慧小星謂之暳或不省⿰世欠⿰世欠欱笑也噦聲徐有節也詩鸞聲噦噦

徐邈讀喙口也騞刀解牛聲○桂涓惠切說文江南木百藥之長文二十四烓博雅明也通作⿱夫日炅觖舌頭語也趹蹀也鈌

刺也𡙇博雅極也刲割也筀竹名傷人則死䓣茥艸名或省罣絓也決疾皃莊子麋鹿見之決驟徐邈說趉趧趉走皃
𪘏鼷也𢼛放也侵也訣決也鵳鴂鸐鵳鳥名或从夬䟑馬行皃𣹟水名眭姓也昚炅姓也炅氏譜桂貞爲秦博士始
皇阮儒改姓昚其孫溢避地朱虛改爲炅弟四子居齊改爲炔今江東多桂姓一曰漢有城陽炅橫漢末被誅有四子一守墳墓姓炅一避難徐州姓昚一居幽州
姓桂一居華陽姓炔四字皆九畫云炔煙出皃○𧞅睽桂切衣裾分也文五肤孔也闋止也瓗璿玉名或作璿○筡遾
丑戾切竹名一曰竹裹爲筡或作遾文二
十三○祭子例切說文祭祀也从示从手持肉文十三際說文壁會也𩯭鬛髻曰𩯭祭邑名在周穄說文糜也鰶𩸬
魚名或作𩸬瘵接也詩無自瘵焉鄭康成讀傺方言逗也逗謂住也𥢧穧穫也或从齊𠹍小語漈水涯○歲𡻕
須銳切說文木星越歷二十八宿宣徧陰陽十二月一次从步戌聲律歷書名五星爲五步古作𡻕文十一𦅻蜀細布繐繸說文細疏布也
或省亦从歲帨佩巾涚沛和也盎齊謂之涚酌暳日中暴明也𪔂小鼎也檅槥小棺或作槥○脃膬脺
此芮切說文小耎易斷也或从毳毳从卒通作毳文十五𣃽斷也𣽹飲也韢𩏂囊裹屬或作𩏂毳說文獸細毛也𣯧說文
數祭也𥜶說文謹也𥩦穿地也𧒀蟲名帨佩巾劌小傷也涚溫水○絕祖芮切束茅表位也文六㩗𢭏

裂也或省橇禹之四載泥行所乘通作蕝栬小杙爂土輕脃也○彗篲𥱼䇶旋芮切說文埽竹也从又持甡或从竹从

慧古作䇶文二十槥櫘說文棺櫝也或从慧轊軎車軸頭或作軎鏏鏸大鼎或从惠䵻小鼎繐細疏布也纗

說文蜀細布𢅤盥巾謂之𢅤蔧艸名爾雅蔧王蔧𢡾謹也㨹挂也腏挑取骨間肉也𧢼破碎也幰布巾○世𠀍

𣎆始制切說文三十年爲一世从卅而曳長之亦姓古作𠀍𣎆文六貰貸也勢威力也齛齝也○𣢏呼世切气聲文一

○掣𢯫摰尺制切爾雅粤夆掣曳或作𢯫摰文二十觢𢪃說文一角仰也引易其牛觢或从手通作掣𢊍痸

𢊍說文引縱曰𢊍或从制亦作𢊍瘛說文小兒瘛瘲病也狾猘𤢇狂犬或作猘𤢇滯𤄆懘𢡝音敗不和

也或从心亦作懘𢡝𢡝說文小怒也𨧗剓除艸器或作剓𣏑齊人謂急持曰𣏑○制𠛐制征例切說文裁也从

刀从未未物成有滋味可裁斷一曰止也古作𠛐制文三十八製說文裁也謂裁衣也𩌩博雅鞬𩌩刀削瞓目明聅聞也或作

聅晢目美也或書作晣晣䀿明也或从制亦書作晢迣說文迾也晉趙曰迣鮆𩶈魚名𪉦𩒫魚醬或从酉餐

臭也狾猘瘈說文狂犬也引春秋傳狾犬入華臣氏之門或作猘瘈䉕大箄也㝢病子在娠謂之㝢𧐸姓也

王莽時有𧐸惲蜇𧕋蟲名蝗子也或从虫折斷也春秋傳司馬置折俎徐邈讀觢豎角牛晢博雅白也𥍉矛謂之𥍉

⿰言制語不正也⿺走折踰也⿰耳祭聰也⿸疒掣引縱病也逝遰往也或作遰淛浙江名或作浙瘵病也⿰耳祭察視○誓

⿰⿱丰亞斤時制切說文約束也古作⿰⿱丰亞斤文二十七噬說文啗也一曰喙也⿱竹⿱巫廾筮簭說文易卦用也从竹从⿱巫廾⿱巫廾古巫字或作筮簭逝

遞說文往也或作遞⿺走折跩跇遈超踰也或作跩跇遈通作迣迣迾也遾爾雅逷遾逮也北燕曰遾一曰遠也忕習也

⿱折金說文車樘結也一曰銅生五色或書作⿰金折觢⿰⿱角牛刂⿱⿰丰刀手一角仰也一曰牛角立謂之觢或作⿰⿱角牛刂⿱⿰丰刀手澨說文埤增水邊土人所止者引

夏書過三澨折曲也詍⿰口曳⿰言曳語多也山東云或作⿰口曳⿰言曳抴拕也山東語⿱㓞肉制肉也貰漢侯國名○稅輸芮切說

文租也一曰舍也亦姓通作說文十四說誘也裞說文贈終者衣被曰裞帨帥佩巾或作帥⿱埶巾說文禮巾也挩拭也

⿰食兌⿰食雋說文小餟也或作⿰食雋祱博雅祭也一曰過制追服謂之祱涗說文財溫水也引周禮以涗漚其絲蜕說文蛇蟬所解皮也啐小歠

𣪠卜問吉凶曰𣪠○毳充芮切細毛也文十二竁說文穿地也一曰小鼠引周禮大喪甫竁喙口也⿱林剡艸名⿺毛毳泥行所乘通作

毳⿱毳示博雅謝也一曰數祭⿰⿱竹⿱目廾攴博雅春也⿰⿱竹⿱目廾刂⿰⿱竹貝刂斷也或作⿰⿱竹貝刂⿱毳米穀再舂也⿸尸毳脆也啜嘗也○贅⿰⿱丰貝叒朱芮

切說文以物質錢从敖貝敖者猶放貝當復取之也古作⿰⿱丰貝叒文六⿸疒敖瘤腫通作贅𣪠說文楚人謂卜問吉凶曰𣪠从又持祟⿱𣪠虫蟲名

⿱𣪠心謹也○啜稱芮切嘗也文三⿱𣪠心謹也畷田中道也○惙丑芮切短氣皃文二啜爾雅茹也施乾說○刵牛芮切截耳也

文一。汭内儒稅切說文水相入也或省文十八芮說文芮芮艸生皃一曰國名亦姓蒳蓾艸之小者或作蓾枘鈉刻木耑所以入鑿或从金通作内抐捽也蜹蚋蟲名說文秦晉謂之蜹楚謂之蚊或省説悅也周禮注遊觀則施惠以爲説也聶氏定作此音㘨深也靜也笍竹名袂衣袖莊子被髮揄袂李軌讀𢱢扨也𨧐銳也毳細毛也衲補也。𤺋竹例切瘌病一曰牛頭瘍文二蛭至水蛭蟲名。憏所例切帛餘文十鎩鈹屬帴被也殺害也殺𦃇降也或作𦃇蔱椒也𠰉喝𠰉聲也樧木名似茱萸𧜫衣褰縫。毳簒初芮切春也或作簒文十𣰆毛跳齧也𠟻𣂼𠠯斷也或从斤亦作𠠯𣀓艸出皃蔡艸汚地也察伺也𩭐數祭。啐𣾴山芮切博雅嘗也或作𣾴文五𧐴蟲名嘬盡臠也一曰齧嘗之與無反魚肉同義𣀓楚謂卜問曰𣀓。𨁈迣趆丑例切說文述也一曰踰也或从辵从走文二十二𧼪𨂁說文超特也或从足𨁲跳也傺博雅逗也一曰侘傺失意皃怈習也懘困劣也晢䁆也一曰目美或書作晣揥所以摘髮者觻博雅觻謂之觚滯水灑散皃𨂃𨇌一足行也或从帶憏侘憏未定也𣻯懘㤺滯樂音不和或作懘𢃿悧也瞸察視揭褰衣渡水𧗽刻也。𦄂於例切說文不成遂急戾也文十三瘞說文幽薶也𤅳博雅清也一曰蓋也𢄰直衿謂之𢄰餲饐說文飰餲也引論語食饐而餲或作饐𦡁臆下也𪕶小鼠名茵以艸補缺瘞𩜁埋也古作𩜁𪂔鳥名食魚

譓夢言不慧也　○愒憩偈㲉去例切說文息也或作憩偈㲉文十五　揭說文高舉也　甈𤮊𤭛爾雅康瓠

謂之甈或作𤮊亦省　擖刮也　藒香艸爾雅藒車芞輿謝嶠讀　堨壁隙　𨁊跛也　劂傷也　瘚頭瘍一曰傷肷也　愒恐也

○猘狾瘈𪗴狛居例切狂犬也或作狾瘈𪗴古作狛文十七　彑說文豕之頭象其銳而上見也　罽說文魚网也　𦆀

𣭈纚說文西胡毳布也或作𣭈纚通作罽　訐相告斥曰訐　瀱說文井一有水一無水謂之瀱汋　蘮艸名爾雅蘮蒘竊衣似芹可食

𦽏說文艸之小者　劂博雅傷也　𥳑𥳑篗竹實　瘚博雅禿也　○瘵側例切病也文一　○偈其例切武皃文六　堨

堰也　蘮蘮蒘艸名　檕博雅檢檕釘也一曰車木鎋　碣山名書夾右碣石韋昭讀　揭揭陽縣名在南越　○衞于歲切說

文宿衞也从韋帀从行行列衞也又國名亦姓文二十一　譓𧮫說文𧭈言不慧也或从言　𧗿說文牛踶𧗿也　𧘂說文衞也　璏

𤨢劒鼻玉或省亦从彗　軎𨍭轊說文車軸耑也从車象形杜林說或从彗从惠　䉋博雅簫䉋箭也一曰竹名

𧱻說文豚屬　槥小棺　𤒹𤑽暳說文暴乾火也或作𤑽亦从日　𢸀博雅裂也　鏏說文鼎也　𦔫翽末　○劌姑衞切說

文利傷也文十五　劂𠟵剞劂刀也或作𠟵　撅揭也　橛夏俎名通作嶡　蹶𨇨趧僵也一曰跳也或从衞从走亦書作蹷　嶡山皃　𧗿

牛踶　蟨鼠也一曰獸名　鱖鱥說文魚名或作鱥　橜盛肉几亦姓　𩦹馬性惡　○憩許罽切息也詩召伯所憩徐邈讀文八　餀

物臭㶖爾雅井一有水一無水爲㶖汋孫炎說𣢏气聲𡜍兇恣也靾𩌏被具所以送死或从曳亦書作𩌯𩎟

纏也。滯直例切說文凝也一曰積也文十一蹛蹛林匈奴祭天處茜說文以艸補缺或以爲綴一曰約空也𨥂除利器也璏

說文劒鼻玉也彘說文豕也後蹏廢謂之彘从彑矢从二比彘足與鹿足同亦姓𩹉魚名𥫱以竹補缺銴小車耳鉤𤸱久痢

墆停貨也。例𠋷列力制切說文比也或作𠋷亦省文五十四厲𧓁說文旱石也或从蠆通作礪厲一曰嚴也

惡也危也大帶垂也亦姓礪䃺石砅濿說文履石渡水也引詩深則砅或从厲通作厲洌水清也𡾊巁𡾋說文

巍高也或从厲亦省𤵸𡠋癘𤻷疾疫也春秋傳大瘠者何𤵸也或作𡠋癘𤻷通作厲禲䄏鬼災曰禲春秋傳鬼

有所歸乃不爲禲或省通作厲勵勉也贎𧸛貨也或省㤠裂帛餘也或作裂迾迣遮也一曰車駕清道古作迣

𩤐䮶說文次第馳也一曰𩢸也或从厲亦書作䮷犡牛白春鮤魚名蠇蠣𧓁說文蚌屬似螊微大出海

中今民食之一曰雕百歲化爲蠇或作蠣𧓁亦書作蠆𩸂魚名或書作𩸂秢𥢸𪏆黍穰謂之秢或从厲古作𪏆

覼視也爄止火𣝡木名實如栗栵木名爾雅栵栭樹似槲樕而庳小糲米之不精者茢艸名一曰

苕也裂囊有飾緣之曰鞶裂鄭康成說𣦼病也𥂰器名𠝥割也曞日光盛𧧁言美也颲風駛也㤠

⿰忄厲驚也或从厲 銐利也 洌寒也 ⿱竹列籌也 ○綴株衛切說文合箸也文十七 娺廣雅怒也一曰疾悍 餟 醊

腏說文祭酹也或从酉亦作腏 ⿰叕豖豕啓地 啜泣皃一曰茹也 畷井田閒道 輟車小缺 笍 錣說文羊車騶箠也箸

箴其耑長半分或作錣 轛車式下立木 蹳博雅跳也 裰繹祭謂之裰 致積累也漢書致令辟爲郭 ⿰禾叕禾皃 亅

劒戟皃从反亅 ○⿰金芮除芮切曲刀文一 ○瘈吉曳切病也文一 ○曳以制切說文史曳也文六十五 丿說文抴也明也象抴

引之形 抴拽說文捈也或从曳 跇踰也 袣⿰衤曳絏衣長皃一曰袖也或从曳亦作絏 裔⿱商衣⿱衣冂說文衣裾也一

曰邊也末也或作⿱商衣古作⿱衣冂 ⿱折巾裂也 怈忕怈說文習也一曰明也或作忕怈 勩⿰聿力肄⿰隶力說文勞也引詩莫知

我勩或作⿰聿力肄⿰隶力 呭㖂詍⿰言曳說文多言也引詩無然呭呭或作㖂詍⿰言曳 齛⿰齒曳羊粻也或从曳 靾博雅靮靾騂韁也

疶⿸疒曳病也或作⿸疒曳 ⿰彳折刻也 ⿱竹曳箄也 ⿰王曳⿰王世說文石之似王者或从世 泄說文水受九江博安洵波北入氐 ⿰氵裔

溶⿰氵裔水皃 枻栧楫謂之枻一曰柂也或从曳 ⿱艹渫渫烝葱或省 ⿱艹裔⿱艹⿱商衣艸名似蘇而赤或作⿱艹⿱商衣 ⿰曳羽⿰世羽飛也

或从世 ⿰曳鳥鳥名飛生也 ⿰惠羽也翢末 羿闕人名有窮后羿 汱沙汱擇也 ⿰豸隶⿰犭曳爾雅貍子⿰豸隶或作⿰犭曳 ⿰革曳⿰車曳

車馬贈亡謂之⿰革曳或从車 ⿸广世庋謂之⿸广世 洩舒散也 乀曳足也 ⿱折金銅生五色 澨水名一曰水涯 筭筮揲蓍占也

集韻去聲十二　二十九　全三奐

或省噬齧也誓要言䚢觢也婯婦人病娠秇粇稻名或从米懥怒也忕狃忕過度○睿
叡俞芮切說文深明也通也古作睿容叡籀作叡文二十三銳劂梲兊說文芒也亦姓籀作劂或作梲亦省鈗鏸
侍臣所執兵或从惠鋻銅生五色饖小餟裞贈終衣莌方言艸生初達謂之莌捝挩博雅動也或从兊蜹
毒蟲名轊車軸頭篲帚也莊子操拔篲以侍門庭郭象讀啜爾雅茹也郭璞讀諬恨言硊磨使消也璏美玉
○埶蓺藝𡏳秇倪祭切說文種也从坴丮持而種之引詩我埶黍稷徐鍇曰坴土也一曰技能也或作蓺藝𡏳古作秇文
十三槸槸說文木相磨也或从艸亦書作槷褹袂方言複襦謂之筩褹或作袂寱寷瞑言也或作寷囈寐聲
列子嗙囈呻呼峀土高皃○劂九芮切剞劂刀也文六𠁎追迮也臬射的也闑門中橛瓡褻康瓠也或
作瓡○劓劓牛例切去鼻刑或从鼻文七寱寷說文瞑言也或作寷瓡褻說文康瓠破罌或从埶𧆛
虎皃○蔽萆薢必袂切說文蔽蔽小艸也一曰奄也或作萆薢文十三鄨說文牂柯縣鷩䨆雉名
或从隹幣財也周禮幣餘之賦于賓讀敝塞也通作蔽瞥瞖也箥篳衣車戶也一曰簿籌弊斷也彆
彇弓戾也或作彆○潎澈匹曳切說文於水中擊絮也一曰清也一曰魚游皃或作澈文六𠢕削也撇標也㡀衣壞皃

瞥瞖也。㡀毗祭切說文敗衣也从巾象衣敗之形文十二 敝說文帗也一曰敗衣 幣〓〓說文帛也一曰財也或从衣从貝

獘斃說文頓仆也引春秋傳與犬犬獘或从死 弊惡也 〓獸名似犬有文故从文 蔽塞也通作敝 獙山海

經姑逢山有獸狀如狐有翼名曰獙獙 〓惡綿。袂彌敝切說文袖也文三 〓布帛幅邊 櫗櫗楔細小皃

十四。夳太大泰他蓋切說文滑也一曰大也通也或省亦作大泰文十五 舦大舟行 汏汰太過也一曰沙汏或从太

溙水皃通作汏 忕㤥奢也或作㤥通作汏 鈦博雅鉗也一曰在項曰鉗在足曰鈦 軑地名故弦子國 戾輜車旁戶 〓太黑甚

蹛踶也。帶當蓋切說文紳也男子鞶革婦人帶絲象繫佩之形佩必有巾从巾通作帶文十四 帶帶方山名一曰郡名屬幽州通

作帶廗 〓下病 跢小兒行皃一曰倒也 蹛說文踶也一曰蹛林匈奴繞林而祭也顏師古說 艜方言艇長而薄者謂之艜 摕

撮取也 蔕艸木根也 〓方言踶也 〓博雅槌也 〓姓也王莽時有中常侍〓惲 廗屋邪 螮蟲名一曰蛇也

遰連也。大徒蓋切說文天大地大人亦大故大象人形文十六 汏汰〓說文淅瀾也或从太古作〓 戾說文輜車旁推戶也

軑博雅輪也 鈦鉗也 䲦鳥名山海經䲦出首陽山三目有耳 〓海隅謂籃淺而長者曰〓 〓姓也 呔嘗也 蹛

踶也過也 忕奢也習也 〓大黑也 馱馬畜負物也一曰縣名在江夏 伕地名在海中。賴𩓡落蓋切說文贏也一曰恃也亦

姓古作頗文三十二贎貨也襰袜襰祝詛㘓博雅墮也賚𧸖說文賜也引周書賚介秬鬯或作𧸖詩𧸖爾圭瓚徐邈讀

亦書作睞糲糲𥻗說文粟重一秙爲十六斗大半斗舂爲米一斛曰糲或从厲从刺囆嚹聲也或从賴𤒩火之炎毒

曰𤒩癘癩說文惡疾也或从賴瘌楚人謂毒曰痛瘌𨆪跛也一曰𨆪跙邪行瀨說文水流沙上也𠗨說文寒也

籟說文三孔龠也大者謂之笙其中謂之籟小者謂之箹藾莿艸名爾雅苹藾蕭或作莿犡𤛽說文牛白膂也或从

蠆蠣蚌屬鯻說文魚名厲病也詩厲假不瑕鄭康成說一曰祖厲地名一曰鄉名蠇毒蟲也莊子蠆蠆之尾郭象讀

婡好皃𤢖狂也懶憎懶嫌惡攋毀裂。柰乃帶切說文果也一曰那也俗作捺非是文七萘艸名渿說文沛之

也一曰水波皃𩶍𩶍𩶍魚名𣉻日無光也𣭶獸毛密曰𣭶㛍女字。貝博蓋切說文海介蟲也居陸名猋在水名蜬象形古

者貨貝而寶龜周而有泉至秦廢貝行錢一曰州名文三十鋇博雅鋋也盽昁不明也或从日䟺跡跋說文步行躐跋

也或作跡跋通作狽𢃄行皃浿水名出樂浪伂顛伂仆也通作沛邟沛說文沛郡或作沛垻坡也𣬛𣬛𣭶

多毛𤙁𤘱說文二歲牛一曰牛足長大曰𤙁或从貝鯆說文魚名出樂浪潘國犻犬張齗皃芾爾雅小也巿艸木

皃茇爾雅茖白華茇一曰艸根梖梖多木名出交阯及西域葉可書萯萯母藥艸𢗕恚恨也狽獸名狼屬也生

子或欠一足二足者相附而行離則顛故猝遽謂之狼狽茷艸葉多皃𢻲物衺外也媍女字珼貝飾坒姓也。娧脫

吐外切娧娧舒遲皃一曰喜也或从肉文十一蜕蟬蛇易皮稅日月已過聞喪而服曰稅駾說文馬行疾來皃引詩昆夷駾矣毻

毤博雅解也謂鳥獸解毛羽也或从兊兊成蹊也詩行道兊矣丨上下通也侻舒緩皃一曰輕率裞送死衣。祋𣪘

都外切說文殳也一說城郭市里高縣羊皮有不當入而欲入者暫下以驚牛馬曰祋故从示殳引詩何戈與祋一曰祋𥙰縣名在馮翊古作

𣪘文四杸木名綴表也禮行其綴兆詩荷戈與綴鄭康成讀。兌兊徒外切說文說也古作兊文十五娧說文好也𩋾

博雅補也綐博雅紬也銳鈗矛屬或作鈗𥺅屑也𠜾削也垸墻墮也𡸈𡸈嶒山皃遺遺漪汎沙也

䬇小風駾馬行疾來皃一曰突也奪地名。酹餟瀨魯外切說文餟祭也或作餟瀨文十餟小啜也祱門祭

謂之祱通作餟𧔼癘也一曰畜病頪鮮白也一曰難曉𣯛鳥羽斑色𣦼病也𩢒馬毛斑白。霈普蓋切多澤也文十四

沛說文水出遼東番汗塞外西南入海浿水出樂浪𢗧怈博雅怒也或从犮眂目不明皃肺茂皃詩其葉肺肺

淠動也詩其旆淠淠徐邈讀𧿹急行皃𦍮姓也䭾馬皃柿木盛皃𨛍邑名坒姓也。旆蒲蓋切說文繼

旐之旗沛然而垂文十六軷出祭道神也𧿹蹞𧿹行不正拔柿木生柯葉皃詩柞棫拔矣或作柿茷伐艸多

皃一曰莜莜有法度也或省　胈白肉也莊子股无胈李軌讀　茇茖白華　翣縭羽也社稷舞執之　⿰扌風撥也　沛艸生
水曰沛　⿰女風女名　祓祭也　棑舟前木　瞂盾也　○眛莫貝切目不明也文十一　跊踐也　沬水名在蜀西一曰微晦
䵢深黑色　枺木名榙也　抹摸也　眜冥也一曰斗杓後星一曰縣名在益州　媒貪也通作昧　韎赤韋　妹
女弟　黴濡筆也　○蔡七蓋切說文艸也一曰國名亦姓古作𦿓文七　漈水名　⿰蔡鳥　⿰蔡隹鳩屬或从隹　縩
綷縩紈素聲　嫊女字　○䃎先外切小石文三　⿰女最瘠病　⿰目最流視也　○襊取外切緇布冠也一曰衣縫文九　⿰足最
行皃　⿱宀⿰示又說文塞也　⿱⿰示又䖵蟲名　⿰日最小春　竄逃匿也　冣聚也莊子物何爲最之徐邈讀　⿱艹⿰示攴說文艸也　⿰巾最⿰巾最項
古服其制未聞　○最祖外切說文犯而取也一曰極也凡也文十一　⿱⿰示又䖵說文蟲也　蕞地名在秦一曰在新豐　撮會撮頭椎也
稡禾秀不實也　⿰齒卒　⿰巾卒說文五采繒色也或作悴　棷澤也禮麒麟在郊棷徐邈讀　藂藂木灌木也周續之說
萃艸盛皃　⿰女最女字　○蕞祖外切小皃文四　⿱竹最⿱竹最⿱竹尾竹器　最聚也　叢叢木灌木也劉昌宗說
○害下蓋切說文傷也从宀从口宀口言从家起也文八　妎嫎說文妒也或作嫎　夆說文相遮要害也南陽新野有夆亭
⿺辶韋說文無違也　嗐大開口一曰聲也　⿰忄害快也　⿰骨害骨也　○餀鑉虛艾切說文食臭也引爾雅餀謂之喙或作鑉

文八餲䭈臭也或作䭈猲犬臭𤸷𤺋病也或作𤺋鰪魚名。磕礚丘蓋切說文石聲或从蓋文二十六𨛭
地名嘅嘆也愒𢢃渴貪也或从欠从水𢿢𣪘博雅辱也一曰擊也或从殳濭船著沙䂒說文矛屬䫵
𩕄頭骨皃或从蓋鶡雗𪉩鶡鴠鳥名或从隹亦作𪉩餀物臭也𢡈博雅滿也愒非時而葬謂之愒𤎖
火也㾏喉病轄𨏹車聲或从蓋𡂄喝聲也或作喝𡋯塵也。葢𥂼居太切說文苫也一曰疑辭古
作𥂼匃丐說文乞也逯安說亡人爲匃或作丐刉制斷也書刉申勸寧王之德鄭康成讀𪇰鶷𪇰鳥名𤨼人名晉有建平
夷王向𤨼鄯地名䈓篕也忦懼也。藹於蓋切說文臣盡力之美引詩藹藹王多吉士文十九
藹說文蓋也清也微也馤𩡠馤香氣也或从蓋靄𩃴雲皃或省壒塵也通作堨𣊽日色也𢢌謹也
䶠䶠鼠小鼠相銜尾而行𡢃𡟬𡞥死也或省亦作𡞥𡃫噎也𩞁廣雅臭也𧄼晻𧄼鬱陰也堨
青土謂之堨一曰壁間隙嗳氣也曖晻曖冥也。艾牛蓋切艸名說文冰臺也一曰老也㘷也一曰邑名在南昌或作㘷文七豛
字林豕三毛聚居者一曰豕老謂之豛通作艾鴱𨾊鳥名爾雅桃蟲鷦其雌鴱或从隹乂忞創乂懲也或作忞通作艾。會
市佮峕乃會㑹黃外切說文合也从亼曾省曾益也亦姓古作市佮峕乃會㑹文十八嶒峕嶒山皃𣊡日月合宿

譮悟也繪繢說文會五采繡也引虞書山龍華蟲作繪引論語繪事後素或作繢古通作佮岁禬除殃之祭曰禬

鬠骨擿之可會髮者璯玉飾冠縫檜木名一曰柩飾霫雨也襘衣緩帶𨖴違無違也○䜐呼外切說

文聲也引詩有識其聲文九翽說文飛聲也引詩鳳皇于飛翽翽其羽鉞鐬噦說文車鑾聲也引詩鑾聲鉞鉞或从

歲亦作噦𪖍鼻息濊說文水多皃渙水名一曰縣名在亳𢖻𢖻𢖻室宇顯敞也○𥢶糩苦會切說文糠也或

从米文七翽飛聲也快逞也史記應侯固不快劉伯莊讀髁𡲬博雅䯚骨也或作𡲬轄車聲○儈古外

切會合市人也文三十一禬說文會福祭也引周禮禬之祝號會岁總合也古作岁䯤鬠說文骨擿之可會髮者引

詩䯤弁如星或从髟通作會襘說文帶所結也引春秋傳衣有襘𩞂食也擓收也刽說文劃傷也一曰斷也一曰刀不利

於瓦石上刉之劊說文斷也膾鱠說文細切肉也或从魚獪狡獪戲也廥說文芻藁之藏也鄶說文祝融

之後妘姓所封潧洧之閒鄭滅之亦姓嬒說文女黑色也引詩嬒兮蔚兮澮說文水出霍山西南入汾巜沛𣲷說文水流

澮澮也方百里爲巜廣二尋深二仞古作沛𣲷通作澮旝說文連大木置石其上發以機以追敵也引春秋傳旝動而鼓又引詩其旝如

林一曰旃也檜栝木名說文柏葉松身或作栝噲地名史記魏敗趙于噲通作澮璯玉飾冠縫𤻇病也概杖也

嶒峗嶒山皃繪五采束髮⿱旣月罯痛○薈烏外切說文艸多皃引詩薈兮蔚兮文十一懀懀懶嫌惡也一曰悶也瞺眉目閒⿰黑會說文沃黑色濊澮汪濊深廣也或作澮穢惡也通作濊⿱雨會小雲謂之⿱雨會嬒女黑色徻徻徻屋宇高明也⿰鼻會鼻息○外五會切說文遠也卜尚平旦今夕卜於事外矣文一○⿱衛心于外切夢言意不慧也文一○饖乙大切食臭敗也文一

十五○卦古賣切說文筮也文十一挂說文畫也一曰懸也通作掛詿課博雅誤也或作課⿰盾圭盾握也掛别也易掛一以象三繣徽也絓罣罥也或从四⿱毄木緶耑木惴性多阻礙也○畫胡卦切界也俗作畵非是文十五詿誤也絓說文繭滓也一曰絓頭一曰以囊絮練也⿰糸卦罫挂礙也或从网亦作挂通作絓澅水名在齊纗博雅纗紳縱帶也一曰弦中絕⿰女巂愚戇多態也黊黃也繣徽也哇喉結塞也⿸尸系履也方言西南梁益之閒謂之⿸尸系㮲柃㮲農具⿰立圣度也○諣呼卦切說文疾言也文二⿸疒巂愚也○懈居隘切說文怠也或書作⿱解心文七解除也一曰闓上也繲故衣也薢薢茩艸名芙茪也廨公舍嶰山名⿸疒圭病也○邂下解切說文邂逅不期而遇也文四解散也一曰解廌獸名一曰地名謑⿰口解怒聲或作⿰口解○謑許懈切恥也一曰怒聲文二○⿱毄女⿱毄心毄口賣切說文難也或从心亦省文五

解 解垢詭曲之辭 喫 喫詬力諍 ○䧇隘阸阨 烏懈切說文陋也从𨸏䔬籒文嗌字或作隘亦从戹从厄文十八 伌 困也

搤 扼也 𡵓𡾁 險也或从益 䅽 稻束曰䅽一曰稗䅽稻種 𤸷 說文劇聲也 䨙 霧也 砈砨 玉名范雎曰周有砥

砨或作砈 呝𧦝 聲不平謂之呝或作𧦝 嗌 方言噎也秦晉謂咽痛曰嗌 𨶖 鬩也 賹 記物也 ○睚𥋤𥉒㾜

厓 牛解切目際也一曰怒視或作睚𥋤𥉒㾜厓文七 𪘹 齒𪘹切齒 㤥 恨也 ○𤵽 卜卦切舍別也文五 𥾇 散絲也 𣓪 膝屬 派

谷名在安邑 𡾰 山谷阸也一說蜀中謂山谷閒田曰嶭 ○𠂢 普卦切水分流也文十一 派 說文別水也 𥾢 說文散絲也

𣏟朩 說文葩之總名林之爲言微也微纖爲功象形或省 𤄊渒 說文水在丹陽或省 𣓪 膝屬一曰木皮蜀人以爲布

𦔪 博雅種也 篺𥫱 竹片也或作𥫱 ○粺𩌄 旁卦切說文毇也一曰粟一石舂米一斗四升或作𩌄文八 矲 短皃

稗 說文禾別也 𤾰 白皮 𪐱 黍屬 杷 田器 𤃩 水名 ○𧶠賣 莫懈切說文出物貨也从出从買隸作賣文四 𥈭

邪視 𧹞 𧹞穢垢膩皃 ○曬 所賣切暴也通作𣄴文八 𪐦 不黏皃 灑洒汛𣲘 汛也或作洒汛古省 攦 埽也

𨡼 簀酒也 ○瘥差 楚懈切說文瘉也或省文七 衩 博雅褙袺衽謂之褸衩 杈 杈杷平田器 泾 水浦也 訍

疑也一曰訍持人短 𧪂 異言 ○債責 側賣切逋財也或省文七 榨 取油具 𨡼醡笮簀 壓酒具或作醡

箺簀。瘵仕懈切疾也文十二柴砦𡶡𥓌𡏓藩落也或作砦𡶡𥓌𡏓眦𥉻疵眦睚恨視或作𥉻疵亦書作眥

齸齸𪘽開口切齸齜骴獸死或从骨。膪陟卦切膪肥皃一曰腏肉文二𢕄立皃。媞得懈切方言荌媞欺

謾也文一。䰄求卦切䰄鬗鬆亂文一。鬗奴卦切䰄鬗鬆亂文一

十六。怪傀古壞切說文異也或作傀亦書作恠俗作怪非是文十三硁䃶石似玉古作䃶𤼵大也壞擓𣀔

罫毀也或从手从攴古作罫蔽艸名𢪱擾也篏竹名浍水名。蔽蒯𠛾苦怪切說文艸也或作蒯𠛾蒯亦姓

文十七蕢艸名赤莧也簣博雅竹籠也篏竹箭郙說文汝南安陽鄉喟嘳𣢐說文大息也或作嘳

𣢐𣢐博雅斷也塊墤凷土也或作墤凷通作蕢𨜻漢侯國名忦恨也嬇女字。𧮂呼怪切𧮂𧮂頑惡也

文八䶇臥息𧗿過也𧗿木名𣿬𤄷𣿬水相激聲嘳喟字林息憐也或从胃𩔰癡不聰明也。𡒃䍐

𣀔胡怪切說文敗也古作䍐𥲒从攴文七𩟐食敗也𡡀腐也蘾艸名爾雅蘾烏蓲𧸖𧸘𧸖垢膩也。𢷾仕壞

切拉也。聵聩𦗇五怪切說文聾也或作聩𦗇文七𩔰說文癡不聰明也𩔰說文頭蔽𩔰也謂頭癡

𩕳䫥人名漢有𩕳北平康侯䫥甚。戒𢦦居拜切說文警也从廾持戈以戒不虞古作𢦦文五十四誡諫說文

集韻去聲二　三十四　王京

勑也或从界 悈說文飾也引司馬法有虞氏悈於中國一曰急也懂也 忦憂懼也 介說文畫也一曰助也閒也獨也

夵說文大也 价𠊱說文善也引詩价人惟藩或作𠊱 𡨄博雅獨也 𢗁忽忘也 畍堺隭𠇤說文境也

或作堺隭𠇤亦書作界 髤說文簪結也一曰覆髻也 忦憤也 𨒪說文𨖷𨒪也 玠琾說文大圭也引周書稱奉介圭或从

界 疥瘵 蚧說文搔也或从界从虫 衸說文袥也一曰布幅 砎硴硬也或从界 𧛊𧝂上衣也或从蓋

屆届暨說文行不便也一曰極也至也或作届古作暨 艐爾雅至也 睃怒也 犗說文騬牛也 𩡪說文系馬尾也

鴧說文鳥似鶡而青出羌中 魪魚名比目也 芥說文菜也 丯說文丯丯蔡也象丯生之散亂 庎𣙾所以庋食器者

或作𣙾 吤聲也 薊蘮薊鯁刺也通作芥 鶛鳥名爾雅鶛劉疾 恝無愁皃孟子不若是恝丁公著讀 𣭛獸毛細曰

𣭛 岕山名 𣲶水名 犗四歲牛 紒綰也 妎女字 儿仁人也 𩢽上不問下 ○烗𤇡炌口戒切烗烗爔

也或从戒从介文九 揩揩揩強突 𩋽鼓名通作揩 欯聲也 喫喫詬力諍 劾勓勤力也一曰勉也或作勓 ○譮許介

切怒聲文十七 欸𠻳說文訾也或作𠻳 齂屓唏說文臥息也或作屓唏 噧說文高氣多言也引春秋傳噧言 𧫷

𧮂譤𧫷爭怒或从蠆 奆說文瞋大也或書作𡙁 𦤶博雅臭也 𣢺𣣋急氣皃或作𣣋 忿說文忽也引孟子孝子之心不

若是忿一曰不和皃或書作忦咬風聲莊子宎者咬者蔽艸名喈聲也。○械下介切說文桎梏也一曰器之總名一曰持也一曰

有盛爲械無盛爲器文二十四𢪃持也䪥韰𧅞說文菜也菜似韭或作薤𧅞嚡送死歌也瀣沆瀣海氣𧦧

言善也㒠博雅陋也一曰速也或省㦗村度也𢡬博雅悵也一曰傾心也果敢也骱堅骨齘說文齒相切也一曰

怒也鰦魚名閅說文門扇也衸袥也妎博雅妬也一曰煩苛𤞥狢雌曰𤞥轚車轄𨖷無違也譮誡也

嬯女字𣶒水名。○聵牛戒切不聽也文六蝝蟲名食木葉㥟忦㥟吝也譺說文騃也一曰欺惏也忦說文憂也

一曰懂也劓截鼻也周禮劓罪五百李軌讀。○噫欬乙界切說文飽食息也或作欬通作欬文十欸怒聲菋五菋藥艸喝

嗑說文㵐也或作嗑嗄噎氣逆也或作噎餲餩食饐謂之餲或从亥。○𢱭拜𢷬𢪏𢫰布怪切說文首

至地也揚雄說拜从兩手下古作𢷬𢪏𢫰文七𦬇艸名扒拔也通作拜。○湃潰怖拜切滂湃水聲或作潰文三湏說文

水出樂浪鏤方東入海一曰出湏水縣。○㦡㿶憊步拜切說文㦡也或作㿶憊文十四韛𩎟𣝋吹火韋囊也或作𩏊

𣝋𦪙船後木通作棑棑木名𤅷水涌湃彭湃水聲糒乾餱備成也王褒說薜水艸名排排擠突

○𥄎暮拜切冥目遠視也一曰久也文十韎赤韋也一曰北狄之樂霾風而雨土𧭈說文識也𧳋𧳋豩頑惡菋艸名

荎藸也貍貍瘞也周禮以貍沈祭山林川澤劉昌宗讀或从艸味飲食之味䵣黑皃○鎩鏉所介切說文鈹有鐔也或作鏉文十𧞣衣削幅也殺䊓煞疾也削也或作䊓煞𣻐流疾也魕䰉鬼名或省𩃬雨疾也○瘵側界切說文病也文三𨞈祭說文周邑也或省○褹女介切複襦也江湘之間謂之箭褹或書作褻文三毴毛髮衆皃䊝絮亂皃○聉屖怪切聉頯無志皃文一○頯迭怪切擊頭聲一曰聉頯無志文一○𪕸火界切𪕸𪕹臭也文一○𪕹尼戒切𪕸𪕹臭也文一○菋忙戒切艸名爾雅菋荎藸即五味也文一○𤟥才瘵切雌狢曰𤟥文一○𪘐渠介切睡中齘切齒聲文一

十七○夬古邁切說文分決也从又中象決形文七獪㹟狤博雅獿也一曰狡也或作㹟狤䉔竹名噲闕人名燕王噲澮爾雅水注溝曰澮○快苦夬切說文喜也文五𥢶穅也噲說文咽也一曰嚵皃也亦姓璯闕人名晉有錢璯駃馬行○咶火夬切博雅息也文四譮氣高皃𪖫臥息聲𪑾黑皃○話話譮䛡戶快切說文合會善言也傳曰告之話言或作話譮䛡文六𧗿過也誡謀也○𪑾烏快切黑皃文四𪖫臥息懀心惡噲小咽○𪕸許邁切𪕹𪕸臭也文三𧭈譀也𪐴黑皃○餲於邁切飯敗也文五喝𡁴嗿饐聲或作𡁴嗿嗄氣逆也老子終日號而不嗄一曰楚人謂啼極無聲為嗄○敗北邁切毀之也陸德明曰毀佗曰敗文一○敗𣀔貝𤗉簿邁切說文毀也古作𣀔貝𤗉

文十一 退𧶘 說文敗也引周書我興受其退古作𧶘 唄 西域謂誦曰唄 杷 田器 ⿰土敗 堤也 秏 秏耗多毛皃 浿 水名在樂浪
○邁⿺辶蠆 莫敗切說文遠行也从辵蠆省聲或不省文七 勱 說文勉力也引周書用勱相我邦家 ⿰言萬⿰言厲 說文譀也或不省 佅
東夷樂名 ⿰黑萬 ⿰黑萬⿰黑侖黑皃 ○⿰口冊 所邁切喝⿰口冊聲敗也文一 ○柴寨砦 士邁切籬落也或作寨砦文三 ○嘬⿰口毳⿰毳欠
⿰叕欠 楚快切一舉盡釂也或作⿰口毳⿰毳欠亦省文十一 啐 小飲 ⿰鹵最 博雅鹽也 ⿵門叕 石抑⿵門叕穀名 ⿰酉最 廣雅醬也 ⿰齒最 剔齒
也 敠 除穀芒也 剟 斷也 ○啐 倉夬切啗也文一 ○蠆⿱萬䖵⿸厂蠆 丑邁切說文毒蟲也象形或从䖵亦作⿸厂蠆文八
⿰口蠆 闞人名春秋傳公孫⿰口蠆 ⿱艹懘蔕⿱㓞衣 ⿱艹懘芥刺鯁也或作蔕⿱㓞衣 懘 懘忦心不安也或書作⿱帶心通作蔕 ○⿰臭柰 除邁
切⿰臭柰⿰臭害臭也文二 ⿰彳遺 遺也 ○睉 仕夬切睉⿰貝叉目惡文一 ○⿰目叉 女夬切睉⿰目叉目惡文一 ○濊 袁夬切水多皃文一 ○⿱⿰卢又貝 何邁切⿰夂又
深堅意也文一
十八 ○隊 徒對切說文從高隊也文三十 ⿰石㒸 說文陊也 濧 博雅漬也 ⿱雨對⿱雨隊⿺辶⿱雨⿱日又 ⿱雨甚⿱雨對雲皃或从隊从⿺辶⿱日又
⿱艹對 艸木盛皃 ⿰目對 茂皃 墜⿰阝⿱敝坒⿸广⿱敝坒 說文齎也或作⿰阝⿱敝坒⿸广⿱敝坒 憝⿱⿰亯攵心譈懟 說文怨也引周書凡民罔不憝古作
⿱⿰亯攵心或作譈懟亦書作憞 錞鐓 說文矛戟柲下銅鐏也引詩厹矛沃錞或从敦亦書作鐜 棣 字林栘也陳留酸棗縣西南有

棣城一曰棠棣木名㥽廣雅志也⿰黑隶⿰黑隊黮⿰黑隶黑也或从隊⿰山對山皃或書作對⿰氵⿸厂隹沱也⿰骨隊⿰骨罷⿰骨隊愚皃⿱艹隊出⿱艹隊蘧踈

也謂荿上菌一隶从後及之也一曰與也逮行及也⿸疒貴下病膭下大皃瑇瑇瑁○譵對都內切說文應

無方也从丵从口从寸或从土漢文帝以爲責對而爲言多非誠對故去其口文九⿰亻對說文市也碓說文舂也轛⿰木對車箱或从木敦

⿰享瓦器名周禮珠槃玉敦一曰似瓿無緣盟以歃血者或作⿰享瓦濧漬也濡也○𢓴⿰彳内⿺辶内⿺辶复退吐內切說文卻也一曰行

遟也或从內古作⿺辶内⿺辶复⿺辶复隷作退文十五⿰月艮肥皃㥽⿰忄失博雅緩也忘也一曰肆也或作⿰忄失逶⿺辶⿱𠂉委⿺辶⿰虍艮⿺辶畏逶風疾⿺辶罒或作逶⿺辶⿰虍艮

不嚼也追和柔皃溜漬去色曰溜○纇盧對切說文絲節也文三十三頪說文難曉也一曰鮮白色从粉省儽傫

垂皃或作傫⿰畾力⿰畾殳說文推也或从攴櫑⿰扌纍急擊鼓或从纍礧壘礌雷檑⿰土畀倉推石自高而下也或

作壘礧雷檑⿰金戾銇平版具或从耒耒說文手耕曲木也从木推手古者垂作耒耜以振民也洡相磧洡也⿱艹耒

說文耕多艸睞目不正蘱艸名爾雅蘱薡董似蒲而細一曰地名⿰足耒足跌郲說文今桂陽郲陽縣⿱類土塊也類

偏也春秋傳刑之頗類礨礨空小穴一曰小封李軌說櫑櫑具劒名謂以木標首也頛⿰扌頁說文頭不正也从頁从耒耒頭

傾也或省⿰亻耒俓也酹餟祭也儡極也一曰重大而偏丰艸亂也⿰禾畾秲⿰禾畾稻名○内內奴對切說文入也从冂自外而

入也古作肉文八 芮蕞芮艸生皃 䯳髳䯳毛亂皃 㭉㭉㭉艸木垂實皃 帎茒垂皃 軜驂馬內轡 㐻闕人名 ○背

補妹切說文晉也文十七 褙䋲襦也或从糸 誖悖哱亂也或从心从口亦書作㤁 輩軰說文若軍發車百兩爲一

輩也或从北 𦓤𦓣廣雅耕也一曰兩壁耕或从北 北違也 倍加也莊子遁天倍情 祓福也 背闕人名晉有背督 邶古國

名一曰邑名在齊 坒姓也 粊惡米 ○配滂佩切說文酒色也文十 妃匹也通作配 嶏崩聲謂之嶏 朏月未盛之明也古書

作朏 啡卧息一曰唾聲 𡊡𡊡林地名在齊 痞博雅痞疕痂也 朏䑺將曙謂之朏或作䑺 靅霒靅雲盛 ○佩蒲昧切說文大

帶佩也从人从几从巾佩必有巾巾謂之飾文三十 珮佩玉也通作佩 琲珠百枚曰琲一說珠十貫爲一琲或書作𤦲 背偝㫲

違也或从人亦作㫲 誖悖哱怫𢡃亂也或从心从口亦作怫古作𢡃 犻犬過也一曰犬怒皃或書作𤝗 艴色艴如也

䀷暗也 孛茀說文𡗗也从𣎵人色也引論語色孛如也一說彗星也或作茀 𤑫焙煏也或作焙 糒糝也 邶鄁說文故商邑自河內朝歌以北是也或从背

棑舟前木 韭艸名山䪢也 蕡麻也 薋艸名山名 粊惡米 拔拂取也

媊女名 㧊轉戾 ○妹莫佩切說文女弟也文三十六 韎說文茅蒐染韋也一入曰韎 昧昒說文爽旦明也一曰闇也古作昒

眛目不明 脢䐈背肉也博雅胂謂之脢或作䐈 痗病也 黴物中雨青黑也一曰濡筆 𪐝淺黑也 𥢑禾傷雨

苺苺艸盛上出也隷作苺苺一曰常也雖也莓苺艸名博雅蒛葐蓙英苺也一曰木名子似葚或省墨讒哀敗善
曰墨𦋐網也楳木名瑁帽蝐冒瑇瑁龜屬或从甲从虫亦省跊踐也沬微晦也一曰水名在蜀茅茅蒐
禱艸味器光澤也禮瓦不成味媒媒晦皃眊博雅好也沒沈溺也春秋傳何沒沒邪昒說文目冥遠視也一曰夂也一
曰明旦也昒潛藏也𩔁說文昧前也佅西戎之樂曰佅嚜嚜杘多詐也秣飼也抹摸也○碎蘇對切說文𥖲
也文九䘹單衣䯿髮皃𤭢說文破也啐聲也誶告也粹碎米埣土之不黏者繀說文著絲於筟車也○倅
萃卒取內切副也或作萃亦省文十六䘹副衣也淬說文滅火器也琗玉光焠說文堅刀刃也啐說文
驚也嘍先嘗也通作啐催促也𥗳方言䃁謂之𥗳綷會五采繒色淬博雅寒也䘹祭也捘推也夎詐拜
也○啐摧內切驚也文四䯿䯿鬁鬆亂摧滅也熣殘敗○晬祖對切子生一歲也一曰晬時者周時也文十六䘹
博雅祭也䘹方言單衣謂之䘹啐少飲酒也𪓰綷帥說文會五采繒色或从糸从巾通作䘹捘捽推也或作捽
蓌夎詐拜也或省淬寒也醉闕人名晉有邯鄲醉睟目際錊鍊也琗玉光○潰胡對切說文漏也一曰散也文
三十一憒說文亂也殨說文爛也膭肥大皃从肉僓嫺也一曰長好嬇女字一曰女嬇陸終氏妻䫥無髮皃讃說文

中正也引司馬法師多則人讀讀止也一曰讀諱啁欺詯詗膽气滿聲一曰胡市也一曰洟後悔也或作詗繢繪說文織餘也一

曰畫也或从會䵻黇黃色或从或闠說文市外門也匯水回合也荳菜之美者雲夢之荳螝蟲名蛹也蚚字林蟲也

迴山無艸山木也回迴曲也漢書多陂回遠顏師古讀或作廻𡌚迴地形回屈絗衣領緣皃膭月朓謂之膭洄洄湜水清也

韇鞼繡韋囊或作鞼瀣沆瀣露氣一曰北方夜半氣焨火色硘石皃○誨𠰻呼內切說文曉教也古从口文二十一

詯說文膽气滿聲在人上悔說文悔恨也𣫭說文易卦之上體也商書曰貞曰𣫭通作悔晦說文月盡也渭沼淴

青黑色隸作沼或从忽沬湏靧頮說文洒面也古作湏或作靧頮䩈䩈面多肉謂之䩈或从每痗病也秏稻名

出南海頪大首也賄䝮財也或从每䫲昧前也○凷塊蕢蒯葦苦會切說文墣也或作塊蕢蒯葦文

十三𥎊短也堁博雅塵也一曰堆土僒傴皃漢書僒若因拘李奇說頵大朴之皃䰎䰎然無徒也通作塊嘳嘆也磈

石皃瘣病也○憒古對切心亂也文十六慖坪倉恨也簂幗婦人喪冠或从巾𣄢肐臂要者忽轉動而踠或作肐亦

書作氣椢說文筐當也篌博雅奮也刉封也一曰礪刃扢博雅磨也䵻病皃䯓䯓髁愚皃杚槩平斗

木或作槩𩪆頭骨皃黇黃色○𨓈㾯烏潰切𨓈偎病也或从疒文七痱隈水曲曰隈㞋隱翳也猥犬眾吠

褽衽也橐大囊囊。磑五對切說文䃍也古者公輸班作磑文三醠醉皃⿸疒豈癡疾。⿰土内苦對切深也靜也文一。⿱焱木所內切盛也文一。鞼⿰韋貴巨內切韇也一曰繡韋也或作韇文三衞觝也

十九。代待戴切說文更也亦州名文三十一岱說文太山也黱黛說文畫眉也或从代袋帒囊屬或从巾隶隸說文及也从又从尾省又持尾者从後及之也或作隸引詩隸天之未陰雨逮逯說文唐逮及也古作逯

埭⿰石隶⿰土录壅水也或从石亦作⿰土录⿰目逮⿰目隶⿰黑逮曖⿰目逮暗也或省亦从黑甙⿹弋酉⿰酉代博雅甛甙甘也一曰酤也或从酉亦作酨酨說文酢漿也瑇⿰目毒毒玳瑇瑁也或从甲亦作毒玳靆靉靆雲皃⿱代月⿱代月賽體顫動皃棣木名實似櫻桃一曰棣棣威儀閑習也㥷緩也柋吳俗謂蠶槌曰柋⿰王隶玉名佁佁儗癡也。貸他代切說文施也文十

態㑷說文意也从心从能徐鍇曰心能其事然後有態度也或从人儓佁儓儗癡也一曰不前或从台⿱代虫蟲名食葉者方言蠎宋魏之間謂之⿱代虫詒懈倦皃⿱代心失常也⿰火萬⿰火萬烑煙皃⿰目逮曖⿰目逮不明。戴載⿹戈異丁代切說文分物得增益曰戴一曰首戴或作載古作⿹戈異戴一曰國名亦姓文六襶褦襶不曉事⿰黑臺⿰黑來⿰黑臺黑皃⿰氵戴酒不清。勑徠倈逨洛代切說文勞也或从彳从人亦作來逨文十五睞說文目童子不正也𧼛來也通作徠逨⿰來見說文內視也誺誤也⿸疒來惡疾

唻呼聲萊艸也騋馬名賚賜也黺騋黲黑色。耏耐耏乃代切說文罪至不髡也或从寸諸法度字从寸亦
作耐文十三佴次也亦姓能忍也亦姓通作耐𦞫說文埃𦞫日無光也䏻視不明鼐說文鼎之絕大者魯詩說
鼐小鼎螚蟲名小蝱也𧞤䙲襶不曉事乃辭也𪏿小能態意也。黱莫代切博雅敗也一曰黑也文八
脄脢夾脊肉或从每瑁珇瑁圭四寸或省苺艸名實可食帽蝐𥈞帽也或从虫通作瑁。塞先代切說
文隔也文七簺說文行棊相塞謂之簺一曰編竹木斷水取魚也僿無悃誠也一曰細碎賽報也𡫼實也通作塞賽
骨賽體顫動皃䚡角骨。再作代切說文一舉而二也从一冓省文十三載𡕀說文乘也一曰年也唐虞曰載一曰
則也事也唐武后作𡕀洅說文雷震洅洅也栽築版𢦔說文故國在陳留縡事也𩟧說文設飪也酨
博雅漿也鼒鼎之揜上者𢧵鼓也𪏮滓也才始也。菜倉代切說文艸之可食者文十埰采臣食邑謂
之埰或省寀官也棌桷也唐虞棌椽䰂𩬆博雅髻也一曰覆巾縩綷縩鮮衣婇女字䐆大腹也山海經丹熏山有耳鼠
以其尾飛食之不䐆切限切急意。在昨代切說文存也文十裁製也載舟車運物也溨博雅測也酨酢漿
栽說文築牆長版引春秋傳楚圍蔡里而栽纔僅也材材具也縡事也財貨也。瀣漑潰戶代

切沆瀣露氣一曰水皃或作溉潰文十四㤥說文苦也一曰愁畏劾說文法有罪也愒快也㧡廣雅動也痎二日一發瘧扢磨也

取也跢行急迼艸名似蒿可食隑倚也閡外閉也核檐也○儗許代切僾儗癡也文二䯊博雅䯊骼缺盆骨也

○慨忾口溉切說文忼慨壯士不得志也或从人气文十三愾太息也一曰怒也滿也嘅說文嘆也引詩嘅其嘆矣欬說文屰气也

鎧廣雅鎧甲介鎧也闓開也隑博雅倚也輆輆沐國名在越東核檐也鎎怒戰也愷康也[illegible]息也○溉居代

切說文水出東海桑瀆覆甑山東北入海一曰灌注也文十八慨主也[illegible]說文𣦼深堅意也从𣦼从貝貝堅寶也摡說文滌也引詩摡之

釜鬵通作溉扢博雅磨也槩杚說文杚斗斛或作杚亦書作槪[illegible]博雅病也一曰腰痛鐖剴汽磑切近也或

作剴汽磑磯感激也刉劃也墍墍塈仰涂也或省古作塈阣陵也○㤅愛𢜲𢟪於代切說文惠也或

作愛古作𢜲𢟪通作㤅文十七𡕘夊說文行皃古省僾說文仿佛也引詩僾而不見一曰邑也薆說文蔽不見也薆

爾雅隱也一曰艸木盛皃靉靉靆雲暗皃曖晻曖冥也唉慢譍也誒可惡之辭䬵說文䬵餲香氣也通作薆璦美玉

皧白色熂爊熂煙氣○礙硋㝵牛代切說文止也或从亥南史引浮屠書作㝵文十三閡說文外閉也儗僾儗癡皃

懝說文騃也一曰惶也或書作懝𣛳木名𣎴木屈頭不出也侅飲食至咽爲侅𠪨石名剴切也𤹄癡病磑礳石

○倅倉愛切副也文一○㤄匹代切怒也文一○偝蒲代切偝立不正鄉前也文一○隑巨代切博雅倚也文一

二十○廢放吠切說文屋頓也一曰置也文十九癈說文固病也祓爾雅福也墢壉坺也或不省䝻博雅稅也⿰角發

⿰角巿說文雉射收繁具也或从巿𢋆𢋎籡蕟籧篨也或作𢋎籡蕟橃爾雅橃椵柚屬橃屋棟頭茀小也

茇竹葦絙也髮毛也砩石堨水發發矢也詩獻爾發功徐邈讀○肺胇芳廢切說文金藏也或作胇文五怖

怒也柹說文削木札樸也陳楚謂櫝爲柹昁博雅春也○⿰矢彖牛吠切綣彖短皃文四杌椹也軏小車轅耑刵斷耳○吠

犻犮房廢切說文犬鳴也或作犻犮文十二茷艸葉多皃𩪭骨耑也鼥⿰鼠發鼠名其鳴如犬吠或从發瞂盾也砩

石堨水昁春也鮁魚名伐擊也亦星名○乂刈艾魚刈切說文芟艸也或从刀从艸文十一⿱辟乂說文治也引虞書有能俾

⿱辟乂通作乂艾⿱乂心說文懲也⿰氵乂水名⿸虍乂說文虎皃⿰乂鳥⿰乂鳥鳥名爾雅桃蟲鷦其雌⿰乂鳥或从乂忍怒也⿸疒乂病也○⿰乂欠虛乂

切息也文一○訐九刈切直言文一○薉穢嵗烏廢切說文蕪也或从禾古作嵗通作濊文九饖說文飯傷熱也一曰食臭敗

獩獩貊東夷國名通作薉穢濊⿰馬歲⿰馬歲⿰馬見馬怒濊𣿅濁也或从薉⿰歹歲殘⿰歹歲死物○瞥普吠切財見也文一○喙

許濊切說文口也文十⿰食彖⿰食隶爾雅餀謂之⿰食彖⿰食彖或作⿰食隶⿰女彖⿱宀⿰女彖⿰口⿱彖心博雅⿰女帶⿰女彖極也或从疒亦作⿰口⿱彖心顪噦頤下

毛一曰頰謂之顬或从口豲博雅䝃豲短也𧾍走皃○䋶丘廢切闕周禮朱總鄭康成曰故書總或爲䋶李軌讀文二栵券契也

○衞逹犡切牛觸謂之衞文二𨅆小溺也一曰倦也○𧽯去穢切蘗也齊人名麴𧽯曰媒徐邈說文二䝃䝃豲短也

二十一○震𩆰之刃切說文劈歷振物者引春秋傳震夷伯之廟籒作𩆰文三十六賑𧶘冨也或作𧶘振說文舉救也一曰奮也挋說文給也一曰約也拭也䟴蜄敐動也或作蜄敐𧶘𧶘𧷍顏色愼事也䀼眩也侲童子也漢制侲於禁中用侲子娠妊也或書作㑴通作震袗裖玄服也一曰衣前禪或作裖䢅地名𪅂鷐鷺羣飛也或省唇驚聲也𩔈頭動也稹禾穊也甄掉也鍾病聲滇愼水名在汝南或作愼縝纑謂之縝帪方言飲馬橐燕齊之閒謂之帪黰黑也謓笑也裖整也一曰祭肉瞋恚也聄昭告也㐱髮多皃𠘯鳥羽始飛皃鬒髮黑瘨病也槙木根相迫也一曰木理堅密○眒瞋試刃切張目也或作瞋文五阠字林陵名抻展也申引也

○愼眘昚時刃切說文謹也一曰獸五歲爲愼亦姓古作眘昚文十蜃䵊大蛤或从黽矝堪矝魚名蜄蛟屬通作蜃鈏爾雅錫謂之鈏㰮指而笑之曰㰮鋠圓鐵○刃而振切說文刀堅也象刀有刃之形文二十二肕韌靭忍堅柔也或从韋从革亦作忍通作刃荵苅荵冬艸名或省𢁺㠵說文枕巾也或从忍仞說文伸臂一尋八尺

也岃山高形訒說文頓也引論語其言也訒認識也軔說文礙車也眒䀼視皃一曰眩也或从辰忉心能於事
也牣⿰牛忍說文牣滿也引詩於牣魚躍或从忍杒梕說文桎杒也或从忍䵔粘也
二十二。稕⿰禾𦎫朱閏切束稈也古作⿰禾𦎫文十二純緣也諄⿰言𦎫告也春秋傳諄諄如八九十者古作⿰言𦎫訰爾雅
訰訰亂也𥈓盹說文謹鈍目也或从屯埻壘土也一曰射臬肫全腊也甽川溝也旽旽旽懇誠。𦱣𡕩舜
俊輸閏切說文艸也楚謂之葍秦謂之藑蔓地連華象形古作𡕩隸作舜或作俊文十五蕣橓⿱艹𦱣說文木堇朝華
暮落者引詩顏如蕣華或作橓亦从𦱣瞚瞬眹眴瞤說文開闔目數搖也或作瞬眹眴瞤鬊說文鬊髮也恂
恂然遽也⿰舜鳥鸕⿰舜鳥鳥名。順⿰忄頁巡⿰彳夋殊閏切說文理也古作⿰忄頁巡⿰彳夋文七楯檻也揗摩也徇行示。閏
儒順切說文餘分之月五歲再閏告朔之禮天子居宗廟閏月居門中从王在門中引周禮閏月王居門中終月也文六潤說文水曰潤下
𡸔地名後魏常景發兵守白𡸔⿰月忍朐⿰月忍蟲名巴郡有朐⿰月忍縣地下多此蟲因以爲名橍木名芮蕞芮艸生皃。儐
必仞切說文導也通作擯文九鬢說文頰髮也⿰賓見說文暫見也覕⿰必賓不見謂之覕或作⿰必賓殯說文死也棺將遷葬
柩賓遇之夏后氏殯於阼階商人殯於兩楹之間周人殯於賓階賔宾會賔客也周禮金路以賔沈重讀古作宾擯弃也。木

匹刃切說文分枲莖皮也从屮八象枲之皮莖也文三觀暫見也鬫鬭也从門○信伩訫思晉切說文誠也古作伩訫亦姓文三十三訊𧦝𦀭訙㘐說文問也古作𧦝𦀭訙㘐囟𡿺脺顖𩕄說文頭會𡿺蓋也象形古作𡿺脺顖𩕄洵水名出汝南栒筬也經絲具貖獸名卂說文疾飛也从飛而羽不見迅說文疾也犼小獸阠爾雅東陵阠芄藥艸蔦類汛洒說文灑也或作洒徇徧也玐玉名杋木名軐車也𩕛腋氣病扟振也

琗珠光𣥠待也奞鳥張羽申伸也莊子熊經鳥申○親儭七刃切婚姻相謂爲親或作儭文八寴宲屋虛皃一曰至也亦省瀙瀙博雅寒也或从親瀙說文水出南陽舞陽中陽山入潁櫬木槿○𣈆𣊻𦏠晉即刃切說文進也日出萬物進从日臸引易明出地上晉又國名亦姓徐鍇曰臸到也古作𣈆奇字作𦏠隸省文二十二縉說文帛赤色也引春秋傳縉雲氏搢插也枃埤倉織具所以理絲經榗木名一曰鼓名瑨璡美石或从進進𨗨孖說文登也亦姓古作𨗨籒作孖𧒽𧓬蛤類或从晉𦏁說文羊名汝南平輿有𦏁亭嚍憤也楊子通諸人之嚍嚍𡾋山名溍水名

鄑地名在宋魯𨘂行艸皃賮貨以將意曰賮○㶳燼徐刃切說文火餘也一曰薪也或从盡文十賮贐進說文會禮也或从盡亦作進濜水名在襄陽璶說文石之似玉者藎𧃩𦺓說文艸也一曰進也或从賮从㶳

○陖峻陞嶲須閏切說文高也或作峻陞嶲文三十八 陖埈說文陗高也或从土 容濬濬說文深通川也从谷𣦵𣦵地坑坎意也引虞書容畎澮距川或作濬濬 浚說文杼也一曰水名在今京都一曰深也㕡也 晙早也 𢏗弓篇 𧸐賐博雅益也或作賐

迿先也春秋傳朋友相衛而不相迿 珣玉名出醫無閭山 駿大也通作峻 迅疾也 卂疾飛也 奞奮奞鳥張羽 鵔𩀌鳥名說文鵔鸃鷩也或从隹 訊訙問也或作訙 恂容皃嚴栗也 逡逡遒縣名在淮南 筍齊魯以北謂竹輿爲筍何休說 梭說文木也一曰木茂 稄秉四謂之筥筥十謂之稄 徇行示也 𢓜犬急也 䨉狡兔名 俊才千人也

䶔石鼠也 𧮫深谷 𣴳水名在魯 侚𠋝遠也或作𢓨 ○俊儁祖峻切說文才千人也或从雋文二十 懏慧也 畯說文農夫也一曰典田官一曰農神 餕𩚵博雅孰食謂之餕饔一曰食餘曰餕或作𩚵 晙明也 焌然火也

駿說文馬之良材者 䨉狡兔名 䶔石鼠也毛中筆 𨛍地名 葰薑屬 峻大也書克明峻德通作駿 寯博雅聚也 浚浚稽山名在匈奴 𩏒𩏓韋袴也或作𦱁 睃視也 僎鄉飲酒介輔也 ○殉徐閏切以人從死也文九 𢓡徇

𢔦說文行示也引司馬法斬以徇一曰求也順也歸也或从旬亦作𢔦 侚𠌯說文疾也或作𠌯 毴毛羽利也 揗摩也 循行也 ○櫬初覲切說文棺也引春秋傳士輿櫬文十三 䞋水石也 藽櫬木名槿也或从木通作櫬 瀙水名在灈

陽 襯近身衣 𧬊訓言也 䞋䝢也 䆵說文至也 齔齓毀齒也男八歲女七歲而齔或作齓 𠜶博雅揭也 儭藉也

○酳士刃切漱酒也文一 ○鎮鈂陟刃切說文博壓也古作鈂文六 填定也 瑱玉充耳也 𢐀彈也 駗馬載重行也

○疢疹疥丑刃切熱病或作疹疥文七 趁趂說文䟢也或作趂 螴螴蜳氣不安定皃徐邈說 𤢻𤢻猭獸走 ○敶

陳陣直刃切說文列也或省亦作陣文九 𨳿說文登也从門二二古下字 診說文視也 榐桸木名汁可爲酒或作桸

塵土汚也鄭康成曰拜手坋塵 儆說文理也 ○吝咳希咯唏良刃切說文恨惜也引易以往吝古作咳希或作咯唏文

四十六 悋恡鄙也或作恡 賂貪財 䝝說文貟彡驎也一曰頭少髮或書作類 瞵視不明 撛挺也扶也 遴

僯說文行難也引易以往遴或从人一曰僯慭恥也 蹸躙轥轔說文轢也或作躙轥轔 疄田也 粼

蕣𥳹𤮍竹類爾雅粼堅中或作蕣𥳹𤮍 磷薄石論語磨而不磷 鏻鍵也 甐器也 鄰敝也通作甐

粦燐燐說文兵死及牛馬之血爲粦粦鬼火也从炎舛徐鍇曰舛者人足言光行著人或作燐燐 閺𤒞說文

火皃从火𨳿省聲或不省 𧍐螢火通作蕣 驎隱驎馬色駮 獜山海經依軲山有獸虎爪有甲名曰獜 麐牡鹿 閵

𨳿鳥名說文今閵似雗鴝而黃藺从𨳿不省 䦨蟲名 𠹯鳥聲 藺艸名說文莞屬亦姓 䉮博雅䉮謂之植 橉

門閾也楚人曰橉一曰木名騇牡馬㵎水名䰙鬼名䊵獸名似彘身黃尾白○胤𦙍羊進切說文子孫相承續也从肉从
八象其長也从幺象重累也一曰國名亦姓古作𦙍文十九𦙶說文瘢也一曰遽也酳漱酒也酌說文少少飲也引牽車紼也
一曰曲引靷𩋖駕牛具在胷曰靷籀作𩋖䡅說文擊小鼓引樂也釰說文錫也濥說文水脈行地中濥濥也𢼒
擣也䡅車名涓小水戭矛屬廴延也枃絲梳螾蟲名𣐍伸也○菣𦾦去刃切艸名說文香蒿也或从
堅文四趁行緩皃臤闕人名鄭襄公臤○印伊刃切說文執政所持信也文六鮣鮣鱗魚名如篆一曰首象印𡐛
說文臥也茚艸名𩃬氣流行謂之𩃬𩋉木屩有足○呁九峻切吐也文五𧧝訇博雅欺也或作訇攈拾也
汮水名在沂○韻韵筠呁切音和也或作韵文三枃絲梳○釁衅許慎切說文血祭也象祭竈也从爨省从酉酉所以
祭也从分徐鉉曰分布也从火非是或作衅釁一曰罪也文五𤮺鏄坼也𦉼器裂璺玉破不離○螼羌刃切蟲名螾也文一
○隱於刃切據也文一○僅𠢷菫渠吝切說文材能也一曰劣也或作𠢷亦省文十七覲說文諸侯秋朝曰覲勞王事
勤慬憂也春秋傳勤雨麇氏說或从心歏欠也瑾美玉𡭳少也廑博雅㢈也一曰小屋墐說文塗也𠞚
割也瘽病也饉說文蔬不熟爲饉殣說文道中死人人所覆也引詩行有死人尚或殣之菫藥艸烏頭也嫤女字

○抻居覲切以巾覆物謂之抻文八 搢拒拭也或作拒 菫藥艸烏頭也 藿穰艸 矜怜也 紉合絲為繩 劤力多也

○猌魚僅切說文犬張齗怒也文三 憖說文問也謹敬也一曰說也一曰甘也引春秋傳昊天不憖兩君之士皆未憖一曰傷也張揖說

垽澱也 ○壼困閨切宮中巷文一 ○詢均俊切欺誑也文一 ○眒式刃切張目也文一 ○淪倫浚切博雅沒也文二 蜦蟲名

蝦蟆也 ○阠所陳切陵名文一 ○鈍屯閏切味厚文一 ○酳于猌切小飲也一曰漱酒文一 ○愍忙覲切強也鄭康成曰民

不愍作勞文一

二十三○問文運切說文訊也文二十一 聞𦖞聲所至也古作𦖞 紊說文亂也引商書有條而不紊 絻免

悗喪冠也或省亦从巾 抆拭也 汶說文水出琅邪朱虛東泰山東入濰桑欽說汶水出泰山萊蕪西南入泲 璺鏄坼也 莬

脕艸新生或作脕通作免 鼤爾雅鼠屬 文飾也 葂闕人名莊子有蔣閭葂郭象讀 忞彊也 璺玉破 𤮹器裂

妏娩女字或从免 酚酒器名 ○湓嗌芳問切水聲或从口文八 忿怒也 鱝魵魚小曰鱝一曰魚名或省

瀵說文水浸也引尾下一說泉涌出也蒲同二州夾河皆有瀵泉傳云隔河相通 昲乾也 噴吹聲 ○糞𡊅糞𡋯

𥺨方問切說文弃除也从廾推華棄采也官溥說似米而非米者矢字或作糞𡊅糞𡋯古作𥺨文二十七 坌𡊅拚撲

坋壎𢿢墣說文埽除也或作㙛拚㩧坋壎𢿢墣穙稻紫莖者瀵水名爾雅瀵水出尾下在河東汾陰縣𧂀其流爲陂以種稻僨焚說文僵也或作焚𣩵博雅歺也奮說文翬也从奞在田上引詩不能奮飛一曰振也亦姓奔覆敗也詩傳奔軍之將通作賁賁有勇力也周官虎賁氏劉昌宗讀粉傳也飾也分均也春秋傳救患分災噴叱也莊子噴則大者如珠攢擊仆也晉書攢馮豕𢡋囊滿而裂曰𢡋𢍰跳躑也山海經依軲山有獸如虎爪有甲名曰獜善駛𢍰○分符問切別也文六鼢鼠名秎穧也一曰秎穧禾有限也坋塵也一曰大防𤸬𤸬脪熱腫也𢡋囊滿而裂曰𢡋

二十四○焮炘香靳切炙也春秋傳行火所焮一曰爇也或省文九脪肵瘀㾙𤵶䑈說文創肉反出一曰𤸬脪熱氣箸膚中或作肵瘀㾙𤵶䑈慗笑皃○靳居焮切說文當膺也一曰吝也杜預說戲而相愧曰靳文十六伒相也頎頭佳皃𪏰黏也斤忻爾雅斤斤察也或从心菫艸名㨷拒說文拭也或作拒𢫦巾覆物也劤多力也巾衣也周禮巾車劉昌宗讀堇堇陰地名在晉靳車中馬芹艸名楚葵也所斫也禮有所俎○近

芹巨靳切說文附也古作芹文九瑾赤玉廑廣雅蔭也僅僅也春秋傳僅然後得免墐塗也𡐝少也䓗艸名萬也殣埋也○傿㥍𠎝於靳切依止也或作㥍𠎝文十八𢑐所依據也㥯說文謹也隱築也隈也檼𨼆

說文棼也或从隱 𤄊濦 水名或省 懚𧞣 褁也聾也或从衣 郡 當也 㩕𢷎 劑也一日平量或从焉 懚
㥯慘煩懣也 𤢖 獸名山驢也形如羖羊 棟 東也 ○垽 語靳切澱也江東呼爲垽文三 慭 博雅傷也 泿 水名 ○運 王問
切說文迻徙也一曰地南北謂之運文三十四 煇暈 日光炁也或作暈 緷 深閒色 餫 說文野饋曰餫 緷 說文緯也
䤻 字林醹相沃 䩵韗 說文攻皮治鼓工也或从韋通作煇 𨗴崋 大𨗴山名或省 鄆 說文河内沁水鄉魯有鄆
地 員 姓也 䞫 物數亂也 鄖 國名 韻均韵 說文和也裴光遠云古與均同或作韵 䚋𧡪 說文外博衆多視也
或作𧡪 忶 心迷也 𤸫 說文病也 䳽 爾雅雞三尺爲䳽 芸 艸木落之色 䲰 交廣人謂鳺曰䲰一曰雄鳺 耘𦔖
𦓤 除艸也詩或耘或耔或从芸从貟通作芸 圓 說文圜合也 輐 轒輐大車 腪 膜也 枃 絲梳也 隕 墜也 霣 齊人
謂雷爲霣 ○訓 吁運切說文說教也亦姓古書作訔文十六 臐 羊䑋也 𦙶 或作𦙶 壎 盂也 熏 灼也 鐼 說文鐵屬
薰 香艸也 馴 順也易馴致其道徐邈讀 勛勳 功也或作勲 纁 絳三入曰纁 韗 攻皮工也 鶤 鶤鸓妖鳥
揮 奮也 䵪 物被重色 鑂 金色渝也 ○攟捃攈 俱運切說文拾也或从君亦作攟文八 宭 羣居也 皸
手足坼裂也 桾 木名 豩 豕發土也一曰豕求食 𧲳 野豕小者曰𧲳 ○𧼯 丘運切走也文一 ○郡 具運切說文周

制天子地方千里分爲百縣縣有四郡故春秋傳曰下大夫受郡是也至秦初置三十六郡以監縣邑文五 鵘 雞無尾 ⿱艹郡 芝屬 窘 急也莊子困窘織屨 ⿰氵郡 水名 ○⿰龠斤 佗靳切大篪也文 ○醖 紆問切說文釀也文十三 慍怨 說文怒也或作怨 榅 柱也 熅 以火伸物 媼 女字 緼 枲也紼也 ⿺麥昷 麴也 壼 壹壼志不得伸也 賱 富也 薀蘊 積也或作蘊 温 温藉也詩飲酒温克鄭康成說通作醖藉 ○酳 士靳切漱酒也文一 ○齓 初問切毁齒也文一 ○齓 恥問切毁齒也文一

○掀 丘近切舉出也一曰引也文二 ⿰堇刂 割也

二十五○願⿰愿頁 虞怨切說文大頭也一曰每也雖也或从愿文八 ⿰厵頁 說文顛頂也 謜 說文徐語也引孟子謜謜而來 傆 說文黠也 愿 說文謹也 顡 頭不正也 杬 椹也 ○遠 于願切離也文六 瑗 璧之好倍肉者 媛 美女也 援 引也 褑 佩袷 ⿰丸女 李舟曰說文闕 ○楥楦 呼願切說文履法也或从宣文八 韗⿰韋爰⿰韋宣⿰革宣⿰革憲煇 治鼓工也或作⿰韋爰⿰韋宣⿰革宣⿰革憲煇 ○券 區願切說文契也券別書之書以刀判契其旁故曰契券文十一 絭 攘臂繩 韏 華中辨 綣 繾綣厚志 勸劵 說文勉也或从卷 虇 竹葦萌 桊 牛繩鼻謂之桊 ⿰𧾷巽⿱罒巽 罔也或作⿱罒巽 ⿰祟巳 祠也福也 ○⿱䜌廾⿱絲廾 俱願切說文抒滿也或从廾文九 韏 說文華中辨謂之韏 絭 說文攘臂繩 勬 博雅勤也 ⿱𢍏皿 博雅盂也 ⿱𢍏鬲 鬲也 餋

重刊

常山謂祭曰養彏弓曲○圈圏具願切說文養畜閑也一曰邑名或从眷文二○怨𡖁惌𢘾怉紆願切說

文恚也古作𡖁惌𢘾怉文十四畹㽞田畝三十爲畹或作㽞𧦝〓說文尉也一曰慰也或从怨苑所以養禽獸也周禮

禁山之爲苑劉昌宗讀瑗玉名婏說文宴婏也妴婏也涴水名山海經莫𩌊之山涴水出焉○獻許建切說文宗

廟犬名羹獻犬肥者以獻之文六軒切肉如藿葉也瀗水名〓說文走意也瓛桓圭也圭之方者憲說文敏也

一曰傷也一曰周禮懸法示人曰憲法後人因謂憲爲法亦姓○建居萬切說文立朝律也文二莨水艸蟹有毒食水莨所爲○健

渠建切說文伉也文六踺行皃〓腱說文筋之本也或作腱楗說文門限也一曰剛木鍵鉉也一曰籥壯○鶱

祛建切馬腹上也文一○堰隁〓於建切障水也或作隁〓文十五郾說文潁川縣鄢地名在楚在鄭在南郡

漹水名在襄陽嫣長皃傿說文引爲賈也〓物相當也躽怒腹也曲身也褗衣領〓大呼用力皃〓

說文大皃一曰拳勇字匽路廁也椻積木爲障○甗牛堰切甑也文八鬳甗說文鬲屬或作甗言

訟也唁〓弔生曰唁古从獻這迎也巘山形如甗○娩孚萬切說文免子也娩疾也文二十四〓嬎

說文生子齊均也或作嬎〓女字嬔匹偶〓急也悔也〓說文酒疾孰也一曰不擇米而釀或書作酳〓〓博雅

吐也或从辯通作疲汳水名在陳留入泗奔上大也𧢄觀𧢄暫見𣀔𩀨小舂也或作𩀨𦆝𢍰量也或从廾

激水名在睢陽番𤲬反更火也或作𤲬反粄粉也反覆也疲愚癡也𤄷泉水也○販䝯

方願切說文買賤賣貴者或从買文十畈田也反難也詩威儀反反毛萇說一曰順習皃疲心惡病𡙇酤謂之𡙇㤆

褊狹也𦆝抒也𢓆返也𧦝謏也○飯餅飰扶萬切說文食也或从弁从卞文九粄粉也閞門欂櫨也𤄷

說文泉水也蛢蟲名饌陳食也儀禮饌于東序𥲷竹器○萬𢌿㡪𥄥無販切說文蟲也一曰舞也亦

姓古作𢌿𥄥文二十五万數也通作萬曼說文引也娩媚也鬘髮長也脕澤也一曰愉色必有脕容𠪿廣雅

離也贎說文貨也𨍕戰車一曰衣車蓋也輓引車𦅺絻引舟縴或省槾槾荊木名鄤𨛫說文蜀廣漢鄉

也或从曼蔓說文葛屬亦姓𩃬𩃬杰梁四公子名獌貓說文狼屬引爾雅貙獌似貍或作貓通作蟃鰻魚名蟃

蟲名蝡蛉也免喪冠也春秋傳陳侯免擁社徐邈讀○𣀔𩀨𣪠芻萬切說文小舂也或作𩀨𣪠文七𠠝𢧵斷也

或从戔剶攻治也𢣂全德也○僆力健切雞未成者文二蜶赤蜶蛇名

二十六○圂胡困切說文廁也从囗象豕在囗中也文七慁說文憂也一曰擾也或書作㥵䐖肥皃溷

說文亂也一日水濁也菌艸名倇說文完也引逸周書朕實不明以倇伯父𠫓惑亂也○惛呼困切不憭也文五焝
火見惛耄忘也昏暗也亦姓涽涽涽濁水○困朱苦悶切說文故廬也从木在口中一日極也古作朱文八⿰困頁耳門也一
日無髮涃水名⿰虫困蟲名閫門橜通作梱梱齊等也儀禮既拾取矢梱之劉昌宗讀⿸广困廩也○睔古困切目大也
文十五睴說文大目出也⿰言運謴⿰言衮詬人也或从貫从衮琯璭治金玉使瑩曰琯或从運⿰渾阝水名一日大水滾滾滾
水流皃⿰土衮土皃⿰山衮山形⿰衮刂削也⿰食衮圓也⿰黑昆純黑色⿰扌衮轉也○揾烏困切說文没也文三⿰食㥯說文秦人謂相
謁而食麥曰⿰食㥯⿰食豈一日飽也寃博雅曲也○顐吾困切無髮皃文六睴大目出也⿰食豈⿰禾豈說文⿰食㥯⿰食豈也謂相謁食麥秦人語或从禾
⿰亻⿵冂元戲也諢弄言
二十七○⿰忄𥃩恨下艮切說文怨也隸作恨文三拫引也○⿸疒吞佗恨切病善食也吴中藥術云文三⿰扌吞擬也⿰足吞蹋也
○艮古恨切說文很也从匕目匕目猶目相匕不相下也引易艮其限匕目為𥃩匕目為真也文八詪很戾也珢石似玉者鞎車革
前也茛艸名鉤吻也⿰艮頁頰後也退走止也痕腫病○硍苦恨切吴俗謂石有痕曰硍文二垠土有起跡曰垠○⿰食㥯
於恨切方言關西呼食欲飽為⿰食㥯⿰食豈文一○⿰食豈五恨切說文⿰食㥯⿰食豈也文二餧也○摌所恨切揮也文一○奔補悶切急赴也文一

○噴㖹吩普悶切叱也一曰鼓鼻或作㖹亦省文九歕欠氣也坌並也⿰魚悤小魚湓水聲濆瀵水名在汾陰隸

从糞○坌蒲悶切塵也一曰並也或書作坋文九炃燌火盛或从賁⿰氵坌水出皃湓博雅漬也一曰水聲捹手亂

皃蕡麻也周禮其實𪎊蕡徐邈說体劣也⿱艹坌以艸為界○悶惛莫困切說文懣也或作惛亦書作㦖文六懣

滿說文煩也或省婚氣絕也們們渾肥滿皃○𢁉巺巽蘇困切說文具也从丌𠨍聲徐鉉曰庶物皆具丌以

薦之古作𢁉巺篆作巽文十二顨說文巽也从丌从頭此易顨卦為長女為風者通作巽潠⿰口孫噴水也或作⿰口遜遜孫說文遁也

或省愻說文順也引唐書五品不愻通作遜蓀艸名䐣肉割再煑曰䐣顨選具也○寸村困切說文十分也人手卻一寸動䘑謂

之寸口从又从一文二⿰金薦瓦器○焌焞燇祖寸切說文然火也引周禮遂龡其焌焌火在前以焞焞龜或作焞燇文七

⿱髟尊頂上委髮捘說文推也引春秋傳捘衛侯之手鐏柲下銅⿰目尊赤目○鐏祖悶切說文柲下銅也文十五⿰金存

鑽也⿰至存洊再至也或从水拵揷也焌焞焌火以灼龜或作焞䐣切肉和血為蓄也荐聚也再也艸也袸衣衿

⿰舟尊舟漏謂之⿰舟尊栫以柴木壅曰栫鱒魚名存在也瀳水出皃○頓都困切說文下首也文八扽⿰屯攴博雅

引也一曰摩也或从攴敦爾雅丘一成為敦丘一曰太歲在子曰困敦遯⿺辶豕逃也古作⿺辶豕忳沌愚皃老子忳忳兮梁

洪乘

簡文讀或作沌。鈍徒困切說文錭也文十八遁說文遷也遯遂遯說文逃也或作遂古作遯通作遁鶨𨿽鳥名

或从隹腞豚行曳腫也或作豚頓不利也通作鈍庉博雅舍也蓫藥艸顡顡顐禿也憞憞溷亂也獤惡犬也

褍衣長也忳忳悆意不樂腯牲充也。論盧困切議也文八䚹擊丸爲戲惀懣也淪水中曳舟曰淪碖

石皃淪沒也陯埨坎陷也或从土。䵎昏困切黗䵎不幹事文一。黗嗷頓切黗䵎不幹事文一。嫩嫰奴困切少弱也

一日好皃或作嫰文七臑腝肉醢或从耎焫熱也抐字林擩抐沒也枘艸木始生也

二十八。翰侯旰切說文天雞赤羽也引逸周書大翰若翬雉一名鷐風周成王時人獻之文五十三雗鳥名說文雗鷽也

𣮭說文獸豪也螒小蟲名黑身赤頭一曰天雞一曰莎雞𩣡說文馬毛長也駻馯說文馬突也亦姓或省豻貋

犴胡地犬名或作貋犴旱說文不雨也悍說文勇也忓博雅善也一曰好也鼾說文卧息也旰晏也汗

說文人液也瀚澣北海名一日混瀚水皃或从幹扞捍仠說文忮也一日衛也或作捍仠𢧀攼說文止也引周

書攼我于艱古省䩕射鞲謂之䩕弙𢏗引拒也一日縣名或不省戰說文盾也釬銲說文臂鎧也或从旱一日

固金鐵藥一日矛鐏謂之銲䏷臏䏷藥名出西蕃治金創通作汗鳱𪁔鳱鴠鳥名或从旱垾堤也㟌屽山名

或省閈說文閭也汝南平輿里門曰閈鄿邑名在南陽矸干石也或省韓艸名骭骹也榦幹體也或作

幹皔皯博雅白也或省鵫說文雗肥鵫音者魯郊以丹雞祝曰以斯鵫音赤羽去魯侯之咎汧汧汧水迅流皃靬

馬被具阡闗名在峽中𣿅江湘間謂如是曰𣿅秆禾稾䲡魚名堅石似玉○漢㵄虛旰切說文漾

東為滄浪水古作㵄文十四暵熯說文乾也引易燥萬物者莫暵乎離或作熯暵田𦔳耕暴田或作𦔳灘水濡而乾也

囂嚾呼也或从莧厂厈說文山石之厓巖人可居籒作厈蔦說文艸也罕抱罕地名𠌵姓也○看

𥈲墟旰切睎也或从倝文七侃偘剛直也或作偘衎說文行喜也靬說文靬乾革也武威有麗靬縣鶾鶾鳴鳥名

獨春也○倝居案切說文日始出光倝倝也文二十七旰晘說文晚也引春秋傳日旰君勞或作晘盰說文目多白也一曰

張目𧹞大赤也一曰濁也幹能事也一曰艸木莖一曰助也亦姓𦹨𧄍說文艸也或从幹骭𩪁趼說文

體也或作𩪁趼𣢑𣈮乾也或从日榦說文築牆耑木也一曰井欄承轆轤者杆𣖑木名柘也一曰檀也或从幹汧

汧汧水迅流皃皯䩞面黑气或从面𢁉布囊衦說文摩展衣也矸硟石个射侯舌也竿衣架干扞也詩公侯干

城沈重讀倝說文闕簳箭羽○按於旰切說文下也文十案說文几屬一曰木名或書作桉䅁說文轢禾也峖

山名荽說文艸也鮟魚名洝說文渜水也郊里名咹聲也晏止晚也。岸魚旰切說文水厓而高者文二十一

豻廣厚也一曰不恭也頇無髮也一曰冠敧後謂之頇灝灝瀕水皃喭弔失國曰喭或作唁遃遨也㷔火色

騂說文馬頭有發赤色者一曰駻騂馬行皃一曰馬流星貫脣謂之騂𨧳柔鐵豻犴干說文胡地野狗引詩宜犴宜獄

一說犴野犬犬所以守故謂獄爲犴或作犴亦省𩑶額也鳱鳱鵠小鳥矸山石皃甯戚謌曰南山矸通作岸婩博雅好也

謂婦人齊正皃屽山名諺訮諺自矜听聲也𩭿長大

二十九。換胡玩切說文易也文二十八䞞說文赤色也逭𨗨𨘱踠說文逃也或作逭𨗨亦从辵从足

沸也糮獸名肒疣癰黕說文搔生創也或作疣癰黕脘廣雅脯也垸𩨨丸說文以桼和灰而髹也一曰補

垸也或从骨亦作丸澣浣說文濯衣垢也或作浣漶漫漶難測皃奐伴奐廣大有文章也詩伴奐爾游矣徐邈讀輐

輐斷刑截所用灌水流盛皃詩方灌灌兮顔師古說𦞡肥也祮報神祭也䀍睆䀍轉目一曰大目皃鯇魚名愌

援怑愌不順也一曰拔扈或作援。喚嚾讙呼玩切說文謼也或作嚾亦从言古通作奐文十六𧇾嚻博雅鳴也

或作嚻奐說文取奐也一曰大也亦姓煥明也通作奐渙說文流散也𥈻𦕉山海經𥈻壐國在崑崙虛東南或从目

嗳方言恚也穥禾名漶漫漶難測皃愌伴愌不順蠸蟲名大鼃也煥煥爛文采通作奐○鏉苦喚切埋倉燒鐵久
也一曰灼鐵以識簡次文五鱵魚鰯罔也梡俎有足者㰼杍聲齊也寬緩也○貫古玩切說文錢貝之貫也一曰國名亦姓
文四十六毌穿物也通也通作貫遦行也冠男子二十加冠曰冠矔說文目多精也益州謂瞋目曰矔一曰閉一目鱹闕人
名宋有鱹鱹通作矔觀⿱雚囧說文諦視也爾雅觀謂之闕古从囧綰綘淺色婠好皃懽讙說文喜數也引爾雅
懽懽愮愮憂也告也或从言祼果淉祼說文灌祭也或省亦从水古作祼通作盥灌悹說文憂也或書作悺痯
⿸疒雚爾雅痯痯病也或作⿸疒雚館舘說文館舍也周禮五十里有市市有館館有積以待朝聘之客或从舍瓘說文
玉也引春秋傳瓘斝⿰火果楚人謂火曰⿰火果爟烜⿱烜木說文取火於日官名舉火曰爟引周禮司爟掌行火之政令或作烜亦从
木涫沸也一曰縣名在酒泉灌說文水出廬江雩婁北入淮一曰漑也亦姓樌權木叢生或作權通作灌⿰虫貫
蟲名螺也罐鑵欟汲器或从金亦作欟盥說文澡手也从臼水臨皿引春秋傳奉匜沃盥鏆鏍手謂之鏆錧字林
田器一曰車軸耑鐵棺以棺歛也雚鸛鳥名說文小爵也引詩雚鳴于垤或从鳥莞東莞地名⿰衤官韋袴巏
山名⿰買阝亭名夐大目雚雚蘭艸名○惋烏貫切驚難也文十掔說文手掔也楊腕捥⿱夗手⿱夗月

雄曰掔握也或作腕捥拳背　琬圭名　堅說文石之次玉者　婉嬿婉婦人皃　睕睕眈轉目　○玩貦五換切說文弄也或从貝
文九　妧字林好皃　翫抏說文習猒也引春秋傳翫歲而愒日或作抏　忨說文貪也引春秋傳忨歲而潵日　輐輐斷刑截
所用者　魭魭斷無圭角皃　頑頭大皃　○半博漫切說文中分也从八从牛牛為物大可以分也文九　姅說文婦人污也引漢
律見姅變不得侍祠一曰裹子傷也　㪵說文量物分半也一曰升五十謂之㪵　䮿䮿䮿馬行皃　絆說文馬縶也　靽
駕牛具在後曰靽　眅大也　㕡㕡嗙剛強皃　䛀䛀諺自矜　○判普半切說文分也通作拌文二十一　泮頖說文諸侯
鄉射之官西南為水東北為牆或作頖通作泮　拌弃也　泮氷釋通作泮　詊巧言　牉片半也字林牉合合其半以成夫
婦也或省　姅傷孕也　胖說文半體肉也一曰廣肉　伴詩傳伴奐廣大有文章也一曰自縱弛之意　㕡㕡嗙失容也一
曰剛彊皃　潘番縣名在上谷或省　半大片也漢書一半冰顏師古說　叛炍愌也或从火　沜水流也一曰厓也　䮿
䮿䮿馬皃　袢衣無色一曰袢迅盛服皃　柈木名　○畔薄半切說文田界也文十一　叛說文半也　𡜊嬎媻無儀適也　㕡
㕡嗙剛彊也　𦙶肉也　𩮀臥髻　伴伴仵相拒一曰偶也　媻奢也一曰下妻　𨑻去也　坢坋也　怑怑愌不順
○縵莫半切說文繒無文也引漢律賜衣者縵表白裏通作幕文二十三　𢿣敽𢿣無文采　幔幕說文幕也或作幙

⿰車曼說文衣車蓋也一曰戰車以遮矢也謾欺語漫水敗物也一曰大水皃一曰徧也墁塗具通作鏝槾槾博雅貪也一曰
木名一曰木脂⿱雨曼雲皃⿰耒曼䅼博雅種也或从禾⿰山曼山名獌⿰豸曼䝡狼屬或从豸亦作䝡⿰氵顢⿰氵顢湏水皃鄤
地名曼曼衍無極皃蔓枝長也莊子攬蔓其枝郭象說浼洿池⿱艹漫艸也鏝鏝胡戟也秦晉語○繖傘先旰
切蓋也或作傘文十二帴廣雅⿰衤帶也帛二幅爲帴一曰帬也一曰婦人脅巾名㪚⿰朩攴說文分離也从攴从𣏟𣏟分㪚之意也古
从朩㪔散說文雜肉也一曰分也隸作散潵水散也𢿱說文繳𢿱也一曰飛𢿱也⿰⿱竹散刂說文竹器⿱竹散竹名博雅⿱竹曷⿱艹散
桃支鏾弩也○粲蒼案切說文稻重一䄷爲粟二十斗爲米十斗曰毇爲米六斗大半斗曰粲亦姓文十二餐餅也璨
說文玉光璨燦明皃通作粲⿰粲彡文彩盛皃⿱𣦼巾⿰巾奄也𡛷⿱𣦼女說文三女爲𡛷𡛷美也或作⿱𣦼女澯澯瀾水皃⿱艹粲
艸名可爲席⿰粲鳥鳥名⿱髟粲髮光○賛賛則旰切說文見也从貝从兟徐鉉曰兟進也執贄而進有司贊相之隸作贊文二十
讚稱也明也通作贊攢聚也⿰女贊說文白好也一曰不恭⿱髟贊髮光澤也襸鮮衣謂之襸饡⿸尸食⿸尸食說文以美
澆飯一曰以膏煎稻爲酏也古作⿸尸食⿸尸食趲逼使走濽淺湔濺說文汙灑也一曰水中人或作淺湔濺禶祝神
也瓚圭也一曰雜名鄼說文百家爲鄼鄼聚也南陽有鄼縣蕭何子孫續封者⿱艹贊艸名爾雅薜牡贊兟二人屈己以贊

也。攢徂畔切聚也穿也文一。嬊才贊切博雅好也一曰不謹文六瓚三玉二石也禮天子用全純玉也上公用駹四玉一
石侯用瓚伯用埒玉石半相埒也一曰祼器殩𦚢禽獸所食餘或从戔穳禾茂不實囋譏也。篹蘇貫切說
文長六寸計歷數者从竹从弄言常弄乃不誤也或作筭文六笇遵竹器或作遵祘說文明視以筭之从二示引逸周書士分
民之祘均分以祘之也蒜說文葷菜一曰山名。竄𥨊取亂切說文匿也从鼠在穴𡯁古作𥨊文十攛擲也鑹
𥎊穳小矟也或从矛爨亦作穳爨𤓼㸑說文齊謂之炊爨𦥺象持甑冂為竈口廾推林內火籀省或作㸑亦
姓縓帛赤黃色。鑽欑祖筭切說文穿也博雅鑹謂之鑽或从木文三穳鋋也一曰小矟。旦得案切說文明也从
日見一上一地也文十二怛說文憯也引詩信誓悬悬一說悍怛勇力或書作悬通作旦疸說文黃病也癉憚說文勞病
也或从心䱇小危笪笞也一曰答也一曰筕篖似籧篨直文而粗江東呼為笪鴠鳥名說文渴鴠也狚獨狚獸名巨狼也
亶小舍一曰小柸𤺺癬病妲妲己紂妃。炭他案切說文燒木餘亦姓文十二歎𣤶說文吟也籀不省通作嘆𢮍
槃𢮍宛轉也湠字林湠漫水廣皃𡾰𡾰𢾰無文采皃嫨嫨婩無儀適皃灘爾雅太歲在申曰涒灘痑博雅
痑痑疲也嘆說文吞嘆也一曰太息也潬漫也儃儃漫縱逸。憚徒案切說文忌難也一曰難也通作𢡀文二十一僤

說文疾也引周禮句兵欲無僤但說文裼也觛說文小觶也撣觸也貚獸名彈弜弓說文行丸也或从弓
持丸亦作弓澶漫也壇廣皃壇曼寬譠慢訑弛縱意灘太歲在申曰涒灘蟺蟲名土蟺也儃何也
一曰儃漫縱逸荁艸名晅暺明也或从單嘽嘽嘽喜樂盛也罳單罳狐邑名在洛南百五十里秦遷周赧王
於此或省○爤爤𤒇煉郎旰切說文孰也或从閒从柬文二十嬾孄博雅敗也或作爛彰爛闌
博雅粲彰文也或作爛亦省糷𥽃饘糜相著也或省瓓玉采讕讕譋諫詆讕誣言相被也或从閒从柬灡
波也灡潘也礷礷礷石皃鑭金采也連連石山名○難𩀚鸈乃旦切阻也古作難鸈文十一攤
按也灘水奔流皃㬮暵說文安㬮溫也或作暵幔巾幗也罳罳狐邑名罝也逐疫𩴐見鬼驚詞
○鍛段都玩切說文小冶也或作段文十七斷𣃔𠟡𣂺𠝣決也古作𣃔𠟡𣂺𠝣叚險也腶腶脩捶脯施薑
桂也瑖石之似玉者碫博雅礲碫礪也踹足也鍛柲下銅平底曰鍛竱博雅齊也椴杖也撥捶衣褍正衣也
○彖吐玩切說文豕走也一曰易斷卦辭文九褖稅黑衣王后之服或作稅湪水名湍疾瀨也貒貗
獸名野豕也或作貗鷻鳥名爾雅鷻鶉老嚾召呼也○段𣪚徒玩切說文推物也亦姓古作𣪚文十四斷

𠛸刨說文截也从斤𢇍𢇍古文絶古作𠛸从皀皀古文惠字引周書𠛸𠛸猗無他技或作刨　椴木名似白楊　葮木名槿也通作椴　毈㱭說文卵不孚也或作㱭　𩌏緞說文履後帖也或从糸　䮯款䮯馬行緩　碫礪石　𪓰負面○亂乿𤔔𤔕𤕌盧玩切說文治也从乙乙治之也一曰紊也李斯从寸古作𤔔𤔕𤕌俗作乱非是文十二　𤔔𤔁說文治也幺子相亂𠬪治之也一曰理也徐鍇曰冂坰也界也古作𤔁　𢿢𡤝說文煩也或从女通作亂　𦇓沙丘絶水橫流也一曰正絶流渡曰𦇓通作亂　薍小蒜根曰薍子　覶委曲也○偄愞需懦燸耎奴亂切說文弱也或从心亦作需懦燸耎文十三　稬糯說文沛國謂稻曰稬或作糯　渜濡沐浴餘潘或从濡　堧水濱地一曰城下田　𪊾說文鹿麛也　餪婚三日而宴謂之餪

三十○諫居晏切說文証也亦姓文二　鍊博雅車軸鐵○晏於諫切說文天清也爾雅晏晏柔也一曰晩也亦姓文十五　䁙以目相謔謂之䁙　騴爾雅馬尾本白者　鴳𨿝鳥名說文雇也或从隹　鷃鷃鴳鴽屬或作鴳亦从隹　曣日出清濟曰曣　𣊍廣遠也　𡝫說文安也引詩以𡝫父母通作晏　婩女字　䓀艸名　𣻞水名　烏烏秅漢西羌國名鄭氏讀○鴈魚澗切說文䳘也文十　𤒰說文火色也　雁說文鳥也徐鉉曰雁知時鳥大夫以爲摯昏禮用之通

作鴈贗偐僞物也或作偐干犴豣胡犬也或从犬亦作豻鳱鳱鵲小鳥䮗馬首。○骭䟕下晏切骹也或

从足文三娨字林婆也。○摜遦慣貫串古患切說文習也引春秋傳摜瀆鬼神或从辵从心亦作貫串文十四擐

貫也春秋傳擐甲執兵丱束髮皃詩總角丱兮絆以絲貫杼爲絆倌說文小臣也引詩命彼倌人𣩍殫也睔大目矔

方言轉目也琯貫玉飾也棺以棺斂曰棺。○亂𩏡五患切說文𠛬也八月亂爲葦或作𩏡文四串傆爾雅習也

或作傆。○患𢝫悹胡慣切說文憂也从心上貫吅古从關省或作悹文二十四宦倌侶說文仕也一曰閹人或作倌

亦省擐說文貫也引春秋傳擐甲執兵轘說文車裂人也引春秋傳轘諸栗門繯絡也一曰縞文寰天子圻内也槵梙

木名無患也皮子可澣或省豢圂說文从豰圈豢豕也或作圂䍺獸名如羊無口幻𠄔惑亂也或作𠄔串西戎名詩串夷

載路鄭康成說還繞也鄭司農曰還市朝而爲道通作繯環溷濁也莞莞爾小笑皃梡木名如訶梨鍰鋝也環

郤也周官有環人劉昌宗讀。○襻䙛𧘍普患切衣系曰襻或作䙛亦从八亦書作𧘍文八鋬釟器系或从

八眅䀭轉目視或作䀭扳引也。○慢漫僈𢍏莫晏切說文惰也一曰慢不畏也或作漫僈古作𢍏文十一

嫚說文侮易也謾欺也縵緩也周禮教縵樂杜子春說㿸畜病一曰目疾也一曰惡氣著身摱擊也𨍭車衣

蓋釆分別也。訕姍所晏切說文謗也或作姍文十八汕說文魚游水皃引詩烝然汕汕潸潸說文涕流皃或作潸
罺魚網麨謂之麨疝病也猵說文惡健犬也𥳑洗馬柵笧𨳍冊編竹木爲落也或从竹从門亦
省姍囡奴名產生育橏牀蓐也屾二山並立曰屾。鏟初諫切平鐵也文六䊲米一舂也䴛麥也㦃全德
也一曰夥也冊編竹木補籬謂之冊剷攻也平治也。棧𣘻仕諫切棚也或作𣘻文十輚轏埤倉臥車也或从孱
葌艸名𢓈谷名在上艾一曰在城皋虥虎淺毛蝬蟲名𤩽玉名𡲪屋笮。綰綄烏患切繫也史記獨擅綰
事或作綄文四䁔妄弃財物䤮面曲。孿孌數患切說文一乳兩子也或从兩子文四涮滌也𤄽洗馬也。𧾩
求患切行曲也文五彎弓曲𤛱角曲𧞧衣襆或从糸𦇛。篹攥初患切莽而奪取曰篹或从手文二。𣊨
丑諫切㬋㬋溫溼一曰小赤文一。㬋乃諫切㬋㬋溫溼一曰小赤文二𤸘畜病。奻女患切諠訟也文一
三十一。襇居莧切帬幅相襇也文十五閒廁也瘳也代也犴𤝞逐虎犬或从幵覸瞷視也或从目
見梘棺衣禮賓見閒而折入陸德明讀或从木繝錦文也唐有大繝錦通作襇澗𡾊說文山夾水也一曰澗水出弘
農新安東南入洛或作𡾊鐗說文車軸鐵也𧣾角雙者爲𧣾一曰篗也𧙆衣名𨢴醎也。鰥𦗏古幻切視皃或

从目文二。莧侯襉切說文莧菜也文五蕢艸餘萐也簀竹枯也麲麥屑粯米屑。幻幺眩𠄔胡辦切說文相詐惑也引周書無或譸張爲幻古作幺眩一說从到予文五葯艸名。扮博幻切握也文一[扌斑]絆也引擊也。盼盻普莧切說文引詩美目盼兮或作盻文三辨小兒白眼一日視皃。瓣分皮莧切說文瓜中實或作分文十一辨說文小兒白眼也辦具也通作辨辨說文判也釆乎說文辨別也象獸指爪分別也古作乎辯下辯縣名在武都辦股間也𥳑篺也跰交足坐。蔄萌莧切姓也文一。袒綻綻直莧切說文衣縫解也或作綻綻文四組說文補縫也。犴眼莧切逐虎犬文一。羼初莧切羊相廁也一曰傍入曰羼一曰相出前文二[扌羼]插也

集韻卷之七

集韻卷第十二　五十三　施章

集韻卷之八

翰林學士兼侍讀學士朝請大夫尚書吏部郎中知制誥判秘閣兼判太常禮院群牧使上柱國濟陽郡開國侯食邑二千二百户賜紫金魚袋臣丁度等奉

敕脩定

去聲下

霰第三十二 先見切與綫通　綫第三十三 私箭切

嘯第三十四 先弔切與笑通　笑第三十五 仙妙切

效第三十六 後教切獨用　号第三十七 後到切獨用

箇第三十八 居賀切與過通　過第三十九 古卧切

禡第四十 莫駕切獨用　漾第四十一 弋亮切與宕通

宕第四十二 大浪切　映第四十三 於慶切與諍勁通

諍第四十四 側迸切　勁第四十五 堅正切

徑第四十六吉定切獨用　證第四十七諸應切與嶝通

嶝第四十八丁鄧切　宥第四十九尤救切與候幼通

候第五十下遘切　幼第五十一伊謬切

沁第五十二七鴆切獨用　勘第五十三苦紺切與闞通

闞第五十四苦濫切　豔第五十五以贍切與㮇驗通

㮇第五十六他念切　驗第五十七魚窆切

陷第五十八呼䪜切與鑑梵通　鑑第五十九胡懺切

梵第六十扶泛切

三十二。霰䨘𩅰霰先見切說文積雪也或从見亦作𩅰霰文十四　先相導前後曰先後　𢿟散也　㢋

廠博雅庵廠舍也或从散　鏾瓦器　汘洒灑也或作洒　軒轉軒車迹　𥳑竹名　詵衆致言也　。蒨芊

倉甸切艸盛皃或从千文十九　茜𦺊艸名說文茅蒐也或作𦺊通作蒨芊　綪說文赤繒也以茜染故謂之綪　輤喪車飾鄭

康成說通作襀 襀襉也一曰美衣 帑博雅幧頭也 睛白色 倩說文人字東齊壻謂之倩一曰美也一曰無廉隅亦姓 棈

木名 ⿰禾谷說文望山谷⿰禾谷⿰禾谷青也 阡田陌 鑴瓦器一曰紡甎 篟竹茂皃 淒淸淒浰疾皃或从倩通作倩 ⿰舟青

輕舟謂之⿰舟青 箐張竹弓弩曰箐○薦⿱艹⿸廌豕⿰禾薦作甸切說文獸之所食艸从廌从艸古者神人以廌遺黃帝帝曰何食何

處曰食薦夏處水澤冬處松栢或从豕从禾薦一曰進也藉也鼠蓬也文四 ⿱竹廌楚謂筏上居曰⿱竹廌○荐才甸切說文薦蓆也一曰

再也通作洊文十一 瀳洊說文水至也或作洊 臶薦重也或作薦 栫博雅蘺也 ⿰王存玉名 袸爾雅衿謂之袸 ⿰金薦

說文瓦器 ⿵門存門次謂之⿵門存 存在也○殿丁練切軍前曰啟後曰殿文七 唸⿰口殿⿰殿欠說文呎也引詩民之方唸呎或

作⿰口殿⿰殿欠⿰念欠通作殿 瘨病也詩胡寧瘨我以旱沈重讀 ⿱竹殿博雅擊也○瑱⿰真耳顛琠⿰王殿他甸切說文以玉充耳也引詩

玉之瑱兮或从耳从頁亦作琠⿰王殿文十 ⿰目夭瞋睼視也或作瞋睼 滇滇沔大水 ⿰牛夭牛食艸○電⿱雨⿸厂巳堂練

切說文陰陽激耀古作⿱雨⿸厂巳文四十二 殿說文擊聲也 壂博雅堂堭壂也通作殿 奠⿸广奠說文置祭也从酋酋酒也

下其丌也禮有奠祭一曰定也或从广 ⿰山奠山名 ⿸广奠說文倚也 畇地名在絳 甸乘說文天子五百里地或作

乘 ⿰糸奠文繒 畋平田也 佃說文中也引春秋傳乘中佃一轅車 鈿⿰金奠⿰金顛以寶飾器或作⿰金奠⿰金顛 琔⿱殿玉玉色

殿或从涏涏涏光澤皃錠燈有足也淀淺泉澱說文滓垽也黖⿰黑殿說文黖謂之垽垽滓也或作⿰黑殿
靛以藍染也闐于闐國名在西域通作窴窴塡塞也或从土⿺走眞走也滇大水皃⿱炏田墾田皃鄭康成
曰⿱炏田⿱炏田原隰槙木根相迫緻也詑慢詑弛縱意⿱艹嚴⿱艹嚴⿱艹塘艸名蕪荑也婝女字⿰衤定綻衣圻也或从糸
槇木理堅密㗶呻也⿸尸⿰丌几髀也瑱玉名。○練郎甸切說文湅繒也亦姓通作湅文二十六煉說文鑠治金也鍊
說文治金也湅說文⿰氵簡也⿰氵敕說文辟⿰氵敕鐵也浰倩浰疾也柬揀⿰柬攴擇也或从手从攴𤗬析木理⿰柬桼
博雅陳也一曰蠶薄瑓玉名埬墟名在博平僆雞未成也鰊魚名如繩楝欗說文木也或作欗⿰柬瓜天瓜
也萰艸名爾雅萰菟荄瓣瓜中實通作⿰柬瓜⿺光柬光皃⿰女柬女字曫日旦昏蘭茘馬蘭艸名或作
茘闌闌雀鳥名。○晛⿰日然乃見切日光也或从然文七⿰女然說文人姓也一曰女姿⿰氵刃說文水也出上黨⿰忄然
意難也姩⿰女奉美女或作⿰女奉。○見形甸切顯也曰朝也文十二晛說文見也引詩見晛曰消現玉光蜆蟲名縊女也涀水名出馮翊
達無達也莧菜名商陸也睍目小也哯⿰口开嬰孩飲乳謂之哯或作⿰口开梘檢也一曰棺蓋賢車大穿也
周禮五分其轂之長去一以爲賢劉昌宗讀。○⿱顯革韅馨甸切駕牛具在背曰⿱顯革或省文四灦水澄深也顯闕人名秦有子

顯○縼人見切絲勞也文一○俔伣輕甸切說文譬諭也一曰聞見引詩俔天之妹或从心文十八掔牽挽也或作牽涀水名出高陵汧水潛出爲池爾雅汧出不流𪐤緊稴也或作緊菣堇艸名蒿也或从堅蜆蟲名縊女也孫炎說棒橫木𩌏韅駕牛具或省掔博雅很也䁈霽也棨戟屬𢃄幡係於棨者○見經電切說文視也亦姓文四鋻說文剛也梘栓也緊黍屬○宴伊甸切說文安也通作燕文二十二讌合語也醼合飲也通作讌燕咽嚥博雅吞也或从燕嬿說文女字也曣說文星無雲也燕鷰說文玄鳥也籋口布翄枝尾象形或从鳥亦書作鷰驠說文馬白州也溎大水皃覵窺也鷃鶉屬䁙𥉊矊博雅視也或作䁙矊亦書作𥇫酀地名湮沒水中也躽曲身也晏日出清明也曣博雅曣曣温也歐大呼用力也○硯研硱倪甸切說文石滑也或作研硱文十趼說文獸足企也𧿹行不正犴獸名說文獟犬也一曰逐虎犬豣麠也爾雅絕有力豣齞開口見齒謂之齞𪑂濡墨也𤞥𤞥頑狡也○縣熒絹切釋名縣縣也縣於郡也文三十二澴聚流也寰王者畿內也通作縣眩日光𩡷馵馬一歲或作馵眩說文目無常主也眴旬說文目搖也或省姰博雅狂也迿先也何休說炫明也袨袀好衣也或作袀衙衒眩說文行且賣也或从玄亦作眩玹玉名𩒞題後

閺試力士錘也从門贙獸名似犬駽馬青驪曰駽絹射侯綱紐絢繡采成文也或从荀泫玄泫潛混合

也或省通作眩侚廣雅迷也坰隷居也一曰女牢謂之坰罥罔也譞慧也衛車搖也○絢繡翾縣切文皃說

文引詩素以爲絢兮一曰成也或从荀通作絃文二十眴旬目搖也或省敻營求也讂說文流言也諯諑相責

也一曰數也或从彖㧦揈博雅擊也或从訇䞭走皃駨駽馬青驪謂之駨或作駽眩瞋眩劇也姰狂也一曰女粧

矎矎矎目不正迿先也袀好衣也絃繩也澴流皃○睊扃縣切側視皃孟子睊睊胥讒文十五讂流言

懁說文急也衛車搖也𤭛盎下竅䣺醽酒也羂罥說文罔也一曰綰也或作罥獧蹮說文疾跳

也一曰急也或从足衒衏眩行且賣也或作衒眩坰隷居也一曰亭部柍椀也○䬀䭓縈絹切飫也賈思勰曰飽

食不䬀或从恚文十一噮噮噮食甘甚也呂氏春秋甘而不噮裷袂曲也剈曲刀睊說文視皃肙小蟲檈棗屬

䇡竹名涓涓澴流皃帩曲裁○徧遍辯辨卑見切說文帀也或从辵亦作辯辨文五頨頨頨狡也从翩

省○片匹見切說文判木也从半木文七牉半體也辧旋流也爾雅過辨回川戔狹少之意劉昌宗說眅

爾雅大也瓣瓠中實辧革中絕也○麪麵眠見切說文麥末也或从面文二十三櫋牑屋簀或作楄

瞑瞑眩劇也睧偃息也眄眄說文目偏合也一曰衺視或作眄䘊汚血也𧦝誘言也絤細也𡧍說文冥合也湎滇湎大水糆米屑藊藊藊艸皃慏覆也慢慢訑弛縱意涽惛泯泫涽混合也或作惛亦省䤉䤉炫汗血𦱗博雅當也冥冥眴視不見○綻䘺治見切縫解也或从衣文二○駽犬縣切馬色爾雅青驪駽謝嶠讀文一○辮玭眄切急流也文一

三十三○綫線綖絤𦇁私箭切說文縷也古从泉或从延亦作絤𦇁文九鮮姓也𦊅魚罔㦗憐也帴帬也一曰婦人脅衣○𥴿箭𥳑𥳬子賤切說文矢也隸作箭或作𥳑𥳬文二十二葥艸名說文山莓也籛姓也媊女媊太白妻也鬋垂鬢謂之鬋揃射歃令正也湔水名在蜀濺淺水激也或省通作湔䊕煎餌煎熬也或書作煎榗木名餞字林送去食也搢插也通作晉戩爾雅履戩福也孫炎說櫼果名山梅也𧂇艸名皇蓴也晉水名𦾢艸名○羨似面切說文貪欲也从次从羑省一曰餘也俗作羡非是文二𨘢遮也○賤才線切說文賈少也亦姓古書作𧷤文八諓巧讒謂之諓餞說文送去也引詩顯父餞之羨車道𧗱說文迹也俴淺也濺激也踐履也○選撰須絹切擇也或作撰文十三潠歕也一曰吮也選潠噴也或省䍸羊羔也𦋹𨘸䟞罔也或从選从足繏纚博雅

集韻去聲八 四 王允

綸繏索也或从選譔善言渲小水。縓取絹切説文帛赤黃色一染謂之縓再染謂之經三染謂之纁文六蒝艸木皃一

曰艸名諯相責也逭相顧視而行⿱泉縣雨而泉出爨炊也。淀漩隨戀切回也或从旋文二十五旋遶也

⿰⻊定⿰彳旋徐行也或作⿰彳旋鏇説文圜鑪也一曰裁木器縼綻説文以長繩繫牛也或省嫙美謂之嫙腚⿰月旋便旋短小皃或

从旋蔙艸名⿺走旋紿走意也⿰羊巽羊羔也梋鋗鐶車鐶也或作鋗鐶圓規也檈圜案通作梋⿰扌旋

手挑物⿱旋麥麥也徇以人從死⿺走旋大也⿰木旋椗鷹犬紲所繫或省。扇式戰切説文扉也一曰竹曰扇木曰闔一

曰動也助也文十二謆以言惑人傓煽説文熾盛也引詩豔妻傓方處或从火⿰虫扇蟲名説文蠅醜⿰虫扇搖翼也⿱艹扇鬼⿱艹扇艸名

搧批也⿱竹扇箑也通作扇⿰車扇車扇也⿰石扇攻玉石⿰金亶⿰亶刂齊謂相築曰⿰金亶或从刀。硟尺戰切説文以

石扞繒也文六繟緩也憚難也方言齊魯曰憚幝車衣⿰亶瓦⿰金單瓦器緣也或作⿰金單。戰⿰嘼戈⿱丵廾

之膳切説文鬭也一曰懼慄也亦姓一曰以戈擊嘼故作⿰嘼戈古作⿱丵廾文七顫説文頭不正也單單至輕發之皃⿱艹戰艸名⿰身亶

體搖也通作顫。繕敾時戰切説文補也或从攴文二十三禪⿰示亶説文祭天也一曰讓也王侯功不敢當故讓於山或作⿰示亶膳

饍説文具食也庖人和味必嘉善故从善或从食僐博雅態也嬗説文緩也一曰傳也擅説文專也單單父邑名亦姓

鄯說文鄯善西胡國也𤮜鐔瓦器緣也或作鐔墠壇除地也或从亶襢去上服也樿木名白理檀闕人名春秋傳有饔人檀鼉水蟲莊子黿鼉魚鼈儃讓也楊子堯儃舜通作禪嬗擅博雅搌擅展極也繟緩也譠欺也○剸之轉切斷也文二孨謹也○釧樞絹切鐶也文十竁穿地諯說文數也一曰相讓揣度也穿貫也僢蠻夷臥以足相向也玔玉環䀺視皃荈艸名縳雙縳繖繒也紡熟絲爲之○叀專𠧢嵓船釧切小謹皃或作叀古作𠧢嵓文八揣方言度高曰揣摶縳膞望繩取正周禮置臬以縣是或作縳膞通作叀○㽭堧壖儒轉切城下田或从土亦作壖文七緛織也䨲䳪鳥名博雅䨲䳪也或从鳥媆好皃○軔如戰切字林礙車木文二繎絲勞也○篹數眷切說文治車軸也文六孿𤳳一乳兩子也或从二男栓概也涮洗也柵籬也○籑饌𩞾雛戀切說文具食也或从巽从𢑚文十六𠨍說文二卪也譔專教也僎僝具也或作僝襈緣也撰持也集也䐣切肉和血爲羞也孨謹也顨說文選具也𤩀玉名鱄魚名叀小謹皃嫸女字○驏驙陟扇切馬臥也或从亶文六𧝝展襢說文丹縠衣或作展襢搌捲也拭也○纏直碾切繞也文六邅轉也逐也廛民居區域之名周禮有廛人徐邈讀諯數也相讓也繾博雅繾繾緩也躔跡也○𤸎連彥切疰𤸎惡疾文六摙按也僆僆僂行相

及也一曰雞未成曰鏈蓮蓮勺縣名在馮翊連及也聯不絕也○輾女箭切轉輪治穀也文四⿰石⿸尸衣碾榐所以轢物

器也或作碾搌○囀株戀切聲轉也文六轉說文運也傳驛遽也竱等也嫥女字也籑饌饋也○猭⿰犭蒃

寵戀切走也馬融曰獸不得猭或从艸文七⿰足彖⿺辶彖行也或从辵鶨鳥名說文欺老也⿰羊彖羊長尾⿱彖土兔罥○傳

杜戀切釋名傳傳也所以傳示人文八摶縛縳束也周禮百羽爲摶或作縛亦省瑑說文圭璧上起兆瑑引周禮瑑圭璧⿰土彖耕發

土椽椭也槫木名○戀𤔔龍眷切慕也古作𤔔文十一𡢁孌從也或作孌亦書作𡢁䜌言不絕亦姓攣

手足曲病灓漏水也⿱艹攣⿱艹⿱䜌灬艸名似鳧葵或从䜌⿰米䜌熬餌黏也鱄闕人名春秋傳有衞侯弟鱄○衍延面切水溢也

一曰大也多也文二十延及也莚⿱艹衍蔓莚也或作⿱艹衍道說文相顧視而行也羡延也餘也⿺辶羡說文遮⿺辶羡也綖冕上

覆通作延⿰口寅大笑涎洒涎水流皃烻光熾也狿蜒獌狿獸名似貍而長或作蜒埏地際也一曰墓隧⿰目延博雅視也

⿰糸羡緩也⿰氵羡水溢皃演淺流也縯長也⿱雨延⿱雨延⿱雨延雲皃○譴詰戰切說文謫問也亦姓文四遣祖奠也麉

鹿有力韆韋帶謂之韆○掾俞絹切說文緣也一曰官名文十一緣說文衣純也⿰弓彖弓緣也⿺彖風⿺彖風⿺彖風小風一曰穀再颺曰

⿺彖風抁動也老子揣而抁之遉遺相顧而行也或省亦書作⿰目延⿰木允木名蝝蟲名蝗子未翅者一曰蟻屬殉以人從死⿰氵⿱罒豕

衆流皃○絹縳繐規掾切說文繒如麥稍或作縳亦省文十猾有所不爲也鄄甄說文衛地今濟陰鄄城或作甄

[木絹]木名皮葉可作衣似絹出西域焉耆國彊博雅蠲彊辮也悁躁急也覞視也○軀於扇切曲身也文四𥈫視也堰

障水也歐大呼用力也○彥魚戰切說文美士有文人所言也文十二唁[女言]喭說文弔生也或作[女言]喭這行也

迎也諺[产言]說文傳言也古作[产言]婩博雅好也甗瓢也甗甑也爾雅重甗隒郭璞讀讞議罪也𡾊山名○瑗

于眷切說文大孔璧人君上除陛以相引爾雅好倍肉謂之瑗肉倍好謂之璧文十援助也亦姓媛說文美女也人所援也从女从爰爰引也引詩

邦之媛兮褑佩綬也寏院周垣也或作院鍰量名重六兩大半兩轅地名在齊春秋傳取犁及轅楥木名爾雅

楥柜柳一曰籬也[竹爰]斷竹也○[龹示㔾]苦倦切祠也文五絭攘臂繩[足巽]罔也箞曲竹也[禾卷]禾相迫也○眷

睠劵古倦切說文顧也引詩乃眷西顧或从卷亦作劵文三十一[罒卷]說文目圍也卷曲也𢍏[龹癸]弮說文摶飯

也或从奴亦作弮餋[龹示]常山謂祭爲餋或从示[龹豆]說文豆屬𥂁盂也帣說文囊也今鹽官三斛爲一帣絭

攘臂繩勬勤也捲棬西捲縣名或从木桊說文牛鼻中環也犈爾雅牛黑脚犈觠羊卷角者[龹虫]

蟲名蟦螬也方言自關而東謂之[龹虫]蠾縳說文鮮色也婘親也史記呂須婘屬韏爾雅革中辨謂之韏[食卷]饌也埢限曲

也⿳𠙴卷木橐也⿰阝卷縣名在安邑菤菤耳艸名⿰䜌欠欠也弮連弩也通作桊。券逵眷切說文勞也一曰止也文二十一⿱卷丞

𢍏摶飯也或作弆圈邑也轘車裂也僎具也籑食也倦惓㒽勌說文罷也或作惓㒽勌通作券錈

絭𥿒履縫飾或从券亦省韏革中辨襈緣也蜎蟲名淃水也楗馬行疲也周禮終日馳騁左不楗鄭康成讀圈

養獸閑𦵱艸名鹿藿也。騗匹羨切躍而乘馬也或書作騙文三偏不正也猵猵狙獸名似猨首如犬一曰異類牝牡也。便

毗面切安也字統人有不善更之則安故从更从人文三楩木名㾫骨病風也。面弥箭切說文顏前也象人面形文四偭偭說文鄉也引少儀尊

壺者偭其鼻一曰偝也或作偭䩂馬轡當面皮。變𢒈𢒉彼卷切說文更也古作𢒈𢒉俗作攣非是文三。卞皮變切縣名在

魯亦姓一曰躁疾也法也文二十五汳汴說文水受陳留浚儀陰溝至蒙爲雝水東入于泗或从卞覍𥄉弁絣說文冕也周曰覍商

曰吁夏曰收从皃籀从廾上皆象形或作弁絣⿰弁頁冠傾皃拚抃說文拊手也或从卞洴導水使平坌平土也或書作垪閞

⿰木弁說文門欂櫨也或从木昪忭說文喜樂皃或作忭匥笲博雅笥也或从竹⿰王弁玣玉飾弁也或作玣𦬸

雀𦬸艸名播犿犬爭謂之播或作犿⿰弁阝邑名閞搏也从門。鈌窺絹切圜髮際結項中所以固冠者文二頍舉首也一

曰弁小而銳。帴山箭切狹也周禮革自急者先裂則是以博爲帴也文一。泉疾眷切水原文二餞食餘也。恮子眷切博

雅謹也文一。縳升絹切繒也文一。傼虔彥切健傼行相及文一。恮莊眷切謹也文二 敟卜問也。潸刪彥切淚

皃文一。篹芻眷切奪取也文二 篿小春

三十四。嘯先弔切說文吹聲也籒通作歗文十 䐹䐹脽也或作䐹 𥼺糜也 歗說文吟也引詩其歗也謌

𨅣行皃 𢷾博雅拭也 熽火熾 𢹲擊也 𠞊割也。弔多嘯切說文問終也古之葬者厚衣之以薪从人持弓會敺禽

文十六 𨑩至也通作弔 伄伄儅不當也 釣魡說文鉤魚也或作魡 訋博雅拏也一曰聲也 瘹博雅狂也一曰

小兒疾 窵說文窵窅深也 蔦樢艸名寄生也或从木 輖車前重也 杓物之標準 倜倜儻半傷癡皃 淍也

䒒艸名 卣艸實垂也。糶他弔切說文出穀也俗作粜非是文二十二 朓月側 糶說文穀也 眺說文目不正也

覜說文諸侯三年大相聘曰覜覜視也 咷楚謂兒泣不止曰噭咷 窱窈窱深遠也 絩綺絲數也 窕姚輕也春秋傳楚

師輕窕 佻方言疾也或作姚 朓祭肉 鋽鐵未煉 鐃鐵有文謂之鐃 䠷身長皃 頫俯首而聽謂之頫 啁嘲也 銚

燒器 趠趒超踔越也或从兆亦作超踔。調徒弔切賦也試也文二十八 掉挑說文搖也引春秋傳尾大不掉或从兆

嬥直好皃 糴姓也晉有糴茷 糶穀也 銚鑃鑵燒器或作鑃鑵 莜蓧𠤔𠥢偹說文

艸田器引論語以杖荷蓧或从篠亦作匧匧傜 藋蘿䕯 說文堇艸也一曰拜商藋或从米从禾 滌 養牲室 銱 鐵未煉

蜩綢 蜩蟉龍首動皃張挹說或从糸 踔 遠騰皃史記逴東踔遠司馬正讀 篠 說文杳篠也 啁 嗟也通作調 稠 動搖皃漢

書天地稠嶅 燿 牛羊死也 跳 行皃 踔 踔嶢高危也 ○嫽 力弔切好也方言青徐之間曰嫽文二十二 璙 玉名 顤 顤顤

長頭 嘹 鳴也 轑 車輪也 料 量也 鐐 字林美金 佨 說文行脛相交也 燎 取也 廖 姓也 遼 往也 䍡 魚罟通作

橑 蟉繆 蜩蟉龍首動皃或作繆 爒 火皃 髎 馬尻骨謂之八髎 聊 木名爾雅朻者聊 撈撩 方言取也或作撩 𪖐

𪖐鼽鼻仰皃 衦 袑衦小袴 翏 高飛皃 ○尿屎溺 奴弔切說文人小便也从尾水或省亦作溺文四 𡰸 柔長也 ○歊

馨叫切悲意文四 娎 娎嫽喜也 嬈 不仁也 顤 大頭皃 ○竅 詰弔切說文空也文九 趬 行輕皃 擊 說文旁擊也或書作

撽 激 風聲莊子激者謞者李軌說 覈 博雅覈鼽骨也 鼽 仰鼻 𩫕 高也 躈 馬八髎也史記馬蹄躈千 噭 口也漢書馬蹄噭千

○叫嘄嘂 吉弔切說文嘑也或作嘄嘂通作嘂文二十一 窵 窵窱深遠也 校 校衦小袴 𨍭 車轄也 嘂 說文高聲也一曰大

呼也引春秋傳魯昭公嘂然而哭 噭 說文吼也一曰呼也 謷 說文痛呼也一曰訐也 訆 說文大呼也引春秋傳或訆于宋太廟 敫 說文所歌

也 徼邀 循也一曰境也或从走 憿 行幐 激 湍流皃 獥 獸名爾雅狼其子獥一曰牝狼 𪆟 鳥名似鳥 繳 糾戾也劉向曰紛繳

爭言嫐敫闕人名史記齊有太史嫐或省皎明也○窔宎穾窔窈一叫切說文窔深也一曰室中東南隅謂之窔或作穾

宎窔窈文十二窅冥也宧戶樞聲帘幕也宎窔聲莊子宎者咬者轎車轄窅窵窅深也嘄叫也○顤倪弔

切說文高長頭文十二嘄叫也𪖐仰鼻也澆闕人名寒浞子轎博雅轄也嶤嶅山皃或从敫獟獸名說文狾犬也

垚高皃𠜵削也嶢竨跳高危也僥倜僥癡皃○顤戶弔切長項皃文一○獟火弔切狂也文一

三十五○笑咲芺仙妙切喜也古作咲或省俗作咲非是文十一肖俏霄說文骨肉相似也不似其先故曰不肖或从人

亦作霄韒鞘削鞁刀室或从革从刀从皮䱉煎鹽也○陗峭七肖切說文陵也或从山文十八硝石堅皃

悄急也湚消浚波也或作消篍吹竹也哨口不正也𢓜行皃俏好皃帩縛也踃足筋急病削削格

所以施羅網也訬輕也江東語竨立皃僺僥僺長皃䵲䵲䵴面點愀傁愀不仁○醮礁子肖切說文冠娶禮祭或从示

文二十四釂𣢧說文飲酒盡也或作𣢧𥼶說文盡酒也潐說文盡也癄病也縮也皭博雅皭皭白也燋灼龜炬也顦面不

澤也䁯瞋目也一曰目冥僬行皃禮庶人僬僬趭博雅犇也爝說文苣火祓也呂不韋曰湯得伊尹爝以爟火釁以犧猳椒芬香也詩有椒其馨

徐邈說灂車轃漆也噍嚼齧齒也或作嚼穛物縮而小謂之穛䁯闕人名梁有虞䁯㦴性急也𩏑收束物也灂冰裂

勦勞也○噍嚼才笑切說文齧也或从爵文八　哨說文不容也　譙誚說文嬈譊也引周書亦未敢譙公古作誚　趭走也

劁刈也　撨拭也○少失照切幼也亦姓文四　燒爇也　⿰少阝地名在魯　魦魚名○照炤昭曌之笑切說文明

也或从火亦省唐武后作曌文十　詔說文告也　⿱⿰阝召土⿰阝召說文耕以臿浚出下壚土也一曰耕休田也一曰隄也或省　沼池也　⿰召卜卜也　勺詩頌篇名

劉昌宗說○邵召時照切說文晉邑也或省亦姓文八　⿰召卜博雅卜也　劭說文勉也　卲說文高也　⿰召句到懸鉤也　⿰食召小食　⿰召見見也

○饒人要切益也文八　繞撓纏也史記苛察繳繞或作撓　襓袟襓劍衣　蕘艸既芟曰蕘　顤顤顤頭長　穘禾皃　蟯

蟲動皃○召直笑切說文評也文一○朓丑照切祭也从肉文三　朓晦而月見西方　哨口不正○尞燎⿰礻尞力照切說

文柴祭天也从火从昚昚古慎字祭天所以慎也或从火亦作⿰礻尞文十二　⿰⺕尞膫說文炙也或从肉俗作爍非是　𤻲療樂說文治也或从尞亦

省　繚繞也　⿰土尞周垣　獠說文獵也　鷯鷦鷯鳥名巧婦也○燿弋笑切說文照也文三十三　⿰白翟白色　曜耀⿳日大火

光也或从光古作⿳日大火　覞䚻說文竝視也或作䚻　⿰龠見睔⿰目翟說文視誤也或作睔⿰目翟　論讙也　淪水清也　⿰⻊䍃博雅跳也　搖

動也　⿺辶皀說文行不正也一曰腫也　趯走也　⿰鹵欠遺玉也　筄爾雅屋上薄謂之筄　⿰舟兆⿰舟筄大舟或作⿰舟筄　⿱艹䍃藥艸菟絲也一曰玉

女　窯燒穴　鷂說文鷙鳥也　颻風高皃　抭抒臼也　禴爾雅祭也　⿱艹銚銚⿱艹銚芅艸名羊桃也或省　愮方言

傜療治也一曰憂也姚佻剽姚勁疾皃故漢以名兵官或从人通作鷂臛瘠也鸐鳥名負雀也○趬丘召切行輕皃一曰舉足高文九

嘺口不正䯪䯪䖘不安也𢊱高屋譑弄言獟勇也漢書誅獟悍顔師古讀通作趬顤舉首鼿鼻仰鼻也𡰘高也

○翹祁要切鳥尾舉也文一○要𦥺宎一笑切約也或作𦥺古作宎文十葽艸名䙅衣𥿦約契也幼幼𡤞精微也

紗急戾也一曰紗侹小皃熎爐也黝黑也一曰用黑塗地○嶠渠廟切山鋭而高也一曰石絕水一曰山徑文八撟舉也轎博雅軺也一曰

小車鐈鼎名橋牛貫鼻木一曰桔槔也𧤗獸長角敿盾謂之敿喬木枝上曲○驕嬌廟切驕驁馬行皃文四撟撟抄

略取也䯪䯪䖘不安也轎牛車也一曰竹輿○䖘牛召切䯪䖘不安也文三驁驕驁馬行皃鏊燒器○勡匹妙

切說文刼也或从寸文二十六蔈艸黃華剽說文砭刺也一曰剽刼人僄嫖說文輕也或从女慓疾也𦗠行聽也一曰聽纔聞翲

飛皃飄飃風皃或从麃瞟暴也漂浮也摽擊也彯畫飾也𨇽行輕也熛輕脃也瘭瘭疽病瘍膿潰也通

作漂潎博雅清也縹帛青白色篻竹名出九眞顠䯽髮白皃或作䯽髟長髮嘌車行疾無節瞟矖也○驃毗召

切說文黃馬發白色一曰白髦尾文十二標落也摽擊也嫖僄輕也或从人驃馬行疾皃票勁疾皃漢官有票鷂校尉剽刺也

慓疾也勇悍也瀌雨雪皃𦗠行聽也勡刼也○妙玅弥笑切精微也或从幺文六𦶎艸細曰𦶎篎爾雅管小者謂之篎

集韻卷八　九　吳宗

眇成也易眇萬物而爲言王肅說一曰眇然微細皃 皫白色 ○ 裱彼廟切領巾謂之裱文三 俵摽分與也或从手 ○ 廟庿眉召切說文尊先祖皃也古作庿文三 帩幗也 ○ 捎梢嶠切撟捎略取上物也文二 郩地名 ○ 超抽廟切踰也文二 眺望也一曰視不正 ○ 䰫虛廟切健也剽魒強死輕爲害之鬼淮南子說文一 ○ 覞昌召切普視皃文一 ○ 標卑妙切木杪也莊子上如標枝文五 褾博雅袂也 驃馬黃色 蔈穀黃華者一曰禾末 瀌瀌瀌雨雪皃

三十六 ○ 效傚効爻殽後教切說文象也一曰功也或从人从力亦作爻殽通作詨文二十 斆學敎也或省 恔恔方言快也或从交 𦾓艸根也 𥳍竹萌也 𦦙說文闕博雅誤也 骹脛下也 佼庸人之敏謂之佼 姣淫也 洨水名出井陘山東南至廮陶入泜 𤞞犬吠 𥂃器名鍋錡也 詨叫也 校教學之宮一曰械也一曰木爲欄格軍部及養馬用之故軍尉馬官皆以校爲名 ○ 孝許教切說文善事父母者从老省从子子承老也文九 哮呼也 嗃謞詨大嘷也或作謞詨 涍水名在河南 𧴩獸名解廌屬或書作觲 𧰽𤞙豕走皃或从犬 ○ 敲口教切擊也方言楚人揮棄物謂之敲文十五 墽墝土不平或作墝 礉磽礉石不平或作磽礉 巧㤍僞也或从心 骹脛近足 坃厓外 茭方言茭媞欺謾也 撽擊也 顤不媚 䁱深目皃 毃擊頭也 ○ 教𧦝效學居效切說文上所施下所效也古作𧦝效或作學文二十六 𡥈效也 覺寤也 校說文木囚也

悎驚也較較直也一曰不等或从爻斠平斗斛也窖窌說文地藏也或作窌膠黏也珓杯珓巫以占吉凶器者
酵酒滓佼博雅交也貗獸名說文解廌屬槀枯禾挍報也滶水也詨呼也絞繒黑黃色一曰縊也敎交炊
木餃餄也鉸交刀一曰以金飾器○靿於敎切曲也俗謂靴鞾曰靿文十九皀曉深目或从堯呦叫也岰山曲磝石不平皃
坳土窐柪木丩屈袎幼襪頸或省𩔗頸不隨也㑃擾很戾也或从擾詏言逆也箹管小者謂之箹一曰竹節𥁕
器中不平怮心戾軪車有機也約束也屈也○樂魚敎切欲也文八獟狂犬𩴵醜也磽磝磽石不平皃墽墽墝土不
平驁驁驁鬐高皃烄煎也嶅山高皃○豹巴校切獸名說文似虎圜文文十䶌鼠屬𪡁誇也犦牛名出合浦
爆火裂儤越也唐制新到官府供上者謂之儤儤今俗謂程外課作者爲儤工𧭈謈謈譟惡怒也或作謈趵跳躍也嘐
嘐嘐聲也○奅披敎切說文大也文二十窌說文窖也一曰南窌地名通作大奅炮灼也齊民要術有胡炮肉皰胞䏽面生气或作胞䏽
嘋大聲礮砲𥕬機石也或从包从豹抛擲也䫝說文桼垸已復桼之嚗嚗然聲也軳飛石車疱腫病麭
餌也㶡漬也袌袌襛衣緩皃穮穮穮禾虛皃𠦫起也○皰靤䶌疱皮敎切說文面生气也或从面亦作
䶌疱文十六颮風皃𢽁手擊也𥄉目怒皃鞄柔皮工鉋治木器一曰搔馬具骲骨鏃謂之骲𧘂衣襟勽

施端

鳥伏卵鬗多須皃咆獸呼泡水泉䤖酒之色○皃⿰頁豹貌眉教切說文頌儀也从人白象人面形或从頁豹省籀作貌通作
緢文十六㴐大水皃描擲也緢旄絲⿰帛皃帛雜文⿰忄皃幗也⿰車皃博雅引車也一曰車鉤心媌⿰亻苗博雅好皃或作⿰亻苗⿰夗不
博雅夕也䅦穮䅦禾虛皃⿰飠皃⿰夕皃飽懣也或从夕藐艸名可染紫○稍所教切說文出物有漸也文二十一⿱削木梢剡木
殺上也或省⿰耒肖耰種⿰馬肖髮皃⿰肖阝削說文國甸大夫稍稍所食邑引周禮任⿰肖阝地在天子三百里之內亦作削通作稍艄舟名娋
博雅侵也謂爲人所侵侮捎攴也⿱削手人臂皃⿰角肖⿰牛肖角銳上或从牛颵風聲睄小視潲水激也一曰汛潘以食豕⿰月肖⿰月翟
燿哨凡物之殺銳曰⿰月肖或作⿰月翟燿哨⿱艹焯熾火急然謂之⿱艹焯○抄鈔勦剿楚教切略取也或从金亦作勦剿文五⿰舟少舟不寧謂之⿰舟少譟
代說也縐細絺耖覆耕曰耖⿰角少角上皃罺小網訬吵輕也或从口杪木末錟鍫也仯小皃○抓
阻教切搔也文六⿸疒焦縮也笊笊籬漉器一曰鳥居穴曰笊樹曰巢醮酌而無酬酢儀禮士冠醮用酒劉昌宗說枛木刺爪覆手取物
一曰抓也○巢仕教切棧也文三⿰口巢衆聲⿰亻巢長皃○罩⿱竹罩陟教切說文捕魚器或从竹文十五踔說文踶也⿱罒隹
⿱罒綽說文覆鳥令不飛走也或作⿱罒綽鵫鳥名白雉也箌爾雅大也趠行不正也卓卓鷙行不平也向秀說⿰犭卓獸名
菿艸名⿱禿卓特止也一曰冒也⿱冃⿰禾卓⿱冃到覆具或从到啅啅啅鳥聲○趠⿰彳卓敕教切超也或从彳文六⿰牛卓

以角挑物 踔 說文踶也 逴 蹇也 䮓 馬馳也 ○ 櫂棹⿰舟卓 直教切行舟也或作棹⿰舟卓通作濯文八 欋 燔木餘 ⿱艹焯爟

夒急也或作爟 淖 和也儀禮普淖謂黍稷也德能大和乃有黍稷 濯 博雅潲濯瀡也 ○ 橈 女教切說文曲木文十一 撓鐃 擾也屈也或作

鐃 淖 說文泥也一曰和也 鬧閙 擾也或作閙 婥 說文女病也 掉 聲甄動也鄭康成曰鐘微薄則聲掉掉一曰正也春秋傳掉鞅而還徐

邈讀 嬈 博雅弱也 ⿰髟堯 多須皃 澆 湍也一曰水回波

三十七 ○ 号 後到切說文痛聲也文十五 號 教令也一曰名稱 猇 犬聲 諕 諕讀相欺也 ⿰号虘⿱號土 說文土釜也或作⿱號土

琥 說文石之似玉 皋譹 呼也周禮令皋舞劉昌宗說或作譹 呺 風聲 暭 旰也 ⿰女皋 女名 ⿰口告 多言也 受 姓也 𥡴 𥡴極而止

一曰木名 ○ 秏 虛到切說文稻屬伊尹曰飯之美者玄山之禾南海之秏一曰減也文十一 毷⿰女毛 虛厲或从女 ⿰言毛 信也 好[illegible] 愛也古作[illegible]

⿰毛阝通作⿰毛攵 ⿱艹好 艸名 ⿰丑女⿰丑子 說文人姓也引商書無有作⿰丑女古从子 ⿱艹耗 吳俗以艸木葉糞田曰⿱艹耗 鄗 邑名在趙 ○ 鎬犒槀⿰月高

口到切餉也或作犒槀⿰月高通作犒文十四 熇焅 熇也或从告 薧⿱高死 枯也或省 靠搞 說文相違也或从手 ⿰高頁 ⿰高頁贅大頭 ⿰虫告

蟲名蝎也 槁 木枯 ⿰足高 足不前 ○ 誥⿱告廾⿰⿱告廾攴 居号切說文告也古作⿱告廾⿰⿱告廾攴文二十 告 說文牛觸人角著橫木所以告人也从口从牛引易

僮牛之告 郜 說文周文王子所封國亦姓 峼 說文山皃一曰山名 縞 白繒也一曰帛已練研者曰縞武玄之說 膏 潤也詩陰雨膏之 高

度高曰高 烄交木然也 稾散也儀禮稾車鄭康成讀 槀叏也 浩水名在金城郡 槁木名大苦也 祰報祭謂之祰 篙

槁進舟具或从木 熇煩也 姞女名 縞色青黃謂之縞 ○奧 寏於到切說文宛也室之西南隅或作寏文二十一 墺 垗

垉四方土可居古作垗垉 隩說文水隈崖也 澳深也一曰水名 𤻃痛也 薁艸名 燠說文熱在中也 懊爾雅忨也一曰頑也

𧭘告也 嫛妬也 䐿鳥胃也 𩞄妬食也 扷量也 镺長皃 芺菜名味苦 鰂魚名博雅鱐鮂鰂也 噢叫也 渶

溉也 ○傲 慠 敖 嫐魚到切說文倨也或从心亦作敖古作嫐亦書作慠通作驁文十八 嫯說文侮易也或書作嫐 奡說文嫚也引虞

書若丹朱奡論語奡湯舟 嶅山高皃 謷志遠也 贅說文贅顤高也或書作顤 鏊燒器 驐說文駿馬以壬申日死乘馬忌

之一曰驕驐馬怒通作驁 驁 鷔驁夏樂章名或从鳥 澆闕人名寒浞子 嶅動搖皃漢書天地稠嶅 摮動也 蔜艸名

聱聱耴魚鳥狀 ○報博号切說文當罪人也从夲从𠬝服罪也一曰荅也告也文二 保任也 ○曓 暴 麐 㬥薄報

切說文晞也或作暴㬥古作麐曓俗作曝非是文十七 㬥說文疾有所趣也从日出夲廾之 𨆰行皃 虣 𧇾強侵也周官有司虣或从戈廾通作

暴 瀑說文疾雨也一曰沫也一曰㬥霣也引詩終風且瀑亦水名 菢 勽鳥伏卵或作勽 鸔水鳥 𨡪一宿酒也 袍 褱

襃衣前襟一曰褱也或从褱从麃亦書作袌 嚗嚗暴多聲 ○冃 𧝈 帽莫報切說文小兒蠻夷頭衣也从冂二其飾也或作𧝈亦从

巾文三十三湄漲水冒圂說文蒙而前也古作圂瑁玥說文諸矦執圭朝天子天子執王以冒之似犂冠引周禮天子執瑁四寸古省

㨪敄抵也或从攴𦒻耄𦓷說文年九十曰𦒽或作耄古作𦒻通作旄眊毣說文目少精也或作毣䁪俯目細視

謂之䁪通作冒媢說文夫妬婦也一曰相視𦀚繒帛有毛刺者旄麾圍毛纊長也毛㧌擇也鄭康成說或从手通作芼𪀘𣮈

軞毛或从隹鶜山海經翼品山有鳥狀如鳥人面名曰鸄鶜芼秏說文艸覆蔓引詩左右芼之或从禾萺說文艸也艒楣舟名

說文門樞之橫梁毷博雅解也秏秏亂不明也㥟貪也覒觸也○喿噪𧊅先到切說文鳥羣鳴也从品在木上或从口亦

作蚤文二十二燥說文乾也譟說文擾也𦤀𦤀𦤀急也颾風聲也懆性踈也瘙𤺊博雅疥瘙創也或从蚤㥮快也

𨄷𨄷跳也或从彳埽掃騷拚除也或作掃騷鎨碎鐵搔搔攫搔搏也或作搔毷毛皃懆貪也鐰金鐵

大剛曰鐰○操七到切持念也文十一造艁說文就也譚長說造上士也古从舟慥慥慥言行相顧皃糙𥽊米未舂或作𥽊懆

貪也不安也鄵地名在鄭春秋傳鄭伯卒於鄵鼜行夜戒守禮夜三鼜杜子春讀鑿穴也慅愁也○竈竈窖則到

切說文炊竈也或不省亦作窖文六趮躁說文疾也或作躁造灼龜燒荆處史記卜先以造○漕在到切說文水轉轂也一曰人之所

乘及船也文五嘈譜喧也或从言撍攪也鑿穿空也○到刀号切說文至也文十一倒顛倒也禱禂求福曰禱

集韻去聲下 二十

陳俊

古从𢑚㚓姓也出河内菿說文艸木倒劉大也䙗中縫謂之䙗禂𩣵𩢍爲牲馬祭求肥大或作𩣵亦从𢑚○韜

叨号切臂衣文三套地曲後唐與梁人戰于胡盧套謟疑也○導道衜大到切說文導引也或作道衜文三十七𥼶黏也翿

翿說文翳也所以舞也引詩左執翿或作𦒉通作纛翢儔隱也纛翢左纛也以旄牛尾爲之在左騑馬首蔡邕說或作翢䙗衣背縫

燾濤幬說文溥覆照也或作濤幬幬敦覆也或作敦通作燾𦆼色青黃謂之𦆼盜說文私利物也从次次欲皿者

悼說文懼也陳楚謂懼曰悼一曰傷也𢼄𦒸博雅老也一曰七年曰𢼄或作𦒸佻傲也𩬊長也駣馬三歲名蹈行皃陶

陶陶驅馳皃檮𤗻博雅棺也或从片璹玉名𨊴𨉷𨉶𨊴身長或从卓檤木名或書作䆃𣀓敲弃也討也

或从𢑚醻美酒名䆃說文禾也司馬相如曰䆃一莖六穗一說以粟爲米曰䆃漢有䆃官故相如曰䆃六穗之禾犧共䑭之獸直以䆃爲禾者誤

受姓也劉大也○勞郎到切慰也文二十五撈撩取物也或作撩藔乾梅癆說文朝鮮謂藥毒曰癆一曰痛也

嫪說文婟也亦姓䵏黃色髝髝髞急也鐒臬大者曰鐒潦積水𧬨聲多也鐐白金之美者橑蓋弓

也一曰椽也窌石窌地名僗伴也䓞嫪也𧯿谷空皃簩竹名澇水名出扶風鄠縣北入渭𧢋寛覓也憦懊憦

悔也𨉶𨉶𨊴身長轑車軸橯耮摩田器或从耒○臑乃到切說文羊豕臂也文三𩬊長皃䐉瀏澤也○𤙖

叵到切牛名文五 橐橐橐囊張大皃或从缶 毻輕也 朡腫皃 ○趮色到切矢傍掉也周禮羽殺則趮文一 ○櫃巨到切廣

雅鍩也文一

三十八。○箇个介居賀切說文竹枚也或作个介通作個文五 個偏也 吤聲也 ○呵許箇切噓氣也一曰責也文七 訶譀訶怒皃 ⿱艹訶⿱艹呵菜名或从呵 歌大笑 呼發聲也春秋傳呼役夫 蔄蔞蔄艸名 ○坷口箇切坎坷不平皃文八 軻接軸也一曰轗軻不得志 艘⿱沙可船著沙不行也或作⿱沙可 ⿰可攴博雅擊也 蚵商蚵蟲名 ⿰齒可⿰齒可⿰齒我齒皃 袔夾衣 ○賀何佐切說文以禮相奉慶也亦姓文七 袔⿰衤賀博雅袚袖也或从賀 ⿰氵賀水名 ⿰礻可祭名 ⿰言賀譍語 侉痛呼也 ○侉安賀切痛呼也文二 啊愛惡聲也

○餓牛箇切說文飢也文二 ⿰齒我⿰齒可⿰齒我齒皃 ○些呰四箇切說文語辭也見楚辭或从口文二 ○磋千个切磨治也文五 蹉足跌 ⿰言差言失也 槎斫也 ⿰扌直拭也 ○左佐⿰方左子賀切說文手相左助也或从人亦作⿰方左文七 ⿰彳左說文⿰彳左⿰彳左行不正 ナ左手也 袏禪衣也趙魏之間謂之袏 作起也造也 ○跢丁賀切小兒行皃文八 癉憚⿸疒亶說文勞病也或从心亦作⿸疒亶 ⿸疒多馬病 哆緩脣也 ⿰足單踣也 點艸葉壞也故墟種麻有點葉夭折之患賈思勰說 ○馱他唐佐切畜負物也或作他文四 大巨也 誃欺也 ○邏羅郎佐切說文巡也或省文十 ⿰衤羅女上衣也 ⿸疒羅⿰歹羅病也或从歹 囉歌也 欏籬格也 ⿰木磊桱⿰木磊樹衺 纙錢緡也 ⿰足羅⿰足羅⿰足坐

上 集韻去聲八 十三 王進

猶蹭蹬也。柰乃箇切能也文七 轅輓也 那哪㖠語助或从口从奈 如若也書曰如五器卒乃復鄭康成讀 䰈見鬼驚詞

。椏阿个切椏橊樹衺文二 痾病也

三十九。過古卧切越也文九 鍋車釭也方言齊楚海岱之間謂之鍋 划鎌也 檛說文盛膏器 裹包束也 蝸不蝸

蟲名一曰蝸蠰通作過 檜穅也 浅水名 腂腫赤也。貨呼卧切說文財也文三 燬爾雅火也郭璞讀 沎水名。課苦卧

切說文試也文七 敤博雅椎也一曰研治 髁𡱝說文髀骨也或从尸 堁堀堁塵起皃一曰阜也 瘰禿病 科滋生也。和

胡卧切應也調也文六 俰和也 盉調味也通作和 楇輠輻說文盛膏器或作輠輻。涴汙烏卧切汙也或作汙文七 堁博雅

塵也 踒踠說文足跌也一曰折也或作踠 𥪖立皃 炣煖也。臥吾貨切說文休也从人臣取其伏也文一。播𢿋補過切說

文種也一曰布也亦姓古作𢿋文十二 譒說文敷也引商書王譒告之 簸揚也 嶓山名 襎長袂 碆磻石名可為矢鏃或作磻

彼足橫病 坒關東謂塚大曰坒 番獸足。破䃏普過切說文石碎也古作䃏文三 頗偏也一曰疑辭。礳磨

莫卧切說文石磑也或省文七 塺博雅塵也 摩挲也 䜑以大對小之言 藦藦蔚艸名 攠鐘擊處。笣步卧切仆也文

三 蔢蔢蕳艸名 涾燕代謂喜言人惡為涾。䐥蘇卧切胷膏肓也文六 䵃麪不精也 硰沙石地名 歲騂歲穀名 嗾

使犬聲𪍿麩麴粟粥。剉寸卧切說文折傷也文六莝摧說文斬芻也或作摧銼銼鑹溫器⿰氵䂳地名𨛰山名。挫祖卧切說文摧也文十侳說文安也夎𨁥詐拜也介士之拜或省亦从足⿰氵䂳地名史記擊韓信軍於⿰氵䂳石⿰山坐山摧也⿰女坐輕也剉斫也⿰言坐以言折人也。座祖卧切坐具文四⿱卯土坐說文止也从土从留省土所止也古作坐挫搦也。拕拖扡他佐切曳也或作拖亦省文八佗加也袉說文裾也引論語朝服袉紳杝車名大太也何休曰約誓大甚痤博雅痤瘦也。桗都唾切木本也文九⿰金朵剁剉也或从刀⿰女朵挆量也或从手⿺辶朵允也⿰山朵山皃⿰女朵頻也⿰言朵言相誇。唾吐卧切說文口液也涶或从水涶又水名文十二䨔雨下皃鰖魚去鱗曰鰖嫷嫷南楚之外謂好爲嫷或省⿰衤育⿰衤隋說文無袂衣謂之⿰衤育或从隋毻毤鳥易毛也或作毤蛻蛇所解皮也頯委廢皃周禮頯爾如委李軌讀。憜惰嫷⿱隋女㥲隓徒卧切懈也或省亦作嫷⿱隋女古作㥲隓亦書作⿱隋心文十五⿰豕育⿰豕隋豕名或从隋鏄覆殰也禮大夫殰以鏄⿱竹隋箘⿱竹隋夏笋埻射堋⿰衤育方言無緣衣謂之⿰衤育鰖魚初化曰鰖⿰禾朵禾積也鬌子生三月翦鬌也。羸盧卧切說文瘦也文十六⿰女羸博雅病也一曰畜病摞挼理也或作挼⿺辶羸⿰黍羸病⿰扌羸⿰糸羸說文不均也一曰絲有節擊也騾騾歲穀名賈思勰說⿺麥舀麩麴粟粥⿺辶果不正也欙木名⿱竹欙簀也憜惰嫷懈也或作惰嫷⿰亻羸弱也。⿰忄耎偄懦⿺走耎奴卧切弱也或从人从需亦作⿺走耎文十五堧沙土⿳亠口羸嘍羸立皃⿰田耎堧⿰田需壖

城下田一曰江滸或作堧嚅壖 稬穤稻名或作穤 婧方言娃婧豔美也 濡水皃 捼推也 ○縛符卧切束也文一

四十○禡貉莫駕切說文師行所止恐有慢其神下而祀之曰禡引周禮禡於所征之地或作貉文十五 䁶視皃 罵說文詈也通作傌

𢉣博雅庵也 𤸱說文目病一曰惡气著身一曰蝕創 傌關人名 隖方言益也 𨝭說文郁𨝭犍爲縣 榪牀端横木 鬕鬕袜

額也一曰帶結飾 𧶔博雅債也 𧩃多言也 獁獸名 蓦登也 ○帊帕袙普駕切博雅帳或作帕袙文六 怕𢝭

㤆懼也或从霸从巴 ○霸𩂯必駕切把也一曰月始生古作𩂯文十三 壩䃮堰也或从石 灞水名 垻平川謂之垻 靶

說文轡革也 弝弓把也 把欛䯲柎也或从霸亦作䯲俗从手非是 桭廣雅桭謂之𣚉 爸吳人呼父曰爸 ○杷步化切田

器文十五 𪗱齒出白 白西方之色 狛獸名似狼或書作㹊 鮊䱟魚名或从犬 䰾鬑鬖鬆亂皃 䆉𥝗䎱䆉䆉短皃

或作𥝗䎱 䆉䆉䆉稻也或从巴 粑糗也 䎱廣雅耕也 皅色不真也 ○卸寫四夜切說文舍車解馬也从卪上午或作

寫文十九 瀉鹵也泄也 篙博雅篇章篙程也 蝑蝷蜹蜍蟹醢或从夜从卸从舍 㓜傾也 ○借子夜切假也文三 唶

諎廣雅鳴也一曰歎聲或从言 ○謝詞夜切說文辭去也一曰告也文六 榭豫說文臺有屋也一曰凡屋無室曰榭或作豫通作謝 澍水名

出瞻渚山 䙌吳人謂衣曰謝 潟凋也 ○褯慈夜切小兒衣文七 䠞䠞踐也或省 藉蒩耤說文祭藉也一曰艸不編

狼耤或作蒩耤⿰昔阝亭名在貝丘○笡七夜切博雅篕笡謂之笡文四跙衺足也𧻪衺逆也⿰扌宜衺梧○

舍式夜切說文市居曰舍从亼屮象屋也口象築也文十一⿰舍阝邑名厙姓也赦赦說文置也或从亦涻說文水出北囂山入邙澤

騇⿰牛舍爾雅牝曰騇或从牛貰貸也⿰虫舍蟲名似蟹螫蛆也○⿺走斥充夜切距也文六跅歧道⿸广斥山名爾雅東北之美者有⿸广斥山

之文皮奓開也莊子奓戶而入厙姓也⿰糸斥以繩維持也○柘之夜切說文桑也亦姓或書作⿱石木文十六樜說文木出發鳩山

蔗⿰甘者⿰甘庶艸名說文藷蔗也或作蝫蟅嗻說文遮也炙⿰月炙燔肉或从肉鷓鷓鴣鳥名蟅說文蟲也一曰蝗類

一曰鼠婦或書作䗪䵬黑色橐橐皋地名在淮南逡遒縣東南⿰革庶石⿰革庶藥艸一名石韋遮遏也⿰日炙日赫⿰氵炙臛屬○⿰身矢

射⿰弓寸神夜切說文弓弩發於身而中於遠也篆从寸寸法度也亦手也籀作⿰弓寸文七貰說文貸也麝⿰牛射獸名說文如小麋臍

有香一說冬食栢夏食諸蟲虫或从牛⿸疒貰病也○嗄⿰夏欠⿱口是所嫁切聲變也或从欠古作⿱口是文十一厦⿸广乍旁屋也或作⿸广下

沙聲澌也周禮鳥皫色而沙鳴貍⿵門沙開也⿱亼耳姓也出新鄭鯊魚名曬⿰豕昜博雅暴也或作⿰豕昜⿰少刂刺也○誜唆

數化切㑗言也一曰妄言或从口文三傻傻偢不仁○詐側駕切說文欺也文十五咋語聲一曰暫也醡笮苲榨⿰酉盧

⿰酉責酒漉也或作笮苲榨⿰酉盧⿰酉責溠說文水在漢南荊州浸也引春秋傳脩涂梁溠蓌夎詐拜也或省䰈毛多皃⿰車乍車裂

蚱蟬屬溠溼也○乍助駕切說文止也从亡从一徐鍇曰出亡得一則止暫止也文十六鮓蚱海魚名或作蚱咋暫也詐⿰言苲說文慙語也或从苲齰齧也蜡說文蠅蜡也引周禮蜡氏掌除骴措索也合聚萬物索饗百神也通作蜡砟碑石也渣水名怍忓怍多姦也宱寬也溠水名在美陽⿱艹⿱乍又⿱乍又詐拜也或省○吒咤嗄陟嫁切說文噴也叱怒也或作咤嗄文二十哆張口皃奓張也⿰黍多䵖⿰黍多黏也䏧賀䏧不密也⿰虫宅蛇蟦蟲名水母也觰角上廣也⿰火乇火㸌奼少女⿱穴乇窋⿱穴乇物在穴中皃膪𦡊膪肥也⿰彳啻⿰彳啻步立也⿱冖託宅⿵門乇說文奠爵也或作託宅⿵門乇宅一曰懲也託誇媞娞媞詐欺⿱艹宅⿱艹宅蓿藥艸黃芩也黃文內虛○詫⿰言奓丑亞切誇也或从奓通作侘文六奼仛說文少女也或作侂侘侘傺失志皃哆張口皃○蛇蜡除駕切蟲名南越志水母東海謂之蛇或作蜡文五塗飾也秅東禾也⿰禾宅屋皃○⿰可欠企夜切張口息也關中謂權卧爲歌一曰歌歌不意文一○䏧乃嫁切膩也文十二⿰黍多䵖⿰黍多黏也拏亂也絮絮⿰糸奓絲䊵也或从如从奓⿰足若蹤⿰足若小兒始行皃⿸疒拏病也⿰車襄轘⿰車襄也詉譇詉詐也㤩心亂也⿱髟奓鬌⿱髟奓髮亂○夜亱羊謝切說文舍也天下休舍也古作亱文八⿰金夜鏡也射僕射官名射者武事古者重武以主射名官關中語轉爲此音鵺⿰夜隹鳥名似雉或从隹謝水名出瞻諸山⿺皮夜皵⿺皮夜麤皵皮也○偌人夜切姓也文三䛢如也一曰應聲渃城名在彭州○暇亥駕切說文閑也一

曰嘉也文十一 𡟭假 美也或作假 下 降也 芐 艸名地黄也 夏昰𡕀夓 時也古作昰𡕀夓 睱 緩視也 疜 利疾

㰤 歈也 ○罅呼 虛訝切說文裂也从缶燒善裂也或作呼文十八 𡓞𨻰𤗱寊 說文墉也或从自从片亦作寊 襾 說文

覆也从冂上下覀覆之 𡋤 地名在晉 𡁉 訝𡁉怒皃一曰笑也 嚇赫哧 以口距人謂之嚇或作赫亦省 煆 博雅爇也 謑 怒言

唬 說文唬聲也一曰虎聲 詫 告也 諕誶 誑也或作誶 ○髂骬骰 丘駕切要骨也或作骬骰文十三 揢 持也

痾客 小兒驚病或作客 㰤 博雅息也一曰大笑 𡊤 歎聲 𧨴 𧨴詬巧言 齣 博雅齧也 愘 愘恪多伏計 ⿰言亞 ⿰言亞訐言不

正 𪘏 𪘏齰齒出皃 ○駕𩣡 居迓切說文馬在軛中籒作𩣡文二十七 榢稼架 博雅杙也所以舉物或作稼架亦書作枷

𢉖 構屋也 賀 賀䏶不密也一曰瘡皮 賈價 售直也或从人 假叚下 以物貸人也或省亦作下假一曰休告也 瘕

腹病 嫁 說文女適人也 幏 說文南郡蠻夷賨布 稼家 說文禾之秀實爲稼莖節爲禾一曰在野曰稼家事也一曰稼或省 𩌦

廣雅嬾也 徦 方言至也 斝 𩰪鬯酒之尊畫禾稼者 㤎 心不安也 迦 迦枷木如蒺藜上下相距 加 增也 䁙 視也 䑺艐 具舟

也或从架 榰 木參交以枝炊簸者李舟說 ○亞 衣駕切說文醜也象人局背之形賈侍中說以爲次第也文十六 婭 兩壻相謂曰婭通作亞

啞 聲也一曰鳥聲 俹 倚也 稏 䆉稏稻也 𩑭晋 說文義闕一曰姓也或作晋 䂳 䂪䂳短也 歅 歐歅也 惡 惡也

易言天下之至賾而不可惡也 ⿰亞刂 廣雅剜也一曰到也 腛 腛膪肥也 ⿰忄亞 心鬱也 錏 柔剛鐵也 ⿺辶亞 次第行也 襾 復也 ○訝

迓御輅 魚駕切說文相迎也引周禮諸侯有卿訝發或作迓御輅訝一曰疑也文十五 ⿰忄牙 㥲⿰忄牙心不合 齖 齰齖齒不相值 砑⿰扌牙

碾也或从手 庌 廡也 枒 木名一曰迦枒木相拒 犽 獸名似貛長尾 牙 車輮也 睚 睚眦恨視 玡 骨似王者 閜 開裂也

○崋華⿱華亏 胡化切說文山在弘農華陰从山華省亦姓或作華古作⿱華亏文十六 窊 博雅窊覓也 ⿱口大 口大皃 摦攨 鍾橫水也

春秋傳大者不摦或作攨 樗樺 說文木也以其皮裹松脂或从華 鱯 說文魚名 獲 爭取也 擭 機檻 鷨 雉名 諙

言也或从口 嫿 女名 ○化佮 火跨切說文教行也古作佮亦姓文八 匕 說文變也通作化 傀 說文鬼變也 魤 說文魚名

⿰木化 木名皮可爲索 譌 疾言 吪 開口皃 ○跨踤 枯化切說文渡也或作踤文八 侉 行也 ⿰足荂 說文踞也 骻胯

⿸尸果 股閒也或作胯⿸尸果 ⿻丿干 舉足越一曰一步也 ○坬 古罵切土埵也文四 詿𧨭註 說文相誤也或从瓜亦作註 ○窊

烏化切下地也文六 𨆉 𨆉踞距地用力也 搲⿰扌窳 吳人謂挽曰搲或作⿰扌窳 㖯 小兒啼 ⿺窊色 色敗也 ○瓦⿱冖瓦 吾化切施

瓦於屋也或作⿱冖瓦文二 ○瘥 楚嫁切博雅癒也文八 汊 水歧流也 差 異也 杈 木枝衢也一曰收艸具 衩 廣雅⿰衤肖袺袿謂之褸

衩一曰襌衣 ⿰足叉 歧道也 ⿰言差訍 異言或作訍

四十一。漾瀁弋亮切說文水出隴西氐道東至武都爲漢一曰水皃古从養文二十三 羕說文水長也引詩江之羕矣 様法也 恙說文憂也一曰蟲入腹食人心古者艸居多被此毒故相問無恙乎 ⿰食恙⿰食羕方言餌也或从羕 懩恨也 養⿰养攵供也或作⿰养攵 眻美目一曰眉閒曰眻 諹字林讙也 煬說文炙燥也 颺風所飛颺也 ⿰黑昜說文赤黑也一曰淺青 ⿰犭恙⿰犭羕獸名如猴猊食熊羆或作⿰犭羕 像瀉也 痒⿰歹羊創也或从歹 ⿰女羕女字 ⿰言羕聲變也 ⿰亻羕立動皃 。訪敷亮切說文汎謀曰訪文三 妨博雅娉也一曰害也 邡邑名 。放匚甫妄切說文逐也古作匚文七 舫枋說文船師也引明堂月令舫人習水者或作枋 趽馬曲脛謂之趽 ⿰方隹鳥名 坊堤也 。妄無放切說文亂也文十三 忘棄忘也 望朢說文出亾在外望其還也或从立 朢𦣠⿱亡壬說文月滿與日相朢以朝君从月从臣从壬壬朝廷也古省或作⿱亡壬 ⿰言朢⿰言⿱亡壬說文責望也一曰欺也或省 汒谷名在京兆 盳盳洋仰視皃 莣艸名杜榮也 ⿰言妄誑也通作妄 。防坊符訪切隄也或从土文二 。相息將切視也助也文二 蠰蟲名食桑者 。蹡蹌七亮切走也或从倉亦書作⿱將足文五 ⿱竹將竹也 ⿺麥將麪敗曰⿺麥將 摪刺也 。醬⿰爿酉⿰爿盧即亮切說文醢也从肉从酉酒以和醬也古省籒从皿文四 將說文帥也 。匠疾亮切說文木工也从匚从斤斤所以作器也文三 ⿺走匠說文行皃 ⿰匠鳥女⿰匠鳥鳥名巧婦也 。餉⿰食尚粡饟攘餳式亮切說文饟也或作餉⿰食尚粡饟攘餳文十八 向國名一曰沛縣一曰周邑亦姓 ⿰忄昜⿸疒向說文憂也一曰

痛也或作痌 殤未成人死者 鄬少時也 蟓蠶別名 党正也周禮維角党之 煬燥也 蠰蟲名齧桑也喜齧桑樹作

孔入其中 珦王名 恦念也 姠女字 ○唱鯧謂倡昌尺亮切說文導也或从龠从言亦作倡昌文七 廠露舍也 淌

大波 ○障瘴章之亮切說文隔也或从广亦省文七 墇說文擁也 幛幛徨行遽皃 嶂山之高險者 瘴癘也

○尚時亮切說文曾也一曰庶幾也貴也主也夊也文四 上君也 償還也 堂距也蹋也 ○讓讓人樣切說文相責讓也一

曰退也古作讓通作攘文八 瀼水名在蜀 饟說文周人謂餉曰饟 儴博雅難也 攘卻也 蘘艸名茉蘇也 欀交欀

木名出岷山一曰道上木 ○壯側亮切說文大也文九 痮病熱也 裝行具 𣹢焋賣米於甑也或从火 莊恭也 糚

飾也 奘健也大也从大 奘妄彊也从犬 ○霜霜色壯切霣霜殺物也或从夊文三 孀嫠婦 ○創剙刱

楚亮切懲也傷也或从刅古作剏文八 刱說文造法刱業也通作創 愴說文傷也 滄凔說文寒也或从水 倉喪也 ○狀助亮

切說文犬形也一曰類也文四 𣹢𣶒水瀺灂皃或作𣶒 漴雨疾下 ○帳知亮切說文張也一曰幬謂之帳文九 脹瘬腹大也或从疒

漲涱水大皃或省 𡓑塲沙墳起也或省 張陳設也周禮邦之張事一曰自侈大也春秋傳隨張必棄小國 粻糧也 ○悵

䀓丑亮切說文望恨也或从目文十四 袒達也 畼𤳇說文不生也或从長 暢長也通也通作鬯 鬯𥞤說文以秬釀鬱艸芬

芳攸服以降神也从凵凵器也中象米匕所以扱之引易不喪匕鬯或从禾 ⿱艹畼⿱艹暢 說文艸茂也或从暢 瑒 說文圭尺二寸有瓚以祠宗廟者 韔
⿰革長 說文弓衣也引詩交韔二弓或从革 镾 博雅瓶也一曰朝鮮謂罌曰镾 ○仗 直亮切兵器文九 畼⿰田長 田不生也或作⿰田長 ⿰革長韔
弓衣或从韋 妐 女字 長 度長短曰長一曰餘 杖 所以扶行也周禮共其杖函 镾 瓶也 ○諒亮 力讓切說文信也亦姓或作亮文二
十五 哴喨 嗟哴啼極無聲也或作喨 悢悰⿰忄亮 博雅悢悢悲也或作悰⿰忄亮 ⿺尢京 薄也通作涼 涼 佐也詩涼彼武王一曰冷也 䣼
說文雜味也一曰清漿曰䣼 ⿺風京 北風 ⿰目良⿰目京⿸疒京 說文目病也或作⿰目京⿸疒京 掠 搒也 ⿰貝京 賦也 踉 踉蹡欲行皃 量 斗斛曰量
兩 乗也匹也 緉 說文履兩枚也一曰絞也 ⿰牛京 駭牛也 韔 弢也詩言韔其弓沈重讀 掚 整飾也春秋傳御下掚馬 倞 遠也 剠
鈔取也通作掠 ○釀 女亮切說文醞也作酒曰釀文四 ⿰米襄 粿也 ⿱艹釀⿱艹穰 說文菜也一曰藏菹或从穰 ○向⿰片向 許亮切說文北出牖也引詩塞向墐戶或从片
向一曰趣也救也文十七 鄉嚮⿱宀⿱向直⿱宀⿱鄉直 面也或从向古作⿱宀⿱向直⿱宀⿱鄉直 ⿱鄉言 荅也 曏 不久也一曰屬也 ⿵門鄉
說文門響也爾雅兩階間謂之⿵門鄉一曰牖屬明堂位刮楹達⿵門鄉天子之廟飾 珦⿰王鄉 說文玉也或从鄉 蠁 蟲名 亯 薦也詩亯于祖考徐邈讀 羌
羌量鳥雛飢困皃 響 聲遠聞 姠 女字 萫 芼羹 ○唴 丘亮切說文秦晉謂兒泣不止曰唴文五 ⿰目良⿰目京⿰目羌 目病或作⿰目京⿰目羌
⿰羊慶 闕人名陳桓公子⿰羊慶 ○畺彊 居亮切死不朽也或从弓文二 ○弶⿰扌强 其亮切字林施罟於道一曰以弓罥鳥獸或作⿰扌强文五 倞

陳俊

僙強也或作僙蔃山名○怏於亮切說文不服對也文七詇說文早知也鉠飫也𤿧靑血也一曰面蒼柍僉也方言齊楚

謂之柍卽今連枷坱說文塵埃也鞅馬駕具○𨊧魚向切字林轎也文四仰廣雅恃也昂昂昂君之德也䩕闞人名陳桓公

子○暀旺于放切說文光美也或省文十三王興也迬迋說文往也引春秋傳子無我迋隸省㤮誤也徃往歸嚮也隸作往

𢙅方言獪也𣴳汪汪陶縣名或省暀視也𣶏大水皃○況湟兄兊許放切說文寒水也一曰益也矤也譬也亦姓或作湟古

作兄兊文十一眖視也况寒冰貺䝨賜也或从光䑟字林水名一曰山名軦黃軦蟲名岲山名○𧩢誑誆迋逛

古況切說文欺也隸省或作誆迋逛文十三𢙅忹說文誤也隸省𢔈𢓴說文遠行也或从彳臦說文乖也从二臣相違狂惑也眖明也

𣳆去水中也○狂具放切輒也文五誑誑言迋逛欺也或从狂暀日光○𦛨區旺切腹中寬文一

四十二○宕大浪切說文過也一曰洞屋汝南項有宕鄉文十三踼跌踼行失正也嵣山形碭說文文石也一曰山名薚蘭薚

藥艸闣門不開逿失據倒也漢書陽醉逿地一曰過也瘍畜病泄愓放逸圙囥砰圙石聲或省盪動也趤趤趍

逸游○儻他浪切倜儻大志一曰希望也文八湯熱水灼也一曰蕩也盪滌器一曰行也亦姓擋排也鐋𨪕治木器或从宕讜

美言蕩蒗蕩渠名○讜譡丁浪切言中理也或从當文九儅俳儅不常也一曰了也當主也底也中也擋摒也簹

車擋橫艡舟也 艡舼艡 瓽說文大盆也一曰井以甎為甃者顏師古說亦姓 ○浪郎宕切說文滄浪水也南入江文十八 㫰空也
閬說文門高也巴郡有閬中縣 眼目病 眼暴也 埌博雅墦埌冢也一曰壙埌原野迥皃 誏譃也一曰泛言 罠莽罠廣大皃 蘭
蒗蘭藹艸名或作蓢 蒗蒗蕩渠名在譙郡 狼博狼地名在陽武 俍良工也 硠硠硠石聲 攈擊也 踉踉蹡
行遽皃 趣趣趤逸游 筤扇類曲柄繡蓋在乘輿後 ○儴纕禳乃浪切寬緩也或从糸从衣文十 壤壤塵也一曰土窟 瀼
決瀼濁也 鬤鬤髮亂 儴行皃 囊囊囊囊艸皃 㠔𥗽山隈或从石 ○謗補曠切說文毀也文八 螃蟲名似蝦蟇
榜搒進船也或从手 縍吴俗謂縹絮曰縍 艕舫並兩船或从方 嗙聲也 ○傍並䦲蒲浪切近也或作並䦲文九
㮄書帖也 傍說文附行也 𩮗說文𩮗也 踫踉蹡行遽皃 螃蟲名如蝦蟇陸居可食 塝地畔也 ○漭沆
莫浪切漭浪水大皃或从亡文八 𡶀𡶀㟐山形 笞屋簀 吂耄昏不知皃一曰凡使人不荅曰吂沅湘間語 孟㿽孟浪不精要皃或作㿽
莔艸名狼尾也 ○喪𠸶四浪切亡也古作𠸶文五 𦆵色淺黃也 𥉊眼𥉊暴𣽍也 搡撲也 ○葬塟𦵨則浪
切說文藏也从死在茻中一其中所以薦之引易古之葬者厚衣之以薪或作塟古作𦵨文四 䯖抗䯖伺立皃趙壹說 ○藏才浪切物所畜曰藏文五 臟
腑也 奘大也 𨏥修車也 葬藏也 ○吭頏肮亢下浪切咽也或作頏肮亢亢亦星名文九 行次也一曰行行剛強皃

施薀

筕笐竹竿也或省　桁衣梑　⿰亢羽翃翃飛皃通作頏　○亢口浪切高極也一曰星名文十八　頏咽也通作亢　园藏也　抗說文扞也　忼慨也　伉說文人名論語有陳伉一曰匹也健也亦姓　邟說文潁川縣　閌說文閌閬高門　炕說文乾也　砊砊硠石聲　⿰黃亢博雅黃也　犺說文健犬也　蚢海貝名　梗禦災害也周禮招梗禬禳鄭興讀　康舉罝也禮崇坫康圭通作亢　⿰車亢車軏也　阬坑也　⿰宕亢⿰高亢⿰宕亢高下不平皃　○鋼居浪切堅也文三　掆字林捎掆舁也　⿰目亢境也　○盎⿱央瓦於浪切說文盆也或从瓦亦書作㼜文十四　⿰口盎⿰言盎詇聲也或从言亦省　醠⿰酉央說文濁酒也或省通作盎　坱塵也　柍中央　泱水皃　⿰木盎⿰木盎椿木名　姎說文女人自稱我也　⿰目盎⿰目盎⿱能日無光也　笶竹無色　○⿰禾倉七浪切禾頃也文二　⿺辶倉過也　○枊魚浪切說文馬柱一曰堅也文五　⿰馬卬說文⿰馬卬⿰馬卬馬怒皃　岇山名在越　⿰彳卬⿰虚亢⿰彳卬行不耑　⿰食卬食無廉　○潢胡曠切釋名染帋也文七　曂曂⿰目良明皃　攩擴打也或作擴　愰心明也　⿰糸黃繩束也　煌燿也　○荒呼浪切田不治也文四　⿱宀亢廣也　⿰日亢旱气　慌惚也　○曠爌苦謗切說文明也或从火文十一　懭恨也或通作懬　矌目無眹也　壙說文塹穴也一曰大也　纊絖說文絮也引春秋傳皆如挾纊或从光　懬說文闊也一曰廣也　⿰山廣山名　⿰黃亢黃色　⿰足廣路曠遠也　○桄古曠切說文充也文十二　矌目無色　光穬飾色也或作⿰禾黃　廣度廣曰廣一曰兵車名　橫櫎俎跗衡木或从廣　纊絖綿也周禮共其絲纊劉昌宗讀或从光　⿰扌黃擴充也或从廣通作橫　⿰月廣腫皃　○汪

濻洭烏曠切停水皃一曰水皃或从廣从枉文四　䤑酒也○膀滂謗切脹也文一

四十三○映暎於慶切隱也或从英文十一　賏頸飾　詇博雅問也一曰告也一曰早知　餯飫方言飽也或作飫　英飾也

摬說文中擊也　𥈼眏視也亦从央　嬰關中謂孩子曰嬰○敬憼儆居慶切說文肅也或从心古作儆文九　璥王名

曔日明也　竟說文樂曲盡爲竟　獍獸名　鏡說文景也　蕄艸名○㪅更居孟切說文改也隷作更文五　賡續也　鯁

骨也字林魚　梗荒也略也○瀴於孟切瀴瀙冷也文二　䙬雜采相暎○鞕硬魚孟切博雅堅也或从石文二○行下孟

切言迹也文四　絎縁也　胻脛也　䛭言也○蝗戶孟切螽也文四　潢說文小津也一曰以船渡也　横不順理　脛足也○

榜搒北孟切進舟也或从手文三　艕船也○孟𡕒莫更切說文長也古作𡕒文九　䓝艸名　䀄䁅䀄盯目怒皃或从黽

蜢蟲名蝦蠊也　萌萌張失道皃　盟明盟津地名或作明通作孟○膨蒲孟切脹也文四　蹦蹁蹩蹦地聲　磞磞磬石聲

瓬瓬屬○泓烏橫切小水也文一○悙亨孟切張悙踈率文三　諄哼博雅言也一曰瞋語或从口○倀䛫猪孟切倀悙踈

率或从言文九　鼟張皮也　偵廉視也　趟趟趟跟蹚也　憕幀撜張畫繪也或作幀亦从手　盯瞪盯視皃○牚耻孟

切支柱也文十　歕拒也　樘柱也　儻黨儻不動意莊子儻然不受或作黨儻　趟趟趟行皃　徎徎徎走也　瞠矇直視

皃或作瞨。鋥碾敞除更切磨也或作碾敞文八 朾楔也 瞥春也 矘瞸瞠定視也或从棠从堂。柄棅枋

秉陂病切說文柯也或作棅枋秉文十四 鈵廣雅固也 怲憂也 寎窉爾雅三月爲寎或作窉 邴邑名在宋又姓 昞日明也 炳

火明 蛃衣中白魚 丙日名 寱臥驚病通作寎。病皮命切說文疾加也文七 寎說文臥驚病也一曰三月名 評訂也 坪說文

地平也或書作垩 枰博雅平也一曰榻也 平平物賈也漢謂之月平 馮據也漢書馮玉几。寎窉況病切爾雅三月爲寎孫炎讀

或作窉文三 寱臥驚病通作寎。寎窉丘詠切爾雅三月爲寎郭璞讀或作窉文二。寎窉鋪病切爾雅三月爲寎或作窉

文二。摒先命切倮肱也文四 頩䩊貟面或从面 爭修也。命眉病切說文使也文三 盟誓約也莊子其留如詛盟郭象讀一

曰河津名 鳴相呼也。生所慶切產也文五 鼪鼬鼠別名 貹富也 䖨刺也 牲牸牛。瀞儬渹楚慶切冷

也吳人謂之瀞或从人亦作渹文三。慶𢙌丘正切說文行賀人也从心从夊吉禮以鹿皮爲贄故从鹿省古作𢙌文二。詷恥慶切伺也文一。競

竸𧫈渠映切說文彊語也一曰逐也隸作競或作𧫈文十二 倞傹說文彊也或从竟 誩𧫴說文競言也从二言古作𧫴 儆戒也

曔明也乾也 滰漉也 檠有足所以几物或書作𣞃 擎持也。迎魚慶切逆也文一。詠咏永爲命切說文歌也或

从口亦省文九 泳說文潛行水中也 禜說文設緜蕝爲營以禳風雨雪霜水旱癘疫於日月星辰山川也一曰禜衛使災不生引禮記雩禜祭水

旱蝗江南謂食禾蟲曰蝗隍壑也城池無水者醟酥說文酗也或作酥○亨享普孟切煑也周禮割亨劉昌宗讀或作享

文六膨脹皃瓶瞿屬⿱髟是踫⿱髟是踻地聲⿱髟石磞⿱髟石石聲

四十四○諍側迸切說文止也通作爭文二爭競也○迸跰北諍切說文散走也或从足文八⿺走并⿺走屏走也或从屏

⿱雷并雷聲誁助言腁腹脹皃蛢獸脊蟲出也○傡蒲迸切皆也文二䨻雷聲○軯匹迸切車聲文四

砰石落聲閛開閉門也⿰片平析木聲○⿰口嫈於迸切⿰口嫈⿰口嫈獸聲文二嫈小心態○轟輷呼迸切衆車聲或作輷文二

四十五○勁堅正切說文彊也文三⿱⺮勁筋竹⿱艹勁⿱艹剄艸名鼠尾也或作⿱艹剄俓伎也○輕牽正切疾也春秋傳戎輕而不整文

三⿱巠金金聲⿱巠足一足行○⿰令欠馨正切笑也文二⿰面巠⿰酉亢⿰面巠頑劣皃○敻虛政切說文營求也从𡕥从人在穴上引商書高宗夢得

說使百工敻求得之傅巖巖穴也徐鍇曰人與目隔穴經營而見之然後指使以求之攴所指畫也文五䁉視也詗說文知處告言之醟沈酗也

⿰耳卩目轉也○高廎傾敻切瓜屋也或作廎文二○摒拼卑正切搏雅除也或从并文八鉼北燕謂釜曰鉼賆益也

併幷說文並也或省屏除也恲滿意○聘匹正切說文訪也文四聘視也娉說文問也謂昏禮問名俜使也○

偋毗正切僻寠也文三⿰彳屏傍側也庰廁也○詺名彌正切目諸物也或作名文二○性息正切說文人之陽气性善者也文

上 集韻卷八 王進

六蜻說文蟲也姓𤯓說文人所生也古之神聖毋感天而生子故稱天子引春秋傳天子因生以賜姓亦姓古作𤯓狌鼪鼠屬莊子捕鼠

不如貍狌或从鼠。婧七正切說文竦立也一曰有才文六凊清說文寒也或作清胜山海經王山有鳥如翟而赤其名胜遇是食魚倩假也

掅捽也。精子正切強也文二婧有才品也一曰婧婧健皃。淨疾正切魯北城門池一曰水也文十五瀞清說文無垢薉也

或作清通作淨穽汬阱說文陷也所以取獸者古作汬阱㝛說文坑也睛賜也靚說文召也姘說文靜也婧女貞也一曰竦立蜻

蟬屬請謁也頸說文好皃詩所謂頸首婙女字。聖𦔻𨉥式正切說文通也古作𦔻唐武后作𨉥文三。正𤴓𤴐

疋𠙺之盛切說文是也从止一以止古从二二古上字或从一足足者亦止也古亦作疋唐武后作𠙺文十二政說文正也証說文諫也鴊𨿣鳥名

鶄鴊也或从隹䇥竹名眐耑視姃女字。盛時正切多也又姓文六娍長好皃一曰美也墭㼩器也或作㼩𦙶肥也

晟明也或書作晠。𥨚𧠑丑正切廉視也或作𧠑文七𧷛售也偵博雅問也𩜆饋也詗知處告言之遉邏候也

。鄭直正切說文京兆縣周厲王子友所封宗周之滅鄭徙潧洧之上今新鄭是也一曰重也亦姓文四呈衙也𤮐瓶屬𥙷祖也。𧑀女正

切蟲名文一。𤆍妨正切火皃文一。令力正切說文發號也一曰善也一曰官署之長漢法縣万戶以上爲令以下爲長文三詅博雅賣也衒也

伶縣名在益州。纓於政切馬大頸飾文六嬰嬰纍小弱郢楚地名春秋傳吳其入郢劉昌宗讀罌甖博雅瓶也

或从瓦涅水名一曰澱也
四十六。徑逕吉定切說文步道一曰直也亦从辵文十一經織也涇涇涏直流也俓直也堅也⿰鬲巠博雅隔也⿰口巠
字林聲也桱桯也一曰堅杉一曰經絲具牼牛膝下骨陘海陘魯隘道一曰山絕爲陘剄斷也。罄詰定切說文器中空也引詩缾
之罄矣文十一窒說文空也引詩缾之窒矣磬殸硜說文樂名也从石殸象縣虡之形殳擊之也古者毋句氏作磬籒省石古从巠⿱輕足
一足行也通作鑋鑋說文金聲也或書作⿰金輕麉爾雅鹿絕有力者汧水名在扶風綮肯綮肋肉結處也謦謦欬言笑
也。脛踁⿰足呈形定切說文胻也或从足亦作⿰足呈文四鋞長鍾也鏄謂之鋞。鎣縈定切說文器也一曰磨也文八⿰忄瑩忊⿰忄瑩
恨也瑩說文玉也一曰石之次玉者引逸論語如玉之瑩瀅滎汀瀅小水或作滎嫈⿺辶登嫈漢侯國名褮衣襇熒火光。濴
胡鎣切濎濴小水皃文四熒暫明皃迥遠也高牆屋間狹徑也。⿰冥色莫定切⿰冥色⿰青色赤黑色文六瞑冥夕也或省瞑閉目
⿰豕冥豚也⿰米冥屑米。腥胜新佞切說文星見食豕令肉中生小息肉也或省文六醒醉解也暒𡖅雨止無雲星見也或作𡖅
性心悸也。⿰青色千定切⿰冥色⿰青色青黑色文五⿰氵⿰青色⿰冫⿰青色說文冷寒也或从仌掅博雅持也一曰捽也碃石也。矴碇⿰石奠
丁定切錘舟石也或从定从奠文十五釘黃金也靪補履也訂平議也飣⿰月丁置食也或作⿰月丁錠說文鐙也一曰豆屬有柎

集韻去聲八　二十二　洪昌

曰鐙無柎曰錠 奠假也 定營室星也一曰定謂之䅽 顁題也通作定 鼎方且也漢書鼎貴如淳讀 䈠竹器 𥸤米餌 ○聽

耓他定切說文聆也古作耓文十一 侹直也 忊忊憕不得志皃 庭廷逕庭激過也一曰不近人情或省 涏波流直皃 濎濎濙小水

皃 𧱼豖皃 汀汀濙小水 筳笭筳車中筳也 ○定正徒徑切說文安也古作正一說丘左有澤曰定亦州名文十 廷正也直也

朝位也 霆雷也 錠鐙也 鼮豹文鼠也 奠置也 誔詭詐也 𥉮見也 忊忊憕恨也 ○零郎定切落也文六

令令支縣名在遼西 伶弄也 笭笭篁車中筳 㓉割也 㩕插也 ○寗乃定切說文所願也又邑名亦姓文十二 佞

𧦝說文巧讇高才也或从言 濘說文滎濘也一曰清也 鸋鳥名爾雅鴟鴞鸋鴂 泥寧泥毋地名或作寧 年闟人名周景王

弟年夫 𡫴告也从白 𧬈博雅𧬈訑諂也通作佞𧦝 𢔨𢔨𢔨行皃 蝏蟲名似蟬 ○絅口定切禪衣也禮衣錦尚絅徐邈讀文二

烓小竈 ○𤺺噎寗切歐聲文一 ○屛庰步定切偃廁或从广文四 偋說文僻寠也 𢓭傍側也 ○跰

迸壁瞑切散走也或从辵文二 ○扃扄扃定切明察也或从广文三 坰遠郊

四十七 ○證𨥽諸應切說文告也唐武后作𨥽文十 烝蒸氣之上達也或作蒸 承承承鄉漢矦國名或作承 椉

姓也 䵷黃色 脀癡也一曰礊脀腫也 僜倰僜行無力 ○勝𠡍詩證切克也亦州名古作𠡍文七 賸美目也 媵說文

機持經者藤蕂胡麻也或从稱媵女字○稱昌孕切權衡也分寸起於秒秒禾芒也故程器字皆从禾一曰宜也謂也俗作秤非是文四

偁譻也爯𥝋大也舉也古作𥝋○丞常證切縣名在沂州文五𨌈軺車後登也抍撜上舉也或从登𨛦縣名

在會稽○乘椉𠅞石證切車也一曰物雙曰乘春秋傳以乘韋或作椉𠅞文十六賸益也餘也一曰以財贈送俗作剩非是媵美女

一曰從嫁也䵴孕妊也或作孕嵊山名在剡縣鱦魚子甸六十四井爲甸繩徽也騬𩦹犗馬亦从椉鞶韋

副車也或从承譝促言○認如證切誌也文六扔博雅引也一曰就也推也數也杒木名一曰止車木芿艿艸芟故生新曰

芿一曰艸木不翦亦省仍因也郭象曰仍自然之能○甑鬵子孕切說文甗也籀从弜鬲文五驓說文䵐鬵鬲屬䙢方言汗襦江淮南楚謂之

曰䙢餕馬食穀多气流下也○凭凴皮孕切依几也或作凴凴文八𦢊𤻐腫滿皃或作𤻐𦽍艸盛皃蹦蹦蹬地聲毲

毲毯犬毛碐磅磳石聲○毯尼證切毲毯犬毛文一○瞪眙丑證切直視皃或作眙文二○眙瞪澄應切直視皃或从登文六澄

清也米𢑱壞皃𤎖也憕心靜䨴雲色○𢒉七孕切毛張皃文一○餕里孕切說文馬食穀多气流四下也文七棱𠢎說文止馬

也或作𠢎凌冰也𠫌風病𡋣去也倰長也一曰倰𠊲行疲○孕𡥈䵴𪓓以證切說文裹子也古作𡥈䵴𪓓文十三倂媵

倂說文送也吕不韋曰有侁氏以伊尹倂女古文以爲訓字或作媵倂賸大視也美目也賸說文物相增加一曰送也副也䵴面黑子謂之䵴鱦

鱦爾雅鱦小魚或从孕　繩艸含實曰繩周禮秋繩而芟之　○興許應切象也文四　嬹說文說也　𦢊腫病　𨞛說文地名　○嬈
其孕切欲死皃文一　○應於證切荅也文五　譍𧬘噟說文以言對也或作譍噟　膺匈也禮拳拳服膺徐邈讀　○凝牛孕切止
水也文一　○冰逋孕切冷迫也文一　○砅蒲應切水激石聲文四　𨋬軯𨋬冰車聲　𣏓砰𣏓析木聲　靐䨻䨻靐雷聲
四十八　○隥嶝磴丁鄧切說文仰也或从山从石文十三　登蹬履也或从足　憕懵憕神不爽　僜倰僜不親事
鐙馬鞍具一曰豆也　凳櫈字林牀屬或从木　𩞍祭饌　墱飛陛謂之墱　䔲𧄍䔲臥初起皃　○澄台隥切小水相益也
文三　䡤車羽　䨃大雨　○鄧唐亘切說文曼姓之國今屬南陽又姓文十一　蹬說文蹭蹬也　𡡆婈𡡆困病皃　䔲𧄍䔲臥初
起皃　驣騃驣馬傷穀病　縢橐囊屬　僜倰僜不親事　榺𢸷負檐也或从手　澄清濁分也　𢧜擊也　○倰郎鄧切倰僜不
親事文六　婈婈𡡆困病皃　騃騃驣馬病　輘輘軸也　踜踜蹬馬病　𧄍𧄍䔲臥初起皃　○堋塴𡻵窆之封
逋鄧切說文喪葬下土也引春秋傳朝而堋禮謂之封周官謂之窆又引虞書堋淫于家或作塴𡻵窆封一曰堋射埻也文七　傰阿黨也　𡏵蜀郡謂塘曰𡏵
○倗步鄧切輔也文一　○懜懵儚母亘切說文不明也或从瞢从人文十二　瞢目不明也　鏳𨯴博雅鍸鏳鐱也或从夢
薨棟也　魧鱛魚名或从瞢　甿博雅癡也一曰田民　䒐䒐𤯝色惡　𥨍𥨍𥧲眠寤　○𥨍思鄧切𥨍𥨍眠寤文一

○蹭七鄧切說文蹭蹬失道也文三⿰色曾艶⿰色曾色惡⿰曾刂割過傷也○增子鄧切贈也文三綜織文⿰衤曾複也○贈昨亘

切說文玩好相送也或書作⿰曾貝文五⿰黑曾⿰黑黽皯⿰黑曾面黑氣或从黽驓爾雅馬四骹皆白者繒帛也○栕亘⿰月亘居鄧切說文竟也古作亘

⿰月亘文十二揯博雅急也或書作恒縆索也堩博雅道也曾子曰葬引至于堩⿰魚亘⿱亘魚魚名或省暅博雅暴也恒月弦也詩如月之恒

⿰目亘目起皃⿰石亘石皃○堩口鄧切道也文一○鼐寧鄧切大鼎文一

四十九○宥尤救切說文寬也文二十七又說文手也象形三指者手之列多略不過三也右⿱又口佑說文助也一曰手口相助

也徐鍇曰言不足以左復手助之或作⿱又口佑祐說文助也謂福祐也姷侑說文耦也或从人酭醻酒也通作侑⿸疒又痏疣說文顫也或作

痏疣⿰尤頁⿰又頁頭顫也亦从又怞說文不動也⿺走有說文走也⿱有皿⿱右皿說文小甌也或从右囿𡈚說文苑有垣也一曰禽獸曰囿

籀作𡈚栯木名⿱艹𡈚⿱艹囿⿱艹有說文艸也或作⿱艹囿亦省有復也通作又⿱穴有空也犹獸名○齅嗅許救切說文以

鼻就臭也文十一殠腐气也嘼畜⿰犭畜說文犍也象耳頭足厹地之形古文嘼下从厹或作畜亦从犬珛說文朽玉也玊篆玉工

⿰歹丂腐也痳桼瘡臭逐氣也禽走臭而知其迹者犬也故从犬○⿰鼻丘丘救切⿰鼻丘鼽仰鼻文五⿰足丘⿰足丘⿰足丘行皃糗粮也⿰足臭

⿺走丘跛行也或作⿺走丘○鼽牛救切⿰鼻丘鼽仰鼻文二⿰足臭跛行○⿰言求救捄居又切說文止也又姓或从攴从手文二十二⿰皀殳

說文揉屈也从殳从皀皀古叀字徐鉉曰叀小謹也亦屈服之意 𨗨說文恭謹行也 𩝩𩚵說文飽也祭祀曰厭𩝩或作𩚵 究宄𥦅說文

窮也一曰究究相憎惡古作𥦅 㝌說文貧病也引詩煢煢在㝌 疚久病也 灸灼也或書作灸 廏𡗽說文馬舍也引周禮馬有二百

十四匹爲廏廏有僕夫古从九俗作廐非是 玖石之次玉者 猶獸名善登木 久以蓋塞鬲口也 𢾺強擊也 慗悅也謹也 𡊴畂

耕隴中或作畂 𧡧衆視也 ○舊鵂巨救切鳥名說文鴟舊舊留也或从鳥休舊一曰故也又姓文十一 𢐈弡弓強也或作弡 柩匛

匶𠥹說文棺也或作匛籀作匶𠥹 鮥魚名爾雅鮥當魱似鯿 杦方言匹也 賕以財相謝 ○貁狖𤢖犹余救切說文鼠

屬善旋一曰禺屬或作狖𤢖犹文三十 猶獸名似麂善登木一曰隴西謂犬子曰猶 蜼𧳜猚字林獸名如猴卬鼻長尾或作𧳜猚 蜏蟲名不知

晦明者 鼬𪕋說文如鼠赤黃而大食鼠者或从穴 牰牛目眥黑曰牰 輶輕車也 褏褎盛飾皃詩褎如充耳或从由 㾇博雅

病也 油浩油地名 柚櫾說文條也似橙而酢引夏書厥包橘柚或作櫾 槱禉說文積火燎之也引詩薪之槱之周禮以槱燎祠司中司命或从示

哨不正也 岫山有穴曰岫 梎木名 庮久屋朽木臭 怞憂也 秞物有光也通作油 舳舟首也 媨醜也 卣驚聲

○謬嘐眉救切說文狂者之妄言也或从口文三 繆戾也 ○副疈敷救切貳也或从二畐文十六 郛郭也 福衣一稱 䯱

𩮜博雅假髻謂之䯱或从富通作副 愊㤋怒也或作㤋 覆說文覂也一曰蓋也 豧豕息也 仆踣頓也或作踣 𦃇

治敗絮也癁再發之疾曰癁福藏也史記邦福重寶徐廣讀篗竹蓋也○富方副切說文備也一曰厚也又姓文七輻輪轑也

鍑說文釜大口者蕌葍也艒舟名不弗也䍖罔也○復扶富切又也文十五韍韝鞴鞲皮衣車軛

也或作轉亦益从革復复說文重也古作复覆蓋也通作伏伏寶菢卵也或作寶癁再病也榎說文機持繒者冒

隚兩阜間也或作隚附說文附婁小土山也从𨸏付聲引春秋傳附婁無松栢○秀息救切實也有實之象下垂也徐鍇說文十四璓琇

說文石之次玉者引詩充耳璓瑩或省㑳㑳留行相待也通作宿繡說文五采備也鏥銹鏽鐵上衣也或作銹鏽宿列星也舍也

蜏朝蜏蟲名孳母也滫糔溲也或作糔莠茶也鏅鍛也○趍趍千繡切博雅趍越犇也或从叜文三𥳑廣雅

𥳑謂之笪○僦即就切說文賃也文八𢷾攬也稭稅也糈稻實也亦通作稭瘷縮也媨醜也諔臾也惆悲也

○岫䆞𧮱似救切說文山穴也籀从穴从谷文七褎袖說文袂也或从由一曰盛飾一曰褎褎禾黍盛皃牰爾雅牛黑眥牰紬緒也

○就𡰯疾僦切說文就高也从京从尤尤異於凡也又姓籀作𡰯文七𡖙終也鷲𩀐說文鳥黑色多子師曠曰南方有鳥名羌鷲黃頭赤目五

色皆備或从隹亦書作鷲牰字林牛眼黑眥也𡾟山名○狩舒救切說文犬田也引易明夷于南狩文七守諸侯爲天子守土故稱守漢置郡太

守獸說文守備者一曰四足而毛曰獸首嚮也禮寢常東首一曰有罪自陳收敊穫也或作敊㖊趣鳥聲○臭尺救切說

文禽走臭而知其迹者犬也故从犬徐鍇曰以鼻知臭故从自文三殠臰說文腐氣也或省从死○祝柷咒詋詶職救切詛也古作柷
或从口从言亦作詶文九⿰髟周髮多也椆木名𦗝耳明也颾風皃○授穐穐承咒切付也又姓亦作穐唐武后改作穐文十三
嗖口誨與也綬轂維壽𠷎久也古作𠷎詶荅也售讎說文賣去手也引詩賈用不售或作讐詩無言不讐鄭康成讀
⿰礻秋祈久年也醻報爵嬦女名○輮如又切車輞文十二煣火揉木也楺木名鞣柔革也蹂𠫤踐也或作𠫤
揉順也詩揉此萬邦肉錢璧之體腬⿰月丑肉善者腬或从丑㖻惡言餜餾也○瘦瘦膄所救切說文臞也隸
作瘦或作膄文十一颼颼飂風聲漱嗽說文盪口也或从口鏉說文利也一曰鏉鏽鐵上衣涑水有所敗蒐爾雅戢蒐聚也施乾
讀嗖𠻡驅鳥聲或从叜○⿺辶莤初救切說文艸皃一曰艸雜也文三⿺辶窄倅也齊也遚不進也○縐側救切說文絺之細
也引詩蒙彼縐絺文十二⿰衤芻⿰巾秋衣不伸也或作⿰巾欶⿱⺮皺捕魚器甃說文井壁也⿰女芻好也⿸疒秋博雅縮也⿰月芻脯也皺
皺也㑳傁⿰女芻也或从叜通作⿰女芻鞦鞍也○驟騶鉏救切說文馬步疾也或作騶文九潨水流急也⿰女芻㑳⿰女芻也或从人
⿰扌聚擊也⿰亻愗⿰言聚僝愗詈也或从言⿸虍曹虎爭聲○晝𦘠晝陟救切說文日之出入與夜爲界籒作𦘠隸省又姓文八疛
腹心疾也噣咮注說文喙也或作咮注扭按也○畜嘼丑救切犍也謂六畜或作嘼文四俞姓也惆惆悵失志○胄

胄伷直祐切說文胤也从肉由聲又姓或作胄伷文二十八　冑䩜說文兜鍪也从冃司馬法从革或書作䩜　𢓜行無極也　宙說文
舟輿所極覆也　籒說文讀書也引春秋傳卜籒云一曰史籒造篆以故有籒文　䌛占辭　䛆說文訓也　⿰糹胄紬博雅業也一曰緒也或作紬
疛𤸫博雅病也一曰心腹疾也或从壽　懤愁毒也　酎說文三重醇酒也引明堂月令孟秋天子飲酎　逐奔也山海經夸父與日逐一曰
牡牝合　駎馬競馳謂之駎　盩闕人名周大王父諸盩　岫爾雅山有穴爲岫郭璞說　怞說文朗也引詩憂心且怞　⿰糹⿱⺮寸竹易根而死曰⿰糹⿱⺮寸　⿰糹宙古今
無極謂之⿰糹宙通作宙　⿰礻留袖祝⿰礻留也或作袖　稩稅也　粙稻實　舳舟首　○溜力救切說文水在鬱林郡文三十三　霤說文屋水流也　廇
說文中庭也一曰屋大梁　⿰示留⿰言留⿰示由說文祝⿰示留也或从言古从示由　⿰留瓦博雅甍謂之⿰留瓦　餾說文飯气烝也　⿰酉留酒名　⿰鬲留關東謂甑通作塯
塯瓦器堯舜飯土塯通作溜　⿰土究⿰田久耕地起土也一曰壠也或作⿰田久　窌石窌地名在濟北　⿰彳留留綉⿰彳留行相待也或作留　翏說文高飛
也　廖說文人姓一曰國名　僇說文癡行僇僇也一曰且也　嬼埤倉妖也　癅瘻腫也或作瘻　勠併力　飂長風聲也通作
翏　雡說文鳥大雛也一曰雉之莫子爲雡　鷚鳥名說文天龠也好高飛作聲　璆美玉名　鏐黃金之美者一曰弩牙　⿱雨留龜名左倪⿱雨留
⿰扌留築牆布土也　⿱竹劉竹聲　鎦磂梁州謂釜曰鎦或从石　○糅粈女救切雜也或从丑文十一　⿰食丑⿰食柔雜飯也或从柔
鞣柔革也　腬肉之善者　楺木名　猱猴類爾雅猱蝯善援　狃習也　⿰糹柔雜色繒　輮車輞　○憂於救切憂慮也詩

序百姓見夓徐邈讀文一

五十○候下遘切說文伺望也文二十八 堠記里堡 鄇說文晉之溫地引春秋傳爭鄇田 郈⿰厚阝鄉名在東平或作⿰厚阝

睺半盲也 ⿰貝侯博雅⿰貝句⿰貝侯平也一曰⿰貝侯⿰貝婁貪財皃 訽詬博雅罵也或从后 逅說文邂逅也一曰鮮悅也 遘遇也 覯遇見也

⿺走后蹇也 後詩傳相導前後曰先後 鍭翭爾雅金鏃翦羽謂之鍭或从羽 ⿰風侯⿰風后風皃或从后 ⿰亻皷埤倉石⿱冖黽膜也一曰石蟇

⿰谷侯谷名 鮜魚名鰈也 鱟魚名似蟹有子可爲醬 ⿰鳥侯鳥名 ⿰虫侯水蟲似龍出南海 洉沾濡也 缿受錢器 后君也

厚厚薄也 ○詬訽呴許候切說文謑詬恥也或作訽亦从口文十八 吼厚怒也 ⿰句頁勤也一說⿰句頁顬老稱 怐佝怐愗

愚也或从人 ⿰壴攵數⿰壴攵凶麤也 ⿰谷后谷名在成皋 豿字林豕鳴也 蔻茠豆蔻艸實生交阯或作茠 ⿰豸后豿狗熊虎子名

或作豿狗 ⿰目后怒目視皃太玄遠之⿰目后 鮜魚名 鱟魚名似蟹 ○寇丘候切說文暴也文二十二 ⿰忄寇⿰忄寇⿰忄寇勤力 敂說文擊也 佝

說文務也 瞉⿰⿳士冖女殳區怐瞉霿鄙吝心不明也或作⿰⿳士冖女殳區怐 袧博雅襞也 ⿱敄糸博雅緉也 簆織具 罄㱿說文未燒瓦器或从

土 滱說文水起北地靈丘東入河滱水即漚夷水并州川 扣擊也 鷇⿱㱿鳥說文鳥子生哺者或作⿱㱿鳥 ⿰鳥寇鳥名鴨屬 垢解垢詭曲

之辭 詬詈也 釦飾器也 叩以手至首 ○冓居候切數也一曰交積材也文五十六 構說文蓋也一曰木名或从手非是 ⿰目冓

視也䕢艸名葛類篝竹器遘說文遇也䃓碻也覯說文遇見也媾說文重婚也引易匪寇婚媾姤易卦名遇也陰陽相

遇也㝅說文乳也一曰㝅瞀也𡪢博雅夜也詩中𡪢之言購說文以財有所求也𧵈稾給也䬲縣數也句拘也又姓軥

說文軛下曲者彀說文張弩也雊噣呴鴝雉鳴或作噣呴鴝㝅取乳也𧰲取羊乳也犢取牛乳也𤛓取牛羊乳也

𪄟鞲鴝鳥名鉤鉤梯攻城具詩以爾鉤援韝射所以韜臂者詬詢詈也或作詢逅邂逅不期而遇一曰解說也𣪌𣫆字林

鳥子生𡩋者或作𣫆袧博雅襞也㲉怐怐佝傋㲉霿鄙吝也或作怐怐佝傋穀木名岣博雅岣嶁謂之衡山𤬪博雅𤬪瓞

王瓜骺骺骺骨耑一曰骨鏃煹舉火也𥦗穴也䨚大雨也搆擩也䕢遘積艸或从遘夠聚也玽

玉名頏頏頏勤力也𧱓唊豬也𤢖獸名似犬食猴穀祿也善也論語三年學不至於穀○漚渥於候切說文久漬也或作渥文二十

𧒂蠶眠也𧝞次衣也𩍐胡鞻也𨿽鳥聲藲飲水也歐歐吐也醧酒味和膒以脂漬革熰暱蘁煖也

或从日亦作蘁𦵬梵𣞠地名在竟陵或省亦从句漚罧也積柴水中以取魚握縷喪束手者或从糸搜闕人名莊子有

王子搜○偶牛遘切不期會也文一○仆踣趏匹候切僵也或作踣趏文八欨語不受也扑擊也結治敝絮豧

豕息也朴木皮○䏽蒲候切醬豕者爲䏽文十䩗䡝革裹車軛也或省鋯說文小缶也鵪鵪鶉鳥名𠊔仆也朴

木皮⿰虫美⿰虫美⿰虫束蟲名茇⿰歺犮落也或从歺○戊莫候切說文中宮也象六甲五龍相拘絞也文四十三茂說文艸豐盛⿱艹楙艸名⿱艹婺

說文毒艸也⿱艹教說文細艸藂生也苺覆盆艸也冃覆也楙說文木盛也爾雅楙木瓜袤⿴衣楙說文衣帶以上一曰南北曰袤東西

曰廣籀作⿴衣楙⿱癶疋拜也懋⿱矛心說文勉也引書時惟懋哉或省通作楙霿⿱敄心⿰亻敄⿰忄敄⿰亻務瞀霿鄙吝也或作⿱敄心⿰亻敄⿰忄敄⿰亻務⿰虫敄

蟲名蛷螋也罞獸罔瞀⿱冒目說文低目謹視也一曰目不明也或从冒⿱敄酉說文⿱敄酉⿰酉俞榆醬也⿰女毋娒毋女師也或从每亦作毋

⿰矛希染布以覆車也鄮說文會稽縣侮傷也詩受侮不少徐邈讀牧地名尚書大傳牧之野劉昌宗讀一曰畜牧蟊蝱兆氣鬱冥也洪範

曰蟊曰尅劉昌宗讀侔上下等也周禮凡爲輪行山者欲侔劉昌宗讀務瞀牟昏也古作瞀或作牟鍪博雅釜也蓩艸名卷耳也

⿰木敄木名冬桃也貿賈說文易財也或作賈⿰木矛果名⿱敄魚魚名出日南雺地气發天不應曰雺○漱先奏切蕩口也文十

三嗽欶欬也或省瘶寒病嗾族說文使犬聲引春秋傳公嗾夫獒或省通作欶鏉利也一曰鐵上衣⿰忄叜困⿰忄叜氣臭薰鼻不通

皃搜闕人名莊子有王子搜⿱竹奏小竹⿰虫束⿰虫美⿰虫束蟲名⿰口束吮也謏私詈○湊奏千候切說文水上人所會也或作奏文十

七輳輻共轂也⿰金奏槍屬鏃博雅鏃砮鏑也揍插也腠膚理也⿰鹵奏博雅鹽也一曰南夷謂鹽曰⿰鹵奏楱小橘也出武陵⿰禾奏

豕也蔟族太蔟律名蔟湊也萬物始大湊地而出也一曰蠶蓐或作族數車轂空也衆輻之所輳李軌讀⿰日奏半春也嗾⿰口造

使犬聲或作噠蔟鳥巢。𡙸奏𡗝𣪷𡳇則候切說文奏進也从夲从廾从屮屮上進之義一曰簡類晉法召王公以一尺奏

王公以下用一尺版隸作奏或作𤼍𣪷𡳇文九卪說文卪也闕走疾趨也族樂變也漢書聲有節族蘇林讀通作奏踍蹋也。剿

于候切博雅斷也一曰細切文四楱鎒楱把鐵齒也躅醉行皃驟疾馳。鬭丁候切說文遇也又姓俗作鬪非是文十八鬥

說文兩士相對兵杖在後象鬥之形剅物等也郖郖地名在弘農或作郖𧬈𡠿䛠𡛟埤倉𧬈譳不能言也或从女亦作䛠𡛟

𧱏尾星名噣咮喙注口也或作咮喙注陡阧峻也或从豆襡衣袖餖飣也。透𧼪他候切說文跳

也過也或从走文十三𧻙𨀤自投也或从足音歆咅哣相與語唾而不受也或作歆咅哣愉苟也鄭司農曰民不愉䕆

博雅好也逗止也綉吳俗謂繇一片𨜠地名在高陵。豆𣅊梪䇺大透切說文古食肉器也古作𣅊或从木从竹

文三十五𥙆祭福也餖𩚵飣也或从殳脰𩓣說文項也亦作𩓣逗投說文止也或作投酘字林重醞也通

作投𣪘遥擊也毭博雅毭毭罽也𩋈說文車鞁具也郖地名在弘農縣浢水名在河東竇說文空也亦姓窬鑿垣

爲戶瀆𣻳水也或作𣻳荳荳蔻藥艸讀𡂾誦書也周禮鄭司農讀火絕之徐邈讀或从口𢛴誑也牏築牆短版𨡪

說文𨡪醶也𥥓陷也狟犬吠渝水名𢭏四榖曰𢭏䱏魚名瀆句瀆宋地名鍽鏉鍽鐵生衣𡛟𡛟嬬不能言也。扁

集韻卷第八　二十八

郎豆切說文屋穿水下也从雨在尸下尸者屋也文二十 漏說文以銅受水刻節晝夜百節一曰泄也 㔷說文側逃也一曰箕屬 陋說文阸陜也

鏤說文剛鐵可以刻鏤引夏書梁州貢鏤一曰釜也 鍽鏉也 劃劃剩細切 瞜瞜賧貪財 瘻說文頸腫也一曰久創 萹萹蘆藥艸 蔄

埤倉姓也 螻內病 嶁岣嶁謂之衡山 甊博雅瓿甊王瓜也 𨛵地名 蹁蹋也 鞻鞮鞻四夷舞 僂僂佝短醜 謆謆訴暴怒

歔歔歐小兒兇惡 ○槈鎒耨乃豆切說文薅器也或从金从耒文十三 擩構擩不解事 檽構檽木名皮可染 譳詎譳不能言也

䨬說文鬼皃聲䨬䨬不止也 㝅博雅乳生也 獳怒犬皃 猱猨類詩無教猱升木沈重讀 搙博雅拄也 嗕羌別種漢有呼速絫

嗕 嬬女字

五十一○幼伊謬切說文少也文四 柚橘屬 鴢鴢頭鵁鳥名似鳧 蚴方言燕趙謂蚰蜒小者曰蚴蜒 ○𨊠己幼切車

軫上輮文二 椆木名 ○䠗輕幼切𨀛䠗行不正也文二 螑赳螑龍申頸行皃 ○𨀛祁幼切𨀛䠗行不正文四 玌王器 赳

赳螑龍申頸行皃 𨊠軫上幹也 ○赳古幼切赳螑龍申頸行皃文四 僇癡行僇僇一曰且也 𪖐折鼻也 叫聲也莊子叫者譹者

郭象讀 ○螑火幼切赳螑龍申頸行皃文一

五十二○沁七鴆切說文水出上黨羊頭山東南入河文十五 吢吣犬吐或作㕼亦書作吣 𥳓𢟟墨漬筆也或作𢟟 㓩

剋也𤵸痛也𢡚艸木萎死揔扖插也或从心鈊利也㴨沁冷氣或从心伈恐也䜴鼓也○浸湛子鳩切漬也或作湛文十五𢴋𢼏擊也或从攴濅說文水出魏郡武安東北入呼沱水蘉葠喪藉艸也或作葠祲說文精氣感祥引春秋傳見赤黑之祲梫爾雅梫木桂葉似枇杷而大白華𦟛脣關謂之𦟛稄錐也䨜漢中名雞㨮深掘也鋟刻傷也㴨冷氣○枕職任切臥首據物也文三針鍼縫也刺也或从箴○甚昰時鳩切過也古作昰文八葚說文桑實也𤸷復病曰𤸷顉㐼頗顉俯首或作㐼霠雨皃䫖䫖䫖頭皃一曰弱也○妊姙如鳩切說文孕也或作姙文十四任克也栠說文弱也衽袵衣衿也或从任亦書作𧛔䇮臥席也通作衽紝𦇎說文機縷也或从任亦書作絍鵀戴鵀鳥名飪孰也恁思也賃以財雇物壬佞也○滲所禁切說文下漉也文八㾕病也罧槮罧積柴水中以取魚或作槮罧滲寒皃突深皃俗謂深黑爲窨突一曰瘞也關中謂瘞柩爲突沁水名○讖楚譖切說文驗也文一○譖側禁切說文愬也文三𩓷頭俯皃僭數也○揕知鳩切擊也一曰刺也史記持匕首揕之文七鈂重也𣪠下擊𦔨𦔩廣雅耕也一曰臿屬或作𦔩湛漬也愖癡也○闖丑禁切說文馬出門皃文四覾𧡬私出頭視也从彤或省𦨯吳楚謂船行曰𦨯○鴆𨿲直禁切說文毒鳥也一名運日或从隹文七沈湛没也或作湛𤓬瓜名菬芜艸名或省○臨力鳩切哭也文六箖博雅翳也菻拂菻西域

胡名淋以水沃也頼臨頼顉俯首或作臨○賃任女禁切說文庸也或作任文二○禁居廕切說文吉凶之忌也一曰制也蔡邕說

天子所居曰禁又姓文七僸北夷之樂襟方言格也謂令竹木格一曰所以扞門紟單被襟青色陶隱居說藍染襟碧所用齽鉤齒內曲謂之

齽㯲承樽棜○㸒䑫𪗪巨禁切說文牛舌病也或从舌从齒文二十六靲鞮帶也束物韋也噤齽說文口閉也或从齒

勬用力也拎擒捉也或从禽澿寒皃忴憏心堅固也或从禁紟絵被也一曰佩紟或从金衿𧛓衣系或从

金𨹴石地懍心怯也笒竹籤也鈙襟持也或作襟艂舲蜀人謂舟或从今蹸坐也𣢾闕人名漢有劉

𣢾妗俗謂舅母曰妗○蔭蔭於禁切說文艸陰地或作蔭文十七廕庇也通作蔭癊䏙瘖字林心病或作䏙亦省

𨡎釀氣窨說文地室也稖禾苗茂美也喑噾方言啼極無聲齊宋之間謂之喑或作噾𣨄𣨄呃不平聲飲歠也一曰

度聲曰飲陰瘞藏也禮陰為野土噫氣出皃隌闇也瘖痛劇也○稟逋鴆切受也文一○瀋鴟禁切置水於器文

一○深式禁切度深曰深文五諗字林念也瞫低目視嬸志下也㾕廕㾕屋深○撳丘禁切按也文二顉顉頷

首動○吟宜禁切長詠也文二𩓡顉頷首動○讖火禁切讖訐怒言文四廞猛意謂物新美者意嚮之愖愖愖心不正

𧗸𧗸𧗸暗行皃○訐于禁切讖訐怒言文一○鐔尋浸切刀本文二蕈桑葜○䰼淫沁切鼠名文一○穇

岑譖切禾欲秀文一○勬思沁切勬勬用力文一

五十三○勘苦紺切校也文二十二 䘖盦𧖴𧗋說文羊血凝也或从贛省亦从甚从敢 𧯞豉味厚 䶗味厚也

轗轗輡轗軻車行不平一曰不得志或省亦作輡 鼛䶬擊鼓也或从殳 磡碪硌巖崖之下或作碪硌 埳埳坷不平

坎墈險岸或从勘 餡䜺味過甘也或作䜺 凵張口皃 顑食不飽也○憾感胡紺切恨也或省文十五 琀

唅說文送死口中玉也通作唅 唅博雅唅也一曰哺也 淊泥皃 䐄䤇食肉不猒也或从炙 蜭蛤毒蟲名或从含 䅣禾欲秀皃

顑顄顑頭面不平 顑臨火气也 蜭蟲名食桑食瓜者 䀏目深皃○顑顑呼紺切不飽而面黃也或作顑文十 饖

食不飽也 戇愚也 賺賺貪財也一曰戲乞 苷艸名 蜭蟲名食桑食瓜者 䐄食肉不猒 酣飲酒未既 顑臨火气也

○紺古暗切說文帛深青揚赤色文十六 灨水名一曰邑名在豫章通作淦 贛艸名薏苡也 髻鬊青紺色 甘士之味 㑣僋㑣無儀

灡水大至也 黚博雅黑也 淦汵說文水入船中也一曰泥也或作汵 嵁嵐嵁山名 詌口閉 鶙鳥聲 䤌酒味淫也 贛

贛榆縣名在東海 揞揜也○暗晻烏紺切說文日無光也或从奄通作闇文十 醃藏葅也 闇說文閉門也 韽鍾聲小也

啽啽醿聚氣皃 灡水大至也 揞揜也 諳諳背誦或作諳○㒔五紺切㑌㒔不自安也文二 顩首骨高皃○

倸蘇紺切儃倸老無宜適一曰癡皃文三　顉搖首皃　悇憛悇憂惑也　○謲七紺切相怒使也一曰伺也文十　參傪
𩟗鼓曲也後漢禰衡為漁陽參撾或从人从食　𤳹田隴相聯也　慘憂戚　驂騑也　鏒鋤也　嘇聲也　䃡䃡磹電光　○
篸鐕蠶揝作紺切綴也或作鐕蠶揝文三　○馾丁紺切馬睡皃文十二　𩈎頑劣皃　𥴿竹名　𡖋多也　䏙䏙臟短醜
皃　顲顲鬖頭皃　沊沊沊水聲　鴆𪀚鵧鳥名或从冬从井　頕頕頷癡皃　忱冠俯前也　○僋他紺切僋倸老無宜適也
一曰癡皃文十三　撢探說文探也或作探　䐺食美也　憛㥶博雅思也一曰憛悇憂惑也一曰惶遽也一曰禍福未定意或作㥶
誩競言　傝傝㒓不自安一曰無恥也　灟𣸣浮皃或从貪　黮黮闇不明皃　貪多欲也　㐁無光一曰舌出皃　○醰
徒紺切說文酒味苦也文十五　䐺食美也一曰腤䐺肥皃　𤮳博雅甞𤮳甘也　瞫下視也　贉𧸘債物預授直也或从僉　潭沒也
𧖻衉羊凝血也或作衉　磹䃡磹電光　霮久雨也　䊤䊤糂滓也一曰淖糜　撢探取也　潭擊水聲　𩐨酒味
淫也　○䫲郎紺切面色黃皃文三　僋僋倸癡皃　𤅊水浮謂之𤅊　○㚲莫紺切女老稱文一　○妠媨奴紺切女字一曰取也入
也或作媨文七　婻美皃一曰小肥　䩌柔韋　䤈餡也　䐈䐈䐺肥皃　𢬻魚食皃　○𩎓其闇切竹篸也文一　○擊組紺
切舉也文一　○媣辱紺切淮南呼母一曰媞也文一

五十四。闞苦濫切說文望也一曰邑名在魯又姓文十四瞰矙⿰目嚴視也或从闞从嚴喊⿰口感嚂呵也亦从感从監⿰鹵敢

味苦也虓說文虎屬一曰怒也瞰日出皃⿰章敢⿰章殺擊鼓也或从殳嵌岸歁崚監地名在東平郡。憨下瞰切愚

也文四譀𧫊說文誕也一曰調也或从忘獥犬聲。欿呼濫切博雅欲也予也文十二濫瓜葅也虓說文虎屬一曰虎怒皃憨

愚也譀𧫊博雅調也或从忘獥犬吠⿱監皿⿱監缶大盎或从缶顩頰顩癡皃⿰月臽食肉不厭𧑅蟲名食桑食瓜者。

⿰鹵臽古覽切⿰鹵臽⿰鹵監無味文六⿰鹵敢⿰鹵感味過鹹或从感通作⿰鹵臽橄橄欖果也澉味薄也鋡鑪屬。三蘇暫切參之也論語

三思而後行文四⿰巾三衣敝皃傪傪傪行皃鬖長毛皃。暫昨濫切說文不久也通作蹔文五鏨說文小鑿也⿰斬食無味

也⿺走斬說文進也蹔疾進也。擔檐𢹂都濫切負也或从木亦作𢹂文六甔儋罌甾也或作儋⿸疒詹癡皃。

憺惔倓徒濫切動也漢書威稜憺乎鄰國一曰安也或从炎从人文十七啗餤⿰口閻噉說文食也或作餤⿰口閻噉腅博雅

肉也一曰相飲也啖誑也噍也淡薄味也澹說文水搖也一曰澹林東胡名⿱雨湛⿰雲甚雲皃⿱雨愛謂之⿱雨湛⿱雨對或作⿰雲甚衉羊血凝也⿱竹淡

竹名誩字林競言也郯國名。賧倓吐濫切夷人以財贖罪也或作倓文十二睒候視也⿰虫炎蚒⿰虫炎獸吐舌皃⿰鹵監⿰鹵炎⿰鹵臽⿰鹵監

無味也或从炎澉味薄也⿱穴淡窞⿱穴淡深穴⿰目占候視埮壏埮地平而長舑⿰舌炎⿰舌詹舑吐舌皃或从炎。濫灠盧瞰

施溫

切說文氾也一曰濡上及下也引詩觱沸濫泉一曰清也或作灠文十七懢貪也𡟩𡣍說文過差也引論語小人窮斯𡟩矣或从覽𨢿說文泛齊行酒
也嚂貪也一曰食皃纜維舟絙𠟗廣雅利刀也爁火行也䆾䆾窞深穴壏壏埮地平而長藍𧆔酸葅或从濫
欖橄欖果名𩯨𩯨鬖長毛𧷹𧷹賘貪賘也○鑑濫𦉛𤮍胡暫切陶器如甀大口以盛冰周禮春始治鑑或从水亦作𦉛𤮍文
五𩟄餅中肉○涔仕濫切窪也文一○𤮊义濫切瓦器文二甔罌也容一石
五十五○豔艷閻以贍切說文好而長也从豐豐大也引春秋傳美而豔隸作艷或作閻文二十爓焰炎餤燩
火光或作焰炎餤燩𤈿火行也燄燄燄火盛皃掞𢷄𢷄舒也或从燄鹽以鹽漬物一曰歆豔之也禮流示之禽而鹽諸利灩
瀲灩水動皃擔假也禮記擔主瞻矖也淡水皃淫巴東有淫預石通作灩𢿫以手散物㛪女字○厭猒懕於豔
切足也或省亦作懕文十𥢍禾不實也𥜊禳祭饜飫也通作厭猒壓伏也酓酒盈量也嬮女字一曰嬮嫸美皃㤿快也
○㤿於贍切使也文十九俺博雅愛也一曰忘也䅖稻不實𤝞犬也𣗷𣗷檆木名奄精氣閉藏也周禮奄人劉昌宗讀厭
服也弇鍾形中央寬也周禮弇聲鬱劉昌宗讀掩𦃓繰絲以手振出緒也或从糸通作淹𧩂方言誣𧩂與也猶阿與也一曰拏也匿也謗也言輕也
裺方言裺謂之襦一曰緣也一曰衣寬皃淹沒也媕說文誣拏也一曰女字𩴬殗䅖𧛧污觸也或作殗䅖𧛧掩斂羽

○塹壍𨃗七豔切說文阬也一曰大也或作壍塹文五槧牘樸𡡒㜞𡡒美皃○潛慈豔切藏也一曰伏流文二䁮閉目思也一曰憂也○𪢶子豔切𪢶呧不廉也文四漸漸洳溼皃𩆜小雨𩉻面包○閃舒贍切闚頭也文九㣄袩㣄行皃𤐫炶爓說文火行也或作炶爓掞㨛舒也一曰疾動或从閃苫茨屋也睒視遠皃○襜幨裧昌豔切披衣也或从巾从炎文十二𩏩鞁也通作襜幨韂馬障泥也𡓨蔽也牖屋檐耑版也蹅馬急行也𨷿視皃𨼪陷也䀡窺竊視也𤵸皮起皃○占章豔切固有也文五袩袩㣄行皃𡓨蔽也𩆜小雨也瞻視也○贍𩟗儋澹時豔切賙也或从食从人亦作澹文八𢔠𨘲行速皃或从辵嶦山阪擔假也禮記擔主○染而豔切漬色也文四𩅷沾也諵字林言多不盡也髥須也○覘䀡敕豔切說文窺也引春秋傳公使覘之或从目文三㓠剡使薄也

五十六○栝栖㮇他念切說文炊竈木或从西从忝文十五㐁𠧪𥗽𥖧硒說文古皃古作𠧪亦作𥗽𥖧硒西一曰席也無光也竹上皮也𤎼𤐫火行也或从占添和益也忝辱也𦶍艸木長茂皃𨸏亭名在京兆蚺蚺𧌑獸吐舌皃○店都念切停物舍也文二十三頕垂首也坫說文屏也一曰反爵亢圭處點郭璞曰以筆滅字爲點通作沾玷沾水出上黨壺口關一曰縣名在樂平痁瘀病鉆說文缺也謂器之缺㓠說文缺也引詩白圭之㓠墊埝阽說文下也引春秋傳墊隘或作埝阽𩅿𩄾

集韻卷八　三十二　施蘊

說文寒也一曰早霜而寒謂之霚或从土姡女皃者說文老人面如點也貼目垂皃殿㲍唸㰹殿屎呻吟也或作㲍唸㰹玷玉病𡫜墊說文屋順下也一曰厭也或从土。磹徒念切𩆵磹電光文七墰楮也通作磹㣛𢖍㣛行皃居所以止動也脸博雅美也簟說文竹席也驔驪馬黃脊。稴歷店切稴𥝕禾不實皃一曰稻不黏者文三𤬪瓜子𪍒小也。

念念奴店切說文常思也又姓古作念文七絵引舟繩也簽篞竹索或从絵棯木名棗屬𨢫消也。兼稴吉念切并也古作稴文七𩩲瘦皃𩶛魚名鰜魚名𦩋舟名趝俯首疾行。傔詰念切侍從也文四鰜魚名大而青歉說文歉食不滿也𥳑籠也。醶酓於念切苦也或作酓文二。𥗪先念切𩆵磹電光文三𢖍磹𢖍行皃𥝕稴𥝕禾不實皃。僭朁子念切說文假也古作朁文四朁不信也譖通作僭𥈜閉目思也一曰憂也

五十七。驗魚窆切說文馬名也文十二醶釅說文酢漿也或从嚴噞字林噞喁魚口出水皃譣譣博雅諡也或作嶮通作驗嚴酷也𠆩俺𠆩癡也𤅢寒也䶲𪙊齒差也或从嚴鹼說文鹵也。窆𥧲封陂驗切說文葬下棺也引周禮及窆執斧或作𥧲封文五砭𥐓說文以石刺病也或从巳。黏女驗切黏也文一。斂力驗切聚也文十二殮衣死也瀲泛斂波也䨘小雨也爁爁炎火延賺市先入直謂之賺獫長喙犬名檢棆檢木也葉可爲飲蘞艸名似栝樓爦

火也澰博雅清也羷羊角三觠曰羷○脅虛欠切迫也文六擠引從也⿱僉女好皃⿰火僉火乾也⿺走劍走皃⿰韋僉胡被
○欠⿱欠⿰欠欠⿰亻欠去劒切說文張口气悟也从人上出之形一曰不足也古作⿱欠⿰欠欠或作⿰亻欠文七⿵門僉小開戶也⿰令攵厔間也⿺瓦僉陶器小瓶有耳者
⿱竹欠竹名○⿺瓦僉巨欠切陶器或書作⿺瓦今文一○劒劍居欠切說文人所帶兵也或从刀俗作劔非是文三⿱艹劒藥艸俗呼蜀夜于治喉病○
獫力劒切爾雅犬長喙名文一○僉七劒切皆也文一○⿸疒并式劒切皮破文二閃闚頭也
五十八○陷埳乎韽切說文高下也一曰陊也或从土文十七⿰齒臽怒齒也臽欿說文小阱也或从穴⿰犭臽犬聲錎連鐶
也⿰魚臽說文魚名䐄說文食肉不猒也⿰炎臽魚名山海經留水多⿰炎臽父之魚其狀如鮒而彘身⿰豆兼餅中豆⿰炎兼膁⿰食兼⿰月監餅中肉或从肉从食从監
⿰石臽石名溓沈物水中使冷○歉口陷切博雅貧也一曰食不滿文五⿰目咸目陷⿰谷虎虎怒皃⿰兼攴物相值合⿰兼頁⿰兼頁顩
面○⿰兼頁公陷切⿰兼頁顩面長文四緘棺旁所以繫緯者減咸損去也史記減仲之產又姓亦省○⿰酉音⿰龠音於陷切下聲也
或从龠文五⿰犭音竇中犬聲淊淊淊水淖一曰沒也揞弃也吳俗云○⿰犭兼午陷切兩犬爭一曰犬吠不止文一○蘸莊陷切說
文以物沒水也文七⿰斬見⿰斬見敞高危⿰犭焦獸名⿱艹⿰氵焦淊⿱艹⿰氵焦溼皃斬芟也⿱雨斬小雨⿰斬瓦布瓦於屋也○⿰鹵占陟陷切鹹也文
五站佔久立也或从人⿰齒占剔齒也沮江岸地名○賺直陷切廣雅賣也一曰市物失實文三詀謙被誑也或从廉

○諵尼賺切諵諛私詈文二霱雨淖也○鑑力陷切鑑䫡頭長文一○𪘨五陷切齾𪘨齒皃文二顑顲顑面長

五十九○覽鑑胡懺切博雅覽坈䁪覽也可以盛氷或从金文五𥂴沈物水中使冷也檻櫃也或省亦書作檻○㒊許鑒切暫㒊高危也文六譀誕也㺂犬吠聲一曰鄉名闞獸怒聲㰹叫也㦑怒也○鑑居懺切說文大盆也一曰鑑諸可以取水於月或書作鑒文六監警臨也古作警𥈜視也通作監𠠦博雅利也𥂴沈物水中使冷也○黬乙鑒切忘而息也文一

○埿湴薄鑑切泥淖也或作湴文三𦟛膚肉踈皃○𧡦子鑑切暫𧡦㒊高危皃文三𩈘長面霻小雨○釤所鑑切大鎌也文七䀹暫見也𠚴相接物也一曰利也剡刈也獑犬毛也椽接檐也纔雀頭色○懺讖叉鑑切悔也或从言文十三儳儳互不齊也陷陷也甊罌也甎埤倉乾瓦屋也摲投也芟也或書作擊獑犬吠聲嚵嘗食貼竊視饞貪食癱病也躐行皃○鑱仕懺切銳也文二十韉䪜也鬖鬖皃躔行皃纔滐帛雀頭色㺗犬容頭進犙牛角皃齾齾𪘨齒皃䫡鑑䫡頭長甊大盎以盛潘者欃𡽲字林水門也或作儳攙完補也一曰傍掣艬舟名隴陷也讒譖也鶄鶄屬儳輕賤皃一曰儳互不齊也一曰𧡦也摲投板偃水曰摲涔水涯

○儳才鑑切𧡦也周禮廛人掌斂儳布徐邈讀一曰輕賤皃文一○儳蒼鑑切𧡦也文一

六十。梵扶泛切西域種號出浮圖書文六帆舟幔也通作颿颿博雅颿颿走也一曰馬疾馳⿰瓦凡瓦也訉多言仉相輕薄皃。泛孚梵切說文浮也文十三汎說文浮皃氾說文濫也仉相輕薄皃姂好皃⿱泛皿⿱乏皿鋄釩博雅盞盌杯也或作⿱乏皿鋄釩⿱艹乏艸浮水上皃帆楊也杜預曰拔旆投衡上使不帆風差輕渢中庸聲春秋傳渢渢乎徐邈讀⿰山乏山名。⿱艹乏亡梵切博雅也艸木蕪蔓也文一

集韻卷之八

集韻卷之九

翰林學士兼侍讀學士朝請大夫尚書左司郎中知制誥判秘閣兼判太常禮院群牧使柱國濟陽郡開國侯食邑一千三百戶食實封四百戶臣丁度等奉

敕脩定

入聲上

屋第一 烏谷切 獨用　沃第二 烏酷切 與燭通

燭第三 朱欲切　覺第四 訖岳切 獨用

質第五 職日切與術櫛通　術第六 食律切

櫛第七 側瑟切　勿第八 文拂切 與迄通

迄第九 許訖切　月第十 魚厥切 與沒通

沒第十一 莫勃切　曷第十二 何葛切 與末通

末第十三 莫葛切　黠第十四 下八切 與鎋通

新刀

集韻入聲九

𤅳第十五下瞎切　屑第十六先結切與薛通

薛第十七私列切

一○屋屋臺烏谷切說文居也从尸尸所主也一曰屋形从至至所至所至止一曰具也籀从厂或作臺文十三　剭誅也周制誅大臣適甸師

謂之剭　渥水聲　喔雞聲　黫墨刑　鄏地名在南陽　𦜕膏膧也　腛厚也周禮革欲其柔滑而腛脂之則需　䅒

禾芏　媉好也　握小兒易若號一握鄭氏讀　○嗀呼木切歐聲文十一　嚛說文食辛嚛也一曰歜聲　臛羹也　焀火皃　熇

說文火熱也引詩多將熇熇　𧹞𤈿說文日出之赤或从火　𤡩說文犬屬要以上黃要以下黑食母猴一曰𤡩似牂羊出蜀北囂山中犬

首而馬尾　𧰲豕聲　𪍑麥也　豰豕名一曰狐子　○哭空谷切說文哀聲也文九　㲉鷇卵已孚或作鷇　㱿說文未燒瓦器

𪌂說文餅麴也　𣪠𪎎說文未練治纑也或作穀徐鉉以爲後非聲疑从復今按沃字韻有𪎊蓋从沃　𡏞土墼也　𤿎皮也

○穀糓古祿切說文續也百穀之總名一曰善也祿也一曰水名或从米文二十三　㛢博雅㛢婡歺也俗作㛢非是　榖木名說文楮也

𧯛𧯘豆名一曰豆其或作𧯘　轂𨏞說文輻所湊也古作𨏞　瑴雙玉　𨁺足跗　𥆈䀰目動也或从谷　谷說文

泉出通川爲谷从水半見出於口一曰窮也又姓　唂角雉鳴或从角　瀫水名在河內　鷇𣫬布鷇鳥名或从隹通作穀

鼀鼀鼊鼠名貉獸名山海經北囂之山有獸狀如虎白身馬尾彘鬣名獨貉㲉器名受三斗𥳇簏也㞙持也。㲉
胡谷切說文細縛也文二十五斛斢說文十斗也或作斢通作觳觳說文盛觵卮一曰射具一曰盡也𪘁齒聲觳角聲嗀
瓦器一曰坯也嚳石聲𥮜大箱也蔛石蔛藥艸𨣯濁酒藙菜名生水中槲槲樕木名或書作斛螜蟲名螻蛄
也一曰蟦蠐謂之蝗螜觳牲後足一曰足跗𥳇吴俗謂篗䉶爲𥳇瀫水聲或作𣴕擭捕獸機檻也書杜乃擭徐邈讀㲉
豕也豰豭也瞉目動也焀火皃㲉㲉簏器名㱿赤皃𧝂𧝂衣聲。卜𠄏博木切說文灼剥龜也象灸龜
之形一曰象龜兆之從横也古作𠄏亦姓文三十一汁水名菐煩也濮說文水出東郡濮陽南入鉅野又州名亦姓𨻰𨻰彭𨻰
蠻夷國名或作僕通作濮轐僕說文車伏兔也引周禮加軫與轐焉或从僕嬕女字昌意娶蜀山氏女曰昌嬕樸樸屬叢生皃檏說文棗也樸
山海經樸鈆南極之夷蹼蹼鳧鴈足間相連著爲蹼或省纀襆幞說文裳削幅謂之纀或作襆幞䪁絡髮謂之䪁一曰牛絡頭鸔𩁬雉名
黄色鳴自呼或从隹鸔鳥鸔水鳥獛獛桃西域地名鏷鏷姑矢名蟔蟔蝀小蟲鬏鬏鬊皃𩬰忽見也鼳博雅鼳鼶
鼠屬醭酒上白撲拭也䑑牆版之大者。攴撲扑箁䇫剥普木切說文小擊也或作撲扑箁䇫剥文
二十八濼水名春秋傳公會齊侯于濼鼶鼳鼶鼠屬墣圤凷謂之墣或从卜骲骨鏃也仆偃也䁒物氣烝白

醭酒上白 黩黑色暗一曰淺黑色或从卜 鸔鳥名善占 䪁以言蔽也 副判也 僕羣飛皃莊子蚕虫僕緣 撲方言

畫也 樸穙艸生穊或从僕 炦火烈也 䑑美財也 樸堅木也一曰木生密 䕯撲也 朴木皮 ○僕䑑步木切給

事者古从臣文二十三 鏷侏儒也 菐煩也 𡲞𡲡𡲞𡲞行皃古作𡲡 㬥暴曓曝日乾也或作暴曓曝

鸔鳥名說文鳥鸔也 瀑水縣 䍖𩯁毴䍖毛不理或作𩯁 穙禾生穊也 樸樸木密也一曰樸樕小木或省 蟔蝶蟔蝶

小蟲 轐博雅車伏兔也 蚹蚹蠃蟲名 鰒海魚名 纀頸聯也 匐匍匐也 ○木莫卜切說文冒也冒地而

生東方之行从屮下象其根又姓文十九 杒刀治桑也 沐說文濯髮也一曰水名在青州又姓 霂說文霢霂也謂小雨 毣思皃一曰

好也 楘說文車歷錄束交也引詩五楘梁輈 鞪𨏔𨍭說文車軸束也或从車亦作𨍭 艒小船謂之艒䑿 鶩鳥名

說文舒皃也 豋豆箕 𩂣鳥澤羽 蚞蟲名爾雅蜓蚞螇螰也 務毒艸 𢃜黍布 莯艸名 婺美皃

鶩鳥名 ○速𧫷遬蘇谷切說文疾也一曰召也古作𧫷籀作遬文三十三 誎說文餔旋促也一曰飾也 𩟫餗

䭈餗說文鼎實惟葦及蒲陳留謂鍵爲𩰤或从食亦作䭈餗 敕吮也 娕嫡娕占夕也 𣪠𣪠𣪠動物 涑水名在河東

倲獨倲動也一曰短皃 𣀔爾雅菜謂之𣀔 𧞣𧞣𧞣新衣皃 藗艸名說文牡茅也通作蔌 𣏞赤𣏞木名可爲車輞 樕

說文樸樕小木　趚　趚趚走聲　⿰木速　木名爾雅棪樕其通作樕　棴　棴常木名　⿸鹿速　說文鹿迹也　⿰虫速⿰虫欶　⿰虫菐⿰虫速小蟲或从欶　數　速也

鏉　鏤也　⿰角束　觳觫懼死皃　⿸疒束　⿸疒辛⿸疒束寒病　⿰彳欶　山名山海經東山之首曰⿰彳欶螽　⿺鬼束　鬼名　⿱竹欶　篩也　颯　颯颯風聲　⿰目肅　燥也

○蔟　千木切說文行蠶蓐也文九　簇　小竹　瘯　瘯瘰皮膚病　⿰石族　碌⿰石族石地不平皃　⿱竹⿰方巾　⿰忄蓋也　趗　趢趗局小皃　⿱族土

立待也　鏃　鏑也　梀　短椽　○鏃族鉃　作木切說文利也一曰矢末或省亦作鉃文十五　⿰足族　⿰足族⿰足族曲足皃　⿰虫萃　⿰虫萃⿰虫萃蟲集皃　嗾

⿰口造　呼犬聲或从造　⿸疒族　瘯瘰皮膚病　⿱族虫　蝦蟲頭上距　㧻　方言[illegible]㧻也　傶　邑名亦姓　萃稡　艸木叢生或从禾

鉐　姓也出彭城　⿰齒鹿　畚也　○族⿱从矢⿸厂矢　昨木切說文矢鋒也束之族族也一曰从扵扵所以標衆衆矢之所集一曰聚也古作⿱从矢⿸厂矢文九

⿱毄金　鏤也　銼鏃　銼鑹溫器或从族　⿱族魚　魚名　⿱族手　斂也或書作⿰扌族　⿰口戚　縣名在東海　○豰　都木切豰豰動物文十五

豛⿰豕攴㧻　擊聲或从攴从手　⿱㱿衣　衣至地　涿　流下滴一曰郡名　豚⿸尸豖　博雅臀也或作⿸尸豖俗作居非是　⿰豖巴⿰豖尾　星名

或从尾　⿱㱿衣　⿱㱿衣⿱㱿衣衣聲　啄　咮也　斀　字林去陰刑　⿵門豖　水名　剢　刀鉏也　○禿⿱毛几　他谷切說文無髮也从人上象禾粟之形

取其聲王育說倉頡出見禿人伏禾中因以制字未知其審亦姓籒作⿱毛几文八　⿰言禿　詆⿰言禿狡猾也一曰相欺詆　⿸疒禿　首瘍　⿰扌禿　枝指也　鵚

⿰禿隹　鵚鶖鳥名或从隹通作禿　⿰亻蜀　⿰亻蜀倲不寧　○牘　徒谷切說文書版也一曰樂器所以節行文五十七　讀　說文誦書也　讟　⿸疒由

說文痛怨也引春秋傳民無怨讟古作痡黷說文握持垢也引易再三黷通作瀆遺說文媟遺也徐鍇曰不以禮自近嬻說文媟也
犢𤛓說文牛子也或从蜀𠐊短陋謂之𠐊倲殰䐈說文胎敗也古作䐈通作殰𣩓卵內敗髑𩔖說文髑髏頂也
或从頁鑟印之匵覿見也匵說文匵也通作櫝櫝木名一曰小棺襡𧞅韜也或作𧞅韇𩏨說文弓矢韇也今謂
之胡鹿或从皮韣韥弓衣或作韥罜𦊻罜麗小罟或作𦊻瀆𧸐說文溝也一曰江河淮濟爲四瀆或作𧸐隫𧸘
說文通溝也古作𡿯瓄玉器一曰圭名獨說文犬相得而鬭也羊爲群犬爲獨一曰老而無子曰獨𪍴𪍴凝煑餅纛羽幢俗作毒縣非是
𧆓𧆓苦藥艸騳𩦩䮯騳野馬一曰馬行皃鸀鸀鳿鳥名涿涿鹿地名蜀畢星別名䪅說文顱也𦍵羊六尺謂
之𦍵儥見也動也碡𥗊𥖜碌碡田器或从蜀亦作𥖂𠟓刀劍室𤝊𤝊狒𤝊俗獸名如虎而豕鬣氋古作𤝊狒通作獨
𩞁粥也轒車名殰殎歺也𣪏足跗𤼲豆名擯抽也。禄盧谷切說文福也一曰居官所給禀亦姓文八十八彔
說文刻木彔彔也一曰本也又姓漉渌說文浚也一曰滲也或从彔盝𥁰爾雅竭也或从水通作漉濼說文齊魯閒水也引春秋
傳公會齊侯于濼㖨笑也一曰鳥聲琭玉皃老子琭琭如玉𪑾𪐗𪒠𪑾垢黑也或从彔𤮊博雅瓻𤮊𤮊瓻也磟䃙磟碡
田器或作䃙簏箓說文竹高篋也或从彔通作盝簶䩲𩋡胡簶箭室或作䩲𩋡䍡𦌒說文罜麗也或从祿麓

⿱林彔說文守山林吏也一曰林屬於山爲麓引春秋傳沙麓崩古从彔 ⿰糸鹿純也 睩說文目睞謹也 ⿰目鹿⿰目歷⿰目鹿目明 ⿰彔見笑視也

熝煉也 ⿰彔皮⿰彔皮瘯皮肉瘦惡也 ⿰耳彔私聽也 ⿰虫彔字林⿰虫彔聽蟲名似蜥蜴出魏興居樹間輒下齧人人必死復上樹垂聽聞人哭乃去

娽顓頊之妻一曰隨從也 ⿰彔攴擊也 ⿰壴彔吳王孫休子名 摝⿰扌彔振也或作⿰扌彔 趢趢趗跔也 ⿺走鹿⿺走鹿趚走聲 ⿰示鹿祭名

⿰車彔車聲 ⿱雨鹿暴雨謂之⿱雨鹿 醁酒名 角獸不童也漢四皓有角里先生 ⿰彔頁項也 觻說文角也張掖有觻得縣 鱳⿰魚鹿

說文魚名出樂浪潘國或从鹿 鏕釜名一曰⿰金丰鏕縣名 龣⿰龠鹿觮東方音也或从鹿从角 樚樚櫨井上汲水木 轆⿰車彔

博雅車軌道謂之轣轆一曰維車或从彔 ⿰舟鹿⿰舟句⿰舟鹿舟也 谷谷蠡匈奴王 碌碌硞石也 ⿰足鹿⿰足彔行皃或作⿰足彔 ⿰衤彔⿰衤彔⿰衤速衣聲

逯說文行謹逯逯也 ⿸广鹿庚也 鹿說文獸也象頭角四足之形鳥鹿足相比从匕亦姓 騼博雅⿰馬或騼馬屬一曰野馬 ⿰白彔白獸 ⿰虫鹿

蟲名爾雅蜓蚞螇⿰虫鹿一名蟪蛄 ⿸鹿皮⿸鹿攴獸皮有文皃或从文 椂椂蓫艸名 蔍艸名鹿蹄也一曰蔍葱 録録録不自異 妯

爾雅動也 ⿰言彔博雅謯⿰言彔也 盝蟲甲 ⿰米彔⿱⿰米彔灬火爆米曰⿰米彔或从火 ⿰立彔⿰立彔⿰立彔鬼見也 ⿰犭彔上飛皃 ⿰土鹿地名梁有⿰土鹿口城

椂木名 ⿰月鹿腹鳴 ⿰女鹿⿰女鹿婑蜀人埋鹿臭而食之 ⿰忄鹿心開一曰心轉 ⿰女鹿女字 ⿱艹⿰土鹿⿱艹⿰土鹿菌艸名地蕈也 ⿰耳鹿耳鳴通作⿰耳彔 鄜

地名 ⿰木⿱艹鹿⿰木⿱艹鹿心柹名 ○福方六切說文祐也文三十八 腹說文厚也一曰身中 複說文重衣也一曰褚衣 幅⿰糸畐畐說文

布帛廣也或作編亦省 輻說文輪轑也 復重也 復漢法除其賦役也通作復 蝠蟲名說文蝙蝠服翼也 ⿰革畐⿰革复革帶或作⿰革复 ⿱竹復竹實 鍑

釜大口者 鶝鳥名爾雅鸛鶇鶝鶔如鵲短尾射之銜矢射人 踾踾踧聚也 輹車軸縛也 菐瀆也 偪偪陽國名在宋 福福衡牛角耑橫木 覆

倒也審也 ⿰舟畐⿰舟畐⿰舟宿大舟 ⿱艹⿰禾畐艸名 ⿱竹畐織具一曰竹名 稪穀名 葍蔔蕧說文葍也或作蔔蕧 ⿰食复食也 复

⿱亼日行故道也古作⿱亼日 澓姓也 ⿱穴復⿱土⿱穴复⿰土复穴地以居或从土亦省通作復 諨言備也 堛凷也 ⿰女菐女字○蝮

芳六切說文虫也爾雅謂之蝝一曰虺博三寸首大如擘文十七 覆反也 輹說文車軸縛也引易輿脫輹 蕧艸名說文盜庚也一

曰旋蕧似菊 ⿱山復山名 ⿱髟畐婦人首飾 ⿱穴復⿰土复說文地室也引詩陶⿱穴復陶穴或从土 畐滿也 蕧艸名通艸也一名烏蕧

複重也 腹厚也一曰身中 葍蔔艸名或作蔔 覆覆水也 副疈剖也或作疈 ○伏房六切說文伺也文五十三

虙說文虎皃古有虙犧氏亦姓 𠬝說文治也从又卪卪事之節也 服⿰月𠬝⿰舟复說文用也一曰車右騑所以舟旋从𠬝一曰事也古

作⿰月𠬝或作⿰舟复亦書作⿰舟𠬝 ⿱亯夊复說文行故道也隸作复 復說文往來也亦州名 畐滿也 ⿸疒復⿸疒复方言病也一曰勞復也或省

⿰足伏屈手足伏地一曰行皃 ⿰立录說文見鬼彪皃 絥⿰韋伏⿰革伏鞴說文車絥也或从韋从革亦作鞴 茯茯苓藥艸 ⿰王車⿰車⿱艹車說文

車笭間皮篋古者使奉玉以盛之或作⿰車⿱艹車 輹⿰車伏車下縛也或从伏 箙韛⿰革复⿱竹復說文弩矢箙也周禮仲秋獻矢箙或作韛⿰革复⿱竹復

椱機持繒者也栿梁也棴木名出崑崙山垘土壅曰垘史記川塞谿垘⿱穴復⿴復土⿰土复博雅窟也或从土亦省匐伏地皃

澓洑伏流也或从伏一曰澓姓也蕧艸名說文盜庚也菔蘆菔艸名一曰刀劒衣馥香氣也稪穀名⿰馬伏馬

名鵩妖鳥也鰒海魚名犕用牛也通作服蝮蛇名廣三寸色如綬鼻有針一名反鼻大者百斤一曰蝮蛸蚿也鴔鶝

鶝鴔鳥名戴勝也或作鵖復博雅重也蝮蝮蠙神蛇也二身同首六足四羽見則不雨葍艸名⿰女复女字⿺走复趥趥小兒

手據地行○目⿴囗合莫六切說文人眼象形重童子也古作⿴囗合文二十一睦⿱𡗗囟說文目順也一曰敬和也古作⿱𡗗囟⿱皀三說文細文

也繆謚也古有魯繆公秦繆公亦姓牧說文養牛人也引詩牧人乃夢亦姓坶𡊶說文朝歌南七十里地周書武王與紂戰于坶野或

从毎通作牧艒⿰舟冒博雅艒艒舟也或省苜⿱艹牧萺苜蓿艸名或从牧从冒⿸疒目病也穆𥡁說文禾也一曰敬也美也古

作𥡁瞴目病⿱𠫓目敬也通作穆嘿楚人謂欺曰嘿杘⿰衤每衣縫○肅𢹲息六切說文持事振敬也从聿在𣶒上戰戰兢

兢也一曰進疾也古作𢹲文二十九𡖈夙⿰亻囪⿰亻西說文早敬也从丮持事雖夕不休早敬者也隸作夙古作⿰亻囪⿰亻西宿說文止也亦姓潚

廣雅濕清也颾⿺風宿廣雅風也或从宿䑿博雅艒䑿舟也⿰扌肅⿰肅攵博雅擊也或从文橚木名一曰木茂皃蓿

苜蓿艸名⿰亻夙偪⿰亻夙不伸也⿱夙玉璛琢玉工或作⿱夙玉璛玉又姓⿰石肅廣雅礪也鷫鸘說文鷫鷞也五方神鳥也東方發明

南方焦明西方鷫鸘北方幽昌中央鳳皇司馬相如說或从叜　䎘博雅飛也　驌驌驦良馬通作肅　鱐魚名鮏毋也一曰魚脂　蟰蟲名

爾雅蟰蛸長踦也　鏽鐵鏉也　嘯吹氣若歌　○鼀䵹𧍧七六切蟲名說文先鼀詹諸也其鳴詹諸其皮鼀鼀其行先先或从

酋亦作䵹文十三　蹴蹙踓說文躡也或作蹙踓　殧爾雅終也　噈歈也　𥛚博雅好也　𨠑說文醜也一曰老女　蹵

笪也　𧡊𧡊覿面柔也　踲迫也　○蹙𨆷踲子六切迫也或作𨆷踲亦書作蹴文三十三　顣顣頞齃臯也　潚說文深清

也　蹴躡也逐也或書作𧞔　踧䟚說文行平易也引詩踧踧周道或省　殧爾雅終也　敊說文愁然也引孟子曾西敊然一曰悲皃　歠

噈說文歈歠也或作噈　𠰡咻歎也一曰無聲或省　嘁嚽蹙咨忸怩也或作嚽　䐢𦢊脚䐢膏澤也或从心　縬縮也一曰

繒文　𧜂衣鮮明皃　摵至也　槭說文木可作大車輮　𥻃吳俗謂熬米爲餌曰𥻃　䉮䉮𥳡廣雅䉮謂之笪或从

旦亦省　𧒒蟲名博雅蚑蠖蟦𧒒也　𠢕截也　𤢞勁也　慼博雅慼也一曰憂也　媨博雅好也　鼀蟲名詹諸也　𧧒

樂懸齺皃　○摵就六切廣雅至也文七　蹴蹴然敬皃　𢷬極擊也　敊愁然也一曰悲皃　歠噈歈歠也或作噈　䉮

笪也　○尗菽式竹切說文豆也象尗豆生之形也或作菽文二十四　叔𡭊掓𡭇𡯁說文拾也汝南名收芋爲叔或从

寸从手古作𡭇𡯁叔一曰字也　透博雅驚也戲也　倐𢞓儵說文疾也長也或作𢞓儵　𠏠飛疾皃　倏說文走也　儵說文青黑繒發白色

一曰黑也一曰儵儵羅禍毒也虪𧇃說文黑虎也或省鮇鮛魚名王鮪也小者曰鮇或不省蔋艸旱盡也瀌波也靏

闕人名晉有庚靏字玄默焂光動兒掓引也㑛倜㑛不申。俶叔昌六切說文善也引詩令終有俶一曰始也或作叔文十

埱說文气出於土也一曰始也𣦼說文至也琡爾雅璋大八寸謂之琡柷說文樂木空也所以止音爲節祝國名爾雅北至於祝

栗諔詭也𨧰鋈也淑淑沑水兒。祝𩚵之六切說文祭主贊詞者从示从人口一曰从兄省引易兑爲口爲巫或从食文十三喌

𠯌說文呼雞重言之或作咮鬻粥鬻糜也或作粥鬻亦書作鬻鬻柷木空也擊以作樂一曰木名琡璋大八寸鬻

鬻鬻卑謙兒通作粥𠴫𠴫𠴫歎聲諔詭也鬻鳥鬻鳥鳩鳥名。𦎫孰熟䥹神六切說文食飪也引易孰飪隸作孰熟古

作䥹文十九塾𨶮闉門側之堂謂之塾或作𨶮闉淑說文淸湛也婌後宮女官通作淑𥕏石名𤩽璹說文

玉器也隸作璹琡爾雅璋大八寸謂之琡叔俶善也或从人通作淑售儥也壔𡒊堡也古从𡒊稸久也。肉

而六切說文胾肉象形俗作宍非是文六衄𦙍鼻出血也或从肉𩶒魚子初生曰𩶒朒月朔見東方沑淑沑水兒。縮所六

切說文亂也一曰蹴也一曰牆紅也文二十四莤說文禮祭束茅加于裸圭而灌鬯酒是爲莤象神歆之也一曰莤榼上塞也引春秋傳尔

貢包茅不入王祭不供無以莤酒通作縮俗作茜非是摍說文蹴引也一曰抽也或書作𢯱𧍝𧑓蟰蛸蟲名蚑蠖也或作𧑓𢷾

摉擊也或作摉 摵方言到也 謏小也禮足以謏聞徐邈讀 諔起也 蹜宿足迫也或省通作縮 趚趨趚傴僂也

飍寒風 䎘䎘鳥飛或省 槭博雅皃櫪也 數數數迫促意 嗾笑皃 敕吮也 鷫鳥名 橚橚矗行木

皃 驌馬名 潚澑潚水皃 ○珿初六切等齊也文十三 蹜踀蹙齊謹也或作踀蹙 矗艸木盛也一曰直皃 閦

衆在門中或書作閦 𡲛𡲛𡲛行皃 踀小豆 㴼濕也 𦐧羽齊皃 𥑮小石皃 趗直皃 促迫也或讀易促嗟若吉 ○縮

䊬縬側六切聚文也或作䊬縬文五 𥹉塞也 磩礎謂之磩 ○竹張六切說文冬生艸也象形下垂者箁箬也亦姓文十三 竺

天竺西域國名亦姓 筑說文以竹曲五弦之樂也从竹从巩巩持之也 築篫䈞笲𥰭說文擣也古作篫或作䈞笲亦省

茿𦷂艸名說文萹茿也或从木 𥫱以手築物 掓拾也 瘯瘯瘯痛皃 ○蓄稸勑六切說文積也或作稸通作畜文

二十一 畜䧁說文田畜也引淮南子玄田爲畜魯郊禮畜或从田从玆玆益也 豖說文豖絆足行豖从豕繫二足 苖艸名蓨也

蓫艸名惡菜也 傗色憤起皃一曰傗佩不舒也 敊敊戳痛至皃 滀滀滯也 鄐地名在晉亦姓 竹萹竹艸名 菫

字林艸名似冬藍蒸食之酢 鱃魚名出梁州 矗長直皃 搐牽制也 蹜足也 䡣車笭簉 慉起也 嫿姓也

瘯腹痛 ○逐佇六切說文追也文十八 妯娌方言今關西兄弟婦相呼爲妯娌或作娌 柚杼柚織也亦通作軸 軸說文持輪

也　舳說文艫也漢律名船方長爲舳艫一曰舟尾　碡磟碡田器　蓫蓫薚艸名馬尾也　筑⿰氵筑水名漢有筑陽縣在南陽或从水　⿰食逐餅也　鱁魚名爾雅鱁是鱁體似鱓尾如鯁魚郭璞說　蚰⿰虫逐蟲名方言北鄙謂馬蚿大者曰馬蚰或作⿰虫逐

坴土塊　疛心腹之疾曰疛　⿰馬逐獸名　築杵有鐏　○六力竹切說文易之數陰變於六正於八从入从八文三十六　盝器也　𡴆⿱艹𡴆艸名說文菌𡴆地蕈叢生田中籀从三𡴆　坴說文土塊坴坴也一曰坴梁　陸𨺮說文高平地籀作𨺮亦姓

淕凝雨也　淕澤名　翏飂翏翏長風聲或从風　⿸疒勠病也　稑穋說文疾孰也引詩黍稷穜稑鄭司農曰先種後孰謂之穜後種先孰謂之稑或从翏　⿰女坴女字　⿱竹陸竹名　⿱艹陸⿱艹稑蔏⿱艹陸艸名或从稑　蓼蔘艸長大皃詩蓼蓼者莪一曰衆薪也或作蔘

磟磟碡田器　⿰車坴轓⿰車坴三箱車　勠⿰坴力說文并力也或作⿰坴力　戮僇𦑑說文殺也古作僇𦑑或从寸　⿰足坴⿺麥坴足也　⿰扌留引也　⿰馬坴騼⿰馬坴良馬　鵱⿰坴隹艸名說文蔞鵱也或从隹亦書作⿰馬坴　鯥山海經魚名羽在魼下而蛇尾

⿰虫坴海蛤負厚而有文通作陸　⿱坴貝⿱坴貝渾地名　○肭女六切說文朔而月見東方謂之縮肭文十八　恧忸⿰耳⿱丑心⿱⿰而丑心聏說文慙也或作忸⿰耳⿱丑心⿱⿰而丑心聏　䏔食肉　衄⿰血鼻說文鼻出血也或从鼻　沑泥也　⿰耳內視也　⿰矛丑刺也　⿰虫丑博雅蟲名蚰蜒也北燕謂之⿰虫丑蚭

莥鹿豆　剹削也　⿰足丑行也　狃獸名　⿰扌肉搐⿰扌肉不申　○育毓余六切說文養子使作善也引虞書教育子或

从毎亦姓文三十七⿲犭畜彡生也一曰⿲犭畜彡⿲犭畜彡謙卑皃⿰目崔博雅望也一曰目明喅唷説文音聲喅喅然或作唷⿺辶育行也轉也昱

説文明日也煜焴説文燿也或从育錥鎢錥温器⿰忄育心動也鬻粥𩱻鬻鬻説文鬻也或作

粥𩱻鬻鬻鬻鬻又姓𧶠説文衒也通作鬻粥⿰糸育説文帛青經縹緯一曰育陽染也⿰木育⿰木青覆欄也或从艸萑

説文艸也引詩食鬱及萑⿱艹育説文艸也⿱艹𩱡艸名榮也張衡曰異荂蓲蘛⿱𠦄廾説文兩手盛也⿰虫育伏蛸蟬蛻淯

説文水出弘農盧氏山東南入沔一曰出酈山西塾闝闟夾門堂或作闝闟儥説文𧶠也鄭康成曰買也通作粥

翌明也書翌日乙丑劉昌宗讀⿲亻丨育疾皃莊子能⿲亻丨育然乎堉肥壤謂之堉⿰育欠驚辟⿰衤育車闌慢也虪黑虎○囿

𡈈于六切苑也一曰禽獸曰囿籀从田中四木文七痏病也唷吐聲鴪疾飛穴皃𦳊⿱艹𡈈艸名籀作⿱艹𡈈○畜

𤲸嘼許六切養也或从兹古作嘼文二十一慉説文起也引詩能不我慉一曰驕也⿰女畜説文媚也一曰石也鄐説文晉邢

侯邑亦姓⿰目冒低視也⿰衤畜褚也蓄苖艸名羊蹄也或作苖通作蓫傗傗佩不申蓄⿱艹稸⿱艹𤲸冬菜或从

禾从蓄蓫蓫薚艸名馬尾也蹜足也稸積也⿰田翏火田種也勖勉也訹謏訹聞香皃儥動也○鞠

鞫鞠麴麯⿱髟麥丘六切説文酒母也或作鞫鞠麴麯⿱髟麥文十六⿱罒匊曲脊⿰匊阝地名躹趜博雅躹躹諊𣁎

也或作趜 蛐 蟲名廣雅蛪蟺也一曰蛐蝛蟧也 䱡蘜 魚名鱄也或作蘜 駶 馬躍謂之駶 蘜 蘜塵華青黃色

坈 曲厓外也 ○匊掬 居六切說文在手曰匊或从手文六十四 臼 說文叉手也 閰 開也 躹 躹躬也通作鞠 弆

兩手盛也 踘 踏也 趜 說文窮也一曰趜趚足不伸 鞠𥷽鞫 說文蹋鞠也或作𥷽鞫亦姓 蝌 蟲名說文蝌鼀詹諸

以脰鳴者 𥷽簕𥷽鞫諊 說文窮理罪人也或省亦作簕鞫諊 告 讀書用法曰告禮告于甸人通作鞠 竆

竆 說文窮也或从穴通作簕 餇 廣雅飦餇饘也 菊 艸名說文大菊蘧麥 蘜蘜 艸名說文治蘠也今之秋華菊

或作蘜通作鞠菊 鞫 艸名大蘭也葉細華紅紫色 蘜䕮𦺐 艸名說文日精也似秋華或省亦作𦺐 畘 非畦

椈格 木名柏椈也或作格 巈 山高皃 阮坈泦 水厓外也或作坈泦 踘 足謂之踘 髧髡 髮亂也或

省 梮 木名 𪇆鵴 鳥名說文秸𪇆尸鳩或从匊 鶪䧿 說文鳥也或从隹 獔 獸名黃要胃也 䱡蘜 說文

魚名出樂浪潘國一曰鱴魚出江東有兩乳或作蘜 梂 木實 鬻 稺也詩鬻子之閔斯徐邈讀 拲桊 兩手同械或作桊

𥳝 漉米籔 𥻨粷 說文撮也或作粷 㤛 謹愼也 挶 輿食器一曰土轝 淗 水文通作泦 谷 谷名在上

艾 爪 抔也 婅 女名 騳駶 馬曲脊或省 陶 養也盈也通作鞠 啕 雞聲 垢 不淨也 ○騳駶 渠竹切說

文馬曲脊也或省文十七 ⿱匊羽 說文曲脊也 趜 趜趍傴僂也 鞠毱 蹋鞠也或从毛 ⿰谷匊 谷名 踘 踏也 鵴鵴雗

鳥名鳲鳩也或省亦从隹 ⿰魚匊 字林魚有兩乳 ⿰虫匊 蟲名詹諸也 梂 木實名 拱 廣雅法也 莍 艸名爾雅椒榝醜莍

莍萸子聚生成房皃郭璞說 裘 皮衣 ○ 𢧘彧 乙六切說文有章也或作或通作郁文四十八 稶稢 黍稷盛皃或省

通作或 郁 地名說文右扶風郁夷也亦姓 ⿰奥阝 姓也 澳 說文隈厓也其內曰澳其外曰隈 墺隩圫塛 說文四方

土可居也或从𠂤古作圫塛通作奧 燠⿰日奥⿰火乇⿰火屰 熱也或从日古作⿰火乇⿰火屰 鐭⿰金彧鏖 溫器或作⿰金彧鏖 ⿱竹奥

說文漉米籔也 噢 噢伊悲也 ⿰革彧⿰黑彧緎 羔裘縫也或作⿰黑彧緎 ⿰或欠 說文吹气也 ⿰口或⿰口郁 聲也或从郁 ⿰彧欠⿰奥欠

愁皃或从奥 拗 抑也 怮 抑志也 薁 艸名說文蘡薁也 ⿰木郁 木名⿰木郁李也 ⿲弓奥弓 育蠶器 ⿰月奥 鳥膍胵也

棫 木名柞也 域 區處也莊子无所畛域 ⿰口有 博雅吐也 ⿰忄有 心動也 懊 貪也 ⿰有鳥 山海經縣雍之山有鳥曰白⿰有鳥

栯 山海經泰室之山有木名栯葉如梨而赤理服者不妒 ⿰石奥 石似玉 惐 痛心也 幼 少也 ⿰酉彧 面黃皃 ⿰言憂 ⿰言憂誅

聞香 ⿰魚幼 魚名 奥 室中 ○ 砡 逆菊切堣砡齊也文一 ○ ⿱山族 仕六切聚齊皃文三 齱 齒叢生 歔 歀也

二 ○ ⿰氵芺沃 烏酷切說文溉灌也或作沃亦姓文十五 鋈 說文白金也 觷礐 治樸之石爾雅角謂之觷或从石

⿱𦥯目瞑目⿱𦥯月膏膜也鷽馬鳴腹謂之鷽一曰馬行徐疾也鱟魚名夭蚰名山海經軒轅國有諸夭之野

⿱⺮奥漉米箕⿱沃鳥⿰芺鳥水鳥或从芺⿱沃麻纑未練鷽鳥名山鵲也○鵠⿰告隹胡沃切鳥名說文鴻鵠也

或从隹文十五⿰白隺說文鳥之白也翯鳥白肥澤皃隺說文高至也从隹上欲出冂引易夫乾隺然⿰火隺說文灼也⿰齒告

治象齒令白也通作鵠⿰角告治角也⿰告頁高鼻謂之⿰告頁⿵門告門聲謂之⿵門告⿱𦥯羔小羊⿰高鳥邑名在韓⿰牛隺牛白色

⿰氵隺水聲礐玉名○熇呼酷切說文火熱也引詩多將熇熇文十二嚛說文食辛嚛伊尹曰酸而不嚛臛肉羹

澩⿰氵學水自渭出爲澩一曰夏有水冬無水曰澩或作⿰氵學歊氣出皃⿰日翏火田種也蠚⿱若䖵蠚毒或从䖵豰

小豚嗃聲也滈大雨○酷枯沃切說文酒厚味也一曰甚也文十二焅說文旱气也硞碌硞石皃⿰禾告廣雅熟也

嚳說文急告之甚也俈闕帝高辛之號亦通作嚳⿱告山山皃靠相違也悎怖也告吏休假也漢書告歸之田

孟康讀⿰阝告大阜捁打也○告誥姑沃切告也易初筮告或从言文十六牿說文牛馬牢也引周書今唯牿牛馬

梏說文手械也祰博雅謝也一曰告祭郜國名在濟陰周文王子所封⿰阝告說文大阜也一曰右扶風鄠有⿰阝告阜鵠

⿰告隹博雅鳿鵠鵠也一說小鳥射之難中古者畫於射質以中之爲儁一曰鵠澤縣名在西河郡或从隹⿰齒告治象牙曰⿰齒告一曰齒聲

靠相違也或書作⿱非告 ⿱告山山皃 哠喉哠咽也 ⿰禾羔⿱艹羔⿱艹告禾皮一曰地名或作⿱艹羔⿱艹告 ○⿰牛翟⿰牛隺吾沃切牛白色

或从隺文五 ⿰火隺約也 ⿱山敫礉山名小石皃或从石 ○襮逋沃切爾雅黼領謂之襮文四 犦牛名犎也 鸔⿰暴隹

烏鸔水鳥也或从隹 ○僕⿰臣菐蒲沃切說文給事者也古从臣文十四 菐說文瀆菐也从丵从廾徐鍇曰瀆讀爲煩瀆之

瀆丵衆多也兩手奉之是煩瀆 鏷鏷鍏矢名通作僕 轐車伏兔也 ⿰虫菐⿰虫菐⿰虫束小蟲 襮說文黼領也引詩素衣朱襮

蝮蟲名蛇也爾雅蝝蝮蜪郭璞讀 跑博雅趵也 雹雨冰 靤鞄莞柔革工 ⿰菐鳥⿰菐鳥⿰菐鳥鳥名 ⿰女菐女⿰女菐昌意

妻 暴日乾也 ○瑁⿰甲冒蝐⿰王目謨沐切瑇瑁也或从甲从虫亦省文十 媢妬也 ⿰木冒門樞橫木 艒

南楚謂小船曰艒䑿 ⿱冒見突前見也 媌好也 萺艸名 ○渢蘇篤切博雅渢渢雨也文二 裻新衣

聲 ○傶祖毒切邑名亦姓文八 糳毇糳米一斛舂爲九斗曰糳或省 錊姓也 ⿰衤戚衣鮮皃 ⿰扌早收早熟禾曰⿰扌早

⿰⿱丵臼殳⿰丵殳穿也或省 ○篤都毒切說文馬行頓遲文十七 竺⿱竹⿱亠目說文厚也或作⿱竹⿱亠目通作篤 督督⿱尗目說文

察也一曰目痛或省亦作⿱尗目 ⿰衤毒⿰衤篤⿰衤督說文衣躬縫或从篤从督 裻說文新衣聲一曰背縫 ⿱叔金⿰舟复舌 ⿱艹海⿱艹毒

艸名韓詩⿱艹海萹筑也或省 豛說文椎毄物也 ⿱圣石落石也 焯明也 ⿱叔瓜⿰叔瓜名 ○毒副徒沃切說文厚也害人之艸往

往而生从屮从毒古从刀䓯文二十一　妯𠍴動也或作𠍴　𦾔䓯艸名說文水萹茿也或省　纛𢃩羽葆幢或

从巾　碡磟碡田器　瑇𥇸瑇瑁介蟲或从甲　蝳蝳蜍蟲名蛛蝥也　𨆌𡸁行不止或省　蔌艸旱盡也

迪道也進也　𨗿雨皃　苖艸名　邮鄉名在高陵　𢓊𢓊𢓊行皃　𢟩憧也　○傉奴沃切人名虜有禿髮傉檀文八　搙捻也

褥小兒衣　耨𥞳田治艸也或从禾　嗕嗕居左地匈奴別種名　穛禾皮　惄飢皃　○儥地篤切買也文一

○蓐𤢁四沃切蓐且艸名蘘荷也或作𤢁文四　砲聲也　鞄柔革工　○磟盧督切磟碡田具文二　濼

水名在齊南　○宗才竺切無聲也文一

三　○燭朱欲切說文庭燎火燭也亦姓文二十二　屬說文連也一曰足也俗作属非是　囑託辭也　鸀鸀鳿

鳥名　𡠿說文謹也　歜𣤲吹氣也或作𣤲　矚視之甚也　𧽘說文行皃　𦇧𦆕襟綴帶謂之𦇧或省　韣

弓衣　鸀𨿅鸀鳿鳥名似鴨而大赤目紺觜或从隹　蠋蝎蠋蟲名似蠶　蠾蠾蟲名方言蟦螬謂之蚕蠾　臅狼臅中膏

灟博雅灟灟恭也　襡長襦一曰短衣　馵馬後左足白　斀擊也　㪉擊鼓也　○束輸玉切說

文縛也亦姓或从手文五　倲𠐊倲動皃　梀木名　嗽吸也吮也　○觸𤛘樞玉切說文抵也古作𤛘亦書作捔文十一

韣弓衣 歜說文盛气怒也 臅狼臆中膏 斣說文相易物俱等爲斣 ⿰蜀阝闕人名史記齊有⿰取阝⿰蜀阝通作歜 蠋蟲名 擉刺也 斶闕人名吕氏春秋齊
有顔斶 鸀山海經氏人之國有青鳥赤足六首名曰鸀 ○蜀蠋蠾殊玉切說文葵中蠶也从虫上目象蜀頭形中象其身蜎
蜎者蜀或作蠋亦从屬蜀亦地名文二十二 屬附也類也俗作属非是 ⿰屬攴擊也 ⿱艹蜀菜名 韣⿰革蜀弓衣或从革
襡⿰衤屬襩說文短衣也或作⿰衤屬襩 鸀鳥名山烏也似烏而小穴乳出西方郭璞說 敳擊鼓也 ⿰亻蜀⿰亻蜀倲動皃
鐲鋦鏑溫器 欘木名大葉似柳而赤 钃鋤也 擉刺取龜鱉 孎女字 ⿱艹蜀⿱艹蜀葵艸名 ⿺走蜀跳也 ⿰王蜀
玉也 ○贖神蜀切說文貿也文四 ⿰麥數梁四公子名 襩長襦 韇鞮也 ○辱⿱辱心⿱辰心儒欲切說文恥也从
寸在辰下失耕時於封畺上戮之也辰者農之時也故房星爲田候也亦姓古作⿱辱心或省文十六 蓐⿱蓐廾說文陳艸復生
也一曰蔟也籀从茻 褥藉也 縟說文繁采色也 溽說文溼暑也 媷懈惰也 嗕屬嗕憐也一曰羌別種
⿰黑辱黑垢 鄏說文河南縣直城門官陌地也引春秋傳成王定鼎于郟鄏 ⿱辱鬲大鼎 ⿰辱戈⿰辱殳博雅戟其子謂之⿰辱戈或作
⿰辱殳 ⿰土豖牛馬所蹈處 ○㮚𣡕栗須玉切說文嘉穀實也孔子曰㮚之爲言續也籀作𣡕隸作栗亦姓文十一
慄詭隨也 ⿰㮚毛⿱栗毛博雅⿰㮚毛毤罽也或作⿱栗毛 ⿰栗刂細切也 涑水名在河東一曰浣也 玉西戎國名亦姓 臅

狠臆中膏鏉金也。促戚趨玉切說文迫也或作戚文十六趨趣趗速也或作趣趗誎博雅促也一曰飾也𤋳

脨弗鍊炙筋或从肉鼮鼮鼩小鼠促宋良犬也數細也毛萇曰庶人不數罟取取慮縣名在臨淮𢉀博雅

舍也梀椽也婡婧婡齊謹也趗趗趗小步或書作𧿉。足疋縱玉切說文人之足也在下古作疋文三哫哫訾

以言求媚也。續賡似玉切說文連也古作賡文八藚艸名說文水舃也引詩言采其藚俗秙說文習也古作秙

鸀鸀博雅屬履也或作鸀巂速也。䪁𩋫逋玉切牛首絡或省文五犦牛名襮黼衿也鸔鳥名。幞

襥纀䌨逢玉切帕也一曰裳削幅或从衣从糸亦省文四。瘃𤷸株玉切說文中寒腫覈也或从彔文十四斸钃

說文斫也或从金欘說文斫也齊謂之鎡錤一曰斤柄性自曲一曰木枝上曲𢹿博雅執也孎嫡孎女謹順皃豖𧰲

豕絆足行皃或作𧰲擉刺也莊子擉鼈於江徐邈讀𨞾縣名𨇨行謹皃灟目汁𧼯小步。梀丑玉切說文短

椽也一曰木名文八𥺊糲𥺊損米也𧼯趢趢小兒行亍說文步止也从反彳𧰲豖豕絆足行或作豖塚牛馬

所蹈處𧿹走也。躅𨇨𨂿厨玉切說文蹢躅也或从屬从逐文六蠋蠁蠋蟲名䕋藚艸名博雅羊蹢

躅英光也或省。録龍玉切說文金色也一曰采也記也文二十三睩目無光籙簏也一曰籍也𣪠扑聲𧨙謯也

親說文笑視也逯博雅逯逯衆也一曰行謹也亦姓⿰足彔行皃一曰恭也趢說文權趢也娽說文隨從也

綠⿰帛彔說文帛青黃色也或从帛碌石青色淥水清一曰水名在湘東又姓醁醽醁酒名騄騄耳馬名䐢

脂也⿰魚彔魚名菉⿱艹綠艸名說文王芻也引詩菉竹猗猗或从綠禄禄禄形皃爲禮也陸德明說睩謹視皃⿰忄彔

心從也○欲俞玉切說文貪欲也文十四慾情所好也谷峪爾雅水注谿曰谷或从山⿰黑谷黑皃浴說文洒身也或

書作⿱谷氺鋊說文可以鉤鼎耳及鑪炭一曰銅屑輍⿰車育車枕謂之輍或从育⿰犭谷說文獨⿰犭谷獸也一曰豕毛長尾鵒⿰欲鳥

雓鳥名說文鴝鵒也古者鴝鵒不踰沛或作鵒雓螸說文螽醜螸垂腴也○旭吁玉切說文日旦出皃一曰旭旭驕蹇皃文八

勖說文勉也引周書勖哉夫子頊說文頭頊頊謹皃一曰顓頊帝高陽之號朐朐衍戎名在北地⿸鹿頁⿰骨鹿顱也或作

⿰骨鹿珛朽玉稀桼布覆車曰稀○凵曲乚區玉切說文象器曲受物之形亦姓隸作曲古作乚文十四⿶凵曲豊說文

骫曲也隸作豊⿶凵䖵⿱艹曲⿱竹曲說文蠶薄也或作⿱艹曲亦从竹通作曲⿰魚曲魚名有兩乳⿺走曲行聲蛐蟲名蚓也⿷匚玉

⿷匚曲也⿰口曲鞫問謂之⿰口曲髷髷鬝鬈髮皃○𦥑拘玉切說文叉手也文二十五拲兩手同械挶拘說文戟持也或作拘

輂說文大車駕馬也⿰扌瞿攫說文爪持也或作攫⿱具車說文直轅車轒也⿱具角曲角⿱龹糸攘臂繩⿱具糸

說文約也鋦𨪿鐵束物也古作𨪿㬥梮說文舉食者或作梮𦃰𡙇說文素屬隸作𡙇檋𣏾蹻
山行所乘以鐵如錐施之屐下或从尻亦作蹻𡰴說文持也从反丮鶪鳥名𡋿水厓外爪覆手掬也梂櫟實○局
衢六切說文促也从口在尺下復局之一曰博所以行棊象形徐鍇曰人之無涯者惟口故口在尺下則爲局博局外有垠堮周限也文十跼蹐跼
不伸也𦓽博雅𦓽耬耕也梮博雅曲道栻梮也通作局駶馬立不常謂之駶𡪈不敢伸也𩭲䯿𩭲鬈髮皃𩶦
魚名𡱝行促追也侷侷促短小皃○王玉玊虞欲切說文石之美有五德潤澤以溫仁之方也䚡理自外可以知中義之方
也其聲舒揚尃以遠聞智之方也不撓而折勇之方也鋭廉而不技絜之方也象三玉之連其貫也隸加點古作玊文十一獄𡈼說文确也
二犬所以守也古从口瑦琟鸀瑦鳥名或从隹通作玉砡字林齊也𧿳行不正𧊱蠘𧊱蟲名頊人腦煩○傉女足
切愁惋也文二㜓嬾也○𪇆仕足切速也文二𩦠驪𩦠野馬○數所錄切汲水疾也莊子數如泆湯文一○娖娕
𡠹又足切嫧也或从東亦作𡠹文五𪘏齒齊也盝盂也○匚𠥓甫玉切受物器籒作𠥓文三亍足下齊○媢
某玉切妬也文一
四○覺𧡍𩲊訖岳切說文寤也古作𧡍𩲊文三十五𥈟目明也角說文獸角也象形亦姓觮東方之音

一曰樂器通作角觷杖耑角捔博雅掎也通作角桷構說文榱也椽方曰桷引春秋傳刻桓宮之桷或作構
篧竹欀也搉博雅揚搉都凡也埆獄也榷說文水上橫木所以渡者悎驚也䀯目動斠
說文平斗斛也梏爾雅直也通作較覺顜較較說文車騎上曲銅也或作較傕闕人名漢有李傕珏瑴說文
二玉相合爲一珏或从㱿鷽馬行疾也騅馬白額鉸器名駮雜也一曰獸名如馬一角鋸牙顜覯明也和也史記
顜若畫一或从見通作較⿰目隺去目睛也史記乃⿰目隺其目㲉盡也史記不㲉於此壆器之疊垪潅漬也⿰骨隺骨堅
白榖木名關中謂楮爲榖○吒黒角切吒㬥詧恚呼皃文十八㱿𣪍殸說文歐皃引春秋傳君將㱿之或从欠亦省
謞謞謞崇讒慝也⿰酉樂廣雅酢也滈瀥滈滈瀑水沸湧皃或作瀥滈轂急也翯鳥白肥澤皃豿
哮豕聲或作哮嗃悅樂也易家人嗃嗃歊歊暴木器乾而撓減也豰獸名豰爾雅貔白狐其子豰㲉
火聲○殼克角切說文从上擊下也一曰素也文三十三鷇鳥子欲出者㲉𣪊𣪤卵孚也一曰物之孚甲或从出从皮毃
說文擊頭也搉說文敲擊也潅說文灌也一曰漬也愨𢡚說文謹也或从志確碻堅也或作碻墧
說文堅不可拔也通作塙礐磬确埆嶨壆爾雅山多大石也或作礐确埆嶨壆塙土高也硞

說文石聲也一曰犖葷也 肯 幬帳之象 觷 盛觵器 皵 㱿皵乾也 燩 博雅曝也 榷梏 木名枳也有實如柚或作梡

傕 姓也 隺 隺然心志高也 觷 治角也 槊 苴杖也 鬥 鬭也 䶧 治象齒也 。斆學 轄覺切說文覺悟也从敎从冂冂尚矇也臼聲篆省文二十二 觷 說文治角也 鷽鸐 說文雗鷽山鵲知來事鳥也或从隹一曰鷽鳩小鳩 翯 說文鳥白肥澤皃引詩白鳥翯翯 㱿 㱿皵乾也 㶅澩 說文夏有水冬無水曰㶅一曰水自渭出爲㶅或从學 礐 說文石聲

嶨埆壆 說文山多大石也或作埆壆 确㲉 說文磐也或从㱿 觳 射具所以盛雉也 䧿 白也 壆 土堅

告 休謁也 㷣 燥也 𡝩 𡝩婡孆皃 灂 灂瀑水皃 。渥 乙角切說文霑也文三十二 𡝗 博雅好也一曰媉媉容也 偓 說文偓佺也 㗘 誇聲 喔 說文雞聲也一曰喔咿強笑也 齷䠎 齷齪迫也一曰小皃或从足 腛 脂豐也

握𡍮 說文搤持也古作𡍮 剭䵵 博雅刑也或作䵵 楃 說文木帳也 幄𧞅屋 幬也或从衣亦作屋 𧢳 說文調弓也 箹 說文小籟也 葯 白芷其葉謂之葯 葂 艸名蒻也 龏 慤也 鷽學

鸐 鷽鳩小鳩也或作學鸐 𩦲 說文馬行徐而疾也一曰馬腹下聲 約𠡊 束也或作𠡊 嗌 笑聲 韄 縛也一曰刀靶中韋 鱟 魚名 𦜝 碎脂也 䈓 竹名 。嶽岳𡶳𡴭 逆角切說文東岱南靃西華北恒中泰室王者

之所以巡狩所至古作岳蛩出或書作嶽峼文十八𩑋顎說文面前岳岳也隸作顎樂說文五聲八音總名象鼓鞞木虡也亦姓

捔拼也觷礐治角也或从石鸑𪄺說文鸑鷟鳳屬神鳥也引春秋國語周之興也鸑鷟鳴於岐山江中有鸑鷟似

皃而大赤目或从隹騅馬白額𤛆犫說文白牛也或作犫礉磽山多小石也或作磽鑵齊人謂大椎曰鑵○剝

𠚫剛北角切說文裂也从彔彔刻割也或从卜亦作剛或書作扨文三十皪皪犖雜色駁說文獸如馬倨牙食虎豹駁䮀

說文馬色或从复㬥木落陰踈也爾雅眦劉㬥樂郭璞說𤿎皰𦢊暴墳起也或从勹从肉亦省箹韵效

說文手足指節鳴也或作韵效通作肑肑豕腴趵以足擊也髃骨耑爆𤓿爇也一曰火聲或从㬥𢿤㩧𢻫

擊也或从手从勺嚗𠯈怒聲或作𠯈爆爆爆悶也鸔水鳥爾雅鵅烏鸔似鶂而短頸鳪鳥名爾雅鳪雉黃色自呼

𥗞石也㬥聲也○璞玨匹角切玉素也或作玨文三十二樸說文木素也朴說文木皮也烞烞熚竹火

聲墣圤說文塊也或从卜釙金鏷㩧𢻫撲技扑攴博雅擊也或作𢻫撲技扑亦省㬥大呼自勉

也鞄柔革工颮颮颮衆多皃𧒾蛇屬𤛗特牛嚗嚗聲也莊子嚗然放杖而笑或从㬥爆𤓿

爇也或从㬥𦢊皮破起𥐥𥐥硝藥石瞨目暗也䑑骨箭𥗎石聲懪心懣炇火裂瓝小瓜𧴦

美財也。雹𩂣弼角切說文雨冰也古作𩂣文四十五 彴仢爾雅奔星爲彴彴或作仢 𪀗鳥名 骲骨鏃 撲

撲說文挨也或不省 擈擈博雅擊也或作擈 㬥𣋡譈說文大呼自勉也或作㬥𣋡譈 𢡘懪爾雅

𢡘𢡘悶也或从暴 跑博雅跑趵也一曰蹵之也 窇博雅窖也 駁駒獸名馬形牛尾一角或作駒 砲砲硃石文 犦

牛名即犎也領上肉犦胅起狀如橐駝郭璞說 𦢊𤿭肉胅起一曰皮破或作𤿭 豰𧲨說文小豚也或作𧲨 鰒說文海魚一說石決

明藥旁有七空者皀 瓝瓝瓟說文小瓜也或作瓝瓟 皰怒目 篃竹名 箹箹箕奄帶也 暴㬥暴乾撓也 薜

器破裂也周禮髺貇薜暴劉昌宗讀 服啼呼也漢書謼服謝罪 爆𤑕爇也或从㬥𣋡 鞄說文柔革工也引周禮柔皮之工鮑

氏鞄即鮑也 鑤鉋杵頸謂之鑤或省 瀑𤀹瀑瀑水沸聲或从㬥𣋡 𥢌𥢌槊唐穳仗名 瀍水激也 颮颮颮物自

空墮皃。邈墨角切邈邈悶也一曰遠也通作藐文十五 𢡖懇說文美也或从貌 𢹅擊也 皃貌容也或作貌

眊䁱目少精也一曰眊眊思也或从毣 瞀低目謹視也一曰目不明 毣思貌一曰毛濡 䫌藐艸名說文茈艸也或从貌

𥃩美目一曰目深 勄勤也 𨏊輪束。朔色角切說文月一日始蘇也一曰北方也亦姓古書作䏱文二十九 數數爾雅疾也

古作數 欶嗽㰫嗍說文吮也或作嗽㰫嗍 矟槊鎙長矛或作槊亦从金 搠博雅塗也 箾說文以竿

擊人也引虞書樂曰箾韶婡殨婡殭也𥳓筲飯帚或省颵大風雨皃𦋟攎罰罘罟形𢯛說文人臂皃引周禮䩪欲其𢯛

𦄘緘也或書作綃𣶒溯渆濯潘也或从朔䓾葥藿藥艸梢葥蕱梢櫂木無枝柯長而殺者或作葥蕱

樔樔虜縣名在臨淮槊木名一曰柵也𨧨鏍也消澩消水聲○娕嫊婕娖孎測角切說文謹也一曰善也或作嫊婕娖孎文二十八

齪踀齱促齷齪迫也或作踀齱促擉簎捒捔刺取鼈蜃也或作簎捒捔

簇作餅具箹𥬞奪帶或作箹𥔧𥔧𥔧礫盤石或作𥔧𥁫杯也珿博雅齊也鏃鋜鋤也

諺曰欲得穀馬耳鏃賈思勰說或从足鑡闕人名王莽時有廉斯鑡𨇽行也菂艸名槊柵也趵足齊皃餗鼎實

○捉側角切說文搤也文十六𥶖篧笮也或作篧斮斬也蕉𦾿𧀍藥艸博雅蕉葖毒附子也或从禾从米

燋灼龜也𥼶穛說文早取穀也一曰生穫曰穛熟穫曰稰或作穛穱稻下種麥擉刺也莊子擉鼈於江鏃矢鏑箹

奪帶也𠢕健也汋井一有水一無水○浞仕角切說文濡也文二十四𤃷灂說文水小聲也隸从爵一曰環瀏漆沂鄂汋

瀏汋井一有水一無水𣿮澩山夏有水冬無水曰澩或不省齺博雅齪也一曰齒相近皃捔猎𢷮簎刺也或作猎𢷮簎

鋜足鈴鸑𩿃鳥名說文鸑鷟鷟鳥也或从隹篧篧謂之罩丵說文丵叢生艸也象丵嶽相竝出也䳂𨘥速也或作𨘥

濯明也詩鉤膺濯濯沇重讀 觵說文角長皃 鞹博雅履也 啅衆聲 磔硦磔地不平一曰石也 數促也周禮數目短脰李軌讀。斲𣃚斵剅斸竹角切說文斫也徐鍇曰斲器也斤以斲之或从𠃉畫亦从斤或作斵斫文五十四 㴒水名在臨湘 𧞤博雅補也一曰長衣或从豖 琢說文治玉也 𧿳跳也 襡短衣 鐲小鉦 焯小熱 斀椓劅說文去陰之刑也引周書刖劅斀黥或作椓古作劅 豛㧻䵵𣫍說文擊也一曰擿也或从手从戈从殳 卓𠧟說文高也亦姓古作𠧟 稕踔說文特止也徐鍇曰特止卓立也或作踔 倬說文箸大也引詩倬彼雲漢 騲騲騺馬行不前皃 䁍目明也 䁍明皃通作劉卓 𠝿大也 𡤖謹也

逴遠也 趠疾走也 諑博雅責也諟也 啅衆口皃 啄噣說文鳥食也或作噣 鵫馬名爾雅韓雉鵫雉 𧲞狵豝龍尾一曰東方星名或从犬亦作豝通作䐁 䐁博雅臀也一曰肥也 涿𣅐說文流下滴也上谷有涿縣奇字作𣅐 籗篧籗罩說文罩魚者也或並省亦作罩篧 鯙魚名 菿艸大皃 濁闕人名史記孔子弟子有顏濁雛 淖姓也 誯闕人名晉有韓誯 𨷭水名山海經成山𨷭水出焉。逴趠敇角切說文遠也一曰蹇也或从走文十八 踔博雅跳踔無常也 戳刺也一曰戳拔痛至也 䁍明也 𡰝博雅蹇也 䈾擉以杈刺泥中搏取龜鼈之屬鄭衆說或作擉 𣘿特止也一曰木名 𧣴水名

罩𥳃劉箌捕魚器或作𥳃劉箌 鵫雉名 卓高也 𠪚擊也 倬箸大也。濁直角切說文水出齊

郡厲嫣山東北入鉅定文二十八　蠋迹也　濯說文瀚也通作淖　擢說文引也一曰拔也　戳舂也築也　嬥直好也　鐲說文

鉦也軍法司馬執鐲　藋藋蒴藋藥艸或作藋　⿰忄蜀心不安也　鸀鳥名爾雅鸀山烏似烏而小　鸐翟鵫𪆴鳥名爾雅

鸐山雉或作翟鵫𪆴也　⿰犭卓犬猛噬　蠗說文禺屬一曰小蠆　涿渌地名一曰澤名或作渌　瀆數也　躅蹢躅行不進　淖濡甚

嬥博雅好也　籊竹名　灈大雨　櫂梢櫂木直上皃　⿰木屬鋤也　⿰犭翟獸名似鹿白尾　。搦⿰弱攴昵角切持也或从攴文十

掉搖也　搙搵也　⿰角卓握也　⿰角弱⿰角弱弱調弓也或不省　溺⿰亻水沒也莊子大浸稽天而不溺或作⿰亻水　蒻葹蒻豆也　。犖力角

切說文駁牛也一曰地名在宋文十二　⿰口犖啅⿰口犖辯捷也　礐石相叩謂之礐　爍樂爆爍葉踈皃或省　濼水名在齊魯閒　躒

礫逴躒超絕也或从石通作犖　碌碌⿰石族石地不平也通作礫　⿰革翟⿰革翏⿰革翟⿱𦥯皮堅也或作⿰革翏　⿰牛隺白牛

五。質職日切說文以物相贅一曰朴也成也正也形也亦國名文二十七　鑕鐵椹　⿰口質⿰言質說文野人之言或从言　懫博雅止也

⿰月質⿰月質⿰月旱藥也可治金瘍通作質　劕劕劑券也長曰質短曰劑通作質　眰爾雅大也一曰明也　桎說文足械也　櫍說文柎也　礩

說文柱下石　侄博雅堅革也　⿰至見眰視也或从目　郅說文北地郁郅縣一曰至也亦姓　騭說文牡馬也一曰陞也定也　蛭蟲名說文

蟣也一曰水蛭　恎很也　⿰足質跲也　⿵門至門⿵門至謂之⿵門至　瓆闕人名後漢有劉瓆　⿰氵質身寒皃　⿰馬質馬名　銍縣名　摯姓也　⿱執車

車前重嬪女字。失式質切說文縱也文三室說文實也从宀从至至所止也⿰革室刀削謂之⿰革室通作室。叱嘯尺栗切說文訶也或

作嘯文四⿰女七女不謹也⿰七鳥鳥聲。實⿱艹貫宲食質切說文富也从宀从貫貫貨貝也古作⿱艹貫宲文四溢米二十四分升之一也一曰滿

手為溢儀禮一溢米劉昌宗說。日𡆠入質切說文實也太陽之精不虧从口一象形唐武后作𡆠文十六⿱艹日艸名昵暱親也或作暱

臸說文到也𨖸說文近也⿰巾刃⿰巾日枕巾或从日⿰舟日舟飾釰鈍也衵說文日日所常衣馹⿰馬刃說文驛傳也或作⿰馬刃

⿰黍日⿰黍刃黏也或从刃。率⿱亠繂朔律切說文捕鳥畢也象絲罔上下其竿柄也一曰領也從也自也古作⿱亠繂通作衛文十九⿰素率說文素屬

𧗿衛說文將衛也古作衛⿰木率木名⿺辶率說文先道也帥帨說文佩巾也或作帨⿰亻率行皃⿺風率風聲⿰率刂劃也蟀

⿰帥虫蟋蟀蟲名或从帥⿰月率腸閒脂咰飲也史記楚先有熊咰是為蚡冒⿰衤率衣也褐謂之⿰衤率⿰口率聲也⿰片率板也。悉

恖息七切說文詳盡也古作恖文十八⿰米悉⿱悉米也⿰亻悉偦爾雅聲也或作偦厀膝⿰月厀說文脛頭卪也或作膝亦从厀⿱艹膝

⿱艹悉牛藤藥艸或作⿱艹悉蟋蟋蟀蟲⿰衤桼博雅袮祏⿰衤朿⿰衤桼也⿰木厀木名可為杖⿰彳悉⿰彳胥搖也四關中謂四數為四駟乘馬

肆放也⿱穴悉從穴出也。七戚悉切說文陽之正也从一微陰从中衺出也文十四桼⿰虫彡⿰木桼說文木可以髤物象形桼如水滴而

下古作⿰虫彡或作⿰木桼漆涞說文水出右扶風杜陵岐山東入渭一曰入洛亦姓或作柒⿰木厀說文木可為杖⿱艹桼⿱艹来艸名似蘇或作

陳高

萊郲說文齊地也鶆說文鳥也吀聲也莊子吀者吸者徐邈讀鯚魟魚名或从七○堲即子悉切疾也書

朕堲讒說一曰燒土也禮夏后氏堲周一曰燭燼或省文十七汢麗也扻攕摘也或作攕乢蚻蟲名方言蜻其鳾者謂之乢或从虫

楖楖栗木名𡃜鼠聲唧啾唧衆聲蝍蟲名爾雅蒺藜蝍蛆似蝗而大爑𤇸博雅煨也或省通作堲租秭楖

禾重生喞吣節言多也𥨲𥨲窒鼠在穴中聲也洁淖戢○疾廿𠞩𤸃昨悉切說文病也古作廿籀作𠞩𤸃文十

五㑵嫉㤮說文妎也一曰毒也或从女从心亦書作愱揤拭也槉爾雅關謂之槉一名枅蒺蒺蔾藥艸螏螏蝥

蟲名似蝗食蛇腦或書作蝨通作蒺䛗語速一曰毒也嫉噈嫉聲也𧻾走遽也鏃鏃鑠鐵擿○必壁吉切說文分極也文四

十八華箕屬畢畢罼說文田罔也从華象畢形微也一曰貫牲體木或省亦从网畢一曰終也又國名亦姓㪤說文㪤盡

也饆𪌉饆饠餅屬或从麥𤂡觱觱說文羌人所吹角屠觱以驚馬也或省俗作觱觱非是熚說文熚火皃滭𩗗

𩗂說文風寒也或作𩗗𩗂𤂡觱滭泉沸也或省亦从畢珌𤥘說文佩刀下飾天子以玉或从畢鏎簡也通作畢篳

彃說文䠶也引楚詞羿焉彃日一曰弦也韠𩎓鞸說文韍也所以蔽前以韋下廣二尺上廣一尺其頸五寸一命縕韠再命赤韠或从皮从革

通作縪𧼜蹕𠌪說文止行也或从足从人通作𧨟𡟑博雅母也覕見也篳說文藩落也引春秋傳篳門圭窬通作蓽㟪

終南山道名通作畢𧒂蟲名𣝖說文木也鷝鵯鶋鳥名青色白面一曰水澤神𤢄獸名鮅鱓魚名或从畢蔽小皃詩蔽芾甘棠沈重讀縪博雅縫也一曰約束一曰冠縫箸武也鉍矛穳謂之鉍醓飲盡也𥛱竈上祭咇嗶咇節聲出皃或从畢邲地名泌水皃蓽荳也荆也一曰蓽蒠艸名羊蹏也譁敧也○匹僻吉切說文四丈也从八匸八揲一匹一曰偶也俗作疋非是文七𡚁女字鵯鳥名爾雅鸒斯鵯鶋或作卑抋博雅刺也鴄鳥名廣雅鴄也通作匹𠯗𠯗𠯗唾皃○邲簿必切地名在鄭文三十一坒地相連次𠨚說文輔信也引虞書𠨚成五服比次也怭怭怭慢也詩威儀怭怭佖說文威儀也引詩威儀佖佖泌泉水皃醓飲酒俱盡一曰榆醬飶說文食之香也引詩有飶其香苾馝𩡧䅱說文馨香也或从香从黍亦作䅱縪縫也𡛹婦容咇言不明𣢐吹也𩋐鞸𩊦說文車束也或从畢从比柲鉍戈柄也一曰偶也或从金吡吡吡鳥聲抋刺也擊也駜𩣡說文馬飽也引詩有駜有駜或作𩣡鮅說文魚名鮩魚名縪紟也𧊧蠭屬笓次也○𧖴覓畢切說文蠭甘飴也一曰螟子或从宓从蚰俗作蜜非是文二十二蠠𪓰爾雅蠠没勉也或从黽𥁑說文拭器也宓宻𡫄默也安也或作宻𡫄蔤藌說文芙蕖本或从蜜謐說文靜語也一曰無聲一曰慎也𥉈不可測量也醓說文飲酒俱盡也榓樒字林香木也似槐或从密𪆶鳥名𣿡滵𣳚𣿡𣿡水皃或作滵亦省搵拭也𣳚涇洼泥淖○筆

集韻卷九 陳高

笔逼密切所以書也說文秦謂之筆或作笔文十三嗶鳴也潷滗湢博雅瀊也一曰去滓或从笔从皀⿰王筆王管柲鉍

戈柄或从金⿰扌筆刺也吡吡嘟多言也⿰足筆走也畢揘畢撞也。弼弻㢸𢻹𢐕弻拂坲𠢟

⿱弗心薄宓切說文輔也重也徐鍇曰西舌也舌柔而弜剛以柔从剛輔弼之意或从二西古作㢸𢻹𢐕隸作弻或作拂坲𠢟悲通作佛說文右戾也象左引之形

文二十三⿱大弗說文大也或書作猆奘怭慢也佖威儀備也邲地名⿰禾弗⿰禾弗䅽禾重生鴓鳥名駜馬肥皃柫

連枷也咈違也⿰革必束也佛佛仡勇壯胇⿰月必胇肸大皃或从必。密宻莫筆切說文山如堂者或省密一曰靜也近也

秘也亦州名又姓俗作宻非是文二十一⿱竹密竹名空小而有穰蠠蠠没勉也⿰立彔見鬼詞宓說文安也通作密䁇䁇䁇不測也

沕潛藏也一曰塵濁謂之沕滵水流疾皃⿰密鳥⿰宓鳥鴓⿰密鳥肌鳥名或省亦作鴓通作密蔤䓯荷本也或作䓯榓香木⿰耳必

⿰目必方言慙也趙魏曰⿰耳必或从目醓醓醨醬也否⿱不目不見也或作⿱不目鴓鳥名如鵲。窒陟栗切說文塞也文二十七庢

說文礙止也一曰盩庢雍縣名⿰氐失拔也觸也⿰言窒諮⿰言窒言無倫脊也⿸尸至傛⿸尸至抵牾也一曰不循理⿰矢至短也挃秷⿰禾窒說文穫禾

聲也引詩穫之挃挃或从禾从窒⿰金⿱白至⿰金窒銍說文穫禾短鐮也或从窒隸作銍⿺辶窒近也⿰口窒博雅咄也⿰食至⿰食至人地名一曰刈禾

人通作銍⿰齒至⿰齒窒說文齒堅也或从窒螲蟲名方言螻螲謂之螻蛄郅胵郁郅地名或作胵鷙卓鷙鳥行不平也李軌說

抶擊也莊子抶其背　跢廣雅蹢躅跢跦也　聜聽不聰也　挃擣也通作挃　侄癡皃一曰侄仡不前也　蛭蟲名爾雅蛭蝚至
掌。抶勑栗切說文笞擊也文十三　咥欼笑也或作欼　眣眰說文目不正也或从至　跮跮踱乍前却也　紩縫也　鷙
卓鷙行不平也　辴笑皃莊子辴然而笑徐邈讀　咦聲也　魅殃厲鬼或从歺　𪘲齧聲。秩直質切說文積也引詩穳之秩
秩一曰常也次也文二十三　豑豒說文爵之次弟也引虞書平豑東作或从失通作秩　紩鉄說文縫也一曰索也或从金　帙袠說文
書衣也或从衣亦姓　紩颿索　柣爾雅柣謂之閾一曰砌也　姪妷兄弟之子或从失　𢧵說文大也　𧼻說文走也　翐翐翐飛舒遲皃
荎荎著艸名　佚字林佚佚勇壯一曰行皃　抶擊也　挃爾雅穫也　𢧵國名山海經𢧵國在三苗之東　泆水也　袟劒衣　𩶉
魚名　祑祭有次也。㮚𣡌𣡋栗力質切說文木也其實下垂故从鹵古作𣡌𣡋徐巡說木至西方戰㮚亦姓隸作栗文二十
八　慄㦡爾雅懼也或从㮚　㻚瑮說文玉英華羅列秩秩也引逸論語玉粲之瑮兮其㻚猛也或作瑮　纅黃色繒　𠝐㓯削也
或作剩　蒞臨也一曰劉蒞林木鼓動之聲顏師古說　搮以手理物　溧說文水出丹陽溧陽縣　凓說文寒也　塛塞也　颲䬆說文
風雨暴疾也或从栗　𦺳艸名　篥觱篥胡人吹葭管也　㟚𦛫山名或从月　㗚嘍㗚拏也　鷅爾雅鳥少美長醜爲鶹鷅
麜牝麜也　轣車名　䅓䅓䅓積禾皃　𠢠刷纑具。暱昵尼質切說文日近也引春秋傳私降暱燕或从尼文十三　㥾

愧也 衵 婦人近身衣 尼 爾雅止也一曰近也 䵒𪏐 說文黏也引春秋傳不義不䵒或从刃 痆 痒也 秜 稻先熟者 蠠 蚕蟲一曰

蟲食病 䁥 小目 㮍 木名神異經南方大荒之中有樹名㮍其高百丈 匿 隱也 。逸𨓏 弋質切說文失也从辵兔兔謾訑善逃也古作𨓏通

作劮文二十六 詄 忘也 昳 詮詞一曰喜也 佚 說文佚民也一曰佚忽也 佾㑊 說文舞行列也古作㑊 軼 說文車相出也一曰侵軼 泆

說文水所蕩泆也 𥥛 宂也 溢洫 說文器滿也一曰米二十四分升之一也或省 鎰 二十四兩爲鎰一曰米二十四分升之一通作溢 紌 縷一

枚也 齸 麋鹿受食處 䮚 馬足疾 鴩 水鳥名 失 放也鄭司農曰放失六畜 殈 鳥卵坼也禮卵生者不殈范宣讀 迭 過也

浸也 洫 深意莊子老而愈洫郭象讀 秩 鳥名爾雅秩秩海雉如雉而黑在海中山上施乾讀 劮妷 博雅劮婸也或作妷 𥸯 廣雅罝也

呹 疾也一曰羊鳴皃 。欯 闃吉切博雅喜也文七 佶 行皃 欯 說也一曰無懃 恄 怖也 咥咭 笑皃或从吉 䬆 風皃 。詰

契吉切說文問也文八 趌 說文趌趨怒走也 𡖅 多也 䭮 馬色也 劼 用力也 蛣 蟲名說文蛣蚍蝎也 髻 竈神名箸赤衣狀如美女

欯 無懃也 。吉 激質切說文善也亦姓文十六 拮 拮据手病詩余手拮据 郆 地名 趌 趌趨走皃 鞊 鞅也 𧾅 走皃

結 繫也 洁 水名 狤 狂也一曰狤猲獸名出西域噉熏陸香身無毛 秸鴶 秸鞠鳲鳩也或作鴶 髻 竈神名莊子竈有髻李軌說 蛣

蛣蠍井中蟲名 孑 博雅孑孓短也一曰無右臂 郅 郅偈竿杠皃顏師古說 𡔖 皮縣 。弌 益悉切說文惟初太始道立於一造分天

地化成萬物或作式文七壹說文専壹也嬄嬄嫛婦人皃噎饐䭇食塞咽也或作饐䭇○肸黒乙切說文饗布也从十从肸
徐鍇曰肸振肸也文一○暨戟乙切巳也亦姓吴有暨豔文二疙博雅癡也○姞吉郅極乙切說文黃帝之後百鯈姓后稷妃家也或
作吉郅姞一曰謹也文十一佶說文正也引詩既佶且閑趌直行也狤狂也鮚蚌也會稽有鮚醬勂有志力也仡壯勇也
芞香艸趌怒走也○乙億姞切說文象春艸木冤曲而出陰气尚彊其出乙乙也亦姓文七鳦玄鳥也或通作乙汔水涸今謂去飯
水爲汔䭲臭也𠮠𠮠𠮠聲也𡕁博雅貪也軋軓也○拂普密切拂汩風動皃文一○耴逆乙切聱耴魚鳥之狀文十三
疙博雅癡也朏無知意也舣舟行皃嶭斷也圪說文牆高皃引詩崇墉圪圪屹山危皃𡿧水流皃𠢞𠢞𠢞
動也听笑皃𨉚危也刏截也𡐰小山也○𩗗䫻越筆切說文大風也或作䫻文十一位居有著定也抭博雅投也
驈驪馬白跨也䀷目動𡿺汩淢說文水也或作汩淢𧊏蠚𧊏似蟹蓫艸名○欯咭火一切博雅欯喜也或作咭
文二○茁莊出切艸初生皃文一○耋地一切老也文三垤蟻封蛭蟲名○茁厥律切艸初生皃文四𨿳谷名繘綆也
蕎艸名○絀式聿切縫也一曰出皃文一○窒得悉切塞也文二挃廣雅擿也○𠞋楚律切斷也割也文一○祋都律切殳也文一
○屈僪其述切狂屈倗張似人而非也李頤說或作僪文五䞓走皃䤎𪉷博雅醬也或从鹵佶其吉切壯健皃文四吉姓也

詩謂之尹吉鮚鮩鮚大蛤咭笑皃。驈戶橘切驪馬白跨文二穴孔也。昵暱乃吉切近也或从匿文二。矞獝
⿰矞戈⿰羽戉休必切驚遽皃禮鳥不矞或作獝⿰矞戈⿰羽戉文十六⿰目穴直視也眓急速泧水流皃⿺辶戉衆走皃⿰火戉狂也齊人語一曰怒
也瞲⿱目戉⿰目术目深皃或作⿱目戉⿰目术亦書作眓怵怴⿸疒术博雅狂也或作怴⿸疒术颰風也。貀女律切獸名無前足文三柮
斷也吶語不明也。繘其律切綆也文九⿺走矞遹狂走皃或从辵僪⿺鬼矞狂鬼或从鬼⿰酉矞醬也⿺走矞趉走皃或从
出矞錐穿物。⿰矞色魚一切闕易其人夭且⿰矞色王肅讀文一。柣大一切閾也文一。⿰齒出測瑟切齧齒聲文一。⿰叕出側律切吳
人呼短文二⿰叕臽鷄子出㲉聲
六。術食律切說文邑中道也一曰技也文二十八述𨔷說文循也亦姓籀从秫沭⿰氵術說文水出青州一曰技也⿱出齒
說文⿰齒出齒也潏爾雅水中可居者曰洲人所爲爲潏逑說文艸也鉥說文綦鍼也⿰糸穴縷也⿰衤穴衣開孔也矞博雅
穿也⿰土术高也⿰衤术[illegible]衣⿺走术走皃噊爾雅危也秫朮說文稷之黏者或省驈騝說文驪馬白胯也引詩有驈有騝或
从聿鱊鱊鮬魚名⿰虫矞蝗也繘綆也遹邪也詩潰潰回遹馽馬絆也莊子連之以羈馽李軌讀鷸⿺述鳥翠用
鳥也或作⿺述鳥茁艸華。出尺律切說文進也象艸木益滋上出達文一。卹雪律切說文憂也一曰鮮少也文二十二恤說文憂也

收也賉賑也訹怵鉥說文誘也或作怵鉥謐靜也戌說文滅也九月陽气微萬物畢成陽下入地也五行土生於戊盛於戌从戊含一珬球珂謂之珬或作球娍姐也莯莯莯水流皃鋮鋸聲一曰鑷錢瑣處也蛓水蟲名海蟀也㖅𧖴聲也或作𧖴𣪠不能行也𪁉說文鳥也𨻰頹也祟鬼神爲厲𩗗小風縜絆前足○䪿之出切頭皃文五茁艸名葫萃也𥏑短也𥏼雞出殼聲崛山皃○焌促律切燒也一曰火滅文三黢黑也卒終也○卒即聿切終也文八啐啐嗶聲也𣣋口飲謂之𣣋淬淬沒水皃𡠹說文大夫死曰𡠹通作卒䱣魚名鯈也一曰鮪別名崒山高皃綷周也宋衞語○崒卒昨律切爾雅崒者厜㕒或作卒文十二翆飛疾皃踤蹋也捽博雅持也誶讓也箤笭也啐嘈啐衆聲萃聚也顇顱顇短皃一曰關中謂癯弱爲顱顇悴憂也淬流也○𢘅竹律切憂心皃文十六絀縫謂之絀窋將出穴皃一曰空也一曰不窋后稷子名茁艸初生皃𨕭趨也泏說文水皃罬雉罟𡡄𡡅𡡆𡡇面短皃或作罬婯𡡆𡡇𥏑𥎞㑁短皃或从矢从人䇍竹箭生皃𠹚聲也炪火聲○黜詘出勑律切說文貶下也或从言亦作出通作絀文十三絀說文縫也趉走出也跊犻山海經流沙之東有獸左右有首名曰跊踢或从犬怵說文恐也𢘅憂怖也炪火聲一曰炪爐煙皃欪說文咄欪無慙也一曰無腸意𤵸爾雅狂也泏水流

皃。苿朮直律切艸名說文山薊也或作朮通作蒁文八 趉走皃 炢煙也 袜博雅劒衣也 窋鑿穴居也 墜

隕也 蒁艸名小薊也。律劣戌切說文均布也一曰法也述也陽管謂之律文二十九 寽說文五指捋也 繂繂索也或从

糸 䅭粹穛米或从米 㣭憂悶也 嵂崒嵂山高皃 䔁博雅紈䔁素也 㨒去滓汁曰㨒 頪似也

淚關中謂目汁曰淚 䢦艸名 建述也一曰遻建行不美 䏃膟說文血祭肉也或从率一曰腸脂 𧍪蟀蟲名

或省 率約數也 萃博雅始也一曰艸孚甲出也 葎說文艸也似葛有刺 𠯁𠹐呼鳴也或从率从乎 𥬎箻

竹管以射鳥或从律 𡾊壘鬱𡾊不平皃或省 魆鬼名。聿允律切說文所以書也楚謂之聿吳謂之不律燕謂之弗一曰述也遂也

文三十二 遹說文回避也一曰述也 𧽝說文狂走也 欥說文詮詞也引詩欥求厥寧 𦭚艸名蔾也 獝獸走皃 統

縷一枚也 矞說文以錐有所穿也一曰滿有所出 霱卿雲謂之霱通作矞 䫻疾風 燏火光皃 潏水流皃 繘𦆽

𦆽說文綆也古从絲籥从曰 銉針也 鐍錐也 𦃃長也 噊說文危也一曰鳴也 鴥𦒍說文鸇飛皃引詩鴥彼晨風或

作𦒍 𥎸出也 鷸𪇆說文知天將雨鳥也引禮知天文者冠鷸或从遹 𧒉蟲名說文𧒉蟥也 驈𩣡驪馬白跨也或从聿

鱊魚名爾雅鱊鮬鱖鯞 芛爾雅蕍芛葟華榮謂艸木華初生也 沭水名出東莞 僪日傍氣也吕不韋說通作矞 建

行兒。橘訣律切說文果出江南文九蔏艸名廣志蔏子生可食一曰馬芹膥月在乙曰膥一曰月見西方通作橘醑說文醬也

繘繘博雅繘絡綆也或从絲⿺走矞說文走意也⿺走矞蹫狂走或从足

七。櫛楖扻側瑟切說文梳比之總名也或作楖扻文十一揤廣雅拭也⿰禾節⿰禾卽⿰禾弗⿰禾節禾重生皃或省嚌唧

咇嚌聲出皃或省瀄瀄汩水流皃札甲葉也春秋傳蹲甲而射之徹七札徐邈讀⿱竹卽牀也。瑟⿱𤤴夾⿱𤤴乖⿳𤤴夾心

色櫛切說文庖犧所作弦樂一曰衆多皃一曰矜莊皃一曰泉流皃古作⿱𤤴夾⿱𤤴乖⿳𤤴夾心文十七璱卹邲瑮琗說文玉英華相帶如瑟弦引詩

璱彼玉瓚或作卹邲瑮琗通作瑟⿰糸瑟⿰糸瑟⿰糸瑟色也通作璱飋飋䬈風皃蝨虱說文齧人蟲或省⿰口瑟吡聲⿰瑟刂刺也⿰虫瑟

蟋⿰虫瑟蟀蟲名促織也或从悉。⿰桼刂薛剌⿰率刂測乙切博雅割也或作薛剌⿰率刂文十⿰齒卒⿰齒出⿰齒卒也或从出⿰言桼⿰言爾⿰言桼

私言也覕見也沏流皃⿰口桼吡聲。⿰齒出食櫛切說文⿰齒卒齧也文一

八。勿⿰方勿文弗切說文州里所建旗也象其柄有三游雜帛幅半異所以趣民故遽稱勿勿或作⿰方勿一曰勿莫也文十二物說文萬物也牛

爲大物天地之數起于牽牛故从牛勿聲一曰事也岉崛岉高皃伆雜也沕沕穆深微皃昒未明也粅粅粅粉皃芴

艸名說文菲也⿺辶勿遠也笏笢笏繁密皃⿰目勿瞑也。拂敷勿切說文過擊也文三十三昲博雅曝也刜斷也⿰镸弗

彿說文髴若似也或从彳 怫髣髴也 柫柭說文擊禾連枷也或从犮 袚祓說文除惡祭也或作祓 由說文鬼頭也象物 佛說文見不審也 蚾田蟲 艴色怒也孟子艴然不悅一曰畫工設色 𨀁說文跳也 ⿱宀烕烕炥說文熚⿱宀烕也或省亦作炥 岪說文山脅道也 嶏石隕聲 䞞說文走也 茀茀離艸木翳薈也 袚蠻夷衣 䀟視皃 ⿱雨弗雲皃 ⿱弗又舞羽 帗方言帗縷毳也謂物之行敝 笰博雅箭也通作茀 ⿰音弗樂聲乍息皃 孛艸木盛皃 愊橐滿裂也 柬

沸灑也或作沸 ○弗弜分物切說文撟也古作弜文四十七 乀說文左戾也 不無也通作弗 市韍說文韠也上古衣蔽前而已市以象之天子朱市諸侯赤市大夫葱衡从巾象連帶之形或从韋犮亦从弗通作芾 黻黻說文黑與青相次文或作黻古通作茀 紱紼綬也或从市 袚博雅袚襏襶也 綍引車索 紼說文亂系也或書作紼 ⿱弗又帗說文樂舞執全羽以祀社稷也或从巾亦書作翇 ⿱市大博雅大也或書作奔獙 刜說文擊也 ⿰弗阝姓也漢有⿰弗阝修 茀說文道多艸不可行 ⿰革弗輿革後謂之⿰革弗通作笰 笰箭也一曰笄謂之笰 柫治禾具 芾艸木盛也 沷寒也說文一之日滭沷 𩗗颰小風謂之𩗗一曰疾風或作颰 沸說文滭沸濫泉 襏襏襫雨衣 ⿱雨犮雨皃 紑鮮絜皃詩絲衣其紑 蔽后車以翟羽爲飾也鄭康成說通作茀 茷竹葦絙也 胈股肉膚 蛂甲蟲也大如虎豆綠色 岪山脅道 誖𢡿⿱宀孛僀亂也或作𢡿⿱宀孛僀 䰅

髴首飾或作髴 𤇻𤇻炥熚𤇻火不時出而滅一曰鬼火一曰火盛皃或省亦从弗 祓祭名 費俻也 ○佛拂符勿切大也一曰戾也或作拂文二十一 咈說文違也引周書咈其耇長通作拂 𧼮走也 怫弗說文鬱也或作弗 𨁈𧼮跳也 或从走 刜擊也 𢿣𢿣撇理也或从𢿣亦作撇 岪岪鬱山皃一曰山曲或書作㟄 炥火皃 坲坲埻塵起也 茀艸木衆多皃 𡙇博雅大也 𠡚多力皃或書作𠢠 砩石名 艴大船 費俻也 九。迄㤁訖許訖切爾雅至也或作㤁訖文十九 仡壯勇也 餼𩜏𩞄飽也或从忥从氣 忔博雅喜也 𧪧𧪧𧪧語也一曰語難皃 肸說文響布也从十从肸徐鍇曰肸振肸也 釳說文乘輿馬頭上防釳插以翟尾鐵翮象角所以防網羅釳去之 汔說文水涸也引詩汔可小康一曰泣下一曰幾也 芞香艸爾雅藒車芞輿 𡆻吳王孫休子字 扢奮舞皃一曰喜皃 肸說文振肸也 忥癡皃 撅舉出也 𧮳笑聲 ○气乞欺訖切取也或省文五 芞艸名說文芞輿也 契字林契丹北夷號 吃吃吃笑皃 ○訖居乙切說文止也文八 吃𥬷說文言蹇難也或作𥬷 扢擊也 暨及也亦姓 魥魚游也一曰魚名 趌直行皃 秔春粟不潰 ○趌其迄切直行也文六 𢇁相近也 汔幾也 扢奮舞皃 芞芞藒艸名 仡勇皃 ○乙於乞切東方之日也象春艸木冤曲其出乙乙也文二 圪高皃 ○疙忥魚乞切癡皃或

作忥文十五趌說文直行也仡說文勇壯也引周書仡仡勇夫圪說文牆高皃引詩崇墉圪圪屹阣屹崪山皃或从
阜䖧說文虎皃或書作𧆨疑正立自定皃儀禮婦疑立于席西忔心不欲也史記數忔飲食扢奮舞皃一曰擊也𦨚
舟行謂之𦨚勜動也[illegible]斷也釳乘輿馬首刀所以割網羅○颵王勿切說文大風也文十觱羌人所吹角所以驚馬䏑
暫見也𢔈趞行遽皃或从走曰發語詞搰抭揮擲也或从穴从運鴥鳥飛皃○𩘻颮𩗟許勿
切疾風也或省亦从豕文十三𥉂不明皃㚔疾也睪䀝目動或作䀝欻說文有所吹起𢓊獸名㸂爆
博雅曝也煨也或从彖嘫气也一曰呵嘫不明也欪無憖皃○屈𡱈曲勿切曲也請也亦姓古作𡱈文十二詘誳
說文詰詘也一曰屈襞一曰充詘喜失節皃或从屈䓛說文㕞也鶌山海經馬成之山有鳥狀如烏白首青身黃足名曰鶌鶋𧊒蝠蟲名說文
蛣蝠也或从屈鎺鎺鉞鎖鈯也颵𩗴風也或省䮠䮠產良馬通作屈○孑亥九勿切博雅孑孑短也一曰無左臂或作亥文十九
崫山皃㹼狤㹼西域獸名食香無毛但自鼻有毛廣寸至尾燒刺不能傷䠇趉𧺆走皃或作趉𧺆𦁕翟衣一曰結也通作屈
屈屈說文無尾也隸省又地名亦姓厥突厥夷屬劂說文剞劂也鶌鳥名說文鶌鳩也𧱁豕穴土也𥶍𦽔
博雅𥶍謂之刷或从艸抙以杖掘出也蝠蛣蝠蟲名䠐律䠐多力○倔誳䩽渠勿切倔強梗戾也或从言从革文二十

掘堀說文搰也或从土 䠇𠢾博雅力也一曰足多力或从力 趉𧼯說文走也或从屈 𧝎袦方言自關而西謂襤褸曰梳榅或省 𤤎玉名 榾斷木也 崛說文山短高也或書作崫 屈𡱈博雅短也一曰無尾或省 屈埤倉短尾犬也 豩豖掘地也 詘充詘喜失節皃 殦殭也○鬱欝𩰪欝紆勿切說文木叢生者一曰幽也亦姓或作欝古作欝文三十二 鬱

欝鬱說文芳艸也十葉爲貫百艸貫築以煑之爲鬱从臼冂缶鬯彡其飾也一曰鬱鬯百艸之華遠方鬱人所貢芳艸合釀之以降神鬱今鬱林郡也或作欝鬱通作鬱 菀茂也詩有菀者柳通作欝蔚 蔚艸名亦州名 㷉㷉屈短皃 尉𡰪从上案下也又姓古作尉

𢺢捥拗戾也或从宛 熨𤎅持火展繒也一曰火斗或从鬱 嗢𩞄喉中鳴或从餐 爩烑爩煙出也 黦𪐝玄黃也或从冤亦書作𪑣 𩜲𩝫𤼹餡和豆也博雅餚謂之𩜲或作𩝫𤼹 灪灪滃大水皃 𥗨𥗨磈小石 貍臭也周禮鳥皫色而沙鳴貍 慍惌宛心所鬱積也或作惌亦省 罻網也 黦黑皃 煨畜火○崛魚屈切崛然獨立皃或書作崫文六 阢高皃 杌刖餘木 𩑶顧頿面短 峗屼峗崒山皃或从兀○眣丑乙切以目使人也春秋傳眣魯衛之使文一○䂐竹勿切短皃文一

十○月囝魚厥切說文闕也太陰之精象形唐武后作囝文十八 刖說文絕也 跀𨀦說文斷足也或从兀通作刖 抈說文

折也抏動也引詩天之抏我軏軏說文車轅耑持衡者或从兀岄山名或書作朏鈅兵器枂鞍瓦卼卼皃䚴

廣雅怒也䏍說文膭耳也玥神珠也𨊻車釭杌刊木餘。戉越王伐切說文度也一曰墜也於也遠也亦國名又姓

隸作越文二十四𨒅說文踰也引易雜而不𨒅𧿳說文輕也戉鉞說文斧也引司馬法夏執玄戉殷執白戚周左杖黃戉

右秉白髦或从金𢦏斧衣也璏劍鼻玉也曰說文詞也从口乙聲亦象口气出也粵𠿬說文亏也審慎之詞者从

亏从寀引周書粵三日丁亥或从口𦀕說文采彰也一曰車馬飾一曰細布𡛟說文輕也一曰愚也𥩲竦立也熭暴也樾

𣟴字林樹陰也或作𣟴𣏌木名𪀗鳥名蚏蝐𧒽彭蚏木蟲似蟹而小或作蝐𧒽泧大水皃𧊒蟓𧊒水蟲名似蚌

。𩗗許月切𩗗𩗗風也一曰小風謂之𩗗文十𣧓盡也泧大水皃𧿳走皃狘獸走皃𡵆山皃𦐇𦐇飛皃旻舉目

使人也𧨎廣雅怒也怴字林贛憝皃一曰怒皃。闕丘月切說文門觀也一曰乏也空也文五䋐屈䋐狄后夫人之服或作屈𣾴

𤄣水名在義陽或从闕。厥氒居月切說文發石也一曰其也又姓古作氒通作氐文三十三𥕭發石也或書作磿乚乚丩動皃

从乚丨乙瘚欮說文屰气也或省一曰欮穿也掇羊病𧰽豕食發土謂之𧰽孓說文無左臂也一曰孑孓短也𠄌說文鉤識

也劂剞劂曲刀也𠢷勥也撅說文从手有所把也一曰擊也投也橜弋也或書作橛蹶𨇾說文僵也一曰跳也或从闕亦

書作蹷⿱厥女嬉⿱厥女女皃⿰骨厥⿰月厥說文⿰骨厥骨也或从肉⿺走厥⿺走⿸厂屰說文蹠也或省蕨菜名說文鼈也蟨說文鼠也一曰西方

有獸前足短與蛩蛩巨虛比其名謂之蟨蟩蛣蟩小蟲⿰角厥說文角有所觸發也鱖魚名鷢鳥名說文白鷢王雎也屈屈貉地名

通作厥氒說文木本⿰羊厥羊名嶡俎名足有橫⿰衣厥揭衣渡也⿺走曷怒走也○⿰角厥其月切角有所觸發也文二十三⿸厂⿰屰力

憠說文彊也或从心亦書作⿸厂⿰屰力橜說文弋也一曰門梱或書作橛⿺走厥蹠也掘⿰扌闕撅穿也或作⿰扌闕撅亦書作⿱厥手⿱厥金磨也蹷

⿰足闕倒也或从闕亦書作蹶⿺走厥趉行越趉也或省⿱厥骨⿱厥肉博雅髀髁⿱厥骨也一曰尾本或从肉鷢⿸厥隹白鷢鳥名似鷹鳥或从隹

亅說文鉤逆者謂之亅象形瘚博雅病也⿰衣厥短衣赶舉尾走⿰木欮⿰木欮株山名蕨菜名○⿰口歲⿰歲欠於月切說文气啎也

或从欠文十三⿱厥女嬉⿱厥女女皃或書作⿰女厥⿱夗豆⿰食宛⿱夗食豆飴也或作⿰食宛⿱夗食⿰黑冤黦說文黑有文也或从宛⿱穴夗鄭康成曰免爲⿱穴夗脾

⿰火宛烟火皃苑紫菀藥艸⿰氵薉濁也鱖魚名○⿰金獻語許切馬勒旁鐵爾雅鑣謂之⿰金獻文五⿰車獻高車皃揭長皃詩葭菼揭

揭扢擊也吽語相呵拒○紇恨竭切說文絲下也春秋傳有臧孫紇文五齕齧也籺米粉麧⿱覀麥麥糠中不破者

或作⿱覀麥○⿸疒曷五紇切瘠⿸疒曷癡皃文一○⿰乞頁苦紇切頰高也文一○歇許竭切說文息也一曰气越泄文九蠍毒蟲⿰骨曷⿰骨曷骭脅前

骨⿰舟歇⿰舟曷⿰舟歇艎大舟或省猲⿰犭歇說文短喙犬也引詩載獫猲獢或从歇⿰火氣火焚山艸也滊字林鹽池一曰以甘水和鹹水

爲鹽曰瀛。○訐居謁切說文面相斥罪相告訐也文十九　揭擨說文高舉也或从歇　⿰禾曷⿰禾桀說文禾舉出苗也或从桀　吃
語難　⿺走曷說文趌⿺走曷也　鍻金飾鼓名大駕鼓吹有金鍻　羯⿰羊匈說文羊羖犗也或省　桀莠盛皃詩維莠桀桀　偈傑
偈偈用力皃或从桀　藒菜名似蕨生水中　盇齊人謂盤曰盇　猲虜別號　騔馬走皃　刂乚刂動皃从乚丨相向　傑
負持皃。○竭其謁切盡也文九　碣嵑⿸𠂆豊碣石山名或从山古作⿸𠂆豊　楬說文楬桀也引春秋傳楬而書之　揭擖擔也
或从竭　偈傑偈偈用力皃或从桀。○謁於歇切說文白也又姓文十一　暍⿰火曷說文傷暑也或从火　⿱曷臭物敗气也　⿰糸曷
繒壞也　⿸厂曷說文屋迫也　⿸疒曷病也　閼止也塞也一說太歲在卯曰單閼　鍻以鐵爲楬也　⿰黑曷黦色變也或作黦。○⿰忄巿
弗伐切恨怒也文一。○髮⿰犮首⿰犮頁⿰犮頁方伐切說文根也又姓古作⿰犮首⿰犮頁⿰犮頁文十　發說文䠶發也一曰舉也　冹寒冰也一曰風寒　颰
颰颰風疾皃　⿰舟發收繫具　蕟艸名也　⿰言發出言也。○伐傠房越切說文擊也从人持戈一曰敗也或作傠文十九　茷說文
艸葉多引春秋傳晉羅茷　罰說文辠之小者从刀从詈未以刀有所賊但持刀罵詈則應罰　垡墢耕起土也或从發亦書作⿰土伐通作伐坺
坺地名　⿰目巿春也　⿰酉伐俗謂釀酒一成曰⿰酉伐　閥閥閱功狀　瞂⿸厂戈⿰口犮說文盾也或从戈亦作⿰口犮通作伐　橃栰筏⿰舟發
說文海中大船或作栰筏⿰舟發　藅艸名爾雅蘡藅　拔艸名龍葛也。○韤韈襪⿰皮蔑韎⿰糸末⿰皮末袜帓勿發切說

文足衣也或从革从衣从皮亦作韎絉𩋀袜帓文十三　襏襏裼東夷名　𢃳博雅𢃳帊帳也　𦍧𦍧羯胡羊名　𥄎舉目使人

○揭丘謁切舉也爾雅淺則揭文五　藒艸名說文芞輿也　䫉禿也　㔎字林傷也　朅卻也一曰武壯皃　○燵丑伐切燵燵燒

起文一　○焥於伐切烟火皃文一

十一○沒莫勃切說文沈也文九　𠬛說文入水有所取也从又在回下回古文回回淵水也　𩔗內頭水中也　勿衂勿搔摩也　劶

歿說文終也或从𠬛　𤤼說文玉屬　𦳍艸名　圽埋也史記以至圽身　○䪬𪒝普沒切按物聲或省文十二　朏月未盛之明古

書作𧊒　馞𩟊香盛也或从出　哱吹聲　㛘乳母字　𩂯雲皃　艴𦫳色艴如也或从孛　昢日未明　㤕心㤕

然起　○孛蒲沒切色惡也一曰彗星謂之孛通作茀文四十六　艴佛𦫳說文色艴如也引論語色艴如也或作佛𦫳　侼

強也很也　勃𢿫說文排也又姓或从攵　誖悖哱𢧢𢡛說文亂也或从心从口籒从二或亦作𢡛　浡浡然興作皃

𩗗風皃　郣說文郣海地一曰地之起者　渤𣽉渤澥海名或从敦　㙄𡑺博雅塵也或从勃　𤇯𤎬煙起皃或从勃　馞

博雅馝馞香也通作茀　𥝕𥞍字林𥝕𥞍禾秀或作𥞍　𩱯鋍說文吹釜溢也或从金　餑博雅餑䭃長也　𪌗屑麥也　䊐

屑米也　桲方言齊楚僉或謂之桲今連枷一曰杖也一曰榅桲果名　葧𦽛艸名博雅虆毋蒡葧或从敦　脖脖胦齊也　挬

集韻入聲九　二十五　陳忠

拔也𣯕𣯕𣯍毛短鵓鵓𪁦鳥名𩣡山海經敦頭之山多𩣡馬牛尾白身一角其音如呼䨈雲皃茀弋射矢名菩麻菩楊艸

名𡾛說文崩聲狒說文過弗取也䴺䴺𪌍餅也㫲暗也𦤽𦤽𦤽臭敗氣哱聲也○窣蘇骨切說文从穴中

卒出文二十一埣土落也𥼶粲也𣯍毛短謂之𣯍稡稡稡莠也卹捽卹勿摩也或作捽𪍿𪍼磨麥也或

作𪍼䶢鼻聲篲帚也莊子操拔篲屑𡲭博雅勞也一曰勃屑行皃或作𡲭𣿅沒也䳾𪅁鵓鵓鳥名或从率僁倅僁

不安𥕟磨也糏米粉𡎎塵也㾐㾐癘癡皃○猝踤蒼沒切說文犬从艸暴出逐人也或从足文十二卒忽也𡛗暴終也

𢱢字林摩也𥿦索也刌斷也脃脺耎易破也或作脺𩩲小骨窣忽自穴出也捽捽攃行艸聲○卒臧沒切說文隸人給事者

衣爲卒卒衣有題識者俗作䘹非是文四倅兵百人曰倅通作卒稡𥝯稡禾秀不成聚向上皃䯿髮多皃○捽昨沒切說文持頭髮也文九椊

字林柱頭枘也𪘏說文𪘏𪘏也觪角始生也𣯍毛生皃崒山危峻皃𩩲小骨踤說文觸也一曰駭也一曰倉踤䯿髻也○咄

嚉當沒切說文相謂也一曰呵也或从對文九柮榾柮短木䍬𦎰䍬羊名胐臀也一曰膕胐曲脚也一曰眹出也𩨧鳥名鳴豫知吉凶或

書作𩨧貀𧳜貀獸名𢗕怖也䮨𩦢䮨獸名出北海○突宊他骨切方言江湘謂卒相見曰突一曰出皃或省文十六腯𦝑

說文牛羊曰肥豕曰腯或从突葖艸名爾雅葖蘆萉蕪菁屬𠫓㐬說文不順忽出也从到子引易突如其來如不孝子突出不容於內也或从到

古文子即昜宎字　悷說文肆也　𨂿𨂿䠇前不進也一曰踈也　梡木杖也　皷皮壞也　怢忽忘也　㓉刺入皃　𣞁

滑利　䆷竹器　湥流也。揬陁沒切搪揬觸也文二十五　𠫓不順忽出也　宊說文犬从穴中出也从犬在穴中一曰滑也

堗竈窗謂之堗　凸出皃　腯腞肥也或作腞　鈯博雅鈍也　鍎鋘槍也或从突　㮧埤倉戶持鎖植也　艓

釣舟謂之艓　𦓓耕也　趃走皃　𢵦擊也　葖艸名爾雅葖蘆葩　湥流皃　㹠獸名　鶟雗鶟鸜鳥名似雉青身

白首或从隹　鼵鳥鼠同穴其鳥爲鵌其鼠爲鼵　趹足傷也　𧝞博雅褌無襠謂之𧝞　琛玉瑱　崪崪屼山皃。柭柭勒沒

切篃䠇之矢謂之柭或作柭文十三　㧻㧻鈸不滑利一曰物不安皃　踤肆踤踤不進或从聿　嵂聲也　埻土堁埒也　𧗱

艸名似葛　硉硉崒硉矶山崖也或作硉崒　捽捽也捋也　律律魁大皃。訥吶詘奴骨切說文言難也或从口亦

作詘文九　肭膃肭肥也　抐搵抐擩也　㕯媼㕯心亂　䟐足傷　𢘅𣹶㕯憂悶　㕯下聲。麧籺粏下扢切說文堅麥也一曰

俗謂䴸屑爲麧或从禾从米文七　齕說文齧也　淈博雅淈淈流也一曰濁也　扢摩也　紇絲下。扢古紇切摩也文一

。搰胡骨切說文掘也文二十七　扢摩也　捐博雅裂也穿也一曰牽動　搰說文手推之也一曰搰也　䁖濁垢　𨶀婞佷也从

鬥　輥轉物軸也　縎縎類　䁖埤倉地名一曰耳聾　滑亂也　𩫂說文𩫂病也　鶻鴶鳥名或从乞　𣐉核

果中實或作核 搰穿也 淈爾雅治也 聙耳聲 繢采色明 潰決也 嬇腫壞也 絗纏縈也 紇束也一曰絲下

齕齧也 𥝌麧麤麧屑也或从麥 汩涌波也 。忽呼骨切說文忘也一曰輕也文三十五 淴說文青黑色 曶回

說文出气詞也从曰象气出形引春秋傳鄭太子曶一曰佩也象形籒作回 淴淈水皃或从屈 揔楚謂擊手爲揔一曰去塵也 惚

怳惚失意 寣博雅覺也一曰臥驚 𩬊贛惚也一曰熟寐 𨒤遠也 啒唿博雅啒啒憂也或从忽 𤶓狂趨 昒聰

說文尚冥也或从忽 緫博雅微也通作忽 笏冒公及士所搢也籒作冒象形義云佩也古笏佩之釋名笏忽也有事記其上以備忽忘 榴

說文高皃 匫匢說文古器也或作匢 𩋐埤倉急縶縛也 麴𪎆餅屬或从忽 颮颰𩘙說文疾風也或从豕古作

𩙮 䬍𣄼象說文豕屬也或作𣄼象 芴芒芴无象也 扫博雅裂也 𡻕說文疾也 沕沕穆微也 。堀窟

堀苦骨切說文兔堀也或从穴亦作窟文二十七 蝟月蝟月所生也 𡾛岀崫礭崫屼山皃一曰童山或作岀崫亦从石

矻石也 勽勽勽勞極皃通作矻 勓博雅勤也 圣說文汝潁之間謂致力於地曰圣 顝目出皃 䫘突出也 敊敊殽

不滑利也一曰敊敊不安 揔博雅擊也方言南楚凡相推搏曰揔 顝說文大頭也一曰醜也一曰相抵觸 頜說文秃也一曰頰起皃 朏

膃髖也一曰肤出或从屈 泏字林水定也一曰漏池 搰搰搰用力皃 堀說文突也引詩蜉蝣堀閱一曰堀堁塵起 淈水深也

掘揚也鬾去髮也搰推也○骨古忽切說文肉之覈也文二十七尳㾶厀病或从疒杚說文平也謂斗槩

扢摩也汩治也一曰水聲啒啒啒憂也頔面䫉也縎說文結也愲心亂也滑抇亂也或作抇淈說文

濁也一曰滒泥一曰水出皃一曰治也䓛䇢字林刷也或从竹蓇艸名不實䍻䍻䍲羊名榾枸榾木名𧳧𧳧貀獸名

鶻鳥名說文鶻鵃也䯋䯋䮠獸名出北海槩哀亂皃莊子我獨何能无槩螖螺屬䱻魚名山海經穋澤多䱻其狀如

蚳四足食魚䅿禾莖犻牛名矻磨也○頞烏沒切說文內頭水中也文十四淴淴泱水流疾皃搵搵抐擩也嗢說文

咽也一曰大笑毼毼毢毛皃歍咽中息不利也膃膃肭肥也膃脖病也殟說文胎敗也馧馧馞大香也榲桲榲桲果名

或从烏瘟心悶皃煴煙皃一曰熱皃𦤺臭气○兀五忽切說文高而上平也从一在人上亦姓文三十二扤說文動也通作杌

杌柮樹無枝也一曰檮杌頑凶無疇匹之皃或作柮芁艸名艾屬矹碑矹山崖屼山名一曰巑坃童山軏車轅端持衡者舠

䑰伆說文船行不安也或从兀亦作伆𨳊括也一曰婞佷也从門鼿䶨獸以鼻搖物一曰鼻仰也或从危𤵠疣說文病也

或从兀刖絕也蚖蛤屬跀𧿹斷足也或从兀髡𩓍去髮刑或作完頑坏伾爾雅山一成坏沇旋讀或

作阢阢峗說文石山戴土也或作峗㕦𠆹蚅臲博雅危也或作𠆹蚅臲蚍蛣蚍蟲名○𪗾散紇切齒相齧也文一

○貀女骨切獸名無前足形如猴文一
十二○曷害何葛切說文何也或作害文三十三　褐𧞤說文編枲韈也一曰粗衣或从欱　嵑嶱嵑山皃　㲬博雅㲬㲬
罽也　鞨博雅屩鞨履也一曰靺鞨北狄別種　𩒨頞顯揚言也一曰頿顯健也一曰頿顯鼻面平也　䯧骨名䯧謂之骱　偈武皃　⿰白曷
白色　藒⿱艹㲬⿱艹褐水艸似蘞可啖或从㲬从褐　喝呼也一曰喉喝怒聲　遏水皃　骱髖骱小骨一曰堅也　餲爾雅食饐
謂之餲　鶡⿰旱鳥鳥名說文似雉出上黨或从旱　⿰害鳥鶷鶡鳥名　蝎蟲名說文蝤蠐也　⿱害䖵蟲名說文螻蛄也　⿰木害木轉皃
⿰牛曷牛名　螛輵螛龍搖目吐舌皃　⿰米曷白米　⿰齒曷⿱剌齒⿰齒曷⿱㓞齒物聲　⿰曷力勤力　遏遮也　堨壅也　⿰王害石似玉　轄
輵轄轉搖皃　○⿰口歇喝⿰口蓋許葛切訶也或省亦从蓋文十五　暍熱也　𩒨頿顯健也　⿰白曷博雅白也　⿰臭曷大臭也　齃
卧息　⿰香害字林香氣　歇⿰犭歇猲獦短喙犬或作⿰犭歇猲獦　愒曷相恐怯也或作曷通作猲　○渴丘葛切說文盡也文二十五
⿱害攴敵也　⿰氵歇說文欲歠歠也通作渴　⿸疒曷內熱病　⿰骨攴肩髆骨　嶱嵑山皃或作嵑　磕石名　碣礍石皃或从葛　葛
艸名　螖彭螖水蟲似蟹　磆石可爲器　⿰禾曷禾長穗　⿰旱鳥曷盍⿰旱鳥旦鳥名或作曷盍　鬜𩒨鬜𩒨禿或作𩒨　⿺走曷趌⿺走曷
走也　楬㲬桓不飾曰楬或作㲬　⿰曷黽蛙類　⿰車蓋輵輷⿰車蓋車聲或从曷　○葛居曷切說文絺綌艸也亦姓文二十六　⿱⺮曷

竹名博雅簹篏桃支也 瑦石似玉 割刉說文剝也古作刉 匃求也春秋傳毋或匃奪 鄗說文南陽陰鄉 濭瀏濭

水廣也一曰水名 蓋覆也 駒騔𩥅說文馬疾走也或从曷从葛 猲獦猲狙巨狼或从葛 𧾘怒走 𣂼𣂼𣂼豎干

皃 鶡鶡鶡鳥名似伯勞 蝎蟲名蝤蠐也 褐𧝓粗衣或从葛 䅬博雅穅謂之䅬 藒禾長皃 轕䡭轇轕

車馬喧雜皃一曰室宇曠深一曰鋒戟形或从曷 擖揩擖揳木聲 臈臈胆肥皃○遏阿葛切說文微止也文二十 閼堨

說文遮攤也或作堨 𢊁屋迫 頞齃說文鼻莖也或作齃 洝穼洝濕潤也 咹博雅止也一曰小語一曰吃也 峖山名 㕧

大呼用力謂之㕧 餲食敗也爾雅食饐謂之餲 胺肉敗 曷逮也 輵輵轄轉摇皃 暍博雅暍曤熯也 𦼮菜似蕨生水中

㵣水名 靄雲霧皃 譪茂盛皃 按捺也○嶭巕牙葛切說文巀嶭山也或作巕文二十六 屵說文岸高

也 巘說文載高皃 𣡽櫱不𣏌枿說文伐木餘也引商書若顛木之有甹𣡽或从木辥古無頭亦作𣏌枿 歺𣦵

說文𠛱骨之殘也从半冎徐鍇曰冎剔肉置骨也歺殘骨也故从半冎古作𣦵 𠯑㖂說文語相訶岠也口岠辛辛惡聲也或作㖂亦書作啐

齾齾鈌也 㘖囐㖂嘈嘈㘖㘖聲也或从獻从幸 𢸌擊也 𩮀鬄餘髮 刖絶也 孽孽孽將壞皃

𩑛短面也 嶱嶱嵑山皃 嵴骸嵴骨高皃 礣磍礣石皃 頇無髮○躠𧾟桑葛切跋躠行不正或作𧾟通

作殺文二十四　薩唐六典有薩寶府掌胡神祠　殺散皃史記望之殺然黃　辪辛味　䉤篘䉤竹名　𣗥蔡撒

攃說文𢿭𣩔散之也一曰放也或作蔡撒攃通作殺　摋側手擊也春秋傳摋仇　縩綃屬　姍妭姍婦人行衣曳地

皃　𧭈散言也　泧滅瀎拭滅　㰝𣝔字林艸木動聲或作𣝔　颵颵颵颵風也或作颵　㗉聲變也　粣糝也齊民

要術時粣之　䔎香皃楚辭懷椒聊之䔎䔎　珊珊瑚生海中　嚾嚾王西戎族名　○𢷾磜七曷切摩也或从石文五　縩

綃屬　𣝔艸木動聲　蔡昧蔡宛酋名　○鬢子末切鬢𩯥多毛文十九　幯拭也　攢逼也　𨃃蹙𨃃行皃　灒

水濺也或从贊　䕇艸木叢生也　瀐小水出也一曰灑也　剼刺剼薉濁也　𣖼笮也　磜礸麤礸石或从贊　㦉懵㦉心慢

怠　囋聲多也　嫧婢也　𢓍遍𢓍足大也　𤾢白也　淋呇水激石皃或省　○巀寺達切說文巀嶭山在馮翊池陽文九

囋囐咞㖸啐博雅嘈囋聲也或作囐咞㖸啐　擜擊也　歺殘骨餘　瀐雨聲　○怛㦽憚當割

切說文憯也或作㦽憚文十五　妲妲己有蘇氏女　呾相呼也　炟火起也　䵣說文白而有黑也五原有莫䵣縣　笪說文笞也一曰

覆舟簟亦姓　靼𩌏柔革或从亶　狚山海經北號山有獸如狼赤首鼠目名曰獦狚　噠嚈噠西夷國名　胆膽胆肥皃　僤

傍驀也　苴艸名蕈也　○闥他達切博雅闥謂之門文三十一　撻遽𢿱撻說文鄉飲酒罰不敬撻其背引周書遽以記之

古作遶敎或从手 躂踤足跌或省 圡說文蹈也 健徤達达博雅逃也一曰行不相遇或作徤達达 噧嚪
高氣多言也亦作嚪 撻所以洩水也 澾字林滑也 汏過也 羍羍說文小羊也或省通作達 ⿰皮達皮起 笪籧篨也
獺㺚獸名說文如小狗也水居食魚或从達 鯻魚名 蠆⿱萬蚰毒蟲或从蚰 大籀文象人形也 ⿰扌蠆博雅擊也 ⿰虫賴
蠏蠆蟲名蝎也 ⿰火萬⿰火蠆烷煙皃 太太末縣名在會稽 ○達达陁葛切說文行不相遇也引詩挑兮達兮一曰通也一曰迭也或作达文
六 薘艸名馬舄也 涬水出皃 達嚈噠西夷國名 羍羊子 ○剌郎達切說文戾也从束从刀刀者剌之也徐鍇曰剌乖
違者莫若刀一曰衺也文三十四 辢辛味 ⿱剌手⿱剌米博雅擘也或从米 攋揦撥攋手披也或从剌 轢車踐也 ⿰齒剌
⿱剌齒說文齒分骨聲或作⿱剌齒 ⿰目剌⿰目束眸子不正也或省 瘌癩說文楚人謂藥毒曰痛瘌一曰傷也疥也或作癩 ⿸广剌
⿸广剌博雅庵也一曰獄室或省 ⿰王剌⿰王束瓎說文玉也或省亦从賴 ⿰火剌爤火皃或从賴 莿艸名 ⿱剌魚魚名或書作鯻
楋說文木也 ⿰米萬糲⿰米剌脫粟也或从厲从剌 ⿰言剌謗⿰言剌語聲 ⿰氵⿱剌石灘名 ⿱剌虫蟲名廣雅蠆也一曰蝎也或書作⿰虫賴 ⿱剌巾
說文⿰口剌也 喇喝喇言急 ⿰忄厲惡也 ⿰耳剌聽不相當也或書作⿱剌耳 ⿵風剌風皃 ○捺乃曷切字林捺搦捎也文六 ⿰虫旦⿸疒奈博雅痛也
一曰螫也或作⿸疒奈 萘吳中菜名有刺 ⿰口難博雅喝也或書作⿱曰難 ⿰衤奈棒生皃

十三。末　莫葛切說文木上曰末从木一在其上一曰無也弱也文四十六　帓帶也　㑻肥皃一曰四夷樂名　妺妺嬉有施氏女

坺塵壤也　怽志也　䫾䫾顯健也一曰面平　眜說文目不明也　𥄎目冥遠視一曰久也一曰不正視　苜說文目不正也

秣絉所以束衣也或从糸　韎韋赤色　筙捕魚竹器　靺靺鞨北狄別種　砞碎石　沫說文水出蜀西徼外東南入江

皌帥皌淺白　抹字林抹摋滅也　䒿瓷艳色淺　瀎說文拭滅皃一曰塗也　眛日中不明也　粖鬻䬿博雅饘也或作鬻䬿

𪍿䴲說文䴲也博雅𪍿謂之麪或作䴲　𨢌字林醬也　䬴秣蘔說文食馬穀也或从禾亦作蘔　𪀗鳥名博雅𪀗鳴鼉也

鮇魚名　𦙶肚也　𤿭皮也　𣧋朽餘也　昩黑光也通作沫　衊血也汙也　䲵魚尾　䯦骱䯦小骨　䮬馬走皃

眛舂米碎也　跊行過也　枺木名　炑火色　䒽火不明　○活𣸹戶括切水流皃或从聒活一曰生也文二十

𥘸祀也　䣶未泲酒　佸會也　蛞蟲名科斗也通作活　姡詐也靦也　髺鬠絜髮也或作鬠　䯏骨耑　越

趏艸也春秋傳大路越席一曰瑟虛或从舌　萿獨萿藥艸　秳說文舂㮚不潰也一曰生也謂禾生　會項椎也莊子會撮指天向秀讀

括方言閑也　頢𩈹說文短面也或作𩈹　䑷舟行　𢓭徧𢓭行廣　○豁呼括切說文通谷也文十　奯說文空大也　眓

博雅眓眓視也一曰眼眓視高皃　濊濊說文礙流也引詩施罟濊濊或作濊　泧說文濊泧也一曰泧泧流也　𣄼博雅抒也　𣿮

水聲闊大開門皃黵黑色。闊苦活切說文疏也一曰遠也文十适疾也蛞蟲名科斗也一曰蛞蝓無殼蝸筈括箭末

曰筈或作括佸說文會也䟯蹷也秳禾皮曰秳萿艸名𤬪瓜也。括捪古活切說文絜也一曰撿也或作捪文四十一

𠯑昏說文塞口也古从甘髺鬠說文潔髮也或从會䀰目暗聒說文讙語也懖𦗛𢡱聻說文善自

用之意也引商書今汝懖懖或从耳亦作𢡱聻通作聒䶐說文噍聲銽說文斷也姡說文面醜也𠟍博雅斷也佸𠋑說文

會也引詩曷其有佸一曰佸佸力皃或作𠋑頢小頭皃一曰短面𩩍骺說文骨耑也一曰𩩍也或作骺蛞蛞螻蟲名螻蛞也一曰科斗也

𨓈适說文疾也隸作适涽𣹟活湉說文水流聲或从聒隸作活湉祮說文祀也檜栝木名古作栝桰說文

說文櫽也一曰矢括築弦處筈箭末曰筈筈會也謂與弦相會通作栝葀𦧇說文苦婁果蓏也或作𦧇萿艸名爾雅萿麋

舌𦺌字林菝𦺌瑞艸也鴰鳥名說文麋鴰也會會撮項椎也噲腫噲顏色剝錯也王叔之曰盈虛不常皃匃乞也

。斡烏括切說文蠡柄也揚雄杜林說皆以為軺車輪斡文十二捾說文搯捾也一曰援也𣂯抒也䁵說文短深目皃

一曰塞也睕嫵媚也䀲目開皃或書作𥈭嬒女黑色懀懀也焥烟起皃𥄉說文捾目也澮取水

也𡡋臭气。捽攢活切捽杌木短出皃文三蕞小皃柮柮榾柮耑木。枂五活切折也文十枂

木除檞曰枂一曰柮枂柱耑木頢說文短面也扤動搖也卼鼿卼不安外外也刖絶也杌梓杌木短出皃跀去足刑

朆獸食餘。撥北末切說文治也文三十七癶說文足刺癶也隸作癶迊說文前頓也賈侍中說髮髮鬢鬢多

毛怖意不悅也跋說文蹎跋也帗說文一幅巾也袚袚說文蠻夷衣一曰蔽厀或作袚襏襏襫雨衣也盋

鉢食器或作鉢驋馬搖首䍨博雅羯䍨羯也鵔鳥名似雉鮁鱍鱍說文鱣鮪鮁鮁或作發亦从魚妭

羌人謂婦曰妭巿芾艸木盛皃或从艸柭說文棓也茇茷說文艸根也春艸根枯引之而發土爲撥故謂之茇一曰艸之

白華爲茇或从伐跀斷足也筏箄也朆獸食餘拔把也蹳足跋物墢坺發土也國語王耕一墢或从犮

袚博雅襧袚袜也鏺鎌也𦪇橃海中大船或从木遍遍躚足大。鏺鏺𠟍普活切說文兩刃木柄可以刈艸或

省亦从刃文二十九癹蹳撥說文以足蹋夷艸引春秋傳癹夷蘊崇之或从足从手𤼢𤼢艴色浅巿艸木盛皃驋

馬行皃抪說文撻也一曰擊也昁昁昧浅白色袚袚也𥄎昁說文目不明也或从市亦書作昢酛說文酒色

也醱醱酘謂之醱或省潑潑弃水也或省䍨牯羊名鱍鱍鮁魚游皃或省亦作鮁迊廣雅猝也

炥說文火皃筏箄也茇箄也柭拂取也昲光也一曰乾物。跋蒲撥切本也一曰跋躠行皃文四十一拔回也

逨跡趚越説文行皃一曰猝也或作跡趚越 肞膚毳皮 骸骸髃骨髙皃一曰肩髆骨 癹𦶇除艸也或从艸
犮説文走犬皃从犬而丿之曳其足則剌犮也 魃説文旱鬼也周禮有赤魃氏除牆屋之物引詩旱魃爲虐 废説文舍也引詩邵伯所废通作
茇 妭説文婦美也 柭矢末 鮁魚名似鯉而赤 鼥䶔鼠肥者或从發 抜推也一曰抜攎自任無憚也 旆旗旒 軷説文
出將有事於道必先告其神立壇四通樹茅以依神爲軷既祭軷轢於牲而行爲範軷引詩取羝以軷 颰疾風也 𩂣雲皃 酦字林酒氣也
馛博雅馛馛香也 𢥠心起也 𦤎𦤎腐氣或从臭 怽説文火气也 坺説文治也一曰臿土謂之坺引詩武王載坺一曰塵皃 𧥀
隹射收繁具 鈸鈴屬 駊駊䮰馬名 𩿧䧐説文鳥也或从隹 茇𨑨艸木根或从辵 菝菝葀瑞艸也 撥絶也 蹳
足跋物也 茷木枝葉盤紆皃通作茇 ○撮最麤括切説文四圭也一曰兩指撮也或省文六 襊緇布冠謂之襊 採攫採搏也
徐邈説 䵮黑也 鬠髺也 ○繓宗括切結也一曰縫餘文七 撮挽也一曰兩指撮也 攥把也 樶木鏟 沛水名東入海
懴拭也 㵊滿也 ○掇都括切説文拾取也文十三 剟削也 敠故敠度知輕重也一曰敠聚食不速也 腏取肉骨中曰腏 祋
殳也一曰祋祤縣名 裰補也 咄叱也 鵽䳇鵽鳩鳥名大如鴿無後趾或从出 蝃蟲名鼅鼄也 䂒方言短也 毲蠻夷織毛罽也
聉不聽也 ○侻他括切博雅可也一曰狡也一曰輕也文八 捝稅説文解捝也或作稅 脫消肉臞也 莌䓲艸名生江南或

从脫棁說文木杖也突卒相見皃。奪奪徒活切說文手持隹失之也或从寸文十四敓說文彊取也引周書敓攘矯虔

捝挴也解也脫說文消肉臞也一曰壞斷亦姓痥說文馬脛瘍也一曰將傷鮵魚名青州呼鱺爲鮵莌䓕活莌艸名生江南高

丈許大葉莖中有瓤正白或作䓕兊龍兊地名在趙梲博雅杖也侻行也㹌皮剝也鵽鳥名大如鴿。捋盧活

切說文取易也文十一寽五指寽也𠛾博雅削也頛顩頢面醜蛶蟲名蝸何也𪒠黑也䮐馬毛斑白脟膋肉酹

祭酒也捋駿也𣏔木名。𠞶先活切削也文二㵢吮也

十四。黠下八切說文堅黑也一曰慧也文六䶕齧骨聲𧃖麻莖𨳿門聲磯砎磯小石齘齧齒聲。𧦝丘八

切勁也文十八劼用力也固也慎也𠞊剝也㓞說文巧㓞或書作判鬜𩮃博雅禿也或从契硈矻爾雅固也一曰石堅

皃或从乞𢼛擊也𥎿短也咭鼠聲蓏𦺊挈菝蓏艸名或从契亦作挈𩶧鮚魚名或省戛爾雅常也

絜苦也。戛拮訖黠切說文戟也一曰轢之也或作拮文三十九樺鼓也楔門兩旁木一曰木名荊桃也揳擊持也

扴說文亂也禊上巳祭名契說文齘契刮也一曰契畫堅也一曰戲也頡羹頡漢侯名忦博雅𢙢也懼也一曰恨也通作恝

嘎嘎嘎鳴聲砎磯砎小石一曰磨也骱𩪴骱小骨尬尷尬行不正圿垢也袺說文執衽謂之袺稭秸鞂

䕩說文禾稾去其皮祭天以爲席或作秸鞂䕩通作戛硈說文石堅也一曰突也鵊鵊鶷鳥名鶷鶷鵊鳥名鳭鳩也通作拮揩敔也

轢之以止樂通作戛介特也漢書介居河北晉灼讀芥小艸恝無愁皃挈絜博雅獨也或作絜劼博雅勤也戛

艸名鬝秃也拮拮据口手澿作也届至也䁎䀜䁎視皃契戲也裓裓夏樂章名猰犬也忦憂也。軋

札乙黠切說文報也或作札文二十一揠扎說文拔也或作扎䁵以目相戲謂之䁵嫼嫉而怒也⿰豸契猰猰貐獸名類貙虎爪

食人或从犬⿰黑乚黑也⿰虫乚蟲聲⿰魚乚⿰魚夬⿰魚乚魚名⿰口乚鳥聲穵窫說文空大也或从契乙鳦說文玄鳥也齊魯謂之乙取其鳴自

呼象形徐鍇曰此與甲乙之乙相類其形聲舉首下曲與甲乙字少異或从鳥圠山曲劜劜屈強也⿵門乙門聲⿰石乚石皃⿰鼻乚鼻皃。滑

戶八切說文利也一曰州名亦姓文二十尳⿺尢穴足病或作⿺尢穴磆磆石藥名⿰齒骨說文齧骨聲⿺麥穴說文餅⿱竹鞠也猾獪亂也或作獪

鶻鷽學鶻鳩鳥名似鶻或作鷽學⿰魚骨山海經餘如之澤多⿰魚骨魚鳥翼出入有光螖爾雅螖蠌螖屬一曰蟚螖蟹小者澮兩水合也

㕡博雅偶也一曰深堅意⿰㕡圣說文因突出也瞃䀜瞃直視皃⿰木圂木也⿰骨舌䯝⿰骨舌所以礙也⿺走骨走也。傄呼八切傄傄健也文

九⿺麥穴麴也⿰目舌睧視也一曰怒視皃或作睧搰搰搰用力皃郭象說寣說文臥驚也一曰小兒號寣寣一曰河內相評也⿱髟悉臥覺

也欪訶也齂鼻息。⿰骨力苦滑切力作也文四搰搰搰用力皃徐邈說⿵門舌大開門皃闊踈也遠也。劀古滑切說文刮去惡創肉也引周禮劀殺之齊文七

⿰魚离魚名擖博雅折也搔也⿰目勿視也契廣雅刮也鸛鶈鸛鳥名趙走也○媎烏八切體德好也文十歆嗽說文咽中息不利也或从口

㪷斗取物也嗢笑也咽也嗗飲聲謂之嗗膃膃肭肥也捾抉也穵探穵也⿱穴手穿也○⿰臬出五滑切槷⿰臬出不安也文四聐顡聐癡不能聽聉

說文無知意也䎱說文吳楚之外凡無耳者謂之䎱言若斷耳爲盟一曰聾聵也○八布拔切說文別也象分別相背之形文十朳捌坴具

或作捌玐玉聲釟治金謂之釟⿰馬八說文馬八歲⿰口別鳥聲扒捌破也擊也或作捌柭棓也○汃普八切水皃文六

叭聲也矶石破聲⿰齒八齒聲糪餅半孰也爾雅米者謂之糪施乾讀⿱車虎車破聲○拔蒲八切說文擢也文四⿰矢犮紱結

短皃菝萆菝葜艸名或作萆○⿰亻密莫八切⿰亻密倄無憚一曰健也文十二⿰扌密打也⿰目必⿰目勿博雅視也一曰惡視或从勿⿰酉蔑醬也

⿰骨必⿰骨必骼所以礙也⿰骨蔑⿰骨蔑骱小骨一曰骨堅礣礣砎小石叉入水取物⿰聿隶臯息也⿰扌蔑拭也⿰赤末赤韋也○殺敳

⿰杀攵⿰聚攵⿱乂布⿰角殺⿰⿱业米攴煞山戛切說文戮也古作敳⿰杀攵⿰聚攵⿱乂布⿰角殺⿰⿱业米攴或作煞文十八鎩⿰金煞長矛謂之鎩一曰羽傷也或作⿰金煞

榝蔱艸名說文似茱萸出淮南或从艸⿰衤殺衣縫餘帴說文帬也一曰帗也一曰婦人脅衣⿰巾煞巾二幅謂之⿰巾煞⿰氵殺寒也摋

擊也⿱殺鳥鳥飛迅疾○察初戛切說文覆也徐鍇曰祭祀必質明明察也故从祭文十一詧說文言微親詧也擦推也⿰耳察博雅

視也聺聽聰也⿰齒截齒利一曰磣也蔡艸名有毒殺魚檫木名梓屬⿰鬼察羅⿰鬼察鬼名⿰忄察審也嚓小聲○札側八

切說文牒也文九 紮纏束也 𣦵歺乚字林夭死也或作歺乚 𩾼鳥名似百舌喙長 𧊀蠽蟲名爾雅𧊀蜻蜻如蟬而小或

作蠽 蠿蟲名說文蠿蟊作罔蛛蟊也 扎拔也 ○𪘀士滑切博雅齧也文一 ○茁側滑切說文艸初生出地皃引詩彼茁者葭文一

○窡張滑切說文穴中見也文十 𥨬說文口滿食 聉無知意 娺說文疾悍也 𪆷鳩屬 窋說文物在穴中皃一曰后

稷子名 𥨩𩓐說文短面也或作𩓐 訥言不辯也 朏𨜒疾 ○𤸃𤺄女黠切瘡也或从柰文四 𧞣複襦 𧝁人奴

衣 ○貀豽女滑切獸名說文無前足漢律能捕豺貀購百錢或作豽文七 柮說文斷也 㕯說文言之訥也 肭膃肭肥皃 𧱃豕

名 𥥈穿也 ○哳知戞切嘲哳鳥聲文一 ○呾矃軋切呾噠語不正文一 ○噠宅軋切呾噠語不正文一

十五 ○舝舝下瞎切說文車軸耑鍵也兩穿相背从舛萬省聲萬古偰字或作舝文二十三 轄鎋輨說文車聲也一

曰鍵也或作鎋輨 𩚹飫也 𠠎用力也 𤪍說文石之似玉者 砎砎礣小石 𩞀說文囚突出也 鶷鶷鷞鳥名似伯勞 𣗯

木所以正弓弩也 𧔝蟲名螻蛄也 䔑芊艸名方言蘇沅湘南謂之䔑或省 縖束也 搳捾說文擖也或作捾 𧊒

蟲名仙姑也 磍碣磍勁怒皃 嗐大開口 骱䯏骱小骨 閞爾雅代也施乾讀 ○瞎𥉂許轄切目盲也或从曷文七

𪗶說文齒堅聲 𩭐𩮀博雅禿也或作𩮀 倄傄倄無憚 𠢣𠢣𠢣用力聲 ○䅥𥮘㮫丘瞎切敔也以止樂

或省亦作𥡞通作揭文十二藒藒車香艸騞馬駁色磍碣磍勁怒皃髦楬桓不飾者或从木髺秃也搳

博雅搔也擖說文刮也一曰撻也趏走皃○鶷居轄切鸛鶷鳥名似鳧先文十擖刮也折也轕轇轕雜也齃齒聲鶡

鶛鶡鳥名似伯勞而小磍舌出皃𦽄艸名羯騬羊也磍碣磍勁怒皃𢔁雜也○鶡乙轄切鶛鶡鳥名文九

闔說文門聲也圔馲駞聲呾呼聲磍磍礣石地不平歇闕人名史記有趙王歇徐廣讀䫔怒皃輵車聲漢書

皇車幽輵碣碣磍勁怒皃○𤸷女瞎切廣雅痛也文二𥭖竹病一曰竹皮○齾牛轄切說文缺齒也文十二聐不聽

受也𪘂器缺也鬝鬟博雅秃也或作鬟巀山中絕皃憖字林閒也一曰傷也一曰缺也一曰㥦憖地名鶡鶛鶡鳥名

似伯勞𢓜行不正鶡𪈝鶡鳥名似鳧忦恝急也憂也古作恝○頢乎刮切小頭皃文十九𪘨齒聲姡方言

獪也一曰面醜一曰靦也䅣秳舂未潰也或从舌咶唔息也或作唔𠯑昏舌博雅塞也或从甘亦作舌敌

盡也𢄐帛細者婠好也刖危也婺面短也或書作嬒瀕瀕瀕不淨也一曰言不了祮䄆廣雅法也或作䄆

佸會也生也勤力於田也○䀨荒刮切埤倉怒視皃文二佸儈佸健也○刮挄古刹切說文掊把也一曰摩切或作挄文九

祮禳祭也鴰鳥名爾雅鶬麋鴰睆明皃禮華而睆徐邈讀𢄐帛細者鋡銛斷也或从舌趏走皃○刖

跀五刮切斷足也或从足文五 聉墮耳也 𣧑獸食餘 䚯博雅怒也一曰訶也○枂百轄切木名文一○帓莫轄切帶
也文五 袹帞貊邪巾袹頭始喪之服或从巾亦作貊 韎赤韋○刹剎初轄切柱也或作剎文九 𥰠𥮱割聲謂之𥰠或
从斤 獺水獸名 搽搏也 杀徐鍇曰未知所出 𦯬艸名 黙黑也○䓭鍘槎轄切斷艸刀也或作鍘文四 積
農具 𣲑𣲑𣲑水流皃○髾而轄切細毛文一○刷數滑切博雅篇謂之刷一曰刮也文三 選金銖兩名也 唰小嘗也○𪑾
鐲刮切說文黃黑而白也一曰短黑文六 藪除艸也 荃艸名 𥮱𥰠𥷕博雅斷也或作𥷕𥮱○唽陟轄切嘲唽鳥聲文二 𧶁
貨○鵽張刮切鳥名說文鵽鳩也文五 窡穴中出皃 錣策端有鐵 娺疾悍也 窶面短皃○頢丑刮切頢頭小頭一曰面
短皃文二 灦灦灦不淨也○婠女刮切婠妠小皃 妠肥皃或作妠文六 𤭛甗也或作㲃 亦書作𠬰 睧目深皃 䄻帶襦
也○獺逖鎋切捕魚獸文一○蔓側刮切菜名文一
十六○屑屑先結切說文動作切切也一曰勞也不獲已也隸作屑文十九 糏麧舂餘也或从麥 榍說文限也 𦟝
脈博雅脂也一曰膭中脂或从血 𦸗艸名 僁偦說文聲也一曰僁偦呻吟也或从屑 㣯𢞕憂也 𣿦𣹔瀎瀎𣿦水皃
或从屑从戉 揤挺出物也一曰揲也 跬敝跬疲也一曰分外用力皃 徆𢕟徆衣服婆娑皃一曰𢕟徆搖也 媢小皃 𥝩

集韻入聲九 三十四 洪茂

說文桼也○切千結切說文刌也爾雅骨謂之切一曰迫也要也刺也文十七柣榍爾雅柣謂之閾或从屑竊竊說文盜自中出曰竊

一曰淺也或省⿰言祭詧嚓正言也或省亦作嚓沏水聲一曰水流疾皃⿰足切跌也齧說文齒差也漆漆漆祭祀之容⿺走齒

爾雅𦨴謂之鏇沈旋讀𢪃博雅磨也⿰糸切博雅索也⿰耳察聺聰也或省○節子結切說文竹約也一曰制也操也信也文十八⿰忄節

心有度也𦯬艸約也⿰彳節僔⿰彳節猶趣節也卩說文瑞信也守國者用玉卩守都鄙者用角卩使山邦者用虎卩土邦者用人卩澤邦者用龍

卩門關者用符節貨賄用璽卩道路用旌卩象相合之形通於節⿰卩攵𠬝治也或作𠬝癤癰也岊𡶊說文陬隅高山之節

或从即⿰木咨說文欂櫨也或書作楶⿰忄節⿰扌節拭也或从手⿰火節燼謂之⿰火節蝍蝍蛆蟲名蜈蚣也鯽魚名抶

治髮也莊子簡髮而抶⿰扌⿱巳又斷絕也○截擮昨結切說文斷也或作擮文十六𧼤邪出前也節岊巀山高峻皃

或作岊巀蠞蟲名海蟹也⿱艹截博雅治也一曰艸名饖食也札瘦癘也周禮大札則不舉徐邈讀蠽蚻蟲名爾雅

蠽茅蜩似蟬而小青色或作蚻⿰龍截⿰龍截⿰龍即猿類長毛善走⿰虫桼蛉水蟲名海蛆有⿰虫桼蛥或省⿱竹截竹劑也○窒丁結切塞也文十四

⿰糸窒結也⿰目窒⿰目窒䀎惡皃⿰口窒⿰口窒咄語無節蛭水蛭蟲名咥蛇咥虜姓螲⿰虫室螲蟷蟲名似鼅鼄在穴中有蓋或从室恎

博雅假也⿰扌窒擿也⿰帝頁⿰帝頁顉小頭皃櫍斫木具⿵門至閉也⿴囗至下入也○鐵鐡銕⿰金截他結切說文黑金也或省古作

銕鐵文十六 擮挿擮也 僣狡也 飻餮說文貪也引春秋傳謂之饕飻或作餮 驖說文馬赤黑色引詩四驖孔阜 蛈

蟲名螲蟷也 耋年八十也易大耋之嗟王肅讀 𢧜替也 鴩鳥名爾雅鴩餔敊或書作鴂 佚怢佚蕩簡易也或从心 替

弛也○姪嬺徒結切說文兄之女也或作嬺文七十五 耋耊𢧜說文年八十曰耋或不省亦作𢧜 絰𦀗說文喪首戴也

或从臬 𦣛說文觸也 凸高也 胅骮䏲胮說文骨差也一曰腫也一曰連脽肉或从骨古从弟从夅 跌蹛說文踢也一曰

越也或从帶 趃大趨也 迭踢說文更迭也一曰迭或作踢 咥𡃦齷𪙁齧齒堅皃或作𡃦齷𪙁 詄說文忘也 蛭

水蛭蟲名 恎恎佟懼也一曰佷也 𢶊挃博雅擿也或省 墆貯也止也 慸不能自安也 垤說文螘封也引

詩鸛鳴于垤 跮前却皃 窒實也一曰寢門冢前闕皆謂之窒皇 柣𨳷桔柣鄭門名或从門 𨴂閉也 泆泆蕩猻也 戜

說文利也一曰剔也 軼車相出也 䮚馲說文馬有疾足或作馲 驖𩦺馬赤黑色或省 鴩鵄𨾴鳥名說文鋪豉也或

作駤亦从隹 镻說文蛇惡毒長也 蛈蟲名博雅蛺蜨蟞蛈 螲螲蟷穴蟲王蛈蝪也 瓞𤬥𤬪𤬰說文瓝也引詩緜緜

瓜瓞或从弗亦作𤬪𤬰 苵𦱍艸名說文蕛苵也或作𦱍 荎木名刺榆也 嵽𡾊𡶬峌山皃或从窒从室亦省

𢧜替也 突暫疐出也易突如其來如王肅讀 至單至輕發皃 佚方言佚愓緩也 苜說文目不正也 摕𣝾撮取

也或作桊 昳日側 鬄剃剔鬀也或从弟 戜大也盛也 秩序也常也 眣眰䀵目出皃一曰目不正一曰以目使人也或从至
从奎 鐵利鐵也 ○奊⿱叕大力結切奊奊頭衺態一曰多節目也或作䁢文十八 睙轉視 戾曲也至也一曰謚也無其功有其意謂之罪
有其功無其意謂之戾 𠜾割也 捩攦拗也或作攦 矢左戾也 盭引戾也 綟綬謂之綟一曰帛莀艸染色也 呼
雞鳴 唳嘍唳鳥聲 棙木名善破血 莀紫艸 淚漻淚水皃 隸僕也 企企奊行不正 乀右戾也 ○涅
乃結切說文黑土在水中也一曰化也一曰水名一曰縣名在上黨文二十三 埕圼下也塞也或省 䏦腫也 捏搦也 ⿰口圼諽博雅怒也
一曰訶也或从諽 䃘羽䃘礬石也 篞⿱竹圼爾雅管中者謂之篞或省 ⿸疒圼痛也 捻敜按也或从攴 苶疲皃一曰止皃
⿱艹念艸名 ⿱艹圼⿱艹涅菜名似蒜生水邊或作⿱艹涅 ⿱穴圼塞穴也 槷木楔也 疹疾也 沴陵亂也莊子陰陽之氣有沴
哪咄哪胡人名 ⿰石念石名 ○纈奚結切繫也謂繫繒染為文也文三十三 襭擷說文以衣衽扱物謂之擷或从手 ⿰扌絜
博雅束也 頁說文頭也从百从儿古文䭫首如此 奊說文頭衺骫奊態也 ⿰月絜博雅⿰月絜膞膜也 齕博雅齧也 絜爾雅河名
即九河之一也一曰絜束知其大小也 桔⿵門吉桔㮶鄭門名或作⿵門吉 ⿵門頁門聲 頡說文直項也亦姓 翓頡翓飛上下皃通作頡
⿰鼠頁鼠名色蒼 蝢肸蝢國名月支也 ⿱臤牛牛很皃 麧屑麥 籺⿰禾乞屑米細者曰籺或从禾 ⿰目絜⿰目韱⿰目絜目赤 ⿰犭頡

山海經嶅山有獸狀如犬有鱗名曰獺 蘱龍蘱艸名馬蓼也 挈縣持也通作絜 紇大絲 髻黿神名 ⿸广絜帶也莊子正⿸广絜係履
乩乩毒國名身毒也 ⿱艹鴶鴶⿱艹鴶艸名菥也 趹姓也後唐有趹跌琉 ⿰虫契蟲名 ⿰禾敫麥全曰⿰禾敫通作覈 覈邀也○⿱大目
顯結切廣雅⿱大目⿱大目肥也文八 歆歆歆气皃 覞繫牛頸一曰急也 肸肸蠁也 擷衽扱也 ⿰扌絜束也 褉襦也 絜約束
知大小也莊子絜之百圍徐邈讀一曰河名以其水勢約絜也○猰詰結切獸名文二十一 窫靜也 挈說文縣持也 ⿰契頁顯類
短皃 夨左戾也 奊奊奊多節目一曰頭傾 契契闊勤苦也詩死生契闊 栔博雅缺也 ⿰契刂刻也通作鍥鍥 ⿱絜土
界也 稧禾稈也 洯水名出雍州南山 ⿺走㓞⿰足㓞跳皃或从足 鍥⿰金挈說文鎌也或从挈 ⿱㓞瓦器受一斗北燕謂瓶
爲⿱㓞瓦 蛣璅蛣蟲名長寸餘腹中有蟹子如榆莢合體爲蛣一曰蚌之小者 蛪⿱㓞䖵蛪蛪蟲名似蟬而小或从䖵 齧噬也○結
紒吉屑切說文締也或作紒文二十六 桔說文桔梗藥名一曰直木 袺爾雅執衽謂之袺 拮說文手口共有所作也引詩予手拮
据 狤狤据獸名 奊說文頭傾也 ⿰虫奊蟲名蠷也一曰蝗屬 絜說文麻一耑也 潔洯⿰㓞卩清也或作洯亦省 ⿱㓞女
女娶清也 ⿰木挈⿰木絜⿰木挈槹汲水具或从絜 鍥⿰金絜⿰金挈⿰金結博雅鎌也或从絜从挈从結 ⿱艹結艸名 ⿰契鳥⿰絜鳥鳥名說文
⿰契鳥鷞鳧屬或从絜 趌趌趨跳皃 魝說文楚人謂治魚 ⿺走㓞說文走意 髻黿神名著赤衣 ⿸广絜帶也 楔木名爾雅

楔荆桃施乾讀 蛣蛣蟩井中小蟲 鮚蚌也漢書鄞縣有鮚埼亭 頡頭小皃 蛪蛪蚼蟲名 蘮艸名 計畫也 扢
摩也 ⿰禾曷禾秀也 ○噎餲饐一結切說文飯窒也或作餲饐文二十三 咽聲塞也 ⿰米壹米餌 曀風晦也 ⿵門壹
闐也 㝞窫靜也或从穴 蠮⿰虫燕⿰虫塺蠮螉蟲名土蜂也或作⿰虫燕亦从塺 洇⿰氵壹水流皃或作⿰氵壹 ⿰犭因獸名四首
四角 搤持也 猰⿰豸契猰貐獸名似貙或从豸 湮塞也 ⿰虫意⿰虫意⿰虫賣蟲名 壹壹鬱不得泄也 翳蔽也 蛪
蛪蚼蟲名如蟬不捨晝夜 ○齧倪結切說文噬也亦姓文二十三 𧛔爾雅衣裗謂之𧛔 闑爾雅橛謂之闑 臬槷說文
射準的也或作槷 隉陧臲摯棿倪說文危也徐巡以爲隉凶也賈侍中說隉法度也班固說不安也引周書邦之阢隉
或作陧臲摯棿倪 ⿱埶夊蘖也 蜺蛪霓屈虹也或作蛪霓 蛣蛣蟩井中小蟲 嵲嶭⿰山兒⿱山兒嵽嵲山高
或作嶭⿰山兒⿱山兒亦書作⿱山見 ⿰氵臬水名 鬞龍⿱髟昏 ⿰山齧屼⿰山齧山皃 ○穴胡決切說文土室也文六 ⿰糹穴說文縷一枚也 坹空深皃
袕衣開孔也 鴪鳥穴名 ⿰扌穴⿰扌穴揘擊 ○血呼決切說文祭所薦牲血也从血一象血形文二十一 瞲⿰目穴眏驚視也或
作⿰目穴眏 ⿰目血⿰目窒⿰目血視惡皃 ⿰言穴博雅怒也 泬說文水从孔穴出也 閴闃閴無門戶也 ⿱穴矞⿱穴血⿱穴夬說文空皃或从血从夬
⿰食肙 ⿰阝夬陵自突也或作陜 桖木名赤若血 ⿱艹血說文艸也一曰地⿱艹血蒨也 決吷疾皃或作吷 坹博雅深也 疦瘡大

者痠颫風也𦛨瘡皃。闋苦穴切息也止也文七　闞闃闞閴無門戶也或不省　湀湀闢流川孫炎說　缺

𥁑決破也或从皿亦作決　。玦璚古穴切說文玉佩也或作璚文五十七　觼觿鐍說文環之有舌者或作觿鐍通作觖

鈌博雅刺也　觖怨望也　潏泬說文涌出也一曰水中坻人所爲爲潏一曰水名在京兆杜陵或从穴　決說文行流也廬江有決水

出於大別山一曰斷也　刔抉剔也或从手　肤說文孔也　柍方言椀謂之柍　𧛔袂博雅裪𧛔袖也或从夬　紻

紻繘縷也或从夬从矞　訣絕也　譎矞說文權詐也梁益曰謬欺天下曰譎或省　眏說文涓目也　憰說文權詐也一

說心恑曰憰言詭曰譎　疦說文瘍也　趹說文馬行皃一曰步疾也　赽說文踶也一曰疾也　駃說文駃騠馬父驘子也　[illegible]

說文獸也似狌狌　鴂𨾊鴃鳥名說文鶪鴂也或从隹亦作鴃　蚗蛥蚗蟲名蟪蛄也一曰龍屬　芵茓芵光艸名芵明

也或从決　夬弽所以闓弦者詩夬拾既次或从弓通作決　罬罔名爾雅罿罬也郭璞讀　闋騤爾雅馬回毛在背曰闋廣或从馬

鴃鴂鳥名伯勞也孟子南蠻鴃舌或作鴂　僪日旁氣　𥜽不祥也　砄石也　𤝞獸走也　𨸒䭈陵阜穵也古作

䭈　𨡙蚌醬　鱊魚名　吷鳥聲　𥤮穿也　𥉂䀏目深皃或省　妜美皃　炔焆煙皃或作焆　。抉一決

切說文挑也文十三　𥥛說文深抉也　鈌說文刺也　𥤮說文穿也一曰空也　妜說文鼻目閒皃　𥉂說文目深皃　焆

火光決鐅也周禮銚喙決吻烓博雅明也蛈蟲名說文蚗蛁蟟也一曰蟪蛄秦謂之蛥蛈𩑶說文自突也𩫳城缺也

躰熯兒。撆蔽匹蔑切說文別也一曰擊也拂也或作蔽亦書作撇文十八𢿱削也丿左戾也𦆽編繩瞥

瞥䁘說文過目也一曰目翳一曰財見也或从見亦作䁘𦗚暫聞也嫳說文易使怒也馝馛䭯馝馝香也或作馛䭯䬛

小風謂之䬛瞥瞥瞥日落勢蟞蟞蜉蟲名蟻也蹩反足踶也或書作躄撆牽也。彃彆𢎘𥎞必結切弓

戾謂之彃或作彆𢎘𥎞文二十七韠珌刀削飾或作珌袚袂也蹁跳也𠢍巨力也或作畚鮅魚行兒閉

闔也俗作閇非是熚熧灼物焦也或作熂晡暴乾也必縪以組約圭也周禮天子圭中必或作縪韠弓紲也蟞

蟲名博雅蛺蜨蟞蛈𦅸劍帶謂之𦅸肸肥也痹足病佖滿兒撇揎衣奥㣊奥行不正扒捌捩也或作

捌。蹩蒲結切說文踶也一曰跛也文三十四撇批擊也或作批頿顛頻短兒胇說文肥肉也趼足擊也苾

菜名扒捩也馝馛䭯稀秘香也或作馛䭯稀秘通作苾咇語也飶食氣之香𤸫枯病蚊蚊蟥蟲名敗敗也

詩敝笱在梁徐邈讀弊惡也周禮弊弓徐邈讀覕必也覕過目徽徽徽循衣服婆娑兒或从人嫳博雅怒也或書作嫳憋惡也或書作憋

炦火氣蟞蟞蜉蟲名蟻也坲坲埻塵兒撆拭也桲木也颮風也柲戈戟柄襒衣也或書作𧝕獘

斃仆也或从死 ○蔑莫結切說文勞目無精也从苜人勞則蔑然从戍文三十八 懱說文輕易也引商書以相陵懱一曰末也

[扌蔑]博雅擊也一曰[扌蔑]揳不方正 [酉蔑][酉蔑]醋醬也 瀎塗飾也一曰瀎泧水皃 鑖博雅鑖鏍鋌也 [面蔑][面蔑]小面小也 衊說文汙血也

[目必皿]汙面也 [蔑目]䁾說文目眵也一曰目赤或从蔑 覕說文蔽不相見也 幭[蔑巾]說文蓋幭也一曰禪被一曰車覆也或省

絤細也 [禾蔑][蔑禾]說文禾也或省 [蔑米]粖[米蔑][米必]說文涼州謂鬻爲[蔑米]或从末从蔑亦作[米必] [米丏]糒也 篾

[竹密]析竹也一曰桃枝竹名或从密 [艹目火]說文火不明也引周書布重[艹目火]席織蒻席也 [蔑鳥][蔑隹]鳥名工雀也一曰巧婦或从隹 [亻蔑]僭也

鴓[宓鳥]鳥名繼英也或从宓 鱴鱴魛魚名鮆也 蠛說文蠛蠓細蟲也 眜地名春秋傳公及邾儀父盟于眜通作蔑 [艹目戍][蔑]

目不明也或作[艹目戍] [目攴]舉目使人謂之[目攴] 苜目不正或書作苗 礣礣砎堅石 ○[髟蔑]鋪結切[髟蔑]皃文一

十七。薛[艹辥]私列切說文艸也或省一曰國名亦姓文四十六 辥說文辠也 紲緤絏說文系也引春秋傳臣負

羈紲或从枼从曳 褻說文私服引詩是褻袢也 絬說文引論語絬衣長短右袂 [巾祭]說文殘帛也 暬說文日狎習相慢也詩曾

我暬御謂侍御 媟[女曳]說文嬻也或作[女曳] 偰契說文高辛氏之子堯司徒殷之先或省古通作卨[巛禸] 卨

[巛禸]說文蟲也象形或作[巛禸] 渫滦泄洩說文除去也一曰漏也或作滦泄洩 詍[言曳]言多也或作[言曳] [羽世][羽曳]飛皃

或从曳⿸疒世⿸疒曳瘌病或从曳⿱列力説文斷也一曰餘也⿱埶金博雅椎也一曰羊箠耑有鐵一曰田器以治苗殺艸齛⿰齒禼

齥説文羊粻也或从禼从曳揲持數也易揲之以四靾馬被具伳傛也⿱業心不安皃躠殺蹩躠旋行皃或

作殺亦書作躠揳櫼揳拭滅也楔榝槷説文櫼也蜀人从殺周禮从埶一曰楔山桃摋側擊也春秋傳摋仇牧呭

⿰口曳樂也或从曳毨鳥獸理毛潰注也○蠽蠘子列切蟲名説文小蟬蜩也或从虫文十四⿰截鳥説文鳥也尐

説文少也⿰扌尐摘也⿰歹尐字林夭死也⿱髟截⿱髟尐説文束髮少也或从尐瀐灑也⿰女截好也⿰口尐鳴也⿸疒截癰也⿰虫尐

蟦⿰虫尐蟲名⿰衤截小衣○䨮雪蘇絕切説文凝雨説物者一曰除也隸省文八憏憏縷令時翦繒爲華⿰扌彗掃滅也涚拭勺

以酌酒一曰沛和⿰歹戉博雅盡也⿰貝歲艸名鼠姑也歲年也○膬脃脺促絕切説文耎易破也或作脃脺文八絟

荃細布也或作荃⿰石毳石破也敠斷也蕞艸聚皃○蕝蕞租悅切説文朝會束茅表位曰蕝引春秋國語置茅

蕝表坐或作蕞文十三⿰阝絕隔也絕⿱絕刀⿱絕手斷也或从刀从手茁艸生皃橇毳禹治水所乘形如木箕擿

行泥上或作毳通作蕝撮行具尸子曰行險以撮⿱折攴拈也膬柔易破也蕊艸木聚生○⿰扌叟⿱折攴⿱折乙似絕切拈也或

作⿱折攴⿱折乙文七⿰魚折⿰虫折魪⿰魚折魚名似蝤蛑生海中或从虫⿱折皮撮取皮也⿱折足旋倒也○絕𢇍情雪切説文斷絲也古作𢇍象

不連體絕二絲文二。䜭遷薛切察也文二蕝束茅表位也。設式列切說文施陳也从言从殳殳使人也文六䛐說文

香艸也晣明也餟陳飲食也憏裂帛揲數著也。掣尺列切挽也文五痸瘛瘳痸瘲病也

或作瘛瘳𢜡𢜡𢜡心勤。浙漸之列切說文江水東至會稽山陰爲浙江一曰汏也或作漸文二十一晣說文昭晣明也

引禮記晣明行事或書作晢𥇒目明也𦢊𦙶博雅𦢊䐄脂也或从折折斬斷也或作斬𡥰蟲蛹之子靻

䩢說文柔革也古作䩢通作靳𩛥臭也𥬻博雅笙𥬻席也䩚刀革削㣼方言刻也謂相難折𪆫鷙鳥擊

也或作鷙歽夭死也𦯢斷艸𡢽女字蛥蛥蚗蟬類。舌食列切說文在口所以言也別味也又姓文二十一𦬶

艸名𣂺𣃀折說文斷也从斤斷艸譚長說籒从艸在仌中仌寒故折隸从手揲𢪽𢷼𥮗說文閱持也或作𢪽𢷼𥮗

𥬻竹席𩸄鮗𩸄海魚名鞨𠟈碟治皮也或从刀亦作碟蛥蛞蛥蚗蟲名蟪蛞也或作蛞忕習也渫

治也易井渫不食徐邈讀𦙶胖𦙶牛羊脂也誓相要以言也逝往也。熱而列切說文溫也文二苶疲皃。說

輸爇切說文說釋也一曰談說文三蛻復蛸也稅田賦。歠𣤩吷𣯚姝悅切說文歠也或作𣤩吷𣯚通作啜文

十二𥏩𥎊短皃或从矢𥧄穿地啜說文嘗也一曰喙也泣也毳細毛娺疾悍𨡨鹹菹荎菜名。拙

施章

⿰矢出朱劣切說文不巧也古作⿰矢出文十七　炪說文火光也　䪼肫面骨博雅顴頄䪼也或作肫　準鼻也漢書高祖隆準服虔

讀　⿰叕頁頭短　⿰叕出⿰叕兌掇蹩⿰叕出短皃或作⿰叕兌掇　醊鹹菹　梲梁上楹謂之梲通作棳　棳說文木也益州有棳縣　蝃

⿰虫出⿱叕䖵蟲名蜘蛛也或从出从叕　茁艸初生皃　○爇焫儒劣切說文燒也引春秋傳爇僖負羈或作焫文九　吶言緩也或

書作㕯　蜹蚋蟲名蚊也或省　芮國名　汭水北也春秋傳及滑汭　擩⿰扌耎撋也或作⿰扌耎　○樧山列切木名茱萸也文一

○閷士列切城門版也文五　⿰齒卒⿰齒辛也　鞨⿰角桀⿰⿱刅口刂治皮也或作⿰角桀⿰⿱刅口刂　○㕞所劣切說文拭也从又持巾在尸下文八　刷

說文刮也引禮布刷巾　涮水名　唰鳥治毛也　鋝率量名或作率　⿰口率說文小歙也一曰嘗也　選稱銖兩數　○⿱竹毇測劣

切小舂也一曰聲也文五　荃艸名可染一曰菜也　絟細布　醛酒味變也　⿰車叉箭室　○茁側劣切艸初生皃文五　⿱算黑黑皃

體猝謂之⿱算黑　⿰叕舀雞聲　⿰算刂斷也　蕞艸聚皃　○哲悊嚞喆陟列切說文知也或从心古从三吉亦省文八

晢明也　⿱斤口博雅塞也　蛆蜇螫也或从折　○屮敕列切說文艸木初生也象丨出形有枝莖也古或以爲艸字尹彤說文十五

徹⿲彳鬲攵⿰足⿱育攵說文通也古作⿲彳鬲攵或从足　撤抽也　⿱敫力說文發也　聅說文軍法以矢貫耳也引司馬法小罪聅中罪刖大罪剄　硩

說文上摘山巖空青珊瑚墮之引周禮硩蔟氏一曰石中矢　⿰舟⿱育攵船行也　⿰角桀博雅⿰角桀謂之觓　⿰風逝⿰風逝⿰風戉風皃　⿱折火火焱也　⿰火蟄

爐熢煙皃丨上下通也瞮明也。轍蹵𨋢直列切說文迹也或从足亦作𨋢文十二瞮明也徹徹通也道也古作
徹撤𢶍去也或从力通作徹檄楊檄棗木名通作徹澈水澄也硩毀也周禮硩蔟氏徐邈讀繳衣破。列
列𠛱力蘗切說文分解也隸作列或作𠛱文三十八𡿪說文水流𡿪𡿪也𤎺烈說文火猛也一曰業也光也隸作烈咧
咧咧鳥聲瀏洌說文水清也引易井洌寒泉食隸作洌洌寒也颲說文烈風也𧝓裂說文繒餘也隸作裂挒
捩也𤖁剖也通作栵𡛟美也迾例迣說文遮也或作例迣𡍉塍也𩣑驟也或書作駠鴷䴕鳥名
爾雅鴷鳥斲㤠博雅烈烈憂也或書作𢘿鮤魚名爾雅鮤鱴刀蛚蟲名說文蜻蛚也一說蛚蟅雷師𥟖𥝦
說文黍穰也或作𥝦𦬲茢說文芀也隸作茢栵栵木名說文栭也引詩其灌其栵或作栵栗析也通作裂𪘂齒分
骨也厲嚴也一曰嚢垂飾巁山高皃古有巁山氏爄火斷也𠠗有力也。叕綴株劣切說文綴聯也或从糸文二十
九輟說文車具也輟𨏔說文車小缺復合者一曰止也古作𨏔罬罬名說文捕鳥覆車也諁啜多言不止謂之諁或
从口掇拾取也餟休祭也通作棳腏說文挑取骨間肉也一曰髓謂之腏惙說文憂也引詩憂心惙惙一曰意不定也一曰疲也𨂂
𧽸跳也或从走畷說文兩陌間道也廣六尺剟說文刊也蠿蝃蟲名蛛蟊也或作蝃𥐻𥏾博雅短也或作𥏾騣

集韻入聲九　四一　刘昭

馬名的盧也醊䄌酹謂之醊或从示顈首短謂之顈⿰骨叕續骨也⿰彳叕泣也通作啜羧羊躍而死錣鍴策耑
有鐵或作鍴○⿰叕皮椿劣切皮剥也文三⿰火叕竈中煙⿸疒叕傷也○劣龍輟切說文弱也通作㤡文十八㤡少也憂也𠬪
說文撮也脟說文脅肉也一曰腸閒脂也一曰膫也⿰足寽蹶⿰足寽跳跟皃鋝⿰金率說文十銖二十五分之十三也引周禮重三鋝北方以二十兩
爲鋝東萊以鐶爲權重百二十斤亦曰鋝古从率埒說文卑垣也一曰丘名浖博雅浖厓也一曰山上有水曰浖通作埒⿰牛寽說文
牛白脊也⿰寽毛馬毛雜斑謂之⿰寽毛哷鷄鳴也蛶蟲名說文商何也⿰木寽說文木也一曰舟檣⿰田寽耕田起土也膊界
太玄福則有膊陸績讀捋采也⿰耒寽耒禾麥知多少也○吶女劣切聲不出謂之喟吶或書作肉文二笍羊箠耑有鐵○抴
拽羊列切捈也或作拽文七曳西戎有河名曳咥⿱竹曳挍縫箄也揲數也⿴衣曳遠也未也聅以矢貫耳司馬法曰
小罪聅○娎許列切說文娎婡也文二焎火氣○孑吉列切說文無右臂也一曰單也健也文六秄禾把⿰糸孑絲束釨
方言戟楚謂之釨揲數也夆相遮害處一曰亭名在南陽○悅說兑欲雪切喜也樂也服也或作說兑文十四娧姚娧
好皃閲說文具數於門中也一曰察也出門者察而數之鵽說文鳥也蛻方言燕趙謂蠭小者曰蚴蛻一曰蟬蛇解皮也莌博雅小也
⿱艹閲菜名葉似竹生水旁脫蟲新出皮悅好皃司馬彪說⿰目兑目玩也鋭楚宋謂㮭曰銚鋭毲毛落也帨佩巾○⿱目叉

翾劣切說文舉目使人也文十二 威說文滅也从火戌火死於戌陽氣至戌而盡引詩赫赫宗周褒姒威之 烕盡也 颰颫小風或从叏 翄決小鳥飛皃或作決 炔𤇰炔火始然也 怴博雅怒也一曰愚皃 眓說文視高皃 吷小聲一曰飲謂之吷 絕𠛎捘也 ○鈌𨱆傾雪切說文器破也一曰少也或作𨱆文八 闋說文事已閉門也 蒛艸名爾雅茥蒛葐 𦑛博雅病也 𩫖說文缺也古者城闕其南方謂之𩫖 蚗蛚蚗雷師或省 ○妜娟悅切說文眉目間皃一曰怒也亘憂也文七 抉刔說文挑也或从刀 焆炔說文焆焆煙皃或从叏 𡕍𡕍夐目深皃 哨怒也 ○朅丘傑切說文去也一曰武壯皃文十四 揭担拮舉也或作担拮 愒憩息也或作憩 藒𧂮藒車香艸或从揭 𡏮界也 蠂土蠂蟲名似蝗而小 偈博雅疾也 轕車疾皃通作偈 鼿鼿也 詰喬詰意不平 ○揭蹇列切舉也文四 紇覈也 扢拔也 訐告發也 ○傑巨列切說文傲也一曰俊傑文二十四 偈武皃 杰䵵杰粱四公子名 𥧷覆也 桀𣐝說文磔也从舛在木上也夏之末帝號古作𣐝 榤爾雅雞棲於弋爲榤 櫭概 楬杙也或省亦作楬 嵥嵥岊高皃 滐水激回旋也 渴水盡也 竭說文負舉也一曰盡也 擖揭搩擔也或省亦从桀 碣□說文特立之石東海有碣石山古作□ 䔀艸名 稭穅也 𥠵禾出皃 藒藒車香艸 𡱿尻也 ○孽魚列切說文庶子也文三十六 蠥蠥孼𥚾說文衣服謌謠艸木之怪謂之祅禽獸蟲蝗之怪謂之蠥或作蠥孼𥚾

⿱辥鳥鳥名⿱契鳥⿰鳥辥也說文⿰氵獻讞囐嵲說文議罪也或从言从口亦作嵲糵說文牙米也⿱薛麥⿺麥辥牙麥也或作⿺麥辥

蘖櫱⿰木獻木餘也又姓或作櫱⿰木獻闑臬槷說文門梱也或作臬槷⿰車獻高皃⿱山自⿱山見⿱山齧嵲說文

危高也或作⿱山見⿱山齧嵲水華書作峴钀馬勒旁鐵⿱珡龍龍鬐脊上⿱珡龍龍也隉摯槷臲杌隉不安或作摯槷臲甈

爾雅康瓠謂之甈⿰臬出博雅⿰臬出臲危也堨壁間隙也徐鍇說屵高皃埶蒔也⿱埶貝不動皃。蹶紀劣切僵也跳也文

十一叕速也⿺走叕⿰足叕小跳也或从足罬爾雅罬謂之罦⿰角叕抵觸也⿰叕豕豕發土也⿰羊叕羊病謂之掇撅撥也

乚鉤也劂曲刀。⿰叕豕巨劣切豕發土也文一。噦乙劣切逆氣也文三衞防守也⿱衞心寱言。⿱敝龜鼈鱉

必列切說文甲介蟲也或从虫从魚文十六鷩說文赤雉也引周禮孤服鷩冕⿰敝鳥山海經基山有鳥名⿰敝鳥鵂一曰⿰敝鳥鷸別名⿱折糸說文

扁緒也一說弩要胥銅帶一說御左回曰⿱折糸⿱蔽魚虌艸名爾雅蕨⿱蔽魚或从鼈柭棓也鄨縣名在牂牁⿱敝土大阜在左馮翊

池陽縣憋惡也一曰性急瞥目翳蔽蔓也⿸疒敝腫懣也朳八無齒杷李舟說。焆於列切煙气文二⿰口肙怒气

。紇九傑切䩩也急也文二扢拔引也。潎匹滅切潎洌流輕疾皃文六鐅說文河內謂臿頭金或書作⿰金敝⿸疒敝枯病撆

說文別也一曰擊憋博雅惡也一曰性急⿱敝衣衣皃。敝便滅切敗也文五嫳輕也⿰足疌古田器即斛也斃獘

跲也或作獘。滅㓕莫列切說文盡也古作㓕文六搣說文批也烕火滅也緜弱也漢書緜力薄材孟康說紉細也。⿰⿱竹分刂筆列切分契也文十一别異也𠔁說文分也从重八八別也引孝經說故上下有𠔁⿰言別辯言析理也或作辯扒捌剖分也或作捌莂移蒔也拔晉俗謂平地除坌臭曰拔筆山東謂筆。別皮列切說文分解也文四捌剖分也⿰山別大⿰山別山名通作別⿰言別言析理也。札側列切革緑也一曰夭死也文一。縎乙列切紗縎不成絇而急一曰小意文二謁白也李舟說

集韻卷之九

集韻卷之十

翰林學士兼侍讀學士朝請大夫尚書左司郎中知制誥判秘閣兼判太常禮院群牧使上柱國濟陽郡開國侯食邑一千三百户賜紫金魚袋臣丁度等奉

敕脩定

入聲下

洽第三十二轄夾切與狎乏通

狎第三十三轄甲切

乏第三十四扶法切

十八○藥弋灼切說文治病艸文四十八癳博雅病也一說病消曰癳⿸疒翟淫⿸疒翟病也躍躒說文迅也或从樂⿰足龠⿰足蘥

⿰足籥方言登也一曰行也或从蘥从籥⿰女樂美皃趯說文踊也⿺走龠說文趠⿺走龠也謂疾走礿禴⿰示蘥爚說文夏祭也或

作禴⿰示蘥亦从火瀹⿰氵蘥說文漬也一曰水皃或作⿰氵蘥⿱翟鬲說文內肉及菜湯中薄出之通作瀹汋⿰氵藥水名一曰水動皃通作濼爚

爍說文火飛也一曰爇也或作爍焲火光敫說文光景流也⿰龠亢⿰龠亢仰也或从龠⿰龠見⿰目龠眩也或作⿰目龠龠說文樂之

竹管三孔以和衆聲也从品侖侖理也一曰量名合龠爲合籥說文書僮竹笘也⿵門龠鑰說文關下牡也或从金⿰巾龠幕屋謂之

⿰巾龠⿰麥勺說文白⿰麥勺縞也⿰糸樂說文絲色也蘥艸名說文爵麥也濼藥艸貫衆也一名貫節通作⿰氵藥櫟⿰木藥櫟陽縣名在雍

或从藥鸙天鸙鳥名形如鷚色似鶉⿰虫龠⿰虫習⿰虫龠蟲名螢也汋挹也春秋傳汋與之也一曰水名鑠燿烙也莊子鑠絶竽瑟一曰

銷也或作燿⿱艹君君風吹水謂之⿱艹君君龥呼也屵岸上出見皃⿺走樂動也擽蝎也○⿱雨尃拂縛切大雨文二⿰方尃姓也

○縛伏約切說文束也文一○削息約切說文鞞也一曰析也文四娋說文小小侵也⿱削手殺小也⿱削鳥鳥名○碏七約

切石雜色一曰㪿也文二十一⿰立昔說文驚皃踖行皃一曰踖陵地也趞說文趬趞也一曰行皃娋小小侵也⿰谷皮皵皴也或作皵⿰木⿰谷皮棤木皮理皵也或省通作⿰谷皮舄䧿鵲鳥名說文䧿也象形䧿鵲舄又姓猎猎獡宋良犬名或作借厝縣名䱜魚名潟鹵也周禮鹹潟用貆錯物理麤也汋芍陂名在宋或作芍○𣪘𤔲爵即約切說文禮器也象爵之形中有鬯酒又持之也所以飲器象爵者取其鳴節節足足也一曰爵位也古作𣪘𤔲隸作爵文十五雀⿱雀鳥說文依人小鳥也或从鳥通作爵穱穄也爝燋焳爟火炬或作燋焳爟⿰鼠勺鼠名出胡地擳博雅擇也一曰捎也掆也⿰目爵目瞑皭白色○皭疾雀切白色一曰淨皃文十嚼⿰口雀噍噬也或作⿰口雀噍爝燋爟爟炬火或作燋爟⿰目爵闕人名宋有謝⿰目爵⿰鼠勺鼠名似兔而小○鑠燿式灼切說文銷金也或作燿文二十爍⿰火藥說文灼爍光也或从藥爚爚爚光皃⿰女樂美皃⿰目樂美目趯走也濼藻艸名爾雅濼貫衆或从艸𢿭𢿭不定皃獡⿰犭樂說文犬獡獡不附人也南楚謂相驚曰獡或从樂櫟地名在晉𤺌療博雅病也或作療踼遽皃漢書河靈矍踼藥灼藥熱皃纅絲色濯水皃○灼焳職略切說文炙也或作焳文二十九芍艸名一曰陂名焯說文明也引周書焯見三有俊心一曰熱也通作灼⿰忄勺痛也驚也怒也勺汋說文挹取也象形中有實或从水勺一曰樂名⿰火芍⿰火芍爍艸木華色盛皃酌

說文盛酒行觴也一曰取也妁媒也謶博雅譎也一曰欺也彴橫木渡水曰彴摭拾也墌築土爲基⿰衤勺方言⿰衤勺繵謂之

禪繁說文生絲縷也或書作繳禚地名在齊穛說文禾皮也斫說文擊也⿱艹斫艸名廣雅⿱艹斫蘘薁也犳獸名

出隄山狀如豹而無文⿰鼠勺鼠名炤明也詩亦孔之炤通作灼⿰系勺博雅縞謂之⿰系勺趵蹠跡也或作蹠圴土跡扚旁擊

⿰黑勺婦人以點飾。斮截側略切說文斬也或作截文二。繛綽淖尺約切說文鬆也或省亦作淖文十二⿰卓攴奪取物也

磭磭磭大脣皃趠齊楚謂跛曰趠婥婥約好也焯卓闕人名魯有孟公焯或省通作綽斫⿰虫耑斫不解悟皃汋

水聲婼不順也。杓實若切挹酌器通作勺文八勺勺藥調五味也芍芍藥香艸妁說文酌也斟酌二姓也

彴仢流星名或作仢汋說文激水聲也一曰井一有水一無水謂之瀱汋一曰陂名在宋酌挹也春秋傳不內酌飲。弱

日灼切說文橈也上象橈曲彡象毛氂橈弱也弱物并故从二弓隷省文二十一嫋弱也⿰月弱說文肉表革裏也惹廣雅挐也一曰

綽惹不定皃或書作⿰忄若蹃蹂也鄀國名介於商密秦楚其後遷於南陽即鄀縣春秋傳秦晉伐鄀是也溺說文水自張掖刪丹西至酒泉

合黎餘波入於流沙桑欽所說蒻艸名說文蒲子可以爲平席一曰菜名蠚螫痛也若⿱艸叒說文擇菜也从艸右右手

也一曰杜若香艸一曰順也如也汝也一曰語辭古作⿱艸叒⿱艸叒通作叒叒⿱叒卩說文日初出東方湯谷所登榑桑叒木也籀作⿱叒卩箬篛說文所謂

竹皮曰箬或作篛楉果名博雅楉榴柰也一說楉榴安石榴渃濩渃水大皃鰯弓偏弱⿰足叒足下文○⿰石著陟略切說
文斫也一曰碎石文十一櫡⿰著斤鐯說文斫謂之櫡或从斤从金通作⿰石著婼靜也擆廣雅擊也箸著被服也一曰置
也或从艸芍芍藥香艸偖施也安也亦姓勺勺藥調味和也○著直略切附也文四鐯爾雅斫謂之鐯擆擊也糴
關中謂買粟麥曰糴○辵敕略切說文乍行乍止也文十四逴博雅驚也一曰行皃踔略踔行皃躇踱超遽也春秋傳躇階
而走或作踱婼說文不順也引春秋傳叔孫婼㲋說文獸也似兔青色而大⿱㲋大小兔也獸名鄀邑名蠚⿱若虫⿱若虫
蟲毒一曰痛也或省亦作⿱若虫踼矍踼遽皃徨跛也○略力灼切說文經略土地也一曰智也行也要也取也利也亦姓文十六⿱略手撩取
也⿱㓞石磨刃⿱㓞各爾雅剢⿱㓞各利也⿱㓞言約⿱㓞言歎美也⿱㓞鳥鳥名擽擊也掠剠說文奪取也或从刀⿰目各盼也
⿱略糸博雅絣也一曰紩也藥勺藥調味和也⿰虫京⿰虫⿱罒各⿱略虫蟲名說文蟲⿰虫京也一曰蜉游朝生暮死者或作⿰虫⿱罒各⿱略虫詻聲也○⿰言虘⿰言虘
迄却切說文戲也引詩善戲謔兮或省文三蹻方言翌也山之東西曰蹻一曰燥翌皃○卻却乞約切說文節欲也一曰退也或作却
文十⿰足去行不進⿰卻阝郤鄉名在河東聞喜縣或省⿸疒卻⿸疒却瘧病或从却⿰卻見視皃⿰虫卻蜣蟲名天社也或从羌
○腳脚訖約切說文脛也或从却文八蹻說文舉足行高也引詩小子蹻蹻屩繑鞽說文屐也或作繑亦从革

通作蹻卻節欲也谻足相踦皃○噱嘘極虐切說文大笑也或作嘘通作谷啣臄文十六谷啣說文口上

阿也从口上象其理或作啣臄牛舌蟝蟲蟝蟲名蜉蝣也㣃說文徼㣃受屈也醵䣯說文會歓酒也或从巨

蹻勪舉足行高也或从力蝍蟲名說文渠蝍蜋一曰天社㤩說文勞也谻說文相踦谻也臄切肉也取脾臂

賓𦢊炙之曰臄詩嘉肴脾臄𤎟火熾○肑筋逋約切筋鳴或从竹文二○約乙却切說文纏束也一曰儉也亦姓文九扚

手指葯艸名白芷也𩚍食節也箹籥小者謂之箹蒦彠度也或从尋西平量也啞笑聲○䖈

虐逆約切說文殘也从虍虎足反爪人也隷省文五瘧說文熱寒休作媏媏斫不解悟皃碫碫碃大脣皃一曰磑也○篗

篗籆䚘𥳑王縛切說文收絲者也或作篗籆䚘𥳑文十一貜獸名說文㲉貜也𨘢𨘢𨘢周遊也𤅬取魚

竹器蘷蘷子菜名蠼蠼略行步進止皃艧䨼艧丹也○矆矍怳縛切說文大視也或从矍文九彏說文

弓急張也戄㦜驚也一曰遽視或作㦜矍目不正皃易視矍矍徐邈讀讂妄言攫搏也彍張弓○躩

屈縛切說文足躩如也文四𧾧說文大步也𢖪行皃太玄其志𢖪𢖪鄋鄉名○矍厥縛切說文隹欲逸走也从又

持之矍矍也一曰遽也文二十一穫艸名可染皂韄韝韄刀靶韋𡚁健皃攫說文扟也趯大步也𢖪

行皃钁說文大鉏也彏急弦謂之彏𨏒轉𨏒車輞也玃蠼𤢈獸名說文母猴也引爾雅玃父善顧攫持

人也或从虫亦省貜猨類似犬食猴𪈺鳥名如鷄白身三首三足蒦博雅持也𨞟地名矡矛屬躩足躩如也

䨼獸名鹿形馬足人手欔木名○戄局縛切諦視也文七𨞟鄉名在聞喜縣𧽤大步也㸕健皃貜猨類

狂狂狂犬走皃迋往也○臒鬱縛切善丹也文十二蒦彠彟度也或从尋从矢矆遽視皃嬳

嬳作姿態也江南謂之咿山東謂之嬳顏師古說一曰惜也或作嬳蠖屈伸蟲也沃茂皃詩其葉沃若徐邈讀戄遽也

史記晏子戄然攝衣冠謝矆勇皃東觀漢記矆哉是翁曤明也○䡶韛方縛切車上橐或从韋文三䶈齧物聲

○逽女略切先也文三闒牽引也蹃踐也○斮𢧵士略切斬也古作𢧵文二

十九○鐸達各切說文大鈴也軍法五人爲伍五伍爲兩兩有司馬執鐸文二十二度庑謀也古作庑㤞忔𢢔

忖也一曰企也或作忔𢢔剫說文判也爾雅木謂之剫踱𧿹跣足一曰乍前乍却或从庑謢廣雅欺也侂他也喥

言無度也凙冰結也楚辭冬〻冰之洛澤襗說文絝也頊頊顱首骨𦡑肊𦡑無檢也䩩廣雅韢䩩韡也檡

棘屬澤格澤星名一曰妖氣一曰澤索張掖縣名鐔劒珥蠌爾雅螖蠌螺屬𨍉𨍉輅轉也○託闥各切說文寄也文

方祐

四十二侂任僌說文寄也謂依止也或作任僌橐橐說文囊也或从巾⿰王乇玉名汑滑也㯰

柝㯰說文判也引易重門擊㯰或作柝㯰欜說文夜行所擊者引易重門擊欜拓欜托手推物或作欜

托跅⿰足廗跅落無檢局或作⿰足廗魄落魄無節蘀說文艸木凡皮葉隕地爲蘀引詩十月隕蘀籜竹皮沰

赭也袥說文衣衸魠說文哆口魚也馲駝驝馲駞畜名或作馲驝通作橐飥⿺麥乇⿰食橐餺飥餅屬或作

⿺麥乇⿰食橐矺矺鼠木名一曰王棘詫毀也⿱穴橐穿也咤宅奠爵也書三祭三咤徐邈讀或省舄大皃詩松桷有舄徐

邈讀斥揮斥放縱也司馬彪說⿱乇木⿱艹⿱乇木說文木葉陊也或从艸⿰月石⿰月石膌畜水腸一曰腹大皃⿰乇頁膌腦⿰衤乇

開衣令大也杔杔櫨木名○洛歷各切說文水出左馮翊歸德北夷中東南入渭古書作洜通作雒文六十一濼水名在濟

南零說文雨零也酪⿰毛各⿰乳各說文乳漿也或从乳亦省落說文凡艸曰零木曰落一曰落居也一曰宮室始成祭之

爲落亦姓漢有巴郡落下閎咯詻訟言也或从言笿說文桮笿也一曰東也絡⿱各素說文絮也一曰麻未漚或从素

⿰革各說文生革可以爲縷束也袼博雅褔袼衣也珞瓔珞頸飾硌磊硌石皃樂⿰忄樂娛也或从心⿰言樂詭狂言

⿰目各說文眄也挌擽擊也或从樂躒動也⿰各刂⿰各斤剝也或从斤鉻說文鬄也烙燒也⿸疒樂治病也⿰女各

姐狢死也通作落轢陵轢車所踐轠車聲駱騅說文馬白色黑鬣尾也亦姓或作騅馲驝橐馲駝畜名或作
驝亦省通作駱鵅鳥名說文烏鸔也鸈鳥名一曰鷹赤首曰鸈皬𤾊鳥之白也或从隹蛒蛒蠌鳴蟲鼦鼠名
出胡地皮可為裘鮥魚名說文叔鮪也鱳魚名皪𤾄白色或从各櫟闕人名春秋傳晉有輔櫟通作躒爍
㮝櫟木枝葉缺落皃或作樂格落簬籬格也或作落簬霍艸名爾雅抱霍首轑頡釜也雒鳥名
說文鵋鵋也洛冰謂之洛澤峈峈嶧山皃路纍也漢書虎路謂以繩周繞之通作落犖牛駁色𦐇翎翩飛皃
輅王車礫白石皃。諾匿各切說文譍也文五惹𢘆心然也古作𢘆𦁗絖緒纑夷布名𣭤氈屬極細可以
禦雨。博䪙伯各切布也說文大通也从十从尃尃布也又州名亦姓或作䪙文四十四簙說文局戲也六箸十二棊
也古者烏曹作簙䈬鑮具髆胉拍說文肩甲也或作胉拍狛獸名似狼𪘀𪘁𡂼說文噍堅
也或从簿亦作嚩餺饝麱餺飥餅也或从薄亦作麱襮𦆌黼領謂之襮一曰表也或从糸䙏衫短袂謂
之搏說文索持也一曰至也一曰拊也薄迫也𨍏轉說文車下索也或从車鎛說文鎛鱗也鐘上橫木上
金華也一曰田器引詩庤乃錢鎛鑮鑮十二辰頭鈴鐘也或省牔屋㟁版㬥說文頸連也爆煿火乾也一曰熱

也或作煿　猼𧳇獸名似人有翼一曰地名　䍸吳羊牂曰䍸　䶈𪕍䶈鼠名　鬄髮也　䗚䗚蟭蟲名螳蜋子也　欂榑榱也或省　膊界埒也太玄福則有膊禍則有形　溥溥濼水皃　暷曝暴也或作曝　鸔烏鸔鳥名　犦牛名犎也　溥水名　𣀣擊也。粕匹各切㴾糟曰粕通作魄文三十八　膊𦢊說文薄脯膊之　屋上或从薄　狛獸名說文如狼善驅羊　䪙𩓨面大醜皃或从丱　魄落魄不得志皃一曰肉䫌　搏擊也　簙局戲六箸　十二綦　䪇說文軶裹也　噌聲也　𤰈暷說文齊謂春曰𤰈或作暷　濼𤅢𣿅陂澤或作𤅢亦省濼古國　名　䎱𦑼𦒄䎱翸飛皃或从白从尃　鑮說文大鐘淳于之屬所以應鐘磬也堵以二金樂則鼓鑮應之　䨣說文雨濡革也　蒪猼尃艸名博雅蒪且蘘荷也或作猼亦省　䕯博雅䕯𦺇蘀落也　𧌑大魚似蜴蜥　薄薄薄驅車也　礴旁礴混同也　蟳蟳蟭螗蜋卵　䯙髆胉䏺也或从尃亦作胉　𨍏博雅軒𨍏柳車也　𥝩禾不實　𩆸大雨　芇月始生三日　溥溥漠水皃　嚩噍皃。泊白各切止也一曰水白皃文二十六　薄說文林薄也亦姓　簿簙蠶具或从　搏　怕憺怕靜也　䙏博雅禪也　箔簾也　䪇𨏖鞾𨏖博雅鞾鞾謂之鞇或从車亦作𨏖𨏖　鑮鈴也一曰大鐘　欂櫨也通作薄　礴旁礴混同也　踄說文蹈也　䲝鱒魚名如鯉一曰或省　餺䴻餅也或从麥　蒲

蒲姑地名在齊暴日乾也周禮春暴練劉昌宗讀䫄聲也歐陽尚書火流于王屋爲鵰其聲䫄一曰落䫄志行衺惡皃彴彴約奔星䮛

鼠名鉑金薄也亳說文京兆杜陵亭一說湯都也絳州垣縣西有景原亳並西接安邑蓋湯將至桀都於此誓衆故春秋傳有景亳之命

杜預不釋景又曰亳今偃師非是○莫茻末各切無也定也亦姓古作茻文三十一幕說文帷在上曰幕覆食案亦曰幕又姓漠𥗼

說文北方流沙也或作𥗼漠一曰淸也塻塵也䨱雨皃鄚說文涿郡縣暯冥也瞙眊目不明或从毛膜說文肉間胲膜

也𩋟鞊𩋟皮也摸摸𢹅捫搎也熿火皃或書作𤎼瘼說文病也慔勉也𣨼說文死宋𣨼也或書作𣩊

寞寂寞無聲也𠢛動也嗼說文啾嗼也一曰定也鬕髻飾鏌說文鏌鋣也䈅䈅箹竹名𢋿定也空也

蟇蟇貊蟲名蝳蛝也通作莫謨謀也漢書謨先聖之大繇顏師古讀縸絡縸張羅皃麱麱䴸䴲皮也圓見文

貉爾雅靜也○索昔各切說文艸有莖葉可作繩索从宋糸杜林說一曰盡也法也一曰索索懼皃一曰縣名在張掖亦姓文十三

𢹅摸𢹅也溹水皃一曰水名在滎陽𩋡廣雅𩋡𩍐屨也蓀艸名𡫑寂寞也颾風聲䄈衣聲𣝶木梢䅇

禾皃𨭏鐵繩也䈹竹絙䌳大綯○錯鏳倉各切說文金涂也一曰雜也乖也鑢也亦姓古作鏳文十五厝碏說文厲石

也引詩他山之石可以爲厝或从石䇌竦也剒爾雅犀謂之剒縒縒綜亂也一曰鮮絜皃逪說文迹逪也一曰偕也皵𤿎皴也

古作徽鰿魚名皐前有骨如斧斤一說生子在腹朝出食暮還入䕩油麻一榨曰䕩昔犓也周禮老牛之角紾而昔碏闕人
名春秋傳衛有石碏莋艸名○作胙𢓜乍即各切說文起也亦姓古作胙作亦省文十三⿱⿰丵殳麥屑麥蒸之也迮倉猝
也一曰起也論語三臭而迮通作作糳毇說文糲米一斛舂爲九斗曰糳或省通作鑿鑿鮮明皃詩白石鑿鑿柞木名⿰牛乍
山牛䕩油麻一榨曰䕩⿰口⿱业木⿰口⿱业木⿰口⿱业木○昨疾各切說文累日也文三十二醋酢說文客酌主人也或作酢秨說文禾搖皃
鑿⿱丵⿰金殳說文穿木也或省砟石也鈼甑也梁人呼爲鉹呉人呼爲鈼柞說文木也筰笮⿱竹昨說文筊也一說
西南夷尋以渡水益州有筰橋或作笮⿱竹昨稓⿰禾鄉鄉名在臨邛亦姓或作⿰禾鄉莋苲說文越嶲縣名或从乍葃葃菇艸名
⿱⿰丵殳言詈也諎酬言也⿰糸昔⿰糸乍綯⿰糸昔艸絙或作乍⿰巾乍博雅幱幭謂之⿰巾乍怍⿱作心說文慙也或作⿱作心詐慙語飵
說文楚人相謁食麥曰飵一曰餥餘食也⿰牛乍牛名重千斤出華陰山岝岝崿山高皃⿰氵窄水也阼東階賓主之所酬酢也
胙祭餘肉⿰米斮地名亦姓○鶴鶮⿰冒鳥鵠曷各切鳥名說文鳴九皐聲聞于天或作鶮⿰冒鳥鵠文二十七貈貥貉
狢⿰豸豦說文似狐善睡獸引論語狐貈之厚一曰說文从舟誤當从亢聲或作貉狢⿰豸豦⿰馬隺說文苑名一曰馬白頟⿰氵貈煎鹽也⿰鼻各說文
鼠出胡地皮可作裘涸沍說文渴也或作沍洛洛澤冰皃佫姓也⿰目隺博雅望也⿰禾各禾屬似黍而小格格澤星名一曰

妖氣自地屬天翯羽白皃通作皬郝爾雅郝郝耕也皬皠白也史記皬然白首或从隺霍藿艸名爾雅抱霍首或从艸
通作隺隺鳥飛高也挌根挌牽引也○臛黑各切說文肉羹也文二十七鶮大鰕鄗說文常山縣世祖所即位今爲高邑
郝說文右扶風鄠盩厔鄉亦姓嚛食辛也蠚蠚蠚螫說文螫也或从若蚰亦作蠚螫㕡壑說文溝也或从土
㲉豕聲滈久雨嗃說文嗃嗃嚴酷皃一曰聲也一曰恱樂謞謞謞崇讒慝也熇熾也矐睢失明也史記乃矐其目或
作睢㱿嗀嘔吐皃或省酷虐也𨣧醋也熇火也歊頭高也𥽷黍穰藃木乾藃也一曰草肥皃赫盛也○愙
恪克各切說文敬也引春秋傳以陳備三愙或作恪亦書作𢙚又姓文四簬籠也絡絮也一曰生絲○各剛鶴切說文異辭也
从口夂夂者有行而止之不相聽也文十閣說文所以止扉也一曰觀也一曰庋藏之所亦姓胳說文腋下也袼袖也一曰衣腋縫
格樹枝也一曰繩束墻版詩約之格格骼牲後脛骨通作胳佫闕人名漢有張佫茖艸也咯雉聲鮥魚名如鼉喙長
三尺利齒虎鹿度河擊之斷卯如鴨○惡悪僫過鄂切說文過也隸作悪或从人文十一鰐魚名如蛇或書作鱷噁噁噁鳥聲
堊說文白涂也蝁虫屬說文蛈也鐚白金啞笑聲𧬄誈諲也或省○𡀦咢逆各切說文講訟也一曰徒擊
鼓隸作咢文四十六噩𨞦太歲在酉曰作噩籀作𨞦通作咢鄂䚘久視也齶咢腭齒齗或作咢腭鄂口中上鄂也

諤䛩諤諤直言或作䛩 顎顛頓顎恭嚴也或作顛頓顎 遻愕遌愕說文相遇驚也或从心隷作遌愕

咢鄂說文江夏縣名亦姓或作鄂 𨸶阜咢皃 崿𡾊崖也或从䛩 堮壥墿圻也或作壥墿 偔多偔也 碍

磼碍石危皃 萼蘁華跗或从䛩通作鄂 㮧穽也 鑩鉤也 㓵䪫鍔說文刃劒刃也籀作䪫或从金 鶚雗

鷔鶚屬或从隹从屰 蝆蝷鰐鱷魚名說文似蜥蜴長一丈水潛吞人即浮出日南或作蝷鰐鱷 㵳水名 𥰭

竹名 櫮華盛皃 ○穫穫剫黃郭切說文刈穀也或从耒从刀文二十 鑊說文鑴也 擭篧取魚竹器或作篧

𢋈廓𢋈空遠皃 濩說文雨流霤下皃一曰濩渃大水一曰蠖濩宮室深邃一曰汙也一曰湯樂名春秋傳見舞大濩者徐邈讀 𩞄

嚄食無味或从口 爕熱也 𢤁驚也 㦽也 檴檴落木名可爲杯器素郭璞說 𤺌瘑瘼物在喉 獲隕獲困迫失志皃通作擭

瓠瓠落廓落也莊子瓠落无所容梁簡文帝讀 壑叡爾雅壑阬虛也郭璞讀或省 擭捕獸機檻 䨥霍霍大雨 ○

霍忽郭切山名在荊州一曰國名一曰大山遠小山曰霍一曰揮霍猝遽也亦姓文二十三 靃說文飛聲也雨而雙飛者其聲靃然 𩅹

雲消謂之𩅹 㴟泧㴟水勢相激皃 矐暫明也 濩灌也 𢥞恐懼皃 䂄矆驚視也或从霍 藿藿說文艸名

尗之少也或省 彍彉張弩也或作彍通作擴 擭擢手反覆也或从隺 剫裂也 癨癨病亂也 臛肉羹 獲㦜郭

皃擴張大也霍鳥飛高也騅馬白額濯濯濩水皃○廓郭廓闊鑊切開也虛也或省古作廓文十八崞
嵺崞谷深霩說文雨止雲罷皃鞹鞟說文去毛皮也引論語虎豹之鞹或省彍彉說文弩滿也或作彉劆劐
博雅解也或作劐擴⿰扌郭張大也或从郭籱籗篧罩也或省亦作篧⿰口郭叩聲漷說文水在魯○郭
𩫏光鑊切說文齊之郭氏虛善善不能進惡惡不能退是以亡國也一曰張也古作𩫏文二十八𩫏墎⿰阝廣說文度也民所度居也從
回象城𩫏之重兩亭相對也或作墎⿰阝廣椁槨⿰石郭說文葬有木𩫏也或作槨亦从石蓋古或用石⿰土𩫏埻國名山海經⿰土𩫏端國在流
沙中隸作埻彍彉弩滿也或作彉通作擴矌⿰目享目張皃或作⿰目享櫎長也通作⿰阝廣⿰山𩫏崞⿰阝享說文山在鴈門隸作
崞或作⿰阝享⿰𩫏鳥⿰𩫏鳥公鳥名漷水名在魯擴⿰扌郭張大也孟子擴而充之或从郭⿰耳郭⿰耳廣大耳或从廣⿰口郭嘘也⿰氵隺灌也
⿰火隺灼也滈久雨○臒屋郭切說文善丹也引周書惟其敷丹臒文十二彠度也蠖說文尺蠖屈申蟲也鸌水鳥嬳⿰女矍
作姿態也或从矍⿰食蒦⿰口蒦無味也伊尹曰甘而不⿰食肙肥而不⿰食蒦或从口噁鳥聲馲馲駝畜名鋈白金⿱沃鳥鳥名○瓁五郭
切玉璞文三⿰牛隺牛白皃⿰馬隺馬名○沰當各切滴也文二矺磓也○⿰石开盧穫切⿰石郭⿰石开石聲文一○⿰口果祖郭切⿰口果⿰口果鳴聲文一
二十○陌莫白切阡陌田間道南北曰阡東西曰陌文二十七佰說文相什佰也帞絔博雅⿱日麗⿱日前謂之⿰巾婁帞或作絔嫫靜也

上　集韻入聲十　朱因換

莫德正應和曰莫鄭康成說袹廣雅裲襠謂之袹腹𢪇拍擊也或从白鉑鉑刀兵器𡳐說文履也青絲頭履趏

越也洦𣶒淺水或从陌貉貊說文北方豸種也孔子曰貉之爲言惡也一曰靜也定也一曰縮綸也即綸繩也謂牽縛貉之郭璞說

或从百𩢎㹮獸名說文𩢎𩢎一說似騾而小或作狛貘獸名說文似熊而黃黑色出蜀中驀說文上馬也𡖼說文宋也

𣨎死宋𣨎也从歺蛨蚝蛨蟲名螌蝥也嗼博雅安也嵮漠𣽊嵮岶密皃或从水亦作漠○𢪇拍匹陌切說文拊

也或从白文二十一𤗻破物也敀說文迮也引周書常敀常任皛白明白也𠑽𠑽疾皃或从三兔怕說文無爲也古書作怠通

作泊魄說文陰神也霸𦥯𠂕月始生古作𦥯𠂕珀琥珀出罽賓國通作魄洦說文淺水也岶泊𣸼

嵮岶密皃或作泊𣸼𤾗白色胉脅也粕糟也趏逼也○百𦣻博陌切說文十十也从一白數十百爲一貫相章也亦姓古从自文

十七伯白說文長也一曰爵名亦姓古省迫說文近也通作敀苩苩藍艸名柏栢木名說文椈也或从百洦𣹢淺水

皃或从柏瓸甂瓸甓也胉脅也禡師祭也禮禡於所征之地敀說文迮也欂壁柱佰百人之長㩧擊聲○白𠂤

𤽄薄陌切說文西方色也陰用事物色白从入合二二陰數一曰告也亦姓古作𠂤或作𤽄文十五帛說文繒也𤝞說文獸名似狼或書作狛

苩姓也百濟有苩氏䒱艸名象帛通作帛𥬀竹名皮白舶艊蠻夷汎海舟曰舶或从帛鮊說文海魚名廣雅鱎

也鳴字林鳴郁鳥名似鸖出懸雍山欂杇也瓬瓦屋不泥也柏木名。磔陟格切說文辜也通作矺文二十二侘人所

竪立矺磓也搩𢪛手度物或作𢪛尾張也吒嘲也乇說文艸葉从垂穗上貫一下有根象形杔杔櫨𥁐酒具一

曰柱上枅舴舴艋小舟㡯張設屋也一曰縣名在濟陰蠂虴蚝宅土蠂蟲名似蝗而小或作蚝蛇芼藥艸𩑛頊顱髑髏也

粍粍屑米爲飲一曰粘也馲馲犵𧲣馲駝獸名驢父牛母或作馲犵𧲣諎大聲。坼拆斥坼拆

宅耽格切說文裂也引詩不坼不副或从手亦作斥坼拆宅文十五㡿𢊁開也或从㡿𢈲皺也𧻓𨇨跬步也一曰距

也或作𨇨𩑛頂骨𩊚韄靳刀靶中韋䭕食無味𩨡骨閒汁。宅宪厇度直格切說文所託也古作宪厇

或作度文二十四澤臭說文光潤也古作臭㤞懲也擇𢍶說文柬選也或从廾韄韄韄刀靶韋也襗袴也

檡木名棘也蘀蘀蘀葛藥艸或作蘀礋神異經西方有獸長短如人羊頭猴尾名礋𥓁健行翟雉名一曰陽翟縣名

亦姓𪀨鸅鶆鳥名宅錦文也鸅𩀱鳥名鸅鷎也或从隹通作澤蠌水蟲爾雅蠌蟹小者蟧螺類也䕪葛屬𦑣翹翟飛皃

乇艸皃櫂樹枝直上皃。踖昵格切践也文九糑粉餌𡑣水土和也搦𢻵說文按也或从攴嫋長皃眲

輕視也列子見商丘開衣冠不檢莫不眲之一曰耳目不相信榒木名𧣈角似雞距。垎輵格切說文水乾也一曰堅也文十三胳腋也

施端

洛沍涷堅也或作沍趦廣雅趦趚僵也格捍格不入也挌榹架也輅輅車前橫木或作輅涸水竭洛
方言登也𣟂角械木也一曰木名一曰案足蛒蛭蛒蟲名地地蝨也。赫𤎔𤇾焃郝格切說文火赤皃或从火亦作𤇾焃赫一曰
明也文十九赩赤色㘈𦳚䞓怒也或作𦳚䞓通作赫𥊺目赤讗說文言壯皃一曰數相怒閱恨也懼也
𢅻𢅻幭赤紙䞍見也燁燒也𡑿虛也㦜楚人謂𢡸曰㦜𢤱𤃰𤃰沐惶遽也捇掘土謂之捇𦒷羽𦒷霍𦒷
疾飛也。客乞格切說文寄也文六𧖴喀嘔也國語伏弢𧖴血或从口挌搦也硌石堅𧹞𧹞茦懼也。格各額
切說文木長皃一曰式也正也文二十四𢧐斱捕也鬬也或从斤𢓜佫徦假𦤎至也或作佫假假𦤎通作格挌敋
說文擊也或作敋骼說文禽獸之骨曰骼胳牲後脛骨觡說文骨角之名也一說鹿角無枝曰角有枝曰觡鉻鉤也一曰鬄也挌
說文枝挌也一曰木枝橫者茖說文艸也一曰山葱𦓤耕也䴽麥碎曰䴽鵅鵅鵅鳥名鵂鶹也鮥鮥魚名或省蛒蟲名
方言蛣諸謂之杜蛒一曰蛭蛒地蠶一曰蝤蠐𨹧闕人名漢有張𨹧𣟂角械木。啞䛩乙格切說文笑也引易笑言啞啞或从言文四
𩜁飢也韄佩刀絲。額頟鄂格切說文頟也或作額文十一詻說文論訟也傳曰詻詻孔子容峉𡾟山高大皃楚辭
山皀峉峉或从頟𥗪𥑮礋𥗪西方獸名或省𩷎鰝𩷎魚名皮有文鄂柞鄂取獸阱中木𩋡補履謂之𩋡敋擊皃

○獲胡陌切說文獵所獲也一曰獸名亦姓文十一　讗嚿讗讗誇也一曰言壯皃一曰數相怒或作嚿　𣤶吐聲　韄說文佩刀絲也

嚄大呼也一曰嚄唶多言　穫收禾也　彠蒦博雅度也或省　鱯魚名大鮎也　濩濩澤縣名在澤州　○謋諕霍虢切謋然速也或作諕文二十　恄心驚皃　焅焃火光或作焃　砉皮骨相離聲或書作砕　騞解牛聲莊子奏刀騞然

𦒉𦑱𦒉𦒉飛疾皃或从隺　湱澅湱大波相激聲　漷郭水名在魯或省　捇㧤說文裂也或从赫　䦖開也　剨破聲

𩗗風熱皃　湱𣽊水聲或从虢　讗說文言壯皃一曰數相怒　○𠠥𠠹廓獲切解也裂也或作劐文四　漷水名在魯

蜮蟲名天蝓神也　○虢郭獲切說文虎所攫畫明文也亦姓文十一　𣽊說文水裂去也　譈譈譈多言　𢫬敆打也或作敆　漷水名在魯

墎埻墎端國名隸作埻　唬虎聲　𥉠閑目皃神異經八荒有毛人見人則眴目開口　郭國名春秋傳攻郭則虞救之通作虢

○擭屋虢切說文搫擭也一曰布擭也一曰握也文十四　蒦彠艸名說文規蒦商也一曰度也或从尋　矆視遽皃通作蒦　嚄驚怛聲

𩏽韄韄靳刀靶中韋或从革　濩濩澤縣名在河東　𡾟陂名一曰村名在吳王舊城側　攫取也　𣤶吐聲　𩞄食無味

䚕𧣴角似雞距或从萬　○碧筆戟切石之青美者文二　狛獸名　○𣜩薄欂彄碧切說文壁柱也或作薄欂文三

○索色窄切博雅取也一曰求也通作𢶍文二十一　𢶍擇也　𠋫僞𠋫惡也　溹雨皃一曰水名在滎陽一曰水出聞喜縣　𤻳脉動也

⿰禾索禾穗⿺走索⿺走索⿺走索僵也⿱髟索髮堅皃⿰米索煑米爲⿰米索⿰石索⿰阝索說文碎石隕聲或从阜⿱宀索說文入家搜也⿱艸索艸名⿱雨析
⿱雨索雨也或从索⿺風索風聲⿰衣索⿰衣索⿰衣索衣聲⿰木索梀木枝上生或从束⿰金索鐵弗⿱竹索竹弗。柞助伯切柞鄂捕獸檻中機也文
二唶唶唶聲也。⿰豆昔測窄切破豆也文三簎杈刺取魚鼈也矠說文矛屬。迮側格切說文迮迮起也一曰迫也文二十一
窄狹也岝岝㟧山皃⿺辶窄姓也笮筰⿺辶笮說文迫也在瓦之下棼上一曰矢箙皮曰箙竹曰笮一曰溢也亦姓或作筰⿺辶笮⿰氵昔說文
所以攤水也引漢律及其門首洒⿰氵昔蚱蚱蜢蟬屬舴舴艋舟名唶聲也春秋傳行扈唶唶虴虴蛨蟲名蜙蝑也⿰乍鳥鳥名博雅鵅⿰乍鳥
驅也措追捕也漢書迫措青徐盜賊咋大聲柞除艸曰芟除木曰柞飵餾也苲艸也⿱雨乍雨皃齰齚說文齧也或从
乍。齰齚實窄切齧也或从乍通作咋文十四⿰山昔嶚⿰山昔山形咋唉咋多聲泎灂澆泎水落皃或作灂岝岝峉山峻皃
諎大聲舴舴艋小舟柞除木曰柞蚱蟬屬笮笓也簎說文刺也引周禮簎魚鼈通作矠矠矛屬。虩迄逆
切恐懼也說文引易履虎尾虩虩一曰蟲名蠅虎也文二謋疾意莊子謋然已解徐邈讀。隙⿰絲㣻𧮫⿰阝谷乞逆切說文壁際孔也一
曰閒也或作⿰絲㣻𧮫⿰阝谷文十六郤郄地名晉大夫叔虎邑亦姓或作郄迟說文曲行也⿱小⿱白小說文際見之白也从白上下小見御
廣雅券御極也⿰忄卻疲也⿰口卻大笑綌⿰糸卻⿰巾谷說文麤葛也或作⿰糸卻亦从巾覤覤覤驚懼皃⿷匚只物曲也一曰曲受也

○嚿雩白切嚿嚿咢也文一○㦸戟訖逆切說文有枝兵也引周禮戟長丈六尺或作㦸文十四撠拘持也丮丸

說文持也象手有所丮據也隸作丸㖦𠹖聲也或从戟𩯬髭皃𢜱疲也谻相踦也猦犱獸名窮獲也或作犱

𢧢大𢧢巴𢧢皆藥艸𨇢手據地也太玄𨇢戰喈喈一曰動作也○劇竭戟切增也一曰艱也一曰縣名在北海文十一噱嗢噱

笑不出㑜御俗㤖谻方言傍也或作御俗㤖谻屐說文屩也𨎌車軸伏兔𣙅說文角械也一曰木下白

跂足也莊子闔跂支離○逆仡戟切說文迎也關東曰逆關西曰迎一曰却也亂也文五屰說文不順也从干下凵屰之也𠰢嘔也

𦃽綌說文緩維也或省○𥗼離宅切石聲文一

二十一○麥莫獲切說文芒穀秋種厚薶故謂之麥麥金也金王而生火王而死从來有穗者从夊亦姓俗作麦非是文十八䮮

驈䮚騾屬霢霡𩆨說文霢霂小雨也或作霡霢衇脈脉說文血理分衺行體者或从肉亦作脉眽𥆧

說文目財視也或作𥆧覛相視也或書作𧡪𪄌𩀷鳥名或从隹騞解牛聲莊子奏刀騞然覭覭髳弗離也艸木叢

生皃簚方言車枸簍簍謂之簚䳟鳥鷩視派泉潛通○薜博厄切艸名山蘄也一名當歸文十六𣽊水分流

檗蘗說文黃木也或从薜糪說文炊米者謂之糪擘說文撝也一曰大指或書作擗𤗚豆中小硬者辟禮麠爲辟

雞一曰冠裳辟積僻擿僻多禮節皃通作辟甓爾雅瓴甋謂之甓繴䍥捕鳥罔或作䍥⿰扌𠂢博雅裂也鸊

鳥名方言野鳧其小好沒水中者南楚謂之鸊鷉⿰糹辟織絲帶也疈磔牲畐也○擗匹麥切擗㩧中聲文八⿰金𠂢梁益謂裁木爲

器曰⿰金𠂢糪⿰米贊米飦半腥半熟曰糪或作⿰米贊⿰片𠂢劈分也或作劈繴䍥鳥罔或作䍥○繴䍥薄革

切說文繴謂之罿罿謂之罬罬謂之罦捕鳥覆車也或作䍥辟文六⿰糹辟織絲爲帶謂之⿰糹辟⿰木蒪薄欂⿰木蒪櫨壁柱或作薄欂

○梀榡色責切木名中車輞爾雅赤梀白梀或作榡文二十揻隕落謂之揻擌黐擌捕鳥也覤虩覤

驚懼謂之覤或作虩覤⿰革束堅也⿱雨冊霢也涑⿱雨束⿰氵⿱雨束說文小雨零皃或作⿱雨束⿰氵⿱雨束⿰氵昔所以攤水也⿸疒束

瘷瘆⿸疒束寒病或从敕揀擇也⿰米束䊍⿰米束壞米⿰金策槍也⿰米冊糝也⿱艹敕以穀飼馬○策筴莿測革切說

文馬箠也一曰謀也一曰著也一曰小箕曰筴或作筴莿文三十一冊冊笧說文符命也諸侯進受於王象其札一長一短中有二

編之形或作冊古作笧通作策筴⿱冊曰說文告也敇赦說文擊馬也或作赦通作策憡悚博雅痛也或省⿰忄責耿介

也皟淨也嫧⿰女賫博雅好也齊也或作⿰女賫茦說文莿也⿰正責正也⿰金冊鐵器⿰齒責齰齒相值幘或

从昔亦作幘柵說文編樹木也⿰戚攴摵博雅擊也或作摵猎簎刺取也國語猎魚鼈或作簎⿱艹敕說文以穀

萎馬罝莖中 粣粽也南齊虞悰作扁米粣 𥺝䊞𥺝壞米 㩍捒扶也或省 ○𧴩責側革切說文求也隸作責
文二十一 嘖嘖嘖鳴也 謮怒也讓也通作責 瞔張目 諎唶說文大聲也或作唶 𩑈頭不正 嫧說文齊也
一曰善也 幘說文髮有巾曰幘一說古賤服漢元帝頂有壯髮故服之王莽禿又加巾 簀𤗼說文牀棧也或从爿 䐿魚子脯也 債
負財也 蟦小貝 鰿小魚 𢡱博雅情也 皟淨也 霵雨皃 樍木名㮛也 矠矛屬 ○賾嚽士革切幽
深難見也孔穎達說或作嚽通作嘖文十五 嘖謮說文大呼也或从言 𦓾博雅耩𦓾種也一說種麦中蓋畬田 蔶菜名 齰說文
齒相值也一曰齧齒也引春秋傳晳齰 歕欯歕語笑聲 趞䚍遺走皃或从彳从辵 謫方言怒也謂相責怒也 𥼲白米也
鰿小魚 蟦小貝 ○摵率摑切拂也文三 㵟寒皃 槭木枝空皃 ○𢷾簎摑切裂聲文一 ○𧾩趞查畫切急
走也或从責文二 ○摘擿陟革切取也或从適文二十八 謫讁適說文罰也或作讁亦省 嫡媥也 䵂䊮博雅
摶也黏也或从米 㭙榑檍樀樀說文槌也或作㭙榑檍樀樀 䆯兔窟 狄說文犬張耳皃 䳻雉屬 𦖿
聑耳竪皃或从二耳 矋目竪 𪍑博雅𪍑糜糈也 厝石名 䮥馰騤騾屬 䐱挑取骨間肉 𠍑無憚也
硩取山厓上珊瑚謂之硩 𩝐日月𩝐蝕 𩩍骨間汁 靼柔革 ○䂺力摘切礭䂺田器文三 砳礐石聲或作

集韻卷十 十三 王允

礐虩恐懼皃⿰皮虎姓也出東平○疒疒尼厄切說文倚也人有疾病象倚箸之形籀作疒文四䀑耳目不相

信⿱髟食說文楚謂小兒嬾⿱髟食一曰餅屬○覈⿱雨敫礉下革切說文實也考事襾笮邀遮其辭得實曰覈或从雨从石文二十一

⿱覈米穀糠不破者通作覈滆湖名在陽羨⿰石鬲說文石地惡也翮⿱羽見說文羽莖也羽本謂之翮或作⿱羽見⿰革羽翮也核

⿰木鬲果中核或作⿰木鬲⿰革鬲博雅補也杸燒麥柃杸也⿰弓鬲束弓弩衣蒚西方名蒲中莖爲蒚⿰糸敫⿰衤敫衣領中骨或从

衣覡男巫絯拘束也莊子方且爲物絯徐邈讀⿰糸覈衣領內謂之⿰糸覈鷊鵙鷊鷊鳥名○礊克革切說文堅也文十一⿰求鬲⿰衤鬲

說文裘裏也一曰薄也或从衣⿰糸革緯也紩也諽愅飾也謹也或从心㥛博雅愛也一曰疾也硞礐硞水激石不平皃罊器空

盡⿱殸虎虎聲謦聲也○隔各核切說文障也通作鬲文二十七⿱竹鬲⿱竹槅竹障或从木膈⿰月革肓也或从革

諽愅說文飾也一曰謹也更也或从心⿰忄鬲智也通作⿰言鬲⿱雨革雨也革𠦱說文獸皮治去其毛革更之象古文革之

形古从三十三十年爲一世而道更也臼聲搹把也⿰革棘博雅⿰革奇⿰革棘勒也⿰革羽說文翅也⿰虎殳說文虎聲也鰏魚名鬲縣名在平

原一曰鼎屬亦姓⿰言鬲博雅慧也槅說文大車枙⿰石鬲地多石⿰口革嗝⿰口革嗝鳥鳴也或作嗝⿰耳鬲目不正⿰革鬲補也

⿰弓鬲束弓弩衣滆湖名在陽羨⿰扌革改治也○戹厄乙革切說文隘也或作厄文二十八阸阨說文塞也或作阨

䬹𩛧說文飢也或作𩛧 䚥覗善驚也一曰視皃或作覗 搤說文捉也 搹㧖扼說文把也或作㧖扼 軶䡣
梔說文槅前也或作槅梔 豟𤜵貖爾雅豕絕有力者或从犬古作貖 鼸貖𩣡說文鼠屬或从豸亦作𩣡 蚅
蟲名爾雅蚅烏蠋似蠶 砨砈砥砨玉名 嗌咽喉也 㰢㰢歡笑語 𧬿𣤼聲也或从欠 呝說文喔也謂鳥聲一曰逆
氣一曰小兒啼。 鷊逆革切小艸也有雜色似綬一曰鳥名文八 鶃䳭鳥名爾雅鶃鵁鷊似鳧高足毛冠或从隹 䩯履首謂之
䩯 弤束弓弩衣 鶃鳥名 婗好皃 㕎礙㕎石地。 畫畫劃畫胡麥切說文界也象田四界聿所以畫之
古作畫劃隸省文十四 劃劐裂也或从蒦 嫿好皃 嚍咟嚍嘖叫呼也或从百 繣徽也一曰結礙也 澅水名
在齊漢有澅清侯國 砉砉然皮骨相離聲崔譔說 㦎乖剌也 𢺂擗也。 㦎忽麥切博雅敱㦎 嫿說文靜好也
㦎裂帛聲 𥌯目病 繣徽也 劃劐剨說文錐刀曰劃或作劐剨 𨶙開也 掝𢺂博雅裂也或从畫 𣤶吹氣
也通作㖪 膕並足也 𧽄味辛也 䎀羽翁䎀飛也 翽或作𩅰 𩏂鞭聲 窢窢然逆風聲 嚄聲也 𤸎頭痛皃
𤁇流也。 聝馘𢦏古獲切說文軍戰斷耳也引春秋傳以爲俘聝或从首亦作𢦏文二十五 𪔵𪔵䵽鼓聲 漍水也 幗簂婦人
喪冠也或从竹 膕䐸博雅膕脷曲腳也或从骨 讗誇也一曰壯言 摑批也 慖悖也 嘓𠯈嘓嘓語煩或从或 擭挺也 䘔犬血

碱擊石颾颾颾赤氣熱風之恠也軀軀軅倮也蟈蜮螻蟈蟲名蛙也或作蜮鏳鐵器𥅫目皃擴張也惔車弓○劃
口獲切博雅裂也文二碅石硬聲○趪求獲切趪趪足長皃文二闃靜也○逿湯革切爾雅遐逿遠也郭璞讀文二擿博雅搔也○𤸱
丑厄切𤸱瘷寒病文四䊞䊞粸壞米瞗瞗睪目明皃𩪘骨間汁○蹢治革切蹢躅不行也徐邈說文十二適適適驚視自失皃
讁謫博雅責也或从適通作適䆎窟也滴潪土得水也或省䊞博雅摶也𪍿麥屑擿投也䬻日月䬻蝕𩪘
骨間汁○簎倉格切刺取魚鼈也文一
二十二○㫺昔𦠔腊思積切說文乾肉也从殘肉日以晞之隷作昔籀从肉或作腊昔一曰古也亦姓文三十三㳻博雅匽也
焟𣈅博雅曝也或从日皵皴也惜說文痛也一曰貪也鬄髢說文髲也或从也𩪘胯間舄𩍐䩶履也或作𩍐䩶
𣝍木屨磶博雅礎磶磌礩也潟鹵地蕮藞馬蕮艸名車前也或作藞棤爾雅棤皵木皮甲錯也謝嶠說蚸蟲名似蝗爾雅
蟿螽螇蚸孫炎讀醳苦酒也徐邈讀猎𤢕山海經先民之山有黑虫狀如熊名曰猎猎或从舄緆細布也劉昌宗說碏礙也䧿雉名
𡢃女字㝝㫰夜也或省通作昔𥐨摘也晢白也○皵七迹切皴也文二十婧齊也靚觀也䵝䵝黰色敗黑莿
艸名策也𥩆鄀也刺措穿也傷也或作措趚趞側行也或作趞𧾗忽遽也䘸䘸縢裙衸也涑水名在北地

𢈈縣名在清河 磧說文水渚有石者 踖有容也詩執爨踖踖 簎刺取鼈魚也周禮凡邦之簎事沈重讀 赤捇除撥也周

禮赤犮氏或从手 蝷蟲名廣雅蝷蛝蜒也 ○積資昔切說文聚也文三十五 積襞積衣間蹴也 膌𤸃說文瘦也古作𤸃 𦚏

脊說文背呂也隸作脊 𣗥屋㯳木也 趚說文側行也引詩謂地蓋厚不敢不趚 蹐說文小步也引詩不敢不蹐 嵴山脊 唶

嘆聲 迹遺踈速蹟跡說文步處也或作遺踈速蹟跡 踖說文長脛行也 借說文假也 䳭鶺鳥名爾雅鶺鴒

雝渠雀屬也飛則鳴行則搖或从脊亦書作䳭 鰿魚名鮒也 蟦貝也爾雅蟦小而橢 鰿鯽說文魚名或从即 瀐水出也 樍木名

樫也 磧硨磧磧也 燋灼龜炬 呰此也 積穛積種也 𦶌艸名 耤天子諸侯所耕田借人力以終之 𨛷𨛷臧光澤皃

𢈈縣名 ○席𢅥祥亦切說文藉也禮天子諸侯席有黼繡純飾從巾庶省亦姓古作𢅥俗作㡑非是文十五 蓆說文廣多也

夕說文莫也从月半見 穸說文窀穸也 汐水名出陽城山一曰海潮汐池也 𨛜鄉名在臨邛 繹又祭也宗廟有繹徐邈說 𢼸

木皮甲錯也 𨆌藉踐也或省 褯祓祴褯也 猎黑獸似熊 嶧山名 踖躡也 ○籍秦昔切說文簿書也文二十五 耤

說文帝耤千畝也古者使民如借故謂之耤通作藉 藉艸不編狼藉也亦姓 莋𦻅茹艸也或从昨 簎刺取魚鼈也 膌脨

𤸃瘠胔瘦也或作膌脨瘠胔 塉薄土 𨞙說文蜀地也 𢈈縣名在清河 猎獸名似熊 𦚏死骨也 借

施蘊

假取春秋傳計功則借人也陸德明讀 揹擊也 筰䌟引舟筊或作䌟 蹐小步 踖䠞躤趞踐也或从耤从藉从走 。釋

澤繹施隻切說文解也从釆釆取其分別物也或作澤繹通作醳文三十六 釋說文漬米也 釋耕皃 檡木名 適說文

之也宋魯語亦姓 夾奭盜竊褱物也或作奭 奭奭奭說文盛也北燕召公名古作奭或作奭 睪視皃 睗說文目疾視也

睗日覆雲暫見也 襫襏襫蓑襞也 亘說文飯剛柔不調相箸 郝姓也 臭大白澤也 螫蓋蠚說文蟲行毒也或作

蠚 液醳漬也周禮春液角沈重讀或作醳 舍置也 婼闕人名春秋傳叔孫婼徐邈讀 剔鬄剃也莊子燒之剔之徐邈

讀或从髟 䵱方言色也一曰䵱然赤色 覤普眂也 啇和也 嘀噣也 嫡婦人謂嫁曰嫡 瘍關中謂病相傳爲瘍 拓摭

拾也或作摭 嬕女字 。尺昌石切說文十寸也人手卻十分動脈爲寸口十寸爲尺尺所以指尺規榘事也从尸从乙乙所識也周制寸尺咫尋常仞諸

度量皆以人之體爲法文十九 赤烾說文南方色也从大从火古从炎土 㡿說文卻屋也 斥指名一曰大也踈也通作㡿 滷潟苦地

或从舄通作㡿斥 臭𦤎大白澤也或作臭 蚸蟅螇蚸蟲名似蚣蜙細長飛翅作聲者或从㡿 蚇蚇蠖蟲名今蝍蠘 訴毀也

拆擊也 卤姓也 跅斥也漢書跅弛之士謂士行卓異不入俗檢如見斥逐如淳說一曰跳也 郝盩厔鄉名 覤普視也 睪

視皃 。隻之石切說文鳥一枚也从又持隹持一隹曰隻持二隹曰雙文二十三 拓摭𢭃說文拾也陳宋語或从庶古作𢭃 蹠說文

楚人謂跳躍曰蹠跖說文足下也趚行也適往也⿰衤夜⿰衤庶袖也或作⿰衤庶炙⿰炙柬說文炮肉也从肉在火籀作⿰炙柬⿱雨夐⿱雨役⿱雨夐
大雨⿸厂辟仄也墌坧其址也或从石䃶蚸蟲名⿰虫黍⿰虫頁也或作蚸腋胳也⿺走商走皃⿰月商膌也祏宗廟主螪字林蟲名
○石后常隻切說文山石也在厂之下口象形一曰州名亦姓古作后文十鉐鍮鉐以石藥治銅祏說文宗廟主也周禮有郊宗石室一曰大
夫以石爲主䄷說文百二十斤也稻一䄷爲粟二十升禾黍一䄷爲粟十六升大半升碩大也䳭鳥名雝䳭也鼫說文五技
鼠也能飛不能過屋能緣不能窮木能游不能渡谷能穴不能掩身能走不能先人一曰形大如鼠頭似兔尾有毛青黃色好在田中食粟豆郭璞說
蚸蟲名螳蜋也一名蚸蜋妬女無子○䠶射食亦切弓弩發也或从寸文四麝獸名爾雅麝父脚似麕有香⿰氵䠶水名出詹
諸山○⿰黍商竹益切黏也文四⿰氵⿰商斤潪說文土得水沮也或省嫡嫡孎女審諦皃○彳丑亦切說文小步也象人脛三屬相連也文六⿰希瓦
⿰谷瓦盛酒器或作⿰谷瓦梀椽也捇捇拔發擿也迖跛也○擿擲直炙切說文搔也一曰投也或作擲文十三蹢躑⿰足啻說文
住足也或曰蹢躅賈侍中說足垢也亦作躑古作⿰足啻⿸广鄭⿰阝習縣名在南陽或作⿰阝習⿺麥適說文麥覈屑也十斤爲三斗⿰虫鄭⿰虫鄭蠋蟲名潪
土得水謂之潪⿱艹蹢⿱艹鄭艸名博雅羊蹢躅芺光也或作⿱艹鄭樀磨牀○益伊昔切說文饒也从水皿皿益之意也古通作⿱艹⿰朩朩文十謚
說文笑皃嗌⿱艹⿰朩朩說文咽也籀作⿱艹⿰朩朩上象口下象頸脉理也⿰鼠益鼠名膉脰肉也一曰豕伏槽一曰肥也⿰益阝地名⿱艹益蕰母艸名茺蔚也齸

說文鹿麛粻⿰女益女字。睪睾夷益切說文司視也从横目从㚔令吏將目捕罪人也古作睾文五十七繹說文抽絲也一曰陳也理也⿰礻睪
祭之明日又祭名殷曰形周曰繹通作繹鐸⿰飠睪飯壞曰鐸襗襗袍襦⿰衤夜袔⿰衤夜袖也醳澤苦酒一曰醇酒也或作澤掖
說文以手持人臂投地也一曰臂下也一曰門旁小門也通作液亦姓⿱睪廾說文引給也腋胳也在肘後通作掖亦說文人之臂亦也从大象
兩亦之形一曰又也奕說文大也引詩奕奕梁山一曰奕奕行也方言奕㑥容也自關而西凡美容謂之㑥奕奕㑥㑥皆輕麗皃弈說文圍棊也引論語不有
博弈者乎一曰盛也容也帟在上曰帟懌說文悅也斁歝說文解也引詩服之無斁斁猒也一曰終也古从欠射無射九月律名射出
也言陽氣上升陰氣收藏不復出也孔穎達說譯說文傳譯四夷之言者驛說文置騎也嶧說文葛嶧山在東海下引夏書嶧陽孤桐睗說文
日覆雲暫見也埸畔也墿博雅軌道也⿰耒睪⿰耒易耕也或从易燡災也圛說文回行也引尚書圛圛升雲半有半無⿰目睪目明
皃⿰光睪燡曎光也或从火从日⿰王夜玉采焲焱焬字林火光也或从三火亦作焬棭木名液洂說文盡也亦姓或作
洂澤水名⿸疒易⿸疒睪說文脈⿸疒易也一曰病也或作⿸疒睪易蜴蟲名說文蜥易蝘蜓守宮也象形或作蜴祕書說日月爲易象陰陽也一曰水
名亦姓檡棘名擇闕人名漢有司馬無擇⿰衤亦長衣也⿰革易素⿰革易履也熤闕人名後魏有張熤澤水流皃釋漬米
⿰禾易禾終畝⿰亻易交⿰亻易也⿰口睪川名夜縣名。役⿰亻⿱几又伇營隻切說文戍邊也古作⿰亻⿱几又隸省文二十四疫⿸疒役說文民皆

疾也或作𤺧役𢓴炈說文陶竈窻也或作𡏤役䨏䨏𩃥大雨蝬蝬剌蟲名葰芟也方言北燕謂之葰椴說文橦樓也一
曰燒麥矜𥝩鶂𢔦方言秦漢之閒謂鳻鳩小者曰鶂鳩或从隹豛豰說文上谷名豬或不省鮁鰀魚名有四足如龜而行疾或省
鈠鍛𣩻小矛或从役从矛𥄉視也焱火皃趀趨趨走皃○瞁規呼役切驚視皃或作規文十𥄉眂也狊
夫視也毛𣯍寐覺也𧖴卵拆也𢈘庂也𤿝皮骨相離聲焱火華焱也帟泰布○辟𨐨侲必益切君也一
曰除也亦姓或作僻古作侲文十七𨐨辟說文治也引周書我之不𨐨或从廾壁躄說文人不能行也或从足亦書作躄髀弓弭襞
說文韏𧝹衣也徐鍇曰韏𧝹革中辨也衣襞積如辨也璧說文瑞玉圜也鐴犂耳也薜藥艸爾雅薜山蘄即當歸也鸊鸊鷉鳥名鳩也
廦牆也𧰾獙𧰾豕邪獸名鳥喙或从犬繴給繴絜也○僻辟薜侲匹辟切邪也或省亦作薜古作侲文十廦
牆也癖腹病也闢爾雅溪闢流川謂通流也𢈘仄也霹霹靂迅雷澼腸閒水○擗毗亦切撫也文十八𡢈死皃𣯍毛也
辟辭侲說文法也从卩从辛卩節制其辠也从口用法者也古作辭侲闢開說文開也引虞書闢四門或从𠁽髀廣雅䯱彊髀也
一曰弓弭蔄蔄蘼艸名熚博雅熚謂之焦躃仆也僻便僻舉止輕傷也𦅸罿也或作罼椑棺也𢄼晃也
欂柱也○碧兵彳切說文石之青美者文一○𨇤弃役切蹴𨇤屈申皃文一○鶪工役切鳥名伯勞也文一○𠞩令益切劙也文三𩞁

饜鏑食相箸趯趯趚盜行。⿱毄心苦席切怖也文二迟曲行也。攫玃俱碧切搏也或从犬文三玃猨類。欂平碧切櫨

也文二⿰韋尃韋裹車軛。躩虧碧切足皃文一。⿰革見⿰革乞紀彳切說文繫牛脛或从乞文二。虩火彳切虩虩恐懼也文一。⿰金乏鋪彳切器

下平也文一。⿰禾离知亦切黏也文一。剔土益切治也文二騞刀解牛聲。⿱目又七役切舉目使人一曰小動也文二⿰彳⿱目又小行也。悌

弟待亦切易也或省文二。鑈奴刺切絡絲具文一

二十三。錫先的切說文銀鉛之閒也一曰與也亦姓文二十七裼說文袒也緆⿸麻易說文細布也或从麻⿰口易⿰口析⿰口易⿰口易鳥聲或从析

晳說文人色白也晰明也惁博雅惁惁憂也一曰敬也⿵風析⿵風析⿵風析風聲析⿰木片⿰片斤說文破木也一曰析也亦姓或从片古作⿰片斤淅

⿰米析說文汰米也或作⿰米析⿰女析博雅⿰女析⿰女析極也菥菥蓂菜名大薺也蜥⿰虫席說文蜥易也或从席亦書作⿱析虫⿱析虫蝀蟲名博雅⿱析虫蜆

⿱肥黽也或省硩摘也周禮硩蔟氏掌覆妖鳥之巢⿰骨易髆中也焬乾皃⿱雨析⿱雨析⿱雨析小雨一曰霰皃蜴楚謂欺慢爲脈蜴婸女名

。戚鏚倉歷切說文戉也或从金戚一曰近也亦姓文十六慽說文憂也或書作慼⿰戚見⿰戚見覷面柔鼜鼜說文夜戒守鼓四通爲大鼓夜

半三通爲戒晨旦明五通爲發明或作鼜俗作鼜非是⿰黑責⿰黑責⿰黑冥色敗黑磩碶磩石攻玉⿱艸戚艸名⿸戚虫蟲名蟾蜍也或書作蠘顣嚬也宿

衛孫文子邑名通作戚㑦博雅近也蹙蹙蹙縮小也䁘見也皵皴也。績則歷切說文緝也一曰業也文九勣切也通作績積

木名博雅樫積也 積虆也 焳持荆然火以灼龜 鶈鳥名 螏蟲名 積聚也 鶺鶺鴒鳥名鶺鴒也 ○宗宗寂誅

諔家寂前歷切說文無人聲或作寂誅諔家寂文十一 嘁說文嘆也或省 覿覿覿說文目赤也一曰遙視皃或作覿亦省

○壁必歷切說文垣也文十二 廦說文牆也 鷿鳥名爾雅鷿鷈謂之罿 綼紛綼絜也 鼊鼅鼊龜屬 䴙鼊象邪獸名一曰鳥喙 嬖博雅嬖蜥易也 鐴犂耳也 箹肑指節聲或省 皵皮乾聲 辟除也 ○霹礔匹歷切霹靂雷之急激者或从石文十四

僻辟說文避也引詩宛如左僻一曰从旁牽或省 劈說文破也 鎃方言梁益之間裁木為器曰鎃 澼漂也莊子洴澼絖 憵博雅猝也

廦說文仄也 鷿鳥名說文鷿鷉也 癖臂積病或从肉 礔礔礰石聲 擗擊也 ○甓蒲歷切說文瓴甓也引詩中唐有甓文十五 革說文雨衣一曰蓑衣一曰革蔽艸名似烏韭 腷膟也 椑棺也 嬖博雅嬖蜥極也一曰欲死皃 鷿鸊鳥名說文鷿鷉也或从隹亦書作鸊 箄薄也 擘大指也 檗槃也 欂薄柱也亦省 裨裳在幅飾一曰絲細 辟僻糾擿邪辟也或从人 ○覛說文

䀢覓冥狄切說文衺視或作䀢覓亦書作覔俗作覔非是文四十二 䵐黷黷䵐色敗黑一曰闇也或从覓 覭微見也 糸幺說文細絲也象束絲之形徐鍇曰一蠶所吐為忽十忽為絲糸五忽也或省 䌐博雅索也一說荆州謂帆索曰䌐 冖說文覆也从一下垂 冪冪說文覆也或作冪冪冪 幎說文幔也周禮有幎人或書作冪 鼏說文以木橫貫鼎耳而舉之引周禮廟門容大鼏七箇即易玉鉉大吉也一曰覆鼎者

幦幎 說文髼布也引周禮駹車大幦或作幎 簚 笭簚奄帶也 蓂 艸名爾雅薪蓂大薺 塓 塗也春秋傳塓館宮室 汨

⿰氵覓 說文長沙汨羅淵屈原所沈之水或作⿰氵覓 ⿰氵幕 水淺皃通作⿰氵覓 ⿰馬覓 馬嚙謂之⿰馬覓一曰馬驚視 ⿰豸覓 白豕黑頭謂之⿰豸覓 ⿸虍日⿸虍百 說文白虎也或

从冥省 ⿰虫覓 蟲名博雅蟿⿰虫覓蠠也 幭⿱⺮幭 車覆式也詩鞹鞃淺幭或作⿱⺮幭 霢 霢霂小雨 慏 博雅廣也 冥 以繩麋取禽獸之名周官

有冥氏鄭康成說 ⿰火鼏⿰酉冥⿰酉鼏 ⿰火鼏蠡乾酪或作⿰酉冥亦从鼏 熐 夷人聚落謂之熐 ⿱艸覓 艸名 ⿺走覓 ⿺走覓趞狂走皃 眽 眽蜴欺慢也楚

人語 ⿱眽鳥 鳥驚視 莫 虛无也或引禮合莫 溟 溟溟雨小皃 ○旳的暺 丁歷切說文明也引易為的顙或作的暺文四十五 肑

脅也 ⿰忄勺 博雅怒也一曰痛也 ⿰勺刂 斷也 扚 擊也引也 ⿺辶弔弔 說文至也或省 適 親也 嫡 說文孎也 蹢豴 蹄也或从豕

馰 說文馬白額也一曰駿也引易為馰顙通作的 ⿰衤勺 襌衣 靮 繮也 ⿰鼠勺 鼠名 ⿰商鳥 說文雉屬戇鳥也 玓 說文玓瓅明珠色 ⿰石商⿰石適

⿰石勺 博雅磓也或从適从勺一曰水⿰石商番車 甋 瓴甋謂之甓 ⿰弓勺勺 射質也或省通作的 鏑 說文矢鏠也通作鍉 ⿰黑勺 博雅龍須謂之

⿰黑勺一曰婦人面飾一曰黑子箸面 滴⿰氵適 說文水注也或从適 魡⿱罒勺 繫魚也或作⿱罒勺 ⿰火的 說文望火皃 樀⿰木適 說文戶樀也引爾雅

檐謂之樀一曰機上卷絲器或从適 ⿰商斗 量器 ⿰禾勺 禾穗垂皃 菂芍 芙蕖中子或省通作的 擿 挑也磓也 杓 物之標準通作魡

葯 纏也 墒 階謂之墒 啇 本也 謫 罰也 鍉 唾器 ○逖逷狄 他歷切說文遠也引詩舍爾介逖古从易或省文四十二

歒歒歀小人喜笑皃 趯趯趯狂走 趯𨗨趯趯跳也或从辵 踢踢趹獸名左右有首 俶倜俶儻卓異也或作倜 惕愁

悐惕說文敬也或从狄亦作愓愓古書作悐 𧩎詆僻也一曰狡獪或省 睗說文失意視也 𧡮覿目赤一曰遙視或作覿 髑

說文骨間黃汁也 焬望火皃 蓧苗艸名蓨也或作苗 篧竹長殺皃詩篧篧竹竿 剔𠠾肆解也古作𠠾或作肆

鬄說文鬄髲也 擿硩揥挑也或作硩揥 崵山名 鬄鍚鬄也或作鍚 騞解牛聲莊子奏刀騞然向秀讀 適適

然驚皃 揥戲也取也 嬥嬥嬥好也 𥟖離而種之曰𥟖賈思勰說 摘說文拓果樹實也一曰指近之 禘福也 歡痛也 ○狄

亭歷切說文赤狄本犬種狄之爲言淫辟也亦姓文五十六 敵適說文仇也或作適 邮說文左馮翊高陵 踧踧踧平易也詩踧踧周道 迪

說文道也 𢓊說文行𢓊𢓊也 頔好也 覿覿覿爾雅見也或作覿覿 𤃾土水和也 糴籴說文市穀也亦姓或省 歡

痛也 禘福也 䴞麥屑也 潟滷鹹地或作滷 糴𥢔穀名或从禾 滌說文洒也 遾博雅遾遾雨也从迪 笛篴

樂器說文七孔筩也羌笛三孔或作篴 篧竹竿皃 𣓌木名 藡荻艸名萑也或从狄 熵光皃 苖艸名說文蓨也 蓧䔿

說文艸旱盡也引詩䔿䔿山川或作䔿 樀屋梠一曰卷絲具 𤛙猶博雅𤛙特雄也或从犬 𡒊堞也 翟鸐說文山雉尾長者亦姓或

从鳥 𦆵緑色 𩶸馬𩶸魚名出東海 逐浟速也周易其欲逐逐或作浟 儥買也 儵儵儵罹禍毒也 妯爾雅動也方言擾也

洪悅

齊宋曰妯　彴橋也一曰流星　咷嗷咷楚歌服虔說　仢說文約也　嚁聲也　⿰鹵翟鹹也　蓧莜盛種於器謂之蓧或省　櫂楚宋

謂橈曰櫂一曰木枝直上皃　婥女病　⿰耒啇種也　○秝狼狄切說文稀疏適也文一百三十七　厤說文治也　⿸厤分分也　歷⿸麻秝說文

過也古作⿸麻秝　曆說文曆象也通作歷　颾䬆颾䬆風聲　靂霹靂也　䏿曆脹強脂也　癧癧瘰癧病也或作癧　䁥明也

𥇲𥇲𥇲目明　嚦嚦嚦聲也　𪘨⿸厤齒齒病或省　䁻目⿱斬見視　𡳾說文履下也　⿺走厤趚𢕘徧行皃或作趚𢕘徧

𧾩躒說文動也或作躒　𨇈足所經踐　酈麗說文南陽縣或省亦姓　⿰厤阝⿰曆阝地名或从曆　寥⿱宀歷寂寥無人

也或从歷　𨈌軀𨈌倮也　⿴衣秝⿸厤衣急纏也或作⿸厤衣　⿰磊刂劙也　磿礰說文石聲也或作礰　𪑾黑皃　礫硌磟珞

說文小石也一曰石皃或作硌磟珞　瑴玉也　瓅說文玓瓅　纅治絲也　皪𤿳的皪白皃或从歷　⿸歷刂⿸厤力割也或省　鬲

䰛⿸厤瓦鎘鬴𩱧鏖鑠⿸厤鬲𩰫說文鼎屬也實五觳斗二升曰觳象腹交文三足或作䰛⿸厤瓦鎘鬴𩱧鏖鑠⿸厤鬲古作𩰫象孰飪

五味气上出　𩪘骨病　壢⿸厤土坑也或省　𤖭牀簀　𧭈⿰言麻謕𧭈言不明或省　⿰酉鬲⿰酉歷說文⿰酉甬也或从歷　⿰酉蠡⿰酉蠡醷酪也

櫟雜也　擽攦攊博雅擊也或从麗从歷　轢轣𨏖說文車所踐也或作轣𨏖通作擽　櫪說文櫪撕柙指也　⿰舟歷

船也　𪔀鼓𪔀鼓聲　䮥馬色　⿰羊歷⿰羊麻羖𦏧山羊或省　⿰豸歷⿰犭歷⿰犭樂⿰犭麻獸名或作⿰犭歷擽亦省　蝷野蠶　⿸厤鳥鳥名似鷹而大

也䍡曆冪䍡煙皃或从日鰏鱱鱳魚名博雅䱂也或从歷从樂𪕋鼠名蚸蟲名似蚣蜙細長者𩴵鬼名爏
厯火皃或省磿谷名瀝𤁶說文浚也一曰水下滴瀝或作𤁶靂霖霖靂雨不止皃或省濼貫衆艸名瀝歷歷
寒皃𡾟木障䆶穿也蒚艸名說文夫蘺上也𦮓艸木疏皃藶葶藶艸名𧄺水艸櫟說文木也一曰縣名𡡉
𡡉嘶欲死皃𨷃殺也厤厤落大也漻變化皃莊子油然漻然李軌讀轑撓也漢書轑釜𡨨博雅藏也𣚧養馬器通
作櫪觻獸角鋒曰觻扚按也鬁髮踈皃𢤱心所營也𧓍歷星皃𨵼開也𦅜繩爲界埒也𦗲耳審聞𪖃
鼻别臭𢿋亂也𡡉女字也䢍近也厤以爪擇物壢積也𤬂𠝗厤小劣也𤪚玉名𣫵刈也𠍽闕人名𥳆
竹火約刀爲𥳆。惄餧乃歷切說文飢餓也一曰憂也引詩惄如調飢或作餧文九愵𢙺說文憂皃或作𢙺亦書作𢘐休溺說文
没也或作溺𥹷粉餌熟曰𥹷𡋭水土相和也嫋弱也。檄刑狄切說文二尺書文十三鷔鳥名𣘊說文種𣘊也一曰燒
麥柃𣘊也薂爾雅的薂蓮實也覡𡝧說文能齊肅事神明也在男曰覡在女曰巫或作𡝧觡說文杖端角也獥狼子鼳
𪕞鼠名狀如鼠在樹木上或作𪕞𥳴斛注謂之𥳴殺矜矛屬長殺謂之勃盧或作矜。鬩訬馨香激切說文煩訟也
引詩兄弟鬩于牆从門从兒兒善訟者也或作訬文十八謚䞮笑聲或作䞮𣨬去涕也𤅢𤅢沐怖懅也通作悑𣤶說文且唾聲一曰小

皃篱籬屬焃赤也赫也殈卵坼不成曰殈砉砉然皮骨相離聲李軌說幱幱𢅥赤紙䂢殺矜博雅矛也
或作殺矜𢜏心不自安謂之𢜏焱火華也𢠵慹也○喫𡄔噭詰歷切說文食也或作𡄔噭文十三慤敕也𣪊髃也轂
勤苦用力曰轂撽旁擊也燩博雅曝也鈫吹器幦幦覆笭也禮君羔幦徐邈讀澼漂也莊子洴澼絖李軌讀矝矜
矛也或从令○激吉歷切說文礙衺疾波也一曰半遮也亦姓淮南傳有激章文二十一𧝁衺裏鬲也𥨍回泿敫敬也轂說文相擊中也
如車相擊故从殳从𨊠瞰目不瞬擊撽隔說文攴也或作撽古作隔轚說文車轄相擊也引周禮舟輿擊互者約纏也墼
說文䟴適也一曰未燒也𤢯獸名爾雅𤢯狼其子𤢯𪆂鳥名爾雅𪆂鷱鷢似鳥蒼白色藪說文艸也芠弓檠噭聲之激也春秋
傳噭然而哭鈫吹器𢡟疾也或書作懯譤訐也○鶂鷊𪁉鷁倪歷切說文鳥也引春秋傳六鶂退飛或从鬲从赤从益文十二
霓蜺虹䑶榏艗艗首舟也或从木从兒鷊虉𧃒說文綬也引詩邛有旨鷊或作虉亦从鶂𠩈說文石地惡也○闃
苦狊切靜也文三𨁈踞也砉砉然皮骨相離聲○狊扃闃切說文犬視皃爾雅鳥曰狊張兩翅也文十鼳獸名爾雅鼳身長須而賊
秦人謂之小驢一曰鼠名今江東山中有狀如鼠而大蒼色郭璞說犑牛屬鶪𨿽鴃鳥名說文伯勞也或从隹亦作鴃湨水名在河內
郹說文蔡邑也引春秋傳郹陽封人之女奔之𠞰劀也偰黠也○殈呼狊切鳥卵裂也禮卵生者不殈文十三𦬁艸名洫水名在漁陽

芍陂名豹殺矛屬或作殺昊犬視焱火華謂之火焱耆皮骨相離聲幦車覆笭春秋傳以幦爲席監山名漢書
監町山出銀鉛在益州郡瞁𥇘視也或作𥇘○梀榡霜狄切木名爾雅梀赤梀或作榡文二○𩠋泥壁切面也莊子槁項黃𩠋文二洫
深意郭象曰老而愈洫○棫于昊切木名白桵也文一
二十四○職職質力切說文記微也一曰主也業也或从身文二十一戠說文闕織紝絲𢦔𢧐說文作布帛之
總名也樂浪挈令从糸从式徐鉉曰挈令蓋律令之書也或作絲古作𢦔𢧐膱脯脡也長尺有寸樴說文弋也通作職𩮴鬊垢也蘵𦺍
𦶇艸名爾雅蘵黃蒢葉似酸漿華小而白或作𦺍亦省蟙蟘蟙蠌蟲名蝙蝠也或从式埴黏土也昵䐈𤁗粘也周禮凡昵
作䐈𤁗通作職嬂女字○識𧦝設職切說文常也一曰知也亦姓古作𢦔或書作𧭎文十七試用也通作式飾餝說文
㪳也一曰襐飾或作餝䁒目所記也式說文法也亦姓軾說文車前也拭𢂑爾雅清也或从巾紝織巳經未緯也鉽鼎屬翜
竊盜挾藏謂之翜蘵苦蘵艸名即苦蒛蛓蛓蠌蟲名仙鼠也烒火皃栻木局也有天地所以推陰陽占吉凶以楓子棗心爲之通作式
○瀷吒力切水出大騩山南入潁一曰水潦文二潩水出河南密縣東入潁○寔丞職切說文止也一曰是也文十七遈行也湜㵡
說文水清底見也引詩湜湜其止或从寔殖說文脂膏久殖也一曰種也一曰興生財利曰殖埴𡌴𢧕說文黏土也或作𡌴𢧕稙說文早種

也引詩植稚尗麥 植⿰木置說文戶植也一曰樹立也或从置 ⿰多直多也 ⿱竹直笙也 萴藥艸 淔水名 禃專也 値措置也

○食⿱亼直實職切說文一米也古作⿱亼直亦姓文五 蝕蝕瘜說文敗創也或省亦从疒 ○側札色切說文旁也文十八 仄⿸厂仄⿸厂矢

廁說文側傾也从人在厂下或从吳从籀从矢亦作廁 夨說文傾頭也从大象形 昃昗昃稷說文日在西方時側也引易曰昃之離或作昗昃稷

萴艸名說文烏喙也一曰附子一歲者 稄稫稄禾密皃 ⿰禾具禾束也 ⿰扌則打也通作⿰扌畟 ⿰仄鳥鳥名 汄⿰氵仄湢汄水流皃或省 崱山連

皃 ○色⿰色殺殺測切說文顏色也古作⿰色殺文二十二 ⿰車色博雅軫⿰車色轉戾也 嗇⿱來田⿱夾田嗇⿰亻嗇說文愛濇也从來从㐭來者㐭

而藏之故田夫謂之嗇夫古作⿱來田⿱夾田隸省亦作⿰亻嗇 穡說文穀可收曰穡 薔艸名說文薔虞蓼 ⿰嗇欠恐懼也春秋傳⿰嗇欠然而駭 懎恨也 ⿰嗇力助也

⿰嗇頁頻嗇也 ⿱竹嗇飾也 ⿰虫嗇蟲名 轖⿰革嗇說文車籍交錯也一曰重革之叢所以覆軨也或从革 繬博雅縫也 ⿰嗇刂剌也 濇不滑也

⿰女嗇女字 ○測察色切說文深所至也文九 ⿰禾則禾稠皃 溭溭減水皃 惻說文痛也或書作⿱則心 畟稷說文治稼畟畟進也引詩畟畟

良耜或从耒 ⿰土則說文遏遮也 ⿱艹敕艸名 廁側也莊子廁足而墊之 ○崱實側切崱屴山大皃文六 崱⿱山昃崱嶷山峻皃或

省 溭溭減奔湍 萴藥艸博雅附子一歲曰萴子 ⿰扌昃戈也 ○息⿰言息悉即切說文喘也一曰止也生也古作⿰言息文十三 ⿰食息博雅息也

方言周鄭宋沛閒曰⿰食息 瘜膄說文寄肉也或从肉 熄說文畜火也一曰滅火 葸菲葸菜名生下溼地似蕪菁可食郭璞說 ⿰木息說文

木名鄎說文姬姓之國在淮北今汝南新鄎隐地名𣶏水皃篒簨篒竹器鵖鳥食。卽即節力切說文即食也一曰

就也亦姓隸作即文二十六脚脚臟膏澤也喞啾喞多聲𢱢說文捽也魏郡有𢱢裴侯國一曰拭也𨇨蹙蹙也堲𤇸燒土周棺

也或从火通作即畟稷𠞰畟畟耜利也或从耒从刀稷稷𥡴說文齋也五穀之長亦姓或作稷𥡴爈爈燼㮛說文細理木也

𤛓牛名犤也𤞞犬生三子曰𤞞鵖鵖鴒鳥名雝渠也或書作鷍鯽鯽魚名蝍蠀蟲名爾雅蒺蔾蝍蛆似蝗食蛇腦或作蠀樍木名

稷也畟理也禝堯臣能播五穀有功於民祀之通作稷傻小也。堲即疾力切疾也書朕堲讒說或省文八垐以土增道揤打也

㚇欰錯喉或作欰蒺蒺蔾艸名崱山皃。陟𠊹徏隲𢓊徝竹力切說文登也或作𠊹徏隲𢓊徝文十二

稙早種也㱈痛也膱肥也捗打也𦤶至到也𦕻耳目不相順也。敕勅勑蓄力切說文誡也兩地曰敕从攴束聲

古从力或作勑本音賚世以爲敕字行之久矣文十九飭飾說文致堅也一曰戒也或作飾𠈑恜說文惕也引春秋國語於其心𠈑然或从心

𨔝博雅張也一曰開也通作憖憖從也趩𨃾說文行聲也一曰不行皃或从足栻博雅曲道栻楬也淔說文水也一曰出潁川一曰艸名

鷘鵡鸂鷘水鳥毛有五色或作鵡菫艸名似冬藍味酢式古文也古者大出師則大史主抱式鉓飾也瀷水湊急也。直

𣓌𣓌逐力切說文正見也亦姓古作𣓌𣓌文九𡸿山皃犆幀緣也禮羔辟虎犆或从巾植立也詩植我鼗鼓膱肥也值措置

集韻入聲十　二十一　陳俊

也。力六直切說文筋也象人筋之形治功曰力能圉大災亦姓文十九　仂勤也一曰稅什一也　边行脛相交也　㔹趙魏之間謂棘曰㔹　朸縣名

屬平原一曰屋隅亦姓　屴屴崱山連皃　泐水石理也　𧲣犬名出遼東　鴷鳥名小鳧也一曰鳩別名　㺶犬爭皃　扐縛也關中語

赲赲趩行皃　來䅘麳𪍿來牟麥也或作䅘麳𪍿　𡋯去皃　棶木名野棗酸者江南山東曰棶子　蝕谷名在杜南

匿。昵力切說文亡也一曰微也一曰朔而月見東方曰側匿文十一　𪘆齒病　𪏮黏也　蠠𠥎𧕕蟲名博雅蠠蠪蝱也或作𠥎𧕕　𢢷

恧愧也方言梁宋曰𢢷或作恧　䱻魚名似鯇而小　嫟女字　慝隱情飾非曰慝　弋。逸織切說文橜也象折木衺銳箸形从丿象物

挂之也亦姓文四十八　杙樴職說文劉劉杙或作樴職　隿說文繳射飛鳥也　𩙺翼𦐊𦑄說文翄也篆作翼或作𦐊𦑄翼

一曰輔也盛也又國名亦姓　𪂌鳥名　翊說文飛皃一曰輔也一曰馮翊郡名　翌爾雅明也　廙庂說文行屋也或作庂　忕心動也　𨘢

𨘢說文趨進𨘢如也或从辵　𢓡行也　𦙍肥澤也　𤸱病也　𦙍骮缺盆骨也或从骨　㚤說文婦官也　熼火皃

𨠊說文酒色也　蟔蟲名　釴爾雅鼎附耳外謂之釴　𠪳不利也　𠥼𠥽說文田器也或从翼　𦓝博雅耩𦓝耕也　𥝪

穓蕃蕪皃或作𥣬　𪌭秇麥䴵也或从禾　𧂄𦰌艸名藕翹也或省　芅銚芅艸名羊桃也通作弋　潩說文水出河南

密縣大隗山南入潁　黓黑也爾雅太歲在壬曰玄黓　𧇢闕人名魏有荀𧇢　𦐂舞名　蛡蜂房也太玄蠮其蛡一曰蟲行皃　瀷說文

水出河南密縣東入潁煜闕人名後魏有張煜笂竹索⿰衤弋黑衣⿹弋瓦瓦坏也。殛極訖力切說文殊也引虞書殛鯀于羽山或作極
文三十三亟蒚⿱艹亟說文敏疾也从人从口从又从二二天地也徐鍇曰承天之時因地之利口謀之手執之時不可失疾也或作蒚⿱艹亟⿰目亟張目也茍
說文自急敕也从羊省从包省从口口猶慎言也古作蒚⿰革亟革說文急也或作革⿰忄亟說文疾也悈博雅慬也通作⿰忄亟⿰去夌去棘也⿰王棘
⿰王朿垂⿰王棘地名字本作棘以其出美玉故从玉或謂玉曰垂⿰王棘亦省通作蕀棘⿰衤棘⿰衤亟說文衣領也引詩要之⿰衤棘之或作⿰衤亟⿰木朿棘朿說文小棗
叢生者又姓或作蕀棘或省⿰革見說文繫牛脛也⿰言亟訥言也蕀艸名爾雅髦顛蕀細葉有刺蔓或謂之女朮瞿瞿瞿居喪視不審皃⿰革棘博雅
羇⿰革棘勒也⿱棘力力也⿰山亟山名⿰羊亟羊名⿱棘又⿰亻棘縣名或从人麥來牟也諽愅飾也謹也更也或从心。赩迄力
切說文大赤也文十一⿰忄亟怒也⿰黑喜青黑色曰⿰黑喜歖說文悲意覤覤覤驚懼皃⿱畫皿說文傷痛也引周書民罔不⿱畫皿傷心⿳大目又博雅
⿳大目又⿳大目又肥也⿱目大⿻大目邪視皃或省⿰赤欠笑聲謂之⿰赤欠⿰馬喜馬走。⿰亻⿳亠田心⿰亻畗億意乙力切說文安也一曰度也辭也或作⿰亻畗億意
文三十二啻說文快也憶思也𢡊意說文滿也一曰十萬曰𢡊籀作意肊臆⿰骨啻⿰骨意說文胷骨也或作臆⿰骨啻⿰骨意繶博雅
繶紃絛也⿰㠯巾幡也⿰口彐⿰扌⿰口彐抑說文按也从反印或从手隸作抑⿰土卬邑名𤺊病也醷釀醴酏爲漿也⿰氵啻澺說文
水出汝南上蔡黑閭澗入汝隸作澺⿱艹啻薏艸名說文薏苢一曰⿱艹啻英或作薏⿰木𢡊檍木名說文杶也或从𢡊⿰木啻說文梓屬大者

集韻卷十　二十二　陳忠

重刀

可爲棺椁小者可爲弓材蟪蠹蟲名博雅蟪蠹蟪也或作蠹噫語辭通作億抑䪰履首䕭數也通作億意○極竭憶切說

文棟也一曰中也至也文五殛死也革亟急也或作亟朸漢侯國名○𡴎嶷儗譺鄂力切說文小兒有知也引詩

克岐克嶷或从山从心从言文七薿茂也觺觺觺角皃𥏻正立皃○𩋜𩏂乞力切韋堅也或从韋文六𩌏馬勒緙

紩也諽愅飾也謹也更也或从心○或域𨸍𩫖𤰞越逼切說文邦也从口从戈以守一一名也或从土从阜古作𩫖𤰞文二十

八𦯫艸木叢生通作棫淢說文疾流也罭罔也棫木名說文白桵也𢧤疾皃惐惻惐傷痛也蜮蟈

蟲名說文短狐也似鼈三足以气射害人一曰蝦蟇也或从國䳼鳥名博雅䳼鷍戴勝也𡘍字林大力皃𨫋說文瓦器也琙闕人名漢

有公孫琙黬緎䩎羬說文羔裘之縫或从糸从革从羊𩣡騙騬馬走皃閾𨳭說文門榍也引論語行不履閾古从洫

魊鬼名𣲰說文水流也䈅竹叢生𦐼飛也○洫淢忽域切說文十里爲成成間廣八尺謂之洫引論語盡力于溝洫或作淢文三

十𣢞吹也𧼯走也𣲰說文水流也侐𨴬說文靜也引詩閟宮有侐或从門閾𨳭門榍也古作𨳭黬緎䩎縫也

或从糸从革䳼鳥名𣦸殘裂也𥄎舉目使人也𤵤說文頭痛也㶄火光也𡘍博雅方也一曰大也窢窢然逆風

聲𧹞赭色殈卵破也禮卵生者不殈徐邈讀𥇍睡目皃𩣡騙騬馬走䱛魚名罭魚罔䬌風皃掝裂聲𦐼鳥飛

聲衋痛傷也惐心惑也𠰻嘎聲也或从旻○堛拍逼切說文甴也文二十一畐偪說文滿也从高省象高厚之形

或作偪陝隔地裂謂之陝或作隔䨮多也稫稫稄禾密皃𪏮治黍禾豆下潰葉也䭮飽皃副疈偪罷說文判也

引周禮副辜祭籀作疈或作偪罷愊說文誠志也踾踾踾聲楅所以𢇍矢也揊敲扑擊手聲或作敲扑馥香也蔔

艸名○逼偪筆力切爾雅迫也或作偪文十八皕說文二百也楅說文以木有所逼束也引詩夏而楅衡幅行縢也春秋傳帶裳幅舄

䮠䮠駴馬走鶝鳥名似鶝湢湢汲水驚涌皃颵䫿風也或作䫿㘡閉也亦姓皀粒也堛塊也䨮多也踾踾蹴行迫

也𪐐粘黍也稫蹂禾下葉𨎦車笭間皮篋○愎弼力切戾也文二十𤎅煏煏𩞄說文以火乾肉或作煏煏𩞄黍

𪏮治黍豆也或从耒趩走也踾踏也鶝鳥名腷服腷臆意不泄皃或作服楅版也坼也馥香也颵風也𩙏

僰地名在蜀或从人陟山陟䙱賤稱愊誠也○𥉋密逼切暫視也文一○𣭢丁力切毛少也文二淂得滴水少

○日而力切太陽精也李舟說文三臸到也聑耳目不相信

二十五○德的則切說文升也一曰行之得也文十三悳惪說文外得於人內得於己也古作惪通作德䙷䙷䙷行皃𨇪約也

䭓取也得㝵𢔶得說文行有所得也古省或作𢔶得淂水皃一曰水名𢔶得也周禮陟夢言夢之所得𤺺

病也。忒惕德切說文更也文十三忑說文失常也脦肋脦不正容止也蟘蟲名博雅蟱蟒蟘也㥀心懼貣貸說文从人求物也或作貸聽聽瞖目欲卧皃捤擊也挨也匿朔而月見東方曰側匿㥾慙也慝式惡也或作式通作匿。特犆㸙敵德切說文朴特牛父也一曰獨也或作犆㸙文十五貣貸从人求物也或作貸蟘蟘蚮螣說文蟲食苗葉者吏乞貸則生蟘引詩去其螟蟘或作蟘蚮螣職樴𣘐杙也周官有職人戚衮讀或从木从貣通作棏蚮關中謂蛇蠆毒曰蚮或書作蛓棏木名鴏鴨屬。勒歷德切說文馬頭絡銜也一說馬轡有銜曰勒無曰羈一曰刊也文十四肋說文脅骨也扐說文易筮再扐而後卦一曰指閒也通作芀仂什一也禮祭用數之仂协說文材十人也芀蘿芀菜名胡荾屬竻竹根朸說文木之理也平原有朸縣阞說文地理也泐說文水石之理也引周禮石有時而泐墪玏說文玪墪也謂石之次玉者或省亦書作玏劥廣雅力也氻水聲。螚螚匿德切蟲名兔缺也一曰小蝨或省文五䏻埃䏻無光也𥝩穀穰也耓𦔮耓艸生皃。北蛗必墨切說文乖也从二人相背一曰朔也古作蛗文三蛗蟹四足者曰蛗。菔蔔鼻墨切菜名說文蘆菔似蕪菁實如小尗者或作蔔文二十五憊困也㷶趙魏謂熬曰㷶扶擊也匐匍伏服踙說文伏地也或作匍伏服踙菩艸名踣趞仆掊婄䟘說文僵也引春秋傳晉人踣之或从走亦作仆掊婄䟘僰說文犍爲蠻夷𦥔方言農夫之醜

稱博雅儓亹䑋醜也　垘土壅曰垘　𪏰說文治黍禾豆下潰葉　培重也莊子而後乃今培風　蝮蝮蜪蟲名蝝也　煏火乾也　茯

茯苓藥艸。墨密北切說文書墨也亦姓一曰度名五尺曰墨文二十二　默說文犬暫逐人也　嘿默靜也或从欠通作默　嚜博雅

嚜㞒欺也　䁀䁀賽視無所見　𪑼聽𪑼目欲臥皃一曰驚也　冒干也　覓突前也　窨暫視也　嫼嫼怒也或不省

纆纆說文索也或从墨　𦝢䀛帽水蟲　蟔蟲名齊人呼蝠爲蟙蟔　𧎥蟲名爾雅𧎥蛄蟙蟔屬通作蟔　万寋万俟虜姓或作

寋　𦪇艒小舟或作艒　爅火皃。𡫳塞𡫕悉則切說文窒也从㠭从廾窒宀中㠭猶齊也亦姓或作塞𡫕文七　賽

䁀賽視無見也　㥶𢡆𡫳說文實也引虞書剛而㥶古作𢡆𡫳。𡐨七則切階級也文一。則𠟭𠟭即得切說文等

畫物也从刀从貝貝古之物貨也一曰法也即也古作𠟭𠟭籀从鼎文四。戝賊疾則切說文敗也从戈則聲隸作賊文十一　𣿅博雅𣿅測也　鰂

鱡鯽說文烏鰂魚名或从賊从即　蠈蝍蝗食禾節者或从則　蘵木蘵艸名　𨆪踐害之也　樴木名。劾紇則

切法有罪也文二　閡礙也。黑迄得切說文火所熏之色从炎上出四文七　嫼說文怒也　㥺惛也　潶水名出黑山西　𪑾嘿

欸也或从口　鱡魚名鰜也。克𠅄𠅆𠧝𠧞乞得切說文肩也象屋下刻木之形徐鍇曰肩任也負何之名也與人肩膊之義通作

勝此物謂之克古作𠅄𠅆𠧝𠧞文十二　𡝖娔老女卑賤謂之𡝖或省　剋殺也　刻𠟩說文鏤也一曰痛也一曰豖跡古作𠟩　勊說文尤極也一

上　集韻入聲十　二十四　陳眞

曰自彊也惐駭而自專也。棫訖得切衣裾也文四嬑東也𦔯棫耨艸生翻翅也。䬣乙得切噎聲文三檍木名可爲弓幹

𧍟蟲名。或獲北切疑辭文七惑說文亂也通作或𢧀水流也蜮蟈蟲名短狐也或从國䳼鳥名方言䳼勝燕之東北謂之

䳼䰲鬼䰲回風一說鬼因風伺人也或書作颰。幗忽或切巾帛被風聲或書作幗文一。國𢧀圀骨或切說文邦也古作𢧀唐武后作圀文六

蟈蟲名蝦蟇也膕曲膝中馘割耳也。愎匹北切愎畐也文三覆反也蝮蟲名蝗也

二十六。緝七入切說文績也文十六葺說文茨也緁緝緶衣也或作緝䘳說文裣緣也𢔶𢔶𢔶行皃咠說文聶語

也引詩咠咠幡幡㑏心不正也諿和也辯也鼙鼓無聲輯斂也潗湒湁潗水沸皃或作湒𨀤博雅行也霵䨙

雨下皃或省。靸𩎟息入切嬰兒履謂之靸或从韋文十三卅四十也霫雭霫霫大雨一曰奚霫東北夷名或作雭㗩㗩

寒聲𤸌小痛也䇦織竹器緣𨁲斂膝坐也鈒小鏠𨛡邑名𢔡行皃楫持止也。㗱即入切說文噍也一

曰歃也文二十七䁒目動也咠咠咠聶語也或从口㒓人衆也潗淁水濮也一曰湁潗水微轉細通皃或作淁𡏧

泉出於土也湒說文雨下也一曰沸涌皃䏂肥膏也一曰創潰出皃䌖說文合也一曰蠻夷貨𨤲物相重累斟說文斟斟盛也汝南名蠶

盛曰斟䩞博雅䩞謂之𩍮一曰車鞧揖聚也詩螽斯羽揖揖兮稓稓稓禾衆皃蓻說文艸木不生也一曰茅芽葺博雅覆也

蕺艸名菩也 嶕山名 檝楫舟櫂也或省 緝緝緝口舌聲 汁汁光紀黑帝號 ⿱竹執廣雅箭鏑⿱竹執也 ⿰衤建裣緣

輯斂也○習席入切說文數飛也文二十九 謵說文言謵讋也 葺覆也 襲⿱龖衣說文左衽袍也一曰因也籀作⿱龖衣 戢兵掩也通作⿱龍衣

褶袷也襲也一曰袴褶騎服 湁湁湁水皃 飁飁飁大風 霫霅霫大雨一曰白霫北狄國 隰濕⿰阝累⿰自習說文坂下溼也亦姓或作濕⿰阝累古作⿰自習

鳛⿰習隹山海經小侯山有鳥狀如烏而白文名曰鴣鳛或从隹 騽說文馬豪骭也一曰驪馬黃脊 鰼魚名說文鰌也 ⿸疒習痺疾

熠光盛皃 ⿱竹習⿰舟習⿱龍舟覆船具或作⿰舟習⿱龍舟 槢說文木也一曰梁也 ⿱艸習艸名博雅水苜⿱艸習也 ⿰虫習⿰虫習⿰虫習蟲皃 慴懼也

𠦂相次也 亼合也○雧集籍入切說文羣鳥在木上也一曰聚也成也亦姓或省文十五 亼說文三合也象三合之形 ⿰咠十說文詞之⿰咠十矣

慹說文悑也 輯說文車和輯也一曰斂也通作楫 檝楫舟櫂也或省 鏶鍓說文鏶也或作鍓 蕺艸名菩也

葺⿱竹咠覆也或从竹 楫聚也成也通作輯 嶕嶕嶫山皃○溼濕失入切說文幽溼也从水一所以覆而有土故溼也或作濕文三

⿰耳㬎牛耳動皃○卙吐入切卙卙盛也文三 蟄和集也 濕濕濕牛呞動耳皃○執秇質入切說文捕罪人也一曰持也古作秇文十二

⿱執言⿱執言讘多言 瓡縣名在北海 慹說文悑也 卙卙卙盛也 汁說文液也 ⿱執金羊箠也一說東夷謂鏊為⿱執金 蟄靜也莊子蟄蟲始作郭象讀

⿰亻執執事者通作執 ⿱竹執竹名 泙脣聲○十寔入切說文數之具也一為東西丨為南北則四方中央備矣文八 ⿰阝十

方迪

⿰十阝汁⿰阝十邡縣名在蜀或从邑亦作汁 什說文相什保也 拾說文掇也一曰射韝一曰劒削 褶袴褶騎服 湒水皃。入日執切說

文內也象从上俱下也文三 廿說文二十并也 㚔盗不止也。歰濇澀歮澁色入切說文不滑也或作濇澀歮澁文十八 ⿱艹歰

⿱艹歰⿱艹歰艸聲 ⿰彳歰行不進也 譅譅譶言不止 ⿰忄歰⿰忄坙也 ⿰木歰木茂皃 ⿰口歰口不能言也通作歰 ⿰爿歰殳立皃 雭雨也一曰小雨 ⿱彐夾

說文捷也 鈒闟鎩鋋也或作闟鎩 ⿰氵卥蠻夷酋長名唐有瀫達國王摩俱⿰氵卥思。㞕測入切㞕屐从後躡也一曰少也文十二 ⿰石臿

石皃 ⿰土臿⿰土臿⿰土㬎累土也 偛偛㑳小人皃一曰黠皃 ⿰衤臿衣重緣 扱取也 ⿰禾臿種也 ⿰木臿⿰木臿⿰木坙林木皃 ⿰彳歰行皃 ⿰角咠角多

皃 品衆口 ⿰立足闕人名。戢側立切說文藏兵也引詩載戢干戈文二十三 品說文衆口也 ⿰口戢喻削也 ⿰耳戢 ⿰目咠淚出皃或省

濈湒說文和也或省 ⿰石戢石皃 ⿰月戢⿰月咠肥膏出也或省 ⿰角咠⿰角戢角多皃或从戢 偮人衆皃 蕺艸名葉似蕎麥

生濕地 ⿰爿戢殳立皃 揖聚也 輯斂也 ⿱雨⿰氵戢⿱雨戢雨聲一曰雨下皃或省 ⿱⿰馬馬木木盛皃 嶯山名在越 ⿱鬯耳

以新穀汁漬舊穀也 ⿱艹歰香菜。⿰口⿱雨戢仕戢切⿰口⿱雨言⿰口⿱雨戢衆聲疾皃文五 ⿱⿰馬馬木木盛皃 驫⿰馬集馬衆也或从集 ⿰馬戢⿰馬戢⿰馬戢馬行皃

。縶陟立切繫也文八 馽說文絆馬也引春秋傳韓厥執馽前通作縶 ⿰口馽⿰口馽⿰口馽鳴也 ⿱雨執小濕也 鷙卓鷙鳥行不平

⿰足丮足不相過 贄不動皃通作慹 慹怖也。湁敕立切說文湁湒鬻也文四 ⿱雨立博雅雨也 ⿰土㬎說文下入也 ⿰土臿⿰土臿⿰土㬎累土

○蟄直立切說文藏也文十二𦠆博雅淪也俋俋俋耕人行皃𡑞𡓉博雅益也一曰累土或从㬎脛脯也屈曰脛尼說文屆屆尼謂少也譶讘譶言不止也漐汗出皃㶒㶒漐小雨𦷈艸名堇也桱棰桱林木皃○立力入切說文住也从大立一之上一曰成也亦姓文十七粒䬅說文糂也古从食齝齝齸䶇咬堅物聲𨽾臨也鉝胡食器林邑王獻流離蘇鉝雴雴霫大雨笠說文簦笠無柄也苙畜欄也孟子如追放豚既入其苙一曰藥艸白芷也砬砬磖石聲一曰石藥能制藥毒岦岦岌山皃䲞鳥名說文天狗也如翠而食魚鷑鷑鳩小黑鳥鳴自呼江東名烏鳴颯颯飀大風泣猋泣疾皃㕸石聲啦啦啦送舟聲○𡦂昵立切聚皃或作孴文十四溷濕溷水皃灄澀灄雨露皃湆潗湆沸聲嬶㛙嬶婦皃隰陒隰陜皃囚囧囲囚囚私取物或作囲囲抐挹抐中制也籋箱也𦯉蒳葩𦯉艸密皃或作蒳○揖一入切說文攘也一曰手箸胷曰揖通作挹文五挹酌也咠聶語也葺艸名一曰葺𦯉艸密皃箿挹器○熠弋入切說文盛光也引詩熠燿宵行文四孴聚皃一曰多也𧍪𧍪蜦蟲名螱螢火也或从昱○煜域及切燿也文十二喅𡅏喅喅眾聲或从雲曄熠爗曅暐曄光也或作熠爗曅㴔急流皃燁火盛皃曄艸木白華䨙䨙霵雨聲騽馬豪也○吸迄及切說文內息也二十七𡅏𡅏霵眾聲疾皃𧬐疾言也一曰𧬐訮語聲歙說文縮鼻也丹陽有歙縣熻博雅爇也翕說文起也一曰眾也盛也㬛日乾物也鶲鳥名瞈視皃翖西域諸國

官名有翖侯劊欲割也鄶說文地名歙㩉擊也或从手闟安定意史記闟然更始潝㴔說文水疾聲或作㴔嬆女性淨

扱斂持也禮以箕自向而扱之脅胎脅肩竦體也或作胎亦書作脇㒆噏斂也老子將欲㒆之或作噏翕通作歙念合也太玄廞而念之

㥢心熱皃鈒戟名通作闟㽺病劣也○泣乞及切說文無聲出涕曰泣文十四𦞱𩩟𦞱胸脯一曰乾𩩟也或从骨

湆說文幽溼也𥗋砬𥗋石聲𦙶湇博雅䑋謂之𦙶或作湇位位集人眾皃𥉫睡𥉫也或作睡䁯目睛中扱枯也

手至地儀禮婦拜扱地劉昌宗說芨艸名烏頭也㗳啞嗑送舟聲○㥛急說立切說文褊也一曰疾也隸作急文十八伋說文人名

彶𢓊說文急行也或从去給說文相足也亦姓㽺病劣也級說文絲次第也阪階等也通作級汲說文引水於井也一曰縣

名亦姓鋑鋤屬芨說文堇艸也通作急跲躓也禮言前定則不跲皇侃讀𩿨鳥名扱引也皀穀香品眾口𦺽

艸名蒴藿也○及弓𨒪乀極入切說文逮也徐鍇曰及前人也古作弓𨒪秦刻石文作乀文十七𢨝博雅戶牡也笈

負書箱𦁡新羅謂緝曰𦁡苙芨白苙艸名芨蕡也或从及䒗博雅冬瓜䒗也鵖鴔雞鵖鴔小黑鳥或从及从隹給敏言

也禮恭而不中禮謂之給伋汲伋伋虛詐皃或作汲彶急行○邑乙及切說文國也先王之制尊卑有大小文十五䈱捕魚竹器浥

說文溼也挹揖說文抒也或作揖悒說文不安也裛書囊一曰香襲衣也𨹔𨹔隔陜也𩚸博雅臭也㛕㛕婚婦皃唈

嗚唈短氣⿱艹邑艸傷壞也⿱艹浥⿱艹浥萂艸密皃厭厭浥溼意俋耕人行皃莊子俋俋乎耕而不顧○岌逆及切高過也爾雅小山岌大山峘文十五⿰亻岌⿰亻岌⿰亻岌人衆皃⿰馬岌馬行皃⿰口岌⿰口岌⿰口岌衆聲⿰虫岌蟲行皃⿰魚岌魚衆也⿰夕立⿰夕及危也或从及業壯也詩四牡業業扱拜手至地也嵒地名春秋傳取宋師于嵒⿰土岌危也莊子殆哉⿰土岌乎天下通作岌⿰石業嶫⿰石業⿰石業山高皃或从山⿰舟業舟行鵖比及切鴔鵖鳥名戴勝也文四皀說文穀之馨香也象嘉穀在裹中之形匕所以扱之一曰一粒也⿰阝業厓險危皃㗊衆口○鴔⿹勹邑急切鴔鳥名文一

二十七○合曷閤切說文合口也又州名亦姓文二十匌說文帀也郃說文左馮翊郃陽縣引詩在郃之陽一曰合也⿱合回會也通作郃詥說文諧也⿰齒合哈⿰口畣食也或作哈⿰口畣頜頜車也⿺辶合說文遝也⿰木合⿰木合榙木名朝舒暮卷耠秴博雅耠耠也或从禾祫大合祭也⿵冂谷闕人名列子⿵冂谷周穆王車右峆峆嶍山皃盒盤屬⿱艹⿵冂谷艸名⿰口就柔也榙果名似李○欱呼合切說文歠也或从口文十⿰鼻合⿰鼻夾⿰鼻合⿰鼻句鼻息也或从夾⿸疒合說文病劣也匌帀也⿰月合肥也欶欶吹呻也瘩寒病歙瘷也○⿸厂合⿸广合渴合切說文閉也或作⿸广合文二十⿸厂⿱合山⿸厂⿱合山山左右有岸曰⿸厂合或从⿸厂合匌博雅帀也⿰目答欲睡皃佮姓也⿸厂合⿸厂⿱合口壓也或从厂⿱穴合⿱宀合合也或从宀歁歁歁癡皃一曰不滿意峇山形⿰言缶⿰言缶⿰言㬎笑語⿰口缶齧也頜姓也遂之彊族鉿

博雅鋋也𥡞矛也鼛鼓聲也𤸷病寒也○閤葛合切說文門旁戶也文二十九𡱁閉也合兩龠爲合佮說文
合也匌帀也欱說文合會也頜頤傍一曰耳下骨亦姓秴種也𣭝毼目睫長皃韐袷帢韎韐士服制如韍或作帢
恰詥會言也鞈鞅櫜也一曰捍防也或从夾𢂁說文蒲席䒊也一曰車藉枱劒柙𪘂哈食也或从口鉿
鋋也浩浩亹縣名在金城郡郃地名鴿䧻鳥名說文鳩屬或从隹𧊧說文蜃屬有三皆生於海千歲化爲盒秦謂之
牡厲一曰百歲燕所化魁盒一名復累老服翼所化或書作蛤鮯博雅東方有魚如鯉六足鳥尾名曰鮯洽水名嗑聲也磕
和也○姶㛕遏合切說文女字也引春秋傳嬖人婤姶一曰無聲古从邑文二十二媕婦名唈邑嗚唈短氣或省罯罯晉
覆也罨網也𤏬藏火也鞥䡷說文車具也或从車𤆍烹菜也䩭說文轡鞥一曰龍頭繞者馣𩡶香氣
𢓜痷跛疾或作𢓜痷裺繪也𤩽婦人首飾頜姓也春秋傳有頜氏庵豕屋胎竦體皃詩箋胎肩諂笑沈重讀
趛趛趣走急皃○𡅅鄂合切㬎㬎衆聲文十九㬎說文衆微杪也从日中視絲古以爲顯字一曰衆口皃或从𢇍藹藹者絮中往往有小藹
也魥魚名哈魚口皃圾岌危也莊子殆哉圾圾乎或从山𧭴誣𧭴笑語䑪𦨾舟動皃或从及𥦗寢而首動
也儑㑳儑無儀檢𤵾寒病礘硆砐礘礘石皃或作硆砐岋動皃漢書天動地岋濕濕陰漢侯國名蛤蟲名

歚歚歚癡皃。䠋悉合切說文進足有所擷取也引爾雅䠋謂之擷文十八靸鞈𩎟說文小兒履也或作鞈𩎟鈒說文鋋也

㚫㛪㚫女字龖龍飛謂之龖鎝鏤也通作鈒𣯥毢𣯥目睫長皃䯟䯟髁首動皃馺說文馬行相及也一曰馳也

𢔩說文行皃一曰此與馺同颯說文翔風也、霅霎博雅霅霎雨也或从妾卅說文三十并也𤮊器破㒆

㒆言語疾皃。𠹇所荅切啖也文一。𧾖錯合切𧾖𧾂走皃文四嫪貪也傪壯猛皃磣砂也。帀迊作荅

切說文周也从反之而帀也或作迊文二十一䶶䶶歃聲也咂𠯿噈𠹇唼啖也或作𠯿噈𠹇唼嘁嘁咨忸怩慙也噆

說文嗛也一曰齧脣沞沸皃𦍑羊腌也一曰獸名似羊䰼魚口動皃魳魚名挾持也或作抸浹浹辰十二

日也𡠾終也摺艸名𧍞蟲多皃𧺲𧺲趛走急皃。雜襍昨合切說文五彩相合一曰集也或从衣集文十四

雥說文羣鳥也䕹籠戶簾也或从竹䪞斷聲磼嶫磼礏山高皃或从山䠞止也鄑亭名在貝杂

不一也莊子鳩杂天下之川通作雜𩀭𩀭縣海島爰居也通作雜摺艸名𤃊絕皃。答畣畗德合切當也古作畣畗通

作荅文十九荅說文小尗也匒匒匌重疊也溚濕也搭擊也𨂝蹹跳也跛也或从答瘩字林肥皃褡被橫

謂之褡一曰衣敝榙榙㯓果名似李通作荅聕犬垂耳皃嗒舐也剳鉤也馽縶也嫆嫆姶女皃𤿺皮縱狢

犬食。錔託合切說文以金有所冒也文四十六 𢝝帳上覆 𢶍搨搭冒也一曰摹也或作搨搭 塔墖 鑉物墮

聲或从沓亦作鑉 鞜革履 䍇罔也一曰罯罯覆也 㜛說文俛伏也一曰服意 佮合也 榙果名說文榙㯚似李 䵬黑也

晉書羊曼州里稱爲䵬伯 𨤲積厚也 𨹈墊也 𧭟誻說文語相反𧭟也或从沓 嚃大歠也禮毋嚃羹 齒合哈食也或作

哈 䈋竹冒也一曰竹名 踏著地也 蹹說文趿也一曰跳也 韐指衣 狧𤜙說文犬食也或作猎 䫋物濕附著也

𦑣飛皃 濕漯水名出東郡東武陽入海桑欽曰出平原高唐或作漯 輶車釭 榙柱耑 䳴鳥名 𦳝菜菜名生水

中大葉或作蘽 沓行擊鼓也 嗒荅解體皃莊子嗒焉似喪其耦或省 𦧲說文歠也 㒤足重皃 鞜鞈韃鼛

闒鐙鞜鐘鼓聲或省亦以眾从鼓亦作闒。沓達合切說文語多沓沓也遼東有沓縣一曰合也亦姓文四十一 䵬黑也 鼛鞈

鞜說文鼓聲也古作鞈或作鞜 誻嗒 𧭟諜說文𧭟諸也或从口亦作𧭟諜 譶說文疾言也 㜛俛伏也 罛說文

目相及也 𢶍韐說文縫指𢶍也一曰韜也或从韋 踏蹌蹋踐也或作蹌蹋 遝說文迨也 㑿儑㑿不任事也 𡋯累土也

𦁤字林綃重也 涾說文涫溢也今河朔方言謂沸溢爲涾 㟷𨅈足趾重也或作𨅈 䃳說文舂已復擣之曰䃳 㟷山重

皃 龖說文飛龍也 䮾馺䮾馬行疾也 蝔蟲名博雅蠤蝔蛘也 𨗮蘆菔也方言東魯謂之菈遝 榙柱斗謂之榙 𢸎

𪆁博雅翋𦑣飛也或从鳥 帢帳上覆謂之帢 譗多言也 箚竹名 𩭿髮也 讋讋言不正也籀从二龍 踏跳也

歜齛歜聲也。拉擸拹搚摺落合切說文摧也或作擸拹搚摺文二十一 柆說文折木也 肚肚𦞫肉雜也

菈菜名蘆菔東魯謂之菈蘧 岦砬說文石聲也或作砬 磖磖礏破物聲 歚歚歚不滿皃 䬈翔風也 䎐䎐翋

博雅翋𦑣飛也或作𦐂 雴雨聲 㬛㬛牲牛抵也 妠朽折也 庢屋聲 齠齒聲 𧙀𧙀䘿衣敝。納內諾荅切說文絲

溼納納也一曰入也古作內文十二 衲補也 鈉治鐵也 𩋗內博雅軟也 妠娶也一曰姶妠聚物 𢱢扔打也或省 軜說文

驂馬內轡繫軾前者引詩茨以觼軜 魶說文魚似鼈無甲有尾無足口在腹下 篛竹索 𦵸香艸異物志葉如栟櫚而小實類檳榔

二十八。㿴盍轄臘切說文覆也一曰何不也亦姓隸作盍通作蓋文十五 磕石聲 闔說文門扇也 𡲎閉也亦姓通作闔

蓋青齊人謂蒲席曰蒲蓋 篕篕𥳫篨也 郃說文地名 嗑譆評說文多言也或从言亦作評 鉀鑉方言

箭小者長中穿二孔謂之鉀鑪或从蓋 𧆸藏也太玄𧆸其缺 熆吹火。㰹黑盍切大啑也文三 魼魶魼魚名 蠚蠚蠚蟲名

。榼榼醘克盍切說文酒器也古从壺或从酉文十七 磕說文石聲 𢻨敲也 褡褡襠婦人袍 搕取也 𡸴山傍穴一

曰地名 𩋾𩋾靸革履 瞌欲睡皃 轄車聲 溘𡡉說文奄忽也或从歺 蠚蟲名 㕎閉戶也 𧀇博雅依也 𤸷

疲病。砝居盍切石聲文二䳌鳥名。顉谷盍切顉車頷骨文十二嗑譄嗑嗑語也或从言鎑鎑鉼温器蓋姓也

韐韐靸履也郃鄬地名或从蓋蝔蝔蜡蟲名闔閉門也鉀鉀鑪箭名鰪魚名似鰿而小。鰪乙盍切鰪鰨魚

名文八搕以手覆也㔩𦢊飾采謂之㔩或作𦢊盦說文覆蓋也廅山旁穴㿯藏也太玄㿯其鈌鰪魚名

。磼嶫王盍切磼嶫山高皃或从山文七𩩍䫁骰䚘首動皃或从頁䁆睡皃業𤎅壯也詩四牡業業一曰危也古作𤎅

。⿰亻⿱夭非⿰亻⿱夭垂⿱夭非悉盍切博雅⿰亻⿱夭非俠惡也或作⿰亻⿱夭垂亦省文十四⿵門⿱夭非閉也⿱艹⿱夭非艸聲⿰口⿱夭垂⿰口⿱夭垂⿰口⿱夭垂醜也一曰食皃⿰扌⿱夭垂破聲一曰持也

⿰衤⿱夭非衱⿰衤⿱夭非衣敝⿰足⿱夭垂⿰足⿱夭垂⿰足⿱夭垂行皃⿱雨⿱夭垂雨下也⿰⿱夭垂戈起也⿰土⿱夭非⿰土⿱夭非⿰土⿱夭非土墮皃卅說文三十并也⿰月⿱夭垂肶⿰月⿱夭垂肉雜也。⿰口雜

七盍切助舞聲文四雜集合意春秋傳宜雜然助之何休讀⿰石雜石多皃或書作⿱雜石⿰氵雜沸皃。⿱夭非疾盍切惡也亦姓文四⿰言⿱夭非

⿰言⿱夭非⿰言⿱夭非聲也⿰扌⿱夭垂擸⿰扌⿱夭垂和攬也⿺走⿱夭垂疾走皃。譫章盍切多言也文一。⿰⿱夭皮⿰月⿱夭耳德盍切黀皺皮皃或从肉文十五⿰土⿱夭耳

地之區處耷大耳曰耷搨㩉打也或作㩉⿰忄⿱夭耳心恐也⿰⿱曰羽刂⿰金⿱夭耳鉤也或作⿰金⿱夭耳⿰食⿱曰羽⿰食⿱曰羽餉食皃⿱竹⿱夭耳竹相擊

⿰口⿱曰羽口動皃⿱艹沓菜名矺擲地鳴也⿰韋⿱曰羽皮服。榻⿰木⿱合羽託盍切牀也或作⿰木⿱合羽文二十七傝傝⿰亻⿱夭非惡也一曰不謹皃

塌地下也遢邋遢行皃⿰言⿱曰羽讕⿰言⿱曰羽譶多言或作讕⿱鼓缶說文鼓鼙聲通作闒毾說文毾㲪也⿰舟⿱合羽⿰舟⿱曰羽大船曰⿰舟⿱合羽

或作觮銸說文瓨也𦐇說文飛盛皃𩤗𩦲騔馬不進皃㹺𤞞犬食或作𤢵鰈魼說文比目魚也或作魼鰨

魚名說文鱸鰨也䓰艸名可作布蹋蹈也𦑣飛也鑉鑉鑪箭也溻濕也諜謵歠也或从習闒闒茸意下

○蹋䠎躢敵盍切說文踐也或作䠎躢文十六闒說文樓上戶也一曰閭閈里也𧮰說文嗑也譫多言𥳑榻客扉謂之

𥳑或从木銸器也𢮣抵也𤒉爛也㩶排也𡒄塌墮也一曰地下也或作塌闟上闒谷名在犍爲猲獸走皃

○臘臈力盍切說文冬至後三戌臘祭百神或作臈文二十二蠟蜜滓鑞𨭖錫也或作𨭖爉火皃儠儠俳惡皃

𧞤𧞤䙓衣敝磖石墮皃䶫𪊠䶫皺皮皃或作𪊠邋邋遢行皃𦒉鬣鳥飛皃或从鳥𪙉𪘲噍聲或作

𪘲𦅸𦆯𦅸颯紛雜皃或作𦆯擸擖折也或作擖闒闒茸意下𩦲𩦲騔馬不進○魶鰨諾盍切魚名鯢也似

鮎四足聲如嬰兒郭璞說或作鰨文十䭐餲䭐食皃𥬙笚維舟竹索或从甲𪗐齧也䟜𢓜行皃或从彳䅩

柔也獳犬食皃

二十九○葉弋涉切說文艸木之葉也亦姓文二十四䈎說文籥也枼說文褊也一曰薄也偞輕也一曰疾不甚皃

艓舟名擛聶擛擛動皃或从三耳緤繒帛番數也偞說文宋衛之間謂華偞偞一曰詘也容也殜殜殗病也一曰

方祐

微也揲閱持也楪牖也一曰楪榆縣名在雲中欗柶端通作葉鍱說文鏶也齊謂之鍱也煠爚也鬣帚端擖箕舌

禮執箕膺擖堞女牆也春秋傳環城傳於堞徐邈讀䈎皺也瞸目眇視䭎𥻦餅屬或从米䬟風動皃騋馬行

輕皃○魘𣦦益涉切眠不祥也或从止文二十一𤳸地名厭猒壓說文笮也一曰伏也合也或作猒壓穛禾不

實𡸓山谷形𨼮地險隘也𥌋目動皃靨𩈟頰輔也或省擪說文一指按也或書作擫檿木葉動皃

嬮博雅好也擖箕舌旛手網博雅罼罕囟旛率也嚈嚈噠西夷名懕心可也揞捏也婕嬈婕女態○嗋

曄曅域輒切說文光也或作曄曅文九爗燁爗說文盛也引詩爗爗震電或作燁爗皣說文艸木白華也瞱目動

皃饁說文餉田也引詩饁彼南畒○㾜去涉切病少氣也文三喋江南謂吃爲喋怯弱也○𦁄戢葉切博雅𦁄緤補縫也文二

鵖鵖鴔鳥名○极極曄切說文驢上負也文八笈負書箱衱交領謂之衱㭘劒柙拾更也鴔鳥名戴勝也

𡰳屆尻从後躡一曰小步𥄱乾也○𢼸憶笈切𢼸聑相及也文十一𦁄𦁄緤補縫也腌漬肉裛書囊一曰香也

旝手網鮑魚名淹漬也錌博雅推也痷瘦病𨃅跛也罨罔也○妾七接切說文有辠女子給事之得接於君

者从辛从女引春秋傳女爲人妾妾不聘也文二十八䈉竹器鯜鰈說文魚名出樂浪潘國或作鰈椄木名𦈨接也鏶鍱也

褸衣衿 劚續也方言秦晉續繩索謂之劚 緁褄緝說文緶衣也或作褄緝 淁說文水也 踥博雅踥踥行也 逮姓也

檵飯臿也 穛土穛農具 扱插揷也或作插 㥦懆頭䵷絲壞色 婕女皃 渫去水也 捷倢唼

捷捷譖言或从人亦作唼 睫目旁毛 睫睫矃曰欲没 ○接擑即涉切說文交也一曰捷也亦姓或作擑文二十九 緀續縷 椄

說文續木也 楫檝輯艥說文舟櫂也或作檝輯艥 䀹睫䁗𣯍𣯉䁋𣰆說文目旁毛也或作睫䁗𣯍𣯉䁋𣰆

淁水名 啑多言 疌闕人名史記衛疌伯周諸侯 㴓㴓沠水出皃 婕說文女字也 倢說文佽也一曰倢伃女字通作婕

㼗𧙛衣衿或从衣 箑竹翣 菨艸名說文菨餘也叢生水中葉在莖端江東呼爲莕 鯜魚名 㼣瓦相掩一曰半瓦 睫睫矃日欲

没 䐑髃也 ○疌疾葉切說文疾也从止从又又手也屮聲文十八 捷說文獵也軍獲得也引春秋傳齊人來獻戎捷一曰亟也 緁緶衣也

㾟倢博雅疾也次也一曰斜出皃或省 𧩖多言 踕足疾 䌖合也一曰遠夷物 𡾎崨山皃或作崨 接勝也易晝

日三接禮世子生接以太牢皆鄭康成說一曰交也 椄椄槢梁也 艔舟行也 寁作屋居之速也 𦻐編艸障戶 婕美也 箑

扇也 磼礏磼山連屬皃 ○攝失涉切說文引持也一曰假也一曰龜名文十八 欇博雅杖也一曰木名似白楊一曰虎櫐亦書作𣡍 懾

懾慴恐懼也 葉縣名亦姓 蠂蟲名蝗也 𧭟讋𧭟言失也 灄水名在西陽 韘弽說文射決也所以拘弦以象骨

韋糸箸右巨指引詩童子佩韘或从弓⿰聶風風皃歙歙氣也一曰縣名在丹陽瞸䀹睫目動皃或作䀹睫啑多言
裁有水也⿰忄瓜怪也悏怯也。歃色輒切貪也文九歃盟歃血也⿸尸臿从後躡也喢多言霎霅霎疾雨箑
扇也萐萐莆瑞艸翣柩羽飾歃欲也。臿鍤函磣歃切舂穀去皮也或从金亦作函文八⿰馬臿馬行皃⿰臿疌
⿰臿疌楊麥杴一曰古田具或从甾插刺也扱收也。謵尺涉切小言文十四詀呫讘細語呫喢呫讘附耳小語聲一曰多
言或作喢⿰女占說文小弱也一曰女輕薄善走一曰多技藝⿰阝婁女態一曰前却不媚⿰忄瓜恓⿰忄瓜黠皃⿰亻聶說文心服也一曰懼也⿰聶欠⿰聶欠⿰聶欠
氣動皃泒淁泒水出胍胍⿰月聶肉動也欇蔓木名虎豆也捷插也聶木葉動皃。⿱龍言讋質涉切說文失
气言一曰不止也籀不省文二十五囁言無節一曰私罵讘譫說文多言也河東有狐讘縣或从詹⿱詹言言疾也⿱執言
說文⿱執言讘也霅霅霅震電懾⿰亻聶說文失气也一曰服也或作⿰亻聶慴說文懼也慹不動皃⿱執巾巾也襵博雅詘也
謂衣襞積摺說文敗也⿱聶木說文木葉搖白也一曰木名似白楊或書作欇⿰聶瓦⿰土聶盎屬或从土⿰耳習耳也⿰豸聶⿰犭聶博雅
豕屬或作⿰犭聶⿰月枼⿰月聶切也或从聶通作聶攝曲折也一曰龜名聶合也爾雅守宮槐葉晝聶宵炕。⿰木涉涉⿱沝步實攝切說
文徒行厲水也一曰歷也一曰水名篆作涉古作⿱沝步文十⿰糸步繒屬⿰金步鐵也拾躡足升也鍱鍱也齊人語慴恐也欇聶

蔓木爾雅欇虎纍今虎豆或省○讘囁喦日涉切詀讘多言或作聶喦文十三⿰馬耴馬行疾也⿰虫耴蟲行皃⿺毛聶毛弱皃⿰月聶

肉動也顳顳顬耳前動也⿰耴攵說文使也聶附耳小語灄水名⿰氵耴水皃㚔盜不止○輒陟涉切說文車兩輢也一

曰專也文十二耴⿰耳耴說文耳垂也从耳下垂象形引春秋傳秦公子耴者其耳下垂故以爲名亦姓或作⿰耳耴⿰巾耴襵說文領耑也或作襵

⿰扌耴持也⿰金耴說文鉆也⿱艹耴艸名小葉鮿膊魚不鹽也漢書鮿鮑千鈞顔師古讀⿰女耴⿰女耴姡女不善皃⿰耴攵使也⿰木耴木小葉也

○⿰月枼⿰枼刂直涉切說文薄切肉也或作⿰枼刂文十⿰目枼視不正皃⿰月習爚也一曰生熟半殜殜殗病也⿰土聶⿱習土廣雅益也一曰墊也

或作⿱習土偞疾不甚皃⿰豆㬎豆也僷僷僷華也○鍤勑涉切綴衣鍼文十一⿱竹枼博雅箖也⿱竹臿竹葉⿰女臿說文疾言

失次也⿰亻業⿰亻業⿰亻業容也一曰華皃⿰火業博雅瀹也⿰忄耴偛⿰忄耴黠皃一曰心動皃⿰氵耴⿰氵疌⿰氵耴水皃⿱雨耴⿱雨耴霎小雨謵謵讋語不

正喢多言○巤力涉切說文毛巤也象髮在囟上及毛髮巤巤之形文三十七鬣鬛⿺毛巤說文髮鬣鬣也或作鬛⿺毛巤獵說文

效獵逐禽也通作獦獦戎姓犣牛名⿰革巤馬靻鱲魚名儠說文長壯儠儠也引春秋傳長儠者相之⿰口巤⿱巤齒聲⿰風巤風聲

擸擖說文理持也或作擖躐⿰足葛踐也或作⿰足葛邋說文擠也一曰邁也⿰氵巤水聲⿰衤巤衣皃⿰巤刂博雅斷也⿱艹巤

艸動也⿱竹巤竹名⿰目巤病視也⿰木巤蔓木名虎豆也纏林木而生⿰馬巤馬行皃⿰言巤⿰言巤⿰言巤多言⿰日巤日欲入也⿰壴巤鼓聲

集韻卷十　三十二　方迪

獵聚名在上蔡一曰谷名䃳䃳磋山連屬皃𡓸土皃鬣毛車䡨以禦風馬塵也或作駐臘劒兩刃也鄭康成說累地名鉅鹿下曲陽縣西南有肥累城𧳜豕長毛謂之𧳜爉火聲○聶昵輒切說文附耳私小語也亦姓文二十五嵒說文多言也从品相連引春秋傳次于嵒北㚔幸說文所以驚人也一曰大聲也一曰俗語以盜不止爲㚔隸作幸䁯䏙目動或从耴𤓍囁㷸也或从日𦋵伺視也吏持目捕人曰𦋵𦘒說文手之疌巧也从又持巾𢪸拈也籋筆鑷鑈銸說文箝也或从聿亦作鑷鑈銸𢿞敵𢿞相及也疌說文機下足所履者躡說文蹈也䟷足不相過也楚謂之䟷耴耳垂皃秦穆公子耳垂字之曰耴褋補衣䯀騳說文馬步疾也或作騳䳇鳥飛皃一曰鳥名○抾去笈切廣雅去也文一○庴莊輒切藏也一曰屋庳皃文三涻下溼皃偛偛㑩黠皃一曰皮皺○偞虛涉切畏迫自卑也一曰美容文十歙惵懼皃或作惵瞸䁋瞺目眇視或作䁋瞺鐷鍱鋌也鏶也或省𢏍弽射決也或从合○𡟯丑聶切說文疾言失次也文一○鵇陟耴切鳥名文一○婕匹耴切女皃文一○倢息葉切倢倢行皃文四䬀風皃霎雨雪皃𨏮漸也

三十○帖託協切說文帛書署也文二十六怗惵靜也或从枼貼說文以物爲質也鞊說文鞌飾跕行曳履屧屟𦺗履中薦或作屟𦺗䵿餅屬𪔂𪔶說文鼓無聲也或作𪔶鉆鐵銸也一曰膏車鉆呫嘗也蝶

蝶蝑蟲名 𦧲 𤞣犬小舐或作𤞣 㡇領耑 諜安也一曰軍中反間 笘簡也 𡐝堞女墻也或省 詀妄言 蹀蹈也

擪壓一指按。或作壓 聑的協切說文安也文二十八 呫多語也 鞊鞊鞢馬被具 㡇𧙣領耑或从衣 𨑡

𨑡遻走皃 喋涉血流皃或作涉 跕跕跕墮落也一曰徐行 袩方言褙謂之袩 𪐞竹重裏黑 笘笘籭籭也 𢪙說文拈也

𥨍博雅厭也一曰屋傾 墊地下 𩃷寒也一曰早霜 沾沾沾自整皃 輒輒然不動皃 𠈃𠈃㑌輕佻皃 龖龘龍龘

龍鬐也 𨧪田器 㥃㥃㥷志輕也 㭉㭉欆蕈也 讋多言 㴳水皃 𡰥下也 鞊鞊鞢帶具 𦕐小耳垂。牒

達協切說文札也文四十九 牒牃牀簀也或从木 𣗿屋笮板 諜說文軍中反間也 喋血流皃一曰多言 慴懼也 𨧪

田器 䁋閑目 㥈惵安也或作惵 揲閱持也 㩸排也 曡疊說文楊雄說以爲古理官決罪三日得其宜乃行之从晶

宜亡新以爲疊从三日太盛改爲三田一曰厚也屈也懷也 緤絲數 櫑木名有綿可爲布 氎𣯷毛布或从罒 𡐝堞說文城上

女垣也或从葉 𡎺江名在廣漢 褺說文重衣也巴郡有褺江縣 𧝎褋說文南楚謂禪衣曰褋或省 褶襲也儀禮襚者以褶

一曰褶衣之在上者也短身廣袖一曰左衽之袍 躡走聲 𧼧𨂷說文𧼧足也一曰小步或作𨂷 鐷鍱博雅鋌也一曰鏁也或省 㔑

博雅刺也 䉀籢也 轞車聲 渫浹渫凍相箸 𥰡葉書篇名或从艸 𣿅渫渫波連皃 𪐞竹重裏黑 蜨蝶

方迪

蟲名說文蛺蜨也或作蝶鸓鳥名山海經鸓禦火二首四足如班鵲⿰片習治也槢梁也莊子桁楊接槢徐邈讀曰柃中栓一曰檻下橫木鰈
鰨東方比目魚名或作鰨艓舟名⿱艹蹀艸名蹀博雅履也。⿰耎瓦瓰力協切說文蹈瓦聲一曰瓦薄也或省文二十五⿵風劦
風也⿱雨⿰耎瓦小雨⿱髟夾⿱髟夾踈皃⿰立夾⿺辶兼行不正也或作⿺辶兼劦力不輟也⿱瓰土堅土⿰黑枼竹裏黑⿰口⿰耎耳⿰言⿰耎瓦⿰口⿰耎瓦吒夕言或从言
⿰耎耳⿰耳夾耳垂也或从夾⿱⺮瓰竹笭所以乾物⿱艹⿰耎瓦艸葉踈皃⿱⿰耎瓦衣衣相箸⿱⿰耎瓦魚魚名⿱⿰耎瓦木木踈皃蛺蛺蜨蟲名
胡蝶也⿱⿰耎瓦虫蟲行皃⿱⿰耎瓦心⿱⿰耎瓦心⿰忄瓦輕薄皃⿱⿰耎瓦豈鼓聲⿱⿰耎瓦火火聲⿱⺮聑竹笪也。捻諾叶切捏也通作敜文三十二
⿰扌爾⿰扌祭撳⿰扌爾中制或作⿰扌祭⿰革念字林鞍⿰革念薄也攝持也一曰攝然安也鑈鉩鑈⿰金乚博雅正也或省隸作鑈亦作⿰金乚⿸广念
壓也⿰金念小斂一曰小頭釘⿰食念⿰麥念餅也或从麥敜說文塞也引周書敜乃穽⿰土内博雅深也一曰空也靜也埝益也一曰陷也
踗行輕也⿰音念諗聲止也或从言惗思也暬晦也慹不動皃苶疲皃一曰忘也⿱⺮念竹索⿱艹念艸名
⿱艹執艸不生一曰茅芀擪壓一指按也或作壓袩博雅䘨袩衽謂之褸衩⿱穴執屋下傾⿱⺮爾⿱⺮尔籍也或作
⿱⺮尔。劦檄頰切說文同力也引山海經惟號之山其風若劦通作協文十九協旪叶說文衆之同和也一曰服也合也古从日十或从口恊
說文同心之和勰說文同思之和挾接說文俾持也一曰輔也或作接俠夾說文俜也一曰傍也亦姓或省綊說文紝綊也浹

浹渫湅相箸汁汁光紀黑帝號裌衽也一曰褱裌藏也犃牛健謂之犃㤬束帶䄲穧也颰風調也通作劦鵊鳥名

。頰𩠹脥吉協切說文面旁也籀作𩠹或作脥文十三筴箸也一曰小箕鋏說文可以持冶器鑄鎔者一曰若挾持一曰劍也

莢說文艸實一曰艸初生一曰蕢莢瑞艸亦姓䄲秎䄲穧也唊䛟說文妄語也或从言蛺蟲名說文蛺蜨也夾俠

傍也或从人挾持也。匧篋詰叶切說文藏也或从竹文十七蛺蛺蝶蟲名㥦悏㛍說文快也或作悏㛍亦書作愜

𢜩叶也太玄𢜩而念之脥腹下也𣢾羨欲也𣤊吹气也㥦說文思皃㾜𤸷說文病息也或作𤸷攝

小龜名腹甲曲折解能自張開者郭璞說岌山皃慊嗛足也或从口。㛍呼帖切說文得志㛍㛍一曰㛍息也一曰少气文二𣢾

喘息。燮悉協切說文和也从言从又炎徐鍇曰此蓋从燮省言語以和之也二字義相出入故也文三十六夑燮說文大孰也从又持炎辛

辛者物孰味也籀从羊屟屧𧀬蘗說文履中薦也或作屟𧀬蘗𢤱意不平一曰忔𢤱志輕也𣠩杚𣠩蓸草名躞

䠗躞蹀行皃或从習𡄳壞聲𨖺迄𨖺走也弽射決也通作韘徢趨行皃𦨉舟行也𠐽仡𠐽輕佻皃鞢

黏鞢馬被具韘黏韘帶具𤮯瓦破聲𤪵說文石之次玉者𩙡風皃𦢊楪𦢊楪小楔一曰簡也或作楪取

使也蜨𧒄蟲名博雅蛺蜨蟞蛈或从燮𥌪閉目婕治也椄椄槢梁也淮南子大者爲柱梁小者爲椄槢擛持數也易擛之

集韻 入聲十 三十四 洪昌

以四擭取也諜言相次也萐艸名隰㶕闕人名春秋傳有公子隰或从水○浹即協切說文洽也徹也通作挾文八浹

浹渫凍相箸瓬半瓦謂之瓬一曰瓦相掩挾持也詩旣挾我矢帹巾也婡气劣皃䁋目閉帎衣領○雜捷

疾協切艸簾或从捷文三踕行皃○蕺千俠切小折聲文一○浥乙俠切㝐陷也漢書踰波趨浥郭璞讀文一○挾尸牒切持

也文二蜨蛺蜨蟲名○蛺於叶切蛺蝶蟲名文一

三十一○業𨽍𤕬𨽖逆怯切說文大板也所以飾懸鍾鼓捷業如鋸齒以白畫之象其鉏鋙相承也从丵从巾巾象版引詩巨

業維樅或作𨽍古作𤕬𨽖業一曰大也緒也事也始也文十九𧭈樂也𠃵引也鄴說文魏郡縣亦姓𢢛懼也通作業𦄒紲𦄒

補縫也𠞩續也嶪岌嶪山皃或書作嶫驜馬高大謂之驜䲜魚名𪁺鳥名知人吉凶𩼂魚盛𩼂皃㗼𣤬

口動皃或从欠㶒橫水大版𨽍厓險危皃○𡖬𡖬余業切𤉬𡖬病也或作𡖬文三𧭈樂器○脅迄業切說文兩膀也

或書作脇文十九熁火迫也胠𦢊脥腋下也或从劫亦作脥𣤶㰦說文翕气也或省嗋合也吸也莊子口張

而不能嗋愶恊博雅怯也或省拹𢵧㩉說文摺也一曰拉也或从脅从翕弽弓強皃𣽡水流皃䏿竦肩也通

作脇刦強取也莊子刦請之賊魼魚脅也山海經鯥魚羽在魼下𡑞隄也○㹤怯乞業切說文多畏也杜林說从心文十三

呦呦呦聲也抾持也挹也呿臥息胠說文腋下也一曰法也㰦欠氣也痃羸也厒㕁厓也或作㕁魥枯魚

漬羹汁刦強取也○劫訖業切說文人欲去以力脅止曰劫一曰以力止去曰劫文十八刦強取也抾㧁持也馬融曰抾

封豨或作㧁鉣鉫說文組帶鐵也或从劫衱裾也袷交領跲說文躓也一曰代也紶縫也呦聲也砝𥑮

硬也或从劫蜐蛣石蜐蟲名足如龜或省䀷急視䅑艸名柗劒柙○磼士劫切磼礏破物聲文一○跲劫𨖧

極業切說文躓也或作劫𨖧文九柗劒柙拾更也极驢上負也笈負書箱昅日乾也給恭不中禮曰給○腌肥乙業

切說文漬肉也或从邑文三十二淹漬也䱌鮑魚名一曰河豚一曰漬魚也或从邑餣博雅餘餣飼也䭃𩛀𦤎餇饐臭也或从臭从

奄晻閉目俺說文大也殗𣨻痷博雅病也或作𣨻痷浥潤也詩厭浥行露鞥車具𥟩禾敗不生𣃈手網

爓火不明𧝝說文書囊也㤿幧頭也踚跛也罨說文罕也䅖𤱩博雅䅖積種也或从田饁野饋

也給敏言也禮恭而不中禮謂之給呿口開皃𢿘𢿘㪜相及也𨧎樵也一曰治甲器掩打也𨖹前頓也○𡒄直業

切田實也賈思勰曰秋田𡒄實文一

三十二○洽轄夾切說文霑也一曰和也徧也文二十七柗說文劒柗也䨐濈溼也祫說文大合祭先祖親疏遠近也

引周禮三歲一袷 陜陿峽狹說文隘也或作陿峽狹 㢵說文廦也 [田夾]溝相接 硤硤石縣名 [走合]走皃 烚火皃

[甲夾]相箸也 [夾齒][齒咸]齒曲生皃一曰缺齒一曰噍聲或从咸亦書作[齒夾] [王合]蜃飾器 給歲在未曰汁給通作洽 敆郃爾雅

合也或作郃 袷領也 韐韎韐紳也 [齒合]盡內口中也 浹浹渫水皃 [女夾]女行急皃 蛺蛺蜨蟲名 [冫夾]字林[冫夾]渫凍相箸

○[鼻夾][鼻合][鼻欠]迄洽切[鼻夾]齁鼻息或从合从欠文九 [氵欠]潝濈湍流 [夾欠]息也 [臿夾]歃欱博雅甞也或作歃欱 [夾齒]噍聲

○恰乞洽切說文用心也文十九 帢[面臽][巾夾][巾陿][冒臽][衤臽][巾臽]弁缺四隅謂之帢帢士服也一說魏武帝放古皮弁以帛爲之

以色辨貴賤一曰按頭使下故曰帢或作[面臽][巾夾][巾陿][冒臽][衤臽][巾臽] 掐抓也 [合刂]陷也通作[合斗] [合斗]入也 [目咸][目臽]說文目陷也或作[目臽] [齒咸]

唯聲 [疒建]創也 [合心]合也太玄瘱而[合心]之宋惟幹讀 [歹夾]殆也 袷衣縫一曰衿也 湆肉汁 ○夾挾訖洽切說文持也从大俠

二人或从手文三十三 郟說文潁川縣亦姓 袷裌說文衣無絮也或从夾 [巿合]韐[韋夾]說文士無市有袷制如榼缺四角爵弁服

其色韎賤不得與裳同鄭司農曰裳纁色或作韐[韋夾] 鞈說文防汗也 浹澉也 [革夾][革盍]說文鞮[革夾]沙也或从盍 [齒咸]噍聲 [食合]

[食夾][食甲]餅也或作[食夾][食甲] [目合][目夾]眇也一曰目睫動或从㚒 跲躓也 [疒建]創也一曰獸足病謂之[疒建] 筴箸也 唊多言 梜

說文檢押也一曰木名一曰木理亂 鵊鳥名杜鵑也一曰書篇名陰陽家有鵊治子篇 俠傍也 陜地名周召所分 蛺蛺蜨蟲名 [木合]劒匣

埉水旁地㕅廦也䓲艸名浹浹渫凍相箸皃䀹相箸也○踚俺乙洽切跛也或从允文十二㝓土墊凹

庴低下也或作庴𤵸江淮之間謂病劣曰𤵸圔窊圔聲下皃浥潝水窊陷也史記踰波趨浥或从翕姶女巧痷

𤸌病也或从盍○䁝仡甲切視皃文一○歃欱哈色洽切說文歠也引春秋傳歃而忘或作欱哈文十一㵝說文飲歃

也喢喢嚃小人言疌說文捷也飛之疾也一曰俠也䁒目睫動皃㞜从後臿也𧼲𧼲𧼲行疾皃䬅風急皃㵀溢也

○臿𦥸舂函測洽切說文舂去麥皮也从臼干所以臿之或从臼从舂亦作函文二十五鍤說文郭衣鍼也一曰鍫也插捷

說文刺肉也或作捷徢𨗨行皃或从辵扱接說文收也或作接䭃餌也𧪂儳言𣖺木折聲㞜說文从後相臿

也𪘁𪘁齰齒動皃笈負書箱㹨犬食也㷤火乾也𡟊疾言失次也一曰怯也喢喢嚃小人言偛

偛㑃小人皃𠛎切聲䐑臘肉也𨪐說文㪿也古田器○眨䀹側洽切目動也或从夾文十五𩂽雨聲皶皺皶

老人皮膚皃踷足動皃𧪂譇𧪂多言偛偛㑃小人皃一曰黠皃𣸣㴔𣸣下溼一曰滴水也屑楔也𡂝嗦聲緁

縫也𧚔重緣也𠯥豕食嶯山名在越插攝也○萐實洽切說文萐莆瑞艸也堯時生於庖廚扇暑而涼文十六

𨗨箑行書也秦使徒隸助官書艸箑以爲行事謂艸行之間取其疾速不留意楷法也从筆从辵或作箑𧪂𧪂謵言不定媎女皃

集韻入聲十　三十六　洪明

濈㵶濈湁流䮜𩤞馬驟皃或作𩤞𢓭趏偞行疾或作趏偞渫水名在上黨牐閘城門具一曰以版有所蔽煠

活博雅瀹也或作活鰈魻鰈鱗次衆夕也一曰裝飾衆皃○劄竹洽切刺箸也文八䮩馬行皃譗譗諳言無倫脊

也傝傝㕎忽觸人也蜖蚊蟲也溚濕也䨣雨聲㔍謹力也○䀫敕洽切和五味以亨也文二𧴦博戲名

○図囲眤洽切說文下取物縮藏之或作囲文十三膈臑也粈粘也㡲庳庢隘也冗凹冗物低垂皃嬶美也㛪

盡也嗋喢嗋小人言傝偛傝小人皃䶗齰䶗齒動皃䈇竹維舟謂之䈇一曰補籬也㵞水動皃○䘏力洽切衣

敝文一○諜五洽切謟諜語笑皃文二䀹婳䀹戲謔皃○毼毛毼徒洽切毛布也疊或从疊文二

三十三○狎轄甲切說文犬可習也一曰更也近也文十八匣說文匵也鮃魚名𧆞虎習搏皃怈悅也筪

竹名或省炠火乾也翈博雅翈猴羽也袷衿也𦺇華葉重多皃霅衆言聲一曰霅陽地名在樂浪舺艑舺舟也

押檢押隱括也顏師古說諫諭諫語聲也柙榼函說文檻也以藏虎兕或作榼古作函○甲命古狎切說文東方之

孟陽气萌動从木戴孚甲之象一曰人頭空爲甲甲象人頭古作命始於十見於千成於木之象一曰介鎧也一曰狎也亦姓文十五鉀鎧也通作甲笚

竹名一曰擊也胛闔也與胷脅相會闔也𨑹闕人名玾玉名押輔也柙木名砰岬兩山之間爲岬許慎說或从山舺

艓舺舟也匣匱也祌廣雅襦也跲行聲。○押乙甲切按也文十二⿰氵甲⿰氵甲活下溼浥水流下皃壓厭說文壞也
一曰塞補也伏也或作厭庘壞屋謂之庘一曰豕屋窜說文入𧓍刺穴謂之窜閘說文開閉門也⿰鳥邑鴨鶕鳥名博雅
鳧鶩⿰鳥邑也或作鴨鶕亦書作⿰鳥邑⿰鳥甲⿰鳥卑擪按也。○呷迄甲切說文吸呷也文六⿰言甲多言也譀誕也⿰甲欠⿰甲欠⿰甲欠鼻息嗑嗑然笑聲
⿰魚甲⿰魚甲鰈鱗次衆多皃。○⿱羽妾⿱艹妾接⿱羽疋攝翜⿱竹妾色甲切說文棺羽飾也天子八諸侯六大夫四士二下垂或作⿱艹妾接
⿱羽疋攝翜⿱竹妾文二十帹面衣也博雅幂幂謂之帹帞⿰衤疌⿰衤立⿰衤疌衣敝啑唼啑喋水鳥食皃或从妾⿰木疌木理起皃⿰豕疌博雅
⿰豕疌⿰豕業牝豕也霅散也漢書霅然陽開⿰豸妾⿰豕妾獸名或从豕箑說文扇也通作⿱竹妾萐萐莆瑞艸也王者不嗜味則生於厨
蜨蛺蜨蟲名霎雨聲一曰小雨。○霅直甲切說文霅霅震電皃一曰衆言文九擖押擖接皃重⿰氵霅水名通作霅渫
徐去也一曰水皃渫浹渫涷相著鰈魚名一曰⿰魚甲鰈鱗次皃鞢鞈鞢華葉重多皃喋啑喋鳥食皃揲數也。○霅
斬狎切地名霅陽障在樂浪文一。○挾子洽切持也文二啑啖也
三十四。○乏扶法切說文引春秋傳反正爲乏一曰匱也文六汎泛汎淁聲微小皃或从乏姂說文婦人皃疺瘦也
⿰耳乏射者所蔽通作乏。○灋法⿱亼正弗乏切說文刑也平之如水从水廌所以觸不直者去之一曰則也亦姓或省古作⿱亼正文四姂博雅

好也。⿰犭臿敕法切⿰犭臿猦飛皃文一。⿰歹爲叵乏切病也文一。猦眨法切⿰犭臿猦飛皃文三⿰氵𡵂水皃𡵂靜也。猲獤气法切短喙犬一曰恐逼也或从歇文四姂好也抾挹也。饁下法切餉也文一

集韻卷之十

景祐元年三月太常博士直史館宋祁三司戶部判官太常丞直史館鄭戩等奏昨奉差考校御試進士竊見舉人詩賦多誤使音韻如敘序坐坐氏氏之字或借文用意或因釋轉音重疊不分去留難定有司論難互執異同上煩

凡汲古閣所抄書散在人間者無不精善此書尤精乎精者也書成於宋仁宗寶元二年故太祖太宗真宗及太祖以上諱及其所謂聖祖諱皆缺筆禎字下云知盈切　上所稱說文祥也上所稱者猶言今上之名也故空一格不言諱者嫌於名終則諱也禎不缺筆蓋影寫失之或云禎字本空白不書但注云知盈切上所稱以别於他諱也自英宗以後諱皆不缺筆則知此所影者的為仁宗時本無疑但其版心每葉皆云某人重刊某人重開某人重刁則亦非最初板矣丁度等此書兼綜條貫凡經史子集小學方言采擷殆徧雖或稍有紕繆然以是資博覽而通古音其用最大自明時已無刊本亭林以不得見為憾康熙丙戌楝亭曹氏乃刻之今年居蘇州朝山墩從　周君漪塘許借此本校曹本外錯每當佳処似倩麻姑癢處爬也凡曹缺處此本皆完善而曹所據本與此本時有不同上聲十四賄

此本以梁益謂履曰屜六字綴於隧字注曹本則無此六字而空白二寸弱蓋宋初版當大書屜字注云梁益謂履曰屜正在曹本空白處耳余復以己見正二本之誤他日有重刊此書者可以假道汲古閣子晉斧季印章重〻當時珍愛亦云至矣百數十年而周君珍藏可謂傳之其人周君學問淹雅又復能作荊州之借流布善本於天地間以視世之扃鐍宋槧不肎借讀者其度量相去何如也乾隆五十有九年歲次甲寅六月十四日金壇段玉裁跋